바둑 新 사전 시리즈

실전 활용 가능성이 높은 핵심 포석을 총정리한 활용포석사전!

포석  사전

06

서능욱 九단 해설

BM (주)도서출판 성안당

■ 머 리 말

바둑은 초반, 중반, 종반으로 구성되어 있는데, 특히 초반 포석 단계는 예나 지금이나 승부를 결정짓는 가장 중요한 요소 중의 하나로 평가받고 있다. 특히 전략적인 사고를 요구하는 현대의 바둑이론은 포석의 중요성을 무엇보다 강조하고 있다.

보통 하급자들은 포석은 대충 대충 마무리짓고 중반 전투에서 승부를 결정짓는 작전으로 맞서려는 경향이 강한데 이것은 매우 잘못된 발상이다. 포석은 중반에 유리한 전투를 벌이기 위해서 골격을 잘 다지는 과정이라고 볼 수 있기 때문에 좋은 포석을 두지 않고서는 절대 유리한 중반전을 맞이할 수 없다는 것을 알아야 한다. 프로기사들이 한판의 바둑을 둘 때 제한시간의 상당 부분을 포석에 할애하는 것을 두고 보더라도 포석이 얼마나 중요한지를 잘 반영하고 있다고 할 수 있을 것이다.

포석은 그 중요성에 비례해서 지금껏 가장 많은 연구가 이루어진 분야라고 할 수 있다. 현대에 와선 세력과 속도를 중시하는 경향에 따라 화점을 토대로 한 중앙 바둑이 특히 유행하고 있는데, 기존에 유행하던 포석 유형도 이러한 흐름에 부응해서 상당 부분 변화를 가져왔다.

이 책은 이러한 현대 포석의 흐름을 반영한 최신 포석사전이라고 할 수 있다. 기존의 포석책들이 현대 포석의 흐름에 뒤떨어진 포석 유형을 모아 둔 것이 대부분임을 고려할 때 이 책은 현재 유행하고 있는 포석 유형을 익히고자 하는 독자들에게 가장 좋은 포석 길잡이가 되리라 확신한다.

덧붙여 이 책은 독자들이 궁금해 하는 여러 가지 변화를 최신포석 80형 속에 정리하여 쉽게 이해할 수 있도록 구성했기에 독자들의 기력향상에 크게 도움을 줄 수 있으리라 기대한다. 이것만 이해하고 있으면 이제부터는 여러분도 당당히 자신만의 포석을 창조할 수 있을 것이다.

서 능 북

2연성 포석편 / 14

포 석 신 사 전   차 례

중국식 포석편 / 218

화점 · 소목 포석편 / 324

포석신사전 차례

11

2연성 포석편

2연성 포석의 시조는 한 마디로 기성 우칭위엔(吳淸源)이라 볼 수 있다. 우칭위엔은 절정기 시절 흑번의 2연성으로 불패의 성적을 올리기도 했다. 2연성 포석의 장점은 한 수로 귀를 장악하는 화점의 성격상 두 곳의 귀를 선점하고 선수로 발빠르게 진행할 수 있다는 것이다. 이러한 특성이 현대바둑의 역동적 감각과 특히 한국의 전투형 포진에 절묘하게 부합하여 우칭위엔 이후 40여 년이 지난 오늘날 새롭게 부활하여 선풍적인 인기를 끌게 되었다. 이 포석의 발전에는 특히 한국의 조훈현, 이창호 사제의 수많은 대국이 기폭제가 되었다고 볼 수 있다.

2연성 포석 1(2연성 대응) — 세력형 포진

　흑과 백이 2연성으로 맞선 포석 형태. 흑1로 걸친 것은 현대 포석의 흐름을 잘 반영한 수로 속도를 중시하고 있다. 계속해서 백2로 받은 것은 견실위주의 수법이며 흑3으로 전개해서 세력형 포진이 완성됐다. 그럼 이후의 포석 형태를 검토해 본다.

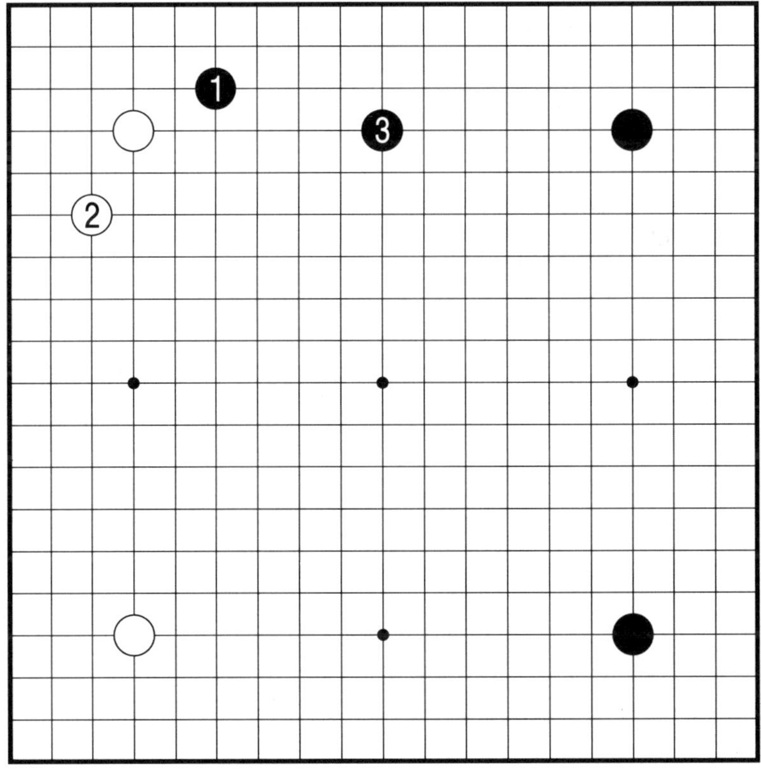

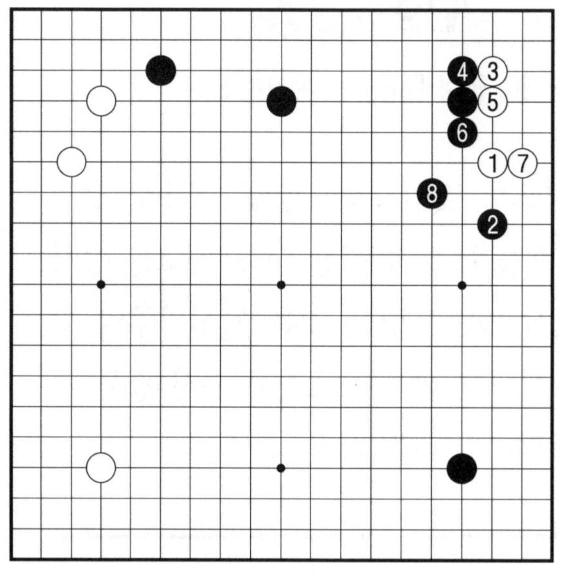

1도

1도(일관된 작전)

백1로 걸쳐오면 흑2로 한칸 협공하는 것이 2연성의 장점을 가장 잘 활용하는 수이다. 계속해서 백3으로 실리를 차지한다면 흑4로 막은 후 이하 흑8까지 세력을 완성할 수 있다. 물론 백도 선수로 실리를 차지했으므로 불만없는 형태이다.

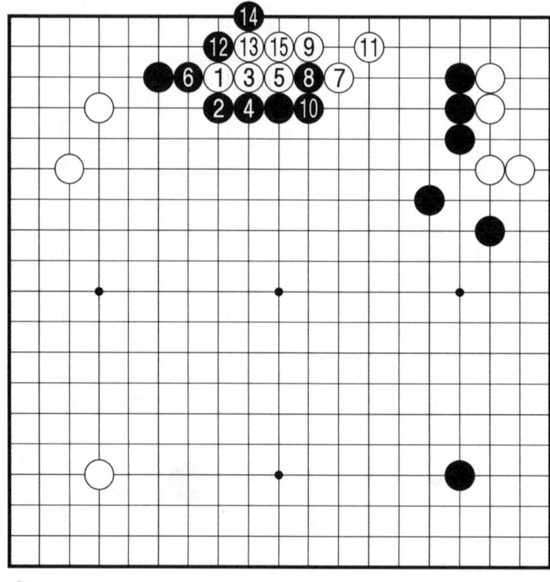

2도

2도(흑의 약점)

전도의 정석 이후 백은 1로 침입하는 것이 시급한 요소이다. 계속해서 흑2로 막는다면 백3으로 뻗은 후 이하 백15까지 안정하는 것이 상용수순이다. 이후 흑은 세력을 어떻게 활용할 것인가가 포석의 성패를 좌우한다.

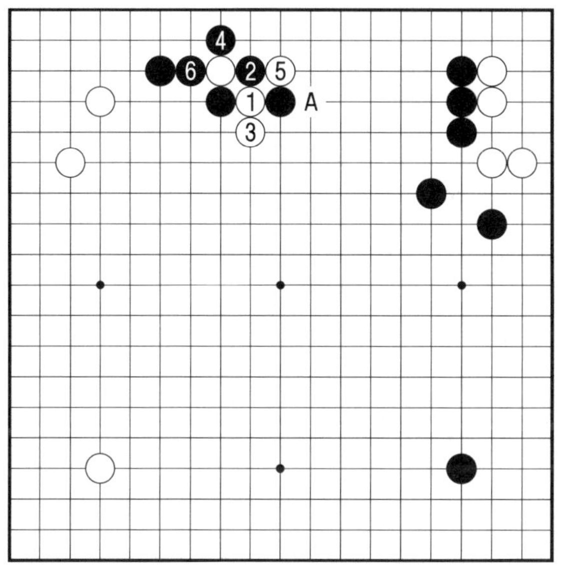

3도

3도(백, 무리)

이런 배석에서 백1로 끼우는 수는 성립하지 않는다. 이하 흑6까지 진행된 후 백A의 축이 성립하지 않기 때문이다.

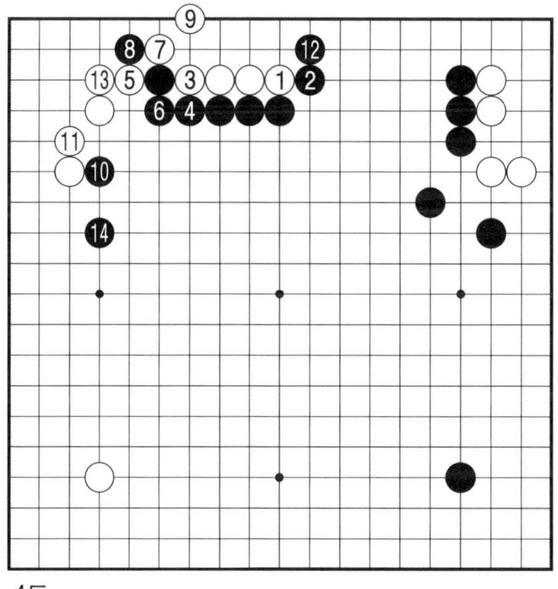

4도

4도(호각)

백1 때 흑2로 젖힐 수도 있다. 다음 백3으로 치받으면 흑14까지 흑 실리와 백 세력의 갈림이 된다. 수순 중 흑10과 12의 수순에 유의하기 바란다.

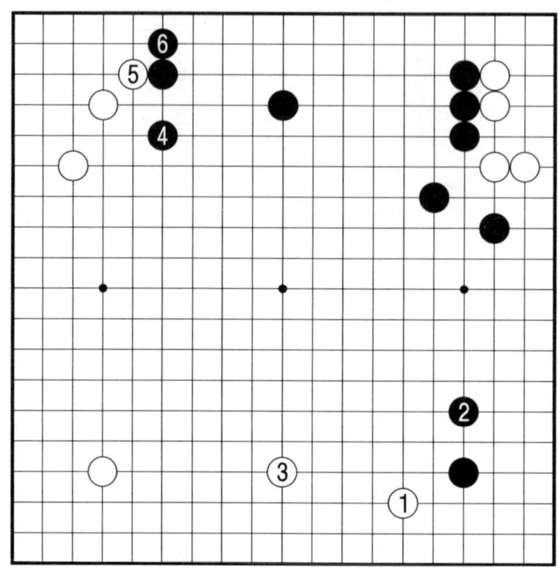

5도

백이 전도처럼 상변에 침입하지 않고 1로 걸치는 변화도 검토할 수 있다. 그러나 흑은 알기 쉽게 2로 받은 후 백3 때 흑4로 한칸 뛰는 것이 절호점이 된다. 백5, 흑6까지 상변이 이상적인 형태를 갖추어서는 흑이 활발한 포석이다.

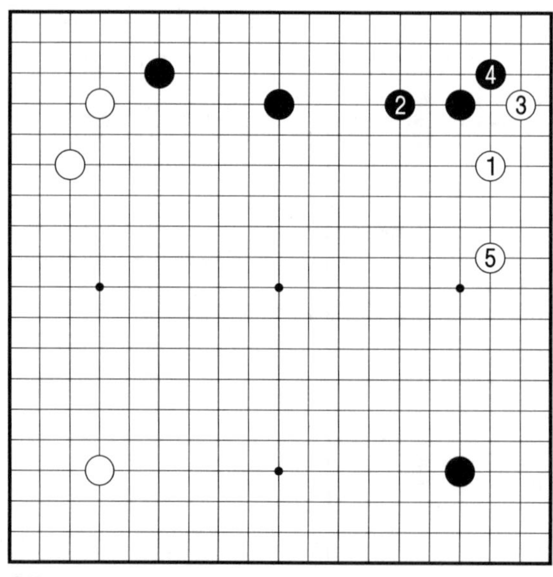

6도

6도(백, 만족)

백1로 걸쳤을 때 흑2로 한칸 뛰는 것은 세력작전을 포기한 수라고 할 수 있다. 계속해서 백3으로 날일자하고 흑4, 백5까지 평범한 정석이 이루어진다면 이 결과는 백이 흑 세력을 적절히 갈라친 모습이다.

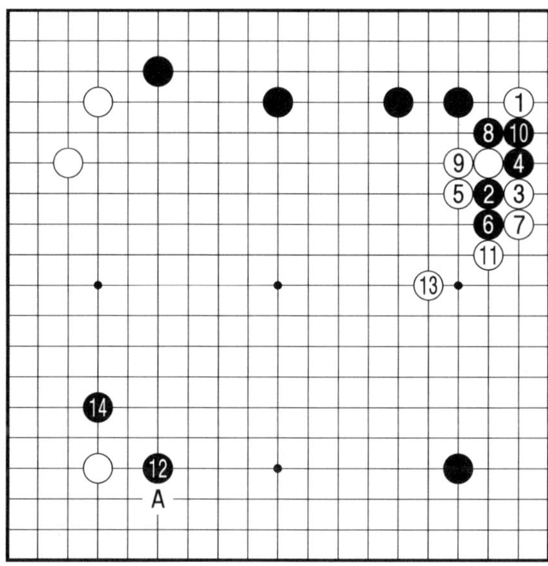

7도

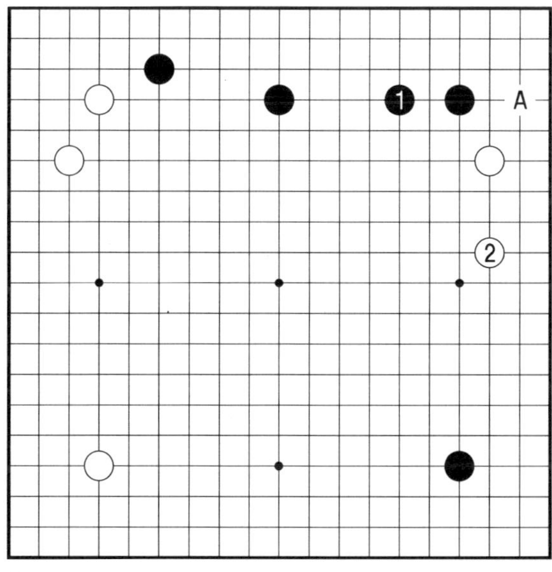

8도

7도(흑의 연구)

백1로 날일자했을 때 흑2로 옆구리에 붙이는 수가 현대에 와서 개발된 수법이다. 계속해서 백3으로 젖힌다면 흑4로 끊는 것이 상용수법으로 이하 흑14까지가 예상되는 포석진행이다. 수순 중 흑12는 축머리를 활용한 것으로 A에 걸치는 수도 가능하다.

8도(백, 세력 견제)

흑1로 한칸 뛰었을 때 백은 전도의 진행을 피해 A에 날일자하지 않고 곧장 2로 두칸 벌려 두는 수도 가능하다. 백2는 어디까지나 흑 세력을 상하로 갈라쳐 입체적인 세력 작전을 견제하겠다는 뜻이다.

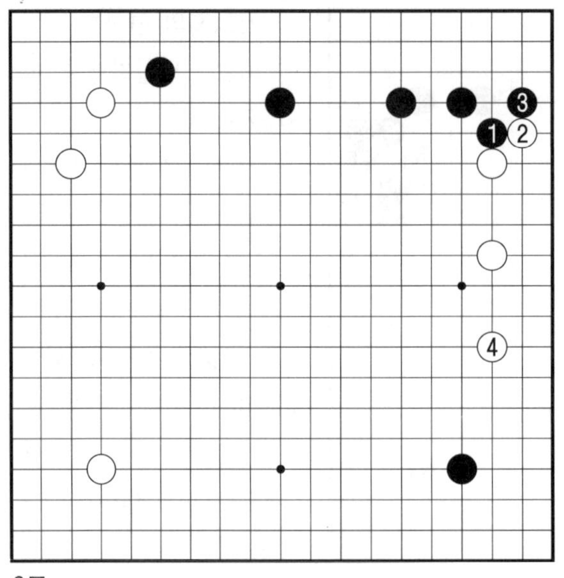

9도

9도(백의 대비책)

전도 이후 흑1의 마늘모붙임에는 백2로 젖힌 후 흑3 때 손을 빼는 것이 요령이다. 백4로 두칸 벌려 속도를 중시하는 포석이 되는데 백이 활발한 진행이다.

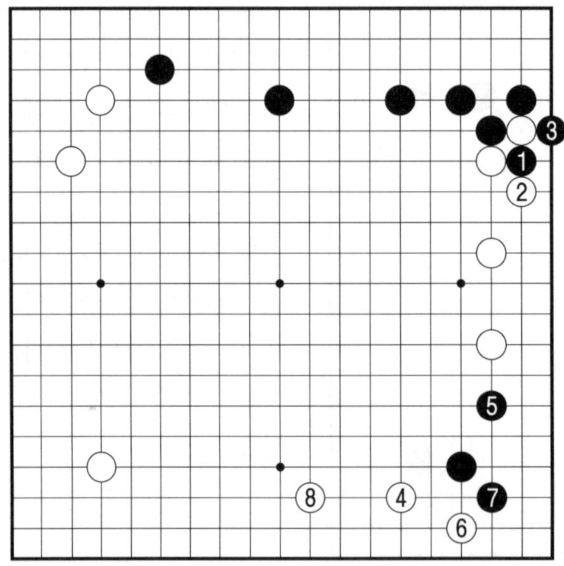

10도

10도(백, 활발)

전도 이후 흑1로 단수 쳐서 백 한점을 잡는 것은 시기를 잘 선택해야 한다. 흑3으로 따내 두텁게 실리를 확보할 수 있지만 백4로 걸친 후 이하 8까지 처리하면 백의 속도가 돋보이는 포석이다.

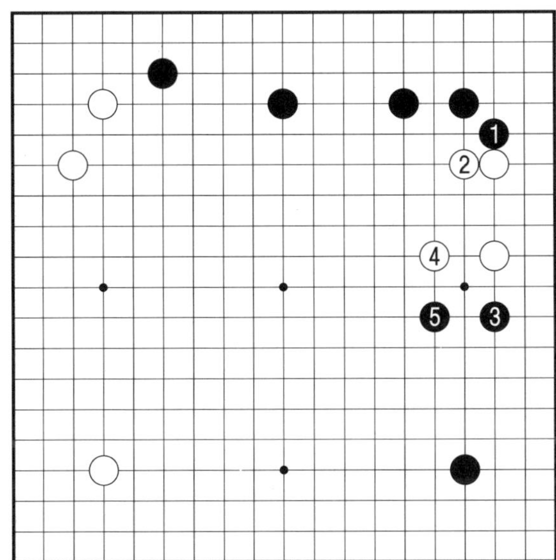

11도

11도(흑, 공격적)

흑1로 마늘모 붙였을 때 평범하게 백2로 올라서는 것은 이 경우 의문이다. 흑은 3으로 다가선 후 백4 때 흑5로 한칸 뛰어 백 전체에 대한 공격을 엿볼 수 있다. 이 진행은 아무래도 흑의 능동적인 포석이다.

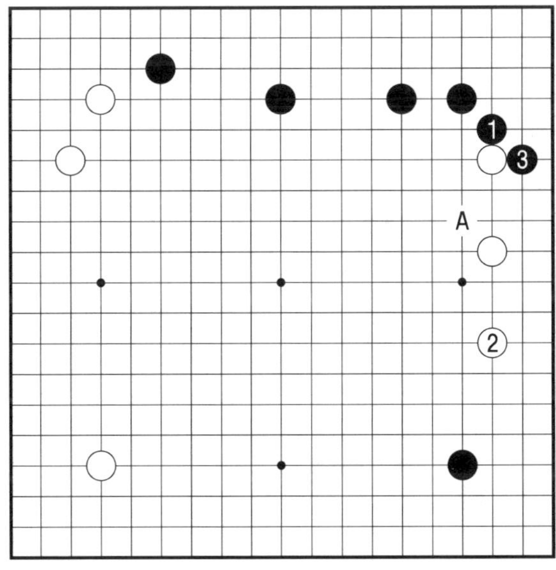

12도

12도(백, 불만)

흑1로 붙였을 때 곧장 백2로 두칸 벌리는 것은 좋지 않다. 흑3으로 젖히면 귀의 실리가 클 뿐 아니라 백이 엷은 모습이다. 흑3으로는 세력을 중시하여 A에 어깨짚는 수도 가능하다.

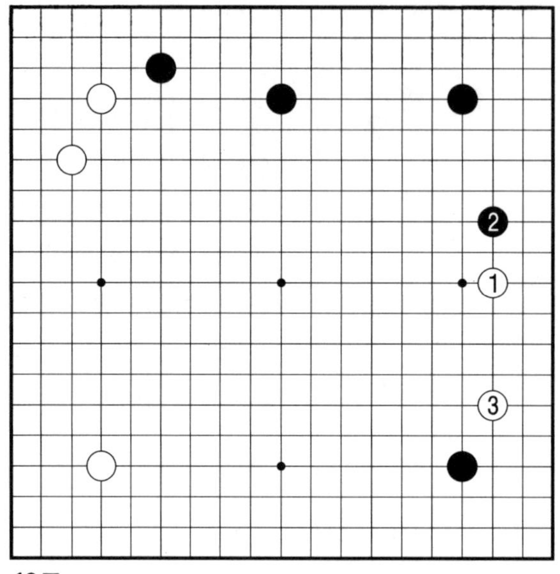

13도

13도(유연한 갈라침)

백은 우상귀에 걸치지 않고 1로 갈라쳐서 두는 수도 가능하다. 백1은 양쪽 벌림을 보며 유연하게 국면을 이끌겠다는 뜻이다. 계속해서 흑2로 다가선 것은 돌의 배석상 올바른 방향이다.

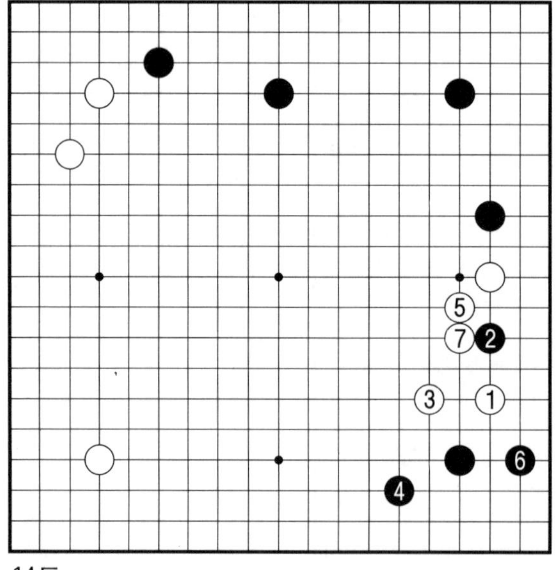

14도

14도(무난한 갈림)

전도에 계속해서 백1로 걸치면 흑은 2로 뛰어드는 것이 한 가지 좋은 응수법이다. 계속해서 백은 3으로 한칸 뛴 후 5에 씌워 흑 한점을 제압하게 되는데 흑6, 백7까지 쌍방 무난한 갈림이다.

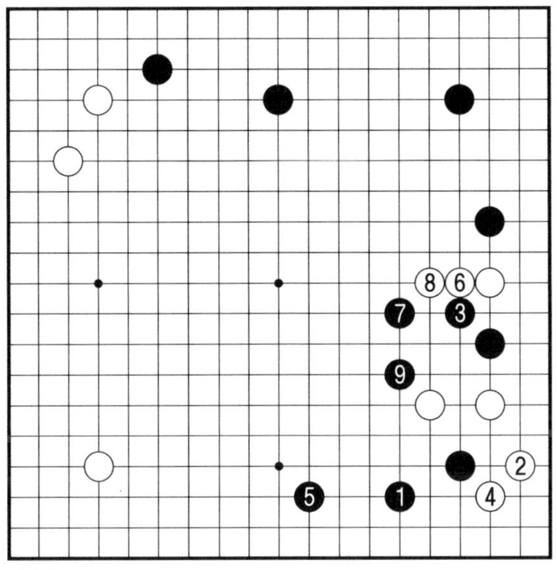

15도

15도(최신 포석)

전도는 백이 두텁지만 아무래도 흑의 실리가 돋보이는 모습. 그래서 흑1 때 백은 전도의 진행을 피해 2로 날일자하는 수가 성립한다. 계속해서 흑3으로 마늘모한 것은 기세상 당연하며 이하 흑9까지가 최신 포석. 치열한 중앙전이 관건으로 떠오른다.

16도

16도(눈목자 걸침)

흑1로 다가섰을 때 알기 쉽게 형태를 결정짓고 싶다면 백2의 눈목자 걸침이 무난하다. 계속해서 흑3으로 받는다면 백4로 방향을 전환하는 것이 좋은 수로 흑5, 백6까지가 예상되는 포석 진행이다.

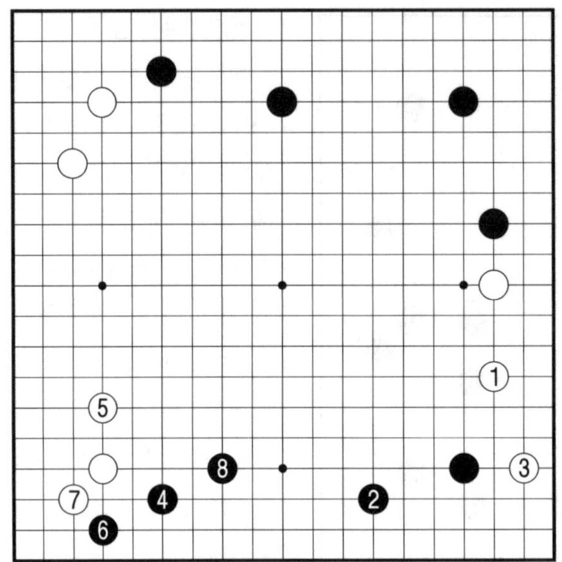

17도

17도(흑, 하변 중시)

백1로 걸쳤을 때 흑2로 눈목자한 것은 하변을 중시한 수이다. 계속해서 백3으로 미끄러진다고 볼 때 흑4로 걸쳐서 이하 흑8까지 하변을 이상적인 형태로 구축할 수 있다.

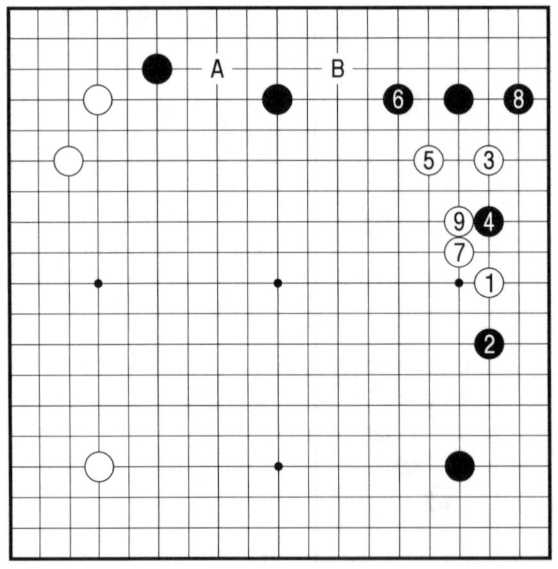

18도

18도(흑, 방향착오)

백1로 갈라쳤을 때 흑2로 다가서는 것은 방향착오이다. 계속해서 백3으로 바짝 걸치고 흑4 이하 백9까지가 예상되는 진행인데 이 결과는 흑의 상변 세력을 견제한 백이 유리하다. 상변 흑 진영은 A와 B의 약점이 남아 있어서 완전한 집으로 볼 수 없다.

2연성 포석 2(2연성 대응) — 실리형 포진

    백1로 날일자했을 때 흑이 상변에 곧장 전개하지 않고 2로 날일자한 것은 실리를 중시한 포석 형태이다. 계속해서 백3으로 받고 흑4로 전개한 이후의 포석 진행을 검토해 보기로 한다.

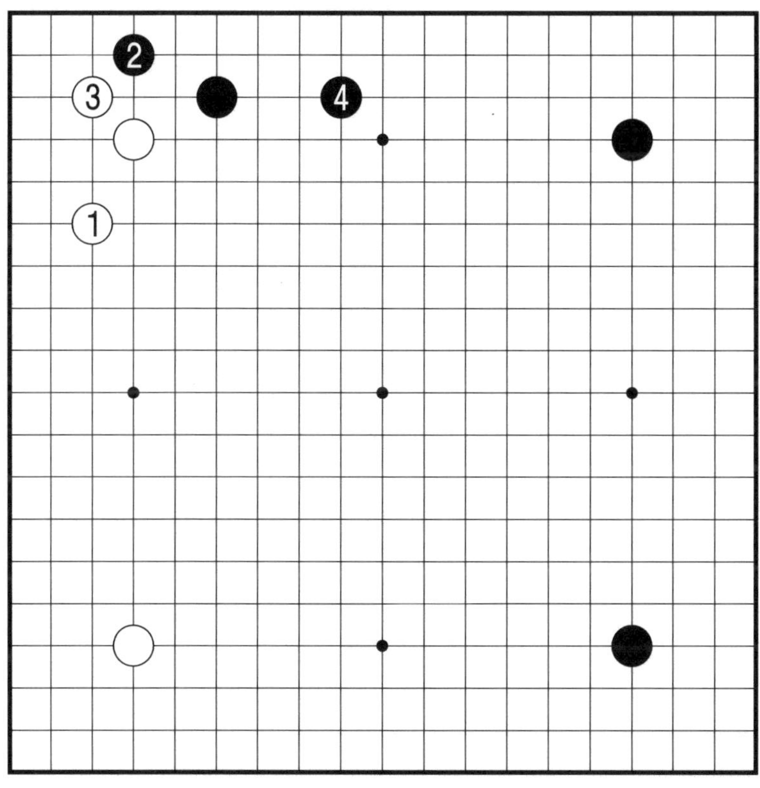

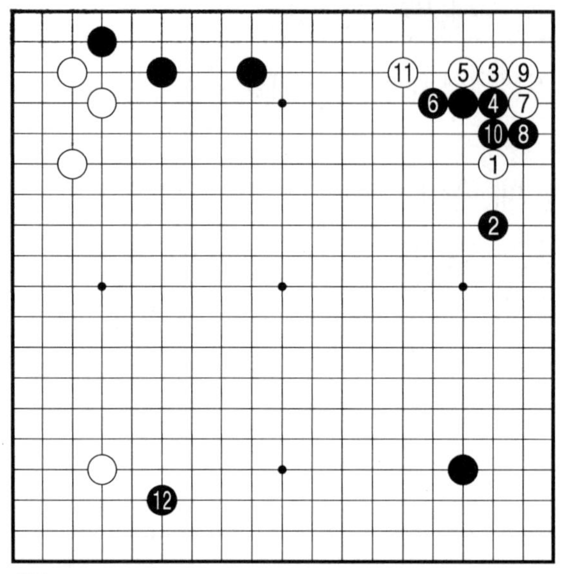

1도

1도

1도(흑, 속도 중시)

장면도 이후 백은 1로 걸치는 것이 가장 무난한 수이다. 계속해서 흑은 2로 한칸 협공하는 것이 좋은 정석선택. 이하 백 11까지 정석이 이루어지는 것을 기다려 흑12로 걸쳐 속도감있게 포석을 진행시킬 수 있다.

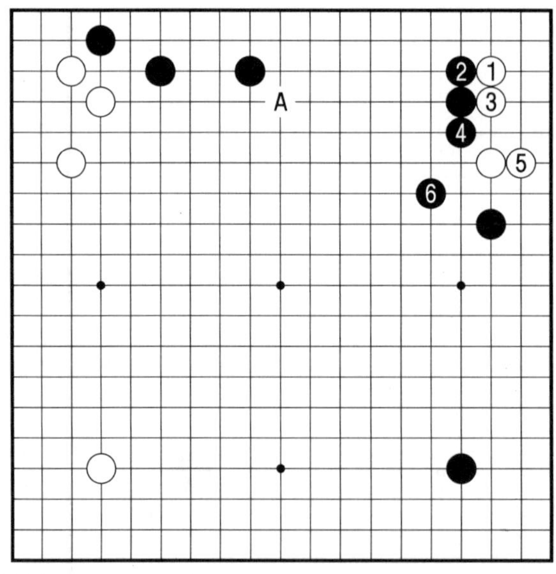

2도

2도

2도(흑, 의문)

백1로 3·三 침입했을 때 흑2로 막는 것은 의문이다. 백3 이하 흑6까지 상변을 입체적으로 키우겠다는 것이 흑의 작전. 그러나 상변은 백A로 어깨짚는 절호의 삭감수가 남아 흑 세력이 큰 위력을 발휘하지 못한다.

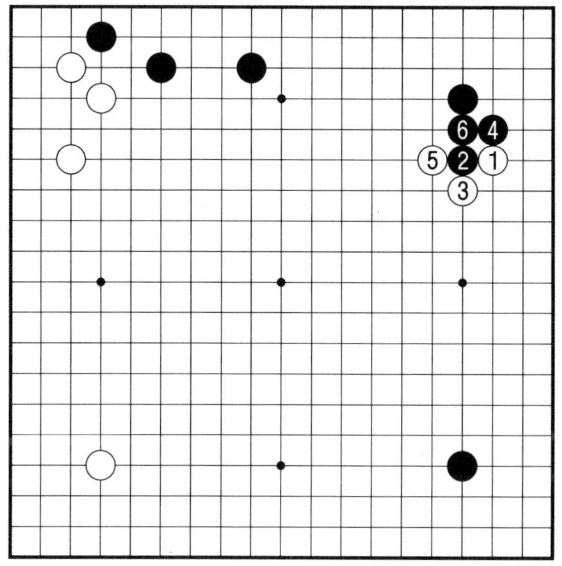

3도

3도(붙여막음)

백1로 걸쳤을 때 흑은 한칸으로 협공하지 않고 2·4로 붙여 막는 정석선택도 가능하다. 이와 같은 정석은 귀의 실리를 튼튼히 지키겠다는 뜻으로 이른바 '이창호 정석'으로 불리고 있다.

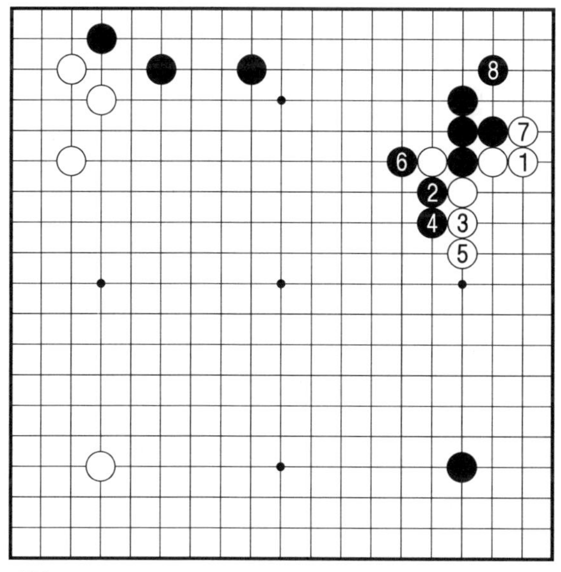

4도

4도(호각)

전도 이후 백1로 내려서면 알기 쉬운 정석진행이 이루어진다. 계속해서 흑2로 끊은 것은 상용수단이며 이하 흑8까지가 예상되는 진행이다. 이 결과는 흑이 튼실하게 귀와 상변의 실리를 굳힌 반면에 백도 선수로 형태를 갖추어 쌍방 불만없는 모습이다.

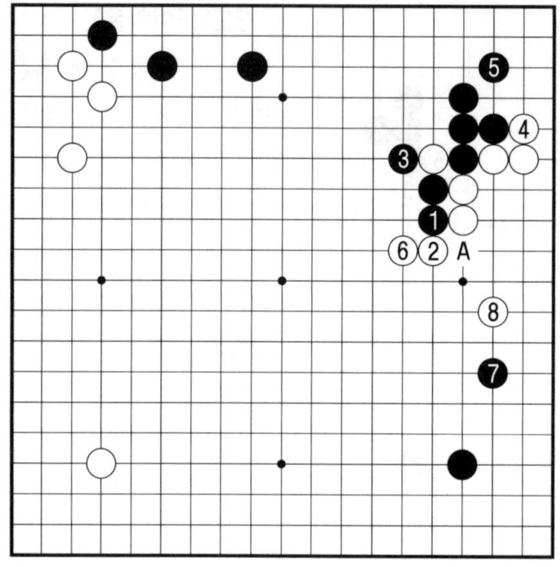

5도

5도(백의 강수)

전도의 수순 중 흑1로 밀었을 때 백은 2로 젖히는 강수도 성립한다. 백2는 중앙을 중시한 수로 흑3 때 백4, 흑5를 기다려 백6으로 뻗는 것이 요령이다. 그러나 흑7로 다 가섰을 때 A의 약점 관계상 백8이 불가피한 만큼 후수가 된다는 것이 전도와의 차이점이다.

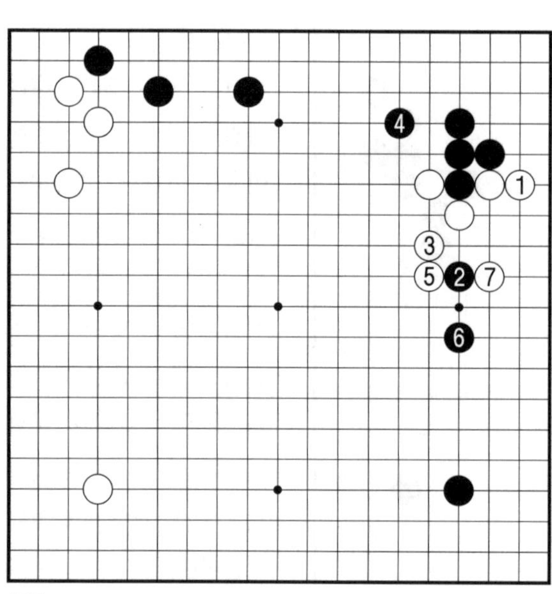

6도

6도(흑, 능동적)

백1로 내려섰을 때 흑은 2로 바짝 다가서는 능동적인 작전도 가능하다. 계속해서 백3으로 호구친 수는 가장 간명한 선택으로 이하 백7까지가 기본형이다. 이 진행 역시 쌍방 불만없다.

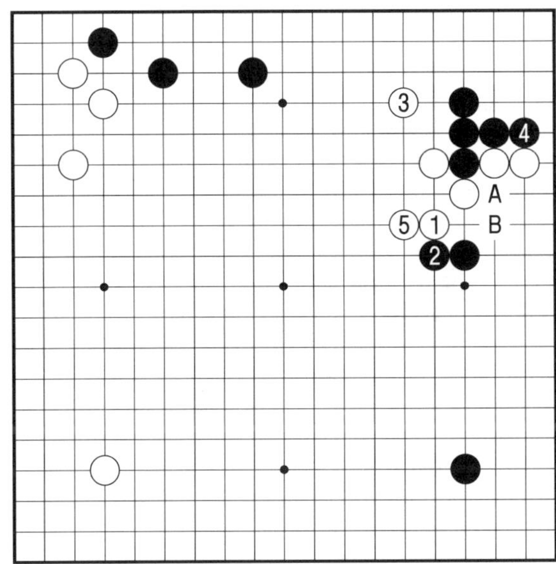

7도

7도(흑, 불만)

백1로 호구쳤을 때 흑이 전도의 수순을 따르지 않고 2로 막는 것은 좋지 않다. 이때는 백3으로 날일자해서 봉쇄하는 것이 좋은 수로 흑4로 지켜야 할 때 백5로 뻗는 것이 요령이다. 이후 흑A에는 백B로 그만이다.

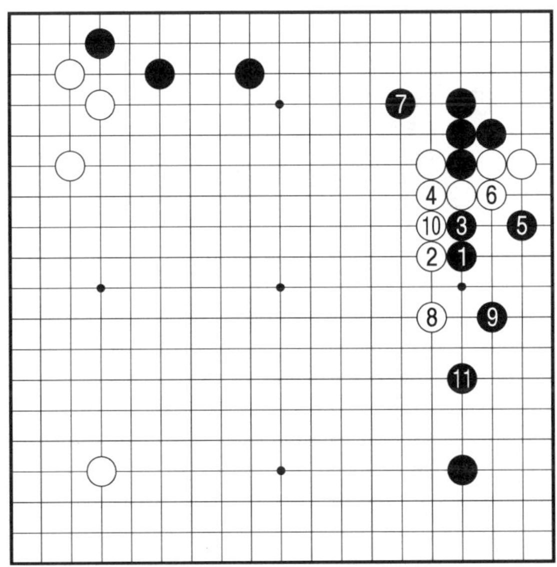

8도

8도(흑, 활발)

흑1로 다가섰을 때 백은 2로 붙여 응수하는 수도 성립한다. 계속해서 흑은 3으로 치받고 5로 뛰는 것이 요령이다. 이하 흑11까지가 기본형인데 흑이 양쪽을 모두 처리해서 활발한 포석이다.

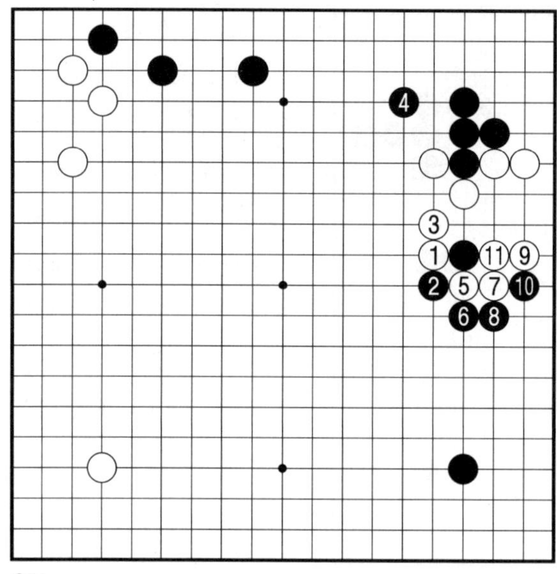

9도

9도(백, 만족)

백1로 붙였을 때 흑이 전도의 수순을 따르지 않고 곧장 2로 젖히는 것은 좋지 않다. 백3으로 뻗으면 흑은 4로 받는 정도인데 백5로 끊는 수가 성립한다. 이하 백11까지 실리를 크게 차지해서는 백이 유리한 결말이다.

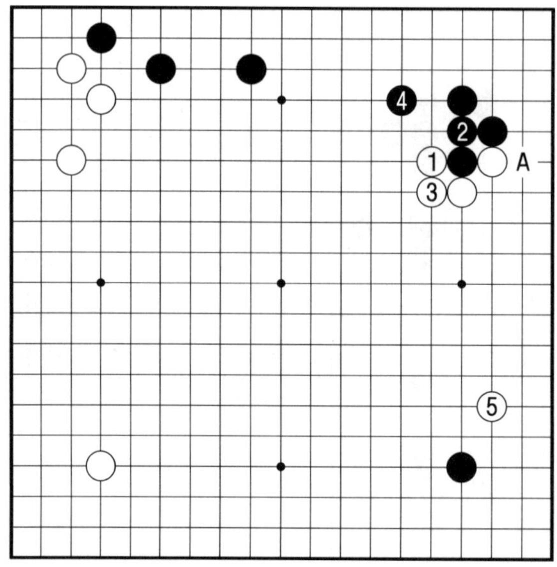

10도

10도(백의 작전)

백1로 단수치고 흑2로 이었을 때 백A에 내려서는 수로는 백3으로 잇는 수도 가능하다. 이 수는 능동적인 포석 잔전을 펼치고자 할 때 유력한 수단으로 흑4를 기다려 백5로 걸치겠다는 뜻이다.

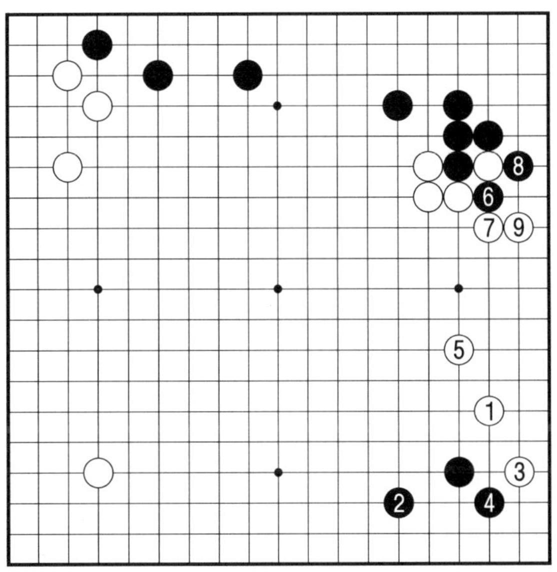

11도

11도(상용 포석)

백1로 걸쳤을 때 흑2로 받으면 가장 무난하다. 계속해서 백3으로 날일자 하고 흑4, 백5까지 백은 우변을 이상적으로 굳힐 수 있다. 흑은 6·8로 백 한점을 선수로 취할 수 있다는 것이 자랑이다.

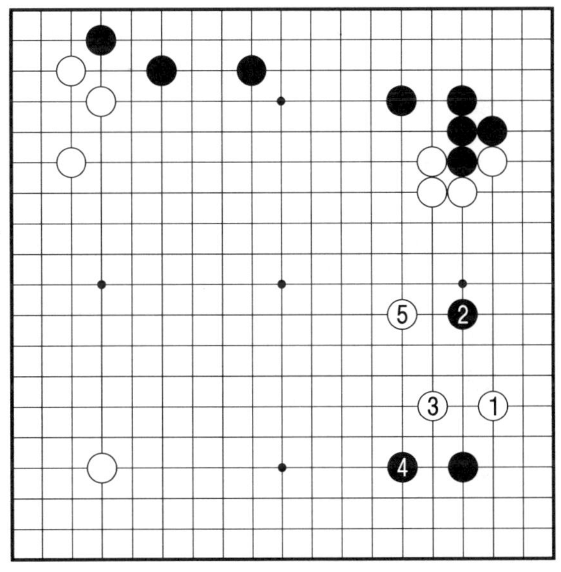

12도

12도(흑의 적극책)

백1로 걸쳤을 때 흑2로 협공한 것은 평범하게 두 어주지 않겠다는 뜻이다. 계속해서 백3으로 한칸 뛰고 흑4 때 백5로 모자 씌운 것은 공격에 주안점 을 둔 수이다.

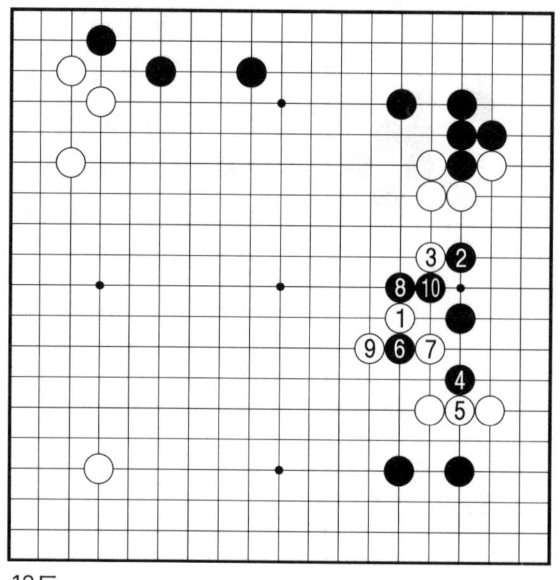

13도

13도(중앙전)

백1로 모자씌우면 흑은 2로 한칸 뛴 후 4에 들여다보는 것이 요령이다. 계속해서 백5로 잇는 정도일 때 흑6·8로 중앙진출이 가능하다. 이하 흑10까지가 예상되는 진행인데 피차 중앙전이 어렵다.

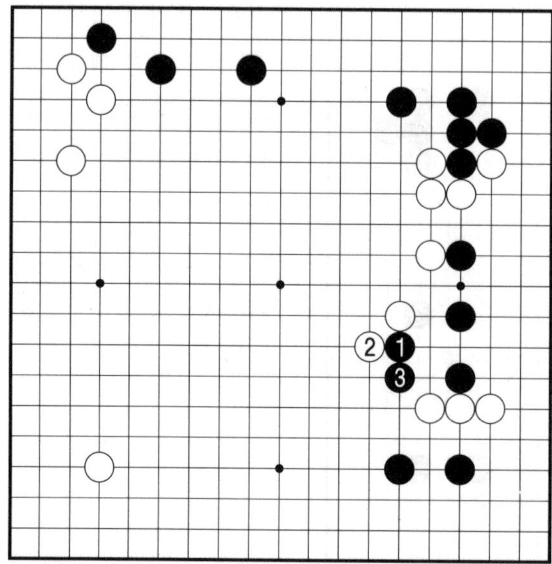

14도

14도(백, 곤란)

흑1로 붙였을 때 백이 전도의 진행을 따르지 않고 백2처럼 바깥으로 젖히는 것은 대악수이다. 흑3으로 뻗으면 백은 양분된 형태가 되어 수습이 곤란한 모습이다.

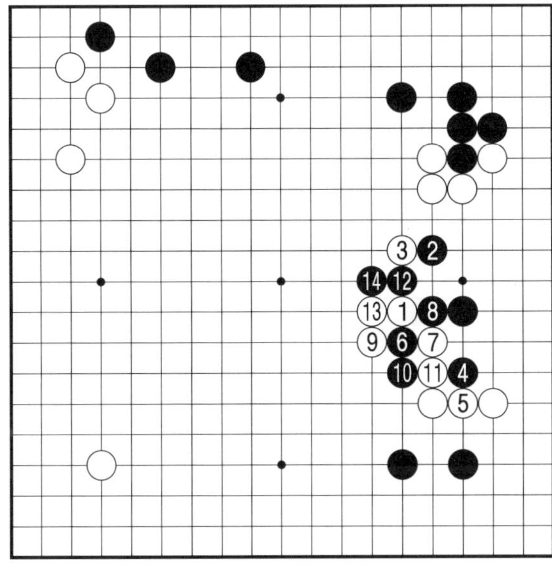

15도

15도(흑의 변화)

백1로 모자씌웠을 때 흑은 2로 날일자하는 수도 성립한다. 계속해서 백3으로 봉쇄한다면 흑4로 들여다본 후 6으로 붙이는 것은 전도와 동일한 요령이다. 이하 흑14까지가 예상되는 진행인데 이 역시 중앙전이 관건이 된다.

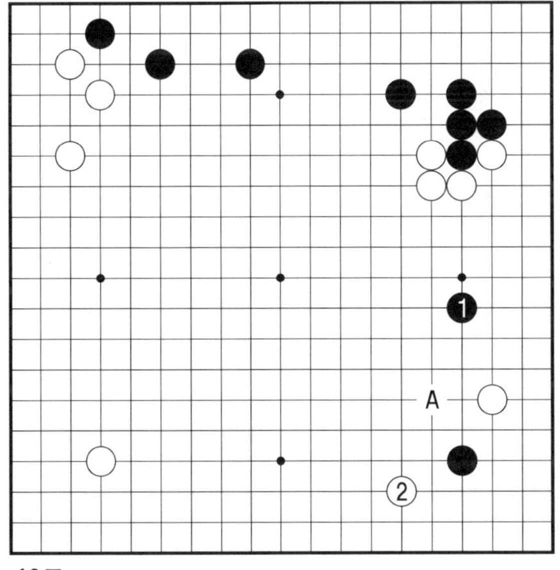

16도

16도(양걸침의 뜻)

흑1로 협공했을 때 백A에 한칸 뛴 수로는 백2로 양걸침하는 수도 성립한다. 백2의 양걸침은 전도처럼 급격한 접근전을 벌이기 보다는 흑의 응수 여하에 따라 착점을 결정짓겠다는 고등수법이다.

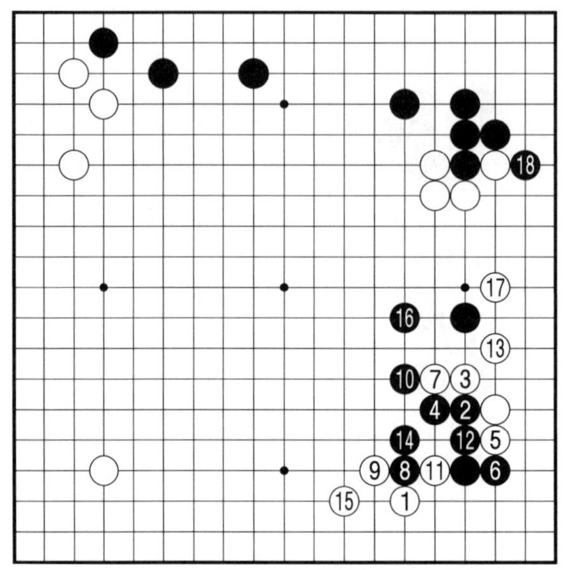

17도

17도(무난한 갈림)

백1로 양걸침하면 흑은 2로 붙이는 것이 올바른 방향이다. 계속해서 백3 으로 젖히고 이하 백17까 지는 정석적인 진행이며 흑18로 단수쳐서 형태가 일단락된다. 이 결과는 쌍방 무난한 갈림이다.

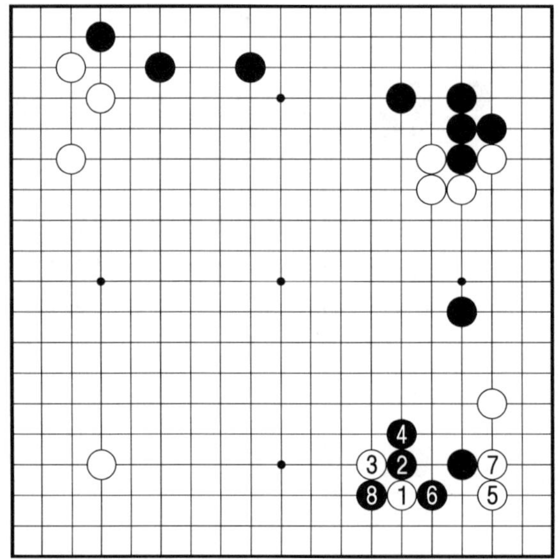

18도

18도(흑, 불만)

백1로 걸쳤을 때 흑2로 붙이는 것은 방향착오이 다. 백은 3으로 젖힌 후 흑4 때 백5로 3·三 침입 하는 것이 좋은 수순이다. 이하 흑8까지가 정석적인 진행인데 우변에서 협공 한 흑 한점이 이상한 곳에 위치하고 있는 만큼 이 결 과는 백이 유리하다.

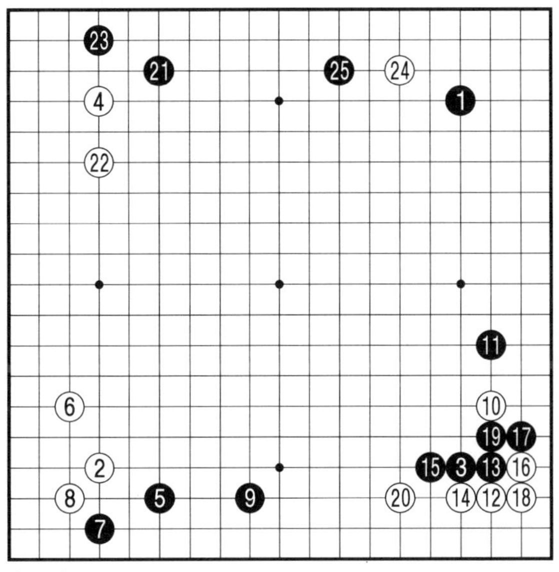

〈1보〉

1보(1~25)

7기 기성전 도전2국에서 백의 이창호에게 흑의 조훈현이 시도한 2연성 포석이다. 흑23까지 초창기 2연성의 포석 흐름이다. 백24의 걸침에 흑25로 급공한다.

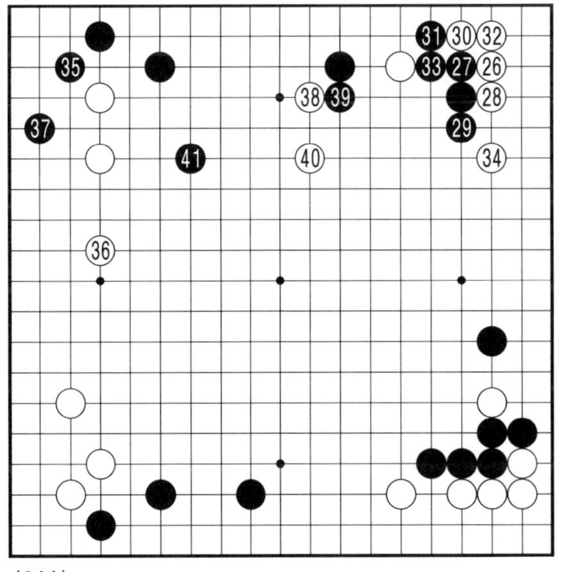

〈2보〉

2보(26~41)

흑37까지 두 사람의 대국에 자주 진행되는 흐름이다. 백38의 삭감에 흑39로 밀고 41로 뛰어 흑의 흐름이 다소 가볍다.

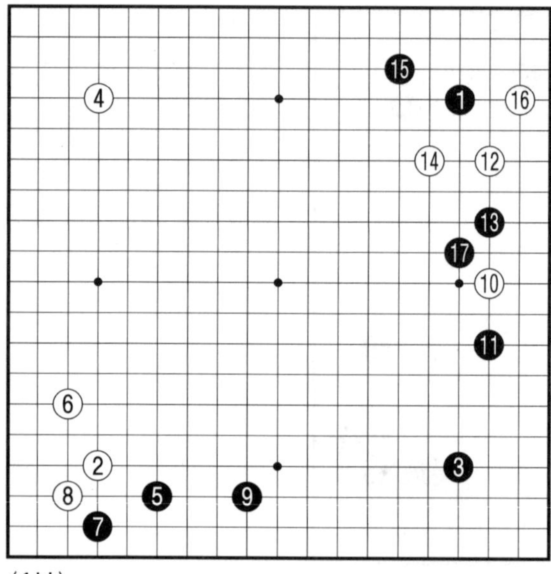

〈1보〉

1보(1~17)

30기 왕위전 도전6국에서 백의 유창혁과 흑의 이창호가 둔 대국이다. 초창기 2연성 포석에서는 백10의 갈라침이 자주 등장한다. 백16에 대해 흑17로 서로 반발하고 있다.

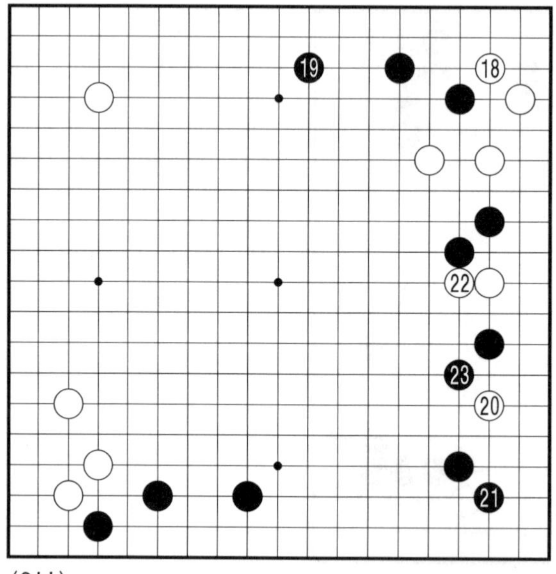

〈2보〉

2보(18~23)

백18과 흑19는 당연한 교환이며 백20의 침입이 당시 신수였다. 이에 대한 흑21의 대응이 매우 강력하다.

2연성 포석 3(2연성 대응) — 고등전략

2형의 진행 중 백이 귀를 지키지 않고 백1로 먼저 걸쳐가는 수순도 있다. 흑의 응수여하에 따라 작전을 바꾸겠다는 고등전략이다. 그럼 백1 다음의 포석 진행을 검토해 보기로 한다.

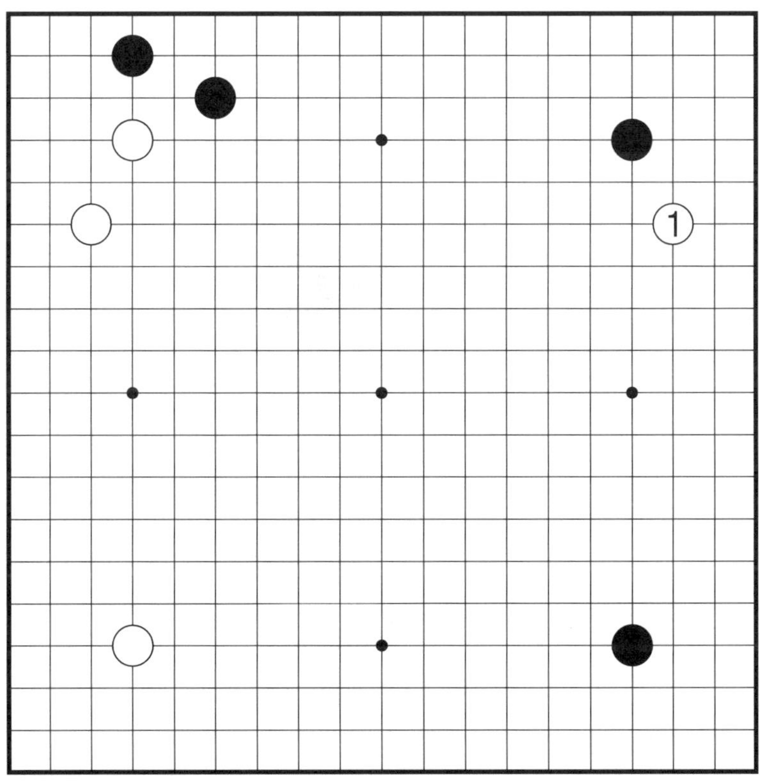

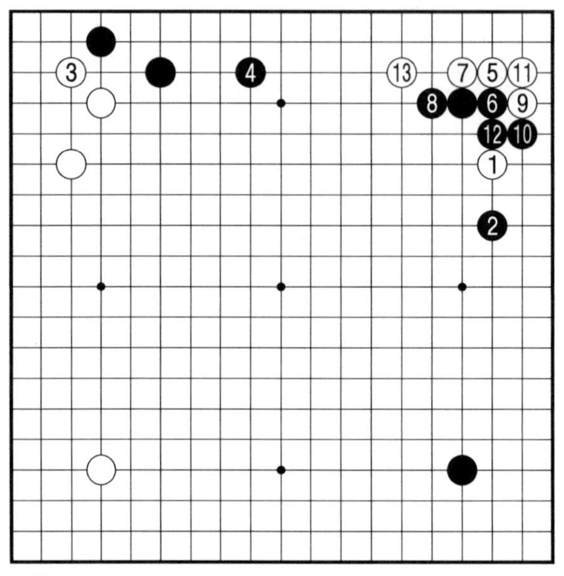

1도

1도(2형 1도로 환원)

백1로 걸치고 흑2로 한 칸 협공했을 때 백3으로 지킨다면 2형의 1도로 환원된다. 흑4 이하 백13까지 쌍방 불만없는 진행이다.

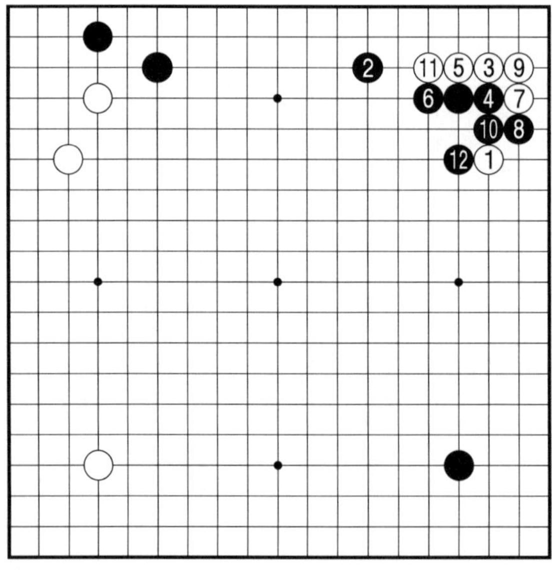

2도

2도(흑의 유인책)

백1 때 흑은 2로 넓게 두어 백에게 3·三 침입을 유도할 수도 있다. 계속해서 흑4로 막고 이하 흑12까지 이것도 요즘 개발된 정석의 일종이다.

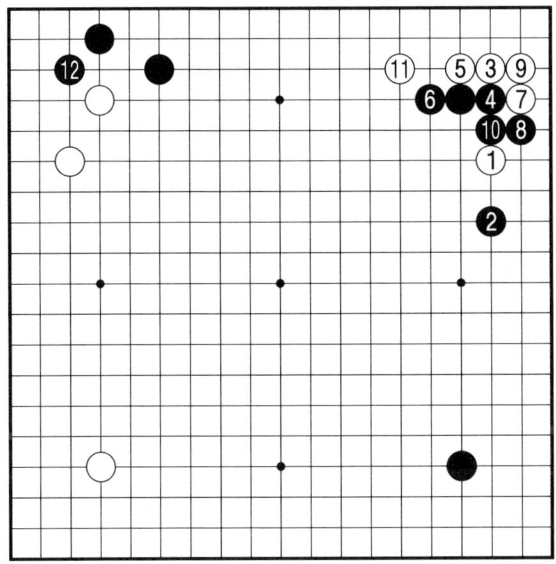

3도

3도(흑, 발빠름)

흑2의 협공에 백3처럼 곧바로 3·三에 들어가면 백11까지 교환된 다음 흑 12로 흑이 먼저 귀를 차지하는 진행이 예상된다. 이 진행은 흑이 한발 앞서가는 포석 흐름이다.

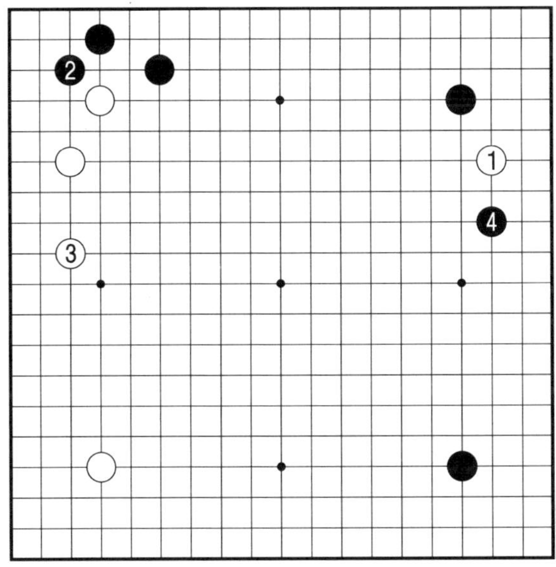

4도

4도(흑의 권리)

흑은 먼저 2를 두어 백 3이 불가피할 때 흑4로 협공할 수도 있다. 물론 백도 충분히 둘 수 있는 형태이다.

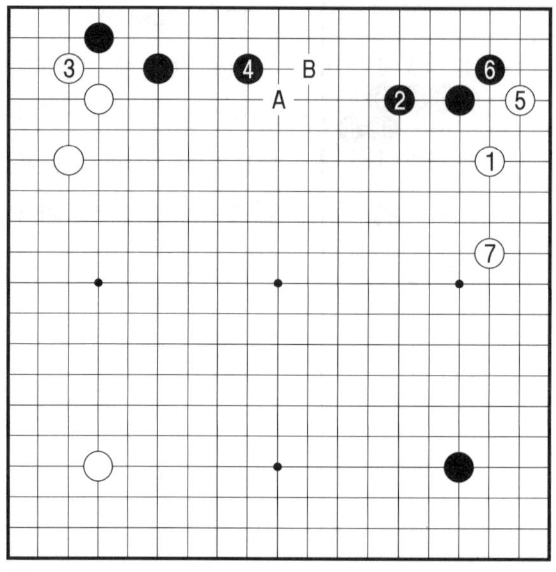

5도

백1의 목적은 흑2로 받기를 바라는 것이다. 이때 백3, 흑4를 교환한 후 이하 백7까지의 진행이 예상된다. 이 결과는 흑이 상변에 완벽하지 못한 포진으로 편재되어 흑의 불만이다. 참고로 상변에는 백A의 어깨짚음이나 백B의 침입이 흑의 약점으로 남는다.

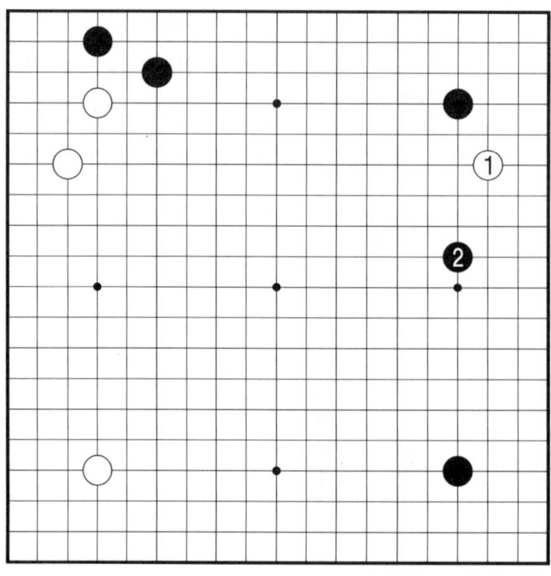

6도

6도(흑의 자유)

흑은 2로 두칸 높은 협공을 할 수도 있다. 어떻든 흑으로선 보다 능동적으로 국면을 이끌기 위해서는 협공을 선택하는 것이 바람직하다.

제4형

2연성 포석 4(2연성 대응) — 한칸협공에 3·三 침입

흑1로 걸쳤을 때 백2의 한칸 협공은 최근 즐겨 쓰는 수법이다. 흑3으로 3·三 침입한 것은 간명하게 실리를 차지하고 두겠다는 작전이다. 이후의 포석 진행을 살펴보기로 한다.

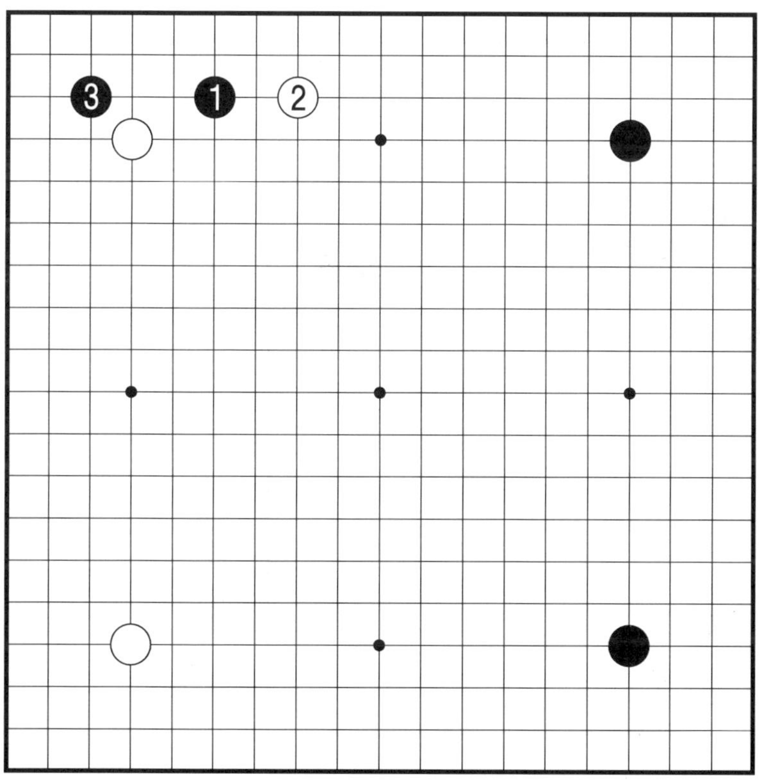

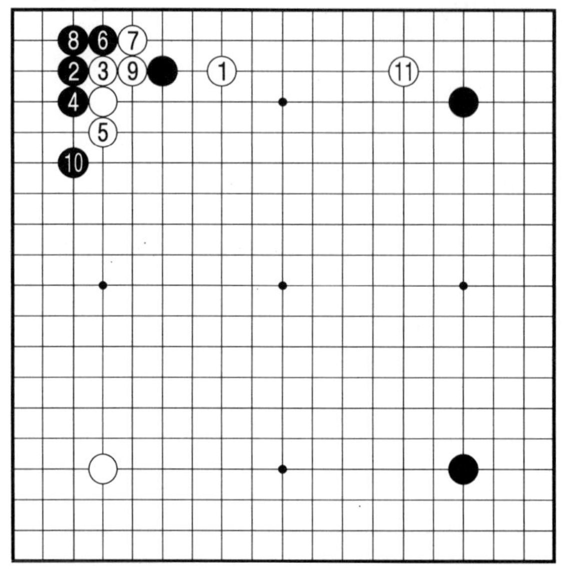

1도

백1의 한칸협공은 최근에 개발된 포석수법. 흑은 3·三에 들어가서 실리를 차지하는 것이 가장 알기 쉬운 포석이다. 이하 백11까지는 상용의 포석진행이다.

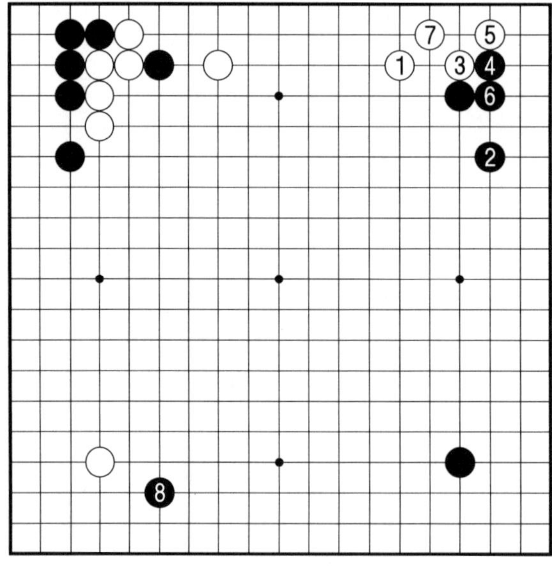

2도

2도(되젖힘)

백1로 걸치면 흑은 2로 날일자해서 받는 것이 가장 무난하다. 계속해서 백은 3으로 붙인 후 흑4 때 백5로 되젖히는 것이 이 경우 좋은 정석선택이다. 계속해서 흑6으로 이은 것은 선수를 취하기 위한 것이며 백7, 흑8까지가 예상되는 포석진행이다.

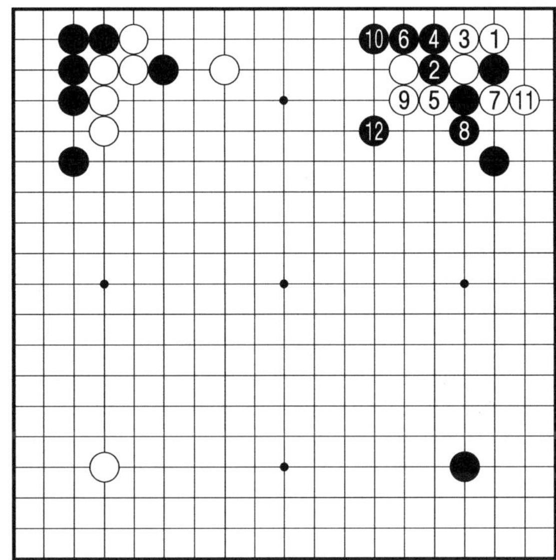

3도

3도(흑의 적극책)

전도의 수순 중 백1로 되젖혔을 때 흑은 2로 단수친 후 4에 돌파하는 수도 성립한다. 계속해서 백5로 끊고 이하 흑12까지가 정석적인 진행인데 실리와 세력의 전형적인 갈림이 된다.

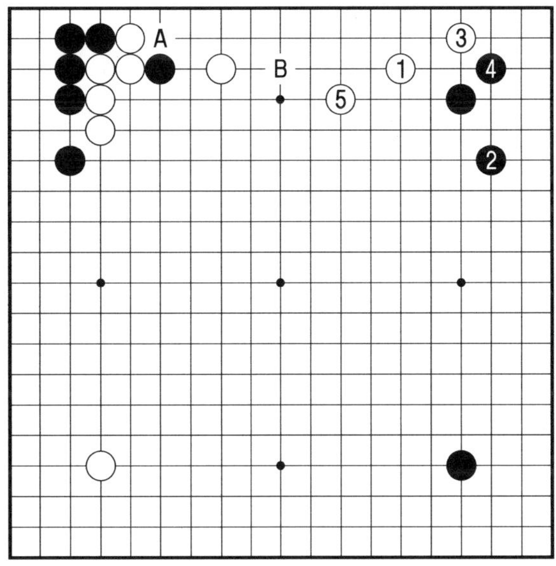

4도

4도(백의 약점)

백1로 걸치고 흑2로 받았을 때 평범하게 백3·5로 날일자해서 상변을 지키는 수는 최근 좋지 않은 수단으로 평가. 이 형태는 A에 넘자고 하는 약점과 B에 침입하는 약점이 상호 연관된 뒷맛으로 남아 있어서 완전한 집으로 볼 수 없다.

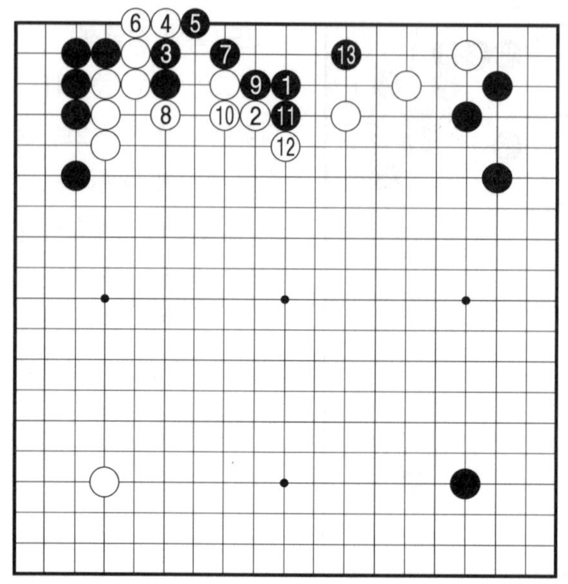

5도

5도(절호의 침입)

흑은 기회를 봐서 1로 침입하는 수가 성립한다. 백2로 마늘모해서 잡으러 온다면 흑3으로 넘자고 하는 것이 좋은 응수타진. 이후 백이 4로 젖혀 넘는 것을 방해한다면 흑5로 단수친 후 이하 13까지 손쉽게 수습이 가능하다.

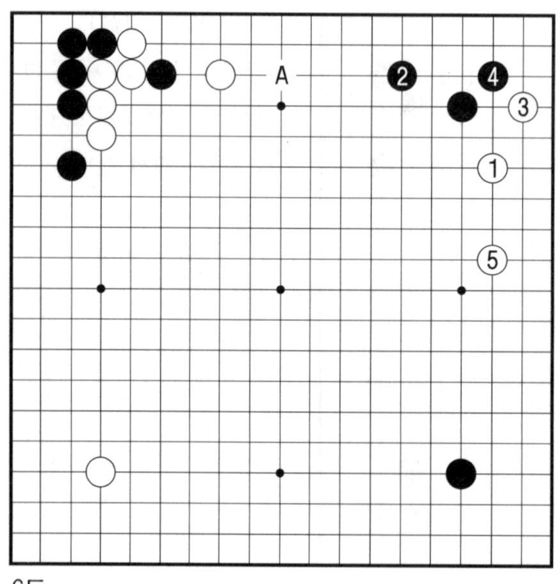

6도

6도(백의 선택)

백은 상변쪽에서 걸치지 않고 1로 걸쳐서 우변을 중시하는 수도 성립한다. 계속해서 흑2로 받고 이하 백5까지 상식적인 진행이 예상된다. 이후 흑은 A로 벌리는 것이 절호점으로 남는다.

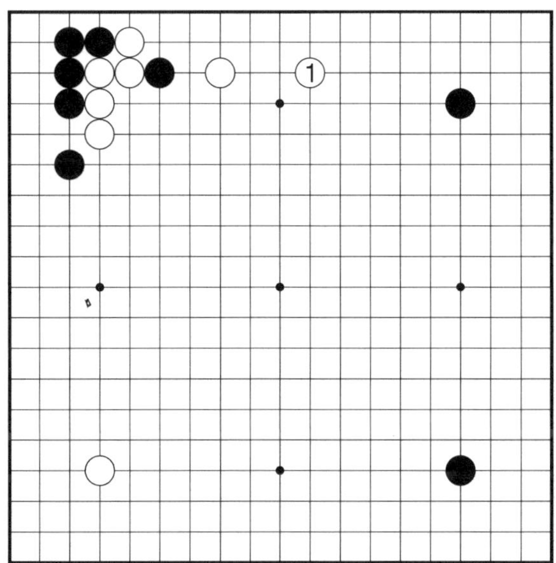

7도

7도(이창호류)

백은 1로 지켜 지구전으로 끌고 갈 수도 있다. 백1이 한수의 가치가 충분한 이유는 이 곳을 흑에게 점거당했을 때의 후속수단을 보면 알 수 있다.

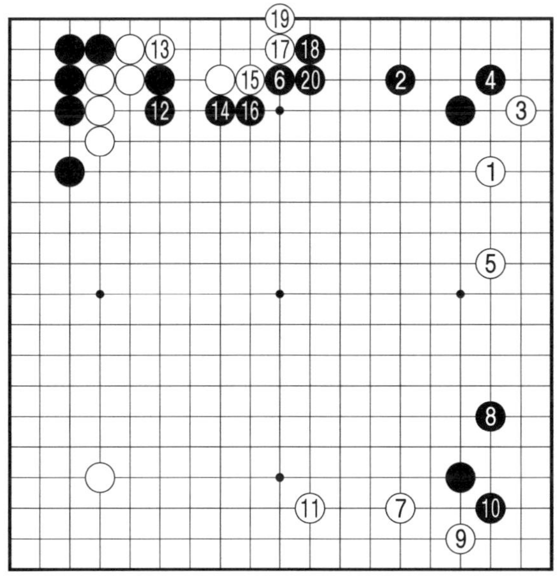

8도

8도(백, 엷음)

백1로 걸치고 이하 5까지 진행되고 나면 흑6의 자리가 크다고 했다. 흑6 이후의 후속수단이 대략 흑20까지의 진행이다. 이 결과는 상변의 흑이 두터운 반면 상변의 백은 아직 완생이 아니므로 백의 불만이다.

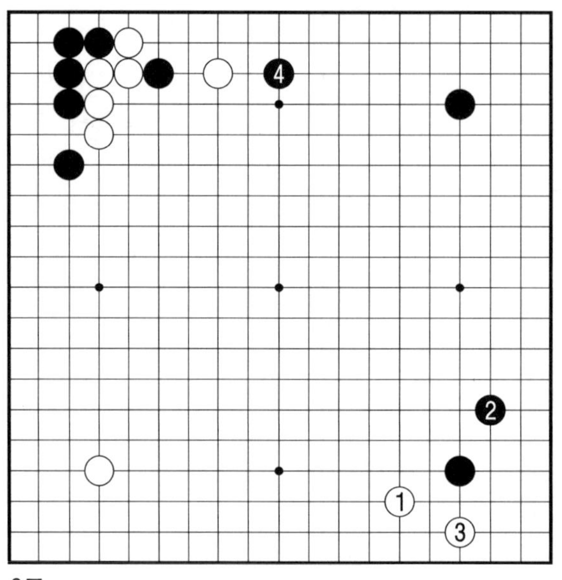

9도

9도(흑4가 요처)
백1·3에 대해서도 흑
은 곧바로 4에 둘 수 있
다. 이곳은 그만큼 중요
한 곳이다.

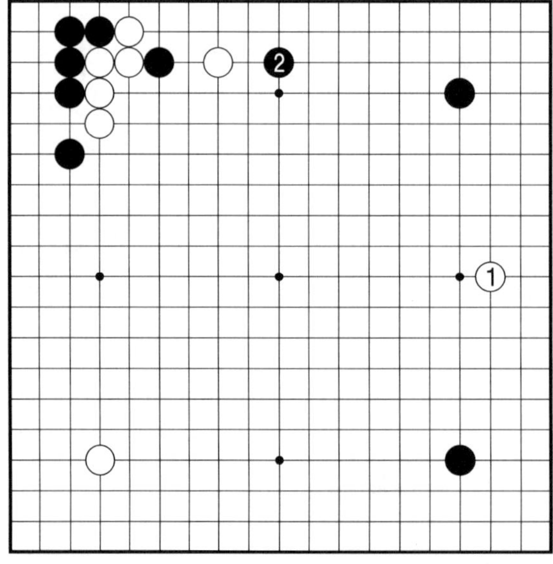

10도

10도(대동소이)
백1로 갈라쳐도 흑은
곧바로 2에 다가서서 둘
수 있다. 이 역시 흑은 백
의 뒷맛을 노리고 있다.

46

2연성 포석 5(2연성 대응) — 한칸협공에 양걸침

　백1로 협공했을 때 흑이 3·三에 들어가지 않고 2로 양걸침한 모습이다. 흑2의 양걸침은 현대 포석에서 나 볼 수 있는 적극적인 수단인데 이후의 변화를 살펴 보기로 한다.

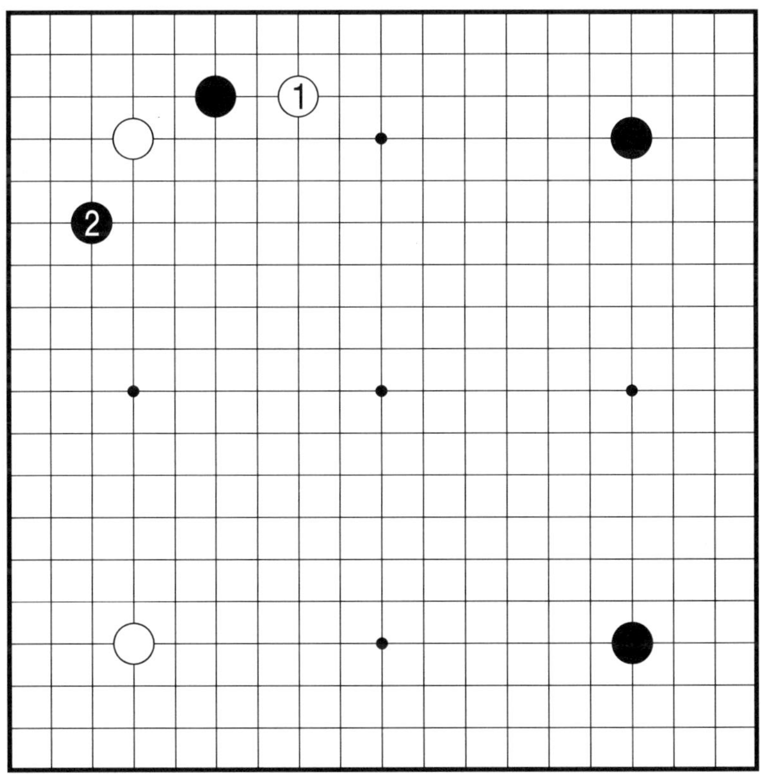

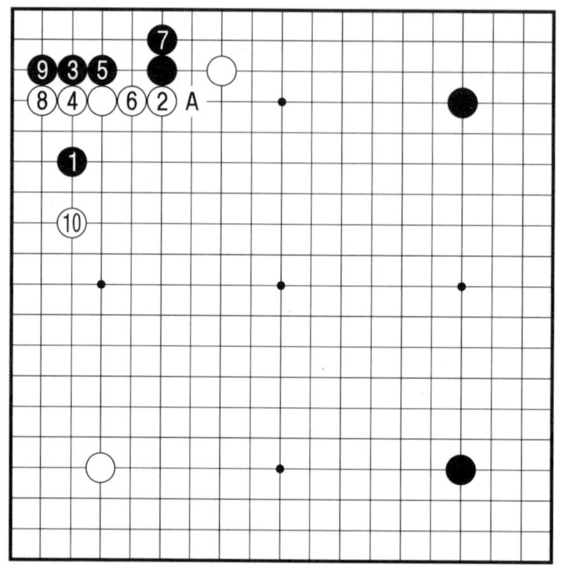

1도

1도(올바른 붙임)

흑1로 양걸침하면 백은 당연히 2로 붙일 곳이다. 계속해서 흑3으로 3·三에 들어간 것은 예정된 수순이며 이하 백10까지가 기본형이다. 흑은 실리, 백은 세력을 차지하는 갈림이 되는데 흑으로선 A에 젖히는 것이 노림이다.

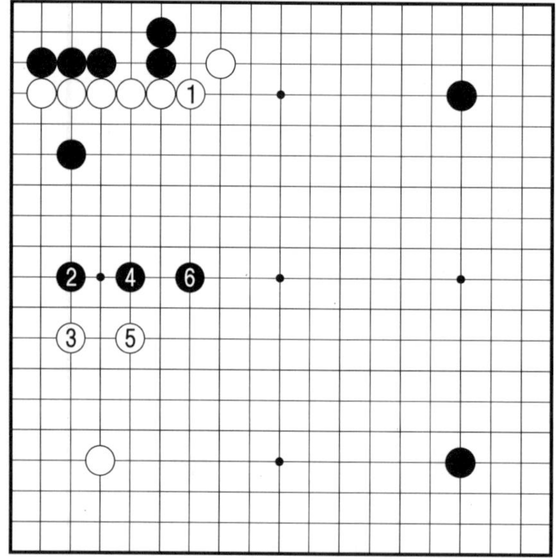

2도

2도(흑, 발빠름)

전도의 수순 중 백이 좌변에서 협공하지 않고 1로 뻗어 약점을 보강하는 것은 바람직하지 않다. 흑은 2로 전개하는 것이 좋은 수로 백3으로 다가서도 이하 흑6까지 안정하고 나면 백이 불리한 포석이다.

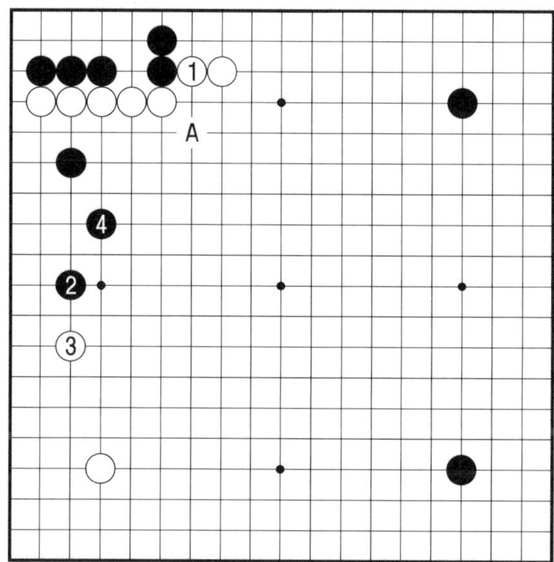

3도

3도(귀의 영향력)

　백은 굳이 두텁게 두고자 한다면 1로 치받는 것이 요령이다. 백1은 귀에 대한 영향력을 증가시키겠다는 뜻이다. 계속해서 흑2로 전개한 것은 당연하며 백3, 흑4까지가 예상되는 진행이다. 이후 흑은 A에 들여다보는 것이 좋은 선수활용이 된다.

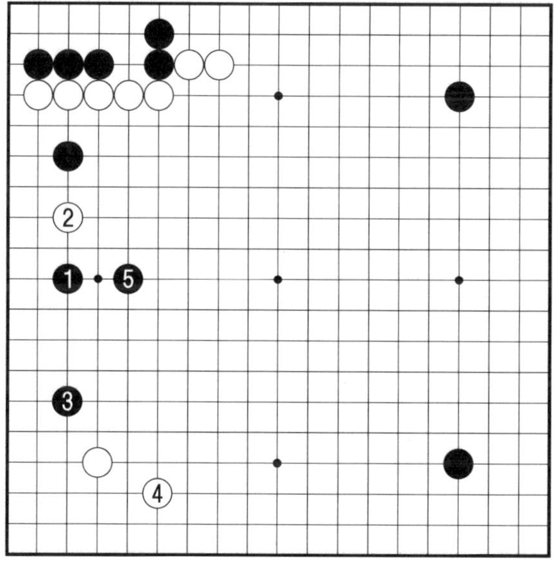

4도

4도(흑, 충분)

　흑1로 전개했을 때 곧장 백2로 침입한다면 직접 응수하지 않고 3으로 걸치는 것이 좋은 수이다. 백4로 받는 것을 기다려 흑5로 한칸 뛰면 이 진행은 흑이 활발하고 넓은 포석이다.

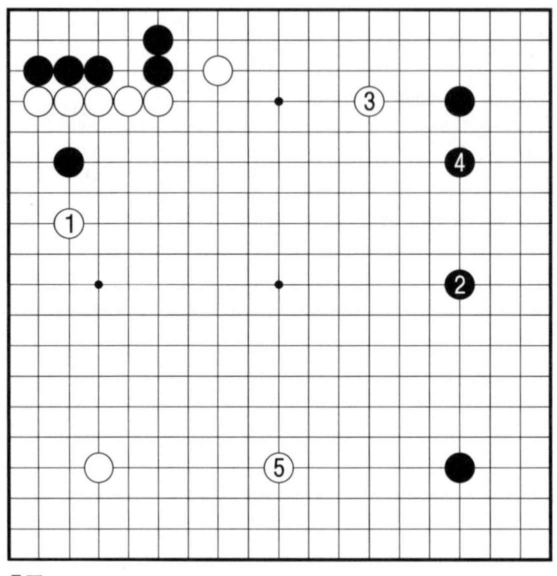

5도

5도(백, 활발)

백1로 한칸 협공한 이후의 포석진행이다. 계속해서 흑2로 우변에 전개한 것은 상식적인 수이지만 이 경우엔 약간 의문이다. 백3으로 두칸 높게 걸친 것이 적절한 선수활용으로 좌상귀 백의 약점을 간접적으로 보강하고 있다. 흑4 때 백5로 전개해서 백이 활발한 포석이다.

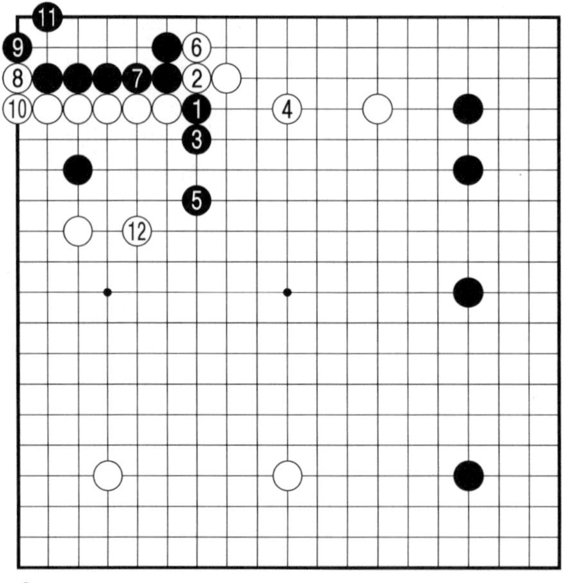

6도

6도(백, 유리한 싸움)

전도에 계속해서 흑1로 젖혀 백의 약점을 추궁하는 것은 좋지 않다. 백은 강력하게 2로 절단하는 것이 좋은 수로 흑3 때 백4로 날일자해서 유리한 싸움을 전개할 수 있다. 이하 백12까지는 예상되는 진행이다.

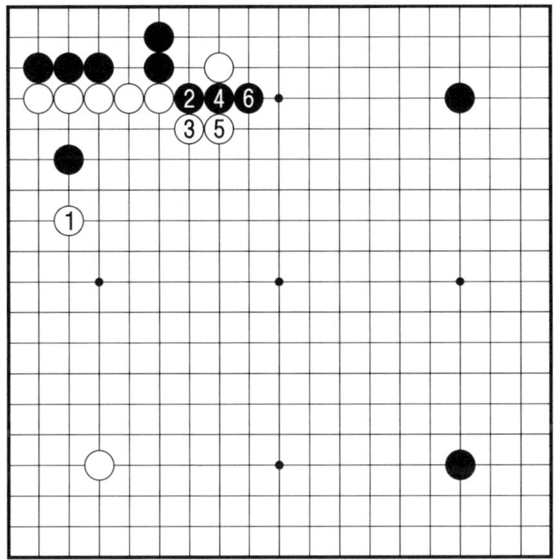

7도

백1로 협공했을 때 흑은 곧장 2로 젖혀가는 것이 좋은 수이다. 계속해서 백3·5로 늦춰 받는다면 이하 흑6까지 상변 백 한점을 포획해서 흑이 유리한 결과이다.

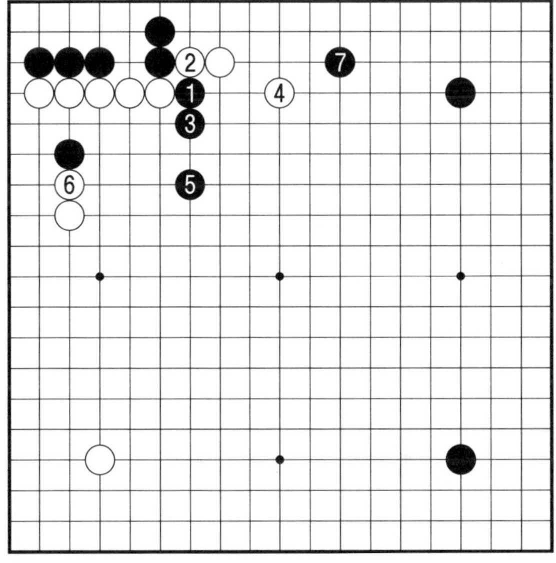

8도

8도(백6이 소극적)

흑1로 젖히면 백은 당연히 2로 끊을 곳이다. 계속해서 흑3으로 뻗은 것은 올바른 행마법이고 백4, 흑5 다음 백6은 소극적인 지킴. 흑7까지 쌍방 치열한 전투전의 양상이다. 이후는 중앙전이 관건인데, 돌의 배석상 아무래도 흑이 편한 싸움이다.

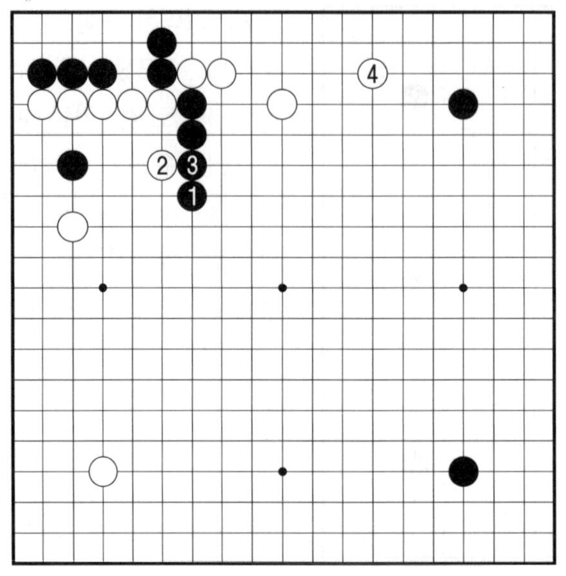

9도

9도(백의 책략)

전도의 수순 중 흑1로 한칸 뛰었을 때 백은 2로 들여다봐서 좌변을 선수로 처리할 곳이다. 흑3으로 잇는 것을 기다려 백4로 걸치는 것이 적절한 후속수단이다. 이렇게 되면 흑은 좌변 백의 엷음을 찔러야 한다.

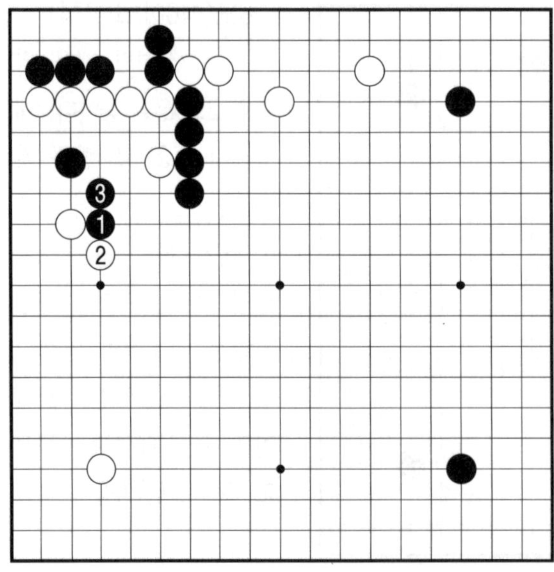

10도

10도(백, 곤란)

흑1로 붙이는 것이 백의 약점을 찌르는 적절한 수이다. 흑1로 붙였을 때 백도 응수에 신중을 기해야 하는데 백2로 젖힌 것은 이 경우 의문수. 흑3으로 뻗는 순간 백은 응수가 어려워진 모습이다.

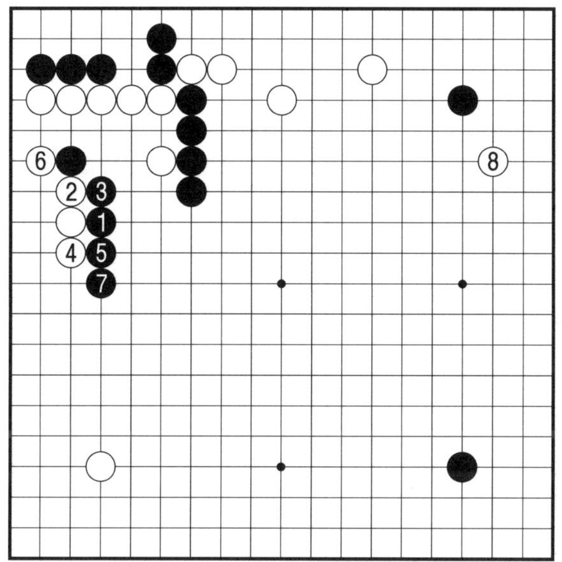

11도

11도(백의 대응법)

흑1로 붙이면 백은 2로 치받은 후 4로 뻗을 곳이다. 계속해서 흑5로 막는다면 백6으로 젖힌 후 흑7 때 백8로 전환할 수 있다. 이 형태는 흑의 두터움과 백의 속도가 적절히 조화를 이루고 있는 모습이다.

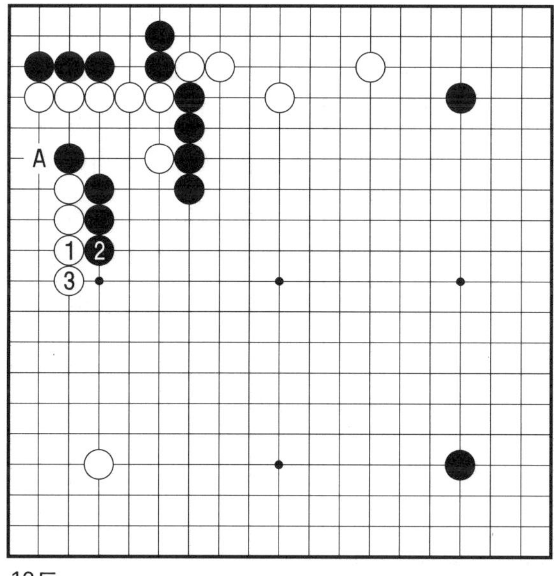

12도

12도(좌변을 중시)

전도의 수순 중 백1, 흑2 때 백은 A에 젖혀 넘지 않고 3으로 뻗는 수도 가능하다. 백1·3은 속도보다는 좌변의 가치를 중시하겠다는 뜻이다.

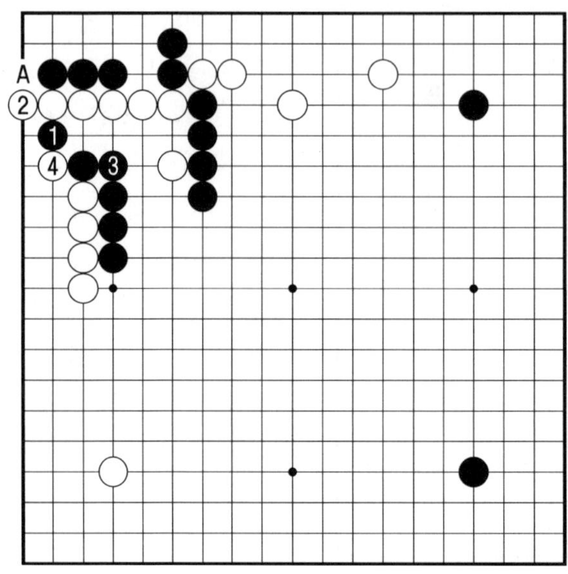

13도

13도(흑, 부담)

전도에 계속해서 흑1로 마늘모해서 백을 차단하는 것은 좋지 않다. 이때는 백2로 내려서는 것이 묘착. 계속해서 흑은 끊기는 약점 때문에 3으로 이을 수밖에 없는데 백4로 넘고 나면 흑으로선 A의 약점만 부담으로 남을 뿐이다.

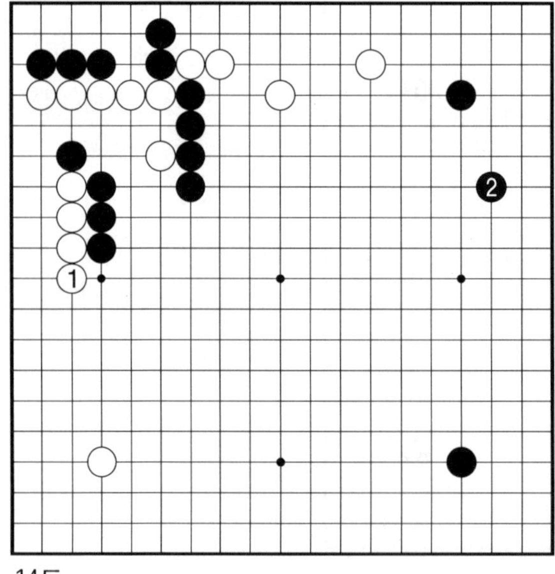

14도

14도(흑의 정수)

백1로 뻗으면 흑은 좌변을 건드리지 말고 2로 손을 돌릴 곳이다. 이후 백은 우상귀에 눈목자로 달리든지 우하귀 화점에 걸치게 되는데 쌍방 충분히 둘 수 있는 포석 형태이다.

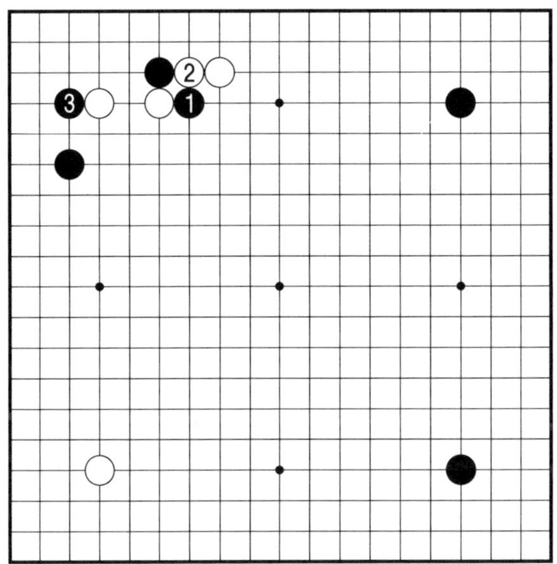

15도

흑1로 먼저 젖히고 백2 때 흑3에 붙이는 변화도 있다. 이 흑1·3의 변화는 매우 복잡하지만, 그런 만큼 책략이 내포되어 있다.

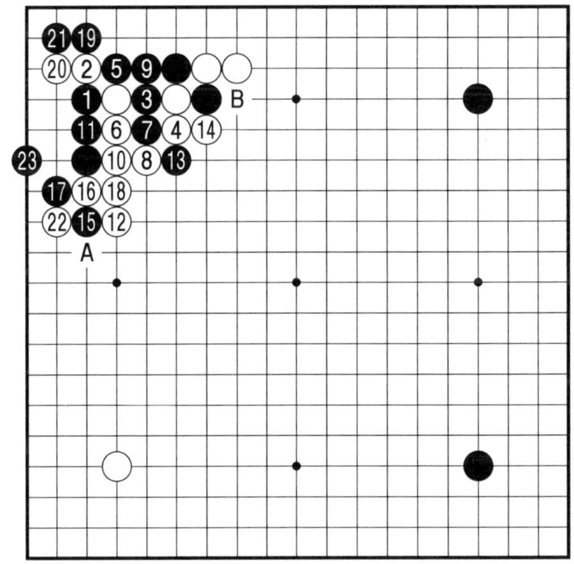

16도

16도(백, 불리)

흑1의 붙임은 백2의 젖힘을 유도한다. 이때 흑 3·5의 수순을 거쳐 흑 23까지의 진행이 대표적인 변화다. 백은 A와 B의 약점이 맞보기가 되어 불리하다. 수순 중 흑이 19에 단수치기 전에 15로 붙인 것이 긴요한 수순이다.

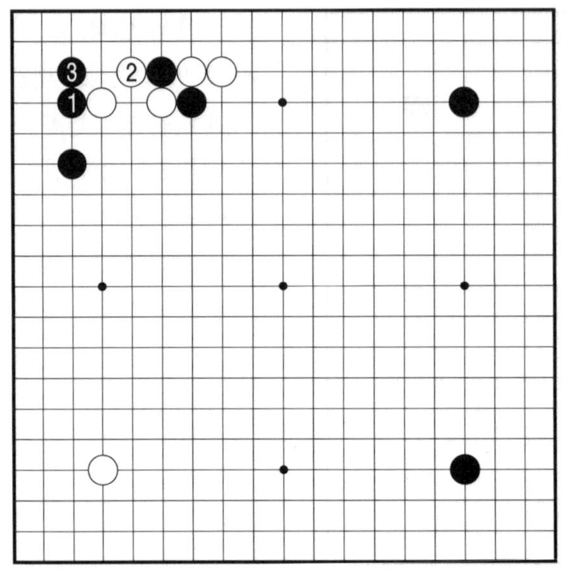

17도

17도(백의 정수)

전도의 수순 중 흑1로 붙였을 때 백은 2로 참는 것이 정수이다. 흑3까지 간명한 갈림이다.

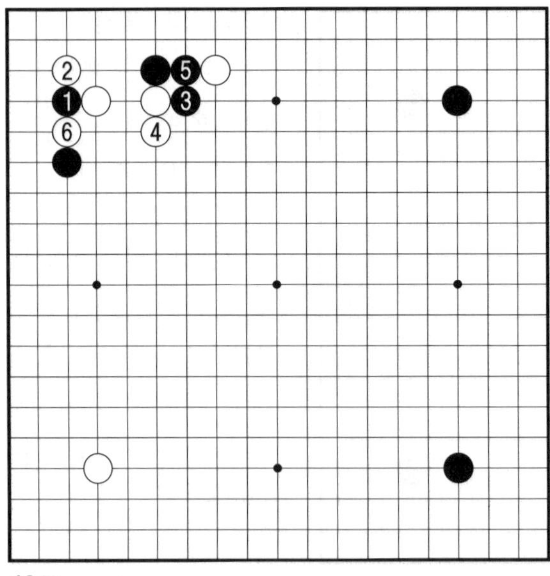

18도

18도(흑, 무리)

흑이 먼저 3의 곳을 젖히지 않고 1로 수순을 바꾸는 것은 백2로 받은 후 흑3으로 젖힐 때 백4·6으로 변신하여 흑의 손실이 크다. 상변의 흑 석점은 여전히 무거운 모습이다.

2연성 포석 6(2연성 대응) — 높은 양걸침

흑1로 높게 걸치는 형은 요즘 유행하는 수법이다. 이 수는 이미 중국의 우칭위엔 9단이 시도한 적이 있던 신수이다. 흑1로 높게 걸치면 이후는 간명한 진행이 된다. 이후의 포석 진행을 검토해 보기로 한다.

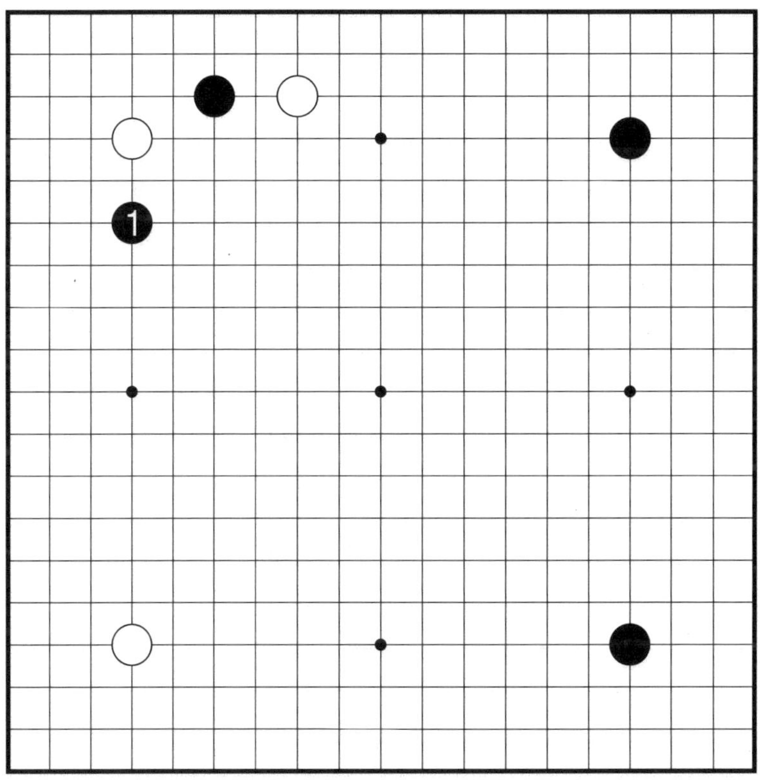

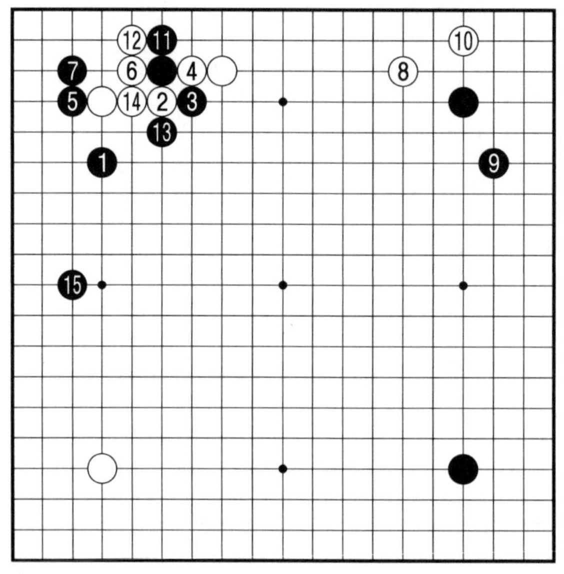

1도

1도(유행포석)

흑1로 걸치면 백은 2로 붙이는 것이 올바른 방향이다. 계속해서 흑3으로 젖히고 이하 백14까지가 기본형이다. 수순 중 흑 11·13은 흑의 권리이다.

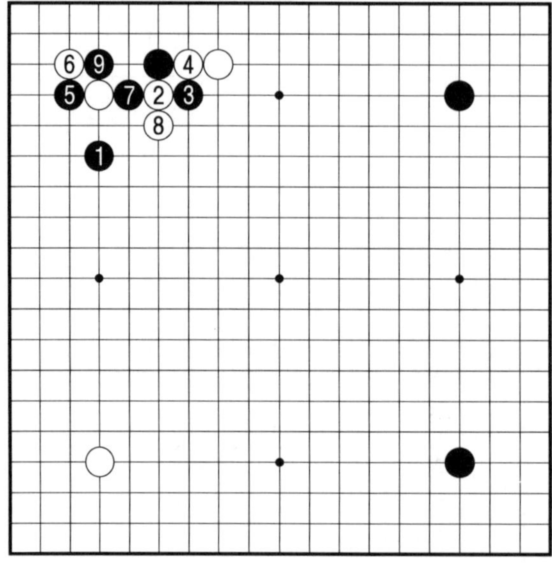

2도

2도(백, 무리)

전도와 동일한 진행에서 흑5로 붙였을 때 백6으로 젖히는 것은 무리로 흑7·9로 관통되고 만다. 백6으로는 전도의 수순을 따라야 한다.

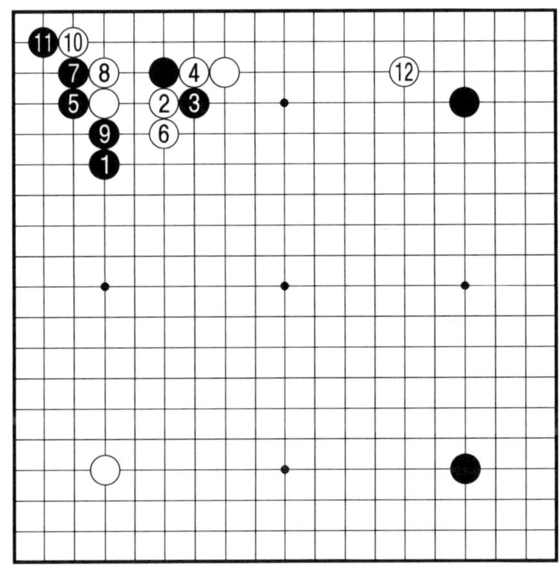

3도(우칭위엔류)

 흑5의 붙임에 대하여 백은 중앙쪽으로 6에 뻗을 수도 있다. 이하 백12까지 예상되는 포석진행이다. 이 진행은 1도와 비교하여 백의 중앙쪽이 봉쇄되지 않았다는 장점이 있다.

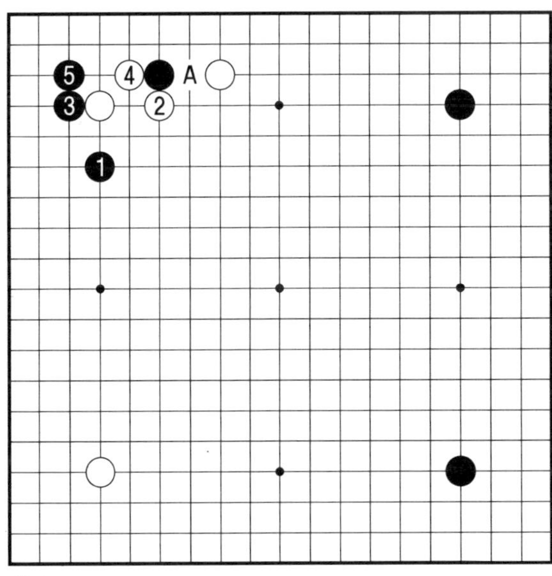

4도(백, 불만)

 흑이 수순을 바꾸어 3부터 붙였을 때 백4로 굴복하는 것은 흑5로 된 다음 흑A로 준동하는 수가 있어 백의 불만이다.

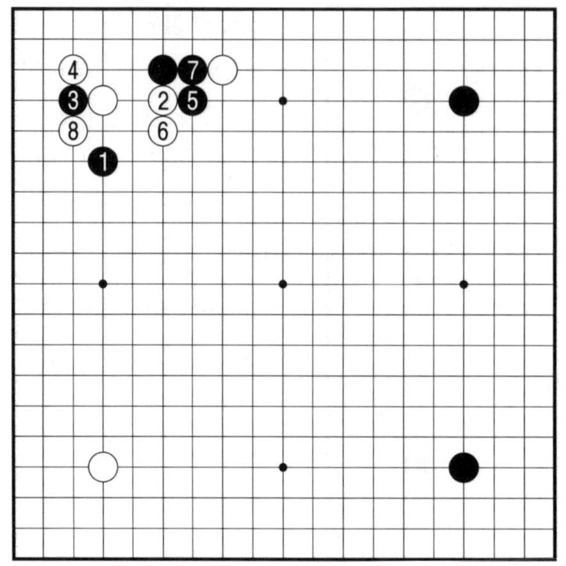

5도(백의 변신)

흑1, 백2 때 흑3으로 먼저 붙이면 백4로 젖히는 것이 좋은 수이다. 흑5에는 백6으로 변신하여 백8까지 귀를 점거하여 백은 만족할 수 있다.

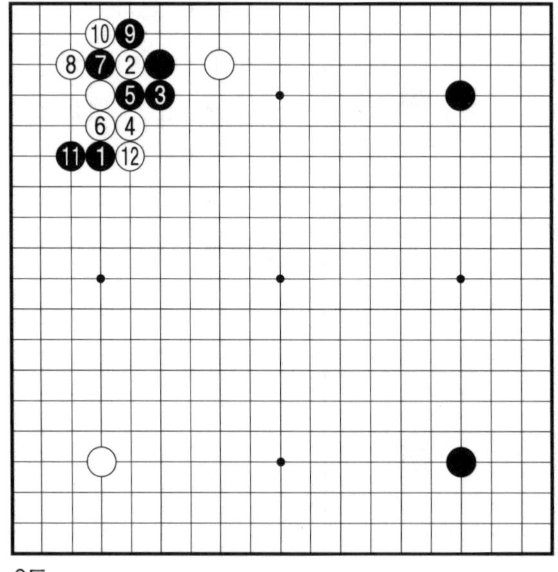

6도(전투형)

흑1 때 백은 2·4로 강하게 싸울 수도 있다. 이하 백12까지 이 진행은 난전의 양상을 띠게 된다.

2연성 포석 7(2연성 대응) — 세력을 중시한 씌움

　백1로 한칸협공했을 때 흑2로 한칸 뛴 것은 세력을 중시하겠다는 뜻이다. 계속해서 백3으로 받는 것을 기다려 흑4로 씌우겠다는 것이 흑의 작전인데 이후의 진행을 검토해 보기로 한다.

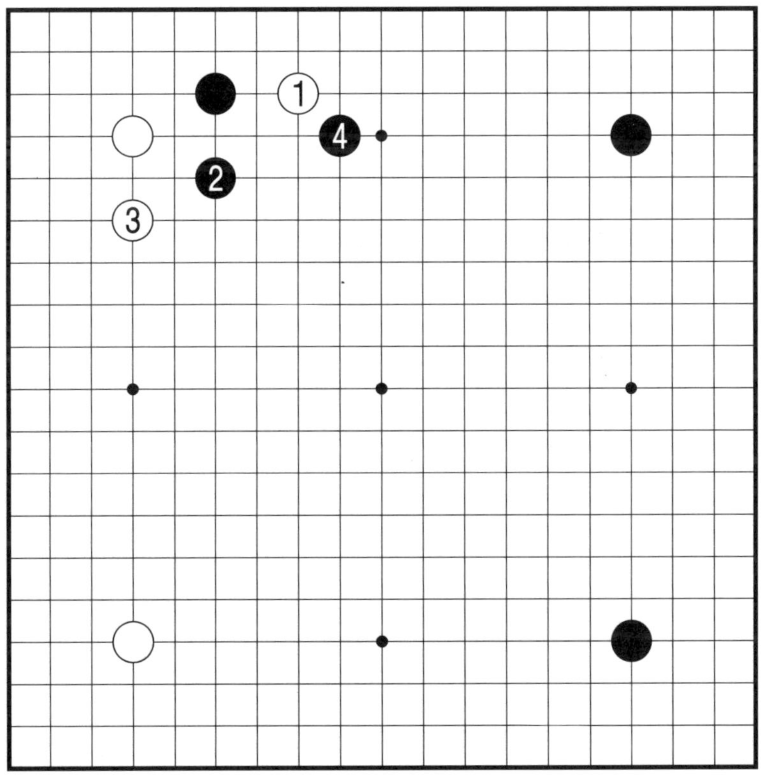

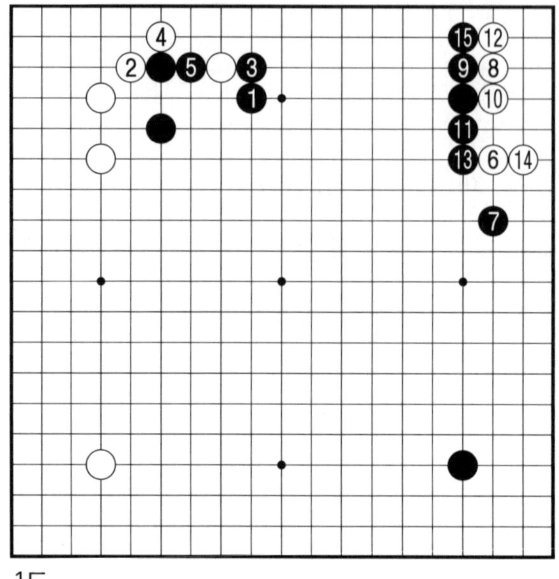

1도

1도(실리대 세력)

흑1로 씌웠을 때 백2로 마늘모 붙인 것은 실리를 중시한 수이다. 계속해서 흑3은 두터움을 중시한 수이며 백4, 흑5까지가 기본 정석이다. 백은 선수를 취해 6으로 걸치게 되는데 흑7로 협공하고 이하 흑15까지가 상용화된 포석진행이다. 수순 중 흑11 때 백12로 내려선 정석선택에 유의해야 한다.

2도

2도(흑, 만족)

흑1 때 백이 A에 두지 않고 2로 내려서는 정석선택은 이 경우 좋지 않다. 흑3으로 날일자해서 봉쇄하면 이 결과는 전도에 비해 흑이 능률적인 포석 형태이다.

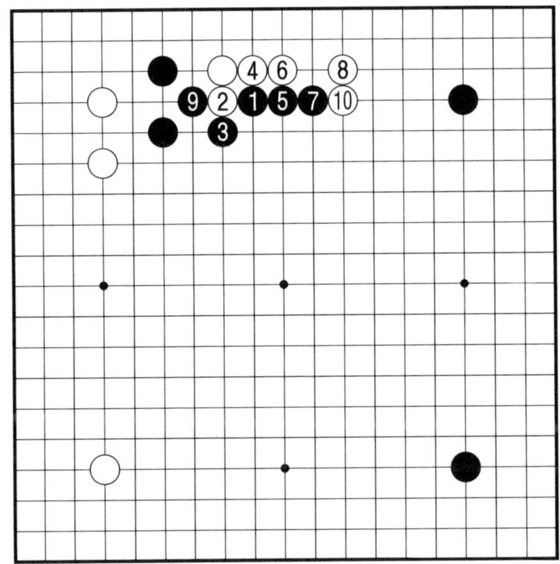

3도

3도(백, 만족)

흑1로 씌웠을 때 백2로 찌른 후 4·6으로 미는 것은 상변을 중시하겠다는 뜻이다. 이하 백8까지는 정석적인 진행인데 흑9로 호구친 수가 다소 성급한 수. 백10으로 밀어 올린 자세가 전체 배석상 좋아서 이 결과는 백이 유리하다.

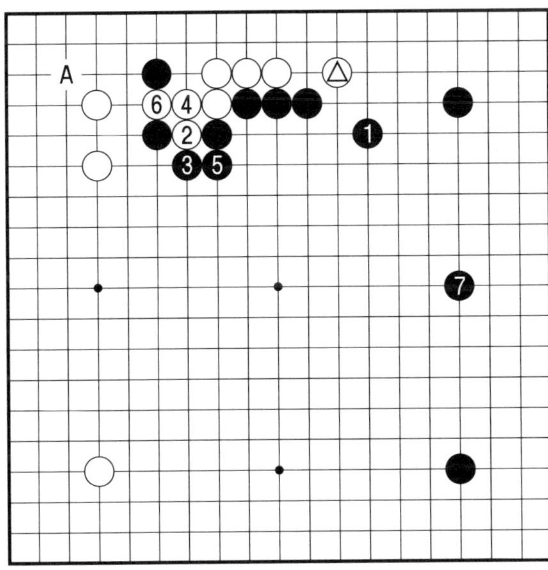

4도

4도(흑의 정수)

백△로 한칸 뛰었을 때 흑은 1로 날일자해서 중앙을 봉쇄할 곳이다. 계속해서 백2·4로 끼워 이어 흑의 약점을 추궁한다면 이하 백6까지 선수로 처리한 후 흑7로 우변에 전개해서 흑이 유리한 포석이 된다. 좌상 백귀에는 흑A의 뒷맛이 남아 아직 완전한 집이 아니다.

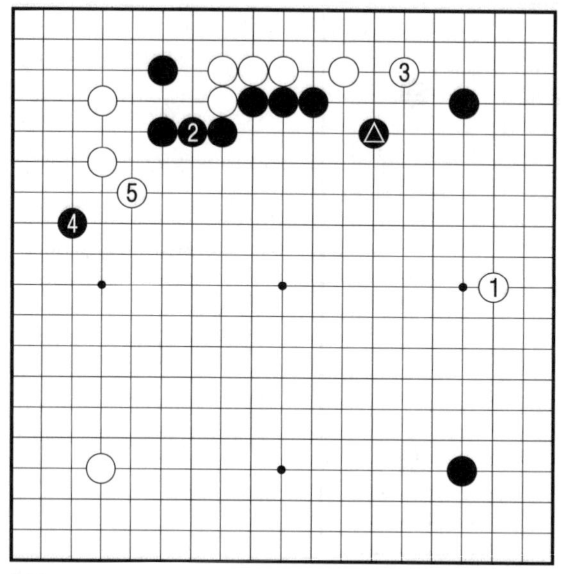

5도

5도(유연한 갈라침)

흑△로 날일자하면 백 1로 갈라쳐서 흑 세력을 견제할 곳이다. 계속해서 흑2로 약점을 보강한다면 백3으로 한칸 뛰어 자체보강겸 흑의 약점을 노리는 것이 요령이다. 계속해서 흑은 상변의 강력한 세력을 배경으로 4로 다가서서 또다른 전단을 모색하게 된다.

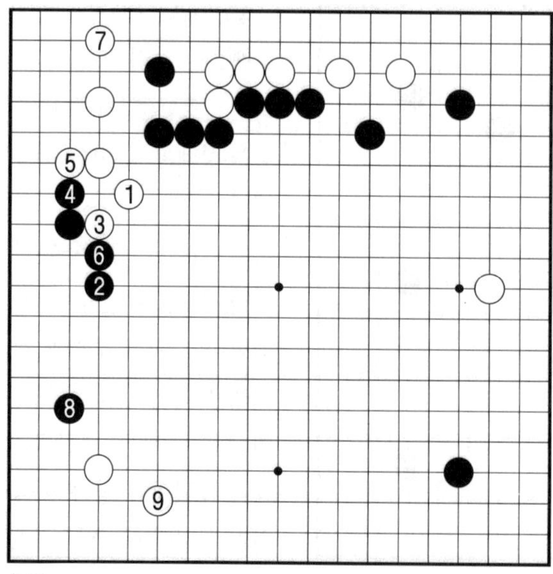

6도

6도(무난한 포석)

전도에 계속되는 진행이다. 백1로 마늘모하면 흑은 2로 날일자하는 것이 적절한 행마법이다. 계속해서 백3으로 붙이고 흑4 이하 백9까지는 가장 일반적인 진행인데 쌍방 불만없는 포석이다.

64

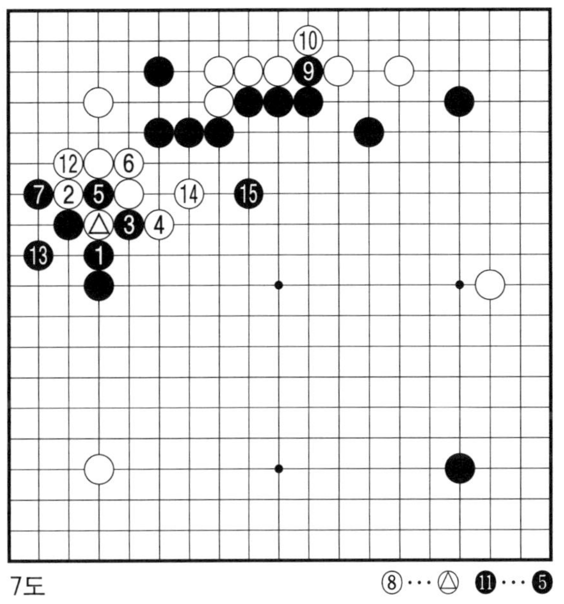

7도

7도(상용 포석)

전도의 수순 중 백△로 붙였을 때 흑은 1로 치받는 수도 가능하다. 계속해서 백2로 막는다면 흑3으로 단수쳐서 패의 형태를 만드는 것이 요령으로 이하 흑15까지가 정형화된 포석 진행이다.

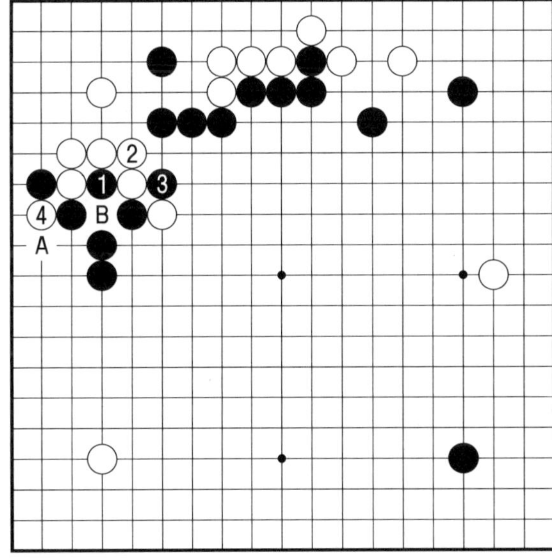

8도

8도(흑, 곤란)

전도의 수순 중 흑1로 패를 따내고 백2로 이을 때 흑3으로 끊는 것은 백4로 끊는 묘수가 준비되어 있어서 흑의 무리이다. 이후 흑A로 단수쳐서 백 한점을 잡는 것은 백이 B로 패를 따냈을 때 양단수에 걸려 흑의 응수가 없다.

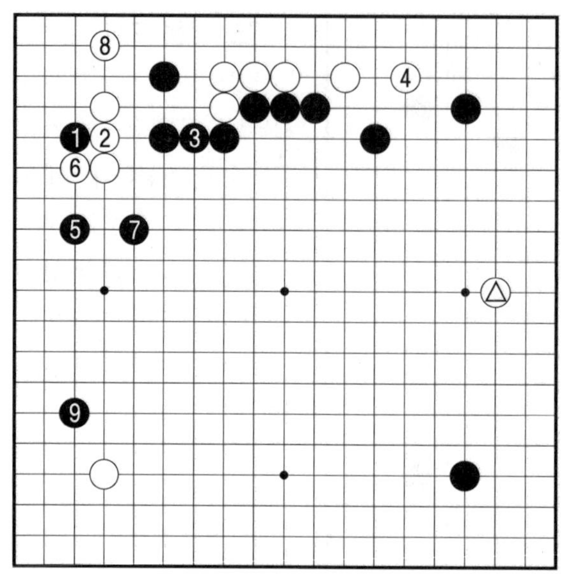

9도

백△로 갈라쳤을 때 흑이 3으로 잇기 전에 흑1, 백2를 선수하는 것이 책략이 깃든 수이다. 백4, 흑5 때 백6으로 흑 한점을 잡게 한 것이 선수활용한 효과이다. 이하 흑9까지가 예상되는 진행인데 이 역시 쌍방 불만없다.

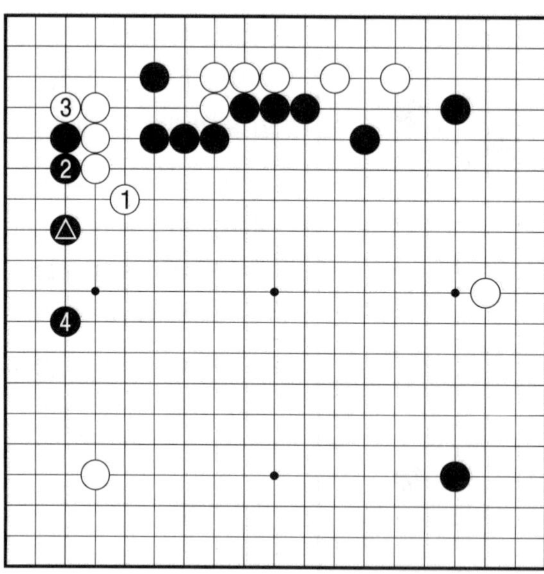

10도

10도(흑, 만족)

흑△로 다가섰을 때 백이 전도처럼 흑 한점을 잡지 않고 1로 마늘모하는 것은 좋지 않다. 흑은 2로 연결하는 것이 좋은 수로 백3 때 흑4로 전개해서 흑이 유리한 결말이다. 백으로선 아직 완생이 아니라는 것이 불만이다.

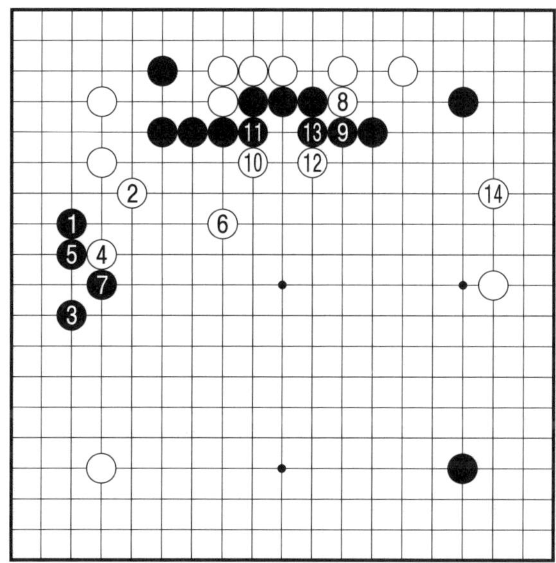

11도

11도(백, 활발)

흑1로 다가서고 백2로 받았을 때 흑이 7로 날일자하지 않고 단순히 3으로 두칸 벌리는 것은 좋지 않다. 이때는 백4로 들여다보는 것이 적절한 응수타진이다. 흑5를 기다려 이하 백14까지 처리하면 이 결과는 백이 활발한 포석이다.

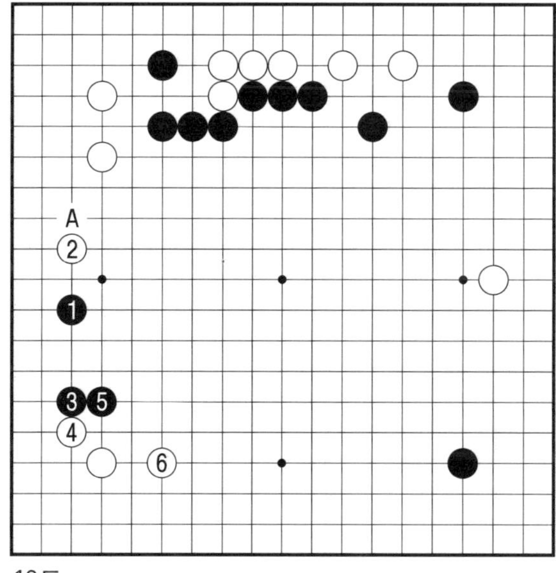

12도

12도(흑, 미흡)

흑이 A에 두지 않고 1로 갈라치는 것은 기백이 부족한 수이다. 이하 백6까지 진행되면 상변 흑 세력의 위력이 반감된 모습이다.

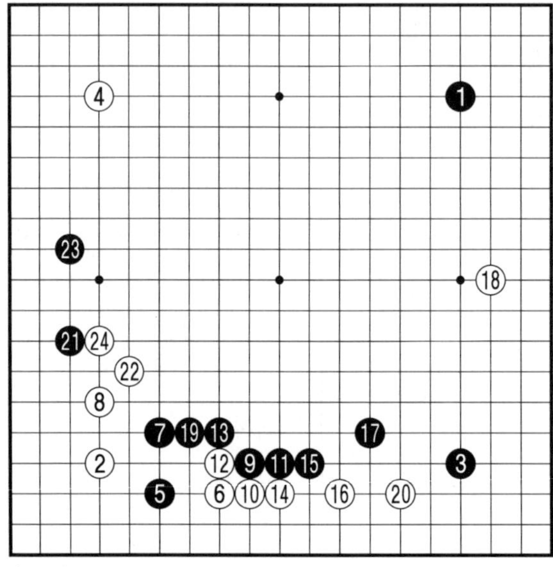

〈1보〉

1보(1~24)

39기 국수전 도전4국에서 백의 이창호에게 흑의 조훈현이 시도한 한국형 2연성 포석이다. 흑23까지 당시의 일반적인 흐름이었으나, 백24가 신수였다.

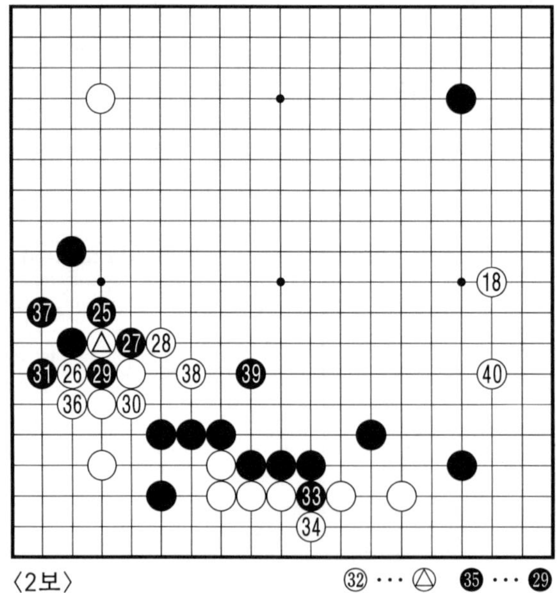

〈2보〉

2보(25~40)

흑39까지 흑이 다소 두터운 국면이다.

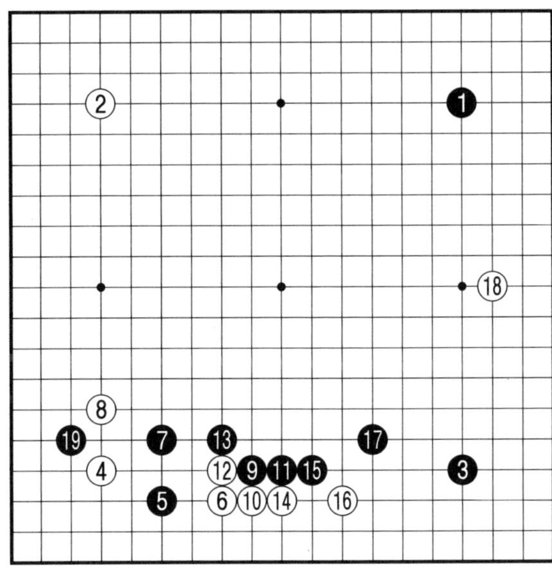

〈1보〉

1보(1~19)

1기 LG배 본선에서 백의 조치훈과 흑의 조훈현이 둔 바둑이다. 백18까지가 당시 한국형 정석의 흐름인데, 여기서 조훈현의 연구가 있었다. 2보 21로 잇기 전 19로 들여다보는 수순이 그것이다.

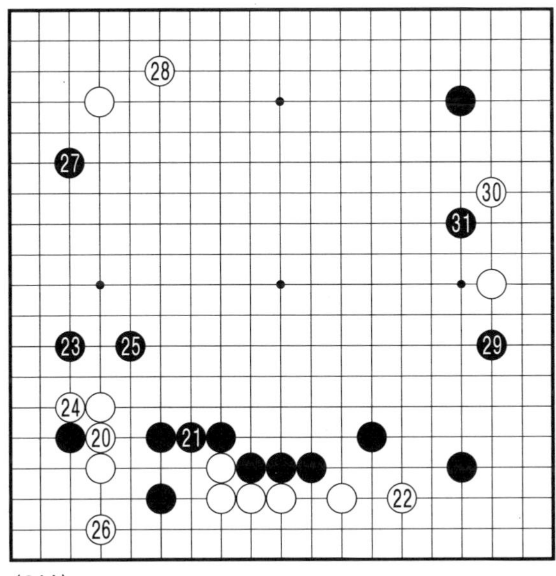

〈2보〉

2보(20~31)

1보 흑19의 의미는 23과 25를 선수로 두어 중앙을 봉쇄하고 27로 좌변을 선점한 후 29를 두어 백30 때 흑31의 어깨짚기로 중앙을 경영하려는 뜻이다.

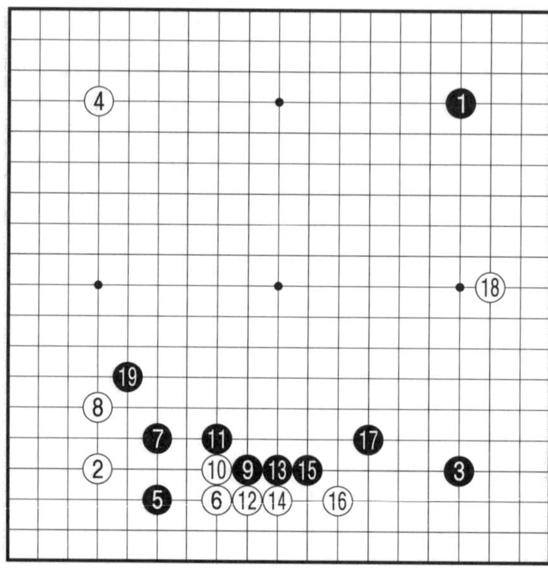

〈1보〉

1보(1~19)

　제3기 한국이동통신배 결승3국에서 백의 이창호에게 흑의 조훈현이 시도한 2연성 포석이다. 백18까지는 일반화된 흐름이지만 흑19가 신수였다.

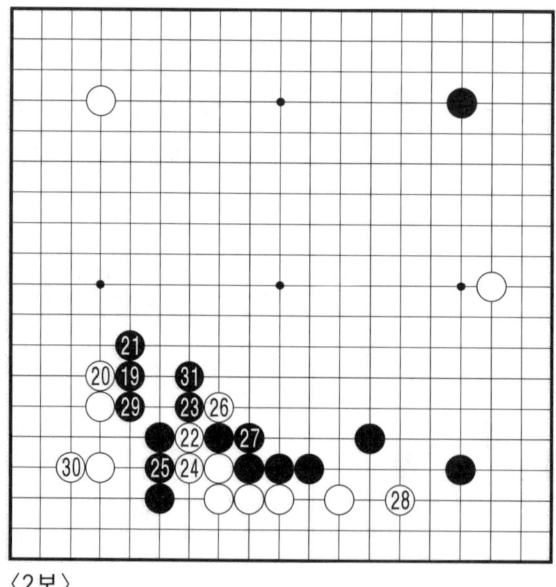

〈2보〉

2보(20~31)

　백20부터 흑31까지의 결과는 흑이 다소 두터워 신수가 성공한 느낌이다.

2연성 포석 8(2연성 대응) — 날일자 응수에 씌움

흑1로 한칸 뛰었을 때 백은 2로 날일자해서 받는
수도 가능하다. 계속해서 흑3으로 씌운 것은 예정된
수인데 이후의 진행에서 변화가 뒤따른다.

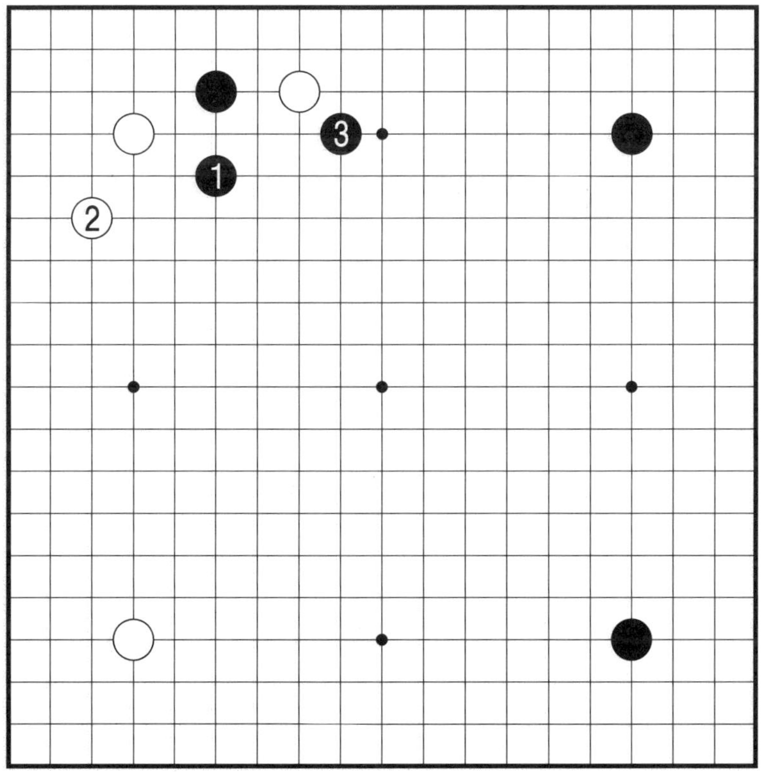

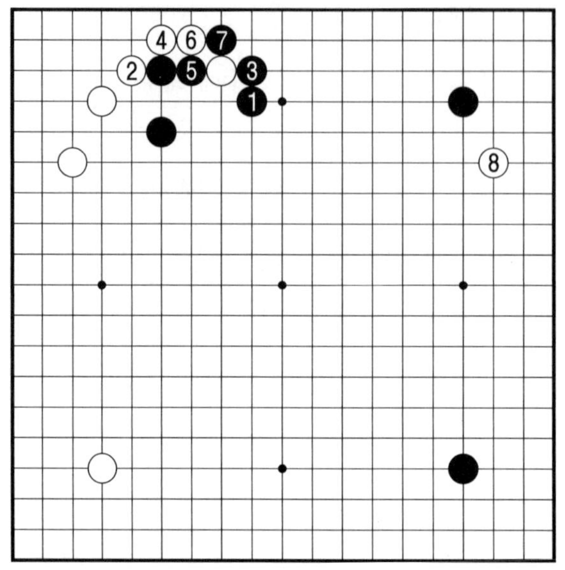

1도

1도(예정된 수순)

흑1로 씌웠을 때 백2로 붙인 것은 실리를 중시한 수법. 계속해서 흑3으로 막고 이하 흑7까지의 수순을 거친 후 백8로 걸치기까지는 예정된 수순이다.

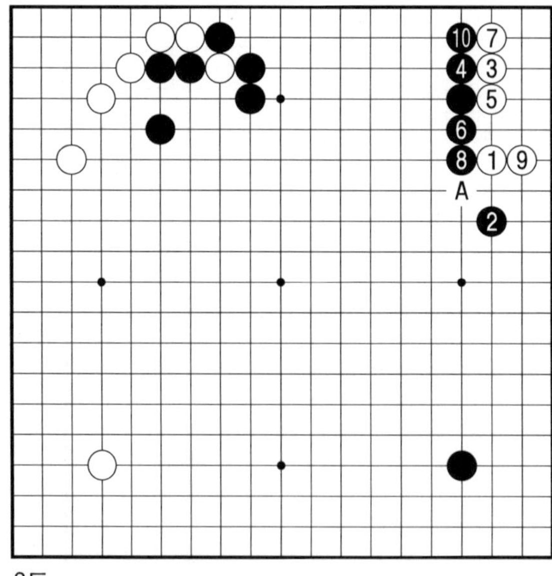

2도

2도(백의 노림)

백1로 걸치면 흑2의 협공이 세력을 활용한 당연한 수이며 이하 흑10까지의 정석진행도 상식적인 진행이다. 이후 백은 A에 젖히는 수를 노리고 있다.

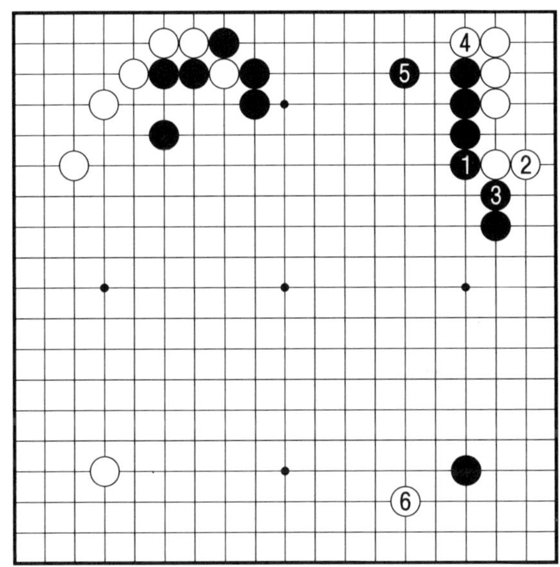

3도

3도(흑, 불만)

전도의 정석 수순 중 흑1, 백2 때 흑3으로 막는 것은 좋지 않다. 백은 4로 미는 것이 기분 좋은 선수활용으로 흑5를 기다려 백6으로 전환해서 백이 유리하다.

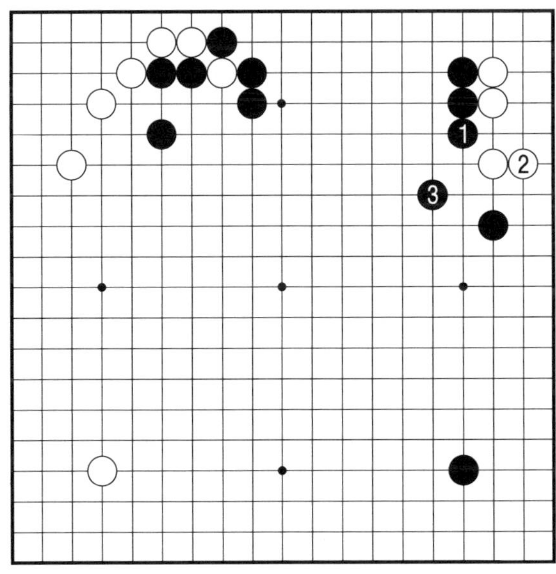

4도

4도(흑, 만족)

반대로 흑1 때 백2로 내려서는 것은 백이 좋지 않다. 흑3으로 날일자해서 중앙을 효율적으로 봉쇄하면 상변 일대가 큰 집으로 굳어진 모습이다.

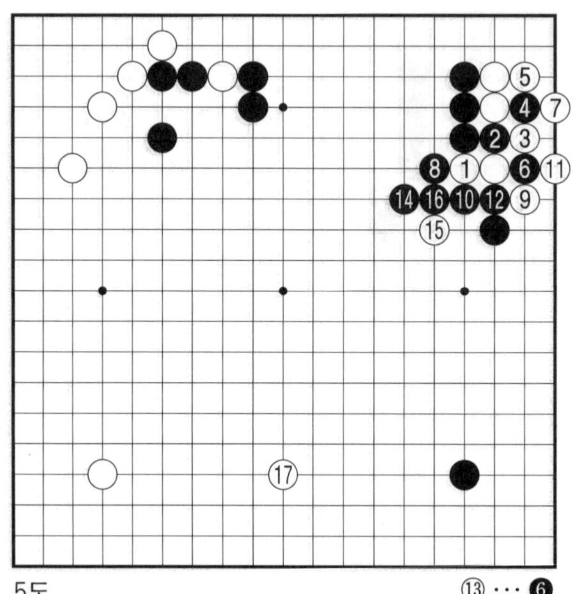

5도

5도(백의 변화)

백1로 밀어 올리는 변화도 있다. 다음 흑2·4가 수순이며 백5·7을 거쳐 흑8로 젖히면 이하 흑16까지는 정석적인 진행이다. 선수를 잡은 백이 17로 전개하면 이 진행은 상변의 흑 진영이 어느 정도 확장되는가가 관건이다.

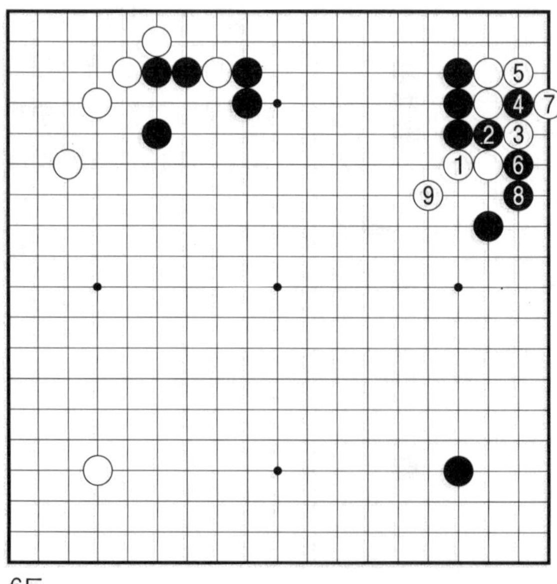

6도

6도(흑, 부담)

전도의 수순 중 백7까지 되었을 때 흑6·8로 차단하여 공격하려는 것은 백9에 의해 흑의 상변 진영이 깨질 수 있어 흑의 부담이 크다.

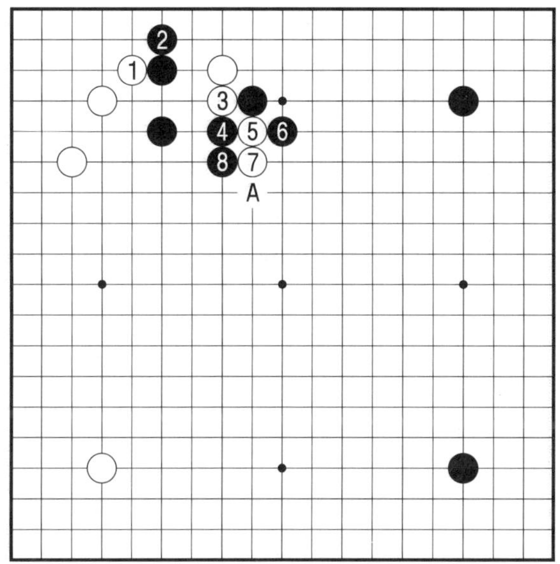

7도

7도(축관계)

백1로 붙였을 때 흑2로 내려서는 수도 성립한다. 계속해서 백3으로 밀고 흑4 때 백5로 끊는 수는 축이 유리할 때 가능한 수단이다. 그러나 지금은 이하 흑8까지 진행된 후 A의 축이 불리한 만큼 백이 불리하다.

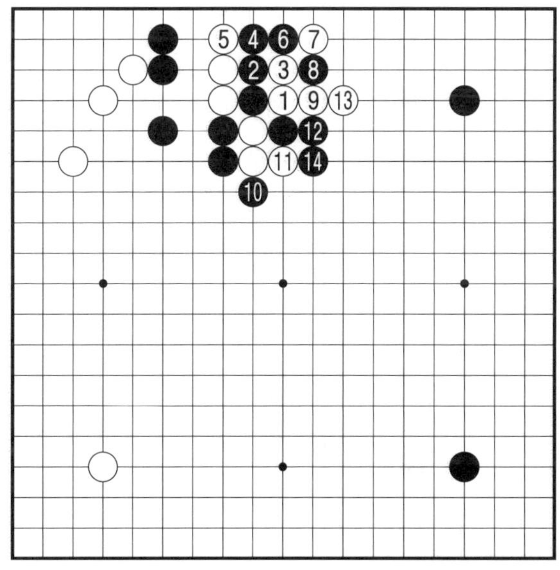

8도

8도(백, 곤란)

축관계란 백1로 단수친 후 3으로 막았을 때를 말한다. 흑4 때 백은 5로 버틸 수밖에 없는데 흑6 이하 백13까지의 수순을 거친 후 흑14로 단수치면 백 석점이 축으로 잡히는 만큼 백이 망한 모습이다.

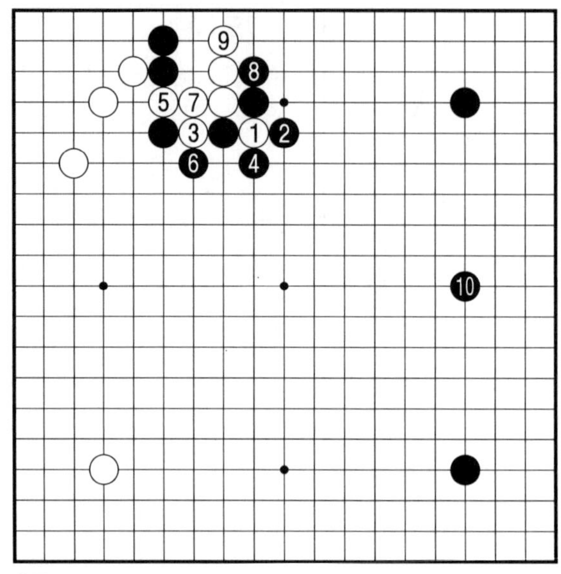

9도

백1로 끊고 흑2로 단수
쳤을 때 백3·5로 단수치
고 연결하면 전도와 같은
진행을 피할 수 있다. 그
러나 흑4의 빵따냄이 크
고 6·8을 선수한 후 흑
10으로 손을 돌리면 이
진행은 흑이 유리한 포석
이다.

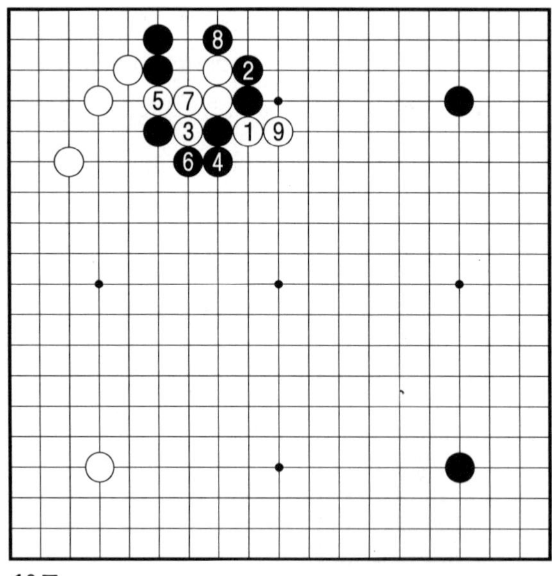

10도

10도(흑, 수순착오)

백1로 끊었을 때 흑이
9로 단수치지 않고 곧장
2로 막는 것은 수순착오
이다. 백은 3으로 단수친
후 이하 흑8까지의 수순
을 거쳐 백9로 뻗어서 유
리한 싸움을 전개할 수
있다.

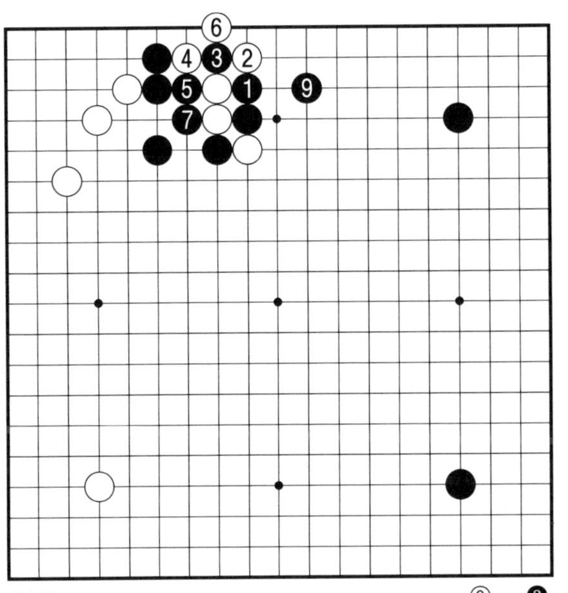

11도

11도(백, 곤란)

전도의 수순 중 흑1로 막았을 때 단순히 백2로 젖히는 것은 대악수이다. 흑은 3으로 끊는 것이 맥점으로 이하 흑9까지 백을 곤란한 지경에 빠뜨릴 수 있다.

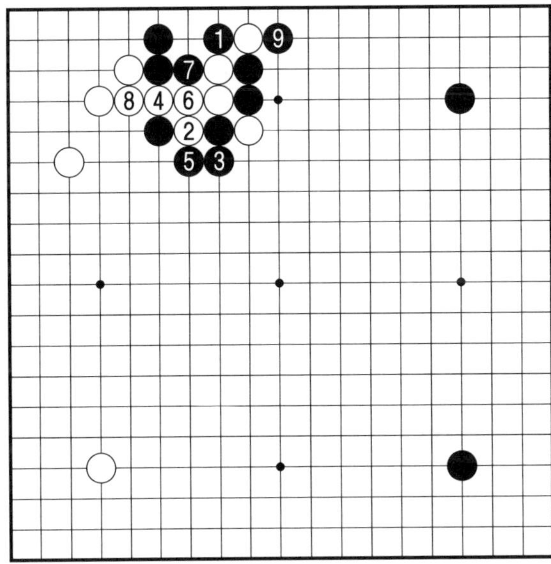

12도(흑, 만족)

전도의 수순 중 흑1로 끊었을 때 백이 2로 단수친 후 4로 연결하는 변화이다. 이때는 흑5·7을 선수한 후 9로 단수쳐서 백 한점을 잡는 것이 좋은 수순이다. 이 결과 역시 흑이 절대적으로 유리하다. (10도와 비교할 것)

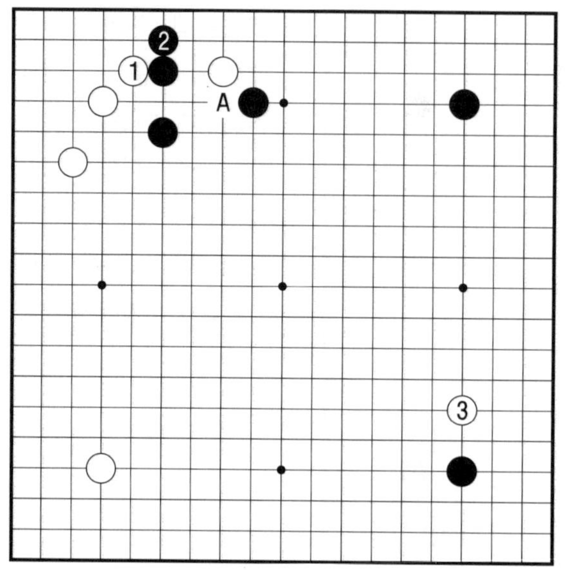

13도

13도(축머리 작전)

백1, 흑2 때 백은 A에 나가 끊는 수를 노리고 백3으로 손을 돌리는 수가 성립한다. 당장 A에 끊는 것은 축이 불리하므로 백3으로 걸쳐 축머리를 활용하겠다는 것이 백의 작전이다.

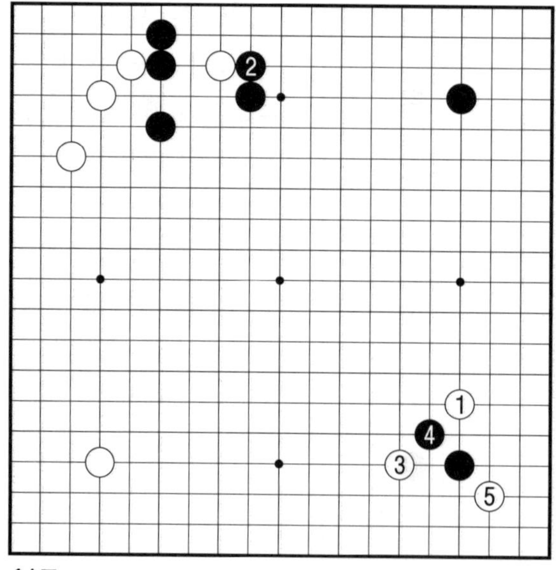

14도

14도(백, 활발)

백1로 축머리를 활용했을 때 흑2로 막아 백 한점을 잡으면 가장 알기 쉽다. 그러나 백3의 양걸침이 흑으로선 쓰라리며 흑4, 백5까지의 진행이면 이 진행은 백이 활발하다.

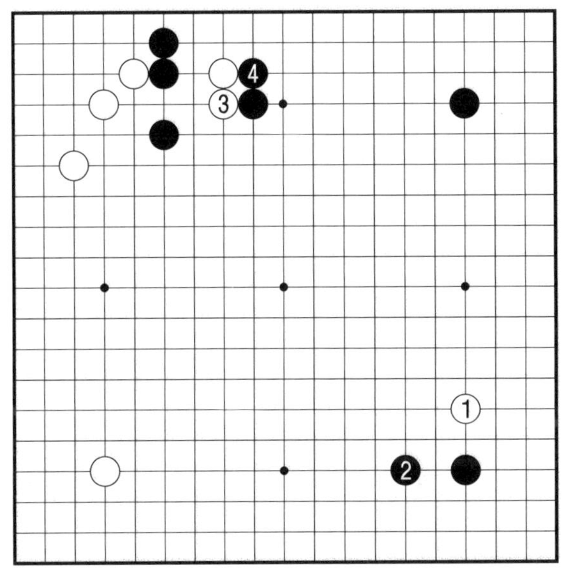

15도

15도(준비된 작전)

백1로 걸치면 흑은 당연히 2로 한칸 뛰어 지킬 곳이다. 계속해서 백3으로 밀고 올라온다면 흑4로 막는 것이 흑으로선 준비된 수이다.

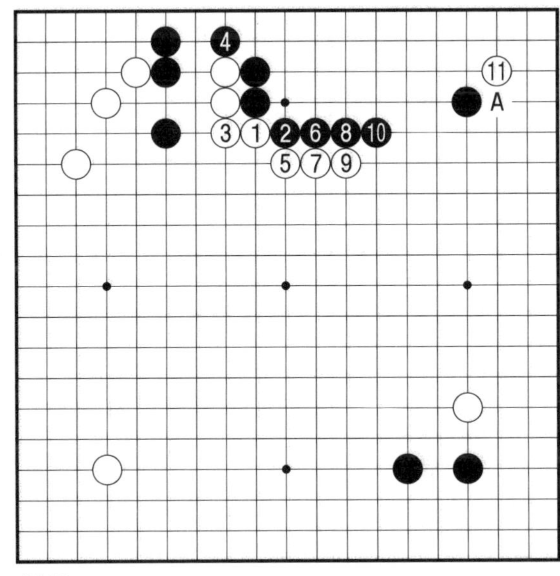

16도

16도(쌍방 충분)

전도에 계속해서 백은 1로 두점머리를 두드리는 것이 수순이다. 흑2에는 백3으로 잇고 흑4를 기다려 이하 백9까지 중앙에 세력을 쌓는 것이 요령이다. 흑10 때 백11의 3·三 침입은 놓칠 수 없는 요소이다. 이 수를 게을리해서 흑A를 허용하면 상변 일대가 크게 굳어진다.

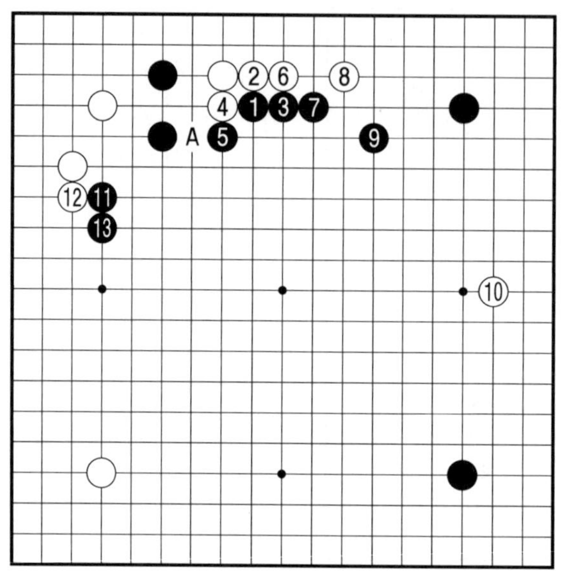

17도

17도(흑, 어깨짚음)

흑1로 씌웠을 때 백은 2로 민 후 이하 8까지 상변을 차지하는 진행도 가능하다. 계속해서 흑9로 날일자하고 백10으로 갈라치기까지는 예정된 수순인데 흑11로 어깨짚는 수가 백이 한칸으로 받았을 때와의 차이점이다. 흑은 A의 약점을 효율적으로 방비한다.

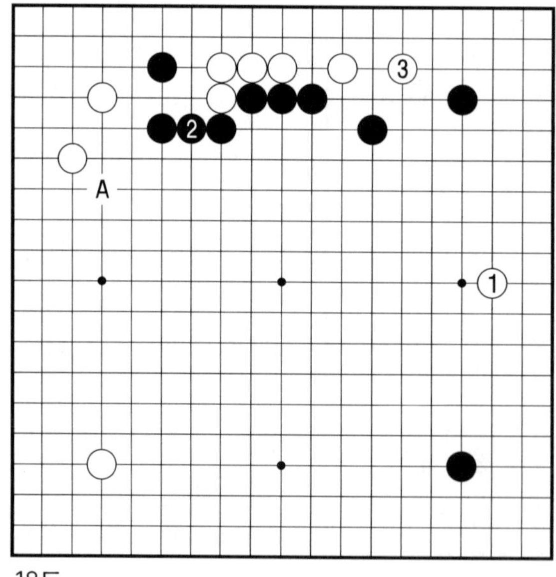

18도

18도(흑, 불만)

백1로 갈라쳤을 때 흑이 A에 어깨짚어 자신의 약점을 효율적으로 지키지 않고 단순히 2로 잇는 것은 좋지 않다. 백3으로 한칸 뛰어 형태를 정비하고 나면 흑은 백의 좌상귀가 튼튼하게 지키고 있는 만큼 세력을 활용할 뚜렷한 방법이 보이지 않는다.

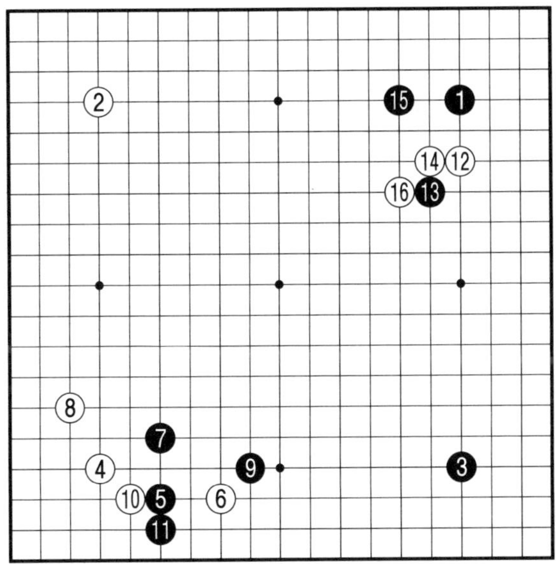

〈1보〉

1보(1~16)

1기 LG배에서 백의 고 바야시 사토루(小林覺)와 흑의 이창호가 격돌한 바 둑이다. 백12의 축머리 활용에 흑13으로 응수한 것은 뜻밖이며 백16으로 젖힌 자세가 좋다.

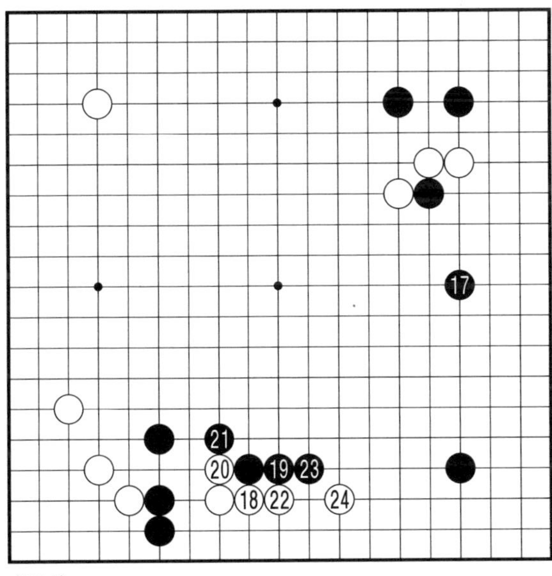

〈2보〉

2보(17~24)

흑17로 전개할 때 백 18로 다시 움직여 백 호 조의 진행이다.

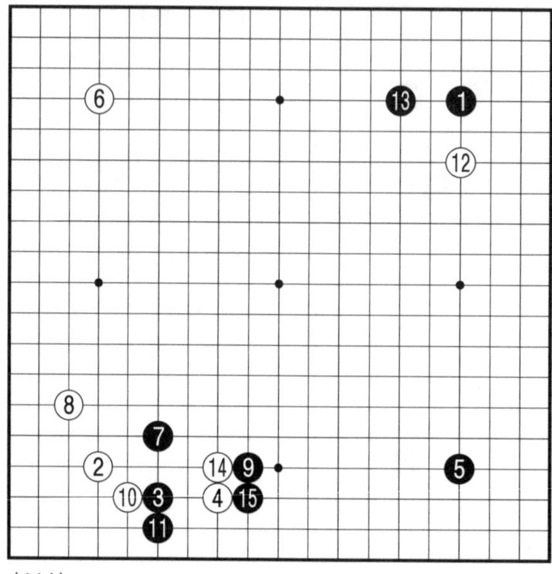

〈1보〉

1보(1~15)

40기 국수전 도전5국에서 백의 조훈현과 흑의 이창호가 둔 바둑이다. 백12로 축머리를 두고 14로 움직였을 때 흑15로 받은 수가 당시 이창호의 신수이다.

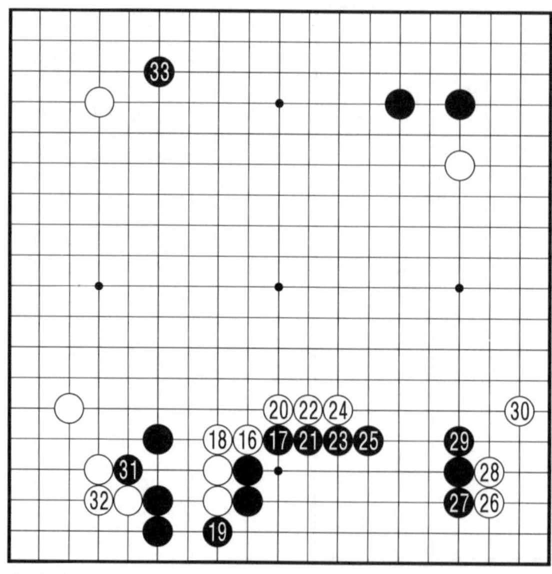

〈2보〉

2보(16~33)

흑25까지 신형이 만들어졌다. 백26의 침입은 절대이며, 선수를 잡은 흑이 좌상귀를 걸쳐가게 되어 흑의 신수가 성공한 느낌이다.

2연성 포석 9(2연성 대응) ― 세력을 견제한 두칸 높은 협공

흑1로 걸쳤을 때 흑의 세력작전을 원천적으로 봉쇄하는 수는 백2로 두칸 높게 협공하는 수이다. 백2로 협공하면 흑이 선택할 수 있는 정석은 A, B, C 등 세 가지이다. 그럼 백2 이후의 포석 변화를 검토해 보기로 한다.

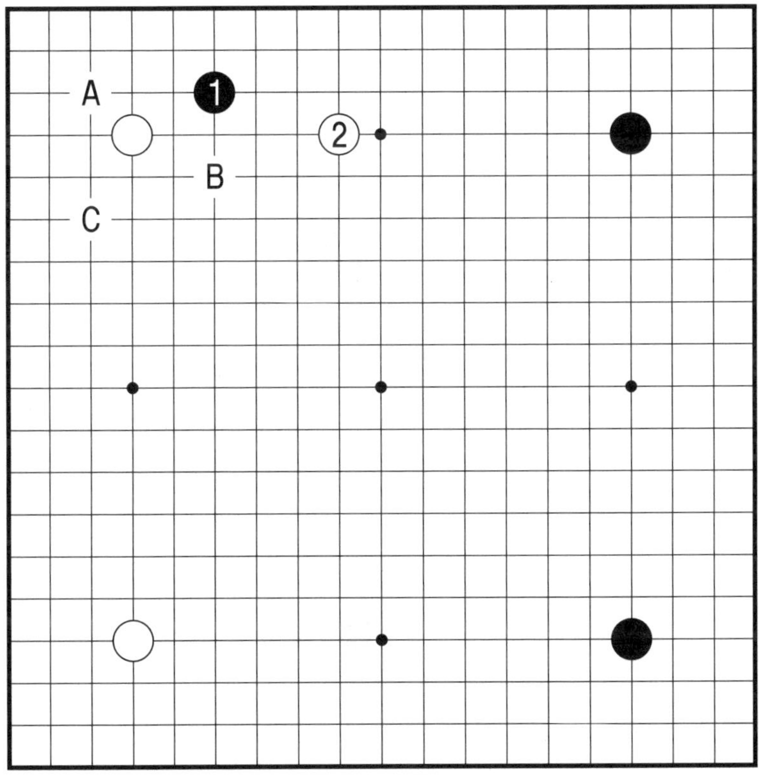

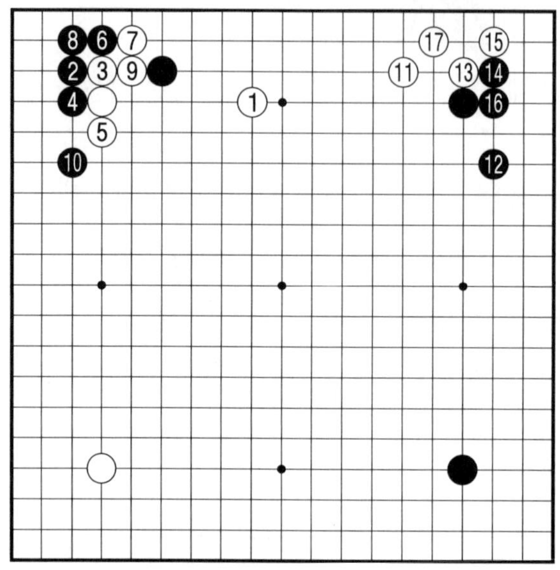

1도

1도(간명한 포석)

백1로 협공했을 때 가장 간명한 정석 선택은 흑2로 3·三 침입하는 것이다. 이하 흑10까지는 상식적인 정석 진행이며, 백11로 걸친 후 이하 백17까지 처리한 수순 역시 적절한 정석 선택이다.

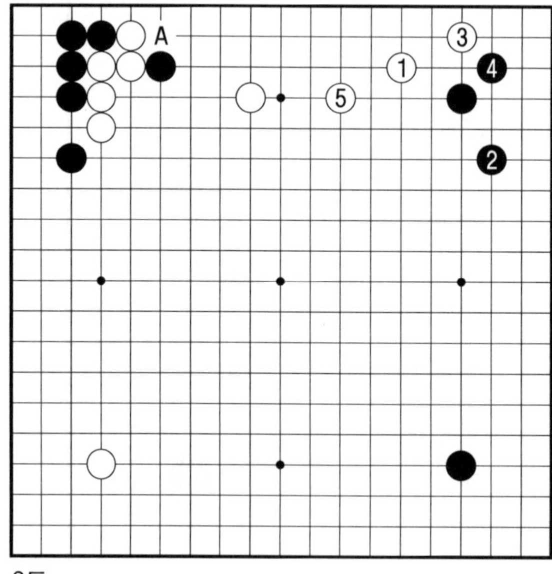

2도

2도(백, 불만)

백1, 흑2 때 백이 전도처럼 우상귀를 처리하지 않고 3·5의 요령으로 상변을 지키는 것은 좋지 않다. 상변은 흑A로 움직이는 뒷맛이 남아 있어 완전한 백집으로 볼 수 없다.

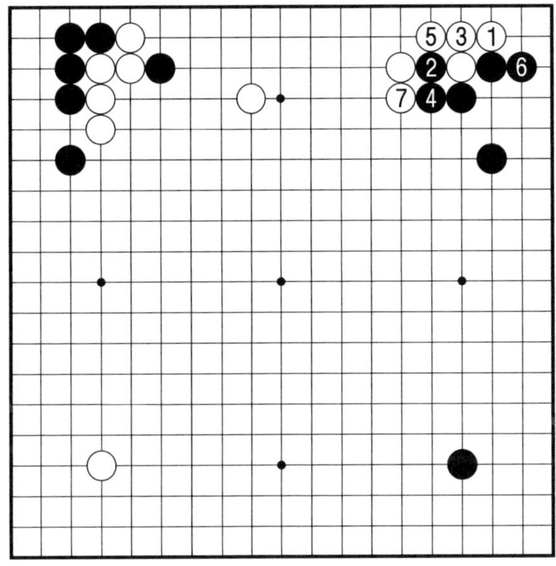

3도

3도(백, 만족)

1도의 수순 중 백1로 되젖혔을 때 흑2로 단수 친 후 4에 잇는 것은 의문이다. 백은 5로 넘은 후 흑6 때 백7로 밀어 올리는 것이 요령이다. 이 형태는 백7로 올라서는 자세가 좋아서 백이 유리하다.

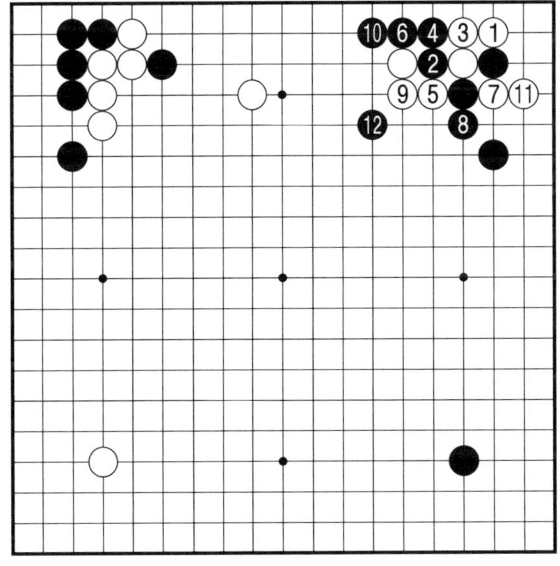

4도

4도(흑, 의문수)

백1로 되젖혔을 때 흑2로 단수친 후 4로 뚫는 수는 이 경우 돌의 배석상 흑이 좋지 않다. 계속해서 백5로 끊고 이하 흑12까지 백 석점을 장문의 형태로 취한 흑도 충분히 둘 수 있는 것 같지만……

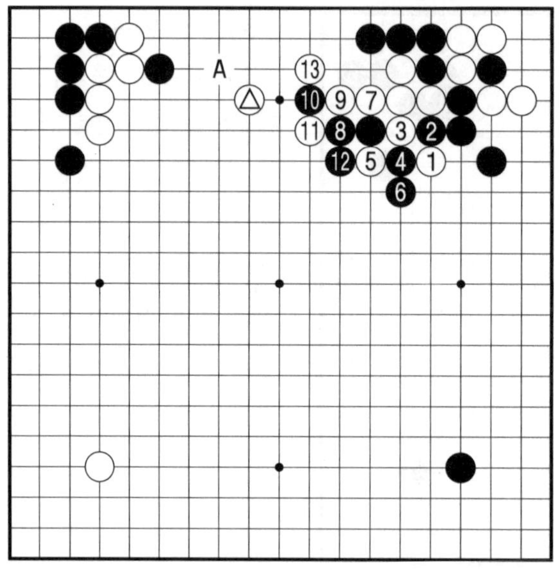

5도

전도 이후 백에겐 1로 한칸 뛰어 움직이는 뒷맛이 남아 있다. 계속해서 흑2·4로 절단한다면 백5로 단수친 후 이하 백13까지 흑 한점을 축으로 잡을 수 있다. 백△ 한점이 한칸 협공한 A에 위치하고 있다면 백1 이하로 움직이는 수는 성립하지 않는다는 것이 큰 차이점이다.

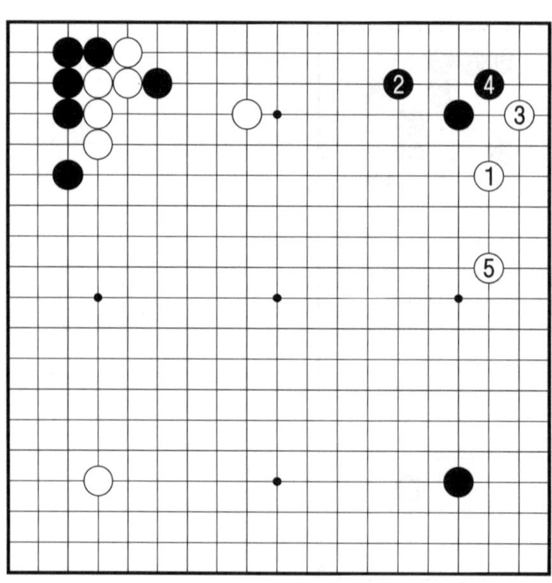

6도

6도 (백의 선택)

백은 애초에 우변을 중시하여 1로 걸치는 수도 가능하다. 백1은 상변은 뒷맛 관계상 확실한 집으로 만들기 힘들다고 본 것이다. 계속해서 흑2로 받고 이하 백5까지는 상식적인 진행인데 이 역시 훌륭한 한판의 포석이다.

제10형

2연성 포석 10(2연성 대응) — 두칸 높은 협공에 양걸침

　흑1로 양걸침하는 것은 적극적인 수법으로 스피드를 중시하는 현대바둑의 속성에 어울리므로 크게 유행하고 있다. 그럼 이후의 포석 진행을 검토해 보기로 한다.

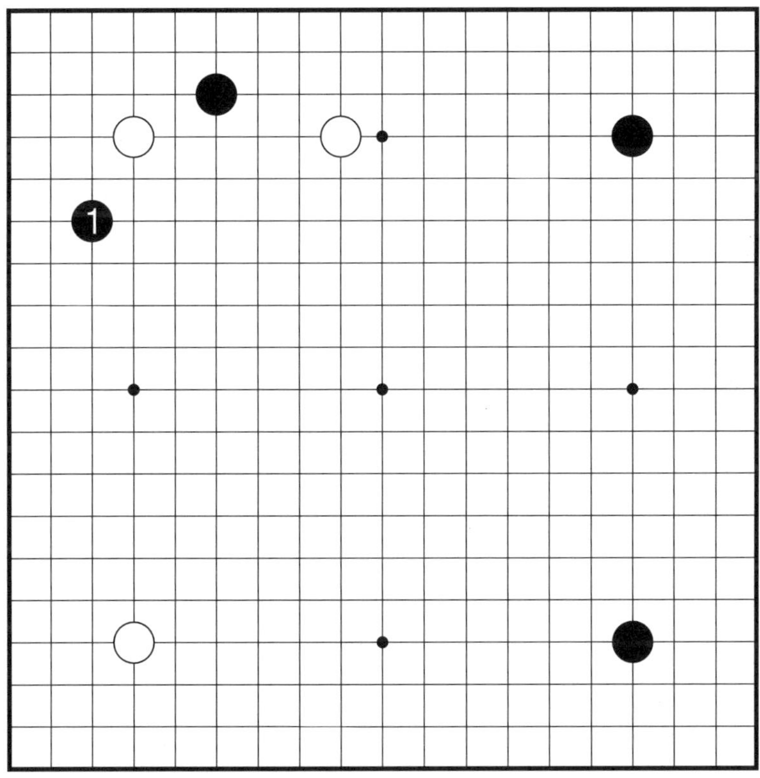

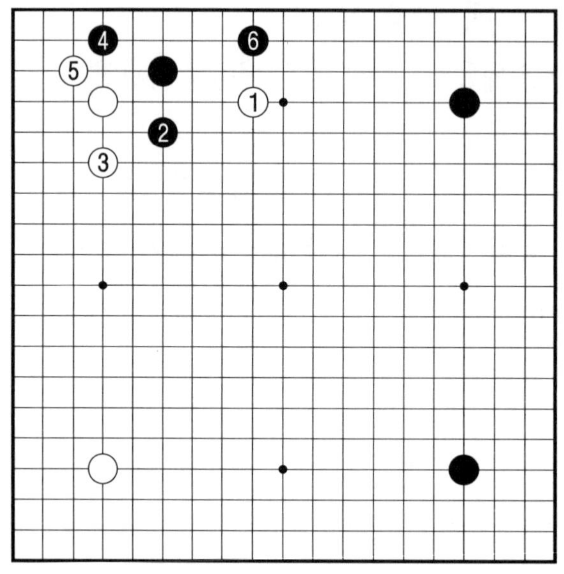

1도

1도(흑, 간명책)

백1로 협공했을 때 흑은 2로 한칸 뛴 후 이하 6까지 간명한 정석을 선택할 수도 있다. 이 형태는 흑이 간명하게 형태를 결정지은 데 반해 저위에 치우친 것이 약간 마음에 걸린다.

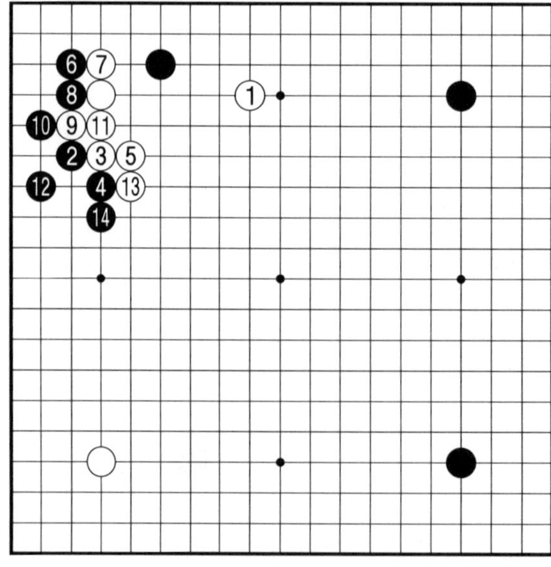

2도

2도(흑, 만족)

백1로 협공했을 때 흑2로 양걸친 것은 가장 적극적인 수이다. 계속해서 백3으로 붙이는 것은 방향착오. 흑은 4로 젖힌 후 이하 14까지 실리를 차지해서 충분한 모습이다.

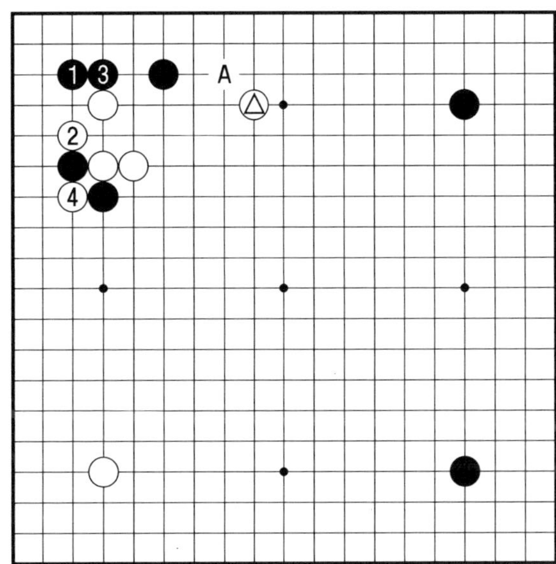

3도

3도(흑, 충분)

전도의 수순 중 흑1로 3·三 침입했을 때 백2로 막는 변화이다. 이때는 흑3으로 연결하는 것이 좋은 수로 협공한 백△ 한점이 이상한 곳에 위치하고 있는 만큼 이 역시 흑이 유리하다. 백△는 A에 위치해야 제격이다.

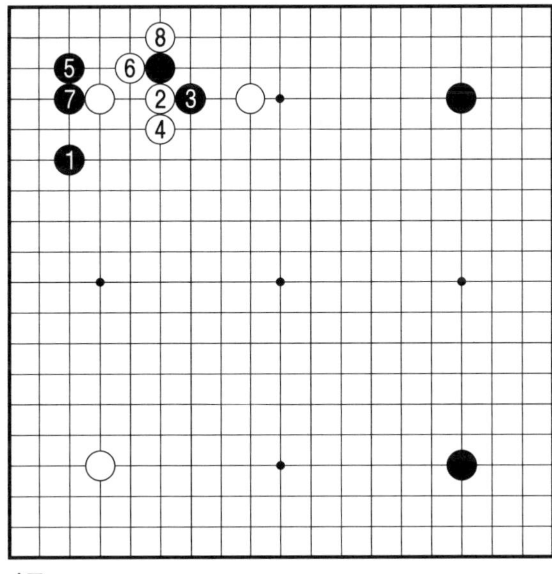

4도

4도(올바른 붙임)

흑1로 협공하면 백은 2로 붙이는 것이 올바른 돌의 방향이다. 계속해서 흑3으로 젖히고 이하 백8까지의 진행이 이루어진다면 백이 두터운 모습이다.

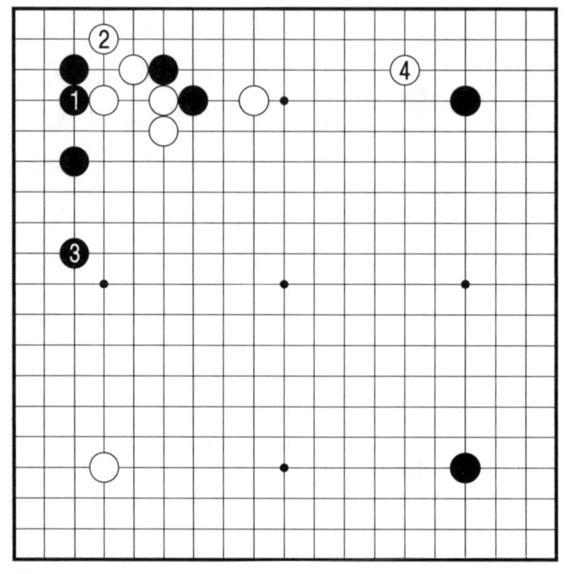

5도

5도(백의 선택)

전도의 수순 중 흑1로 연결했을 때 백은 2로 마늘모해서 변화하는 수도 가능하다. 계속해서 흑3으로 전개하고 백4로 걸치는 진행이 예상되는데 백이 활동적인 포석이다.

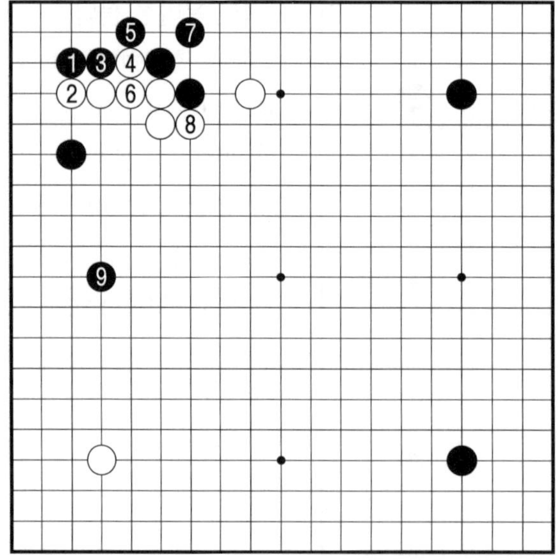

6도

6도(백, 방향착오)

흑1로 3·三 침입했을 때 백2로 막는 것은 방향착오이다. 흑은 3으로 연결한 후 이하 흑7까지 실리를 차지하는 것이 요령이다. 백8을 생략할 수 없을 때 흑9로 전개하면 이 결과는 흑이 유리한 포석이다.

제11형

2연성 포석 11(2연성 대응) — 난해한 진행

흑1, 백2 때 흑3으로 밀고 들어가면 가장 난해한
진행이 된다. 이 형태는 최근에 와서 개발된 수단으로
피차 한치 앞을 내다볼 수 없는 치열한 난전이 된다.
그럼 흑5 이후의 포석 진행을 살펴보기로 한다.

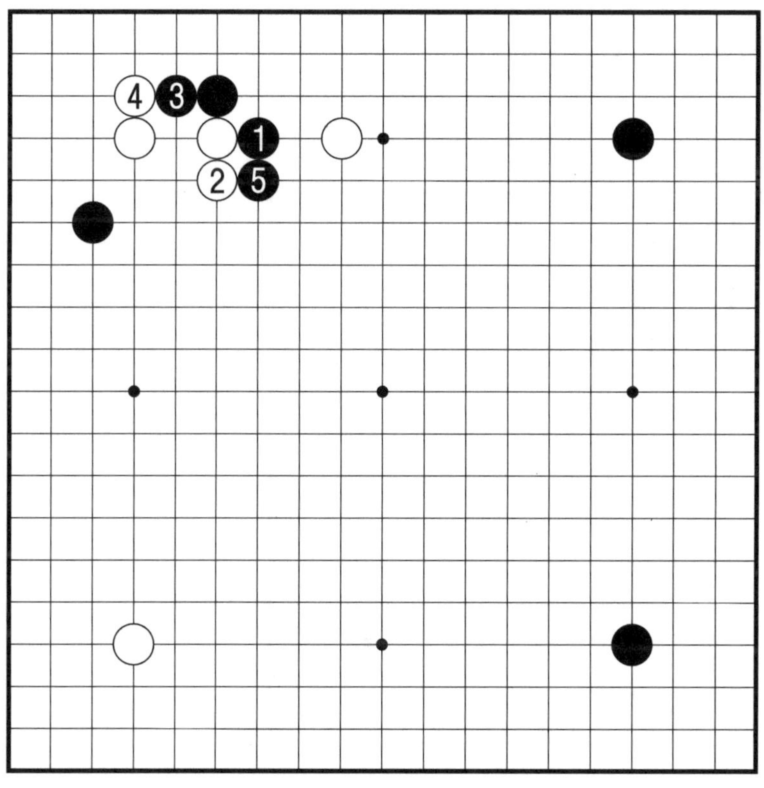

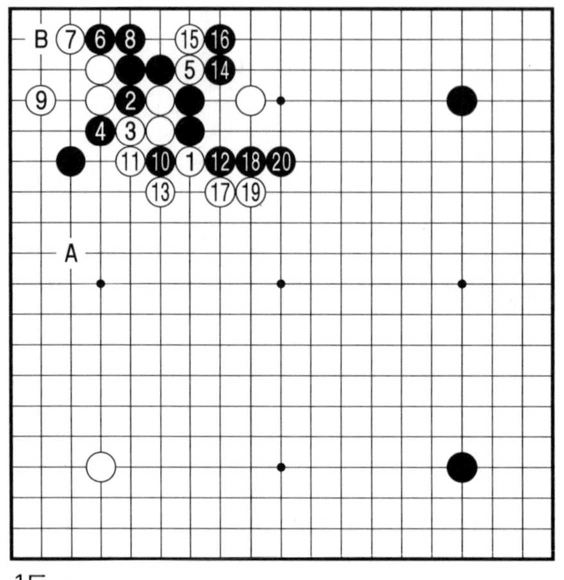

1도

1도(흑, 유리)

백1로 젖히는 것은 흑 2·4로 나와끊는 수단이 기다린다. 이 진행은 흑 10·12의 수순이 듣고 있어 이하 흑20까지 상변 흑진이 견고한 반면 백의 진영에는 A, B 등의 약점이 남아 있어 백의 불만이다.

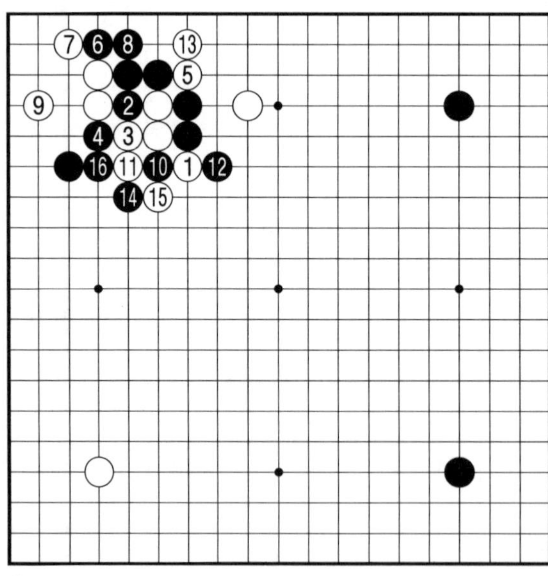

2도

2도(백, 망함)

전도의 수순 중 백9까지 진행된 다음 흑10·12에 대해 백13으로 흑을 잡으려 하는 것은 착각이다. 흑14·16으로 오히려 백이 축이 된다.

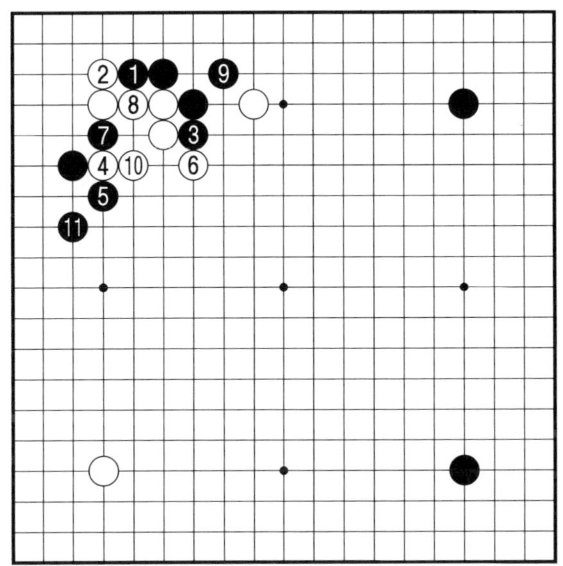

3도

3도(전투형 포진)

흑1로 밀고 들어가면 백2로 막는 것은 일감으로 떠오르는 수. 계속해서 흑3으로 밀어 올리고 이하 흑11까지는 정석화된 진행으로 쌍방 전투가 필연적이다.

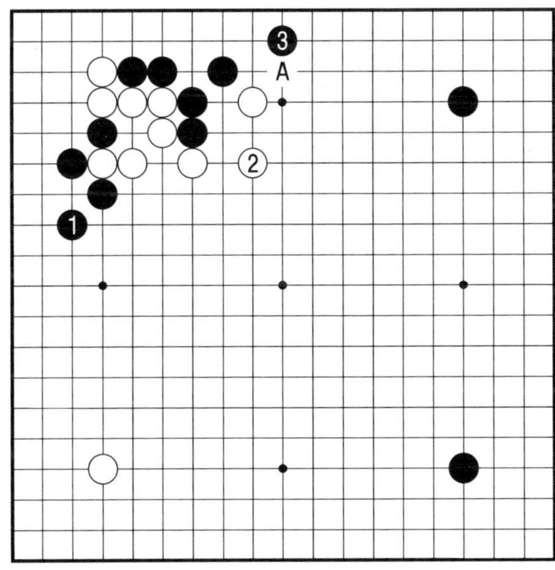

4도

4도(흑, 충분)

흑1로 호구쳤을 때 백2로 한칸 뛰는 것은 간명한 처리 수단이지만 흑3을 허용해서 싱거운 모습이다. 이 결과는 흑이 양쪽을 모두 처리한 모습이라 백의 다른 연구가 필요하다. 수순 중 흑3은 A의 한칸뜀도 가능하다.

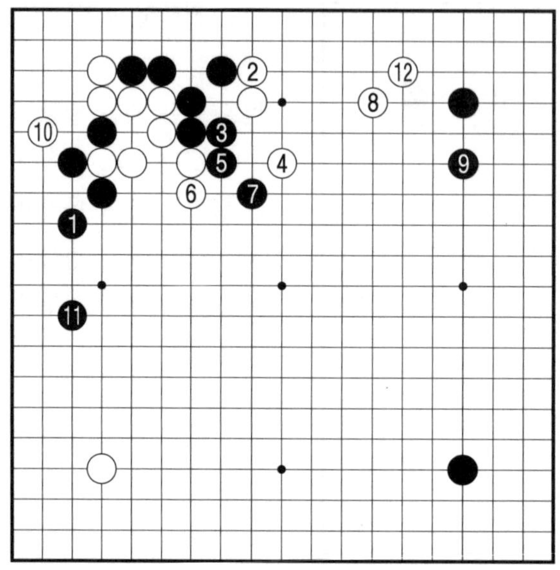

5도

5도(어려운 싸움)

흑1로 호구치면 백은 당연히 2로 막아 싸울 곳이다. 계속해서 흑3으로 진출하고 백4 이하 백12까지가 예상되는 진행인데 피차 한치 앞을 내다보기 힘든 치열한 난전의 연속이다.

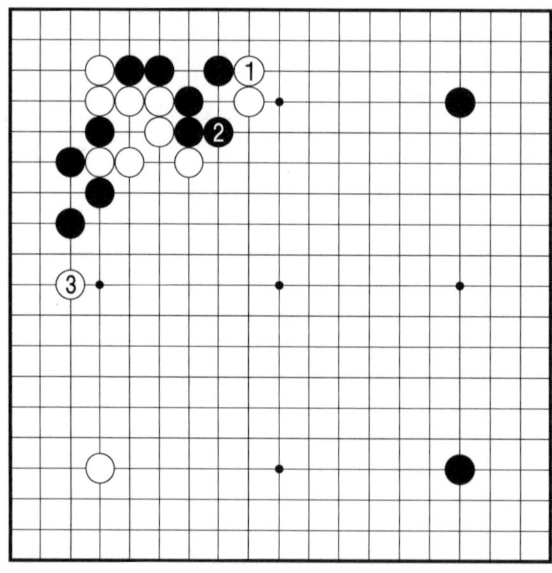

6도

6도(백의 적극책)

전도의 수순 중 백1, 흑2 때 백은 3으로 다가서서 적극적으로 두는 전법도 가능하다. 이 진행역시 쌍방 어려운 싸움이 되는 것은 피할 수 없다.

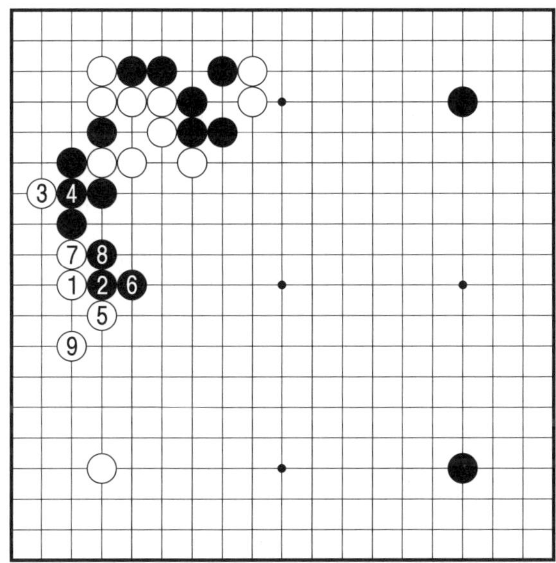

7도

백1로 다가서면 흑2로 붙여 응수하는 것이 가장 보편적이다. 계속해서 백3으로 들여다본 것은 기민한 응수타진이며 지금이 타이밍이다. 계속해서 흑4로 잇고 이하 백9까지는 필연적인 수순인데……

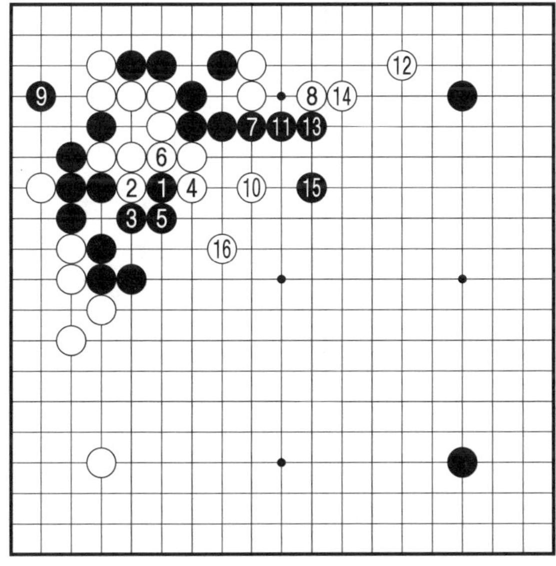

8도

전도 이후 흑은 1로 들여다보는 것이 형태를 정비하는 요령이다. 계속해서 백2로 뚫고 이하 백16까지의 진행이 예상되는데 피차 한치 앞도 내다보기 힘든 치열한 전투전의 양상이다.

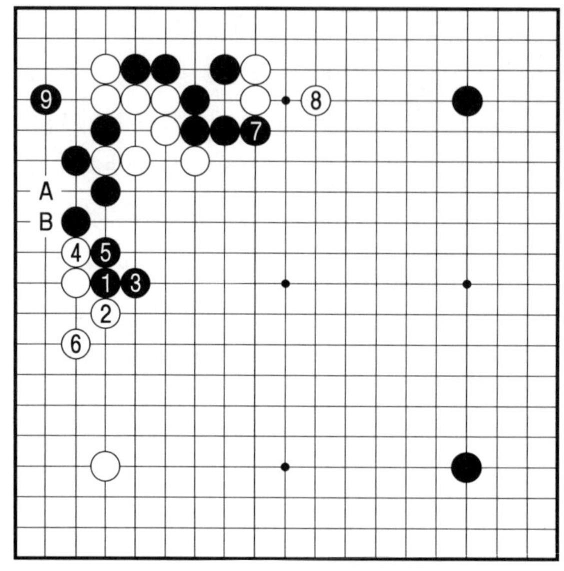

9도

9도(백, 불만)

흑1로 붙였을 때 백이 A의 응수타진을 보류한 채 단순히 2로 젖히는 것은 좋지 않다. 흑3 이하 9까지 진행되면 돌의 안형 관계상 백이 불리한 모습이다. 뒤늦게 백A에 들여다보는 것은 흑B로 손해만 초래할 뿐이다.

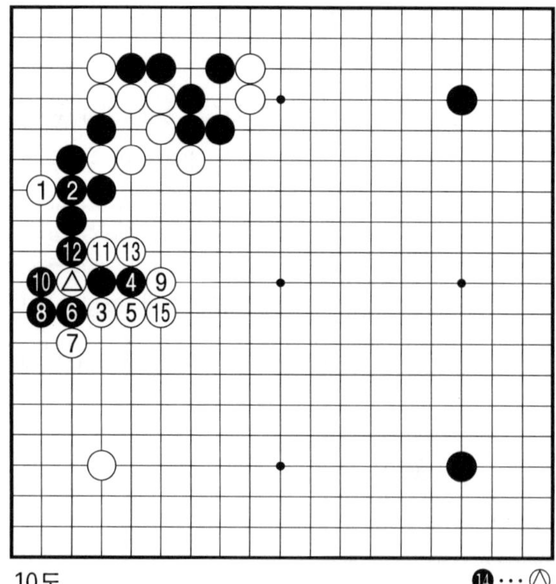

10도(백, 만족)

백1, 흑2를 선수한 후 백3으로 젖혔을 때 흑이 4로 뻗는다면 백도 5로 막는 것이 좋은 수이다. 이후 흑6으로 끊는다면 백7로 단수친 후 9로 두 점머리를 두드리는 것이 요령이다. 이하 백15까지의 진행은 백이 두터운 모습이다.

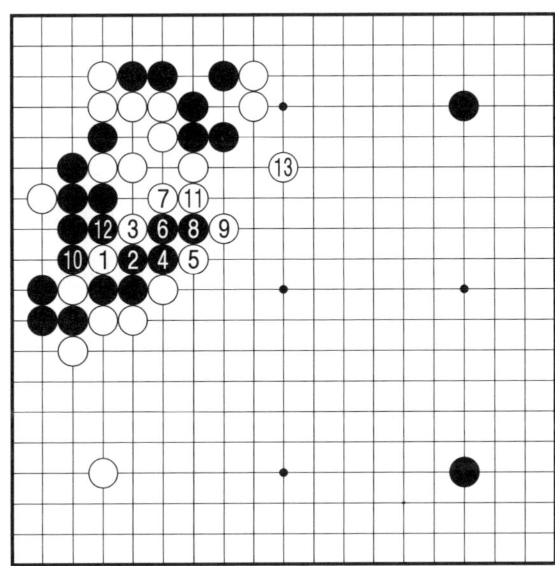

11도

11도(흑, 곤란)

전도의 수순 중 백1로 단수쳤을 때 흑2로 움직이는 것은 의문이다. 백은 3으로 단수친 후 이하 백11까지 축의 형태로 유도하는 것이 좋다. 흑12로 따낼 수밖에 없을 때 백13으로 씌우면 상변 흑돌이 살기 힘들게 된다.

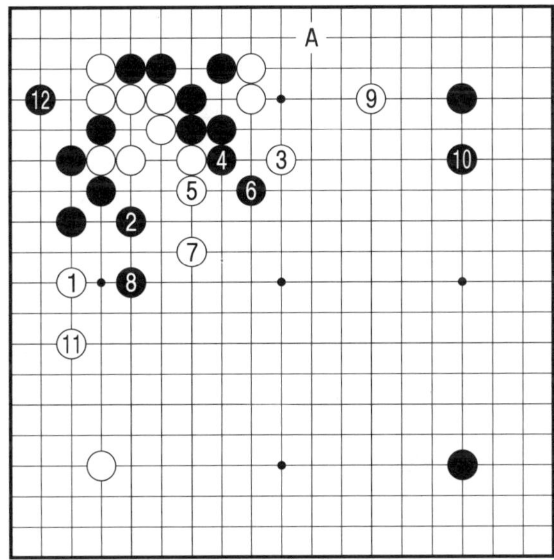

12도

12도(흑, 간명책)

백1로 다가섰을 때 흑은 2로 호구쳐서 간명하게 둘 수도 있다. 계속해서 백3으로 날일자하고 이하 흑12까지가 예상되는 진행이다. 이후 흑은 상변 A의 침입을 노리게 된다.

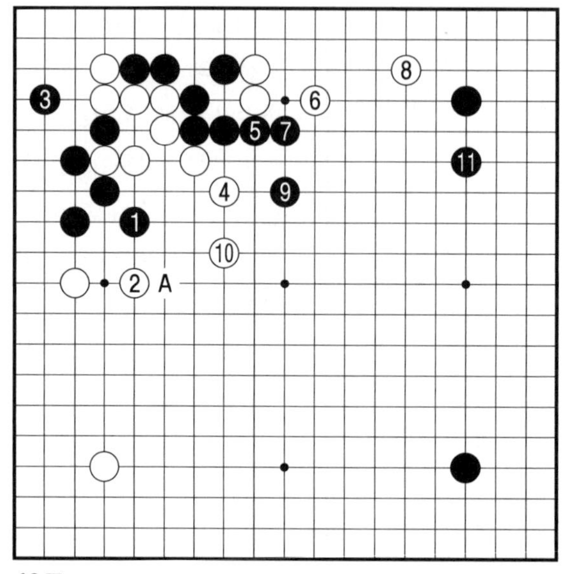

13도

13도(백의 변화)

흑1로 호구쳤을 때 백은 2로 한칸 뛰어 둘 수도 있다. 백2라면 흑은 3으로 날일자하는 것이 기세이며 백4 이하 흑11까지 또 다른 중앙전이 된다. 이후 흑은 A에 붙여 반격하는 수단을 노리고 있다.

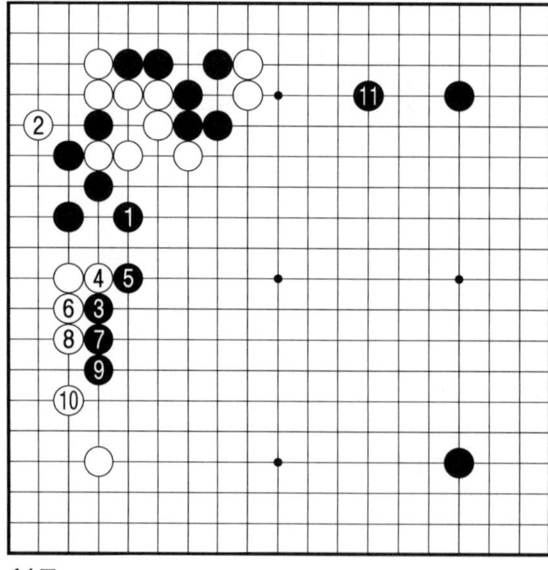

14도

14도(흑, 유리)

흑1로 호구쳤을 때 단순히 백2로 근거부터 확보하는 것은 좋지 않다. 이때는 흑3으로 씌우는 것이 호착으로 이하 백10까지의 진행 후 흑11로 공격해서 흑이 유리한 포석이다.

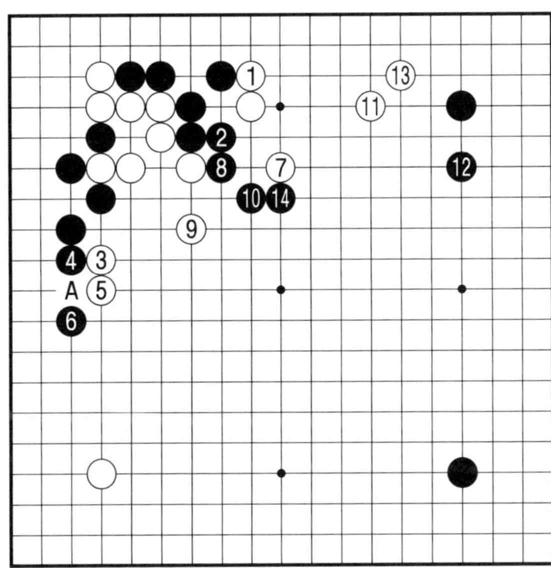

15도

15도(백, 상변 중시)

백은 A에 다가서지 않고 상변에서부터 전단을 모색할 수도 있다. 백1, 흑2 때 백3으로 씌우는 것이 예정된 작전이다. 이하 흑14까지가 예상되는 진행인데 이 역시 훌륭한 한판의 포석이다.

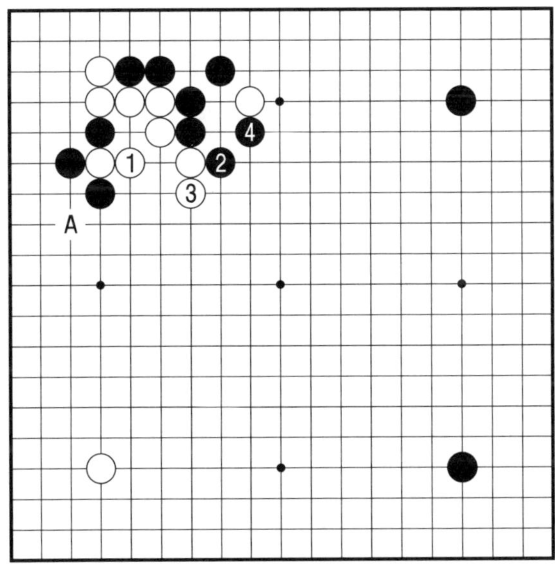

16도

16도(흑, 상변 중시)

백1로 뻗었을 때 흑A로 호구친 수로는 상변을 중시하여 흑2로 젖힐 수도 있다. 백3으로 뻗을 수밖에 없을 때 흑4로 호구쳐서 상변 백 한점을 제압하겠다는 것이 흑의 작전이다.

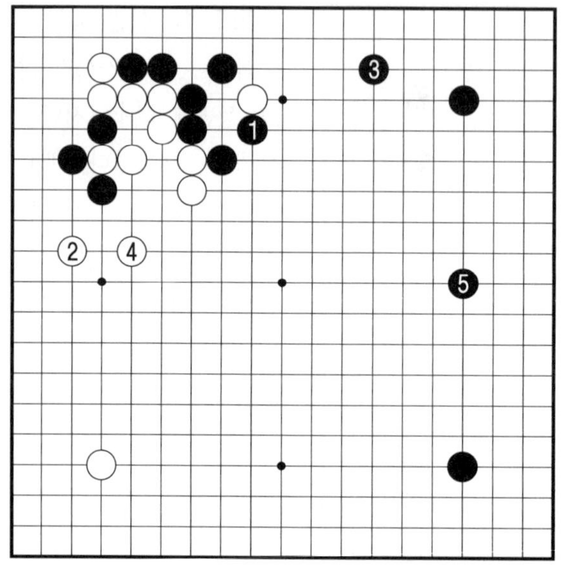

17도

17도(흑, 활발)

흑1로 호구쳤을 때 백2로 다가서서 흑 석점을 공략하는 것은 의문이다. 계속해서 흑3의 눈목자로 굳히고 백4, 흑5까지 쌍방 기세의 진행처럼 보이지만……

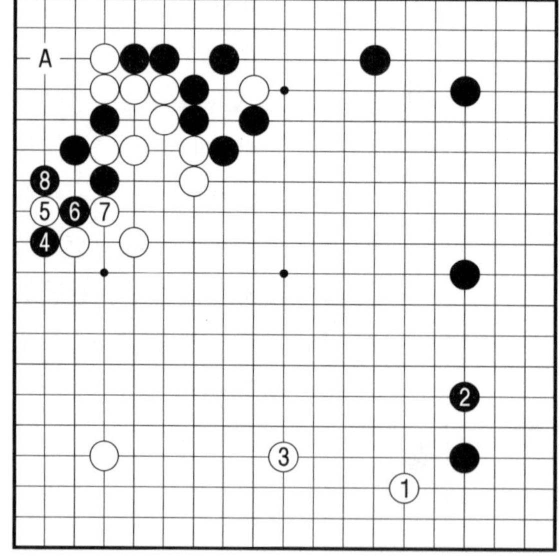

18도(백의 뒷맛)

전도에 계속해서 백1로 걸친 후 3으로 전개해서 하변을 확장하면 백도 충분히 둘 수 있는 포석처럼 보인다. 그러나 좌상귀 백의 약점이 남는다. 흑4의 붙임 후 이하 8까지 패로 버티면 간단히 수가 나는 모양이다. 흑4로는 A에 두는 수도 있다.

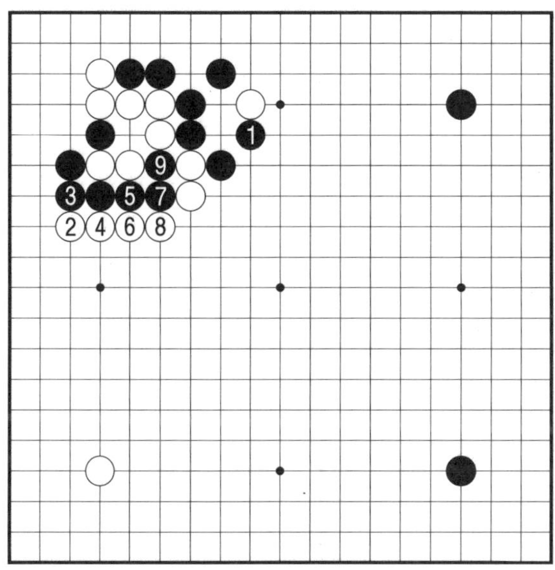

19도

19도(백, 곤란)

흑1로 호구쳤을 때 전도의 약점을 단속하기 위해 백2로 들여다보는 수 역시 찬성할 수 없다. 흑은 3으로 이은 후 백4 때 흑5 이하로 움직이는 것이 좋은 수이다. 백8로 막는 것을 기다려 흑9로 단수치면 이 형태는 백이 곤란한 모습이다. 계속해서……

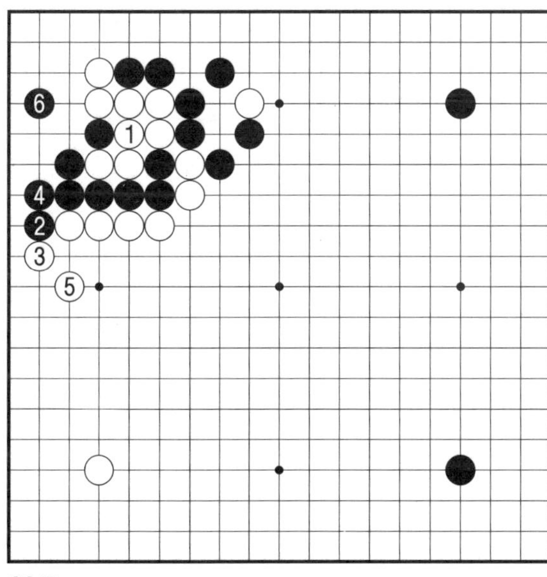

20도

20도(흑, 후속수단)

전도 이후의 진행이다. 백1로 잇는다면 흑은 2·4로 젖혀 잇는 것이 좋은 수순이다. 백3·5로 외곽의 약점을 보강한다면 흑6으로 날일자해서 귀의 백을 곤경에 빠뜨릴 수 있다.

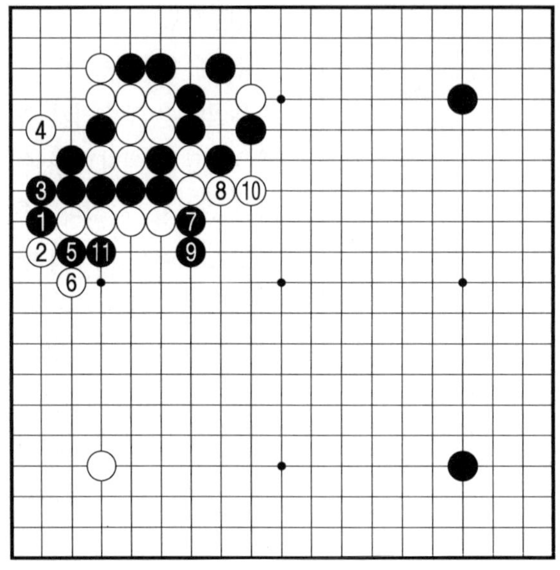

21도

21도(백, 응수두절)

흑1·3으로 젖혀 이엇을 때 백4로 공격하면 전도와 같은 진행을 피할 수 있다. 그러나 이때는 흑5로 끊는 것이 통렬하다. 계속해서 백6으로 단수친다면 흑7·9를 선수한 후 흑11로 움직여서 백의 응수가 두절된다.

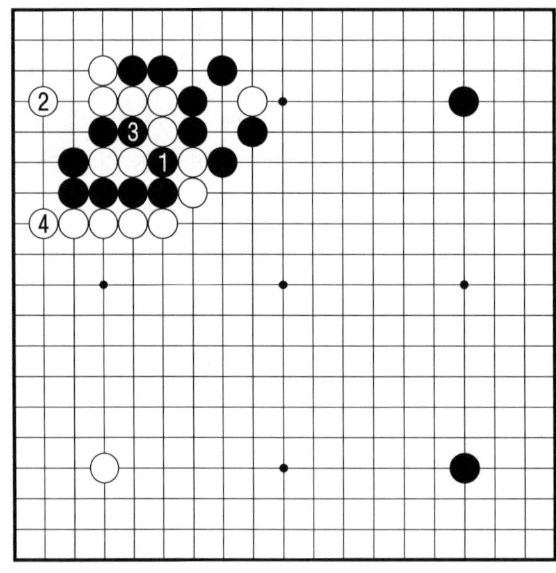

22도

22도(흑, 곤란)

흑1로 끊었을 때 백2로 한칸 뛰는 변화이다. 이때 무심코 흑3으로 백 두 점을 따내는 것은 대악수이다. 백4로 내려서고 나면 도리어 흑이 곤란한 모습이다.

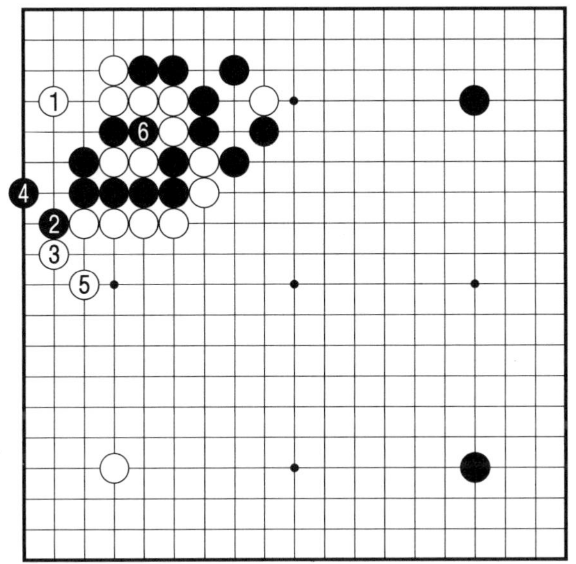

23도

23도(흑의 수순)

백1로 한칸 뛰면 흑은 2·4로 젖혀 잇는 것이 수순이다. 계속해서 백3·5로 약점을 보강할 수밖에 없을 때 흑6으로 따내면 흑이 유리한 결말이다.

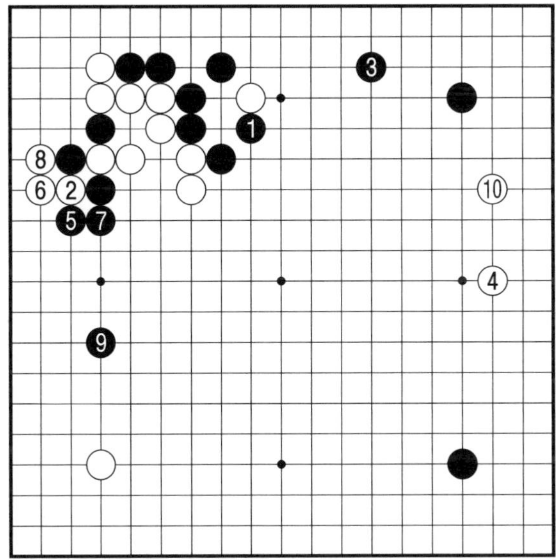

24도

24도(백의 정수)

흑1로 호구치면 백은 2로 끊을 곳이다. 계속해서 흑3으로 눈목자하면 백4로 갈라치는 것이 유연한 수이다. 이후 흑5로 단수치고 이하 백10까지가 예상되는 포석 진행인데 쌍방 충분히 둘 수 있는 형태이다.

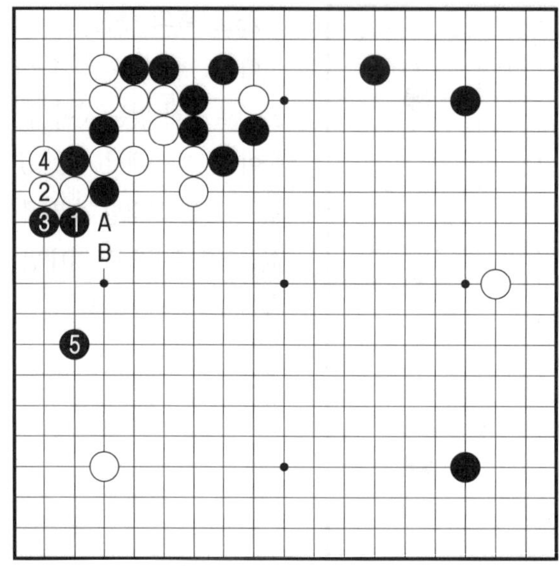

25도

25도(흑의 변화)

전도의 수순 중 흑1로 단수치고 백2로 뻗었을 때 흑은 곧장 3으로 막는 수도 성립한다. 백4로 흑 한점을 잡는다면 흑5로 전개해서 충분한 형태이다. 이후 백A라면 당연히 흑B로 단수쳐서 흑이 좋다.

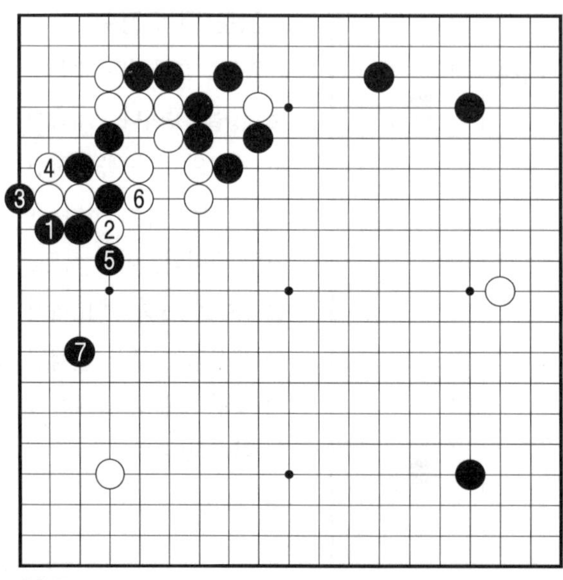

26도

26도(흑의 활용)

흑1로 막았을 때 백2로 단수치는 변화이다. 이때는 흑3으로 단수치는 것이 기분 좋은 선수활용이 된다. 백4 때 흑5가 또한 연이은 선수활용으로 백6을 기다려 흑7로 전개하면 흑이 활동적인 모습이다.

104

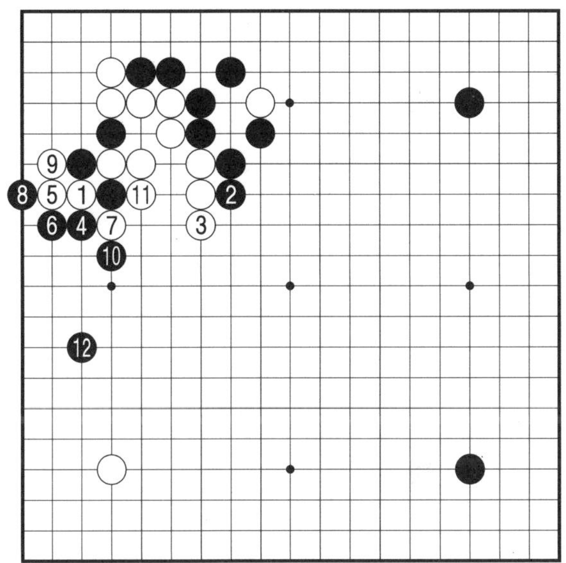

27도

27도(흑, 만족)

백1로 끊었을 때 흑2로 미는 변화이다. 이때 백3으로 뻗는 것은 기백이 부족한 수이다. 흑이 4로 단수친 후 이하 12까지 처리하면 이 형태는 전도보다도 더욱 흑이 유리한 모습이다.

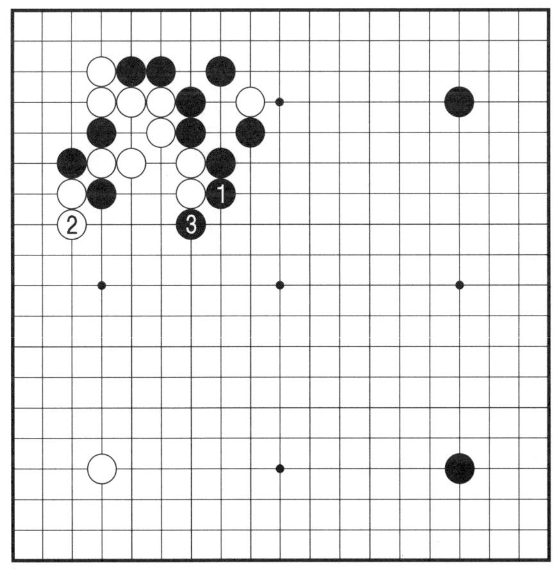

28도

28도(흑, 충분)

흑1로 밀었을 때 백2로 뻗어 좌변을 강화하는 수 역시 찬성할 수 없다. 흑3으로 젖혀 두점머리를 두드리면 이 결과는 전체적으로 흑 세력이 활발한 형태이다.

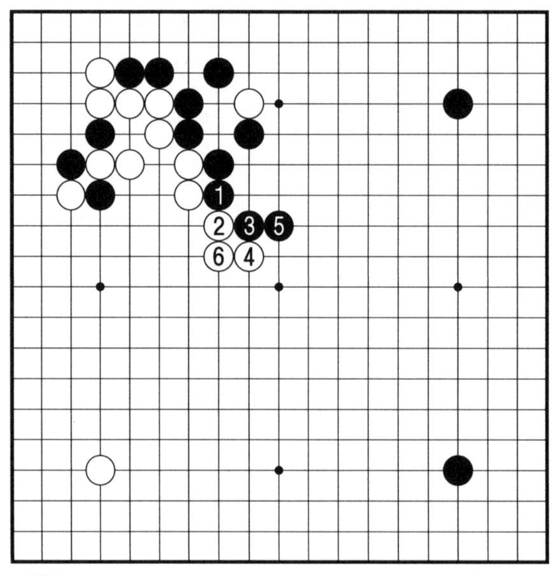

29도

29도(백의 기세)

흑1로 밀면 백은 당연히 2로 젖힐 곳이다. 계속해서 흑3으로 젖힌다면 백4로 이단젖히는 것이 강력한 행마법. 다음 흑이 5로 뻗는다면 백6으로 이어서 이 형태는 백이 유리하다.

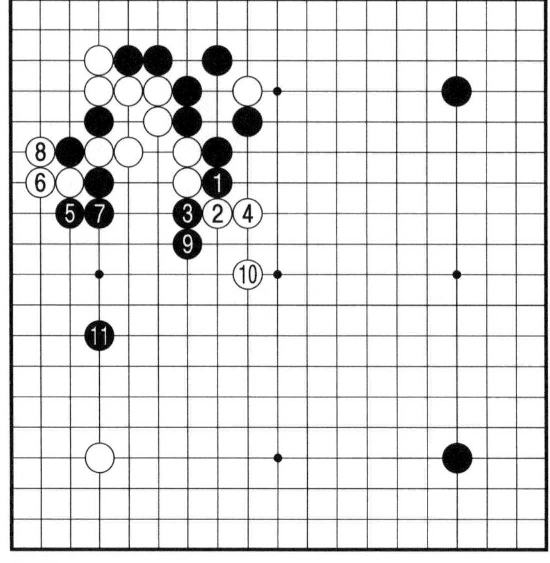

30도

30도(쌍방 기세)

흑1, 백2 때 흑은 기세상 당연히 3으로 끊을 곳이다. 계속해서 백4로 뻗는다면 흑5로 단수쳐서 형태를 결정짓는 것이 요령이다. 이하 흑11까지가 예상되는 진행인데 이 역시 쌍방 충분히 둘 수 있는 포석이다.

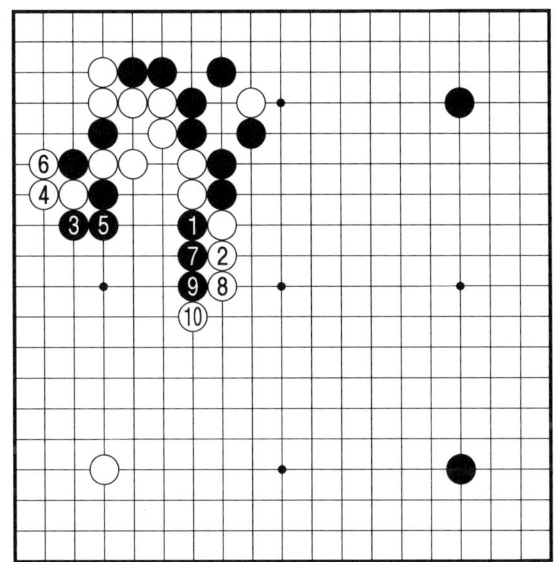

31도

31도(흑, 옹색)

흑1로 끊었을 때 백은 2로 뻗어 강력하게 버틸 수도 있다. 계속해서 흑이 3·5를 결정지은 후 7로 뻗는다면 백8로 한번 늦춘 후 흑9 때 백10으로 젖히는 것이 좋은 수순이다. 이 형태는 흑이 옹색한 모양이다.

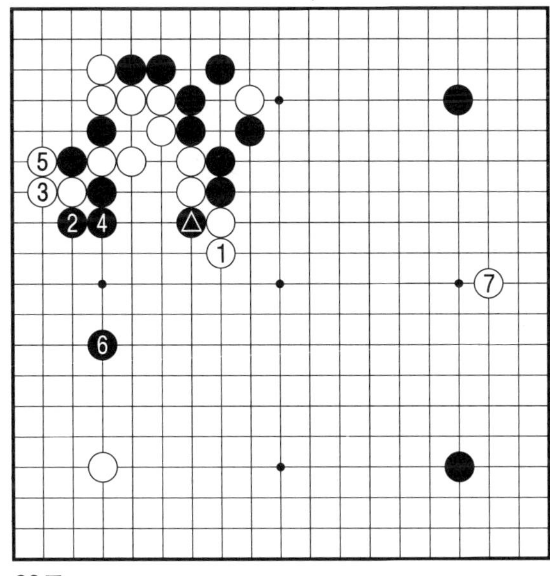

32도

32도(흑의 정수)

백1로 뻗으면 흑은 2·4를 결정지은 후 6으로 전개하는 것이 요령이다. 계속해서 백도 7로 갈라쳐서 유연한 포석 진행이 되는데 쌍방 충분히 둘 수 있는 형태이다. 이후 흑은 ⬤ 한점을 움직이는 시기를 엿보게 된다.

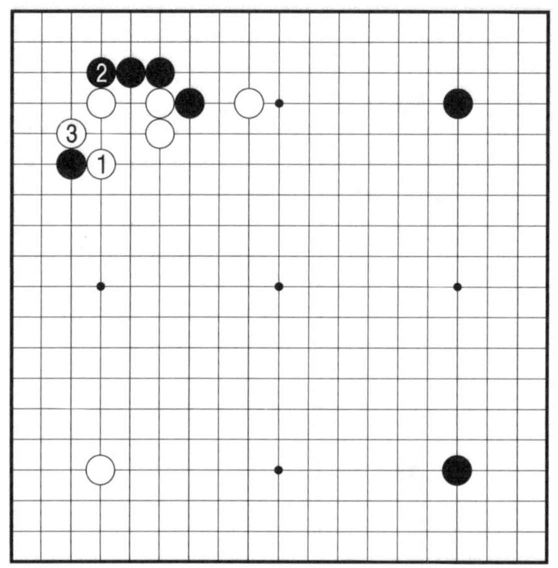

33도

33도(다케미야류)

백은 언제든지 앞의 복잡한 변화가 싫다면 백2로 막는 수 대신에 1로 붙이는 진행을 선택할 수 있다. 흑2에는 백3으로 백도 충분하다.

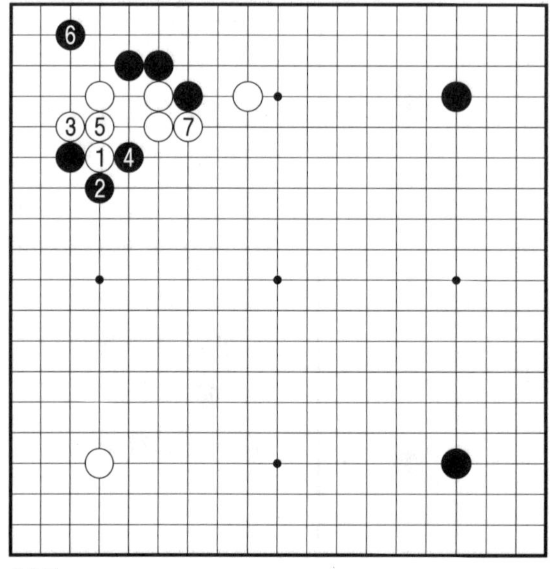

34도

34도(변화도)

백1로 붙였을 때 흑2로 변화하는 수단도 고려할 수 있다. 흑2로 젖히면 일단 백3으로 막고 흑4·6을 기다려 백7로 눌러가는 자세가 좋아 불만이 없다.

108

제12형

2연성 포석 12(2연성 대응) — 실리지향의 3·三 침입

흑1로 양걸침하고 백2로 붙였을 때 곧장 흑3으로 3·三 침입하는 수도 성립한다. 흑3은 먼저 실리를 차지한 후 백의 응수를 엿보겠다는 작전이다. 그럼 이후의 포석 진행을 살펴보기로 한다.

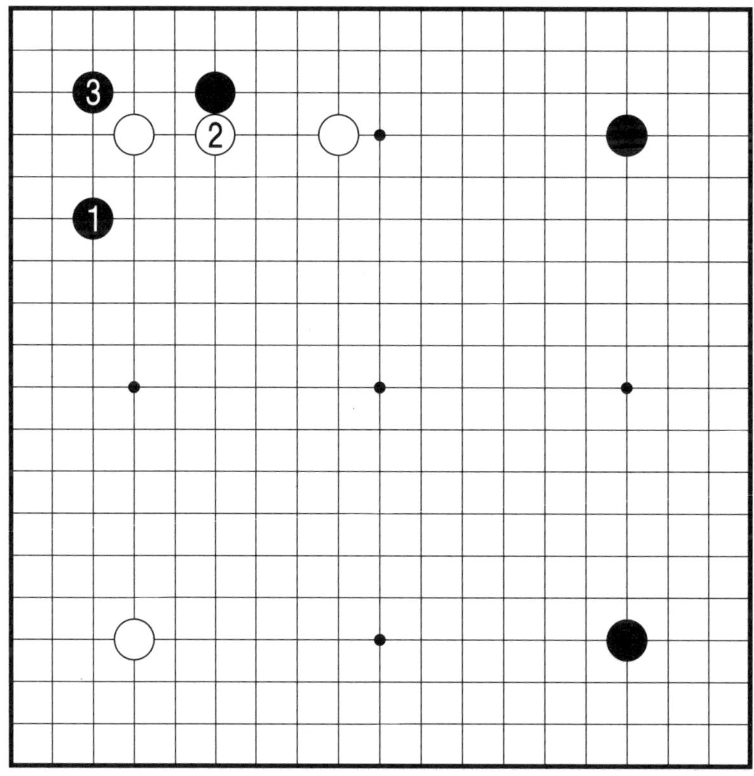

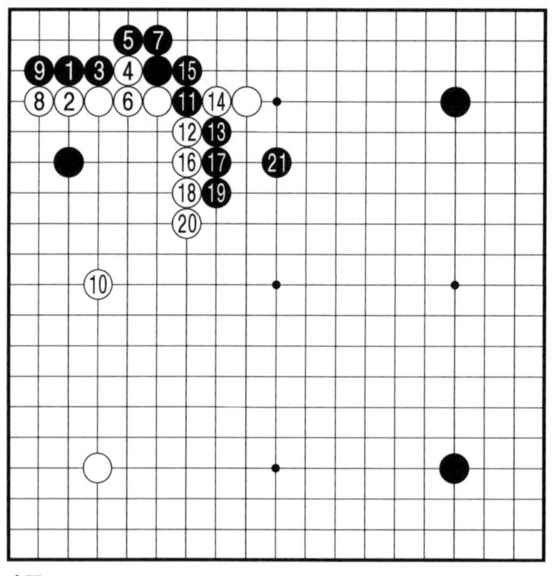

1도

1도(쌍방 충분)

흑1로 3·三 침입하면 백은 당연히 2로 막을 곳이다. 계속해서 흑3으로 연결하고 백4 이하 흑21까지가 정석적인 진행인데 쌍방 충분히 둘 수 있는 포석 진행이다.

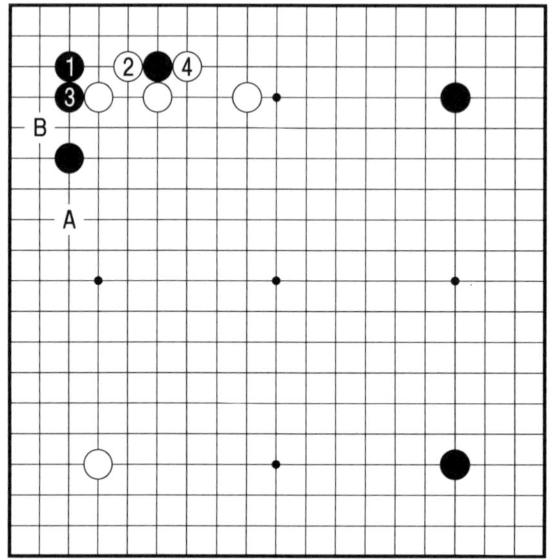

2도

2도(백, 불만)

흑1로 3·三 침입했을 때 백2로 막는 것은 방향 착오이다. 흑3으로 연결하면 백4로 보강할 수밖에 없는데 이 형태는 백이 약간 당한 모습이다. 이후 백A로 다가서도 B에 치중하는 수가 없다는 것이 백의 불만이다.

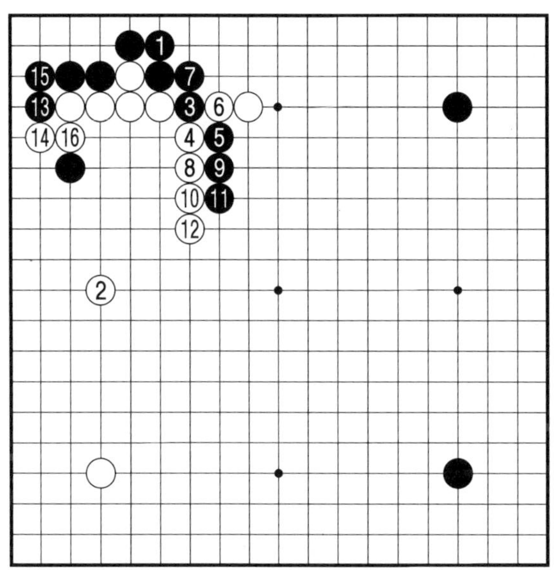

3도

3도(흑, 선수활용)

1도의 수순 중 흑1로 이었을 때 백이 13으로 내려서지 않고 단순히 2로 협공하는 것은 좋지 않다. 흑은 3으로 젖힌 후 이하 백12까지 선수해 놓고 흑13·15로 젖혀 잇는 것이 기분 좋은 선수활용이 된다. 이 형태는 1도와 비교할 때 흑이 유리한 모습이다.

4도

4도(흑, 발빠름)

흑1로 연결했을 때 백2로 이은 후 4로 젖히는 것은 두텁긴 하지만 발이 느려서 잘 두지 않는다. 흑은 5로 전개한 후 이하 11까지 발빠르게 전개해서 속도에서 앞설 수 있다.

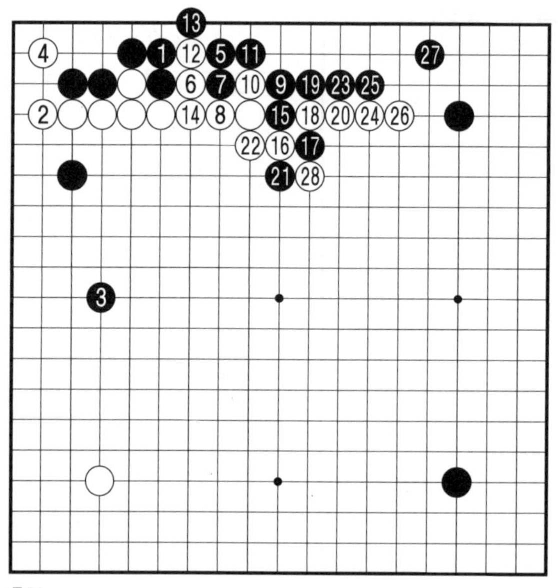

5도

5도(흑, 좌변 중시)

흑1로 잇고 백2로 내려 섰을 때 흑은 좌변을 중시 하여 3으로 전개하는 수 도 성립한다. 계속해서 백 4로 한칸 뛴 수는 기세상 당연하며 이하 백28까지 가 정석적인 진행으로 되 어 있다. 수순 중 백10· 12의 수순에 유의한다.

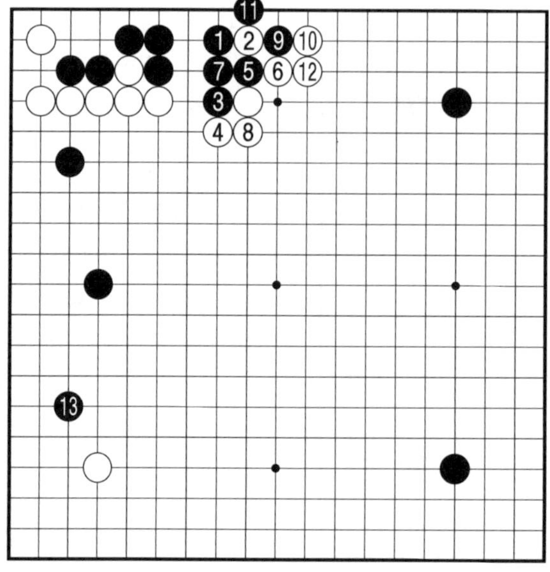

6도

6도(백, 불만)

전도의 수순 중 흑1로 한칸 뛰었을 때 백2로 붙 이는 것은 좋지 않다. 흑 은 3으로 붙이는 것이 호 착으로 백4를 기다려 이 하 백12까지 선수한 후 흑13으로 전개해서 유리 한 결과를 이끌어 낼 수 있다.

2연성 포석 13(화점·소목 대응) — 세력지향의 이음

흑의 2연성 포석에 대해 백은 화점과 소목으로 맞선 포석 형태이다. 백이 소목과 화점으로 맞서면 흑5로 한칸 높게 걸치는 것이 가장 상식적이다. 이 중에서 흑9로 이은 형태의 진행을 알아보기로 한다.

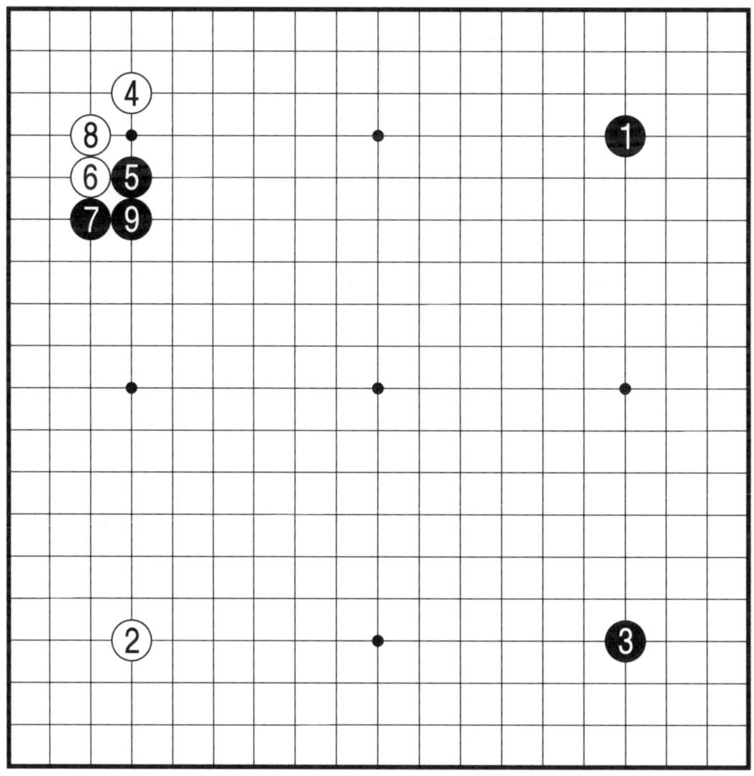

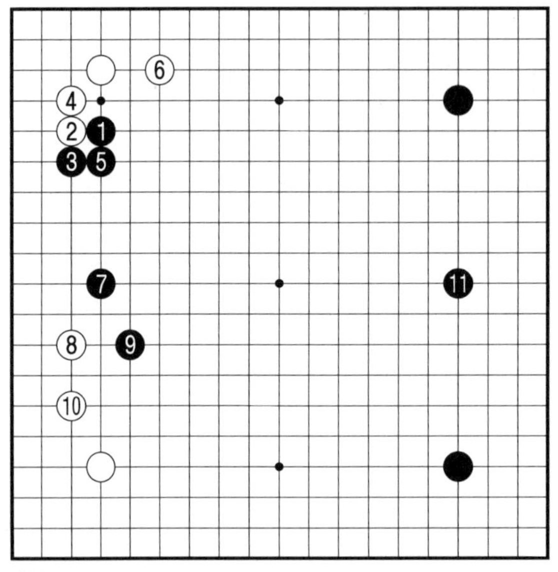

1도

1도(세력대 실리)

흑1로 걸치면 백2로 붙이는 것이 가장 상식적인 정석 선택이다. 흑3으로 젖히고 이하 흑7까지는 기본 정석인데 백8 때 흑9로 날일자로 씌운 것이 세력을 중시한 작전이다. 백10을 기다려 흑11로 전개해서 전형적인 세력대 실리의 갈림이 된다.

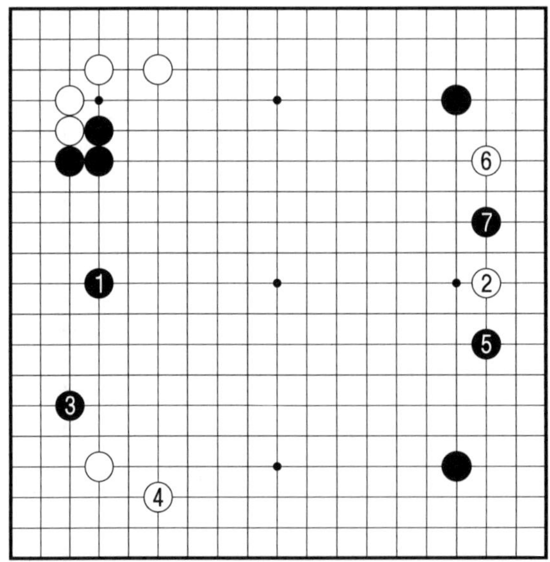

2도

2도(백의 갈라침)

흑1로 전개했을 때 백은 2로 갈라쳐 유연한 작전을 펼칠 수도 있다. 백2라면 흑은 당연히 3으로 걸치는 것이 호점이다. 계속해서 백4로 받는 정도일 때 흑5로 다가서서 우변에서 전단을 모색하는 진행이 된다. 계속해서……

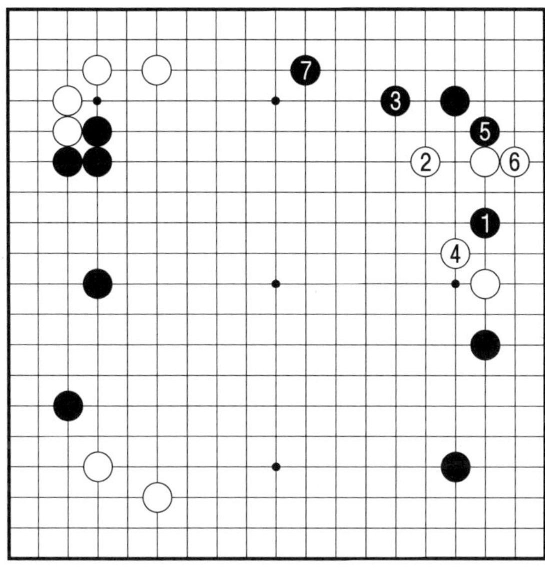

3도

3도(쌍방 충분)

흑1로 침입하면 백은 2로 한칸 뛴 후 흑3 때 백4로 씌우는 것이 일반적인 응수법이다. 계속해서 흑은 5로 마늘모 붙인 후 7로 전개하게 되는데 이 역시 쌍방 충분히 둘 수 있는 포석 형태이다.

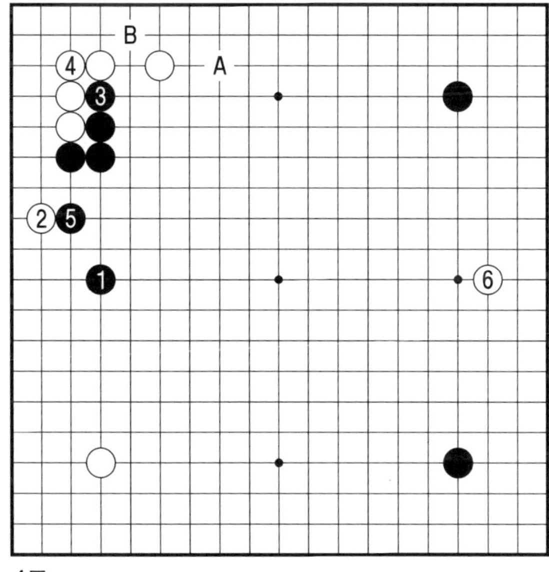

4도

4도(백의 책략)

흑1로 전개했을 때 백은 곧장 2로 침입해서 흑의 응수를 엿볼 수도 있다. 이때 흑은 3으로 치받는 것이 수순이다. 계속해서 백4로 잇는다면 흑5로 막아 세력을 중시하는 정도이며 백6으로 갈라쳐서 쌍방 불만없다. 이후 흑은 A로 다가선 후 B에 치중하는 뒷맛을 노리게 된다.

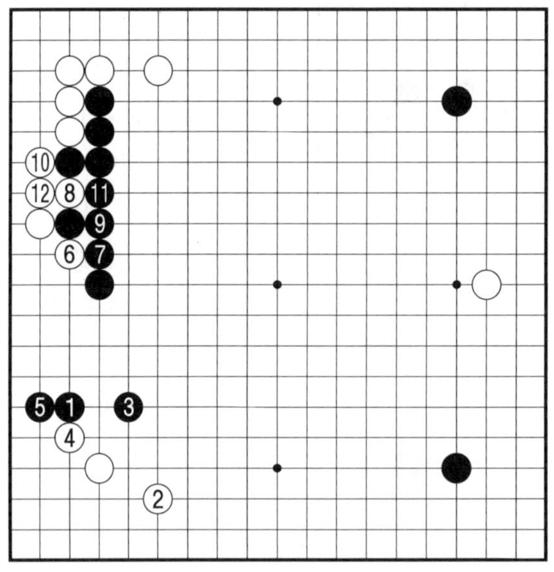

5도

전도에 계속해서 흑1로 걸치는 것은 방향착오이다. 백은 침착하게 2로 받는 것이 좋다. 이후 흑3으로 한칸 뛴다면 백4, 흑5를 선수한 후 백6으로부터 움직이는 수가 성립한다. 이하 백12까지 결정되고 나면 좌변은 큰 집을 기대할 수 없는 모습이다.

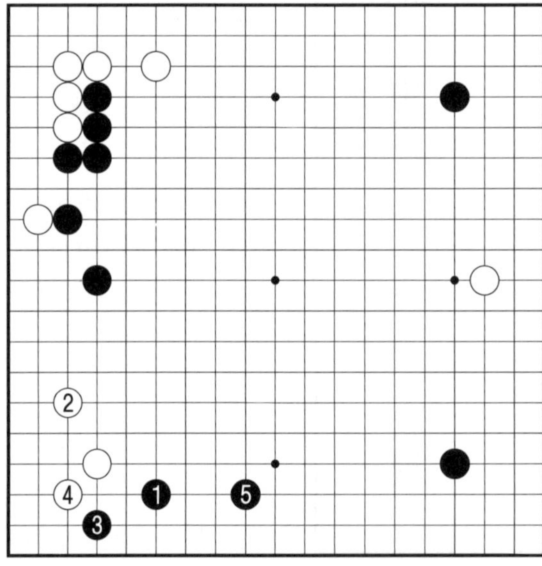

6도

6도(올바른 방향)

좌변은 백이 넘는 수가 있는 만큼 가치가 적은 곳이다. 그런 의미에서 흑1로 걸치는 것이 흑으로선 올바른 돌의 방향이다. 계속해서 백2로 날일자하고 이하 흑5까지의 진행이 된다면 무난한 포석이다.

제14형

2연성 포석 14(화점 · 소목 대응) ― 응수타진

백1로 붙이고 흑2, 백3까지 진행되었을 때 단순하게 흑A에 잇는 수로는 흑4로 걸쳐 백의 응수를 엿보는 것이 의미있는 작전으로 현대에 와서 개발된 수법이다. 그럼 이후의 포석 진행을 알아보기로 한다.

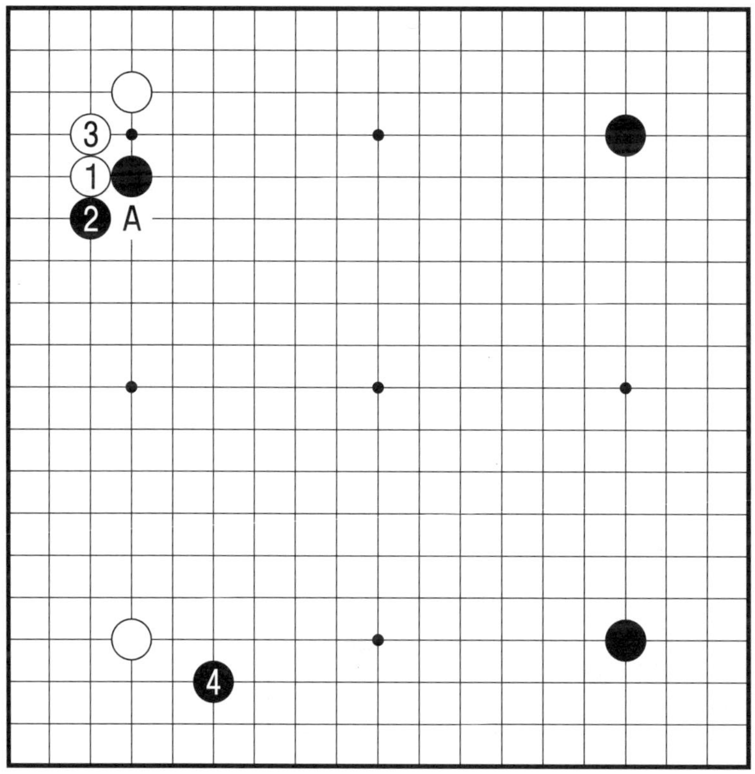

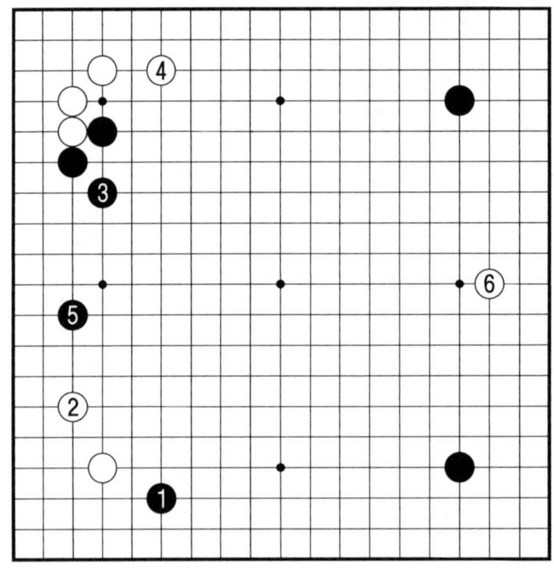

1도

1도(흑, 활발)

흑1로 걸쳤을 때 백2로 받아 준다면 흑3으로 호구치는 것이 수순이다. 백4를 기다려 흑5로 전개하면 이 형태는 흑이 활발한 모습이다.

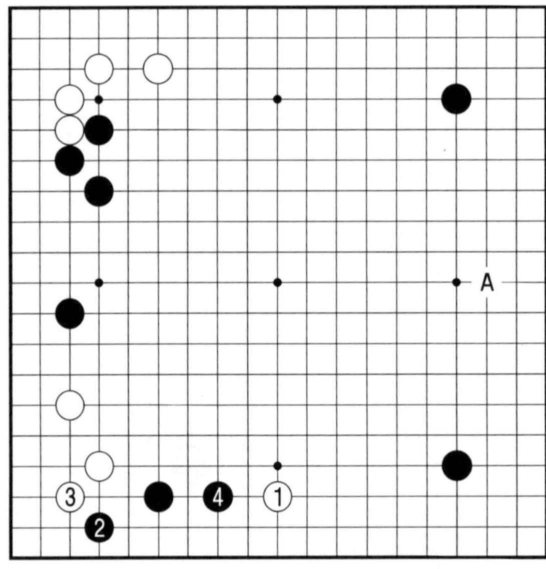

2도

2도(흑, 충분)

좌변 정석이 마무리된 후 백이 A에 갈라치지 않고 1로 협공하는 변화이다. 이때는 흑2로 날일자 한 후 백3 때 흑4로 한칸 뛰어 틀을 갖추는 것이 좋은 수이다. 이 결과는 흑이 유리한 모습이다.

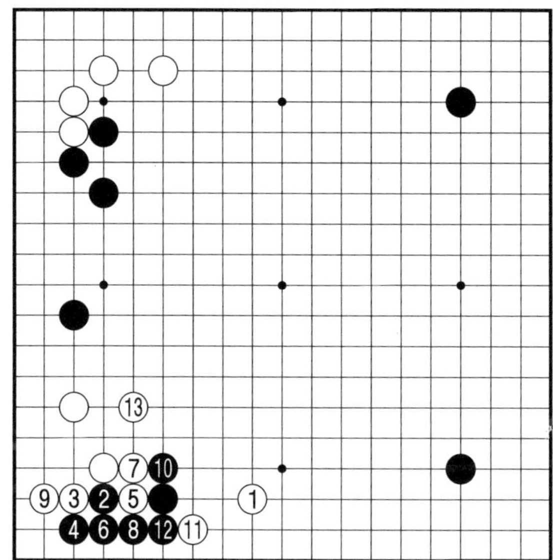

3도

3도(백의 공격)

백이 흑 한점을 공격하고자 한다면 1의 두칸으로 협공하는 정도이다. 계속해서 흑은 2로 붙여 수습하는 것이 상용수법이다. 다음 백3으로 젖히고 이하 백13까지 실전에 흔히 등장하는 정석 형태이다.

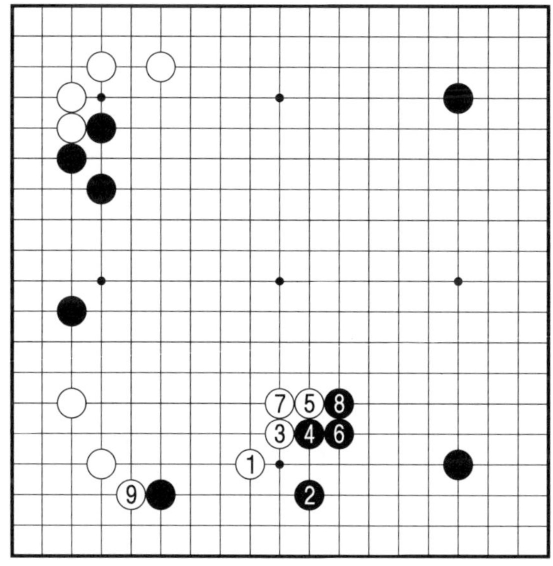

4도

4도(두칸 높은 협공)

백1로 두칸 높게 협공하는 수도 가능하다. 이 때는 흑2로 다가서는 것이 좋은 수로 백3에는 흑 4로 붙여 이하 8까지 하변을 이상적인 형태로 구축할 수 있다. 백도 9로 마늘모 붙여 충분히 둘 수 있는 형태이다.

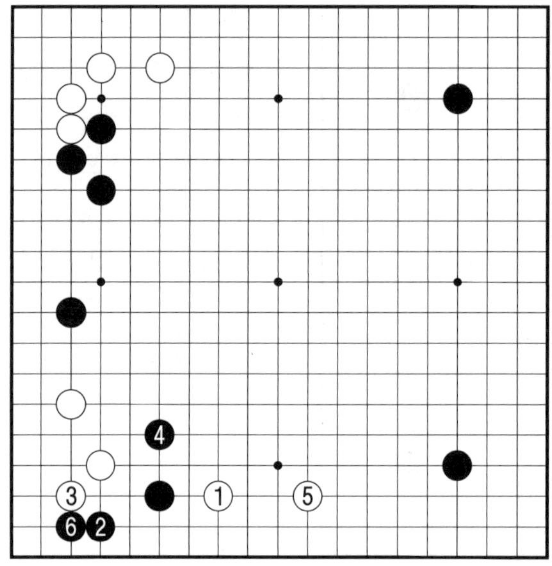

5도

5도(흑, 충분)

백1로 한칸 협공하는 것은 특별한 경우가 아니면 좋지 않다. 흑2로 날일자하는 것이 쌍방간의 급소가 된다. 계속해서 백3으로 받는다면 흑4로 한칸 뛴 후 백5 때 흑6으로 밀고 들어가 흑이 주도권을 장악한 모습이다.

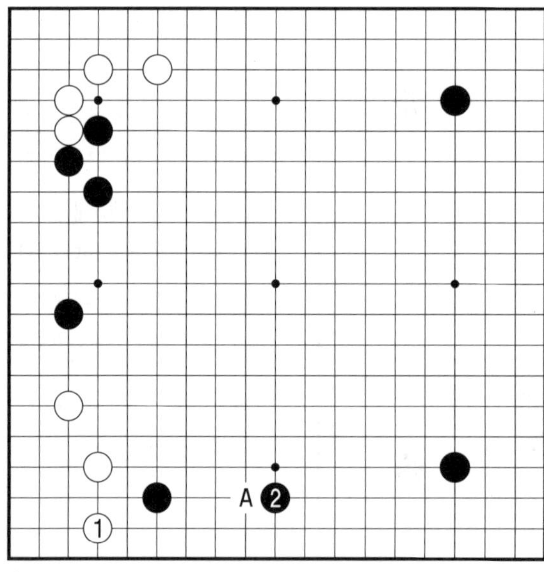

6도

6도(백, 실리작전)

백은 협공하지 않고 단순히 1로 한칸 뛰어 귀를 지키는 수도 가능하다. 흑은 2 또는 A에 벌려 안정을 취하게 되는데 이 역시 쌍방 충분히 둘 수 있다.

2연성 포석 15(화점·소목 대응) — 한국형 포석

백1로 붙이고 이하 흑6까지 진행되었을 때 백이 좌상귀를 손빼고 7로 좌변을 점거하는 이 진행도 한동안 유행했던 한국형 초반 전술이다. 그럼 이후의 포석 진행을 알아보기로 한다.

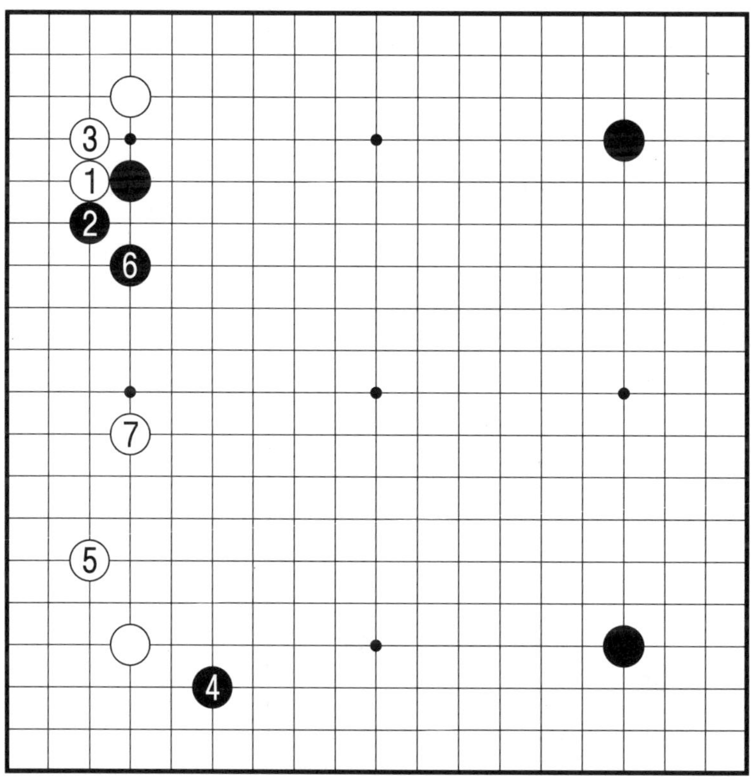

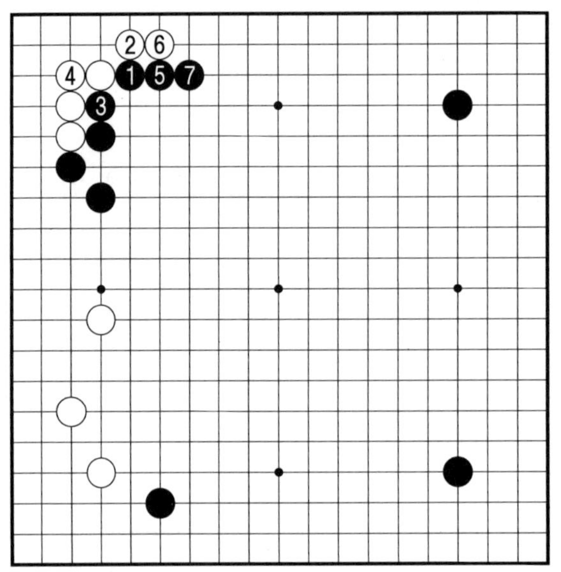

1도

흑1로 붙였을 때 백2로 받는 것은 이하 흑7까지가 정석적인 진행이다. 이 결과는 2연성과 연관되어 흑이 두터운 그림이다.

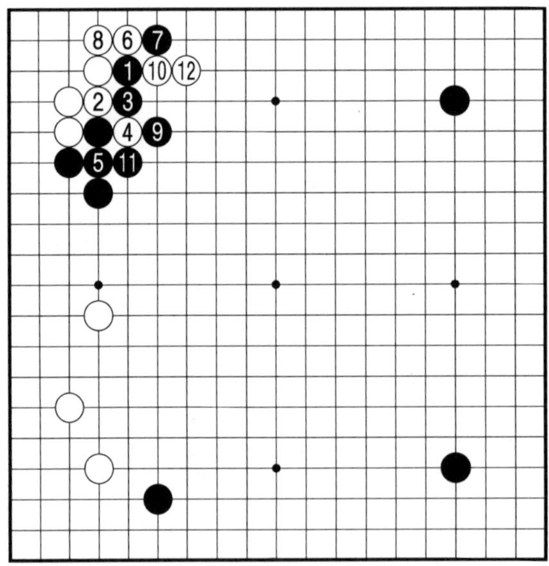

2도

2도(호각)

흑1로 붙였을 때 백2로 치받고 흑3에 막을 때 백4로 끊는 변화도 있다. 계속해서 흑5로 이으면 이하 백12까지가 예상되는 수순이다. 이 진행은 흑이 두텁기는 하지만 다소 중복된 형태이므로 쌍방 비슷한 갈림이라고 볼 수 있다.

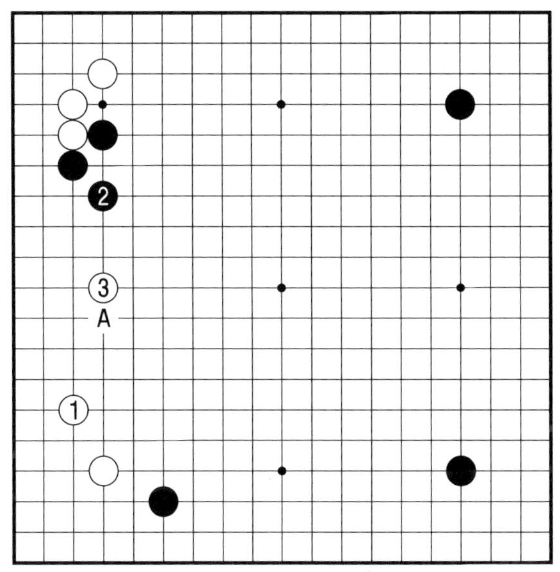

3도(일장일단)

백1로 날일자하고 흑2로 호구쳤을 때 백3으로 전개하는 변화도 가능한 수단이다. 백A에 벌리는 것과 비교하여 어느 쪽이 좋다고 말할 수는 없다.

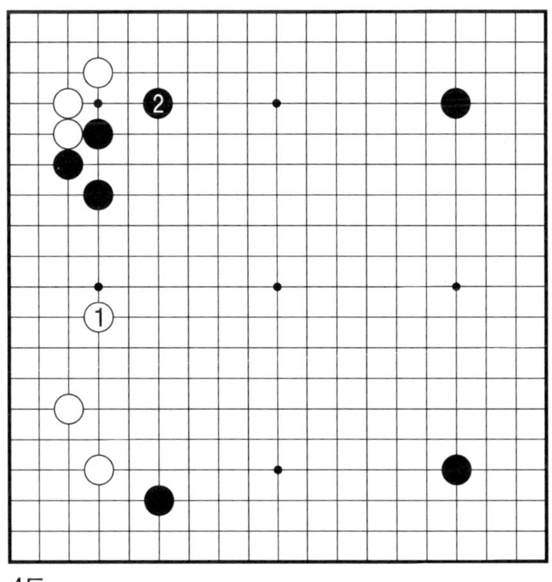

4도(흑, 유연)

백1 때 흑은 2로 날일자해서 유연하게 진행할 수도 있다. 흑2는 급전을 피하는 수법이다.

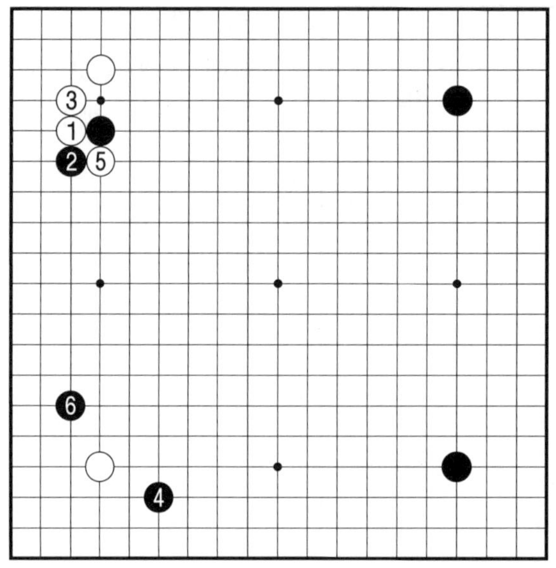

5도

5도(흑, 활발)

흑4로 걸쳤을 때 백5로 두는 수는 현대바둑에서는 기피하는 수법이다. 흑6으로 양걸침하면 백이 속도감에서 떨어지기 때문이다.

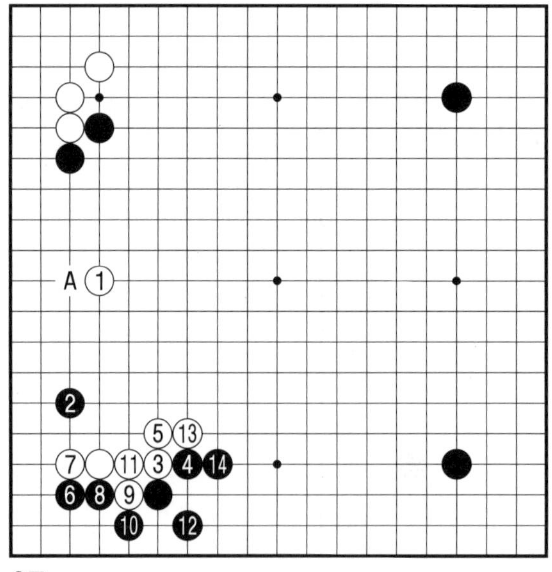

6도

6도(백, 불만)

백1로 곧바로 벌리는 변화. 흑2로 양걸침하면 흑4 이하 14까지가 예상되는 수순이다. 예전에는 이 진행을 백도 사용하였으나 현대에는 흑A 등의 약점이 있고 편재형인 관계로 기피하고 있다.

2연성 포석 16(화점·소목 대응) — 유인전술

백1의 눈목자는 3·三 침입을 유도하는 수법이다.
보다 적극적인 진행을 유도하려는 현대바둑의 속성과
부합하여 유행되었다. 그럼 백1 이후의 포석 진행을
검토해 보기로 한다.

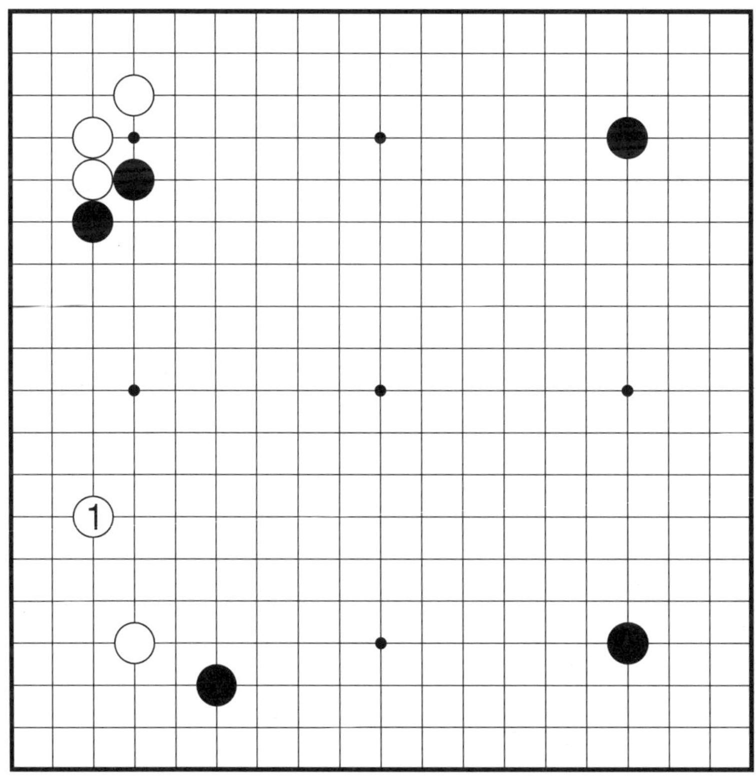

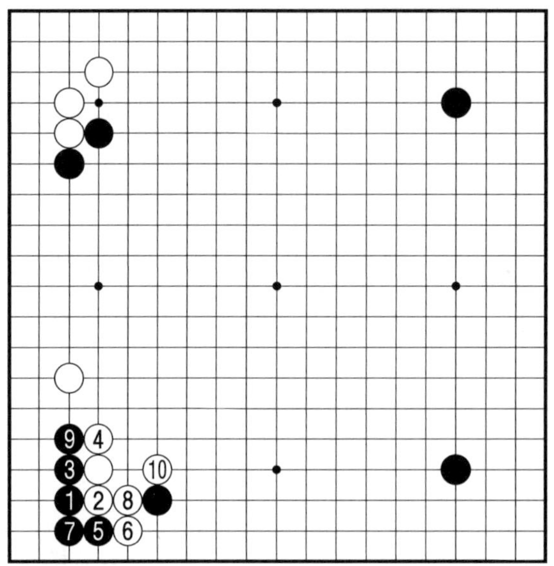

1도

1도(백, 유리)

흑1로 3·三 침입하면 백2로 막고 이하 백8까지의 수순은 예정된 수순이다. 눈목자의 취지는 흑9 때 백10으로 흑 한점을 제압하겠다는 것이다.

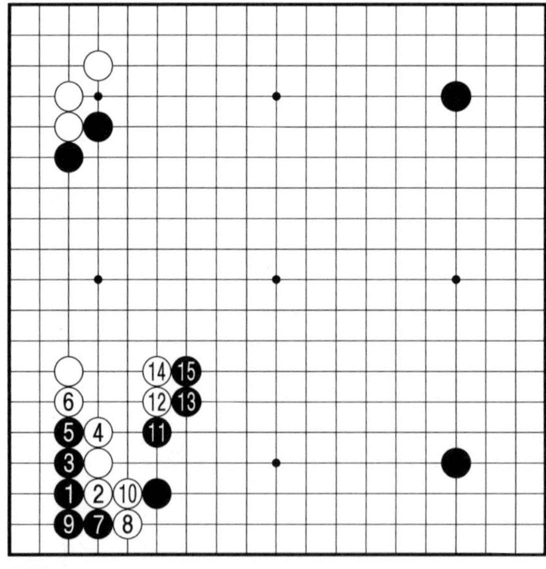

2도

2도(백, 불만)

흑5 때 백6으로 받는 것은 예전에 사용된 정석이지만, 이 진행은 현대 바둑에서는 사용하지 않는다. 이하 백15까지 예상된다고 볼 때 흑이 양쪽을 처리하고 있는 모습이다.

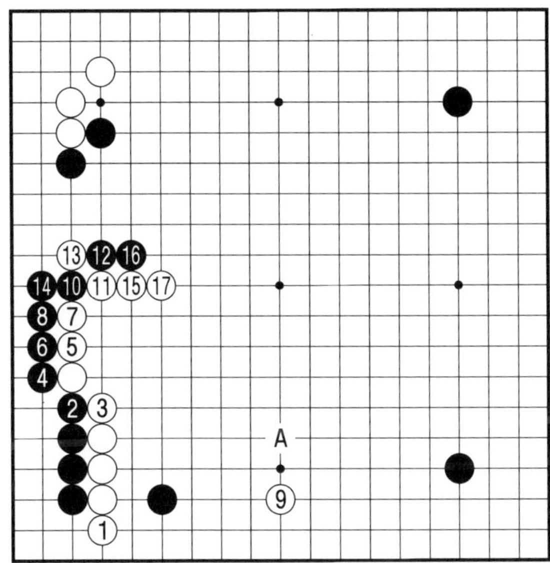

3도

3도(최신 수법)

전도의 흑5에 대응하여 개발된 수가 백1이다. 흑에게 2선을 세 번 기게한 후 백9를 점거하는 것이 요령이다. 흑10의 석점머리는 좌변 흑진이 좁으므로 백이 감수할 수 있다. 이후에는 A의 곳이 삭감의 요처가 된다.

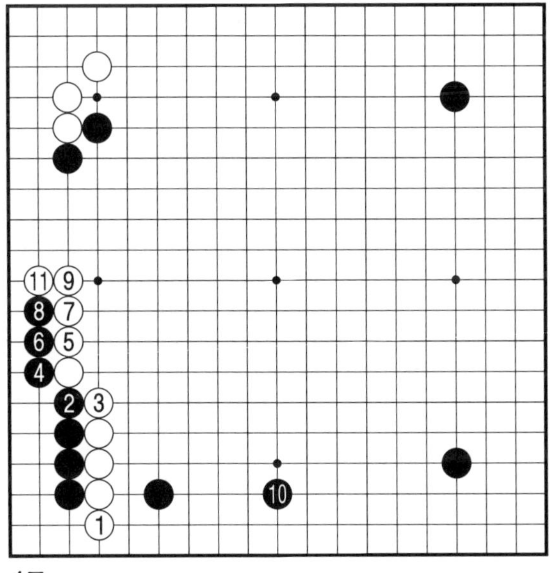

4도

4도(백, 불만)

흑8 때 백9로 받는 것은 흑에게 10의 요처를 뺏기게 된다. 백11이 좌하귀 흑의 사활에 선수가 되지 않으므로 백은 포석에서 한발 늦게 된다.

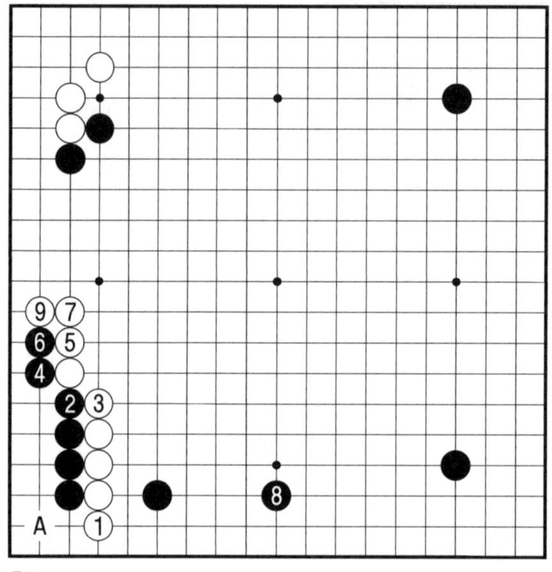

5도

흑도 4·6으로 두번만 긴 후 8을 급히 서두르면 백9에 의해 선수로 봉쇄 당한다. 백이 A로 뛰면 귀의 흑이 살지 못하기 때문이다. 이 결과는 백이 선수로 두텁게 처리한 모습이다.

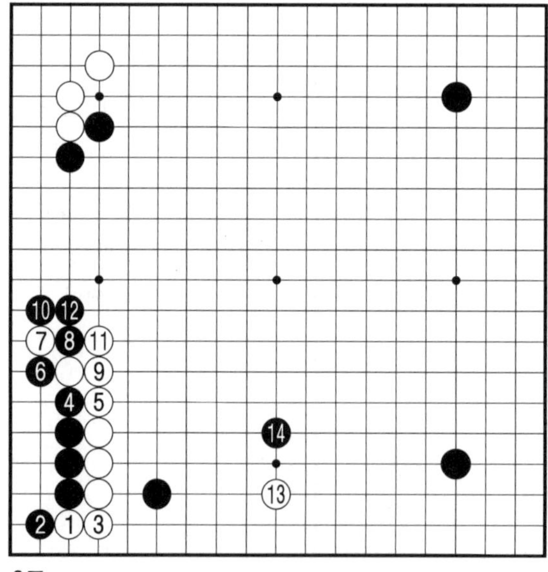

6도

6도(백, 불리)

백1·3의 젖혀이음은 옛 정석으로 여기서는 사용할 수 없다. 이하 흑12까지 백이 선수처리한 후 백13의 자리를 차지하더라도 흑에게 14로 삭감당하면 집이 부족하게 된다.

2연성 포석 17(화점·소목 대응) — 다케미야류

흑1의 눈목자는 2연성과 연관하여 대규모 진영을 형성시키려는 착상이다. 일본의 다케미야(武宮正樹)가 즐겨 쓰는 수법이다. 그럼 흑1 이후의 포석 진행을 검토해 보기로 한다.

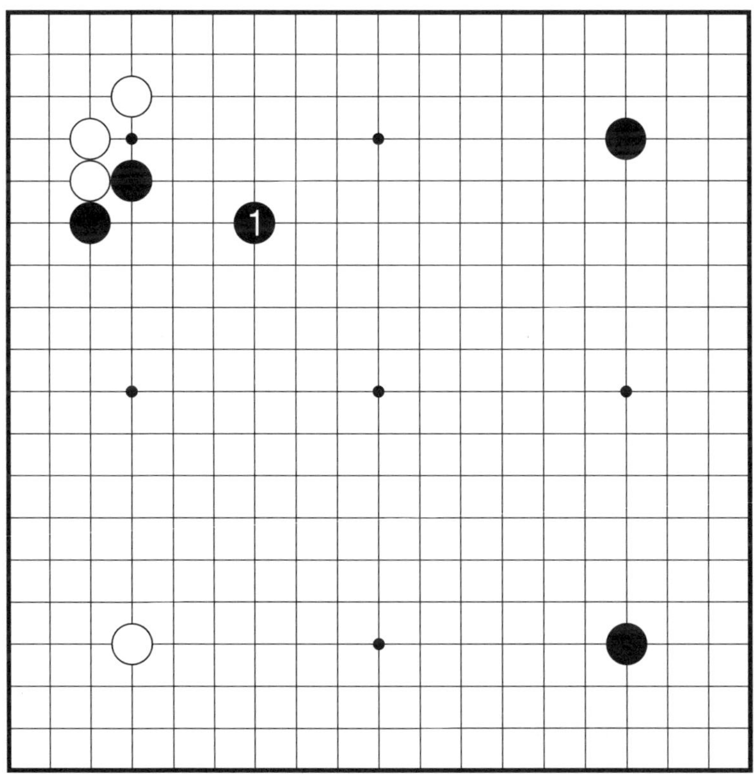

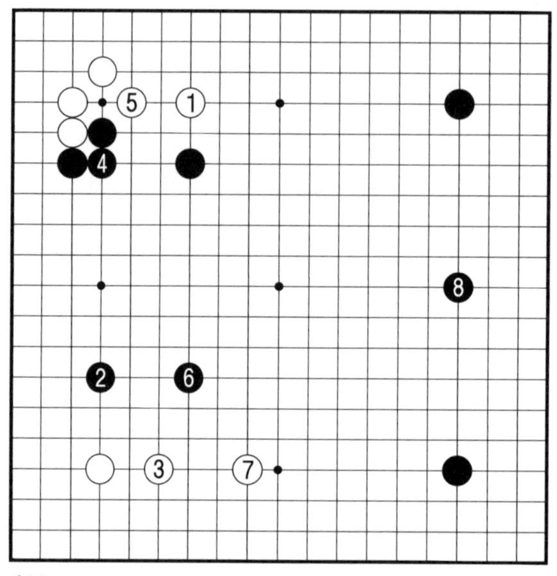

1도

1도(흑, 대모양)

백1로 응수하면 흑2·4·6의 수순을 거쳐 모양을 키워 나가는 것이 요령이다. 다음 흑8로 3연성을 완성한다. 수순 중 흑4 때 백5는 생략할 수 없다.

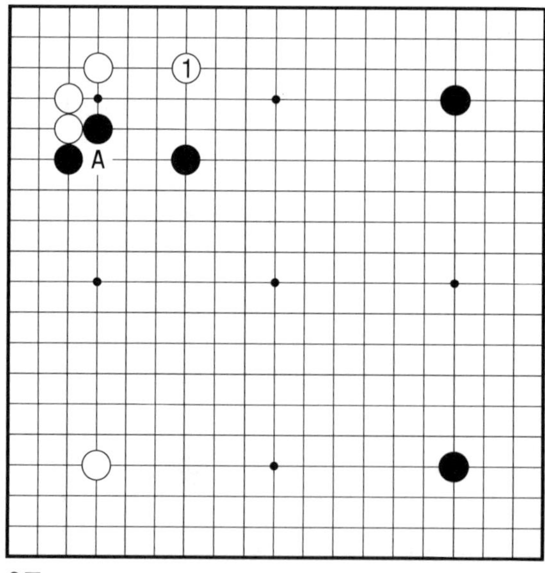

2도

2도(백의 책략)

백은 1로 두는 것이 약간 낫다. A로 흑이 이을 때 백은 가일수할 필요가 없기 때문이다.

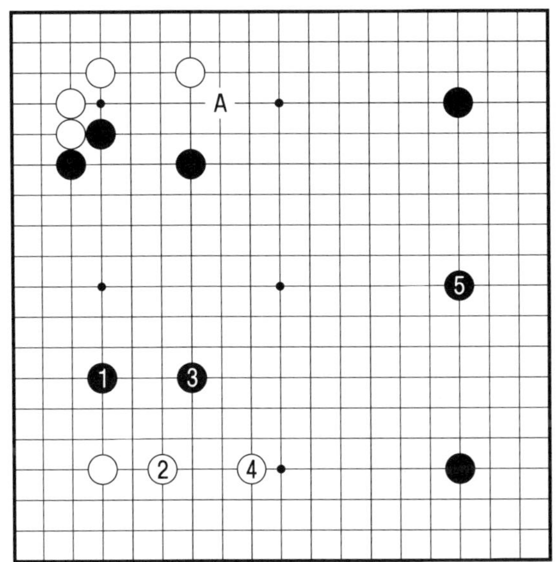

3도

3도(일관된 작전)

　그래도 흑은 1·3으로 일관성있게 진행하는 것이 좋다. 백2·4로 받을 때 흑5로 역시 삼연성을 펼친다. 이 다음 흑에게는 A로 어깨짚는 수단이 남아 있다.

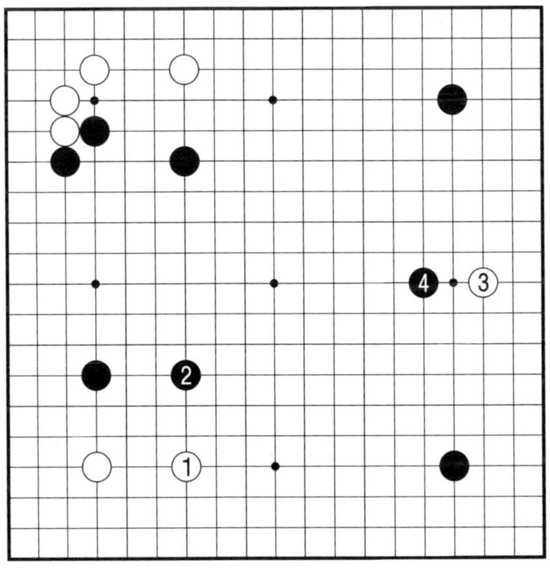

4도

4도(백의 변화)

　백은 1로 두어 한수로 귀를 점거하고 흑2로 모양을 키울 때 백3에 갈라칠 수도 있는데, 그래도 흑은 4에 모자하여 두게 된다. 이러한 흐름의 진행이 다케미야류라 할 수 있다.

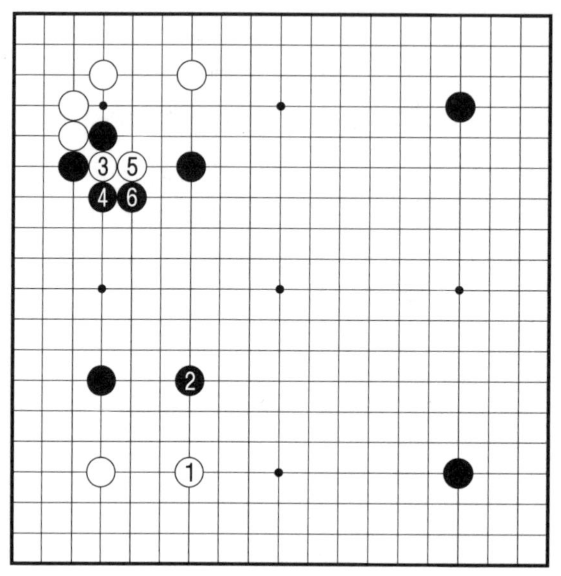

5도

5도(백, 무리)
백1, 흑2 때 백3의 절단
은 흑을 두텁게 만들어 줄
뿐이다. 흑4·6으로 벽을
만드는 것이 요령이다.

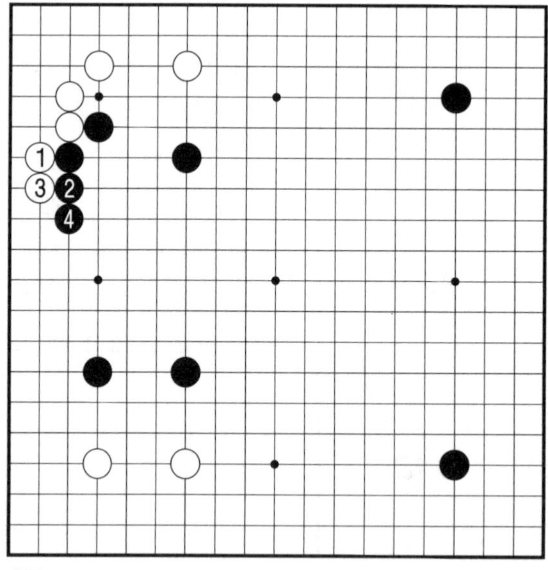

6도

6도(흑, 두터움)
백1로 젖히는 것도 시
기가 아니다. 흑2·4로
중앙쪽이 점점 두터워질
뿐이다.

제18형

2연성 포석 18(화점·소목 대응) — 두칸 높은 협공

백이 국면을 세분시키고자 할 때 백1의 협공을 선택하는 경우가 있다. 그럼 백1로 협공한 이후의 포석 진행을 검토해 보기로 한다.

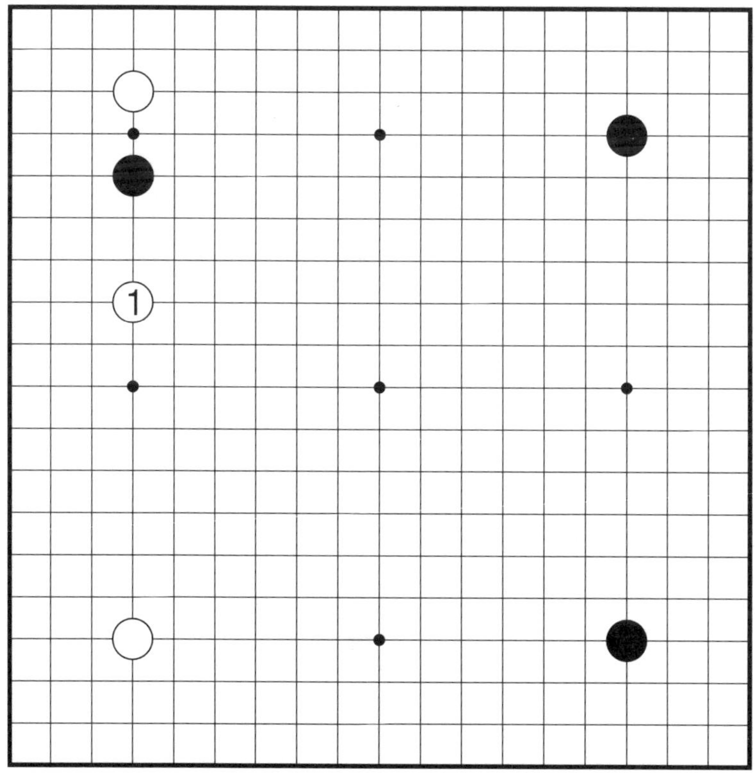

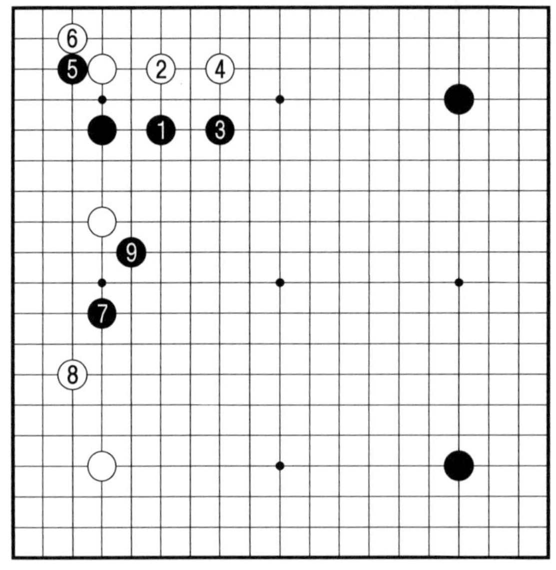

1도

1도(간단명료)

흑은 두칸 높은 협공에 대해 국면을 단순화시키려면 1로 한칸 뛰는 진행이 좋다. 백2로 받으면 흑3, 백4를 교환한 뒤 흑5로 하나 붙여 응수를 묻는 것이 요령이다. 계속해서 백6으로 받으면 이하 흑9까지 상용화된 포석 형태.

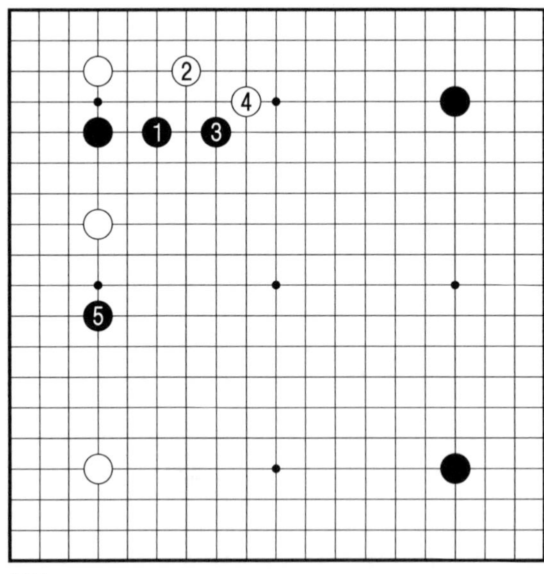

2도

2도(대동소이)

흑1에 대해 백2로 두어도 진행은 전도와 비슷하게 된다. 흑3으로 한번 더 뛰고 5로 협공하는 것이 요령이다.

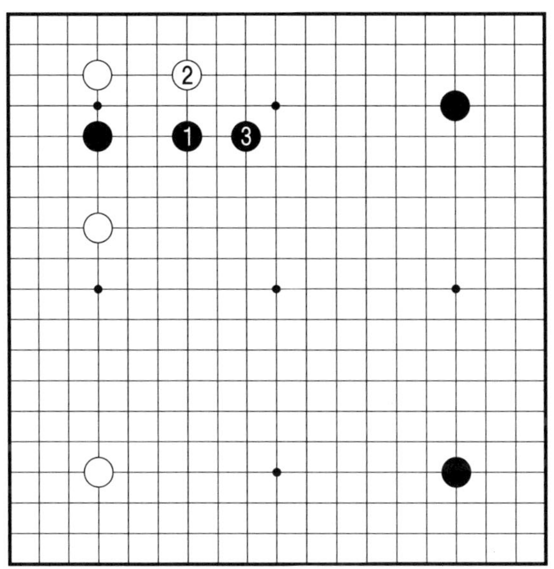

3도

3도(더 단순한 진행)

혹은 더 단순한 진행을 원하면 1·3으로 두는 것도 일책이다.

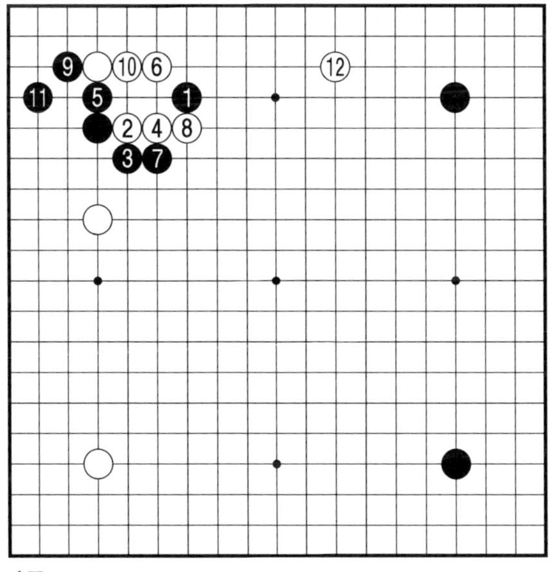

4도

4도(집에 민감)

흑1은 귀를 뺏기지 않으려는 정석선택이다. 이하 백12까지의 결과는 호각이다. 수순 중 백12의 자리가 이 경우의 적절한 벌림이다.

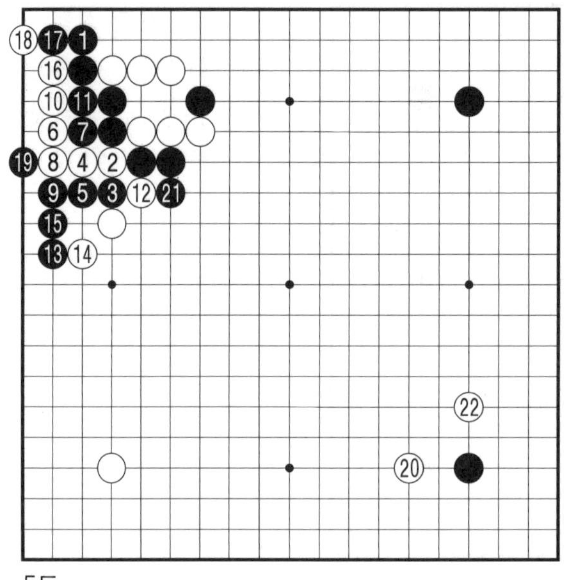

5도(유행정석)

흑1의 뻗음은 유행정석이며, 이 진행에서 백은 축머리를 이용하거나 싸바르는 수법 중 하나를 선택하게 된다. 흑19까지 진행되었을 때 백20·22가 축머리를 이용한 작전이다.

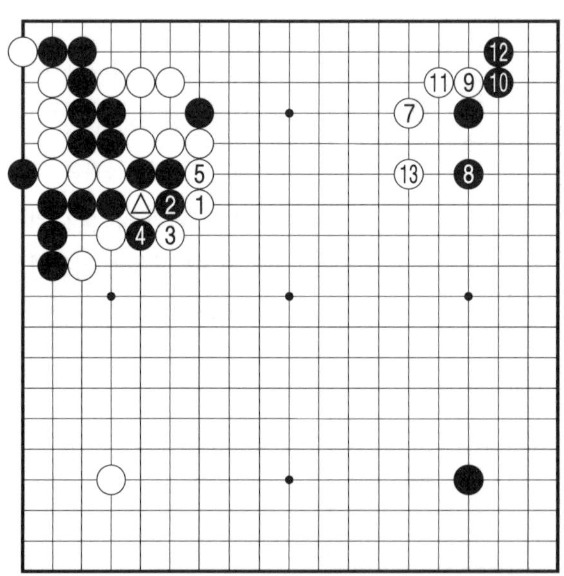

6도(백, 사석작전)

백1로 씌워 이하 흑6까지 싸바르고 백7로 전환하는 것도 일책이다. 이하 백13까지 흑 실리와 백 세력이 어울린 쌍방 호각의 갈림이다.

2연성 포석 19(화점·소목 대응) — 위로 붙이기

백1로 위를 붙이는 형은 흑의 2연성을 약화시키려는데 그 목적이 있다. 그럼 이후의 포석 진행을 검토해 보기로 한다.

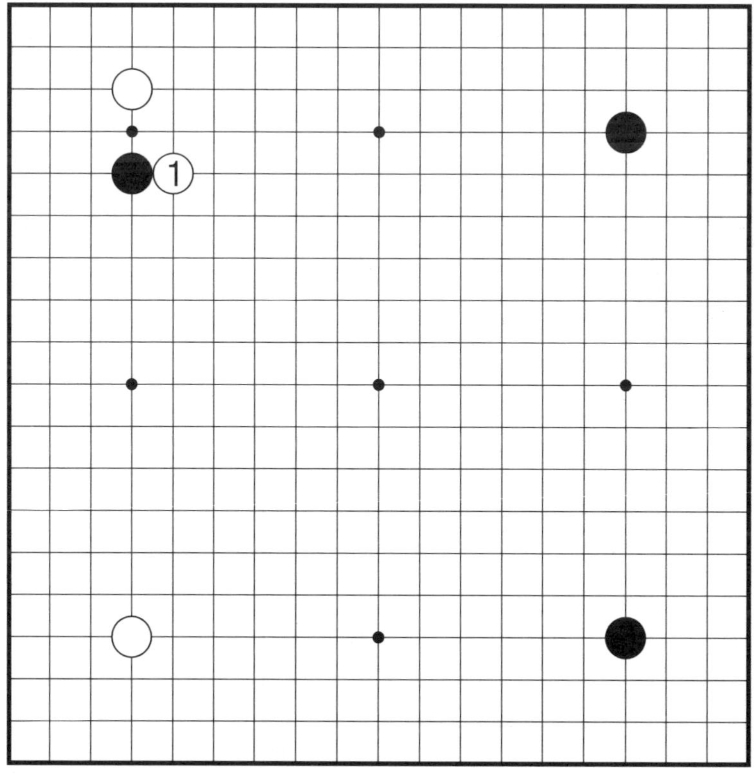

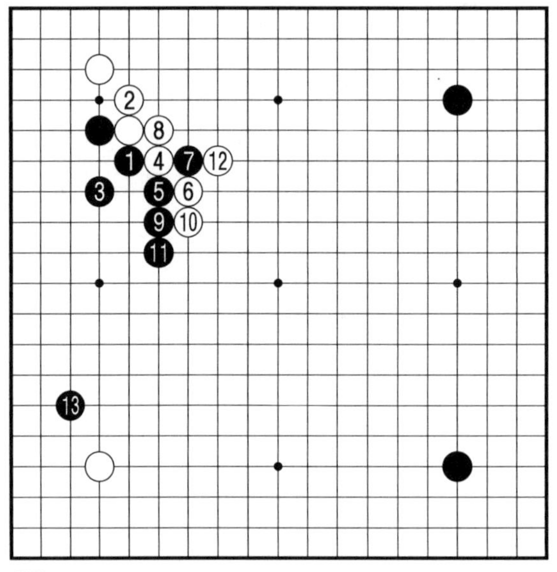

1도(보편적 진행)

흑1로 젖히면 백2로 끌고 이하 흑13까지가 예상되는 수순이다. 이 결과 백은 흑의 2연성이 3연성으로 발전하는 것을 완화시켰으나 흑도 13의 요처를 걸쳐 호각이다.

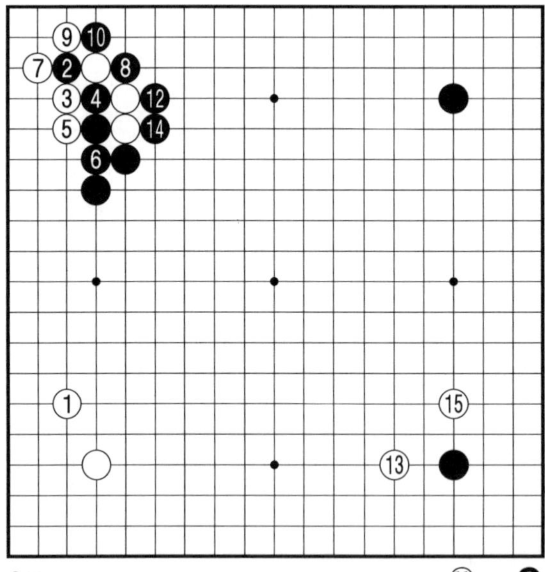

2도(우칭위엔류)

백1로 지키면 흑2 이하의 진행이 예상된다. 흑12로 몰았을 때 축머리를 이용하여 백13·15로 발빠르게 행마하는 것이 우칭위엔류라 할 수 있다.

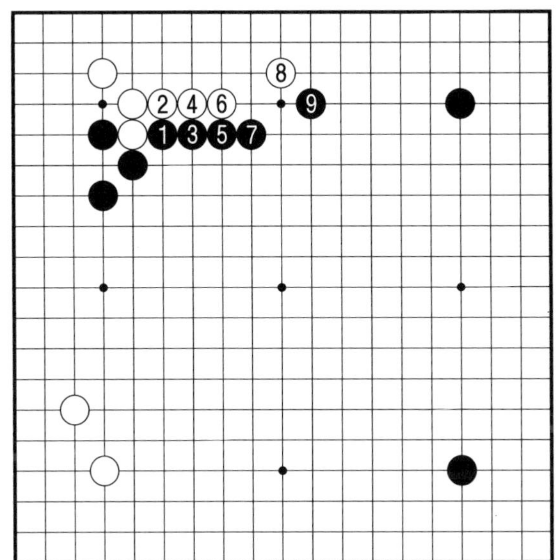

3도

3도(흑의 작전)

흑은 2연성을 고려하여 1로 젖혀 두텁게 중앙을 경영하는 것도 일책이다. 백2로 받으면 이하 흑9까지 2연성이 살아난다.

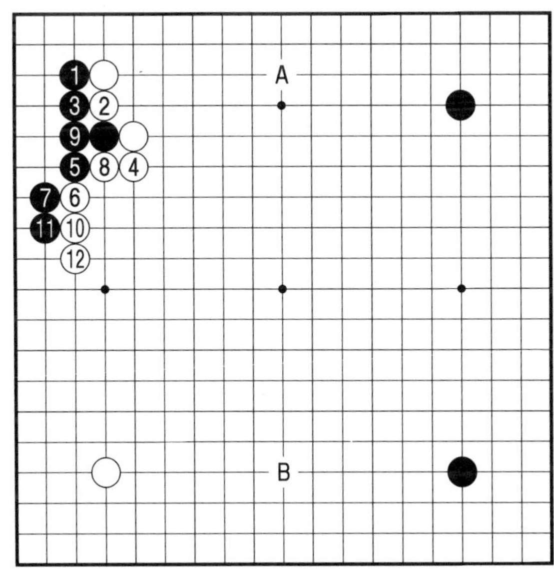

4도

4도(백, 불만)

흑1로 되붙이는 정석도 좋다. 이하 백12까지 진행되면 흑의 선수정석이므로 A, B 중 한 곳을 흑이 선점하게 된다. 이 결과는 흑이 실리를 차지한 후 백의 세력을 견제할 수 있어 백의 불만이다.

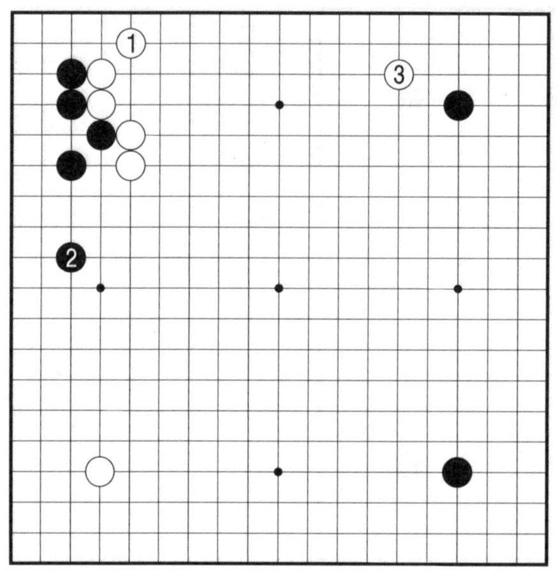

5도

5도(백의 별책)

백은 1에 두어 흑2를 강요한 후 3에 걸쳐 가는 작전이 전도보다는 낫다.

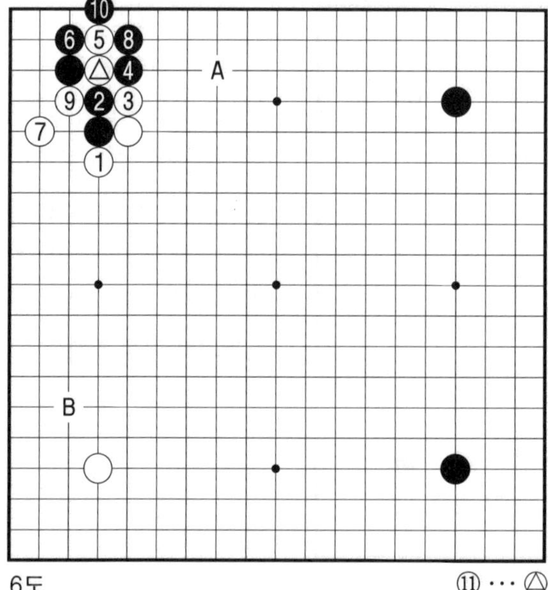

6도

6도(정석)

백1로 젖히면 백11까지의 진행이 예상된다. 이후 흑은 A나 B의 곳 중 한 곳을 선택하게 된다.

⑪ ··· △

제20형

2연성 포석 20(화점 · 소목 대응) — 2연성을 마주보는 소목

백1의 2연성을 바라보는 소목은 3연성을 방해하는 데 목적이 있다. 흑2 대신에 3연성을 두면 백이 이곳을 굳히게 되어 3연성이 빛을 잃는다. 그럼 흑2로 걸친 이후의 포석 진행을 알아보기로 한다.

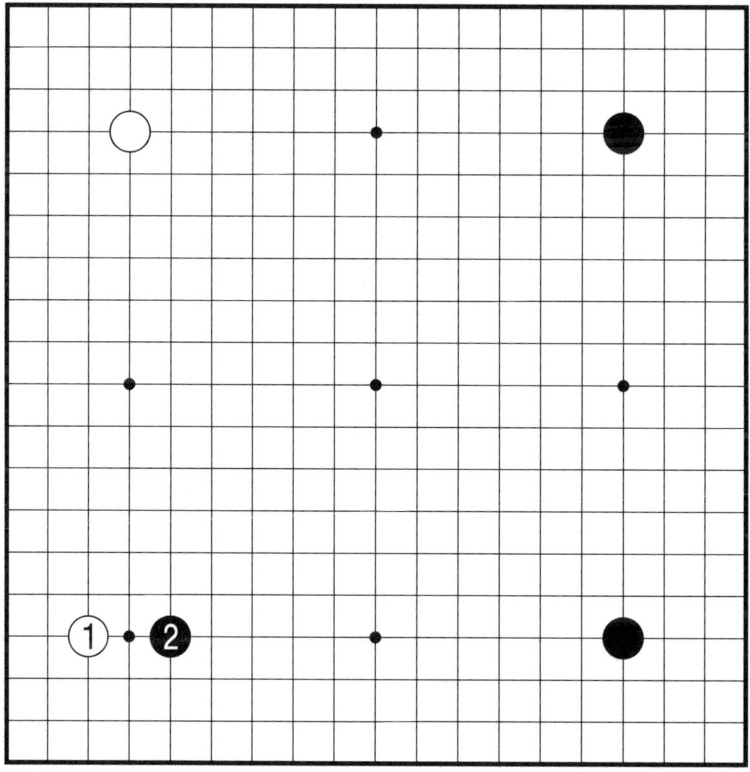

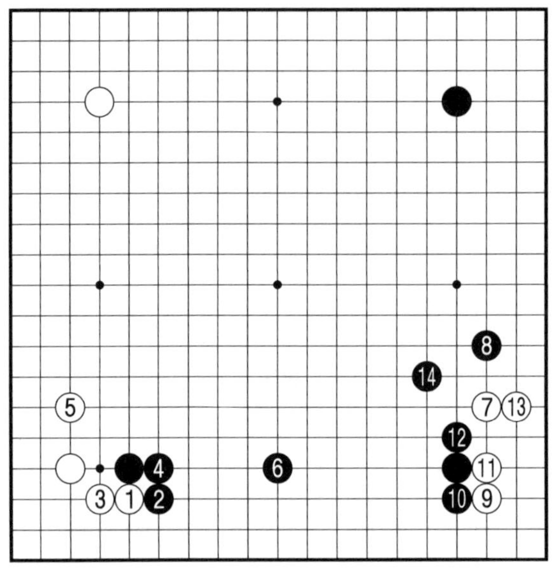

1도

1도(상용 포석)

백1로 붙이면 흑2, 백3을 교환한 후 흑4로 잇는 것이 보편적인 수법이다. 이하 흑14까지 흑 세력대 백 실리의 호각의 진행이다.

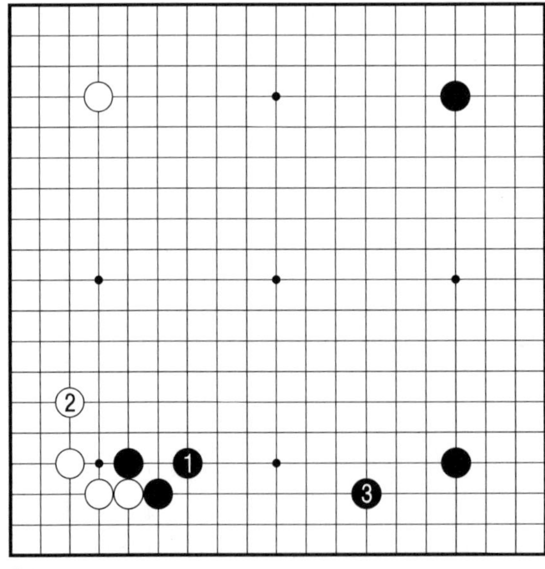

2도

2도(다케미야류)

흑1의 호구로 지킨 후 3으로 폭넓게 포진하는 것은 이른바 다케미야류 이다. 흑1·3은 정석만으로는 설명할 수 없는 포석의 균형 감각이다.

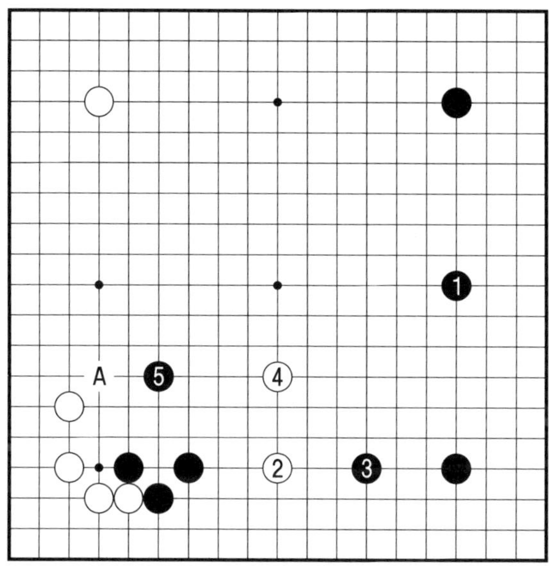

3도

3도(폭넓은 작전)
흑1로 3연성을 펼친 다음 백2의 갈라침에는 흑3으로 다가서서 백4를 기다려 흑5로 진출하는 것도 다케미야류다. 흑은 언제든지 A의 어깨짚기가 보장되어 공격대상이 아니다.

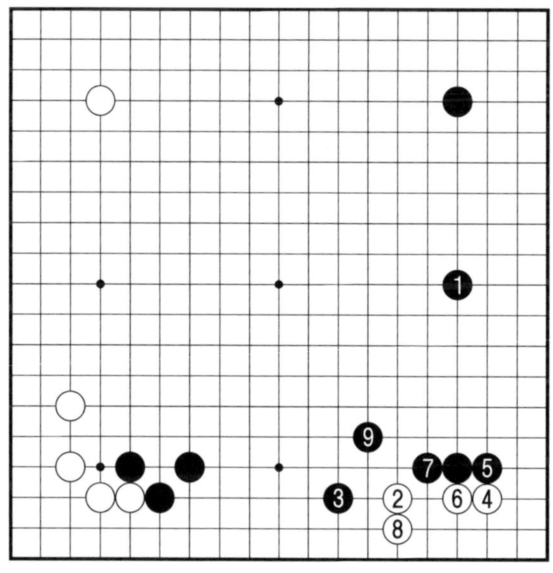

4도

4도(흑, 세력작전)
흑1로 3연성을 펼쳤을 때 백2의 걸침에는 흑3으로 협공한 다음 이하 흑9까지 우변에서 중앙에 이르는 세력권을 형성한다.

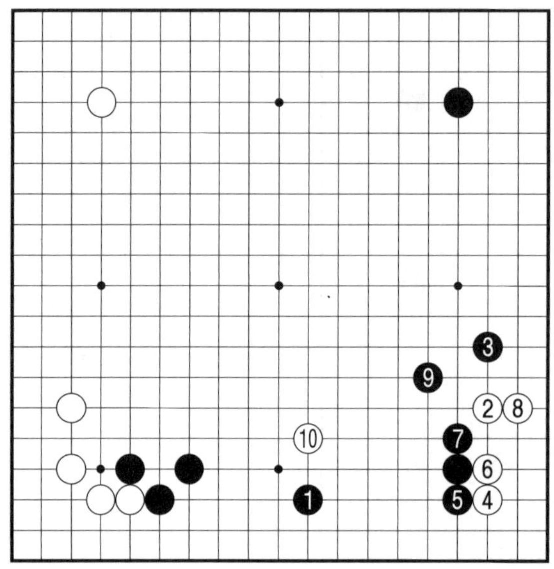

5도

5도(정석선택의 오류)

흑1의 지킴은 정석이지만 이 경우 잘못된 선택이다. 계속해서 백2로 걸치면 이하 흑9까지 상용화된 진행인데, 백에게 10쪽의 삭감을 당하면 세력권의 발전을 기대할 수 없게 된다.

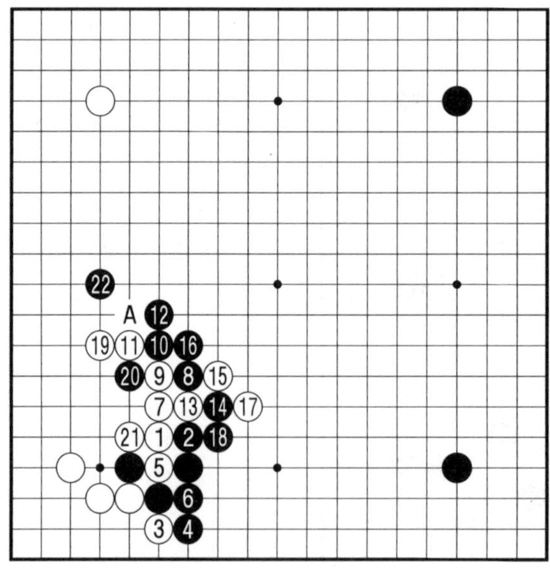

6도

6도(실리대 세력)

백1로 응수를 엿보는 수도 가능하다. 계속해서 흑2 이하의 수순은 한때 유행하던 정석진행이다. 흑22까지 흑 세력과 백 실리가 극명하게 구분된다. 수순 중 흑20의 끊어둠에 유의해야 한다. 흑 22로는 A로 계속 압박할 수도 있다.

제21형

2연성 포석 21(향소목 대응) — 한칸 걸침

혹의 2연성 포석에 대해 백이 향소목으로 맞선 포석
형태이다. 이때는 흑이 어느쪽으로 걸쳐도 무방하다.
혹5로 높게 걸친 수는 우변 2연성 포석을 고려한 작
전이다.

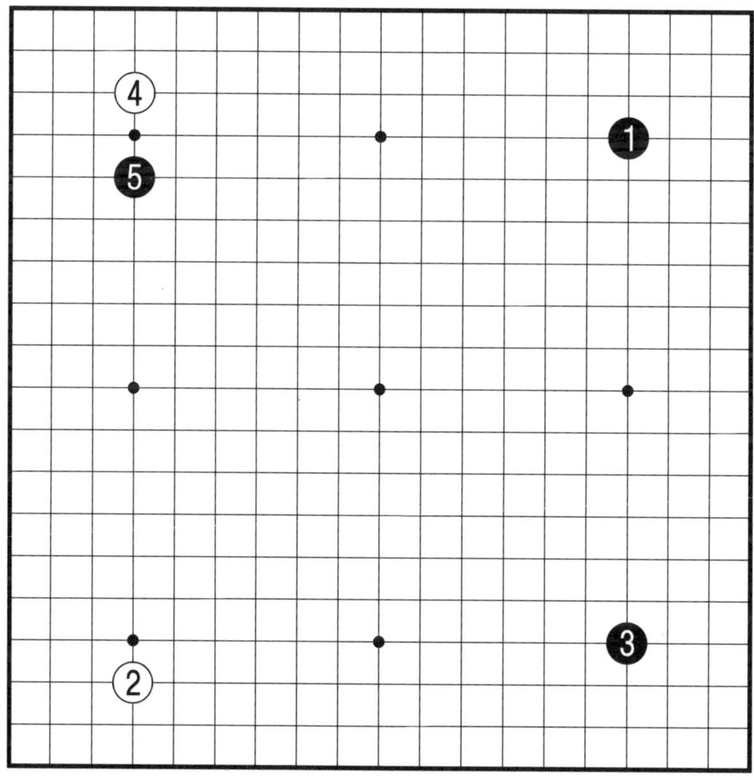

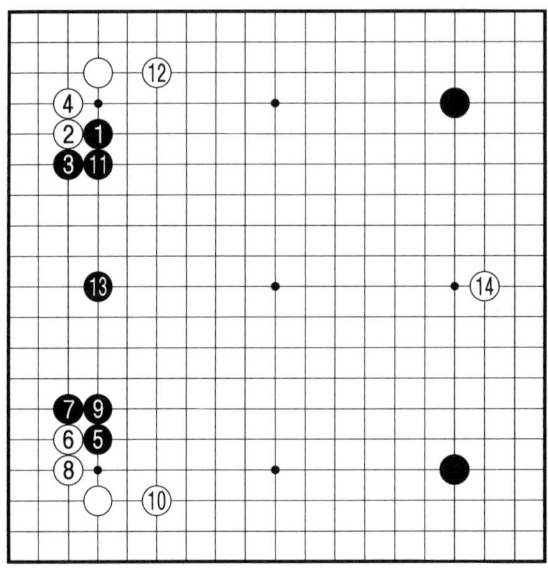

1도

1도(세력대 실리)

흑1로 걸치면 백2로 붙이는 것이 가장 상식적인 정석 선택이다. 흑은 3으로 젖힌 후 백4 때 흑5로 좌하귀에 재차 걸치는 것이 좋은 작전이다. 백6·8을 기다려 이하 흑13까지 처리하면 좌변을 능률적으로 구축한 모습이다. 백은 14로 갈라쳐 유연한 포석을 둘 수 있다.

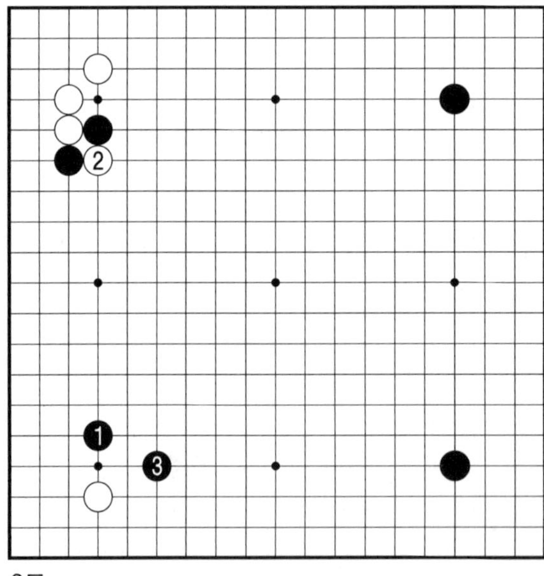

2도

2도(흑, 만족)

전도의 수순 중 흑1로 걸쳤을 때 백2로 끊는 것은 의문이다. 흑3으로 날일자해서 백 한점을 핍박하면 이 결과는 흑이 세력으로 한발 앞서는 포석이다.

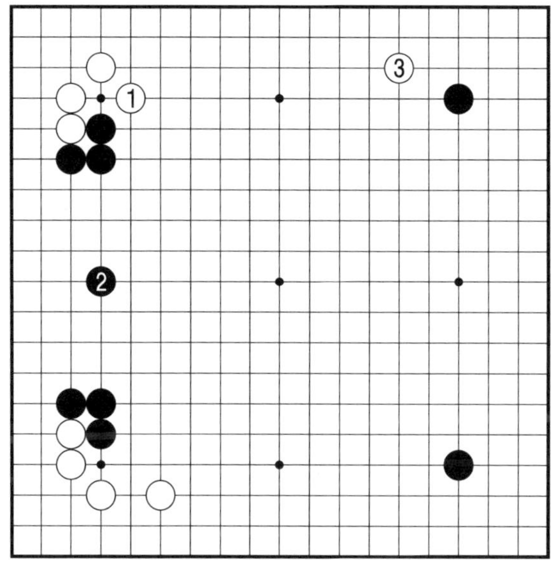

3도

3도(우칭위엔류)

1도의 수순 중 백은 어느 한쪽을 1로 둔 다음 백3으로 걸쳐가는 수도 가능하다.

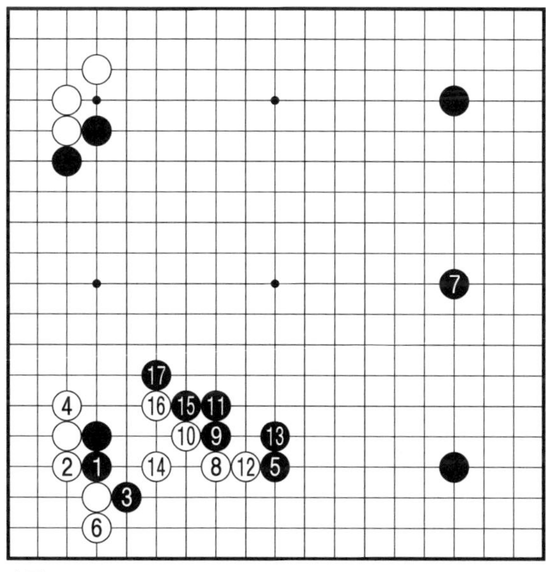

4도

4도(흑, 세력작전)

흑은 1로 치받고 이하 백6까지의 상용 진행을 거쳐 흑7로 대세력작전을 구사하는 것도 일책이다. 백8로 침입하는 것은 흑17까지 사석작전을 하여 대모양을 구축하는 것이 좋다.

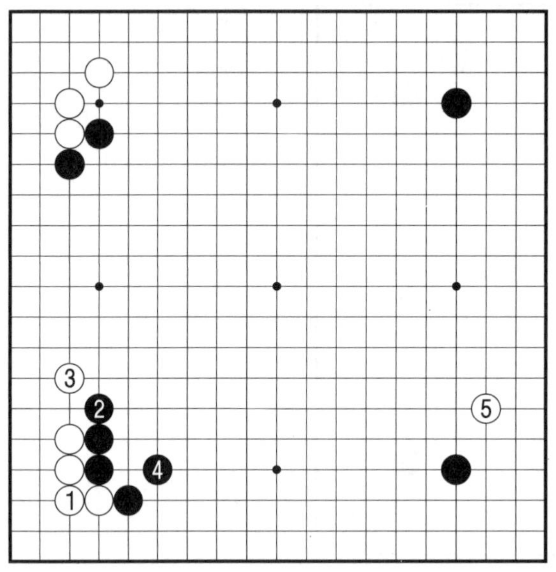

5도

전도와 같은 대모양을 주지 않으려면 백은 1로 잇고 3으로 두는 것이 무난하다. 계속해서 흑4로 호구치고 백5로 걸치는 포석 진행이 예상된다.

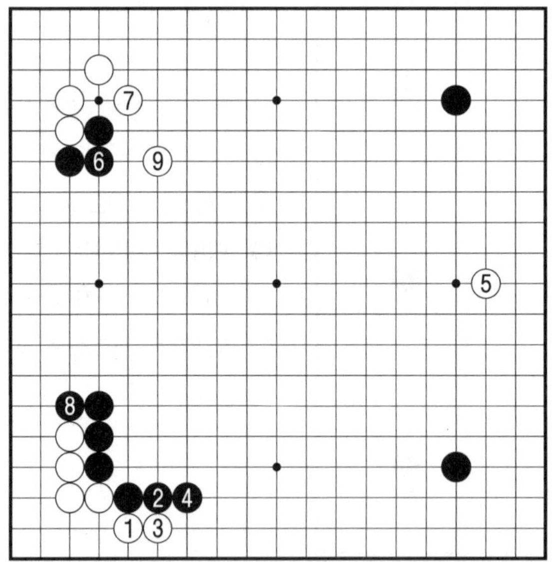

6도

6도(유연한 포석)

백1로 아래를 젖힐 수도 있다. 흑4까지 교환한 후 백5로 갈라치면 유연한 포석을 이끌 수 있다. 계속해서 흑6으로 이으면 백7로 마늘모한 뒤 흑8과 백9를 맞보기로 하게 된다.

2연성 포석 22(화점·고목 대응) — 소목 걸침

흑의 2연성 포석에 대해 백은 고목과 화점으로 맞선 포석 형태이다. 흑5로 걸치자 백6으로 씌운 장면인데 이후의 포석 진행을 검토해 보기로 한다.

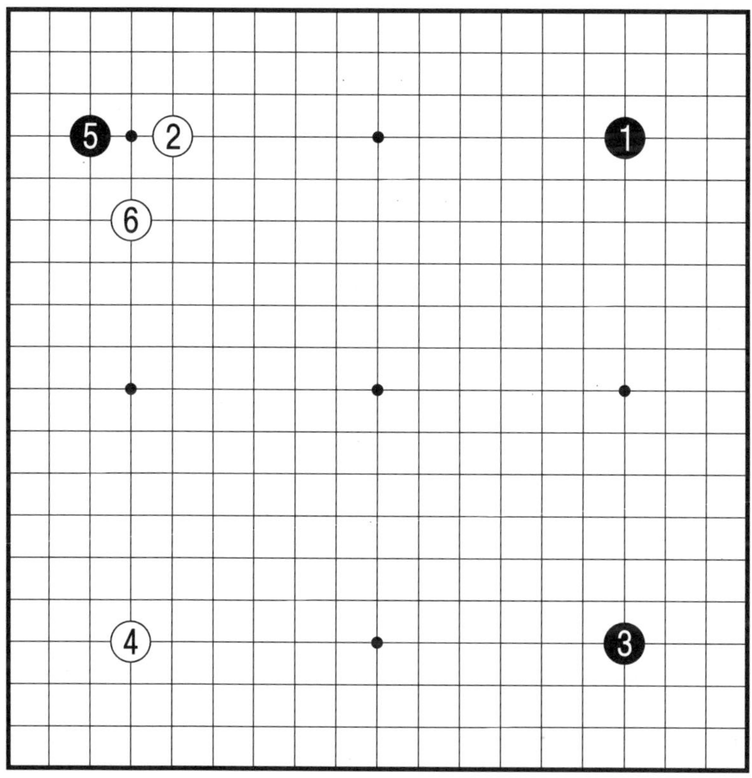

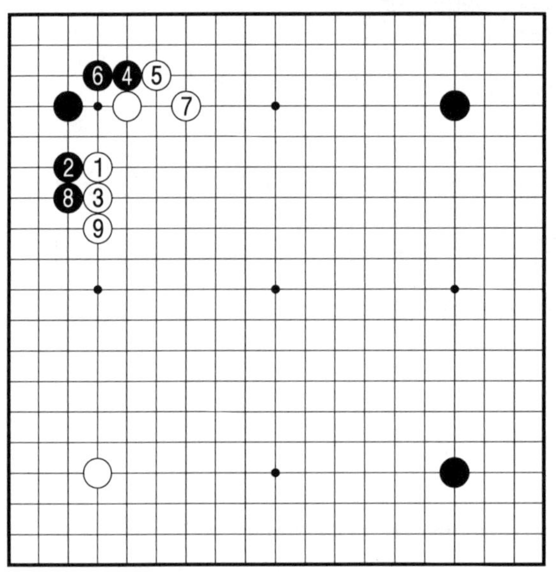

1도

1도(세력대 실리)

백1로 씌웠을 때 흑2로 붙인 것은 하나의 처리법. 계속해서 백3으로 뻗고 이하 백9까지의 진행이라면 전형적인 세력대 실리의 포진이다.

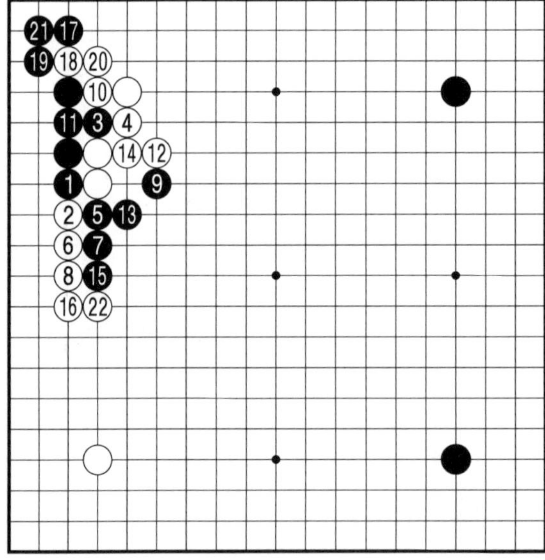

2도

2도(전투형 포진)

흑1 때 백은 강력하게 2로 젖혀 싸울 수도 있다. 이때는 흑3으로 호구친 후 5에 끊는 것이 좋은 수순으로 이하 백22까지가 예상되는 진행이다. 이 형태는 피차 어려운 싸움.

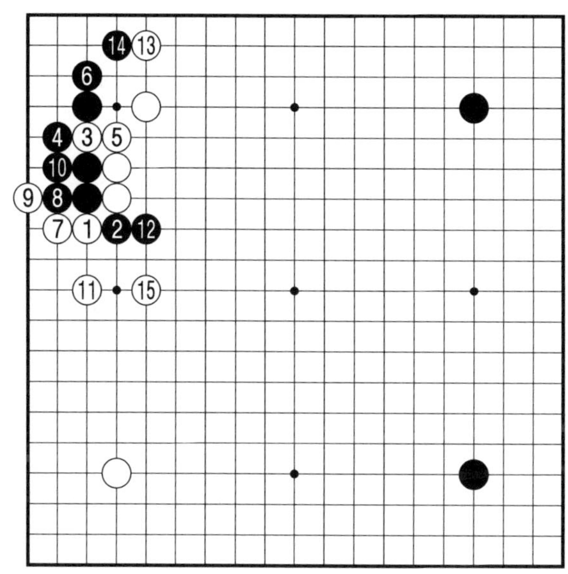

3도

3도(흑, 불만)

백1로 젖혔을 때 단순하게 흑2로 절단하는 것은 수순착오이다. 백은 3·5로 끼워 잇는 것이 기민한 선수활용으로 이하 15까지 유리한 싸움을 전개할 수 있다.

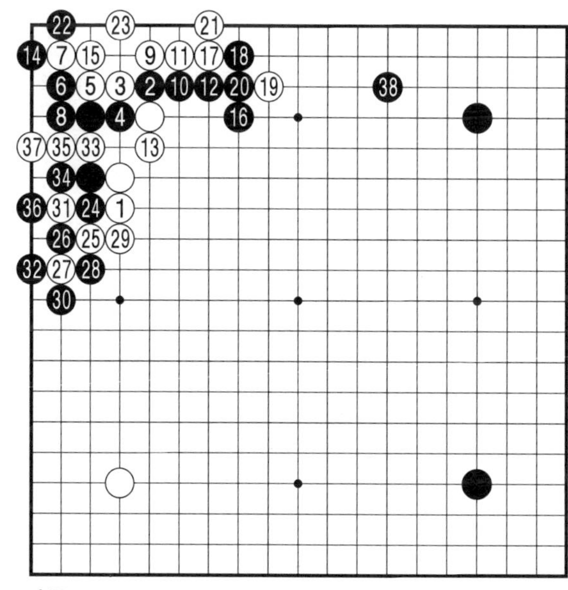

4도

4도(호각의 진행)

백1로 뻗었을 때 흑2로 붙이는 변화이다. 이때 백이 10으로 젖히면 평범하지만 3으로 젖히면 복잡한 진행이 된다. 이하 흑38까지가 정석적인 진행인데 피차 불만없는 갈림이다.

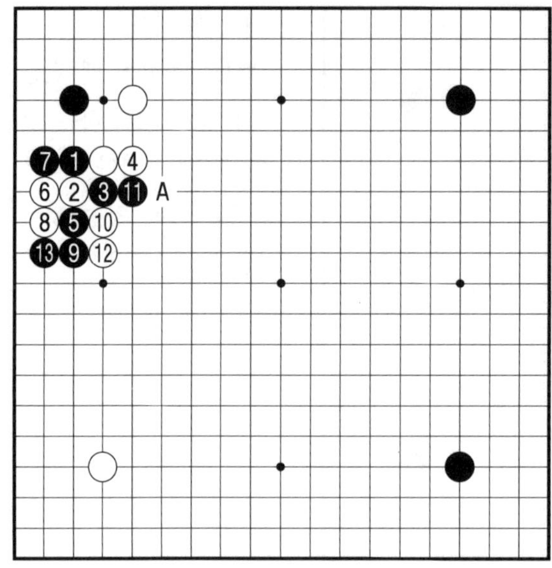

5도

5도(축관계)

　흑1로 붙였을 때 곧장 백2로 젖히는 수는 축관계가 중요하게 작용한다. 계속해서 흑3으로 끊은 것은 당연한데 백4로 뻗은 수가 의문수. 이하 흑13까지의 진행이면 A의 축이 성립하지 않는 만큼 백이 불리하다.

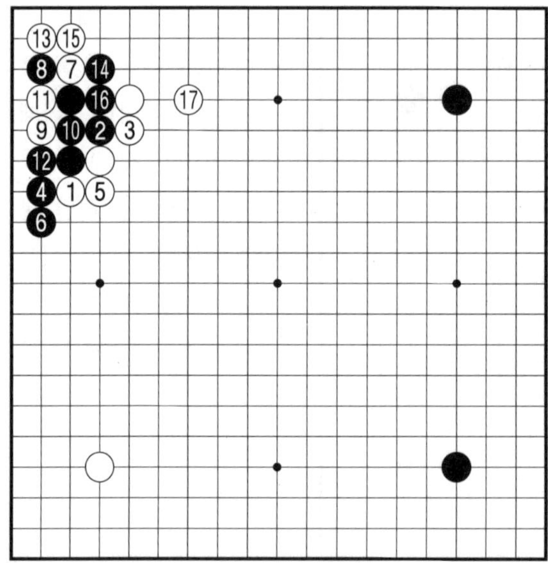

6도

6도(흑, 속수)

　백1로 젖혔을 때 흑2로 호구친 후 4에 젖히는 것은 전형적인 속수이다. 백5, 흑6 때 백7로 붙이는 것이 예리한 수로 흑8을 기다려 백9가 급소가 된다. 이하 백17까지 처리하면 이 결과는 백이 우세하다.

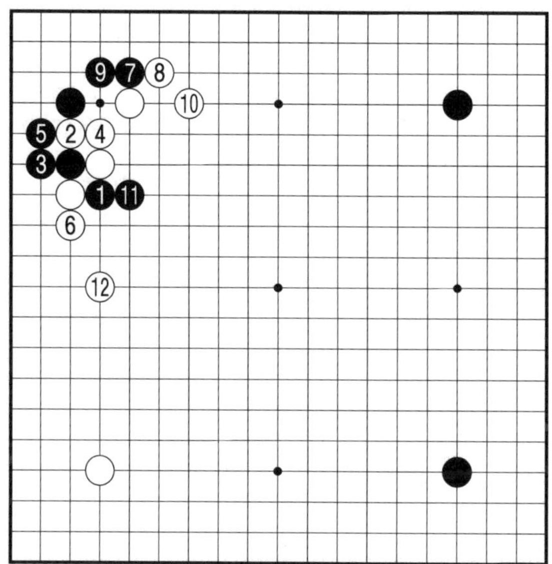

7도

7도(백의 수순)

흑1로 끊었을 때 축이 불리한 백은 2로 단수친 후 4에 잇는 것이 수순이다. 계속해서 흑5로 넘고 이하 백12까지 전투가 되는데 쌍방 충분히 둘 수 있는 갈림이다.

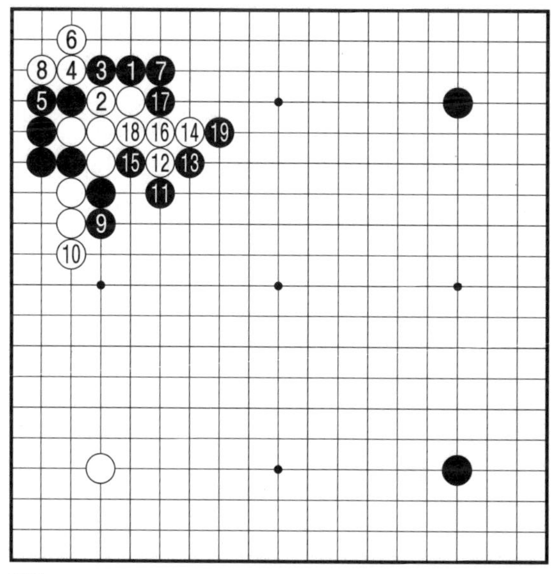

8도

8도(백, 죽음)

전도의 수순 중 흑1로 붙였을 때 백은 2·4로 끊고 싸우는 것도 가능하다. 그러나 백6, 흑7 때 백8이 과수이다. 흑이 9로 민 후 이하 19까지 공격하면 백 전체가 잡힌 모습이다.

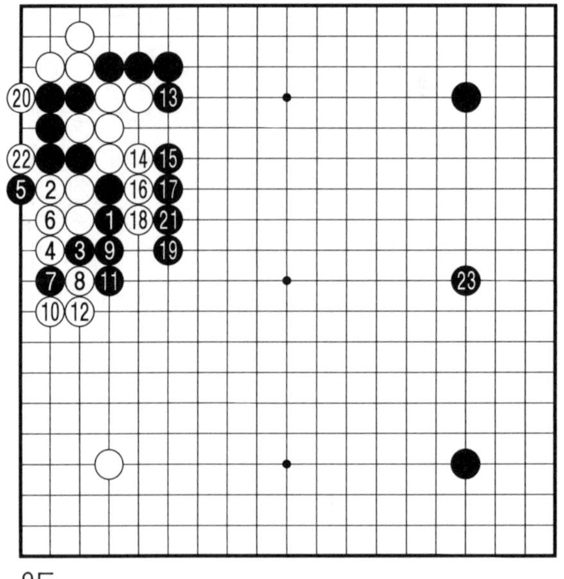

9도

9도(흑, 철벽)

흑1 때 백2로 막으면
전도와 같은 진행은 피할
수 있다. 그러나 흑3으로
젖힌 후 이하 백22까지
선수로 철벽을 구축하면
이 결과는 백이 망한 모
습이다.

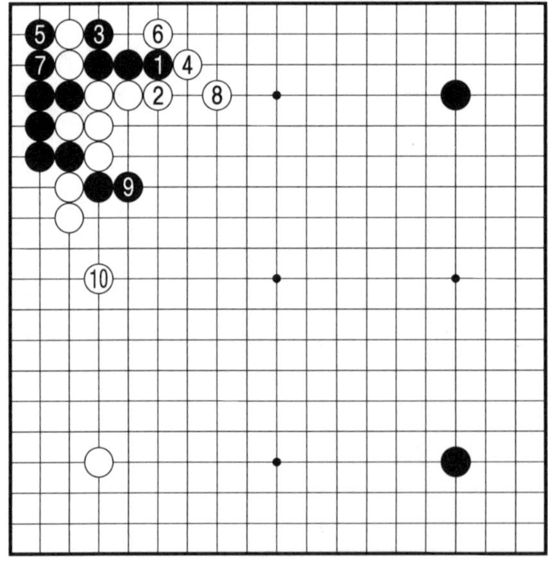

10도

10도(백의 정수)

흑1 때 백은 2로 막는
것이 정수이다. 계속해서
흑3으로 막고 이하 백10
까지가 필연적인 수순인
데 쌍방 불만없는 포석
진행이다.

154

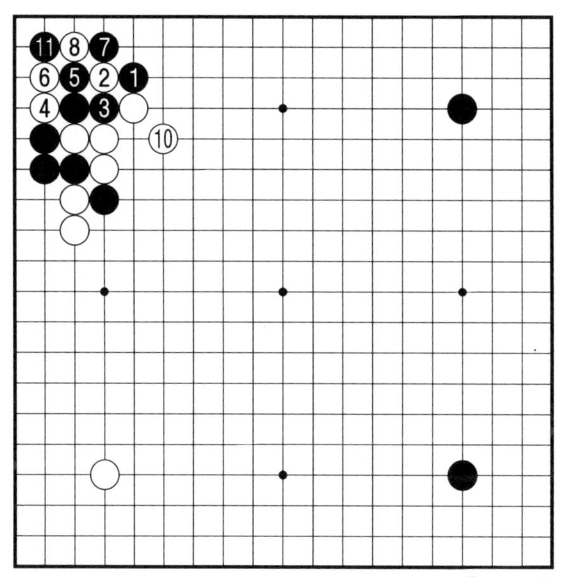

11도

11도(백의 손해)

흑1 때 백2로 젖히는 수는 성립하지 않는다. 흑은 3으로 끊은 후 이하 11까지 실리를 차지해서 충분한 모습이다.

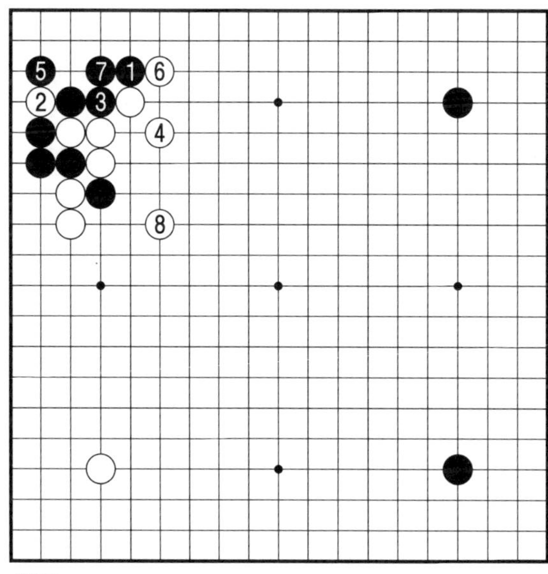

12도

12도(백, 활용수단)

흑1로 붙였을 때 백은 2로 끊는 것이 절묘한 활용수단이다. 계속해서 흑 3으로 치받고 이하 백8까지가 기본형인데 쌍방 불만없는 갈림이다.

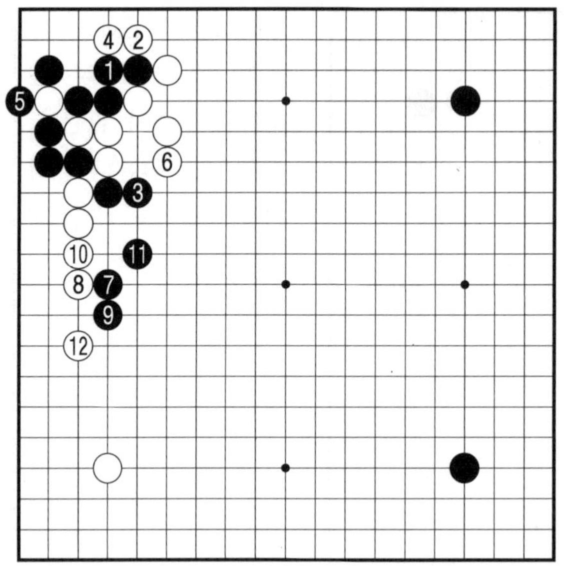

13도

13도(중앙전)

전도 이후 흑1에는 백2로 젖혀 흑의 응수를 묻는 것이 재미있는 수이다. 계속해서 흑3으로 뻗은 것은 기세의 진행인데 이하 백12까지 쌍방 어려운 중앙전이 된다.

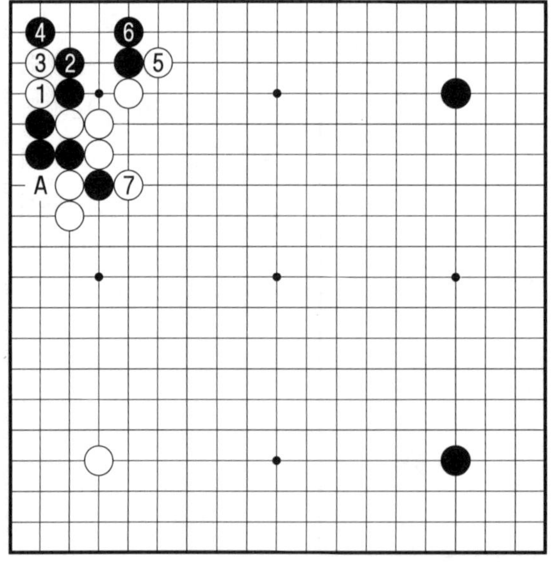

14도

14도(호각)

백1로 끊었을 때 흑2로 뻗는 수도 고려할 수 있다. 계속해서 백은 3으로 키워 죽인 후 이하 7까지 처리하는 것이 요령으로 장차 A의 선수활용을 보장받고 있다.

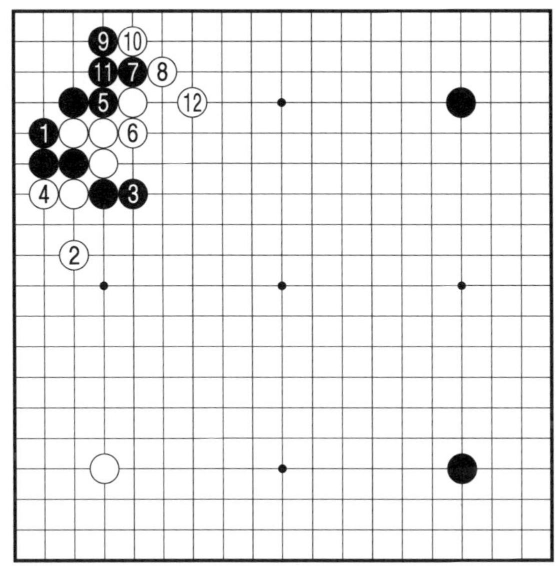

15도

15도(백의 변화)

흑1로 이었을 때 백은 2로 한칸 뛰는 수도 가능하다. 계속해서 흑3으로 뻗고 백4 이하 12까지가 기본형인데 정석적인 진행으로 인정받고 있다.

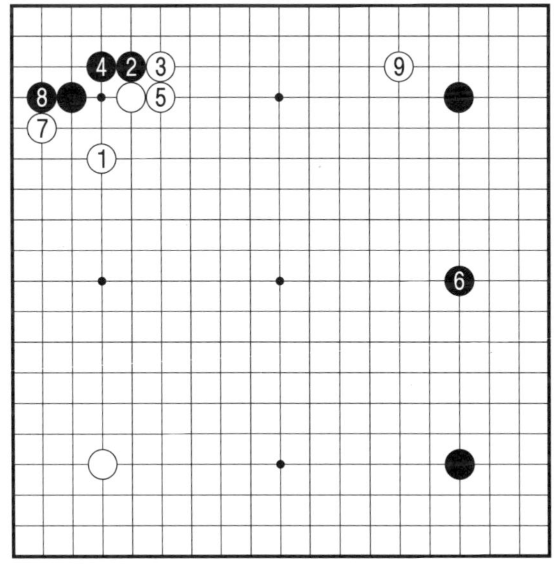

16도

16도(흑, 간명책)

백1 때 흑2로 붙이는 수도 가능하다. 계속해서 백3으로 젖힌다면 이하 흑4로 뻗은 후 백5 때 흑6으로 손을 돌리는 것이 요령이다. 백7, 흑8의 교환은 언제든 백의 권리이며 백9까지 예상되는 포석 진행이다.

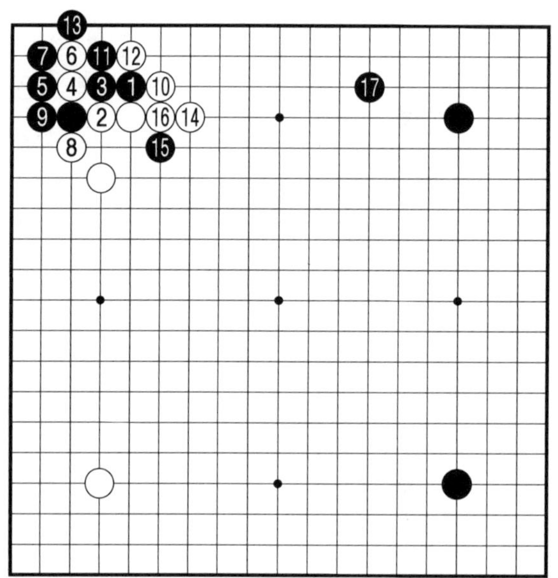

17도

17도(호각)

흑1로 붙였을 때 백은 2·4로 끊는 수도 가능하다. 계속해서 흑5로 단수 치고 이하 흑17까지 실전에 흔히 등장하는 포석 진행이다.

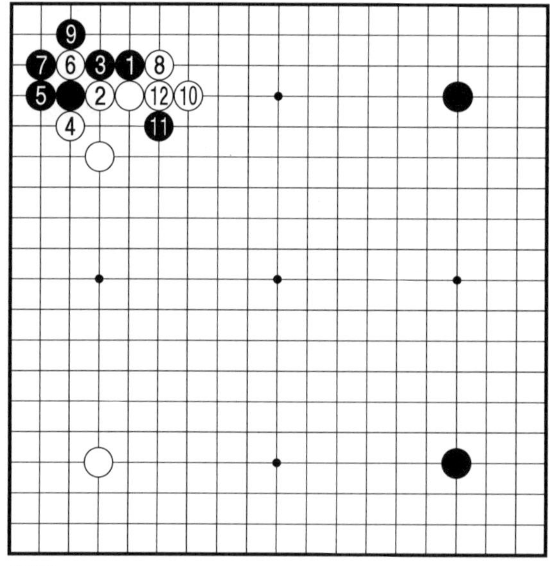

18도

18도(대동소이)

흑1로 붙였을 때 백2로 치받은 후 끊지 않고 그냥 4에 막는 수도 가능하다. 흑5에는 백6으로 하나 끊는 것이 기민한 선수활용으로 이하 백12까지 전도와 대동소이한 결말이다.

2연성 포석 23(화점·고목 대응) — 3·三 걸침

　백1 고목의 의미는 흑의 2연성이 3연성으로 대모양화할 것을 견제하려는 것이다. 이때 흑은 변신하여 3·三으로 걸치면 실리형으로 전환할 수도 있다. 그럼 이후의 포석 진행을 알아보기로 한다.

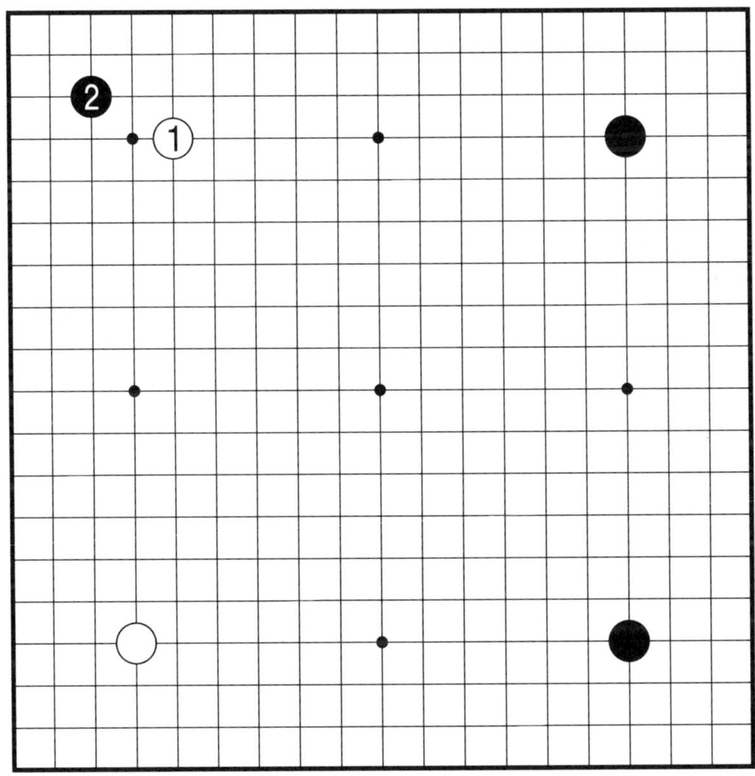

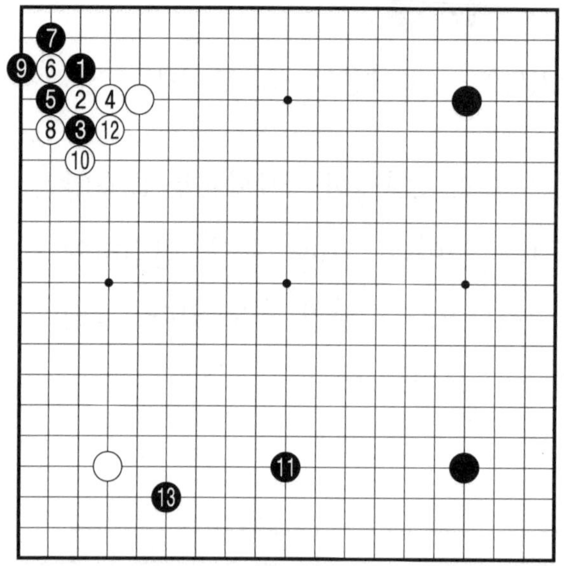

1도

1도(사라진 정석)

흑1 때 백2의 붙임은 흑3의 반격으로 결말이 좋지 않다. 계속해서 백4로 이어야 하는데, 이하 백10까지의 수순을 거쳐 흑11의 축머리를 활용당한다. 다음 백12로 잡고 나면 애초의 고목이 불필요한 곳에 놓여져 있어 현대에는 사라진 정석이다.

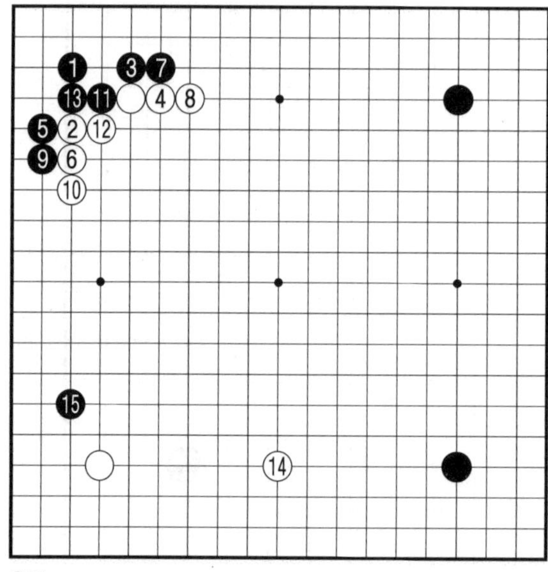

2도

2도(실리대 세력)

흑1 때 백2로 날일자하면 이하 흑15까지가 예상되는 포석 진행이다. 이 진행은 백의 포진이 넓어지는 것을 흑이 계속 파괴하는 양상으로 전개된다.

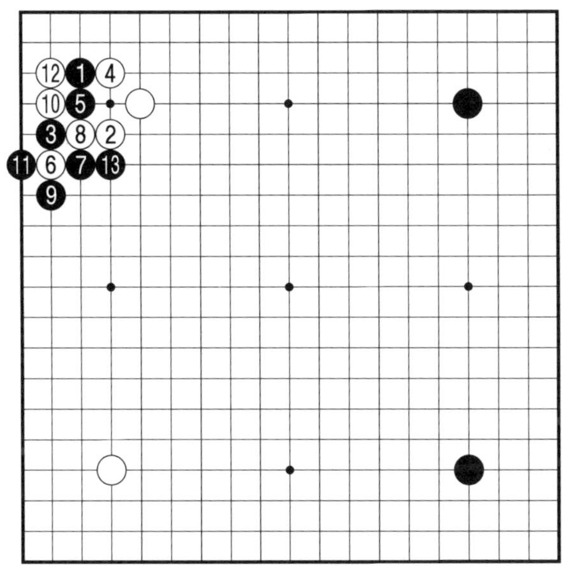

3도

3도(사라진 정석)

흑1 때 백2의 마늘모가 현대형 정석이다. 그러나 백6은 사라진 정석이다. 흑이 11로 빵때림하고 13으로 미는 순간 애초의 백 고목이 악수로 변했기 때문이다.

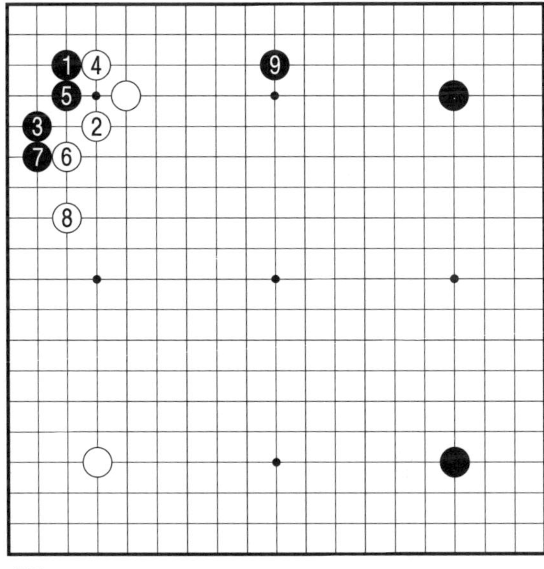

4도

4도(현대형 포석)

흑1·3 때 백4로 붙인 후 6·8로 두는 것이 현대형 흐름이다. 흑9 이후 백은 하변쪽으로 포진하게 된다.

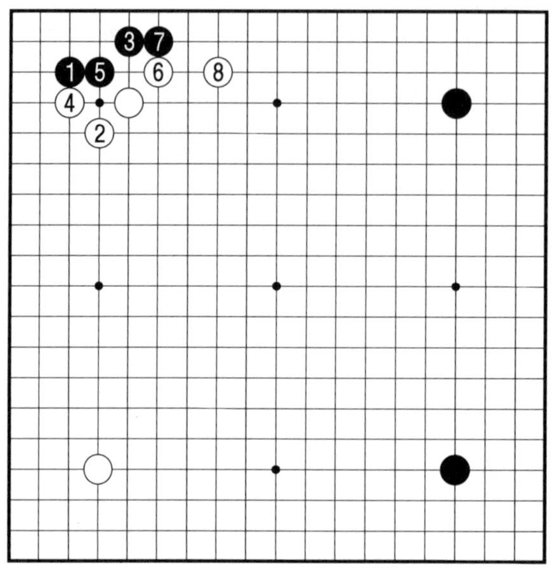

5도

5도(흑, 방향착오)

흑1, 백2 때 흑3은 방향착오다. 백4로 붙인 후 6·8로 진행하면 우상의 흑 화점이 영향력을 받게 된다.

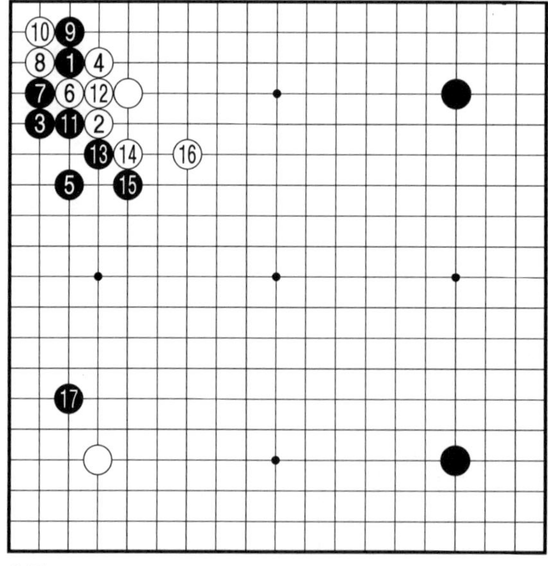

6도

6도(흑, 변신)

흑1·3 다음 백4로 붙였을 때 흑은 5로 두어 귀를 내어주고 좌변에 포진할 수도 있다. 이하 흑 17까지 이 흐름도 쌍방 비슷한 진행이다.

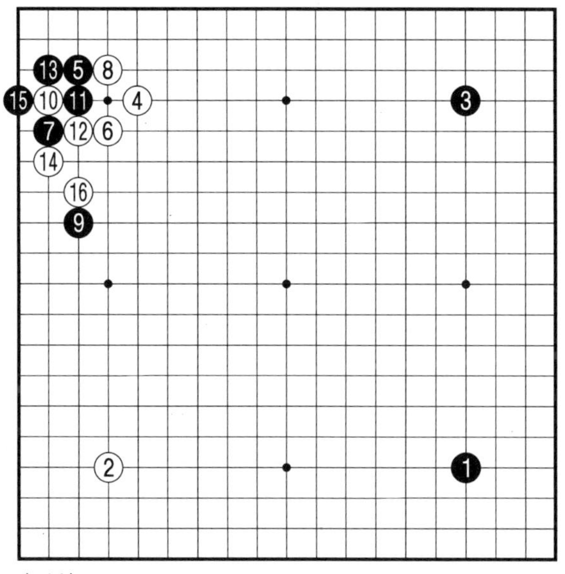

〈1보〉

1보(1~16)

　SBS 연승 최강전 결승 2국에서 백의 유창혁이 조훈현의 2연성에 대항하여 고목으로 착수한 바둑이다. 백8에 대한 흑9는 신수였다.

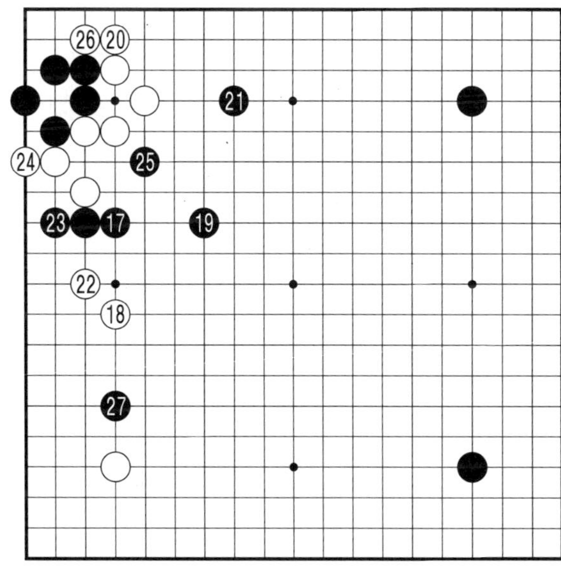

〈2보〉

2보(17~27)

　백26까지 좌상귀의 흑은 잡혔으나 흑25까지 봉쇄되어 득이 없다. 흑27로 갈라치게 되어 흑의 흐름이 좋다.

3연성 포석편

3연성 포석의 장점은 2연성에서 발전하여 4연성까지 대모양으로 확장하는데 적합하다는 것이다. 이 포석의 흐름은 자칫 단조로울 수도 있어 일부 제한된 기사들에 의해 발전되었으나, 일본의 다케미야 마사키가 발군의 성적을 내면서 전문기사보다는 오히려 아마추어에게 폭발적인 인기를 누렸다. 아무래도 이 포석의 이해는 다른 기사들 보다는 '우주류'로 통하는 다케미야의 포석을 이해하는 것이 더 빠를 것이다.

3연성 포석 1(2연성 대응) — 3연성대 2연성 포석

흑의 3연성 포석에 대해 백이 2연성으로 맞선 포석 형태이다. 3연성 포석은 대세력작전을 펼치고자 할 때 유력한 포석 형태이다. 백6에 대해 7로 협공한 이후 의 변화를 검토하기로 한다.

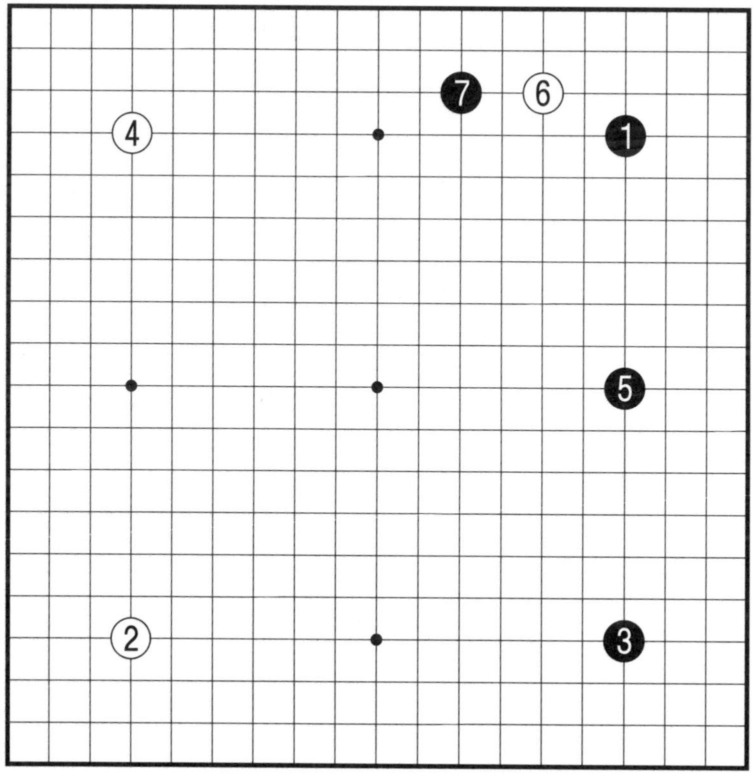

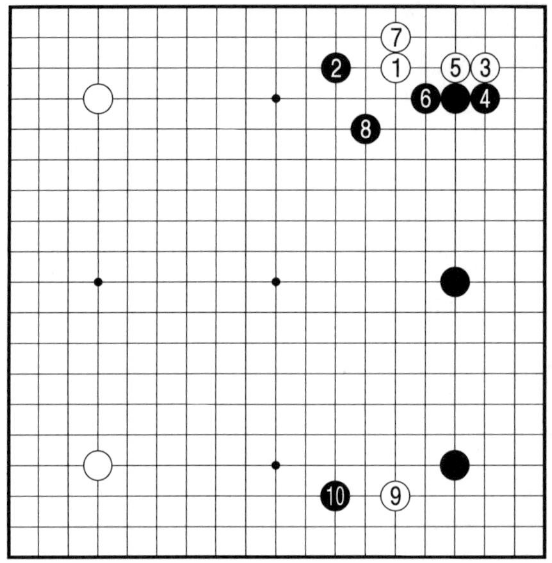

1도

1도(흑, 세력작전)

흑의 3연성 포석에 대해 가장 일반적인 백의 응수는 백1처럼 걸치는 것이다. 흑2로 협공하는 수는 상용의 정석 선택이며 이하 흑8까지 상식적인 진행이다. 계속해서 백9의 걸침에 흑10으로 협공한 수 역시 일관된 세력작전이다.

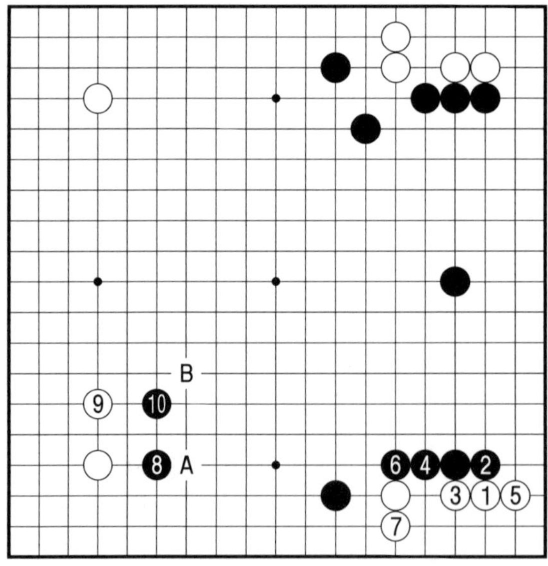

2도

2도(흑, 활발)

전도에 계속해서 백1로 3·三 침입하는 것은 극단적인 실리지향의 포진이다. 백7까지 정석이 이루어지고 난 후 흑8로 높게 걸친 수가 일관된 세력작전. 백9, 흑10까지 흑의 세력작전이 활발하다. 수순 중 흑8로는 A로 걸친 후 B의 두칸뜀도 가능하다.

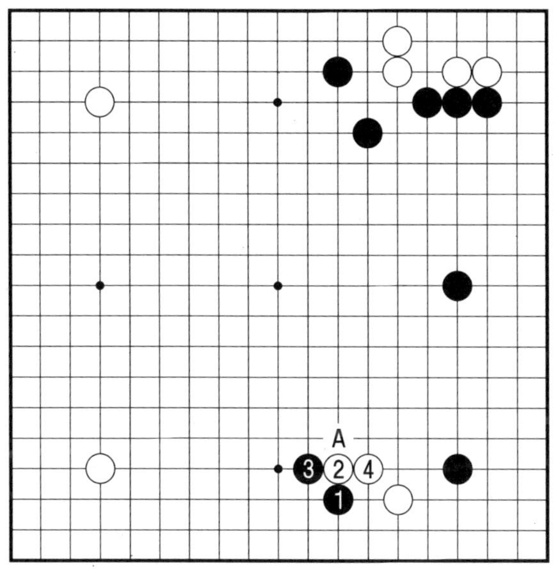

3도

3도(세력 견제책)

흑1로 협공했을 때 흑의 대세력작전을 견제하는 방법은 백2처럼 붙이는 것이다. 계속해서 흑3으로 젖힌다면 백4 또는 A에 뻗는 것이 일반적인 응수법이다.

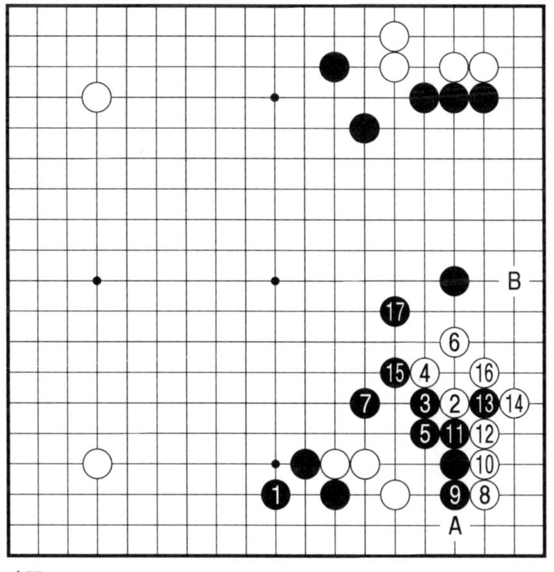

4도

4도(백, 충분)

전도에 계속해서 흑1로 호구친다면 백2로 양걸침하는 것이 좋은 수이다. 흑3에는 백4·6으로 형태를 정비한 후 이하 흑17까지 선수로 실리를 취해 충분하다. 백은 A의 젖혀이음이 선수로 작용하고 B의 달림도 기분 좋은 노림으로 남는다.

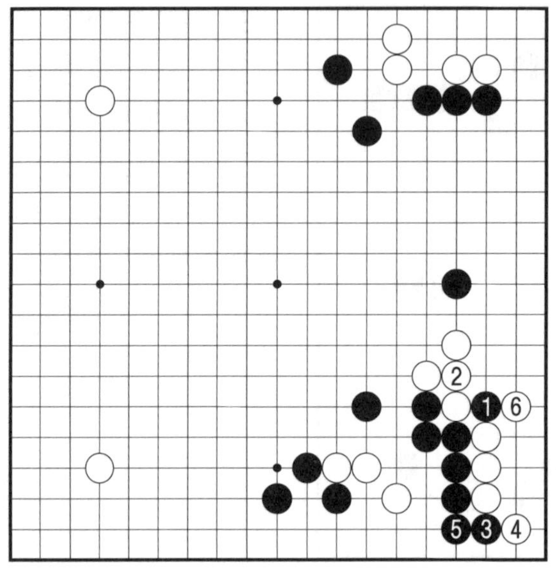

5도

5도(백, 불만)
전도의 수순 중 흑1로
단수쳤을 때 백2로 잇는
것은 무책임한 수이다.
흑은 3·5로 젖혀 잇는
것이 기민한 선수활용으
로 전도에 비해 흑이 유
리하다.

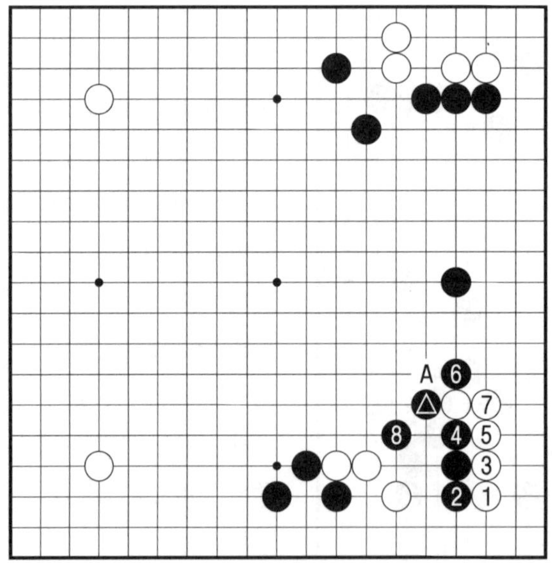

6도

6도(백의 변화)
흑▲로 붙였을 때 백은
A에 젖히지 않고 곧장 1
로 3·三 침입하는 수도
성립한다. 계속해서 흑2
로 막고 백3 이하 흑8까
지 이 역시 정석적인 진
행에 속한다.

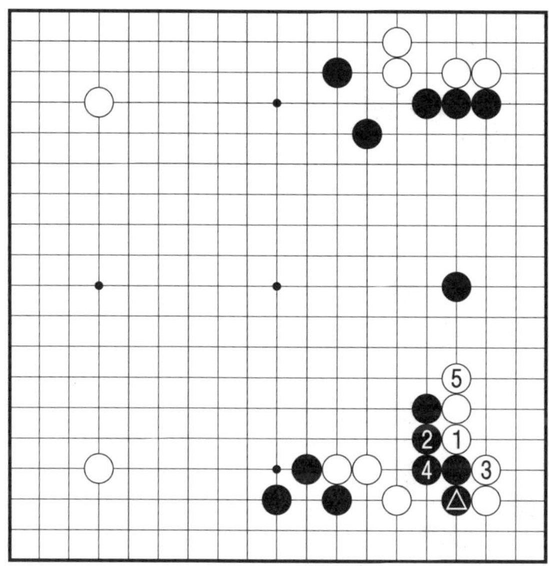

7도

전도의 수순 중 흑△로 막았을 때 백1로 치받은 것은 주문을 내포한 수이다. 흑2로 받는 것은 백의 주문에 말려든 수로 백5까지 결과는 백이 유리하다.

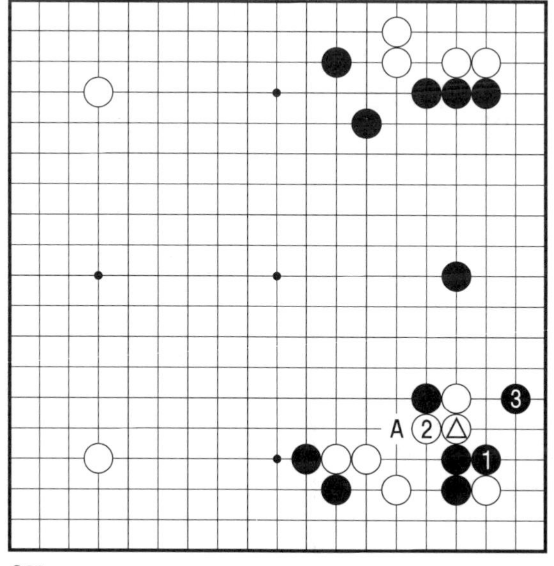

8도

8도(당연한 반발)

백△로 치받았을 때 흑은 당연히 1로 반발할 곳이다. 계속해서 백2, 흑3은 쌍방 기세인데 흑백 충분히 둘 수 있는 형태이다. 이후 흑은 A의 젖힘이 노림이다.

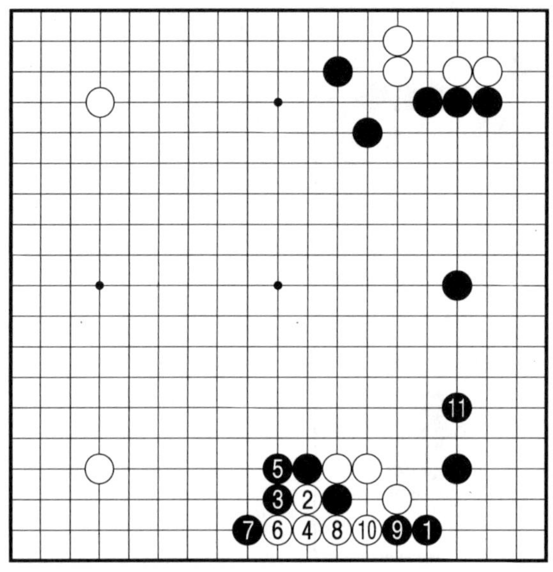

9도

흑은 하변을 지키지 않고 1처럼 날일자해서 두는 것이 보편적이다. 계속해서 백은 2로 끊게 되는데 흑3 이하 11까지 처리해서 충분히 둘 수 있는 형태이다.

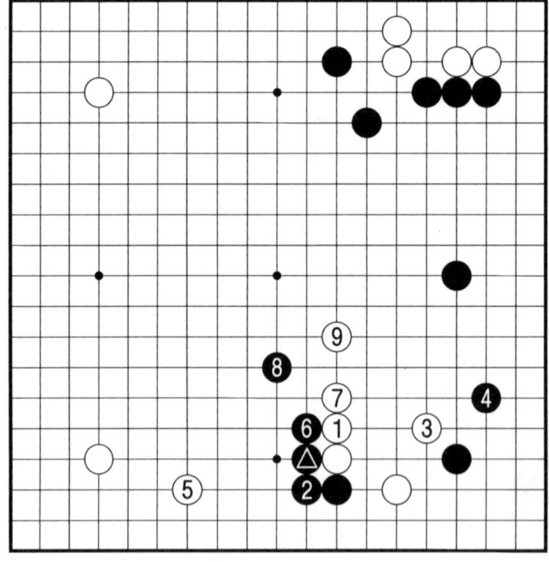

10도

10도(쌍방 충분)

흑△로 젖혔을 때 백은 1로 뻗어서 둘 수도 있다. 이때 흑2로 이은 것은 하나의 처리법으로 백 3 이하 9까지가 정석적인 진행으로 되어 있다. 이 역시 쌍방 충분히 둘 수 있는 포석 형태이다.

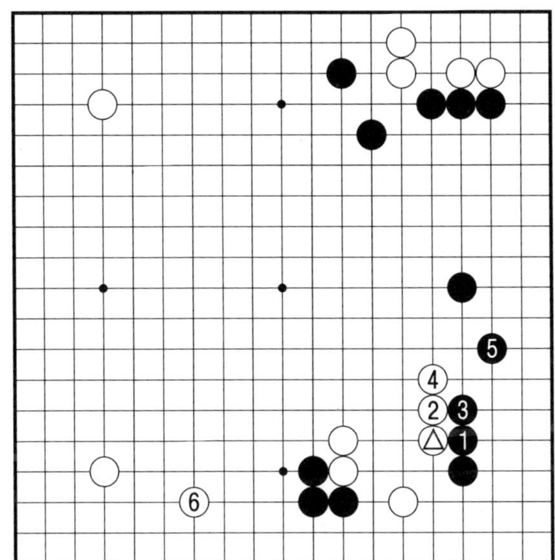

11도

전도의 수순 중 백△로
씌웠을 때 흑이 날일자해
서 받지 않고 흑1·3으로
미는 것은 백에게 두터움
을 허용하므로 좋지 않
다. 백4로 뻗으면 흑은 5
로 날일자해서 연결하는
정도인데 백6이 절호의
다가섬이 되고 있다.

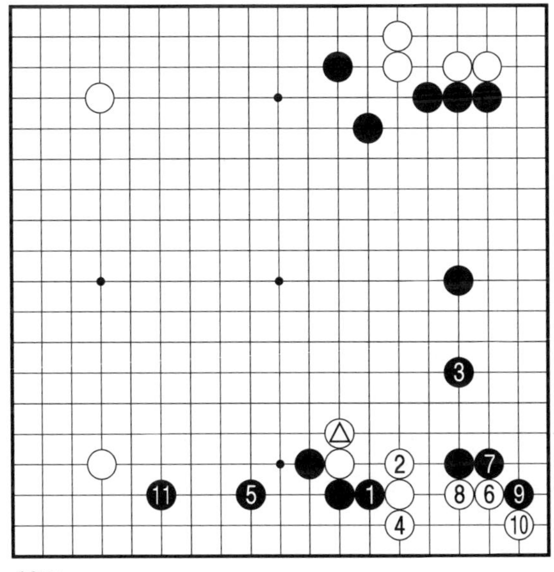

12도

12도(흑의 변화)

백△로 뻗었을 때 흑은
1로 치받아서 둘 수도 있
다. 계속해서 백2로 뻗는
다면 흑3으로 두칸 뛰어
받는 것이 가장 상식적인
응수법으로 백4 이하 흑
11까지가 예상되는 진행
이다.

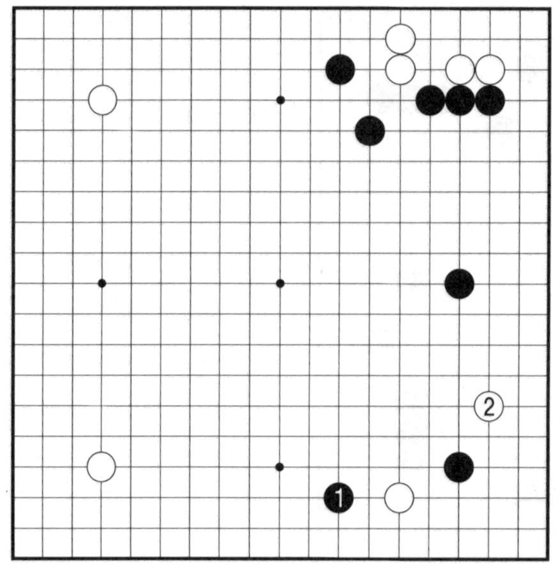

13도

13도(백, 양걸침)

흑1로 한칸 협공했을 때 백은 2로 양걸침해서 두는 포석 전법도 가능하다. 백2은 어디까지나 우변 흑 세력을 견제하겠다는 의미가 강한 수이다.

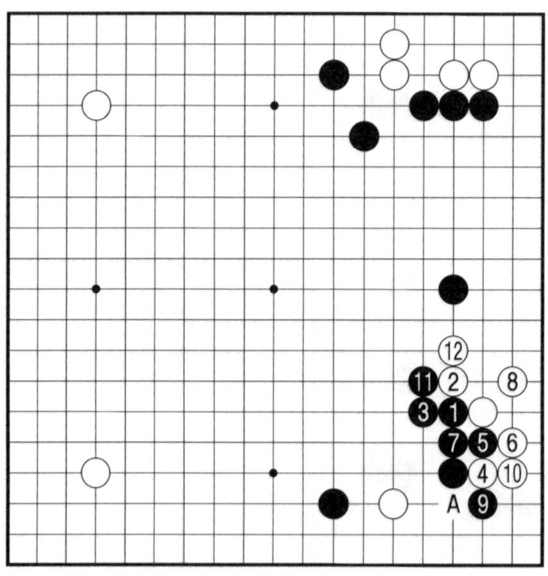

14도

14도(백, 만족)

백의 양걸침에 대해 흑1로 붙이는 것은 방향착오이다. 백은 2로 젖힌 후 이하 12까지 실리를 차지하는 것이 좋은 수순이다. 이 형태는 백A로 끊는 뒷맛이 남아 있는 만큼 백의 실리가 크다.

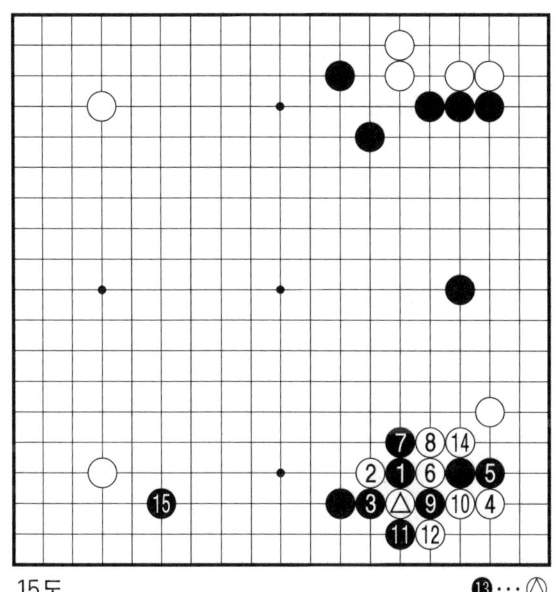

15도

15도(흑, 두터움)

흑은 1로 붙이는 것이 올바른 방향이다. 계속해서 백2로 젖힌 후 4로 3·三에 침입한다면 흑5로 막는 것이 올바른 방향이다. 계속해서 백6으로 단수치고 이하 백14까지가 정석적인 진행인데 흑이 두터운 포진이다.

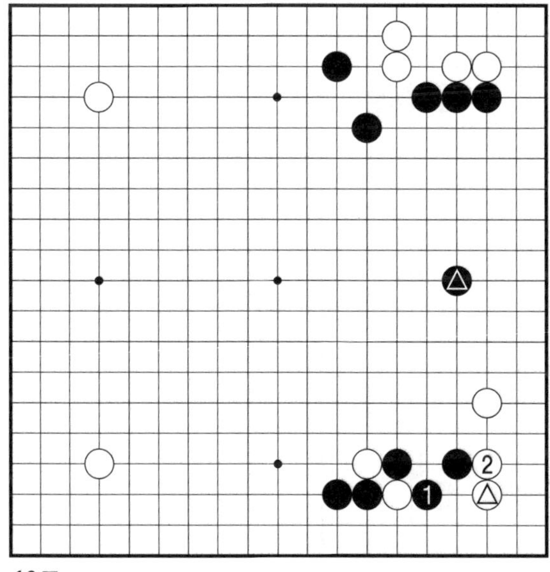

16도

16도(백, 만족)

전도의 수순 중 백△로 3·三 침입했을 때 흑1로 단수치는 것은 좋지 않다. 백은 2로 연결하는 것이 호착으로 흑● 한점의 위치가 어정쩡한 만큼 이 형태는 백이 유리한 포석이다.

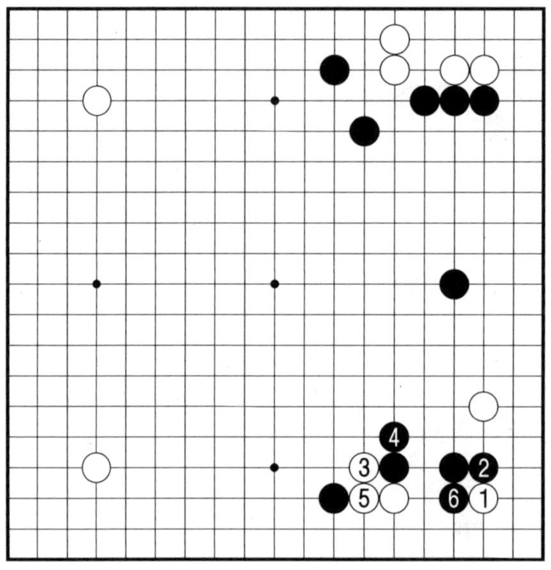

17도

17도(백, 수순착오)

백이 3으로 젖힌 후 3·三에 들어가지 않고 본도 백1처럼 곧장 3·三에 들어가는 것은 수순착오이다. 흑은 2로 막은 후 백3 때 흑4로 뻗는 것이 좋은 수순이다. 백5에는 흑6으로 막아서 이 형태는 흑이 유리하다.

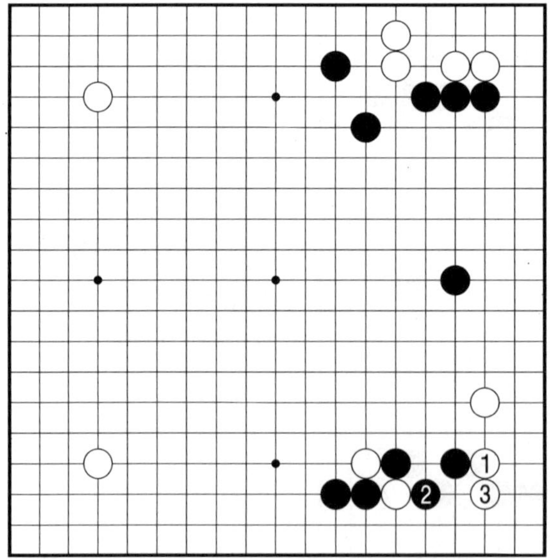

18도

18도(백의 붙임)

흑의 두터운 결과를 피해 백이 3·三에 들어가지 않고 1로 붙인 장면이다. 이때 흑이 2로 호구쳐서 간명을 기하는 것은 소극적이다. 백3으로 뻗는 수가 좋은 수로 이 형태는 16도와 같이 백이 이상적인 형태로 수습된 모습이다.

174

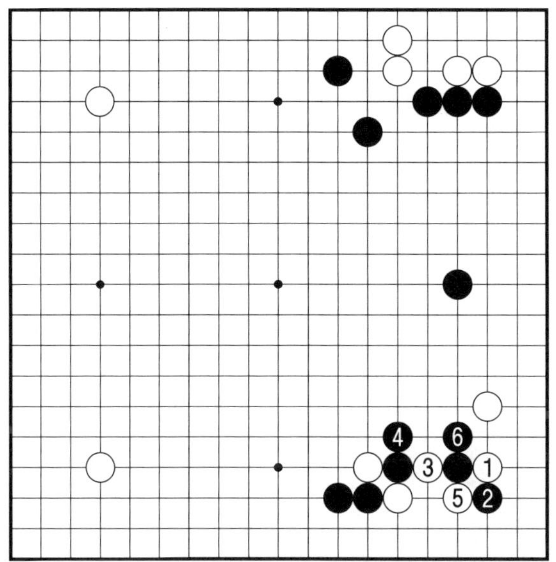

19도

19도(당연한 젖힘)

백1로 붙이면 흑은 당연히 2로 젖혀 반발할 곳이다. 계속해서 백은 3으로 단수친 후 5에 끊어 흑의 단점을 추궁할 수밖에 없는데……

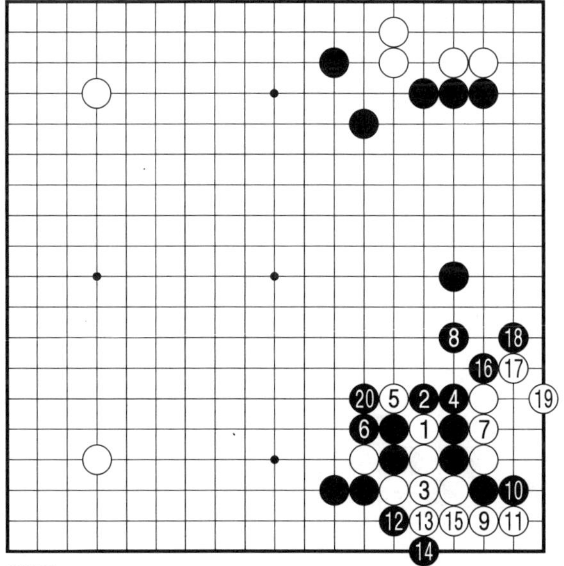

20도

20도(흑, 충분)

전도에 계속해서 백은 1로 찌른 후 3으로 잇는 것이 올바른 수순이다. 계속해서 흑4로 잇고 이하 흑20까지가 예상되는 진행인데 아무래도 흑이 두터운 모습이다.

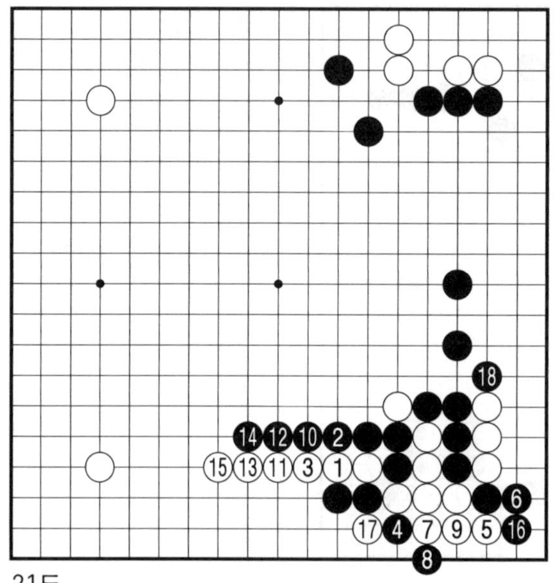

21도

21도(흑, 만족)

전도의 수순 중 백이 귀를 살리지 않고 1로 움직이는 변화이다. 이때는 흑2로 단수친 후 백3 때 흑4로 젖히는 것이 좋은 수순이다. 계속해서 백 5·7에는 흑8로 단수친 후 이하 흑18까지 처리해서 흑이 유리하다.

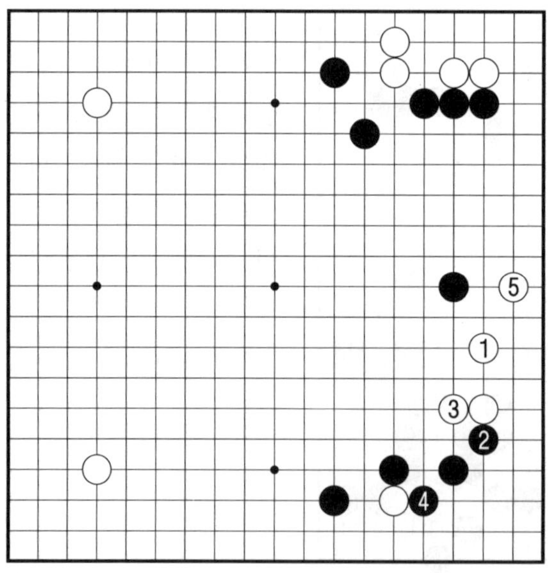

22도

22도(백의 변신)

흑의 붙임에 대해 백은 단순히 1로 한칸 벌려 우변을 중시할 수도 있다. 흑이 2로 붙여 세운 후 4로 호구친다면 백5로 날일자해서 충분히 둘 수 있는 모습이다.

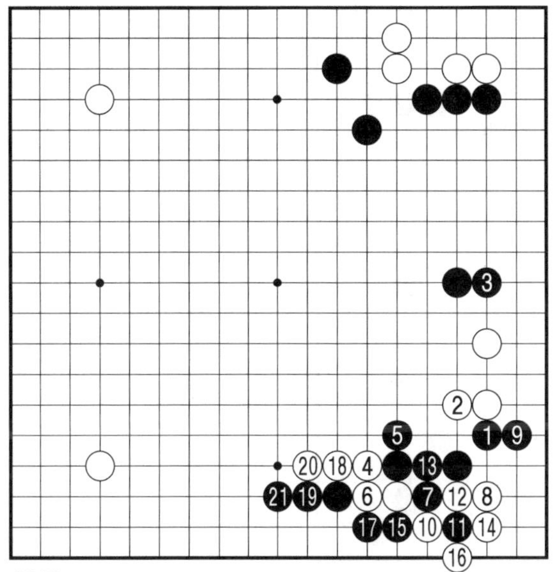

23도

23도(흑, 우변 중시)

전도의 수순 중 흑1, 백2 때 흑3으로 내려선 수는 우변을 중시한 것이다. 계속해서 백은 4로 젖힌 후 6으로 이어 버티게 되는데 흑7로 막고 이하 흑21까지가 예상되는 진행이다. 이 형태는 쌍방 모두 이후의 진행이 어렵다.

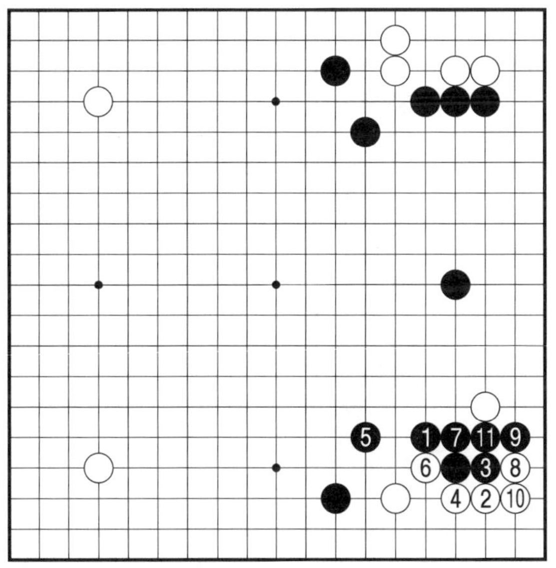

24도

24도(견실한 마늘모)

백의 양걸침에 대해 흑1로 마늘모한 것은 견실하게 세력작전을 구사하겠다는 뜻이다. 계속해서 백2로 3·三 침입하고 흑3 이하 11까지가 예상되는 진행인데 쌍방 충분히 둘 수 있는 형태이다.

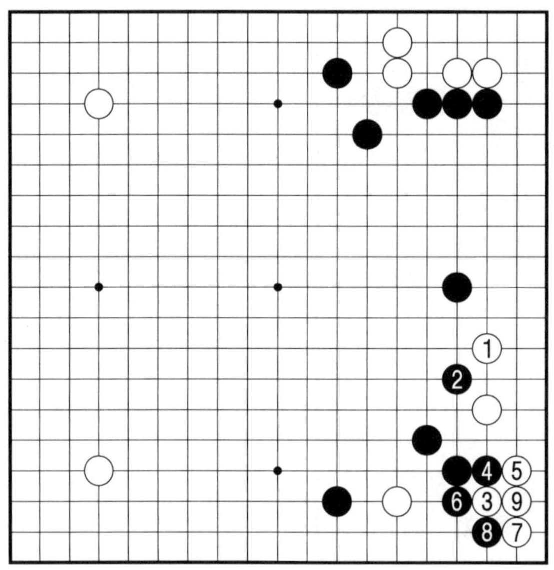

25도

25도(우변에 중점)

흑의 마늘모 응수에 대해 백1로 한칸 뛴 것은 우변에 중점을 둔 수이다. 이때는 흑2로 들여다보는 것이 호착으로 백3에는 흑4 이하 백9까지 선수로 처리해서 충분하다. 계속해서……

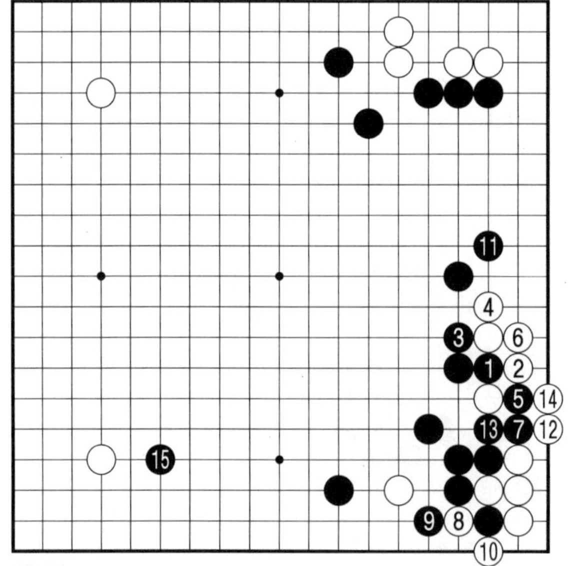

26도

26도(흑, 활발)

전도에 계속해서 흑은 1로 찌른 후 3으로 막는 것이 좋은 수순이다. 백4에는 흑5로 끊은 후 이하 백14까지 선수로 처리해서 훌륭하다. 흑15로 걸쳐 세력을 크게 확장해서는 흑이 활발한 포석이다. 흑의 세력이 돋보이는 포석.

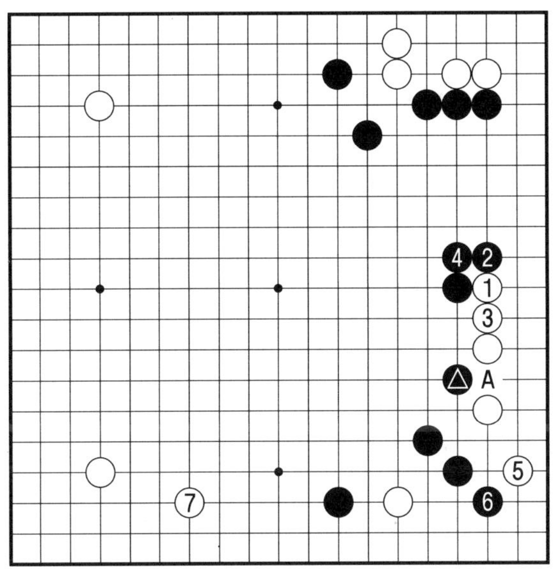

27도

27도(백의 변화)

흑▲ 때 백은 1로 붙여 A의 약점을 간접적으로 보강하는 것이 좋은 수이다. 계속해서 흑2로 젖힌 후 4에 잇는다면 백5를 선수한 후 7로 손을 돌려서 백도 충분히 둘 수 있는 형태이다.

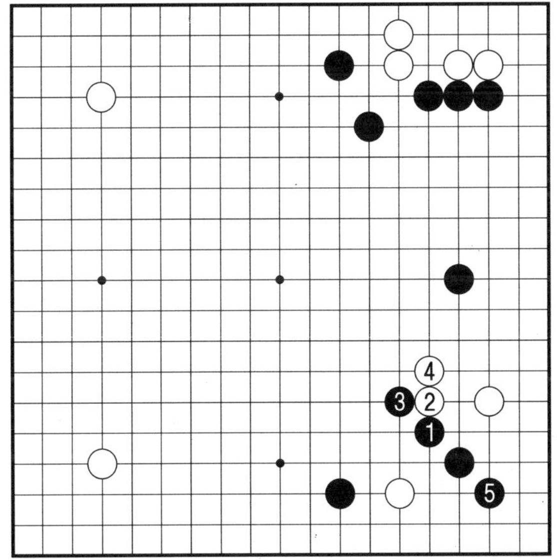

28도

28도(백, 미생마)

흑1의 마늘모 행마에 대해 백2로 붙인 후 4에 뻗는 것은 좋은 않다. 흑은 5로 마늘모해서 백의 근거를 박탈하는 것이 호착으로 백돌에 대한 공격을 노릴 수 있는 만큼 흑이 유리한 결말이다.

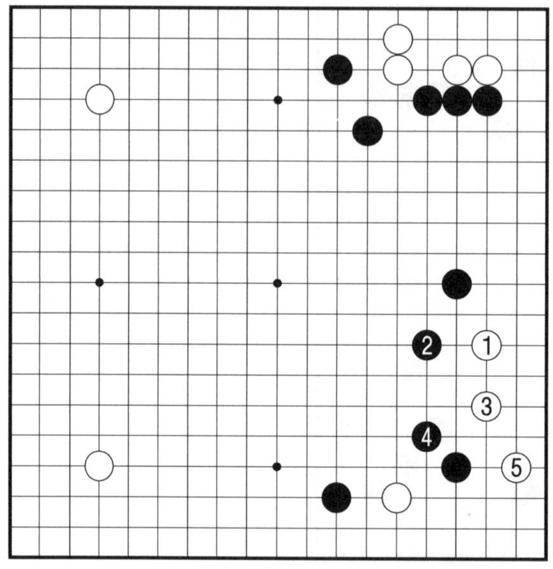

29도

29도(백의 별책)

백은 우하귀의 변화를 보류한채 1로 흑의 응수를 물을 수도 있다. 흑2라면 백도 3·5로 자리잡아 무난하다.

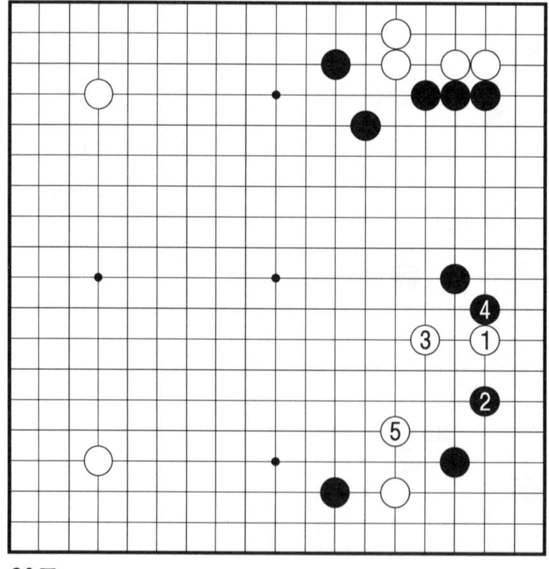

30도

30도(흑, 불충분)

백1 때 흑2로 대응하는 것은 미흡하다. 백3·5로 연결되어 가면 흑의 3연성이 무너지게 된다.

180

제25형

3연성 포석 2(2연성 대응) ― 한칸 응수

흑1의 한칸 응수는 3연성의 진행 중 가장 평범한 선택이다. 그러나, 이후의 진행은 대세력작전으로 연결된다. 그럼 흑1 이후의 포석 변화를 검토해 보기로 한다.

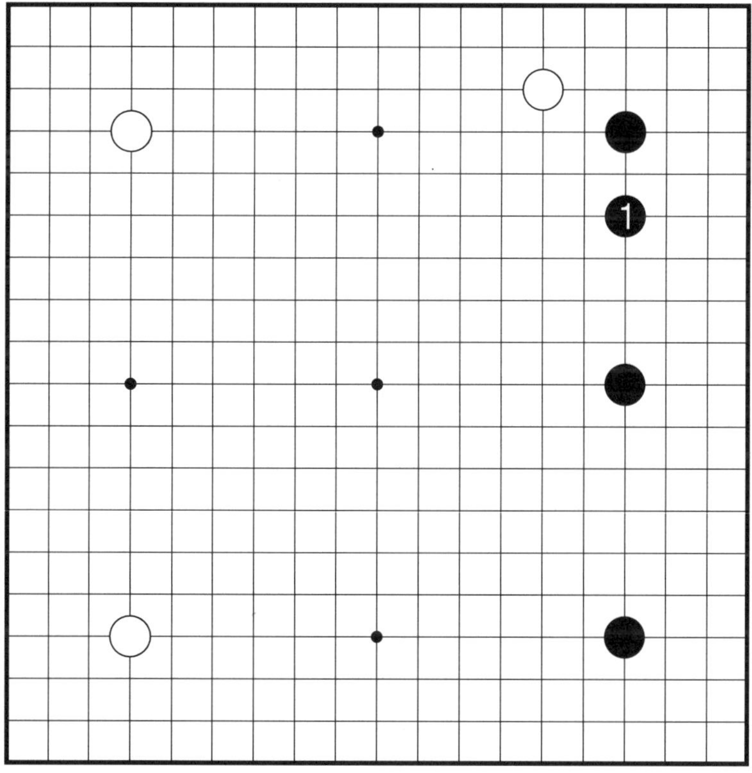

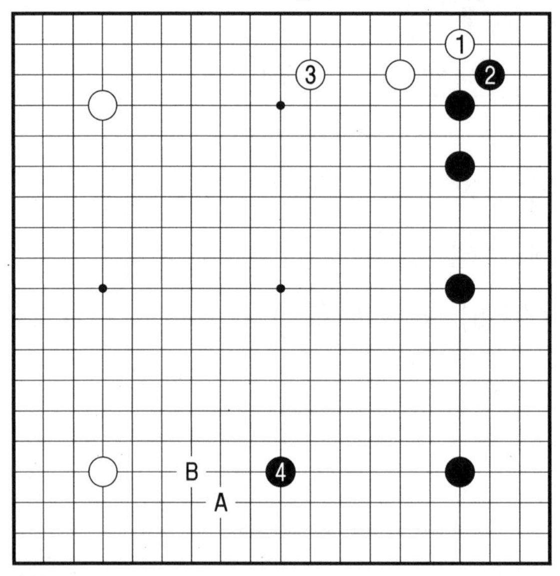

1도

1도(평범한 포석)

　백1로 날일자하여 흑2
와 교환한 뒤 백3의 두칸
벌림, 흑4까지의 진행은
가장 무난한 흐름이다.
이후 백은 3·三 침입이
나, A나 B의 다가섬으로
진행된다.

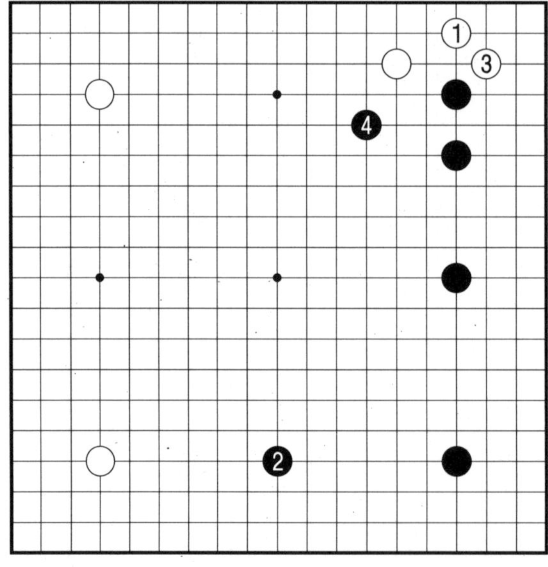

2도

2도(대세력 작전)

　백1 때 흑은 3·三을
허용하더라도 2로 전개
하여 4연성을 실행할 수
도 있다. 이때 백3이라면
흑4로 확장한다.

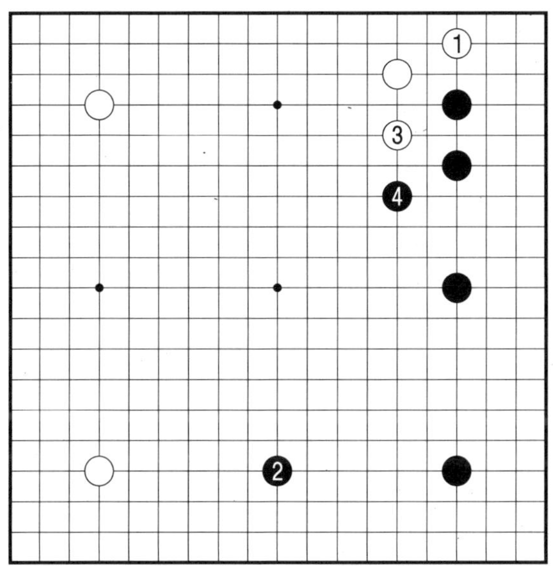

3도

3도(일관된 작전)

백1로 날일자하고 흑2로 벌렸을 때 백이 3·三을 두지 않고 3으로 뛰어도 흑은 일관성있게 4로 응수하는 것이 좋다.

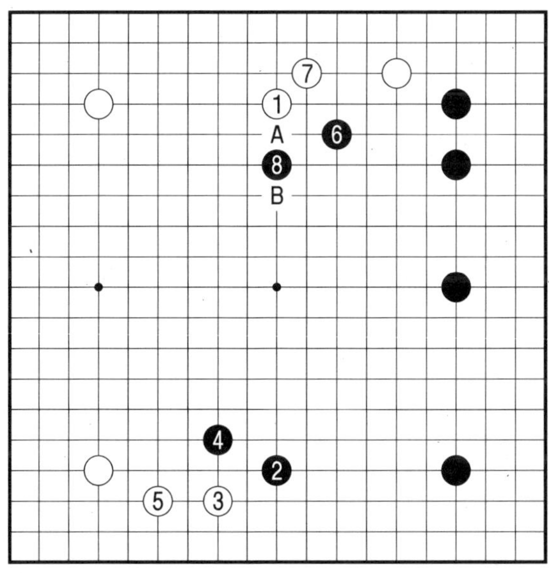

4도(실리대 세력)

백1로 전개하면 흑도 2로 4연성을 펼친 다음 흑8까지 중앙을 확장하는 것이 일관성있는 작전이다. 흑8로는 A로 붙이거나 B의 밭전자 행마도 좋다.

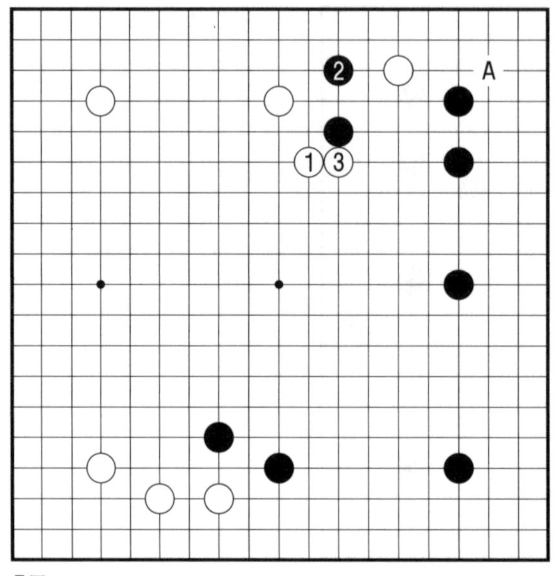

5도

전도는 흑의 중앙이 점점 입체화되고 있다. 흑의 중앙이 두렵다면 A가 비어 있으므로 백은 1·3으로 둘 수도 있다. 수순 중 흑2는 백이 상변을 받지 않았으므로 당연한 수.

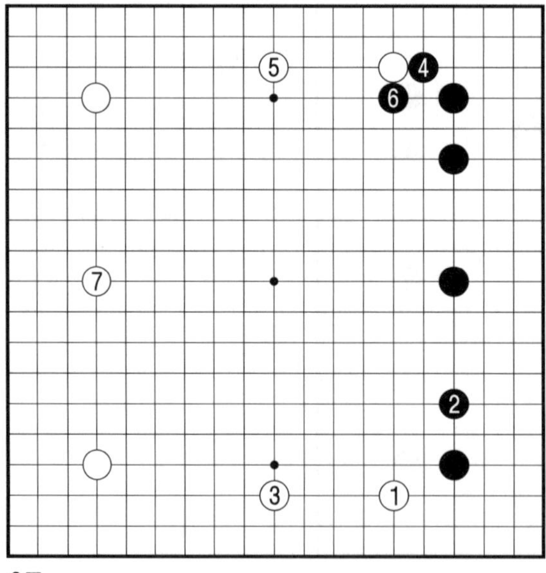

6도

6도(백의 일책)

백은 흑에게 우변쪽을 집중 투자하게 하고 대신 발빠르고 넓게 백7까지 포진할 수도 있다.

184

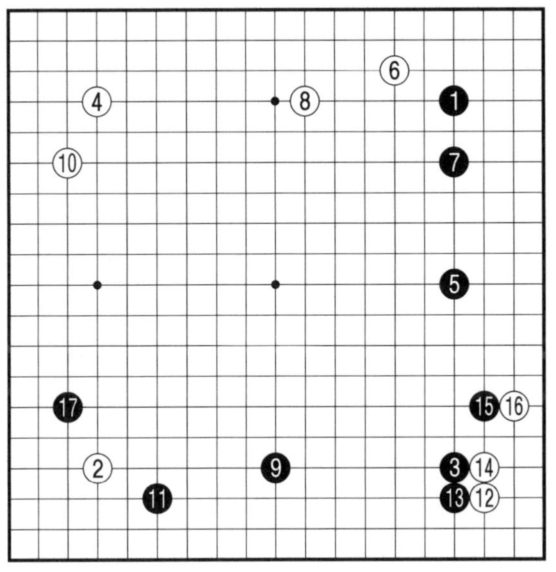

〈1보〉

1보(1~17)

19기 기왕전 도전4국에서 백의 유창혁에게 흑의 이창호가 시도한 3연성 포석이다. 백16에 대해 손빼는 것이 현대감각이다. 17로 선공하여 흑의 진행이 빠르다.

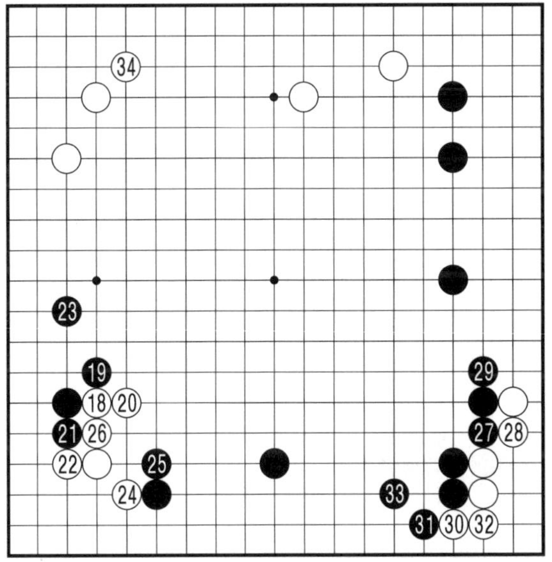

〈2보〉

2보(18~34)

흑은 좌하 방면과 우하 방면을 정리하여 하변에 포진하고 백은 상변에 포진하여 지구전의 양상을 띠고 있다.

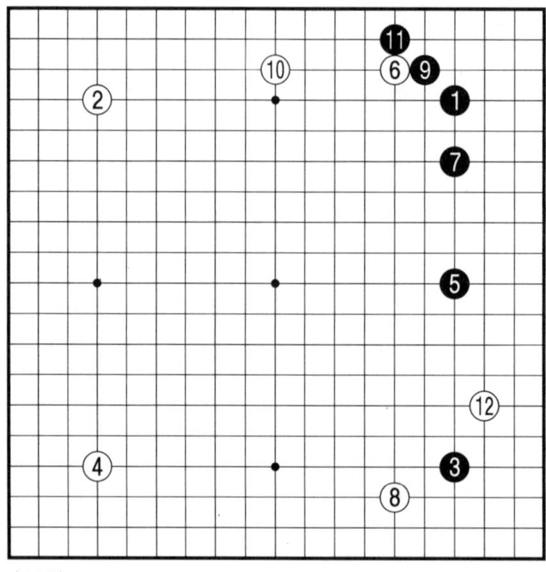

〈1보〉

1보(1~12)

51기 일본 본인방전에서 백의 조치훈을 상대로 류시훈이 흑으로 3연성 포석을 구사한 바둑이다. 백6으로 걸친 후 곧바로 8에 걸친 수법에는 조치훈의 연구가 있었던 것 같다. 흑9의 붙임에 백은 10으로 늦추어 흑11을 유도하고 12로 양걸침하는 수순이 그것이다.

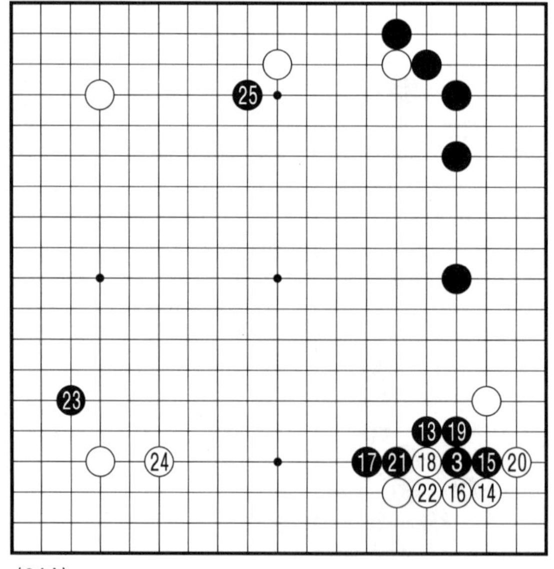

〈2보〉

2보(13~25)

흑도 우하귀를 내어주고 23으로 백의 3연성을 저지한 다음 25로 어깨짚는 수순으로 대응했다.

제26형

3연성 포석 3(2연성 대응) — 손빼고 4연성(1)

    흑은 우상쪽을 생략하고 1로 바로 4연성을 펼 수도 있다. 이 진행이 조금 더 함축성있는 진행이다. 그럼 백이 2로 3·三에 들어올 때의 변화를 보자.

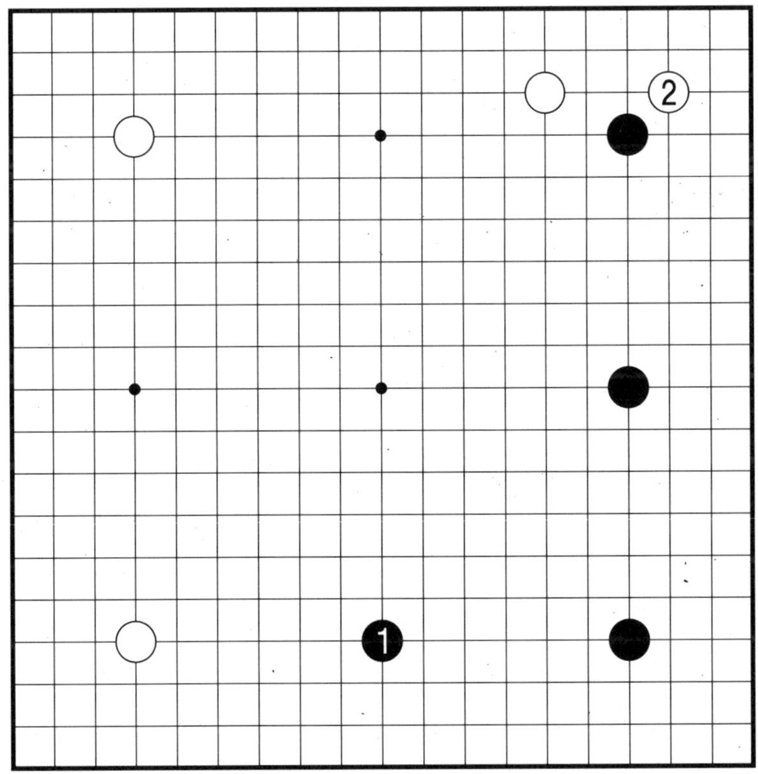

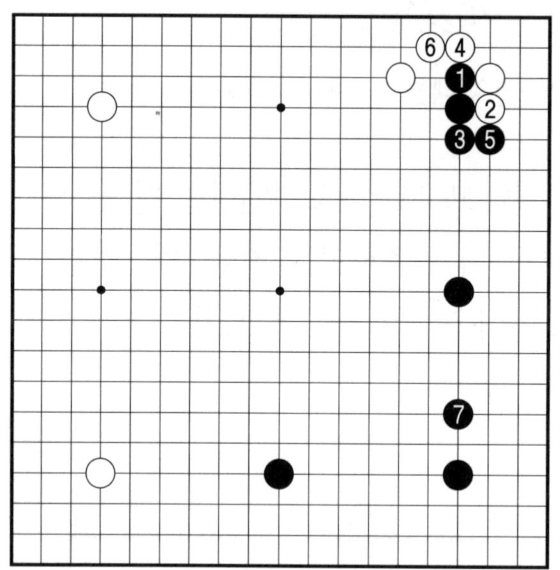

1도(흑, 방향착오)

흑1은 방향착오다. 백4로 젖힐 때 흑5로 막아 우변을 강조해도 백6으로 넘어간 자세가 너무 확실하여 흑의 불만이다.

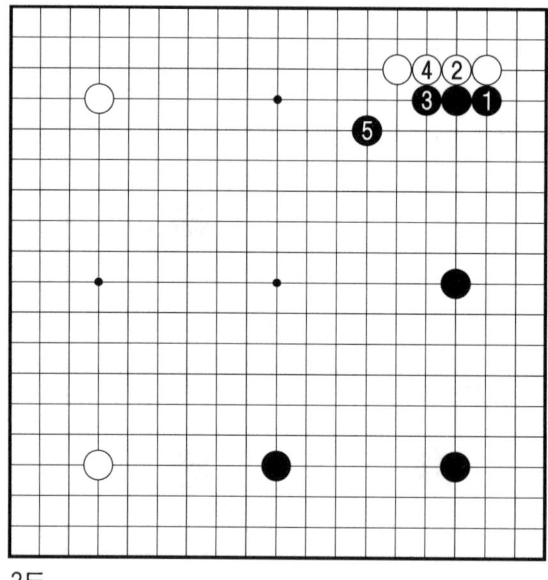

2도(올바른 방향)

흑1이 올바른 방향이다. 계속해서 백2·4로 받으면 흑5로 확장하는 것이 좋다.

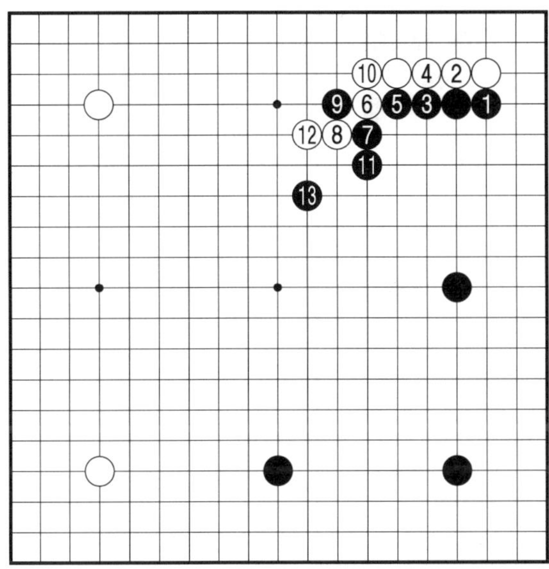

3도

3도(흑의 별책)

흑1에서 백4까지 진행되었을 때 흑5로 계속 밀어 올릴 수도 있다. 백6·8로 이단젖히면 흑9로 하나 단수친 다음 흑11로 뻗어 두는 것이 요령이다. 흑13까지 모범포석.

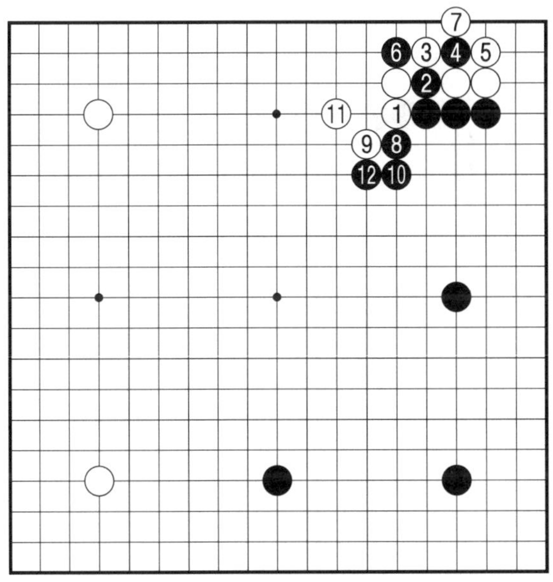

4도

4도(백의 변화)

2, 3도의 백4로는 본도 백1로 밀어 올릴 수도 있다. 계속해서 흑2·4로 끊는 것이 좋은 수순. 이하 흑12까지의 변화는 흑의 자세가 좋다.

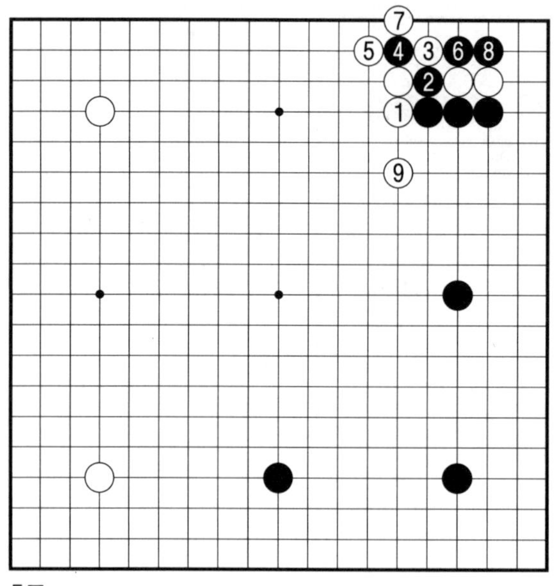

5도

5도(흑, 수순착오)

백1로 밀어올렸을 때 흑2·4의 절단은 방향착오. 흑6·8로 귀의 백 두 점은 잡았으나 백에게 7의 빵때림을 주어 백9까지 흑의 3연성이 순식간에 물거품이 되고 만다.

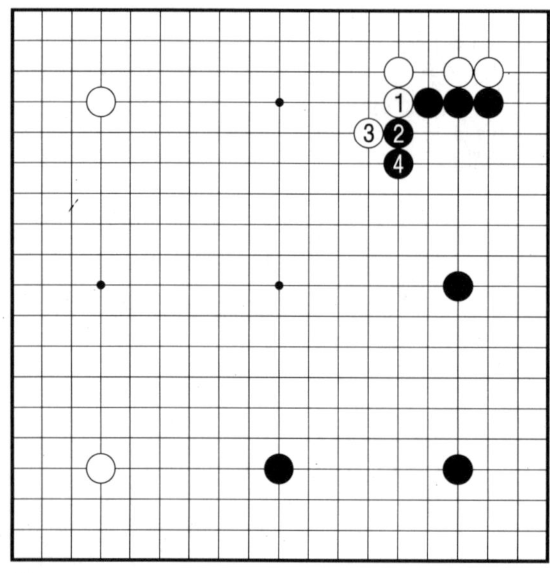

6도

6도(무난)

백1로 밀어올렸을 때 흑이 단순히 2·4로 젖히고 늘면 가장 무난한 진행이 된다.

제27형

3연성 포석 4(2연성 대응) — 손빼고 4연성(2)

백이 날일자로 걸치고 흑이 4연성을 펼쳤을 때 백이 1로 양걸침을 하여 변화해오면 어떤 진행이 예상되는지 알아보기로 하자.

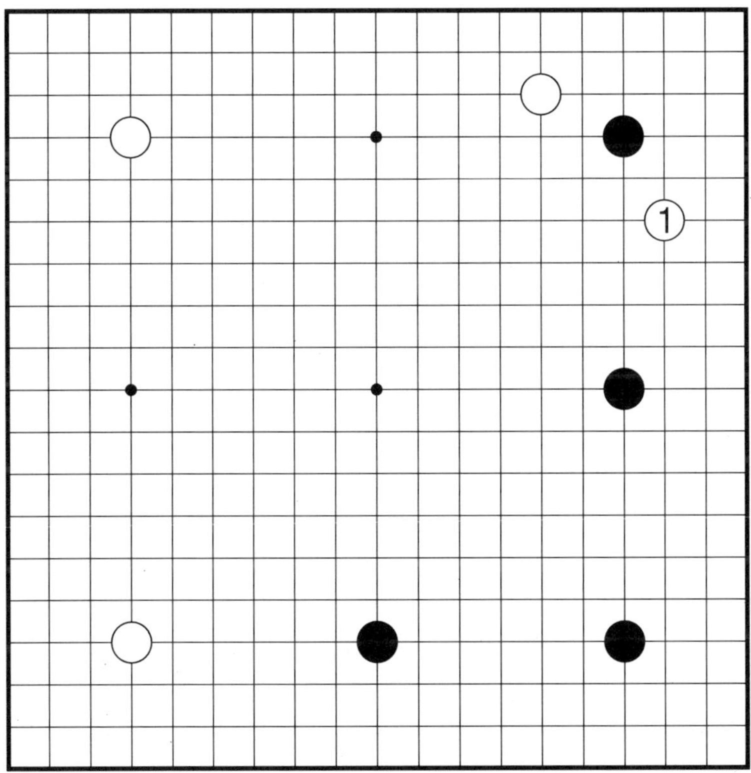

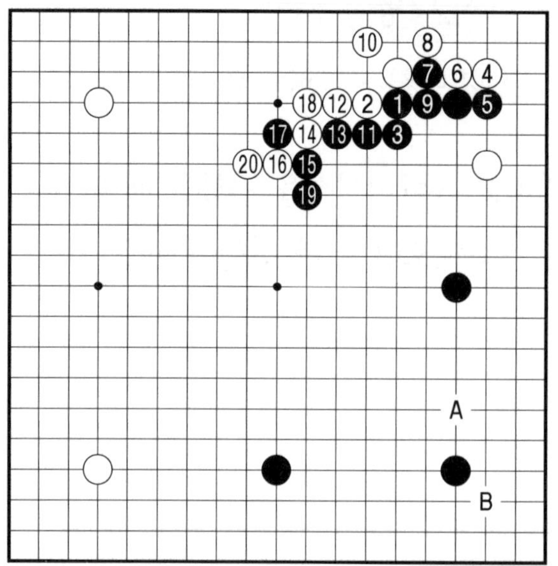

1도

1도(단조로운 세력)

흑1로 붙이는 변화부터 본다. 흑1로 붙이면 백20까지 예상되는 진행이다. 이 결과는 상변 백의 진영이 확실한데 비해 흑의 진영은 아직 A나 B의 수비가 필요하다. 또한 흑이 세력을 만들기는 했으나 우변쪽의 침투와 중앙쪽의 삭감이 용이한 세력이다.

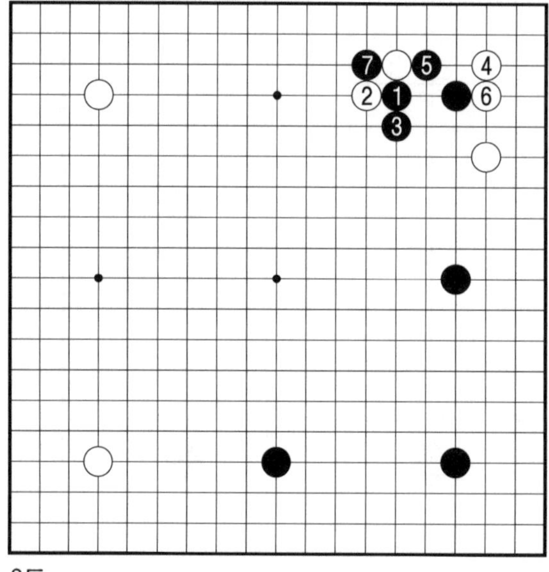

2도

2도(정석선택 오류)

흑1로 붙여 백4까지 진행되었을 때 흑5로 막으면 흑7까지가 부분적인 정석이다. 그러나 이 그림의 진행은 백이 선수가 되어 흑의 3연성이 일관성을 잃게 된다. 정석선택이 잘못됐기 때문이다.

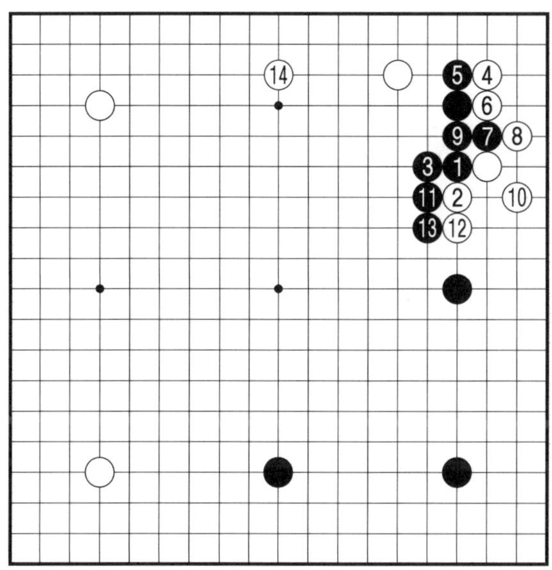

3도

3도(흑, 방향착오)

흑1로 붙이는 수도 방향착오다. 계속해서 백12까지 진행되었을 때 흑13이 불가피하여 백에게 14의 곳을 뺏기면 두터움도 집도 부족하게 된다.

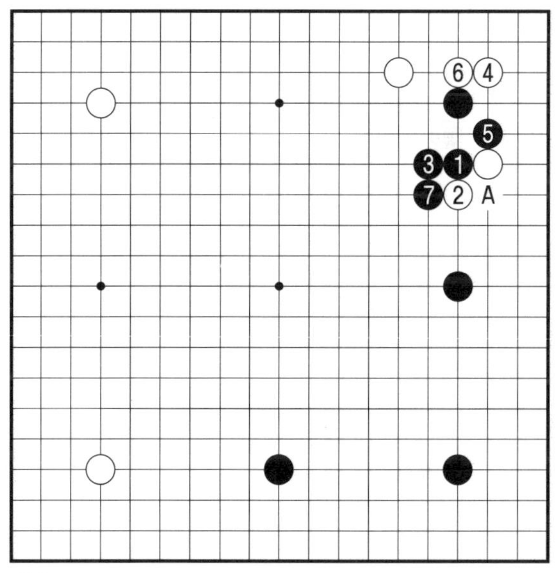

4도

4도(흑, 불만)

백4에 대해 흑5로 차단해도 흑7까지 된 다음 여전히 흑은 A의 곳에 약점을 남기고 있어 불만이다.

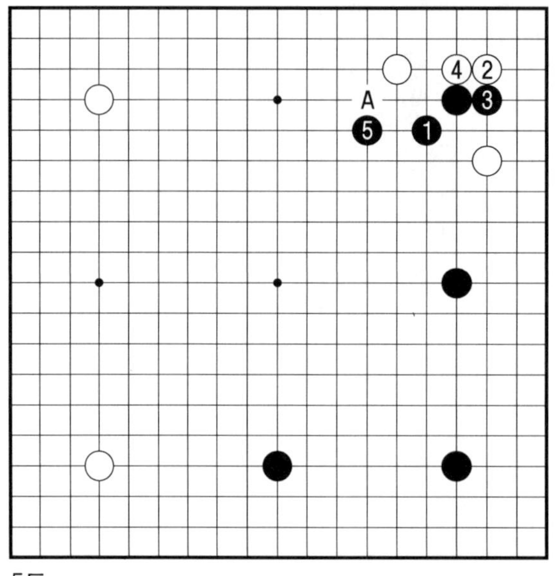

5도

5도(흑의 정수)

흑은 1로 진출하는 것이 가장 확실하다. 이어서 흑5까지 확장하는 것이 무난하다. 흑5로 A에 날일자로 씌우는 수는 복잡한 전투형으로 유도된다.

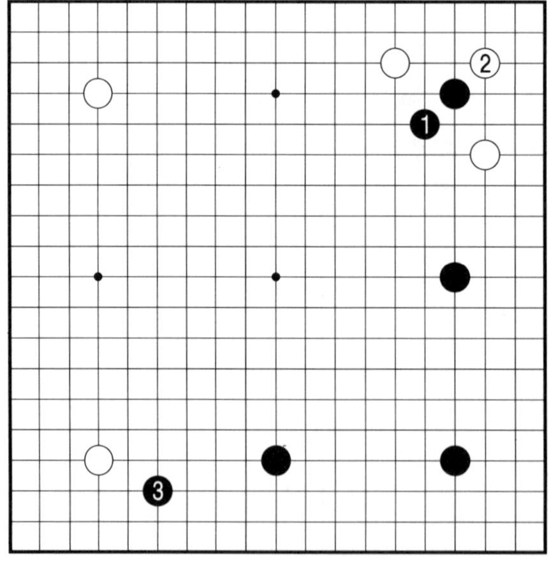

6도

6도(생략하는 작전)

흑1로 봉쇄만 피하고 이곳을 생략한채 3쪽으로 전단을 모색하는 것도 일책이다. 우상쪽은 차후의 국면변화에 따라 태도를 결정한다.

194

제28형

3연성 포석 5(2연성 대응) — 손빼고 4연성(3)

백1의 중앙으로 한칸 뛰는 수는 노골적으로 흑의 3연성을 저지하겠다는 의도로 두어지는 수다. 그럼 백1 이후의 포석 진행을 검토해 보기로 한다.

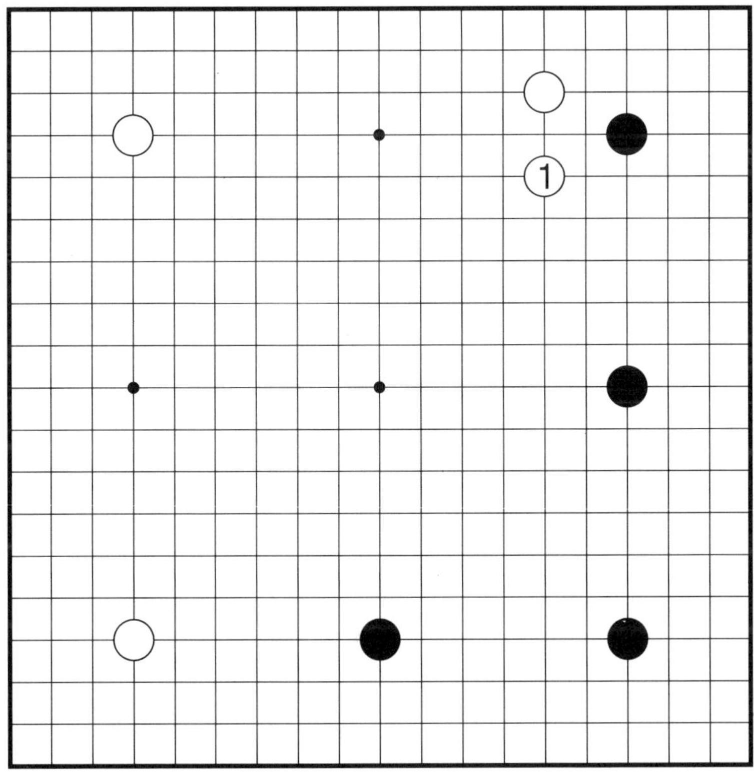

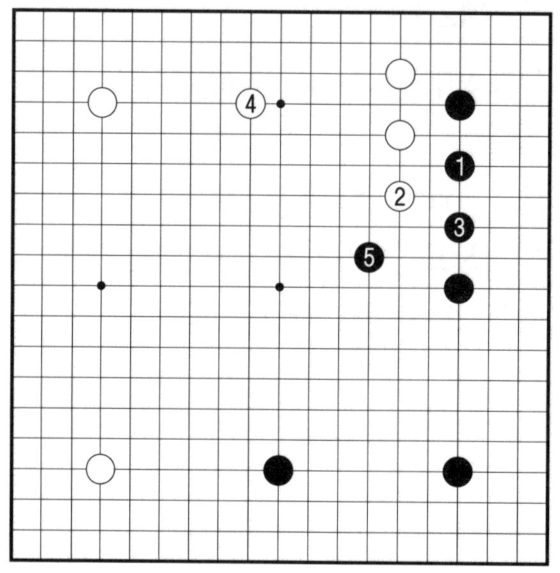

1도

1의 곳을 뺏길 수는 없으므로 흑1은 절대수. 백도 2로 한번 더 뛰고 4의 포진이 불가피할 때 흑5가 필쟁의 요처이다.

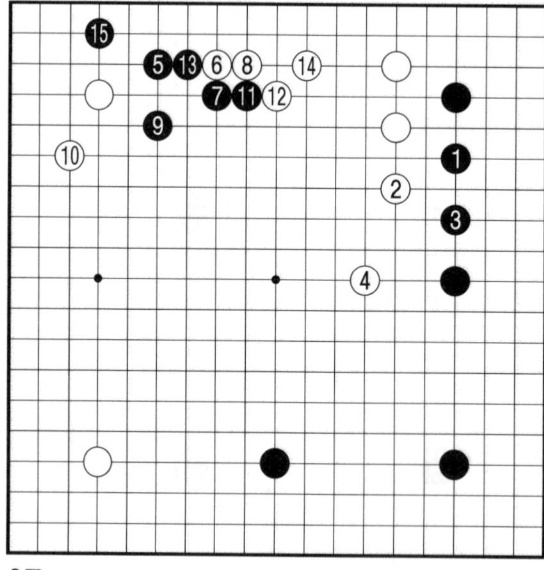

2도

백도 4로 흑 진영을 견제하려는 것은 지나친 작전이다. 흑은 5로 걸친 다음 백6으로 협공하면 7로 붙여 백 진영을 15까지 초토화할 것이다.

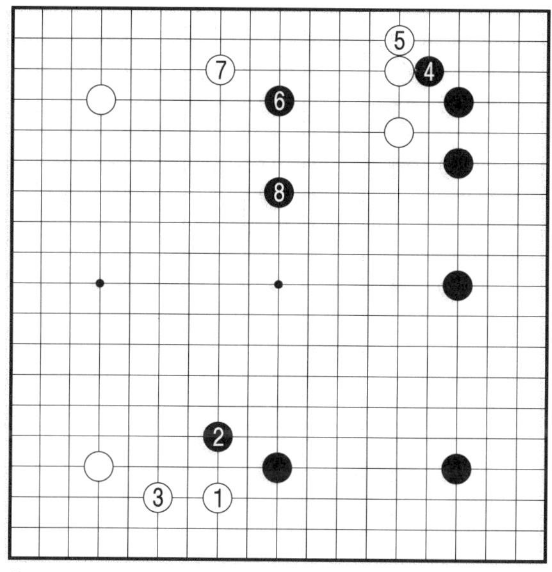

3도

3도(백, 일관성 부족)
갑자기 백1로 전환하는
것은 일관성이 결여된 작
전이다. 흑2로 씌운 다음
백3을 기다려 흑4부터 8
까지 상변 백 진영이 삭
감되면서 우상의 백이 공
격권내에 들어가게 된다.

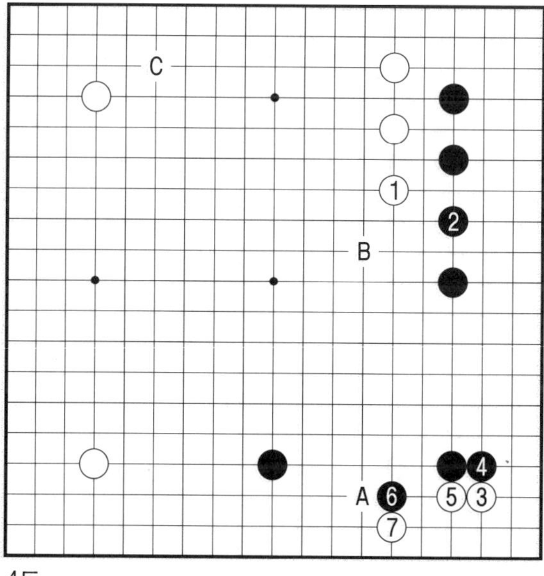

4도

4도(백의 변화)
백은 1로 뛴 다음 B와
C의 두 곳을 맞보기로
놔두고 우하귀를 침입하
여 동태를 살필 수 있다.
백7까지 된 다음 흑도 A
의 곳을 생략할 수 있다.

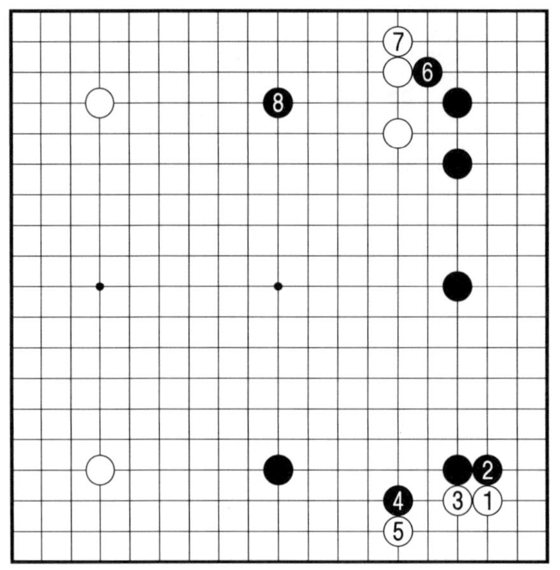

5도

5도(백, 욕심)
전도의 백1을 생략하고
우하귀를 침입하는 것은
욕심이다. 흑은 백5까지
선수처리한 다음 6·8로
백 일단을 공격하게 될
것이다.

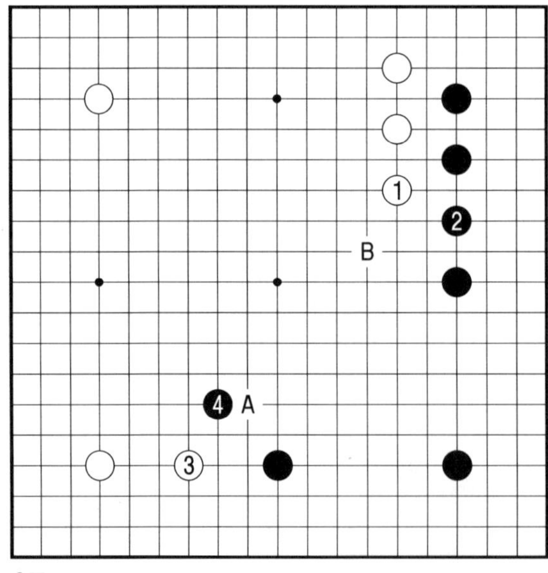

6도

6도(백의 별책)
백은 1로 뛰어 흑2와
교환한 다음 3으로 다가
서서 A의 곳을 노릴 수
도 있다. 따라서 흑4의
곳은 좋은 자리. 흑이 4
대신에 B로 확장하는 경
우 백은 A로 압박하게
된다.

3연성 포석 6(2연성 대응) — 흑, 상변 개척

흑1의 협공은 우측 3연성을 견제하려는 백의 의도를 거슬러 상변에 새로운 진영을 건설하려는 함축성있는 착점이다. 그럼 이후의 포석 진행을 알아보기로 한다.

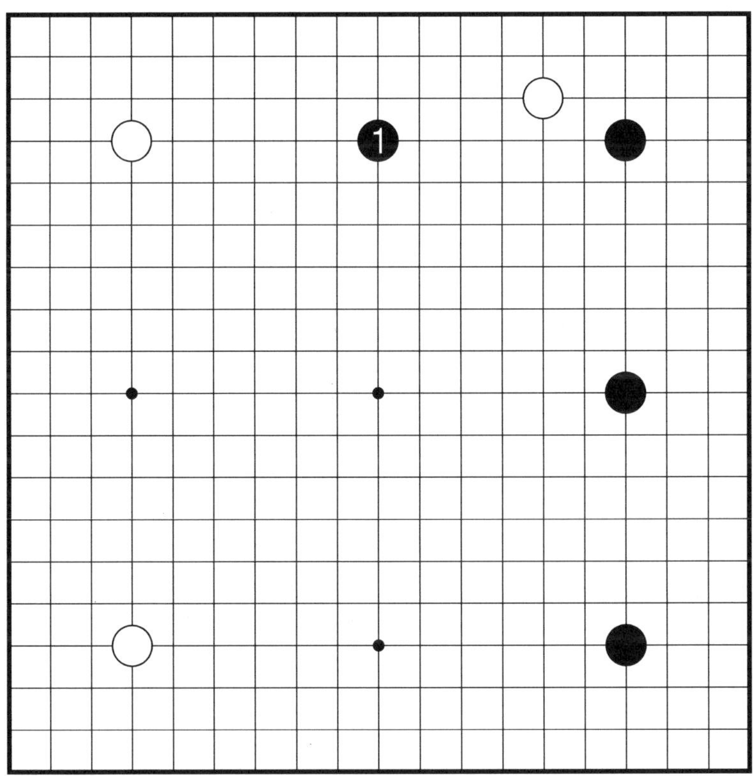

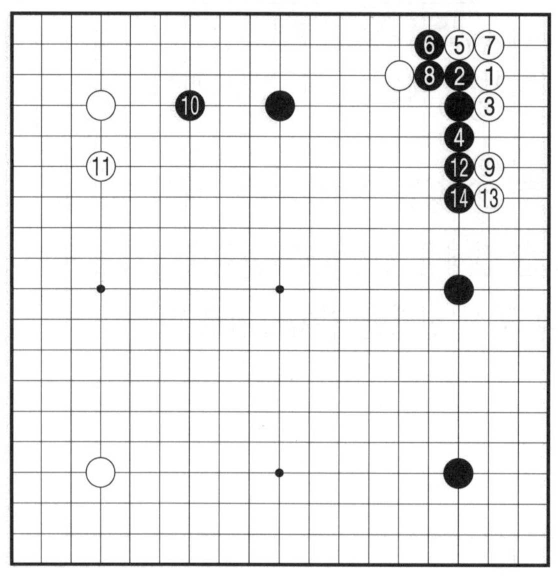

1도

1도(흑, 작전변경)

이 형은 백1에 대해 흑 2로 막으려는 것이다. 이하 백9까지는 예정된 진행. 흑10 이후의 진행에서 빼서는 안될 수순이 흑 12·14라는 것에 주의해야 한다.

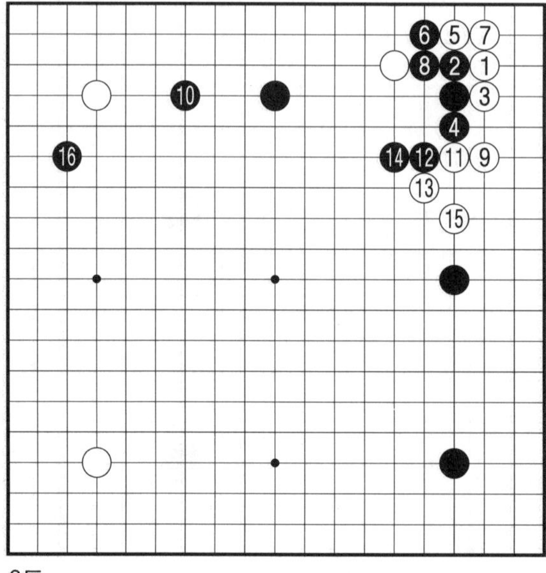

2도

2도(백, 욕심)

백1로 3·三 침입하여 백9까지 진행된 다음 흑 10에 대해 백이 11쪽을 움직이면 흑은 좌상귀를 공략하여 만족이다.

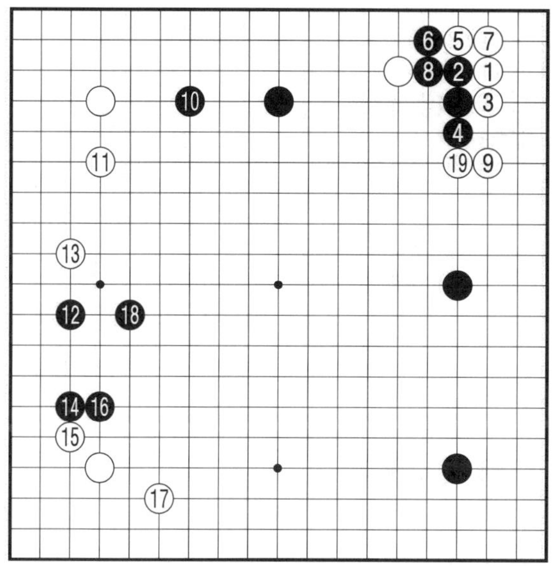

3도

3도(흑, 욕심)

흑10, 백11을 교환한 후 흑이 19의 곳을 막지 않고 흑12로 갈라치는 것은 일관성이 부족한 욕심이다. 백이 흑18까지 선수처리한 뒤 19로 미는 순간 흑의 진영이 잘게 조각이 난다.

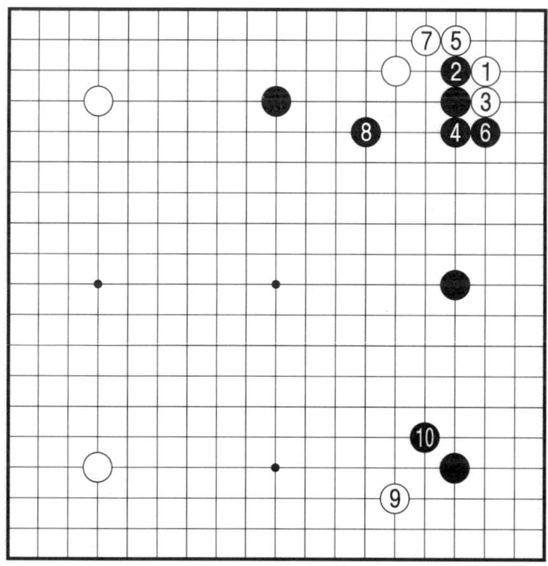

4도

4도(흑의 별책)

백5로 젖혔을 때 이번에는 흑6쪽을 막는 것도 가능한 작전이다. 단 백9의 걸침에는 흑10의 일관성이 필요하다.

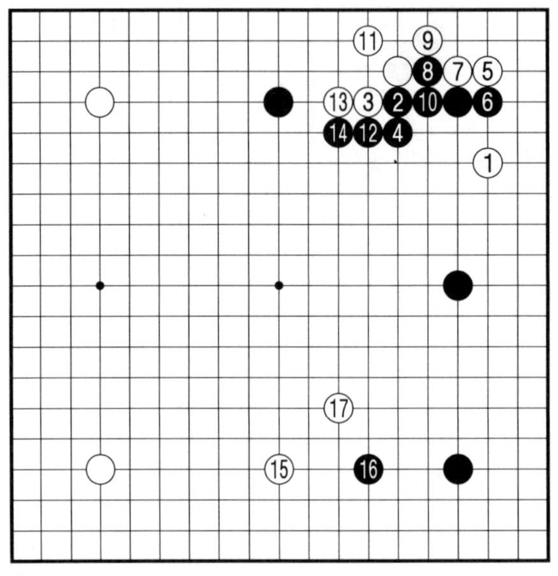

5도

백1의 양걸침에 주의가
필요하다. 흑2로 붙이는
수가 작전상의 착오. 이
하 흑14까지가 예상되는
진행인데, 이 결과는 다
음 백17까지 흑의 대모양
작전은 더 이상의 발전을
기대할 수 없다.

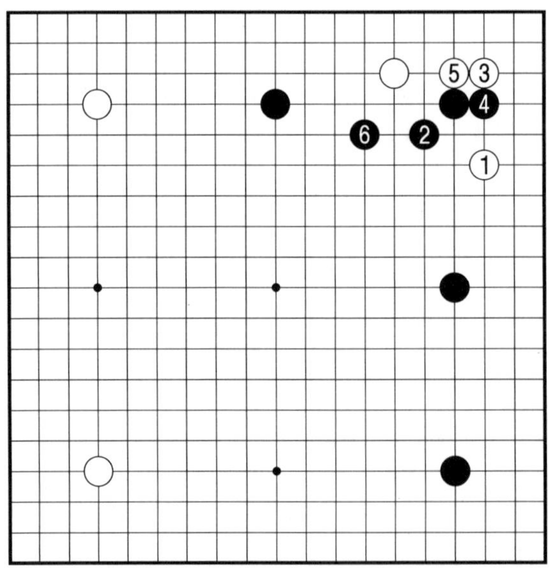

6도

6도(절대의 마늘모)

백1로 양걸침했을 때
흑2로 머리를 내미는 수
가 절대의 한수다. 이어
흑6까지 상변 흑 한점과
연결상태를 유지하여 만
족이다.

202

3연성 포석 7(2연성 대응) ─ 극단적인 세력 포진

백1로 걸쳤을 때 흑2로 마늘모한 것은 극단적인 세력 작전을 표방한 것이다. 흑2는 백에게 실리를 허용하더라도 대모양 작전으로 맞서겠다는 뜻인데, 이후의 변화를 살펴보기로 한다.

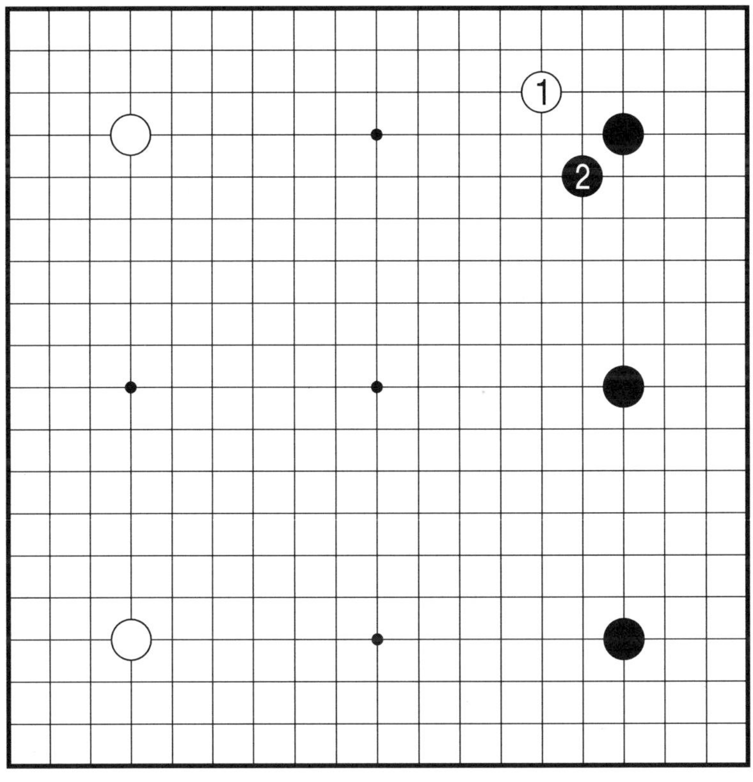

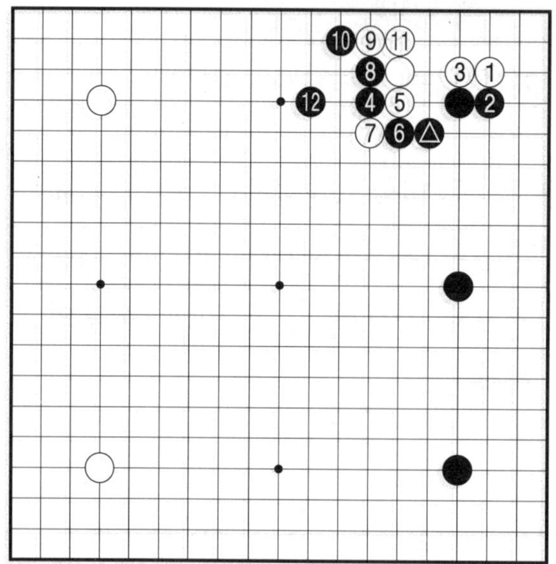

1도

1도(전투형)

흑△로 마늘모하면 백은 1로 3·三 침입하는 것이 상식적인 응수법이다. 계속해서 흑2로 막고 백3 이하 흑12까지의 진행이 이루어진다면 쌍방 난해한 전투형이 된다.

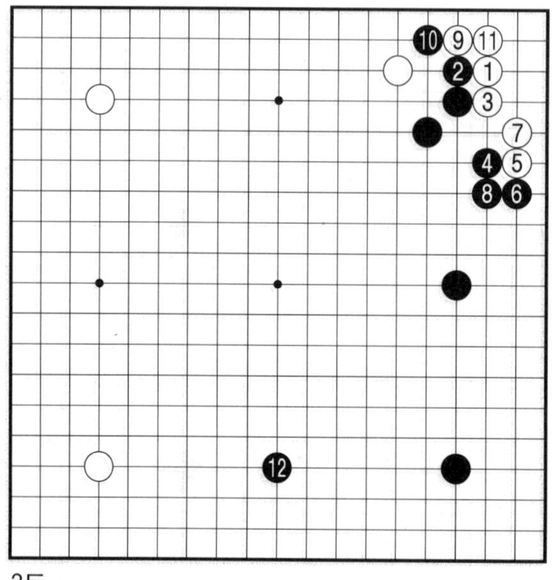

2도

2도(신종 수법)

백1로 3·三 침입했을 때 흑2로 막는 수는 최근에 와서 개발된 수법이다. 계속해서 백3으로 민다면 흑4로 날일자하는 수가 호착으로 백5 이하 흑12까지 대세력작전을 구축할 수 있다.

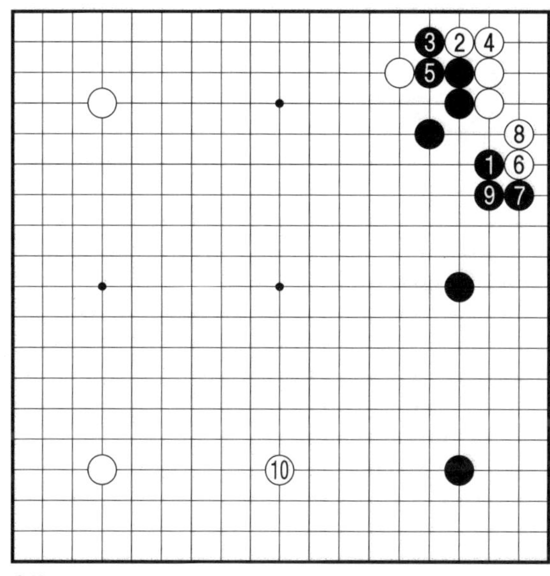

3도

3도(백의 변화)

흑1로 날일자했을 때 백2·4로 먼저 젖혀 이은 것은 전도의 변화를 꺼린 것이다. 이하 흑9까지의 진행이라면 백10으로 전개할 수 있다.

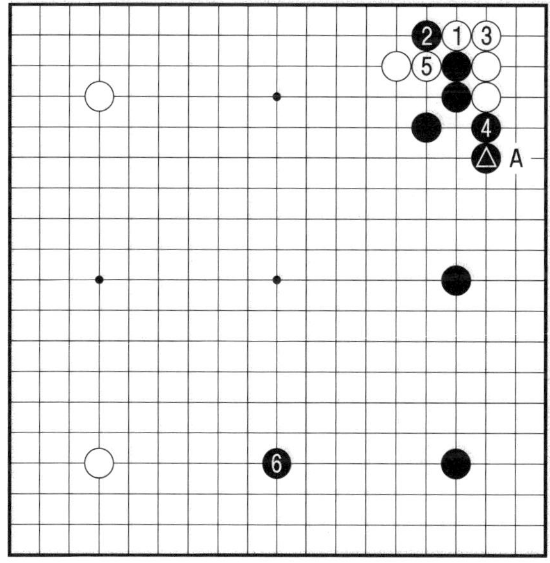

4도

4도(흑의 작전)

흑△ 때 백1·3으로 젖혀 잇는다면 흑은 4로 치받는 것이 수순이다. 계속해서 백5로 끊는다면 흑6으로 전개할 수 있다. 2도와 비교할 때 백은 A에 붙이지 않고 백5로 끊은 형태이다.

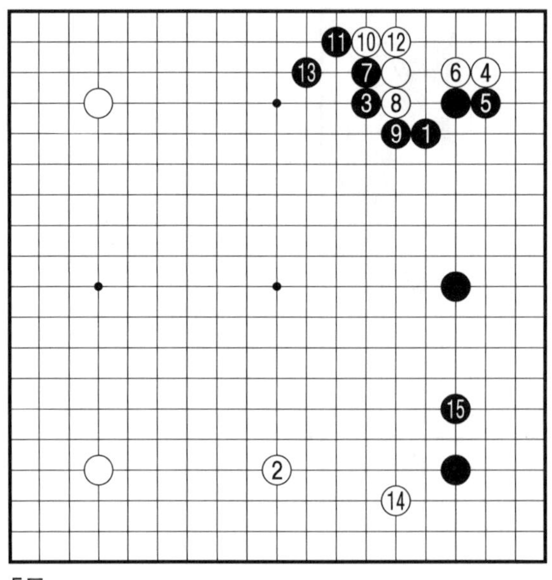

5도

전도와 같은 변화를 피하고 싶다면 흑1 때 백은 2로 전개하는 수가 좋다. 계속해서 흑3으로 씌운다면 백4로 3·三에 침입한 후 이하 흑15까지 처리해서 충분하다.

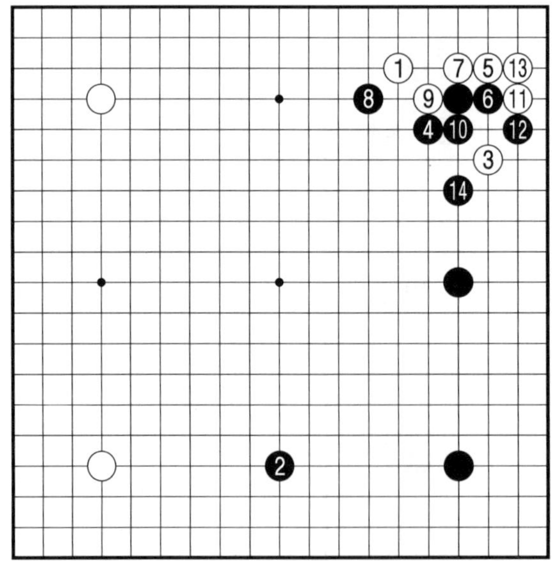

6도

6도(흑, 4연성)

백1 때 흑은 역으로 2로 전개해서 4연성 작전을 펼칠 수도 있다. 백3으로 양걸침한다면 흑4로 마늘모한 후 이하 흑14까지 처리하는 것이 요령이다.

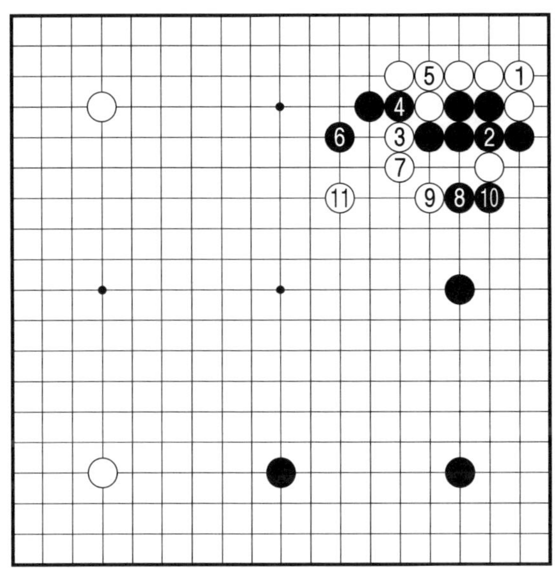

7도

7도(흑, 불만)

전도의 수순 중 백1 때 흑2로 잇는 것은 우형이라 좋지 않다. 백은 3으로 젖힌 후 이하 11까지 처리해서 유리하다.

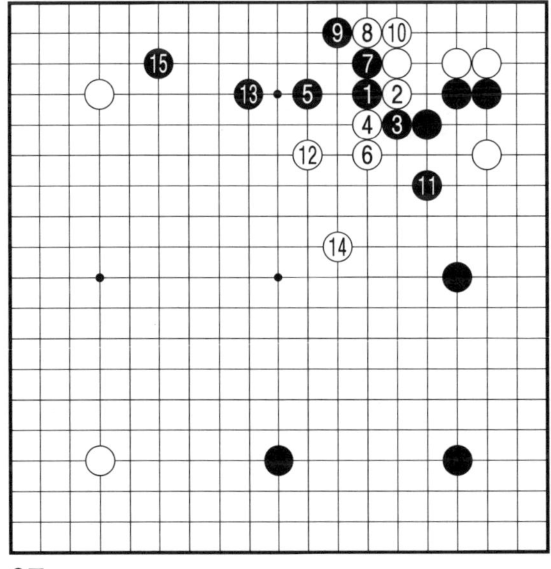

8도

8도(중앙전)

흑1로 씌웠을 때 백은 곧장 2·4로 끊는 작전도 가능하다. 계속해서 흑5로 한칸 뛰고 이하 흑15까지의 진행이 예상되는데 이후 중앙전이 관건이 된다.

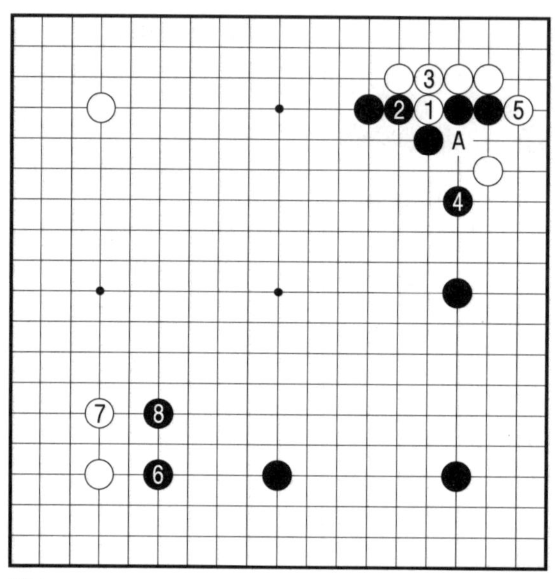

9도

9도(흑, 발빠른 작전)
흑이 날일자로 씌우고 백이 1로 호구쳤을 때 흑은 2로 단수친 후 4로 씌우는 작전도 가능하다. 백5에는 A의 약점에 아랑곳하지 않고 6·8로 처리해서 발빠른 포석을 구축할 수 있다.

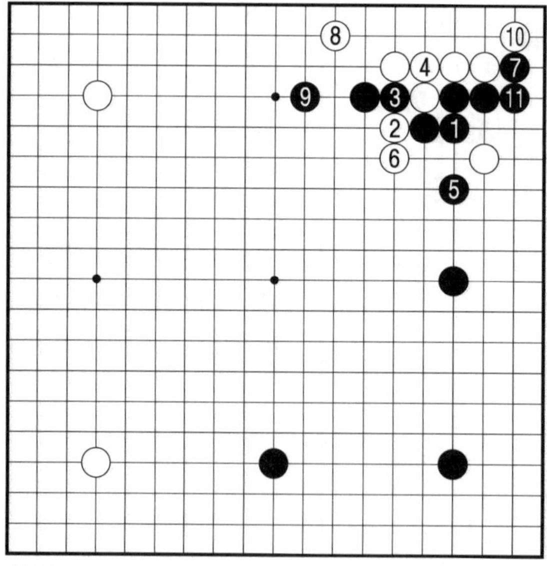

10도

10도(백의 변화)
흑이 1로 이엇을 때 백이 중앙을 먼저 2로 젖힌다면 흑3으로 단수친 다음 이하 11까지 처리하는 것이 요령이다. 이후는 중앙전이 관건이다.

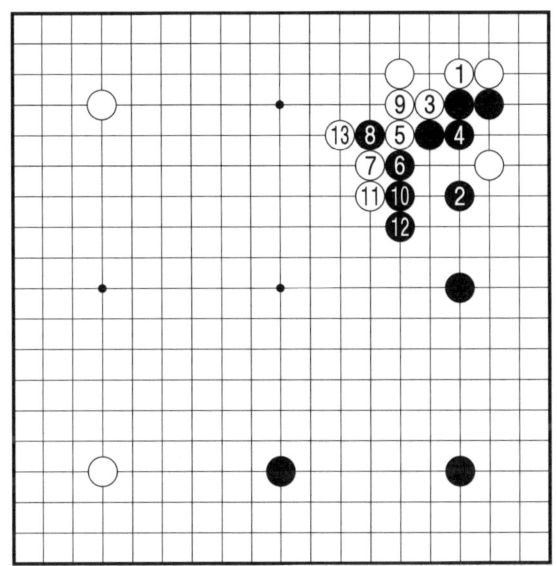

11도

11도(잘못된 씌움)

백1 때 흑2로 씌우는 것은 방향착오이다. 백은 3으로 호구친 후 이하 13까지 상변에 이상적인 형태를 갖추어 대만족이다.

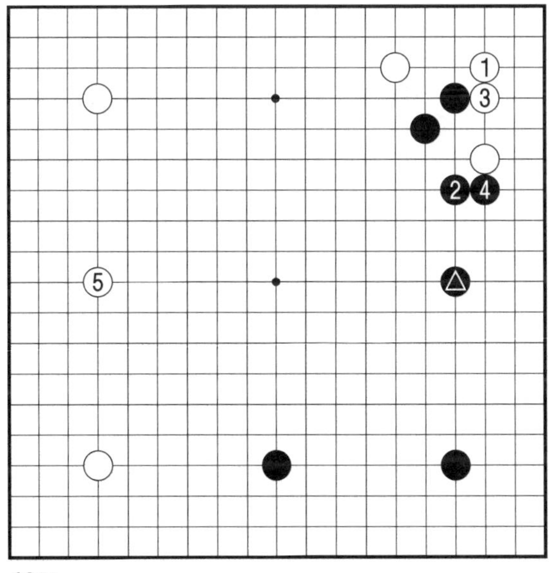

12도

12도(흑, 불만)

백1로 3·三 침입했을 때 곧바로 흑2로 씌우는 것은 좋지 않다. 백3으로 연결하면 흑4로 막는 정도인데 흑△와의 간격이 좁아 흑의 포석 실패이다.

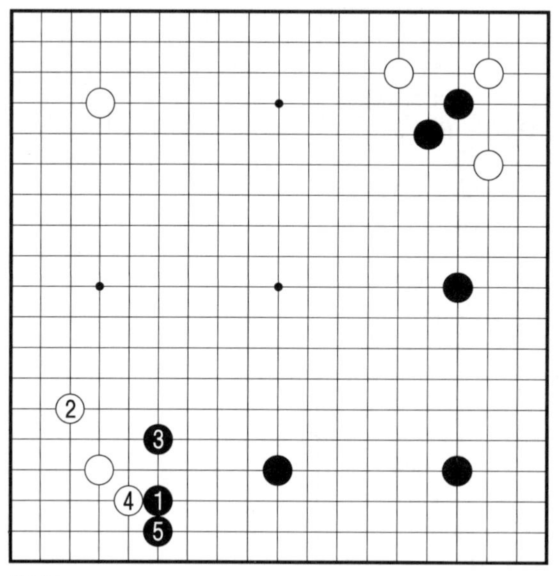

13도

13도(흑, 우상 보류)

흑은 우상을 보류하고 좌하쪽에서 우변에 이르는 포진을 할 수도 있다. 우상의 결정은 진행의 과정에서 선택한다.

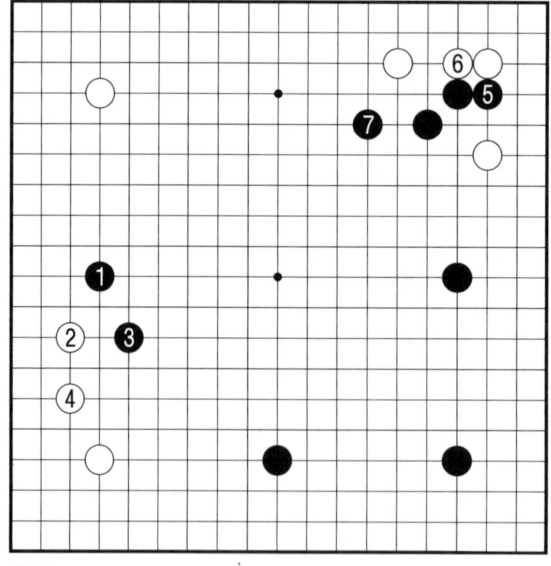

14도

14도(수순의 다양)

흑은 백의 좌변을 선점하여 백이 2로 다가선다면 3을 선수하고 백4로 응수할 때 흑5·7로 우상을 다시 확정할 수도 있다.

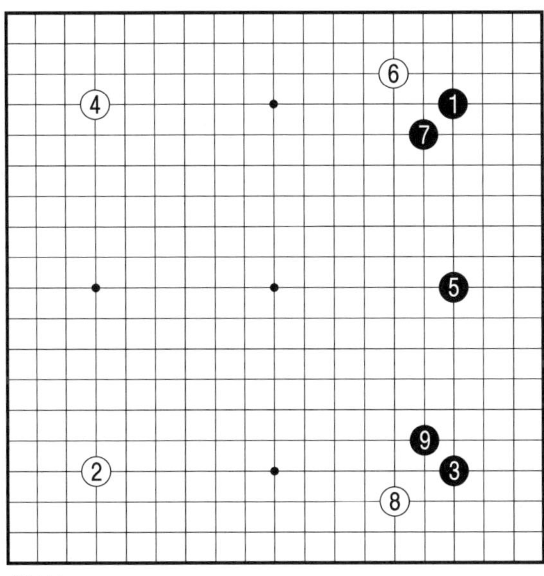

〈1보〉

1보(1~9)

21기 일본 명인전 도전4국에서 백의 조치훈에게 다케미야 마사키가 구사한 3연성 포석이다. 흑7의 마늘모는 최근에 다케미야가 애용하는 수로 일찌감치 백의 3·三 침입을 강요하는 작전이다.

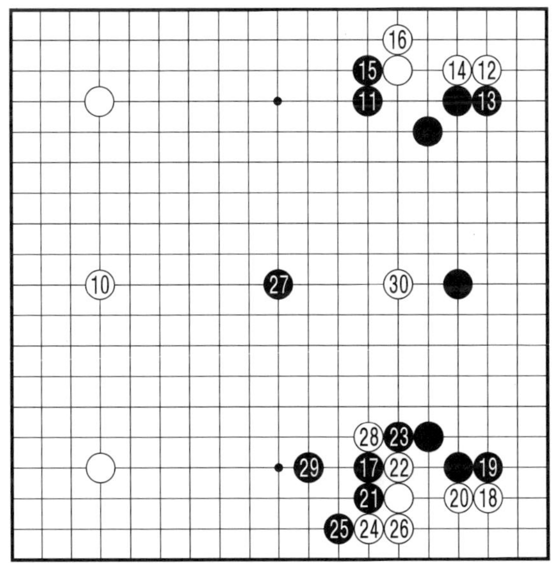

〈2보〉

2보(10~30)

백은 흑의 주문을 거슬러 6·8만을 교환한 채 10으로 3연성을 두고 있다. 이 진행은 서로간 기세의 대립이다. 흑27의 울타리 속으로 깊이 침입한 백30을 어떻게 공격하는가가 흑의 관건이다.

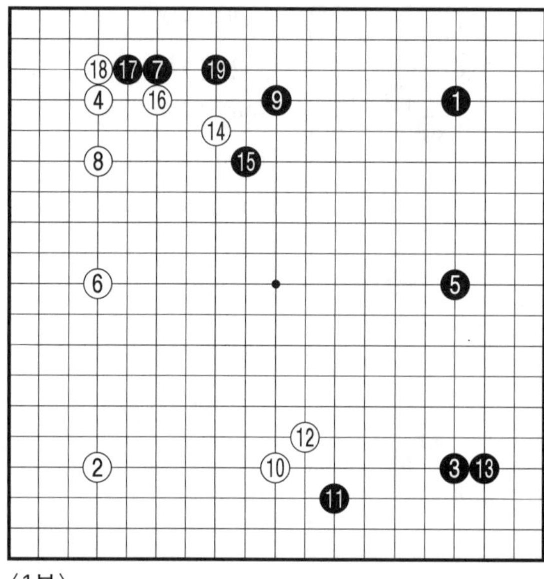

〈1보〉

1보(1~19)

이 바둑은 50기 일본 본인방전 도전기에서 백의 가토 마사오(加藤正夫)에게 흑의 조치훈이 구사한 3연성 포석이다. 백12의 취향이 독특하며 흑15에 대한 백16과 18의 수법도 개성적이다.

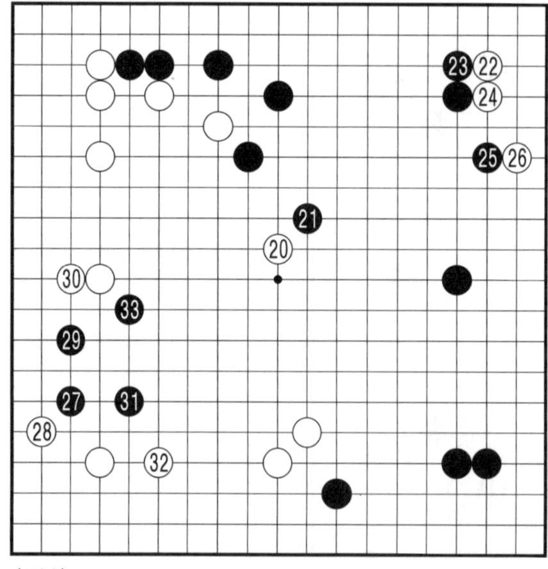

〈2보〉

2보(20~33)

백22의 침입은 절대이며 이하 26까지 진행되었을 때 흑이 손빼는 것이 상형이다. 흑27로 침입하여 33까지 흑의 흐름이 좋다.

3연성 포석 8(양3·三 대응) ─ 극단적인 세력대 실리

흑의 3연성에 대응하는 백의 포진 중 3·三 포진에 대해 알아본다. 3·三 포진은 극단적인 실리를 추구하기 때문에 이렇게 되면 세력과 실리의 갈림은 피할 수 없는 포석 진행이 예상된다.

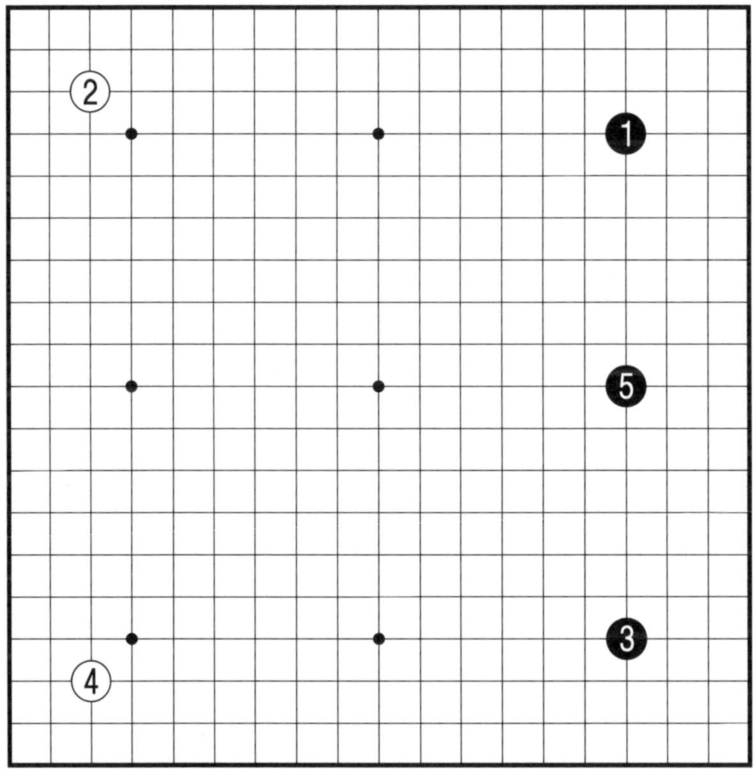

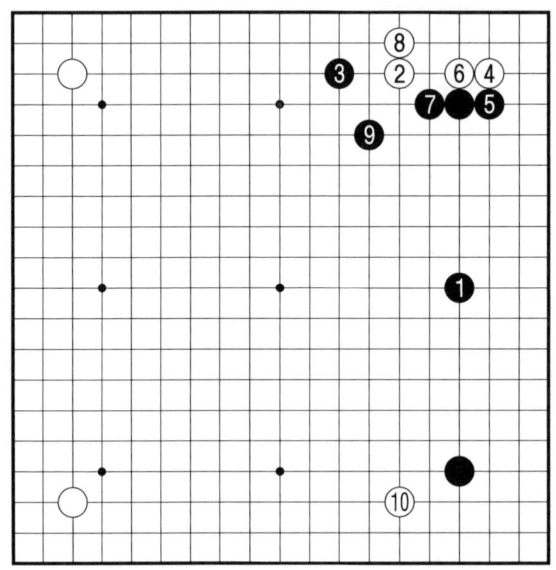

1도

1도(실리대 세력)

백의 양3·三에 맞서 흑은 1로 3연성을 펼치는 것이 보편적이다. 계속해서 백2로 걸치고 흑3으로 협공하면 이하 흑9까지가 예상되는 진행이다. 이 결과는 실리와 세력으로 극명하게 갈리게 되는 흐름이다.

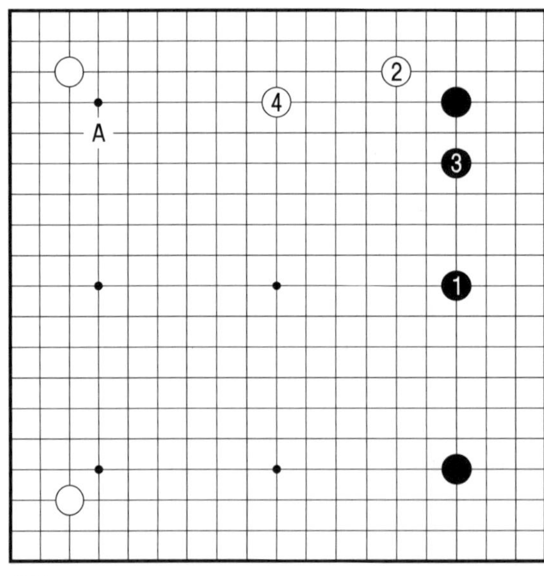

2도

2도(백, 상변 전개)

백2로 걸칠 때 흑3의 한칸으로 받으면 백4에 전개해서 상변을 키우게 된다. 이후 백이 A에 굳히면 백 모양은 이상적인 형태가 된다.

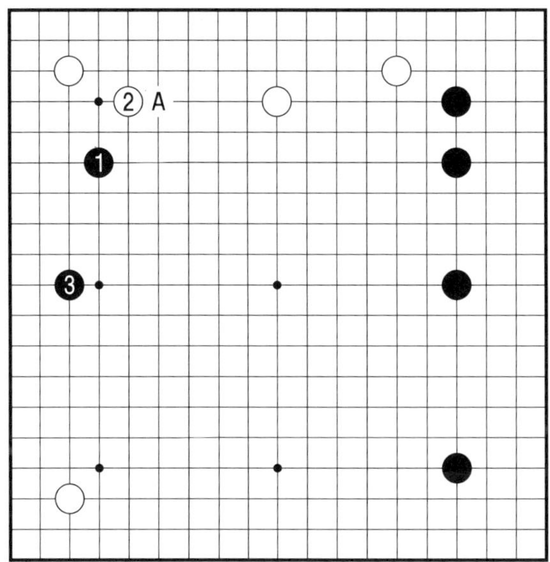

3도

3도(걸침의 방향)

흑은 1로 걸치는 것이 시급하다. 계속해서 백은 2 또는 A에 받는 정도인데 흑3으로 전개해서 안정을 취할 수 있다.

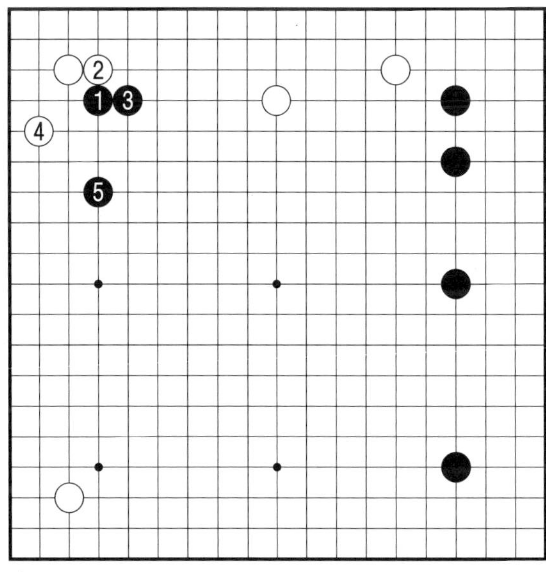

4도

4도(흑, 어깨짚음)

흑은 1로 어깨짚어 두는 수도 가능하다. 계속해서 백2·4로 응수한다면 흑3·5로 응수해서 백 모양을 쉽게 삭감할 수 있다.

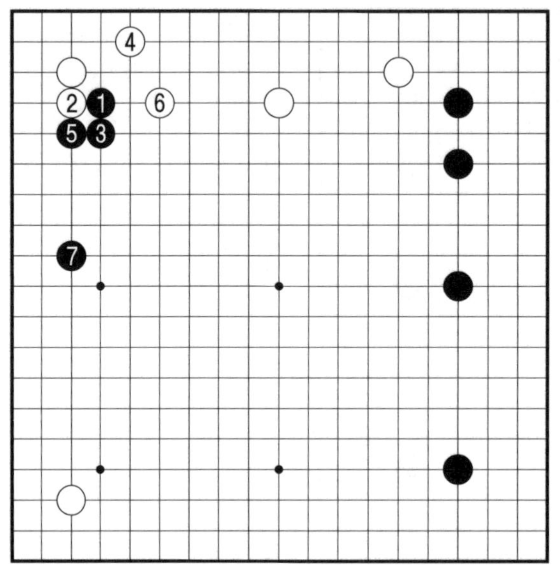

5도

5도(백의 선택)

흑1 때 백은 2로 민 후 4로 날일자할 수도 있다. 흑5 때 백6으로 날일자해서 상변을 키우겠다는 것이 백의 작전으로 이하 흑7까지 일단락이다.

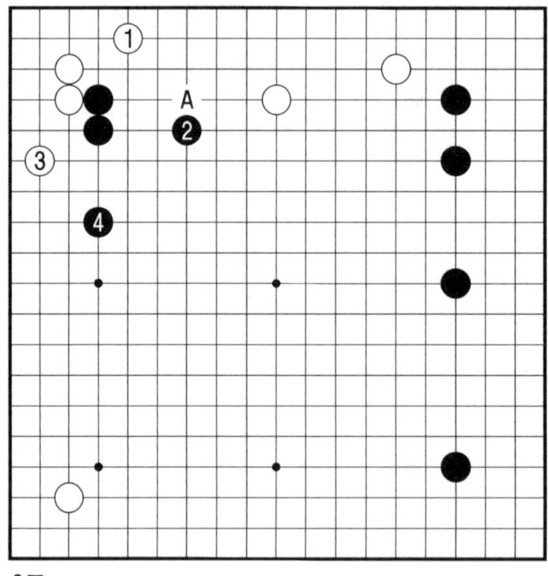

6도

6도(흑의 견제)

백1 때 전도의 진행이 마음에 들지 않으면 흑은 2로 두칸 뛰는 것이 좋은 수이다. 계속해서 백3으로 날일자한다면 흑4로 두어 형태를 갖추는 것이 요령이다. 수순 중 백1 때 흑A가 아닌 흑2의 자리에 유의한다.

216

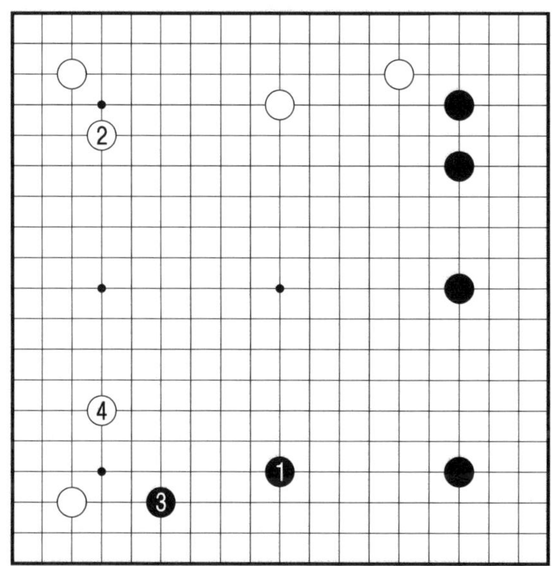

7도

7도(세력형 포진)

흑은 좌상귀에 걸치지 않고 4연성을 펼치는 작전도 가능하다. 계속해서 백은 2로 굳히는 것이 절호점이며 쌍방 모양을 넓히는 포진이 된다.

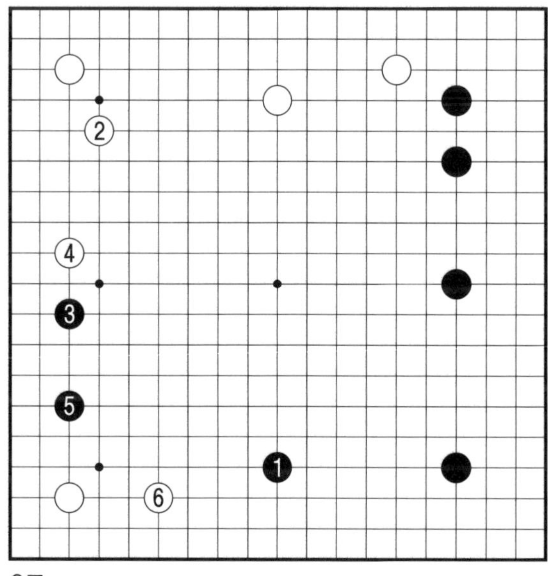

8도

8도(흑, 미흡)

흑1, 백2 때 좌변에 갈라치는 것은 방향착오이다. 백은 4로 다가선 후 흑5 때 백6으로 두칸 벌려 충분한 국면이다.

중국식 포석편

두 수로 귀를 굳히는 포석은 견고하기는 하지만 속도감이 떨어져 진영의 폭을 입체적으로 넓히는데 부적합하다. 중국식 포석은 이런 단점을 보완한 착상으로, 고정관념을 벗어나 귀를 변과 연관시켜 초반의 진영을 능률적으로 확장하는데 그 의도가 있다. 3연성 포석도 이러한 취지는 같으나 현대에는 3연성 포석이 단조롭다고 느껴지는 탓인지 속도감 있고 변화무쌍한 중국식 포석이 2연성과 더불어 유행하고 있다. 이 포석은 이미 20년 전에 가토 마사오(加藤正夫)에 의해 폭발적으로 유행했던 적이 있으며, 그 사고의 자유로움이 현대감각에 부합하는 탓인지 또 다시 현대의 젊은 기사들에 의해 계속 연구되어 여러 개의 발전된 변형을 만들어내고 있다.

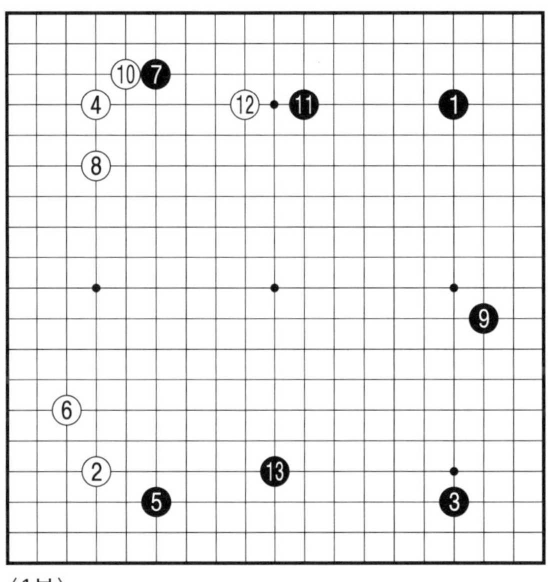

〈1보〉

1보(1~13)

흑은 지금까지의 중국식과 달리 흑5와 7을 두어 백이 변으로 넓게 전개하려는 것을 견제한 후 9로 중국식을 펼쳤다. 그리고 백10에 대해서도 11에 착수하여 백의 상변 전개를 12까지로 제한시키고 흑13에 두어 목적을 달성하고 있다. 이제 백은 흑진을 삭감하지 않으면 안된다.

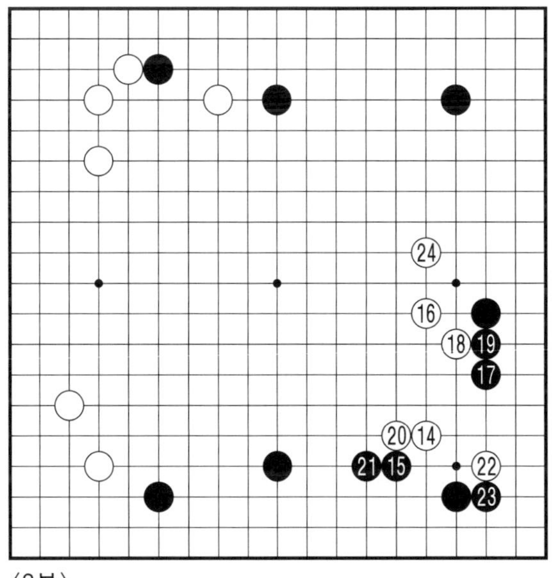

〈2보〉

2보(14~24)

백14는 삭감의 요처이다. 이 곳을 게을리하여 방치하면 다음 페이지의 **참고도** 처럼 흑에게 2를 허용하게 되어 흑진이 방대하게 완성되고 만다.

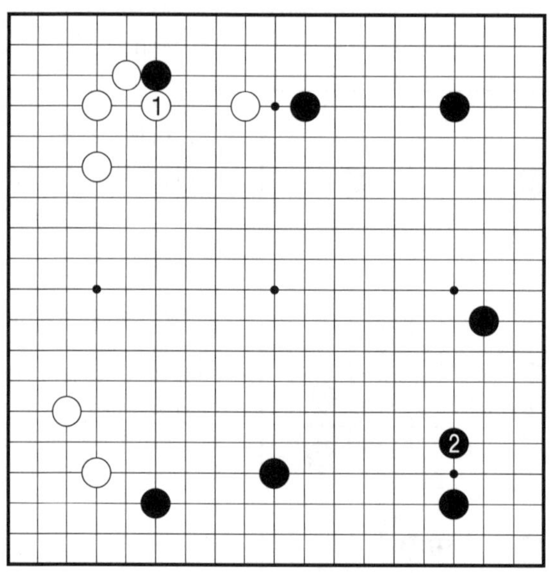

〈참고도〉

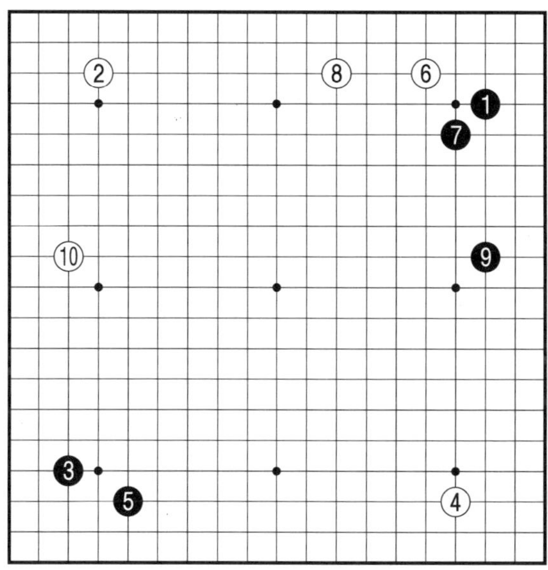

〈1보〉

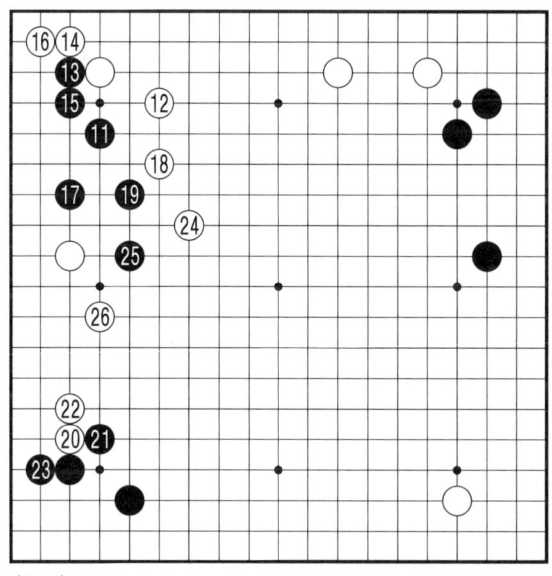

〈2보〉

1보(1~10)

귀를 굳히지 않고 변의 근거리에 착수하려는 발상은 이미 300년전 돌의 효율에 관해 기존 바둑의 틀을 바꾸었던 일본의 기성 도사쿠의 바둑에도 나타나 있다. 백10이 그것이다. 〈백 도사쿠(道策) 대 흑 2세 인세키(因碩)〉

2보(11~26)

백18과 24로 뛰어 상변을 키우고 26으로 좌변 백을 안정시키는 수순이 자연스럽다.

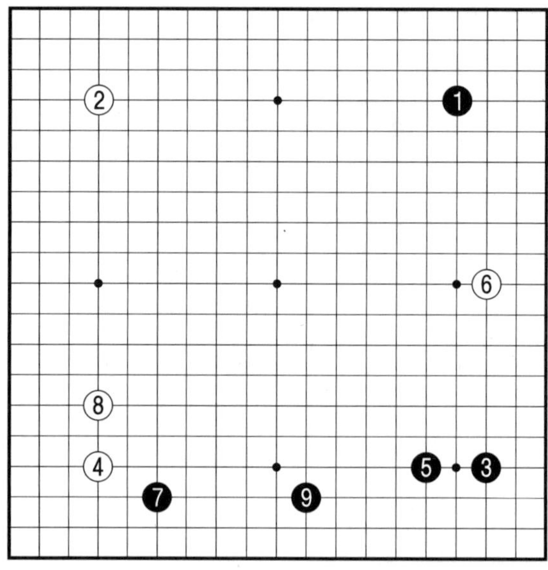

〈1보〉

1보(1~9)

변의 전개와 관련된 사고의 발상은 1948년 우칭위엔(吳淸源)의 바둑에서도 볼 수 있다. 흑9의 전개가 그것이다. 〈백 사카다 에이오 대 흑 우치위엔〉

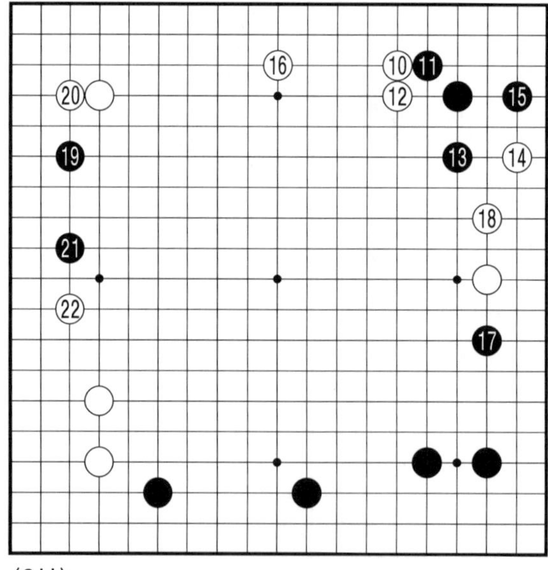

〈2보〉

2보(10~22)

흑17로 다가서는 형태의 포진은 현대와 수순은 다르지만 1보 흑9의 위치와 더불어 선각자의 흐름을 읽을 수 있을 것이다.

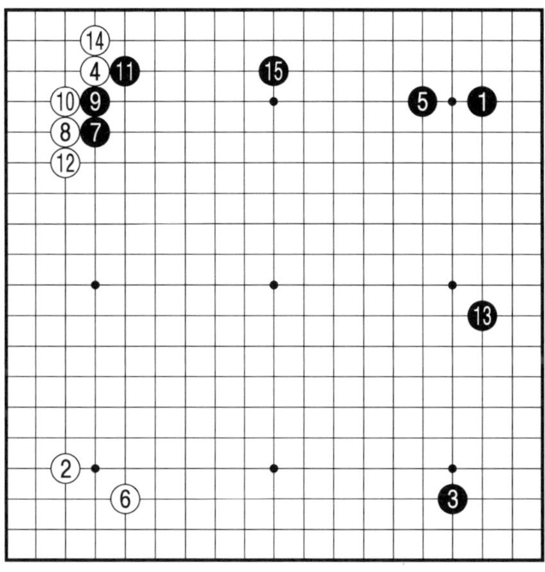

〈1보〉

1보(1~15)

이 바둑은 중국식 포진이 태동하기 직전 1958년의 우칭위엔과 후지사와 호사이(藤澤朋齊)의 대국이다. 흑13으로 귀를 굳히지 않고 변에 전개한 것이 중국식 포석의 사고와 동일하다는 것을 음미하기 바란다.

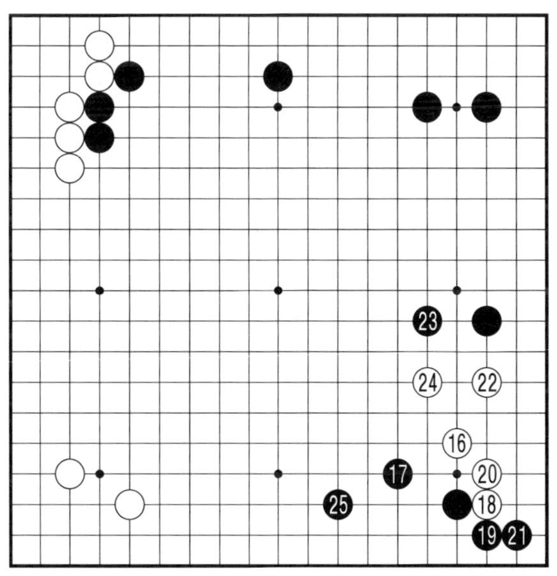

〈2보〉

2보(16~25)

백16을 유도하여 흑이 23쪽의 변을 확장하는 것은 중국식 포석의 발상과 똑같은 것이다.

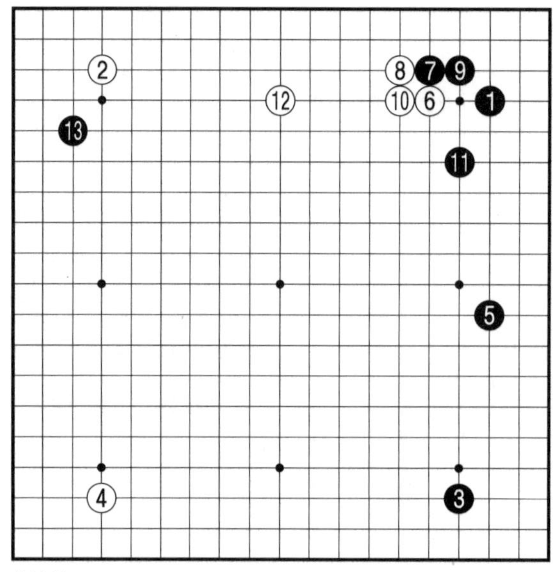

〈1보〉

1보(1~13)

우칭위엔과 함께 신포석을 연구했던 기타니 미노루(木谷實)도 뒤이어 1959년 이와 비슷한 포진을 하고 있다. 흑5가 그것이다. 그리고 5와 균형을 맞추어 흑11의 선택이 자연스럽다.

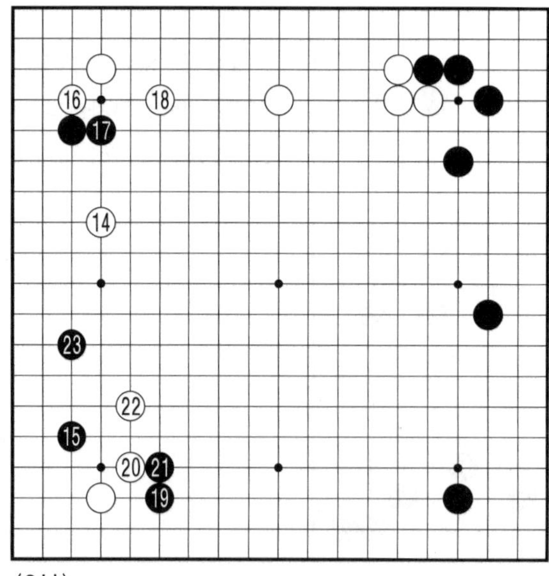

〈2보〉

2보(14~23)

흑이 좌상귀를 손빼고 좌하귀부터 전단을 끌어 주도권을 잡으려는 흐름이 중국식 포석 감각과 다를 바 없다.

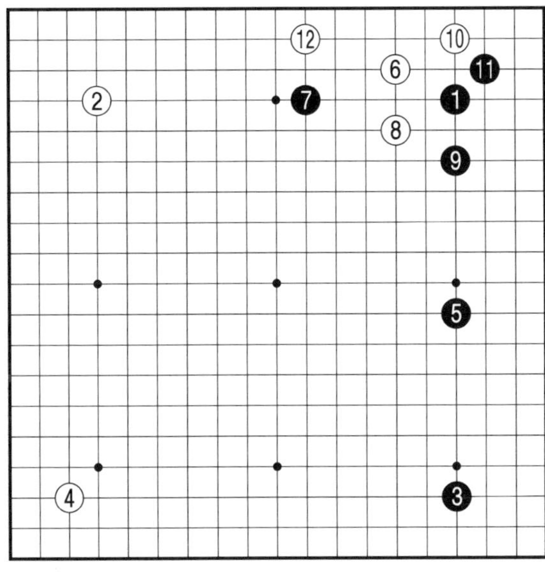

〈실전보1〉

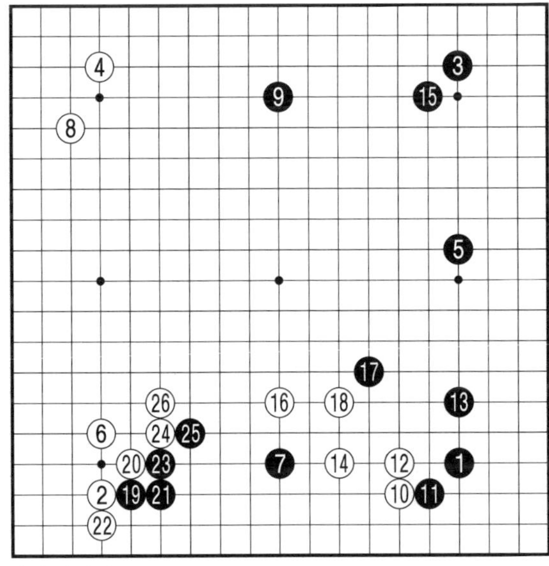

〈실전보2〉

실전보1(1~12)

중국식 포석이 중국의 천쥬더(陳祖德)에 의해 일본기사들을 상대로 두어지기 약 4년전인 1961년에는 일본의 아마추어 본인방전에서 아마추어에 의해 높은 중국식이 이미 두어졌다. 〈백 니시무라(西村修) 대 흑 히라다(原田實)〉

실전보2(1~26)

이 바둑도 아마추어의 대국이다. 1965년 낮은 중국식 포석이 천쥬더에 의해 두어질 무렵인데, 여기서 주목할 것은 흑15의 지킴이다. 현대 감각인 것이다. 〈백 요시다(吉田英記) 대 흑 기쿠치(菊池康郎)〉

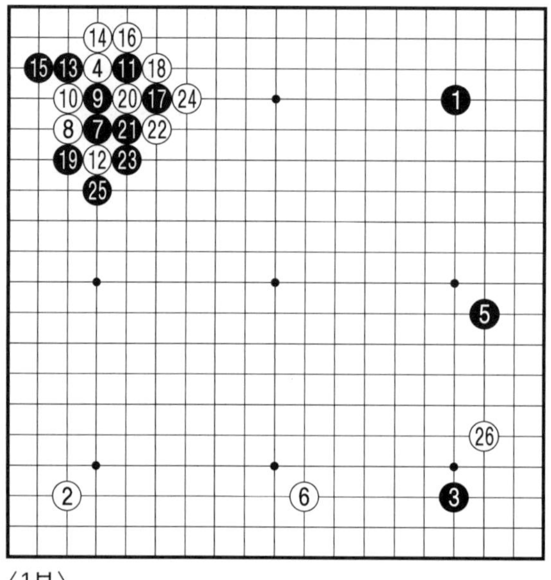

〈1보〉

1보(1~26)

1965년 당시 중국의 대표기사였던 천쥬더 9단이 중국식 포석에 조예가 있던 일본의 가지와라(梶原武雄) 9단을 상대로 시도한 낮은 중국식 포석이다.

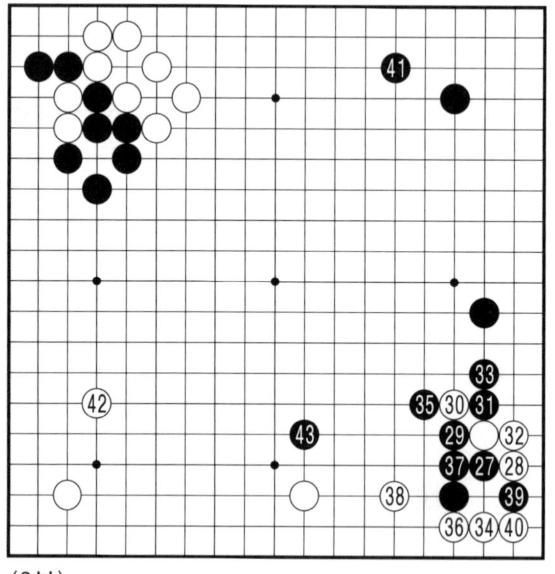

〈2보〉

2보(27~43)

아직 무르익지 않았는지 큰 모양이 만들어지지는 않고 있다.

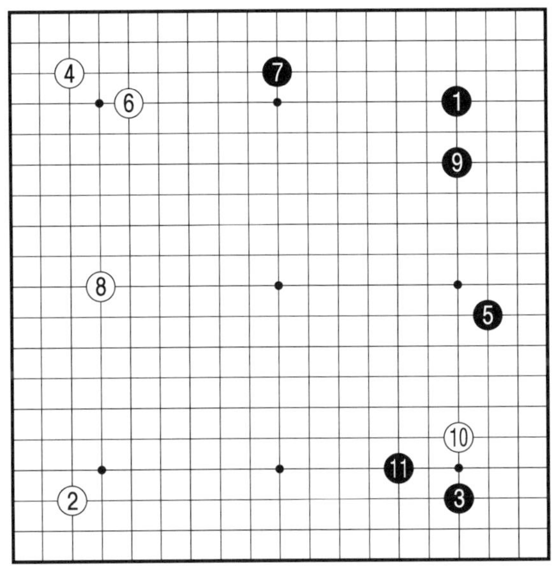

〈1보〉

1보(1~11)

중국식 포석은 1970년대에 들어와서야 비로소 세련된 틀을 갖추기 시작한다. 이 바둑은 그 시초로 볼 수 있다. 우선 흑9로 지키는 흐름이 나타나고 있다. 〈백 이시다 요시오(石田芳夫) 대 흑 린하이펑(林海峰)〉

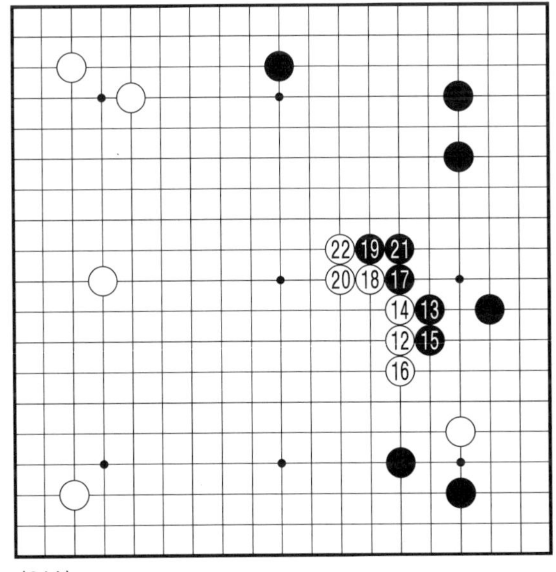

〈2보〉

2보(12~22)

백도 이 포진에 대항하려는 연구가 있었음을 반증한다. 백12와 같은 가벼운 행마가 그것이다. 백은 흑이 발전하려는 모양을 계속 제한하고 있다.

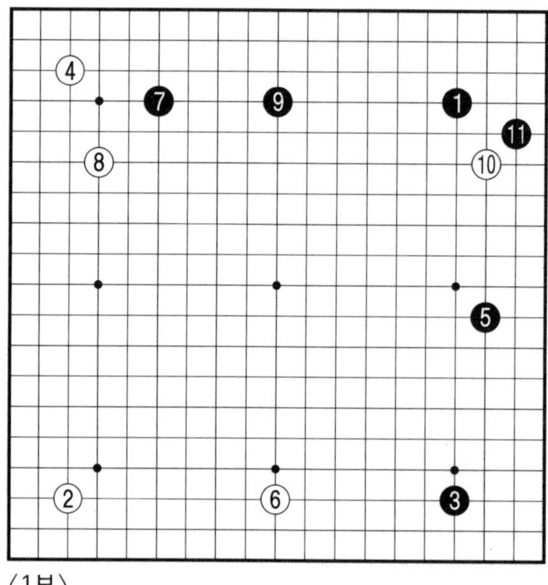

〈1보〉

1보(1~11)

1975년부터 중국식 포석은 폭발적인 유행을 하기 시작한다. 이 바둑은 1975년 다카가와 가쿠(高川格)를 상대로 조치훈이 흑으로 둔 바둑이다. 백10에 대해 흑11의 처진 날일자로 공격하는 진행이 돋보인다.

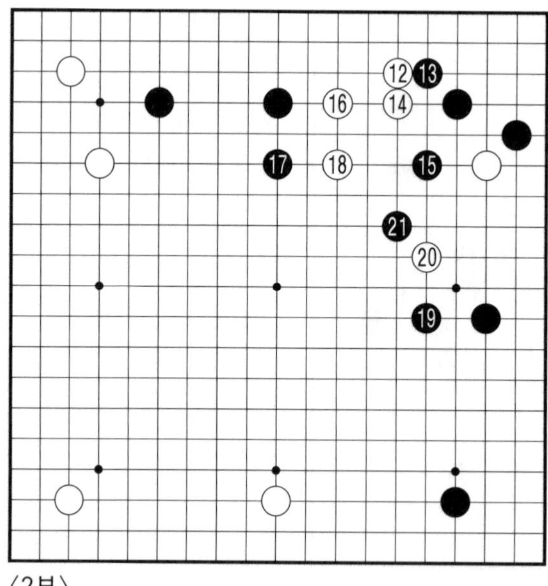

〈2보〉

2보(12~21)

백12의 교란에는 흑 13·15로 공격하여 빠르게 주도권을 잡는 이러한 진행이 중국식 포석의 본류이다.

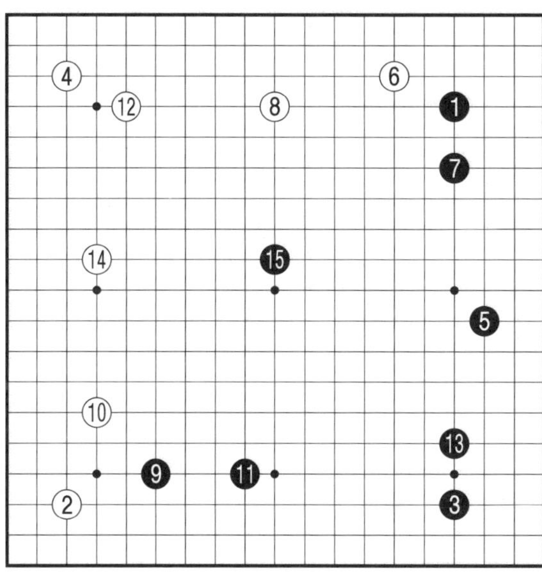

〈1보〉

1보(1~15)

1976년에는 중국식 포석의 연구가 개화된 상태라고 할 수 있다. 이 바둑은 백의 이시다 요시오와 흑의 오다케 히데오(大竹英雄)의 그 당시 대국이다. 흑11의 굳힘에도 동요하지 않고 백12로 지킨 다음 흑13을 기다려 또 백14로 지키고 흑15로 울타리를 칠 때……

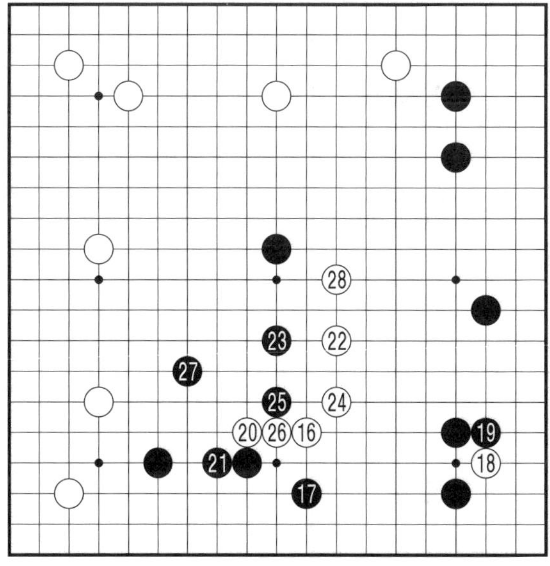

〈2보〉

2보(16~28)

백16으로 삭감을 시작하고 있다. 이 중앙전의 흐름으로 주도권의 향방이 결정된다.

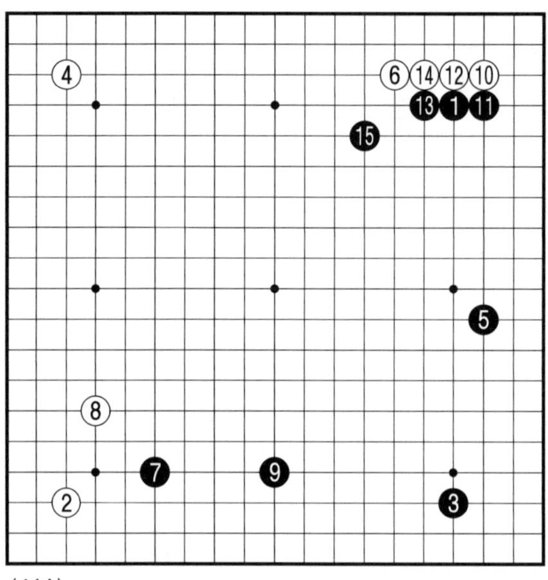

〈1보〉

1보(1~15)

1977년에는 중국식 포석의 전성기를 맞는다. 이 포석의 결론은 흑의 공격과 백의 삭감 중 어느쪽이 잘 진행되었느냐에 따라 주도권의 향방이 결정된다는 것이다. 이 흐름은 다시 유행을 맞고 있는 현재에도 같은 양상이다. 〈백 조치훈 대 흑 고바야시 고이치(小林 光一)〉

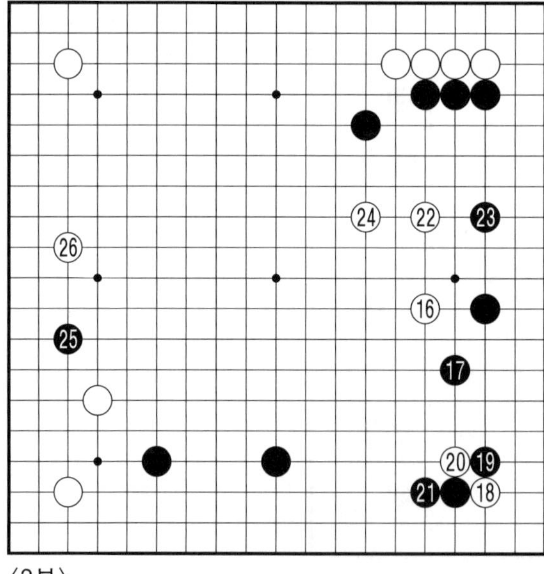

〈2보〉

2보(16~26)

백16의 삭감이 포인트이다. 백18·20으로 뒷맛을 남기고 22·24로 전환하는 것이 백의 흐름이다.

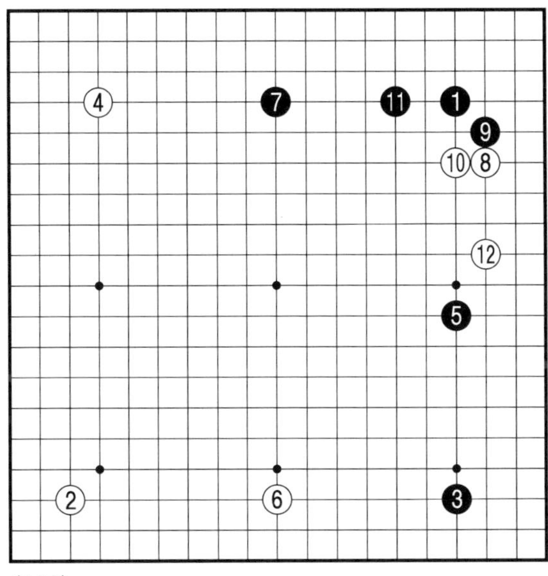

〈1보〉

1보(1~12)

　낮은 중국식 포석은 침입에 강한 대신 삭감에 조심해야 하는 단점이 있다. 그래서 침입을 유도하여 강하게 공격하려는 착상이 높은 중국식 포석이다. 이 바둑은 1976년 중국식 포석으로 맹위를 떨치던 가토 마사오(흑)와 린하이펑의 대국이다. 백8의 침입을 유도하여……

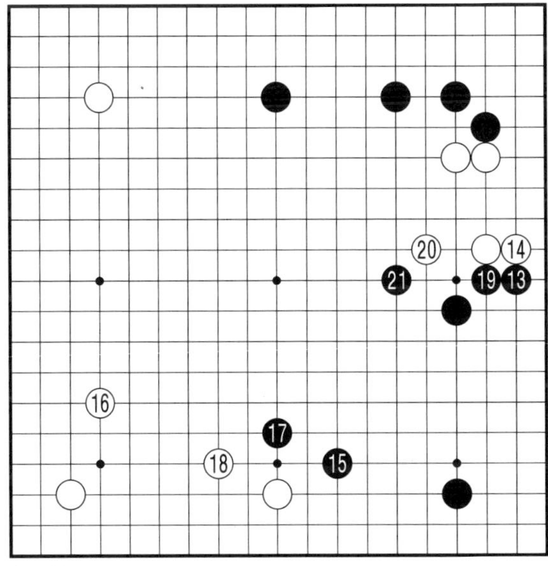

〈2보〉

2보(13~21)

　흑13으로 근거를 위협하고 15·17로 선수한 다음 19·21로 우하를 확장하게 되면, 백은 이 곳을 또 침입할 수 밖에 없게 되므로 흑은 우상의 백과 연관하여 공격으로 주도권을 잡게 된다.

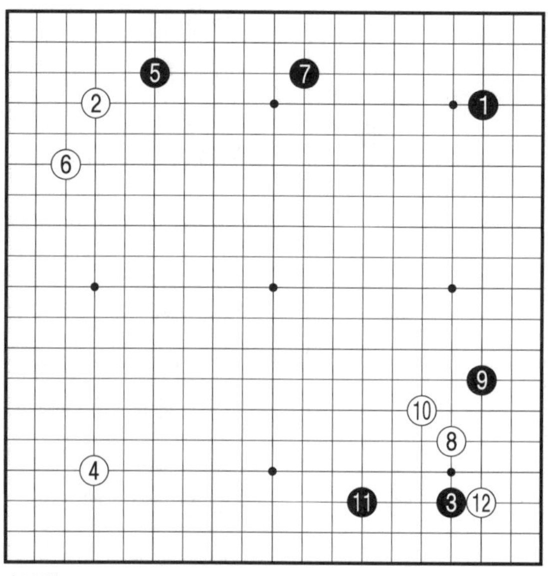

〈1보〉

1보(1~12)

이 바둑은 미니 중국식
이라 불리는 포석이다.
요즘 유행하는 포석이지
만 1977년에도 이미 유
행의 물결을 탔던 포석이
다. 흑의 오다케(大竹英
雄)가 백의 린하이펑을
상대로 둔 대국이다. 백8
의 걸침에 흑9로 협공하
여 우상을 거점으로 커다
랗게 포진하려는 것이다.

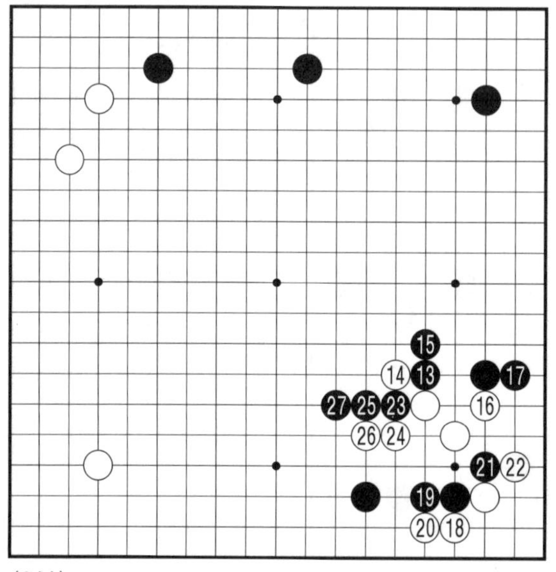

〈2보〉

2보(13~27)

백12에 대해 흑13·15
로 응수하여 백에게 귀를
허락하는 대신 흑23으로
끊어 우중앙에 두터운 세
력권을 형성하고 있다.

중국식 포석 1(2연성 대응) — 낮은 중국식(1)

흑이 화점과 소목으로 포진한 후 백2·4 때 흑5로 전개해서 낮은 중국식 포석을 펼친 모습이다. 흑이 중국식 포석을 펼치면 백으로선 걸치는 방법이 두 가지인데, 먼저 백6으로 화점에 걸친 이후 변화를 알아본다.

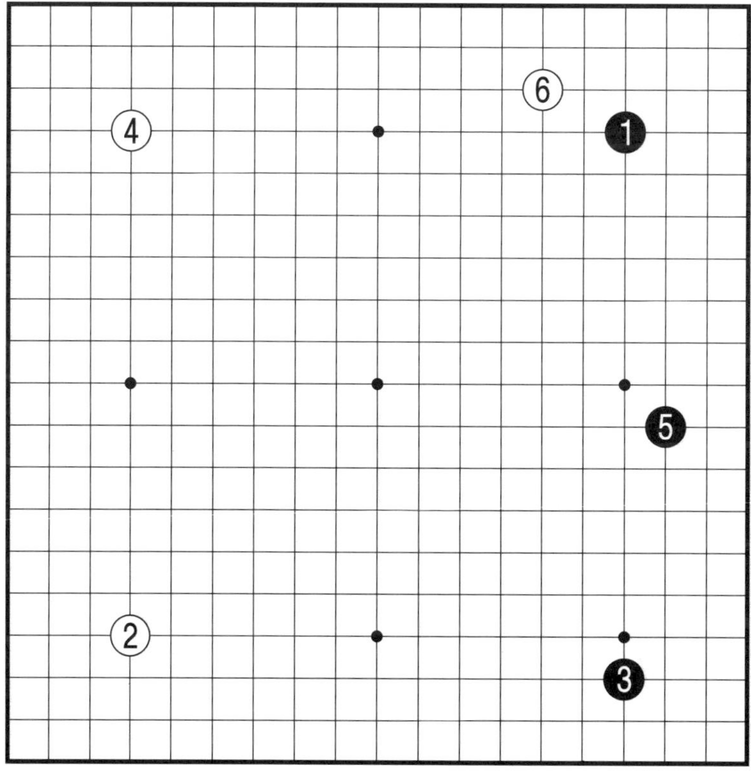

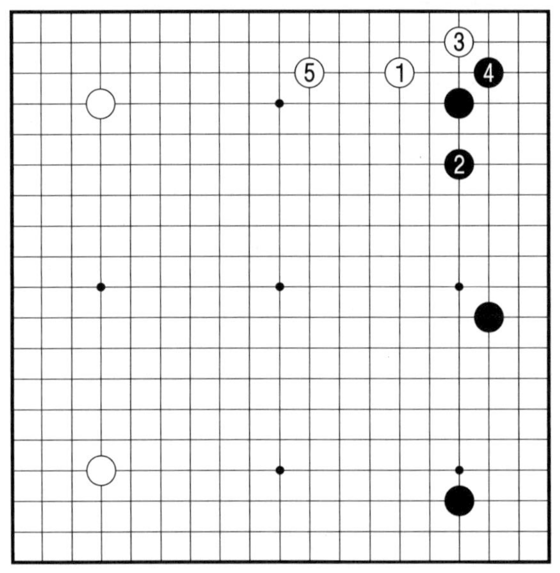

1도(상용 포석)

백1로 걸쳤을 때 흑2로 받으면 가장 평범하다. 계속해서 백3으로 날일자하고 흑4, 백5까지 가장 상식적인 진행이다.

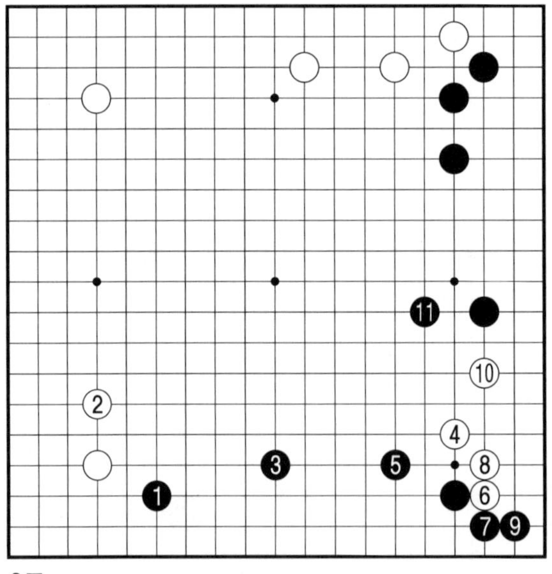

2도(흑, 활발)

전도 이후 흑은 1로 걸치는 것이 일반적이다. 백2로 받는다면 흑3으로 전개해서 세력의 폭을 넓힐 수 있다. 계속해서 백4로 걸친다면 흑5로 날일자한 후 이하 11까지 처리해서 충분하다.

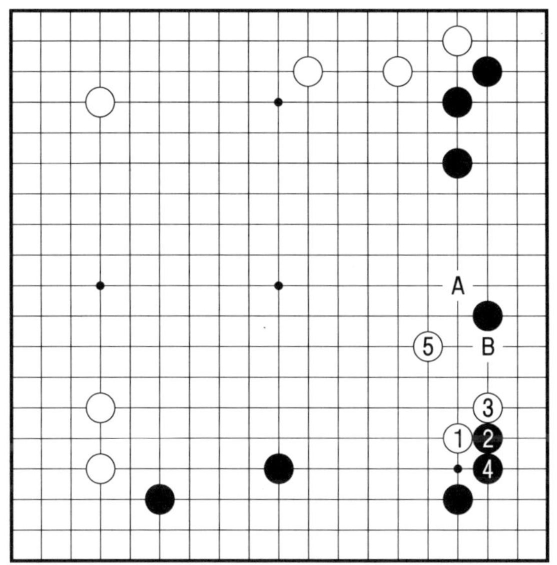

3도

3도(밭전자 행마)

백1로 걸쳤을 때 흑2로 붙이는 것은 의문수이다. 백은 3으로 젖힌 후 5로 밭전자 행마하는 것이 경쾌한 수로 이후 A와 B를 맞보기로 하고 있다.

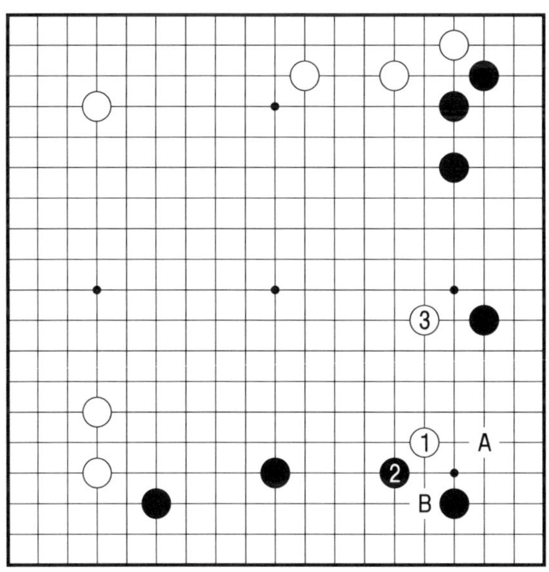

4도

4도(독특한 걸침)

백은 1로 날일자해서 걸치는 수도 가능하다. 계속해서 흑2로 받는다면 백3으로 모자씌워 형태를 정비하는 것이 요령이다. 흑2로 A에 받는다면 백B로 붙여 수습하는 것이 요령이다.

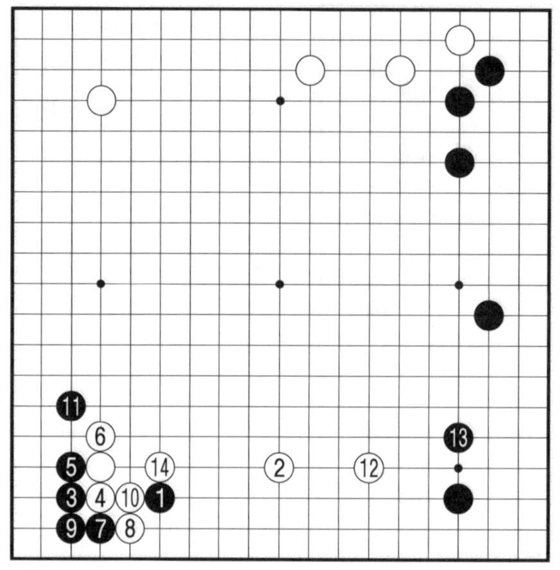

5도

5도(백, 세력 견제)

흑1로 걸쳤을 때 흑의 세력작전을 견제하고 싶다면 백2로 협공하는 것이 좋다. 계속해서 흑3으로 3·三에 침입하고 이하 백14까지가 예상되는 진행인데 피차 불만없는 갈림이다.

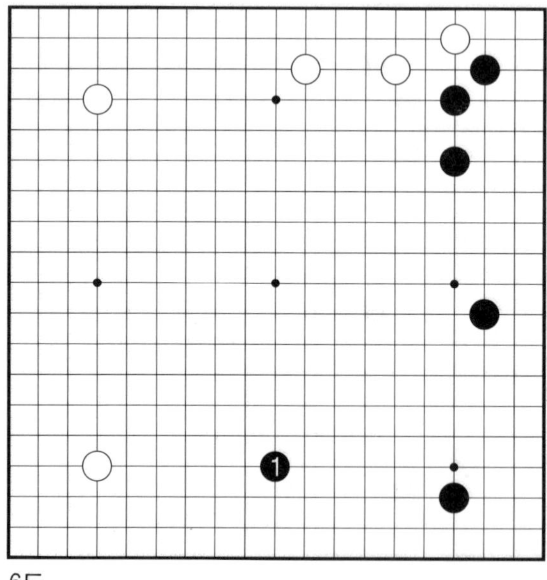

6도

6도(흑, 세력작전)

흑으로선 전도처럼 백에게 견제받는 것이 싫다면 단순히 흑1로 전개하는 것이 좋은 수이다. 이렇게 전개해 두면 입체적인 세력작전을 펼칠 수 있다.

중국식 포석 2(2연성 대용) — 낮은 중국식(2)

백6으로 걸쳤을 때 흑7의 한칸 협공에 대해 알아보기로 한다. 이 수는 예전에는 쓰이던 수법이었지만, 흑의 자세가 좋지 않다 하여 현대에는 사라진 포석이다. 나름대로의 의도는 백으로부터 3·三 침입을 유도하여 흑 진영을 확대하려는 것이다.

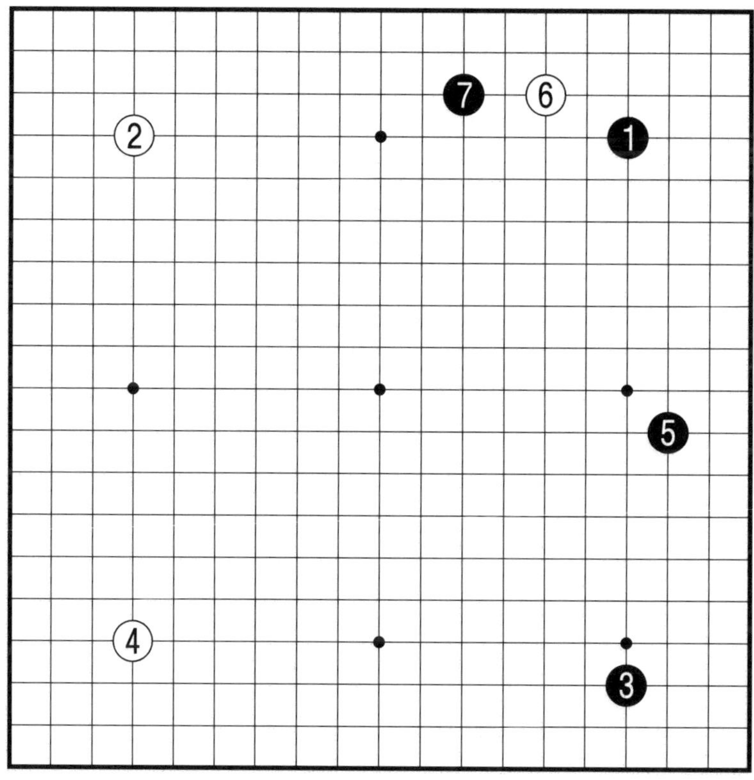

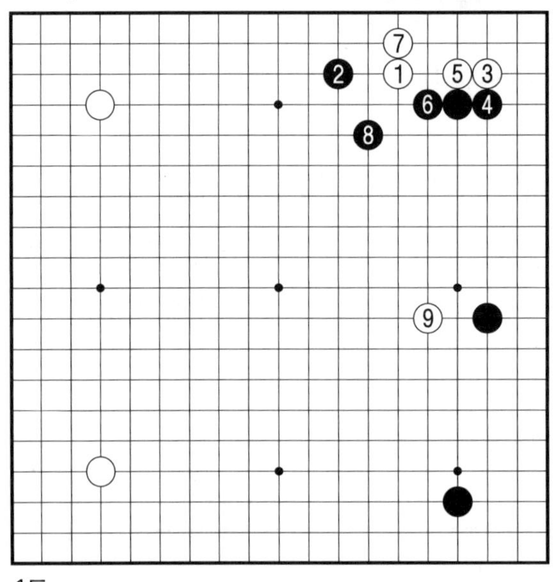

1도

1도(절호의 삭감)

백1로 걸쳤을 때 흑2로 협공하는 것은 세력을 펼치려는 작전이다. 그러나 백은 3으로 3·三 침입해서 이하 흑8까지 선수를 취한 후 백9로 삭감하는 것이 절호점이 된다.

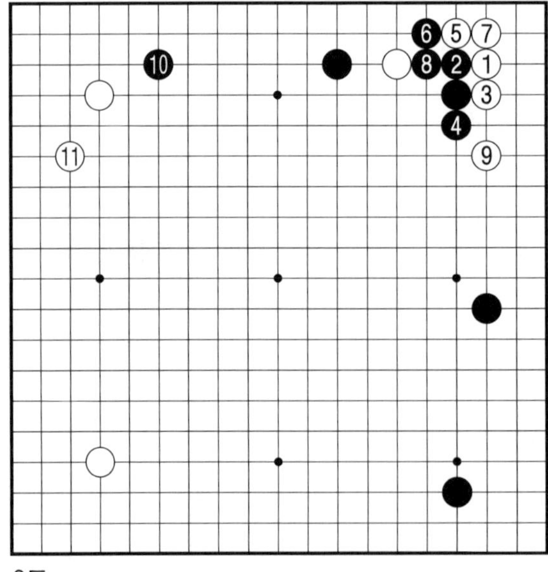

2도

2도(백, 충분)

백1 때 흑2로 막는 변화도 검토할 수 있다. 그러나 백3 이하 9까지의 정석이 이루어지고 나면 우변 흑 세력이 볼품없게 되므로 흑이 좋지 않다.

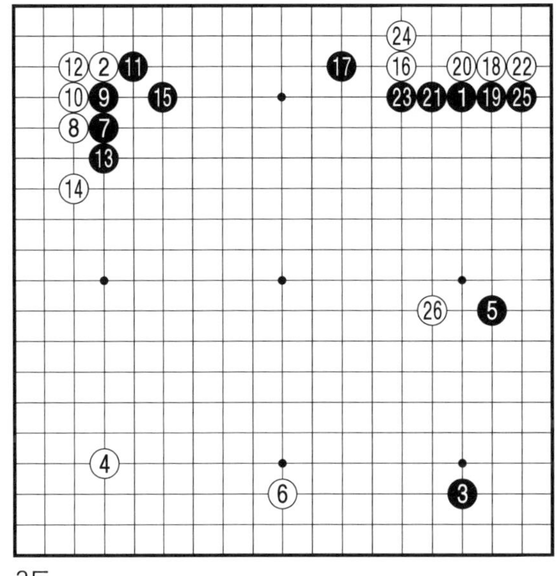

3도

3도(실전 포석)

좌상의 진행이 다르기는 하지만 백이 18로 귀를 차지하는 이 정석은 백의 선수정석이므로 백26의 삭감의 요처도 차지할 수 있다. 낮은 중국식의 포석은 이 곳의 착수 타이밍을 포착하는 것이 포인트다. [24기 일본 왕좌전 도전3국 : 백 오다케(大竹英雄) 대 흑 조치훈]

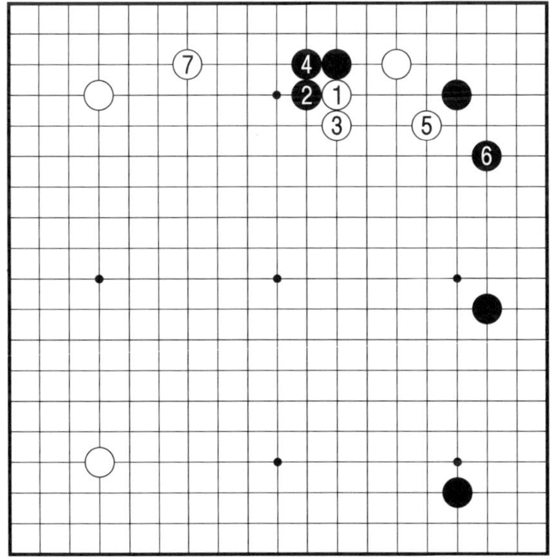

4도

4도(흑, 작전변경)

백이 귀를 포기하고 1·3으로 중앙으로 진출하게 되면 흑도 4·6으로 작전을 변경해야 한다. 백7 이후의 진행은 전투가 된다.

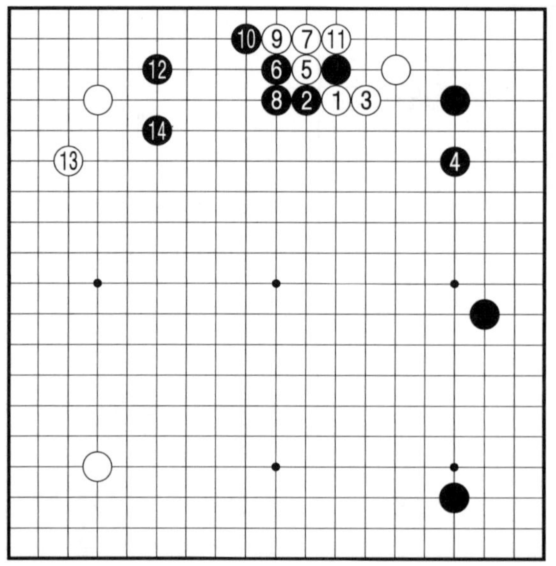

5도

5도(백의 변화)
백은 1·3으로 끌어 간단히 처리하고 선수를 잡을 수도 있다. 흑14까지 무난한 진행이라고 볼 수 있다.

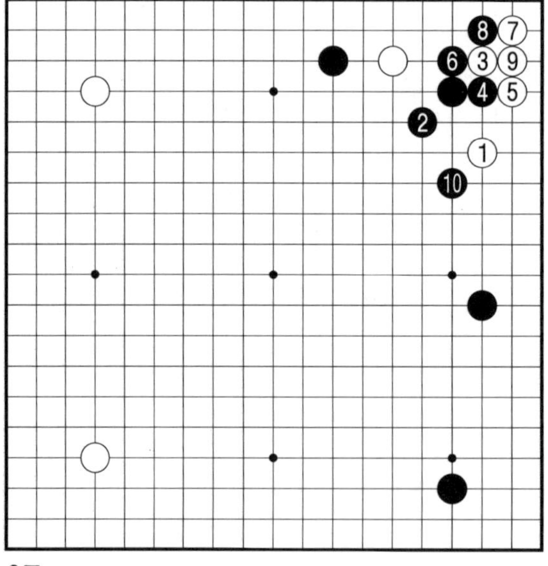

6도

6도(백, 불만)
백1로 양걸침하는 변화는 이하 흑10까지가 예상되는 포석 진행인데, 백의 중앙진출이 봉쇄된 대가로 장만한 귀의 집이 적어 불만이다.

중국식 포석 3(2연성 대응) ― 낮은 중국식(3)

백은 급전을 피하여 1로 유연하게 전개할 수도 있다. A나 B의 곳도 같은 맥락이다. 그럼 백1로 하변을 전개한 이후의 포석 변화를 알아보기로 한다.

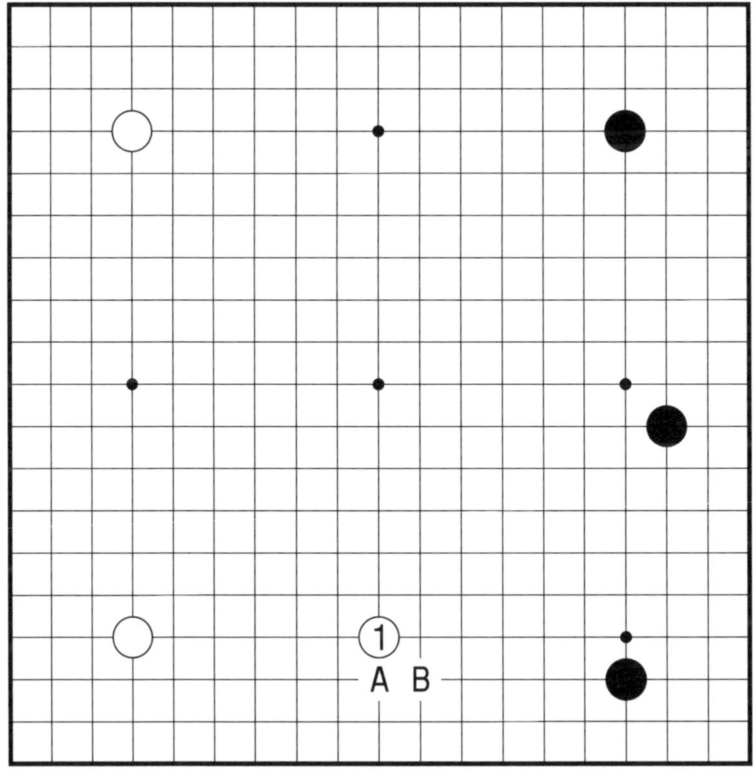

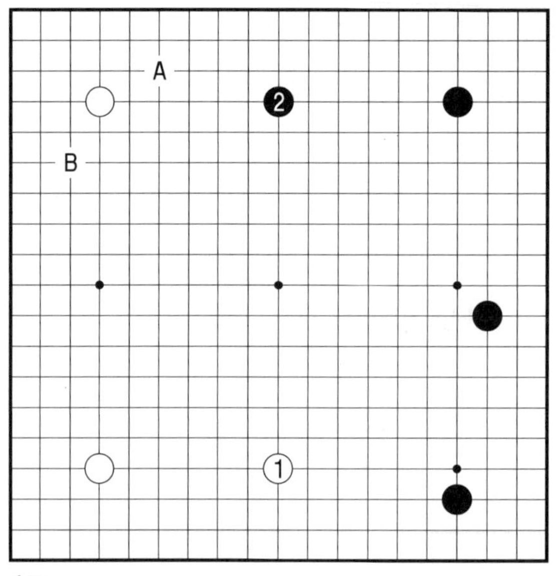

1도

1도(백, 하변 중시)

흑의 중국식 포석에 대해 하변을 중시하여 단순히 백1로 전개하는 수도 가능하다. 계속해서 흑은 2로 전개하든지 아니면 흑A, 백B를 결정한 후 2로 전개하는 진행이 예상된다.

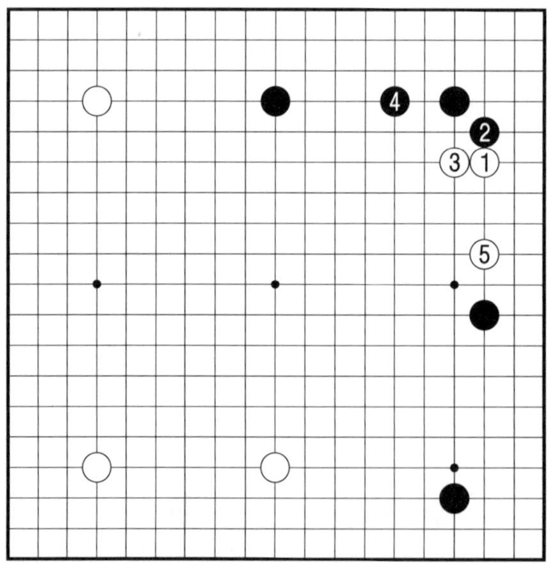

2도

2도(백, 의문)

전도 이후 백1로 걸치는 것은 의문이다. 흑은 2로 마늘모 붙인 후 백3 때 흑4로 한칸 뛰는 것이 이 경우 적절한 처리법이다. 백5의 두칸벌림에는……

242

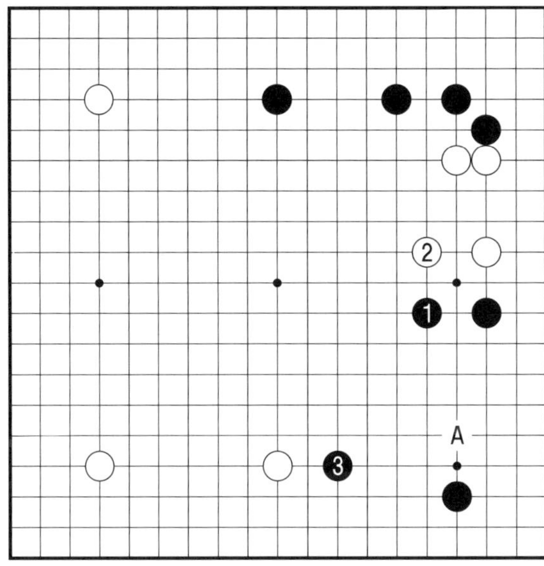

3도

3도(흑, 활발)

전도에 계속해서 흑1로 한칸 뛰는 것이 흑으로선 좋은 수이다. 백은 2로 한칸 뛰는 정도인데 흑3으로 전개해서 입체적인 모양을 구축할 수 있다. 흑3으로 A에 두는 것은 다소 싱겁다.

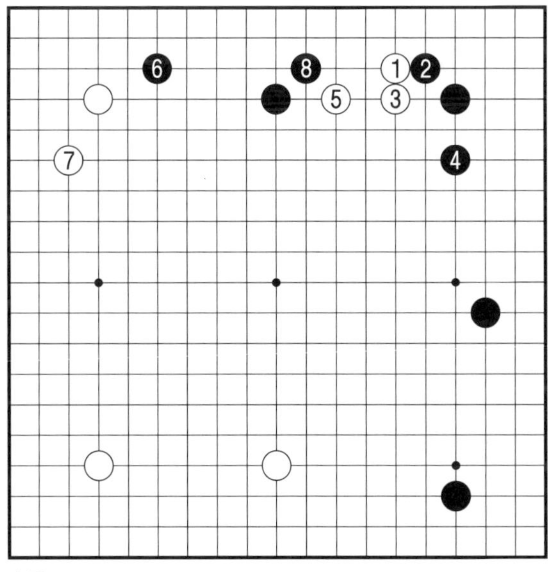

4도

4도(대동소이)

백1로 걸치는 수 역시 바람직하지 않다. 흑은 2로 붙여 세운 후 이하 8까지 처리하는 것이 요령으로 일방적인 공세를 취할 수 있다.

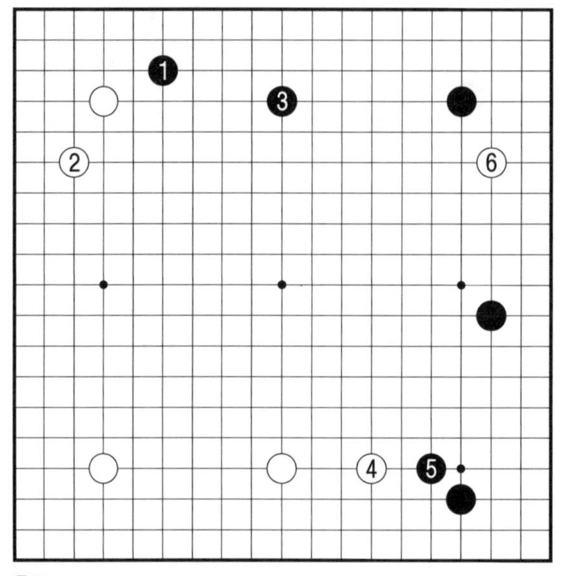

5도

5도(흑의 변화)

흑이 1·3으로 상변에 포진하면 백4로 흑5를 유도한 후 백6으로 걸쳐 전투가 개시된다.

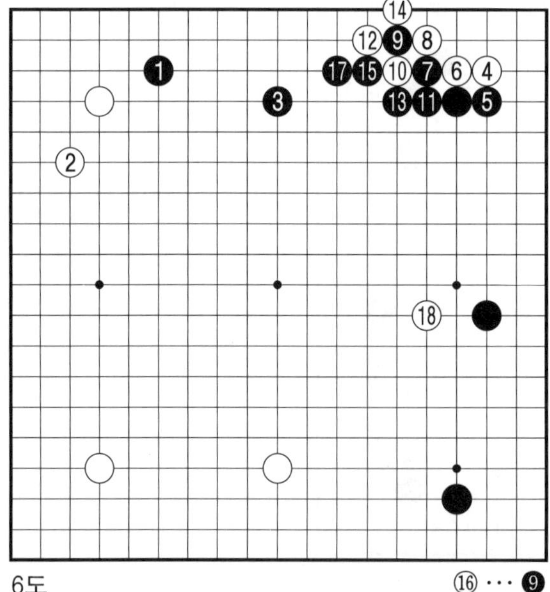

6도

6도(백의 별책)

흑1·3으로 전개했을 때 백4로 우상귀를 침투한 후 흑17까지의 과정을 거친 다음 백18의 요처를 차지하는 방법도 있다.

중국식 포석 4(2연성 대응) — 낮은 중국식(4)

흑의 중국식 포석에 대해 백은 1로 흑의 응수를 강요할 수도 있다. 이 수는 중국식 포석의 의도를 사전에 봉쇄하려는 뜻이 담겨 있다. 그럼 이후의 포석 변화를 검토해 보기로 한다.

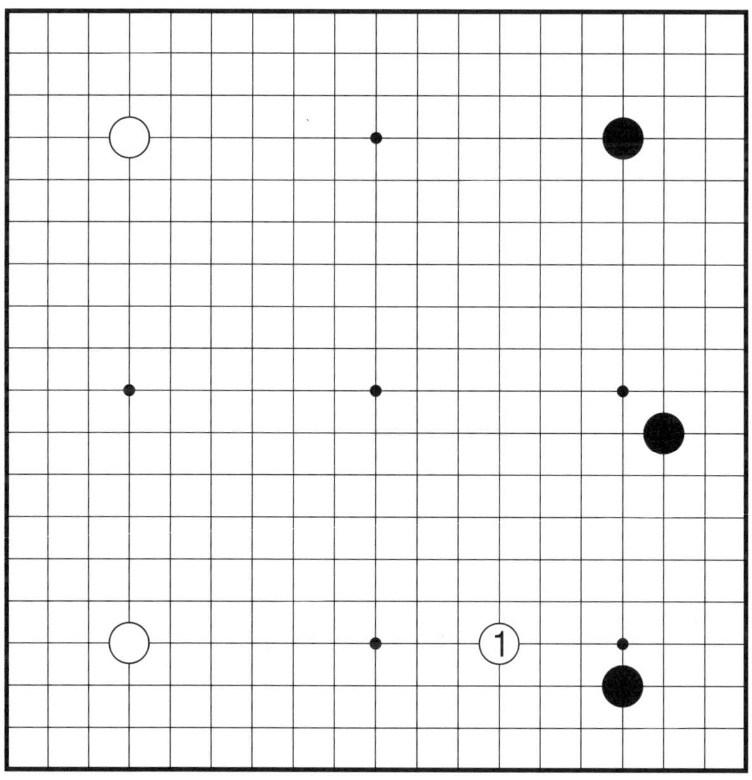

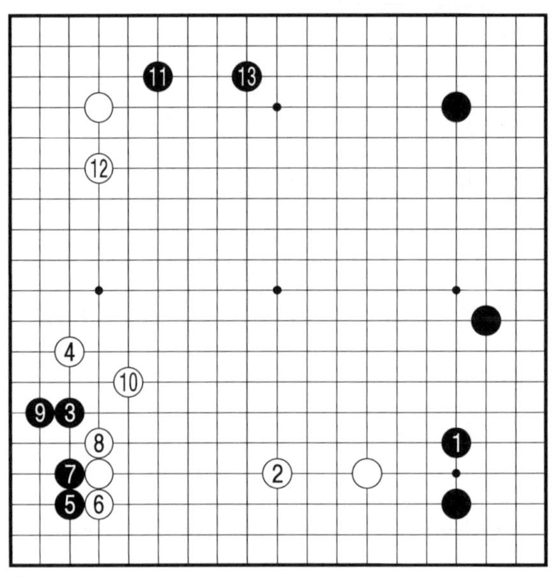

1도

1도(무난한 포석)

흑1로 지키게 되면 백은 2로 벌려 중국식 포석을 견제하려는 소기의 목적을 달성하게 된다. 이하 흑13까지 무난한 포석 진행이 예상된다.

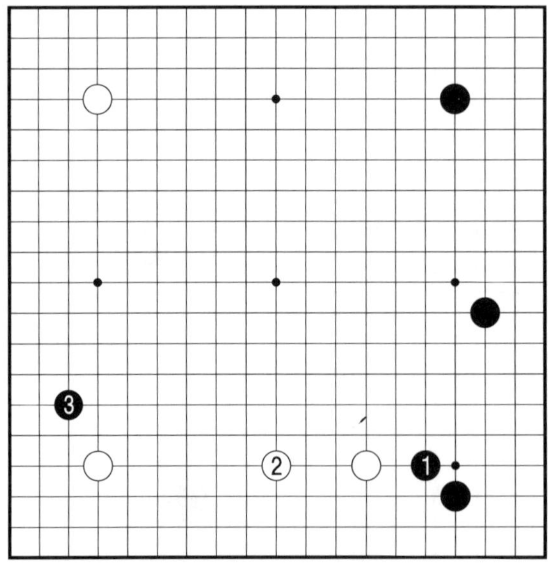

2도

2도(대동소이)

흑은 1의 마늘모로 지키는 수도 있다. 흑3 이후의 진행은 전도와 비슷하게 된다.

246

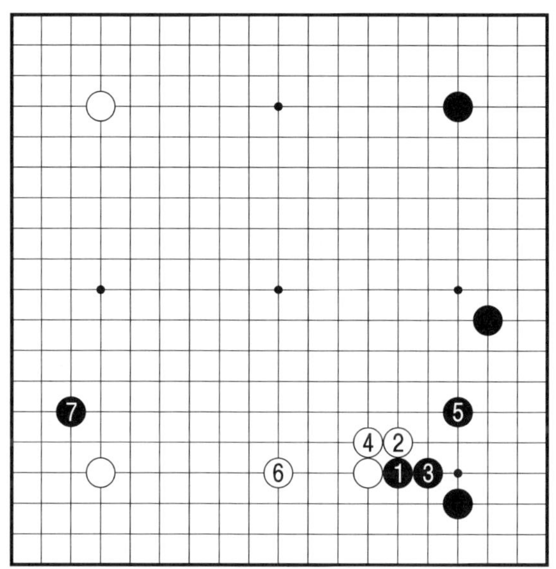

3도

3도(적극적 붙임)

흑은 1·3으로 붙이고 뻗은 후 5로 우하귀를 완벽하게 굳힐 수도 있다. 흑7 이후의 진행도 1, 2도와 비슷하다.

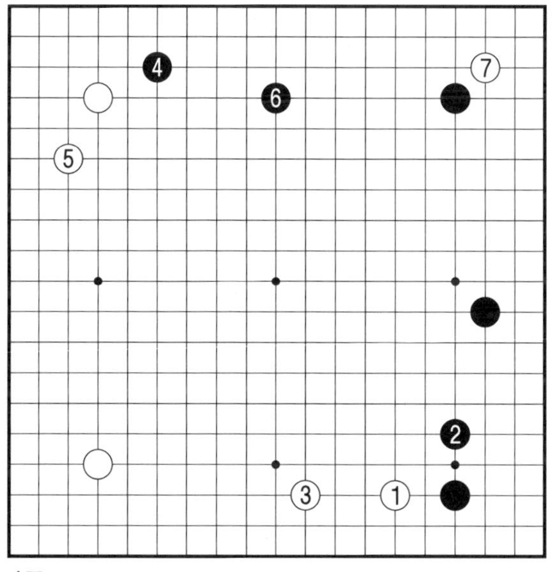

4도(백의 별책)

백은 1·3으로 하변을 결정할 수도 있다. 흑4·6의 전개를 기다려 백7로 침입하면 실리와 세력으로 갈리게 될 것이다.

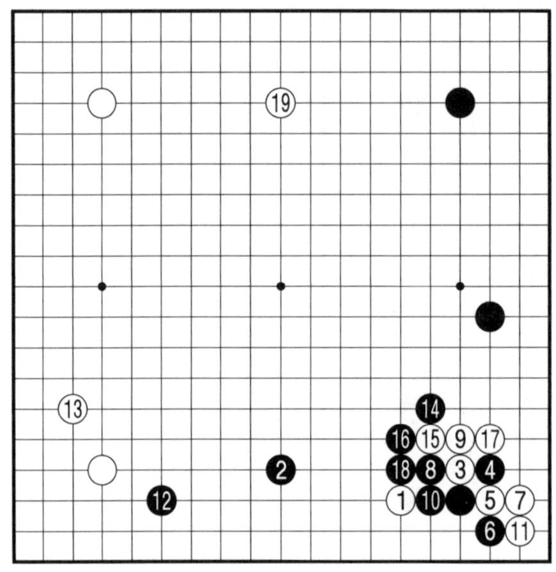

5도

5도(다른 변화)

백1에 대해 흑2로 갈라치면 백은 3으로 붙인 후 5로 끊는 것이 요령이다. 이하 백19까지의 진행이 예상되는데, 이 결과는 처음과 전혀 다른 진행이다.

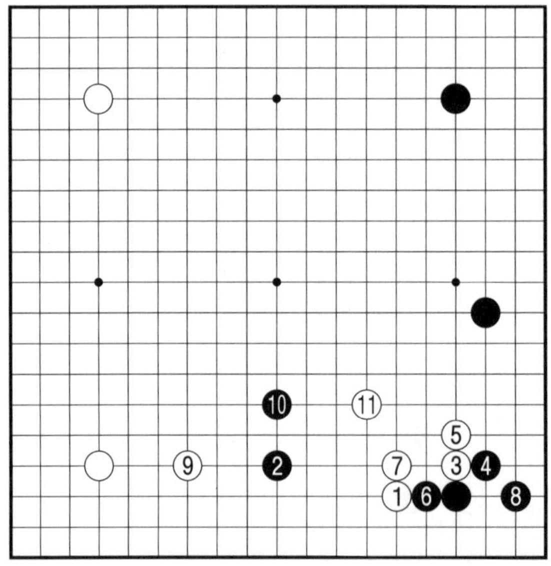

6도

6도(전투형)

백1, 흑2 때 백3·5의 작전구상도 예상할 수도 있다. 이 진행은 이하 백11까지 전투로 가게 된다.

중국식 포석 5(2연성 대응) — 낮은 중국식(5)

흑의 중국식 포석에 대해 백은 우상귀에 걸치지 않고 백1처럼 우하귀를 외곽에서 걸치는 수도 가능하다. 계속해서 흑2로 협공한 것은 적극적인 수법인데 이후의 변화를 검토해 보기로 한다.

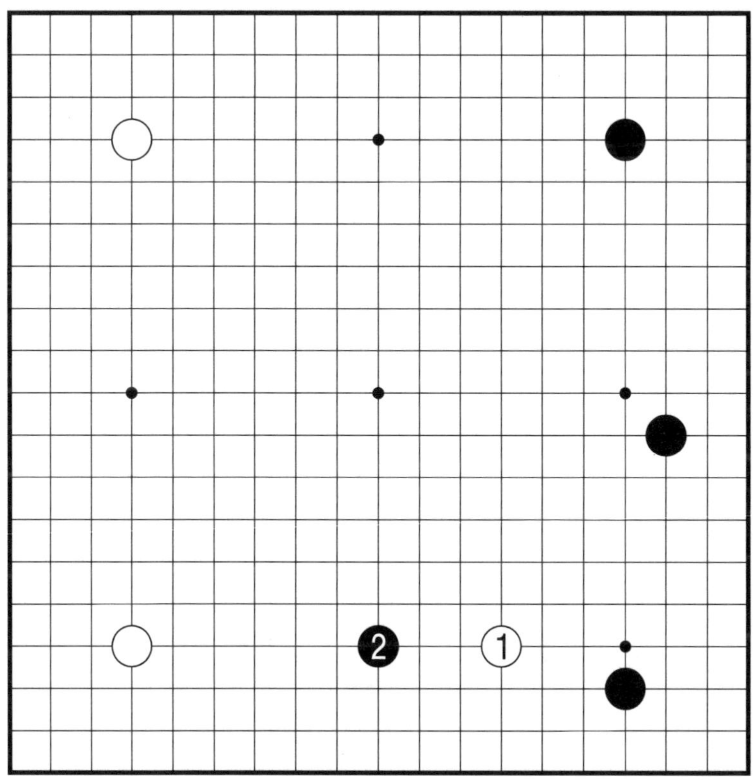

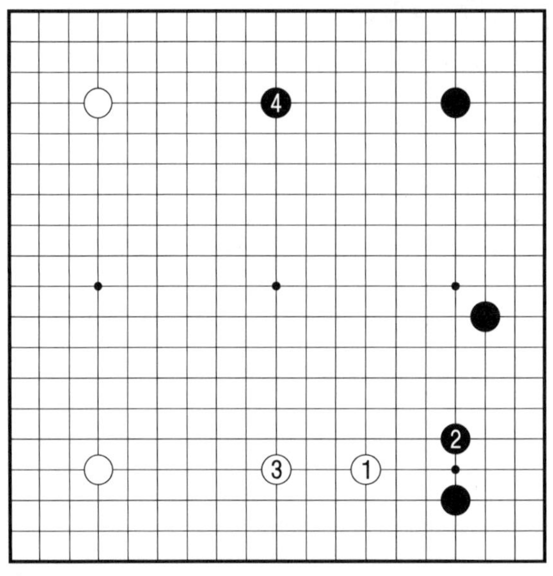

1도

1도(백의 주문)
백1로 걸쳤을 때 흑2로 받으면 흑 세력을 견제하려는 백의 소기의 목적은 달성된다. 계속해서 백3으로 전개하고 흑도 4로 벌리게 되는데 쌍방 불만 없는 포진이다.

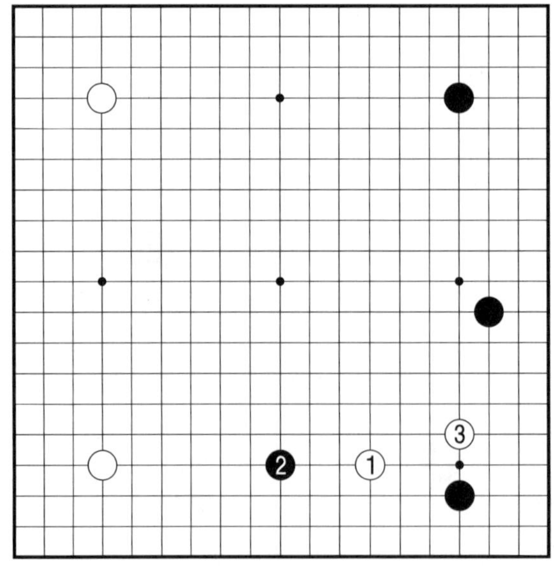

2도

2도(기세)
백1로 걸쳤을 때 흑2로 협공하면 백으로선 기세상 당연히 3으로 걸칠 곳이다. 흑은 주변이 강한 만큼 강하게 버티게 되는데……

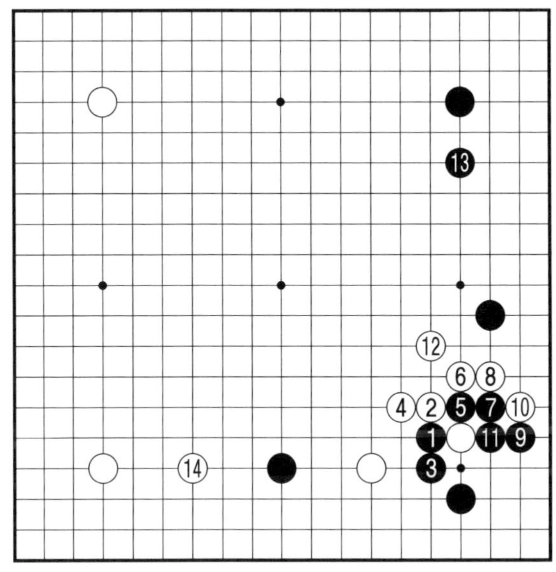

3도

전도에 이어서 흑은 1
로 붙이는 것이 일반적이
다. 백은 2로 젖힌 후 4에
뻗게 되는데 흑5로 끊고
이하 백14까지 예상된다.

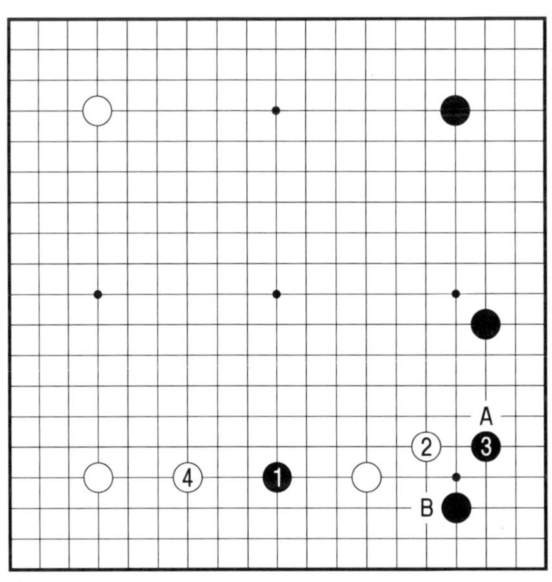

4도

4도(백, 유연한 착상)

흑1로 협공했을 때 백
은 2로 날일자해서 유연
하게 둘 수도 있다. 계속
해서 흑3으로 받는다면
백4로 협공해서 충분한
형태이다. 귀의 백은 A
와 B에 붙여 수습하는
수단을 엿보고 있다.

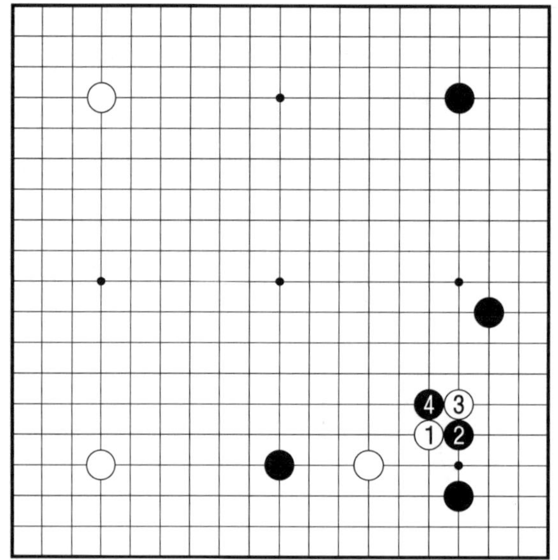

5도

5도(흑의 강수)

백1로 날일자했을 때 흑은 강하게 두고 싶은 유혹을 받는 곳이다. 흑2로 붙인 후 4에 끊은 것은 최강수처럼 보이지만 실상은 무리수이다.

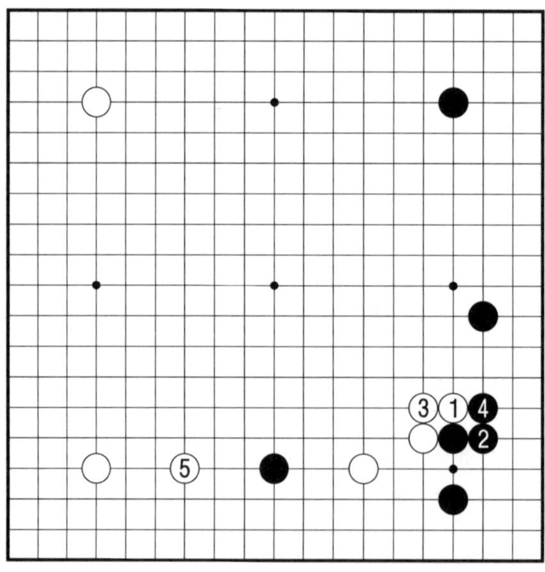

6도

6도(흑, 불만)

전도의 수순 중 백1로 젖혔을 때 흑2로 뻗는 것은 기백이 부족한 수처럼 보인다. 백3으로 이으면 흑은 4로 둘 수밖에 없는데 백5로 협공해서 백이 활발하다.

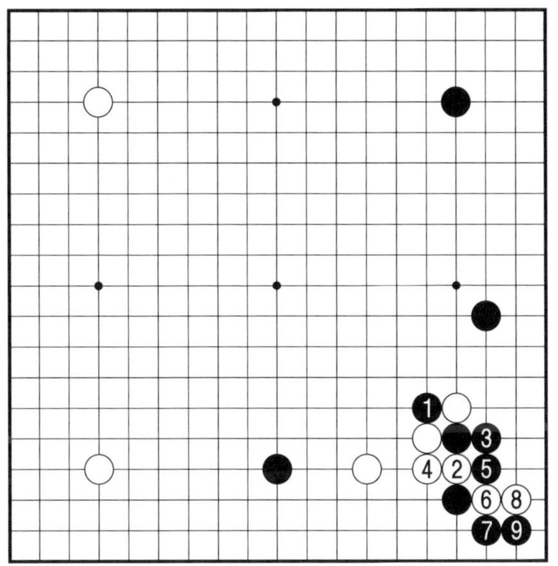

7도

7도(백, 불만)
흑1로 끊었을 때 백2로
단수친 후 4에 잇는 것은
기백이 부족한 수이다.
흑은 5로 막은 후 이하 9
까지 백 두점을 취해서
충분한 결말이다.

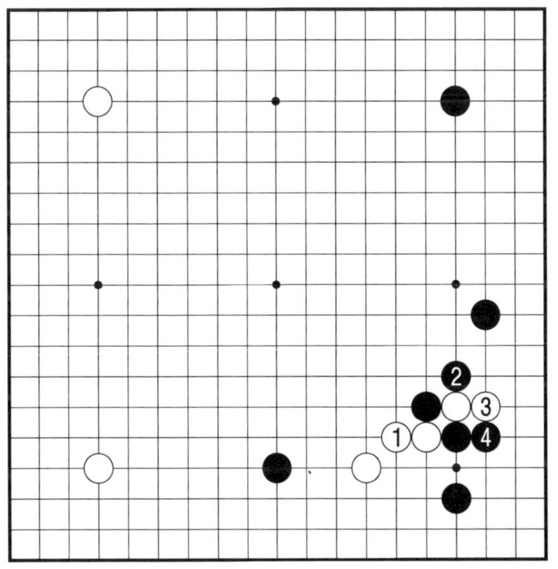

8도

8도(흑, 만족)
백1로 뻗는다면 흑2로
단수치는 것이 좋다. 백3
에는 흑4로 막아 백이 망
한 모습이다.

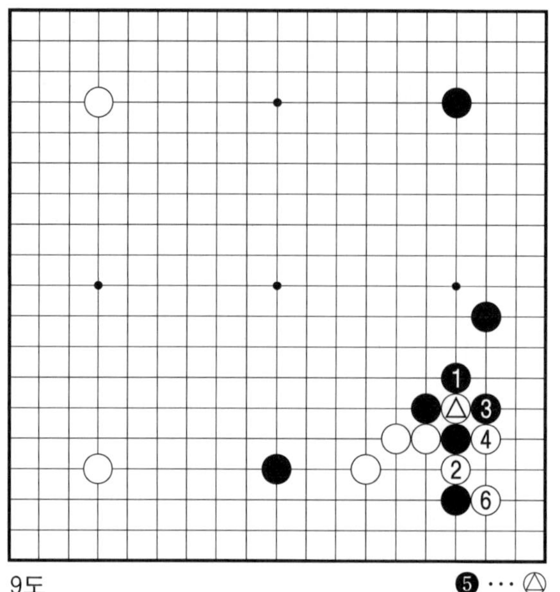

9도

흑1로 단수쳤을 때 백2로 단수치는 변화이다. 계속해서 흑3으로 따낸다면 백4를 선수한 후 6으로 호구쳐서 백이 절대적으로 유리한 결말이다.

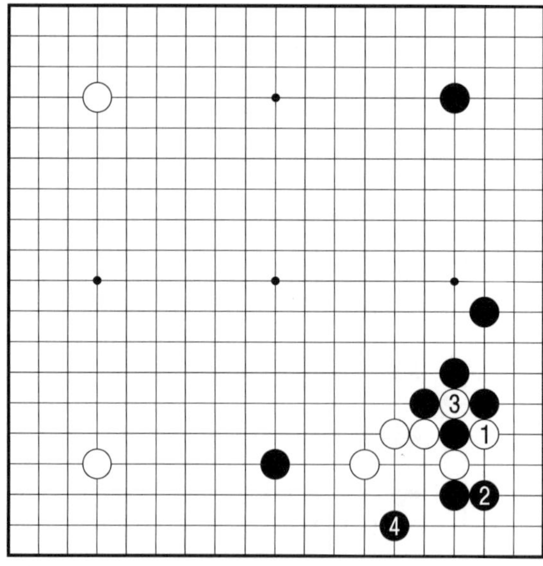

10도

백1로 단수쳤을 때 흑은 2로 내려서는 것이 정수이다. 계속해서 백3으로 따낸다면 흑4로 날일자해서 귀의 수습이 가능하다.

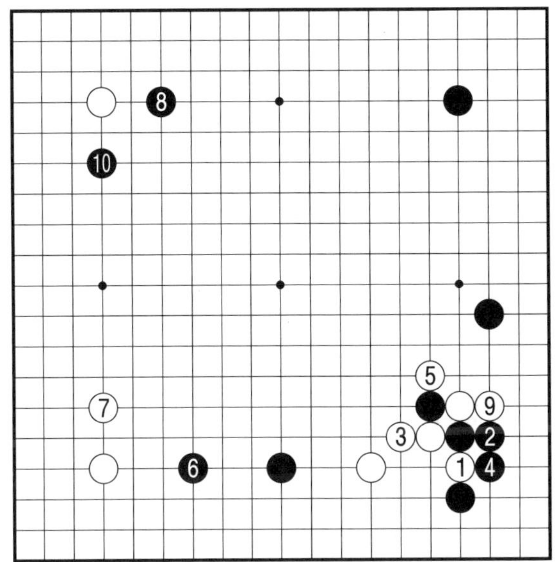

11도

11도(호각)

이번엔 백1로 단수친 후 3으로 뻗는 변화이다. 계속해서 흑2·4로 귀의 실리를 중시한다면 백은 3·5로 단수쳐서 축으로 잡을 수 있다. 그러나 흑도 6을 선수한 후 8·10으로 축머리를 활용해서 충분한 모습이다.

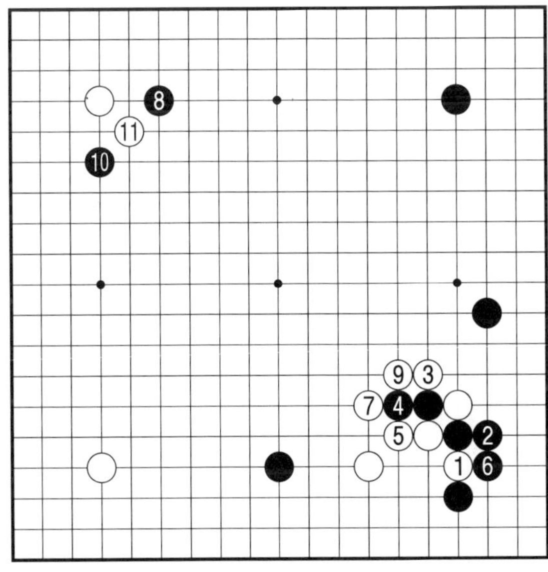

12도

12도(백, 이득)

백1, 흑2를 선수한 후 백3으로 단수치는 변화이다. 이때 흑4로 달아난다면 백5로 민 후 이하 백7로 흑 두점을 단수쳐서 전도보다 백이 유리한 결말이다.

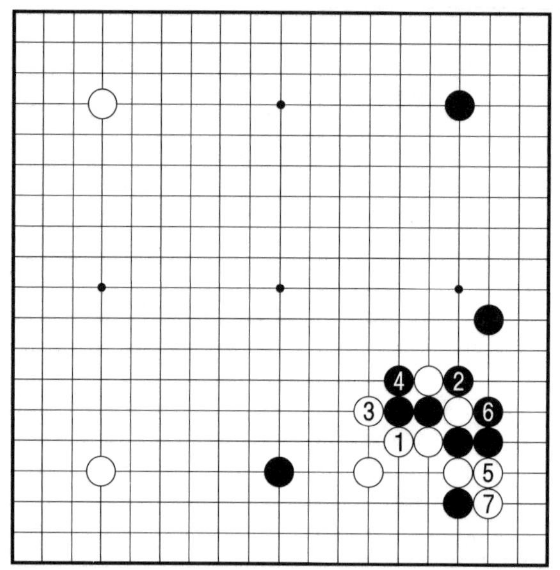

13도

13도(백, 충분)

전도의 수순 중 백1 때 흑2로 단수치는 변화이다. 이때는 백3·5를 선수한 후 7로 귀를 단속하는 것이 수순이다. 이 결과는 백이 유리하다.

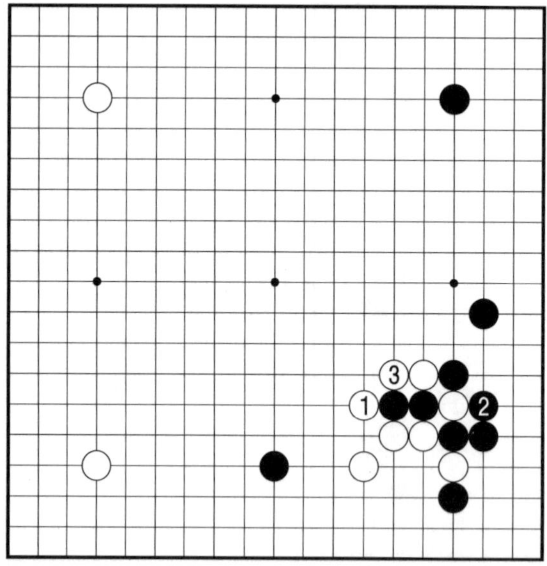

14도

14도(백, 우세)

백1로 단수쳤을 때 흑2로 변화한다면 백3으로 단수쳐 충분하다. 이 결과는 흑의 실리에 비해 백의 두터움이 돋보인다.

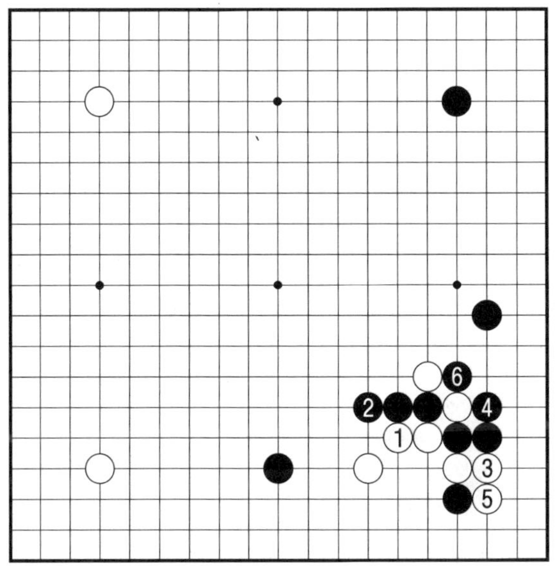

15도

백1 때 흑은 2로 뻗는 것이 정수이다. 계속해서 백3에는 흑4로 단수친 후 백5 때 흑6으로 따내서 흑이 두터운 모습이다.

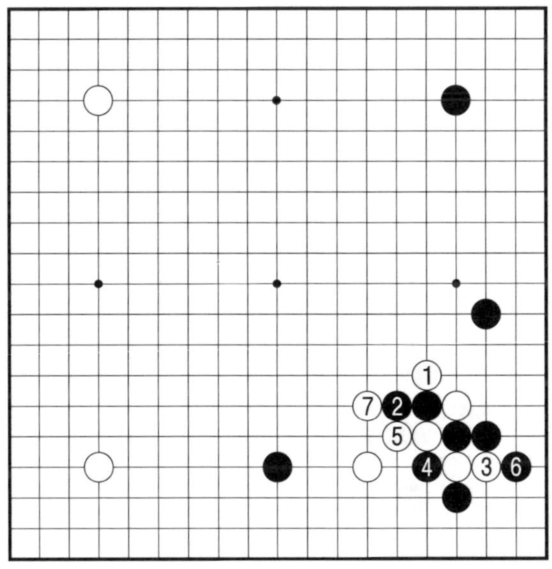

16도

백은 1로 단수쳐서 흑2로 뻗게 한 후 3으로 막는 것이 올바른 수순이다. 계속해서 흑4·6으로 귀를 잡는다면 이하 백7까지 흑 두점을 축으로 잡아 백이 유리하다.

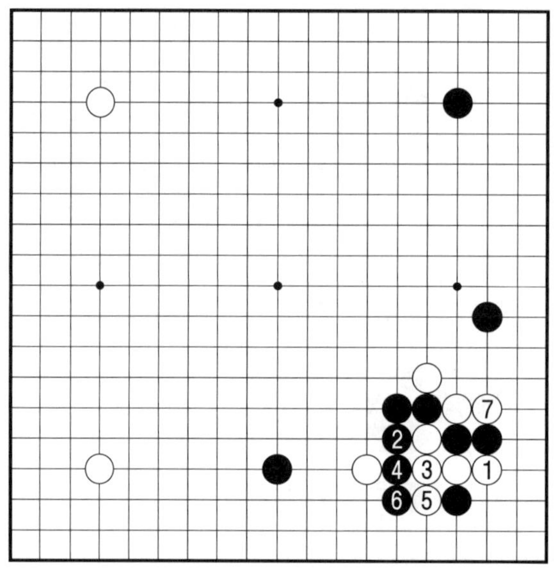

17도

17도(백, 우세)

백1 때 흑2로 단수치면 전도와 같은 진행은 피할 수 있다. 그러나 이하 백7까지 실리를 크게 허용해서는 이 역시 흑이 불리한 결말이다.

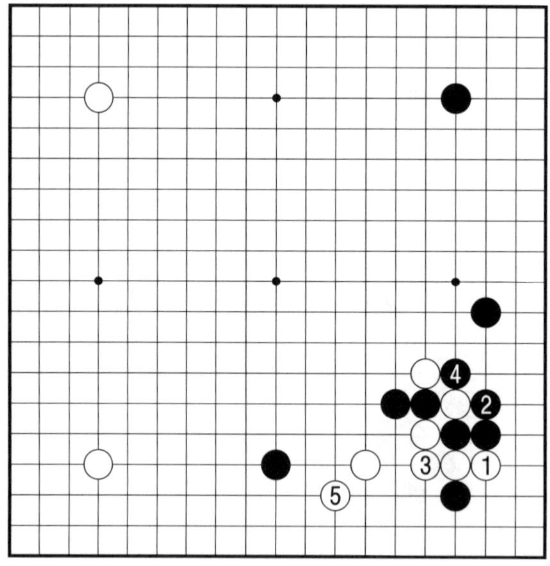

18도

18도(백, 충분)

백1 때 이번엔 흑2로 단수치는 변화이다. 이때는 백3으로 이은 후 흑4 때 백5로 실리를 차지하는 것이 올바른 수순이다. 이 결과는 흑의 세력에 비해 백의 실리가 좋아 보인다.

제37형

중국식 포석 6(2연성 대응) — 낮은 중국식(6)

흑1로 협공했을 때 백2로 어깨짚은 것은 이곳을 선수로 활용한 후 귀의 흑을 강하게 공격하겠다는 뜻이다. 그럼 백2 이후의 변화를 검토해 보기로 한다.

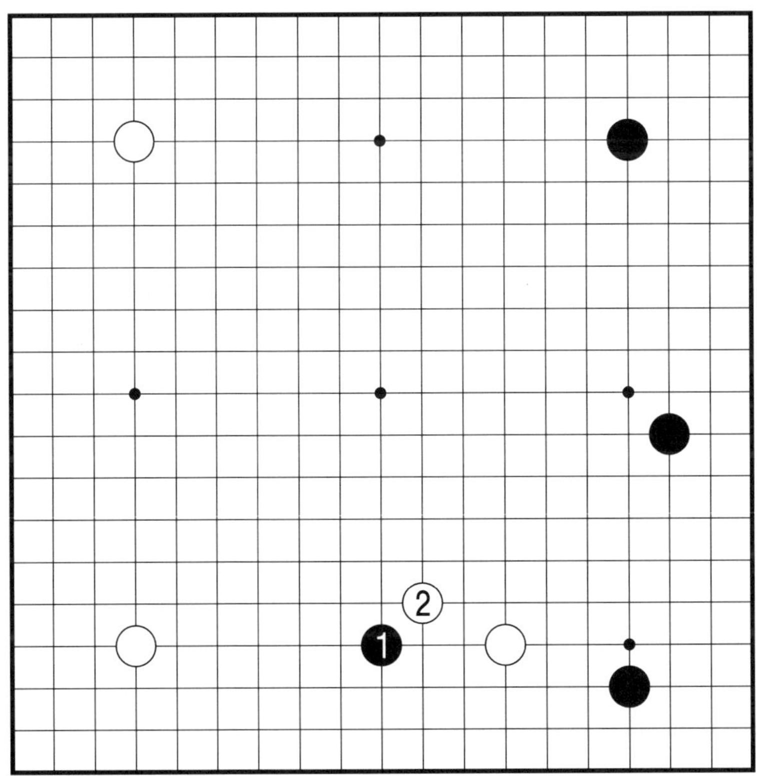

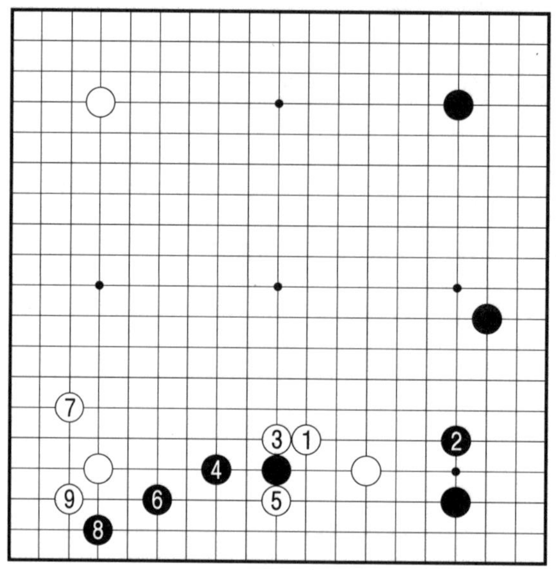

1도

1도(호각)

백1 때 흑2로 받으면 가장 간명하다. 계속해서 백3으로 누르고 흑4 이하 백9까지가 예상되는 진행인데 쌍방 호각의 갈림이다.

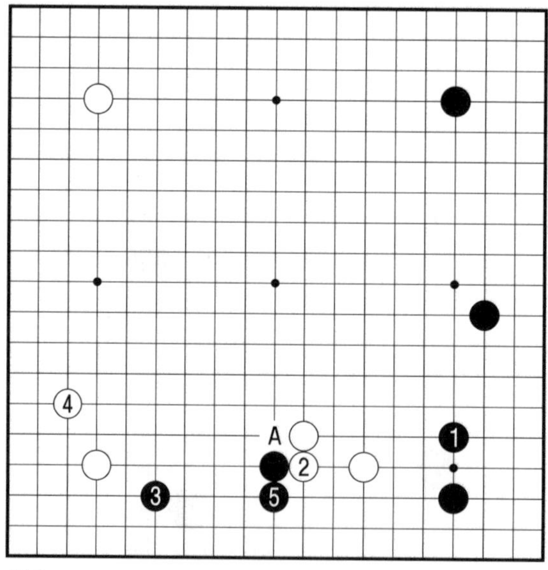

2도

2도(백, 불만)

흑1로 받았을 때 백이 A에 누르지 않고 2로 두는 것은 의문수이다. 흑은 3으로 걸친 후 5에 내려서는 것이 좋은 수순으로 백 석점에 대한 공격을 노릴 수 있다.

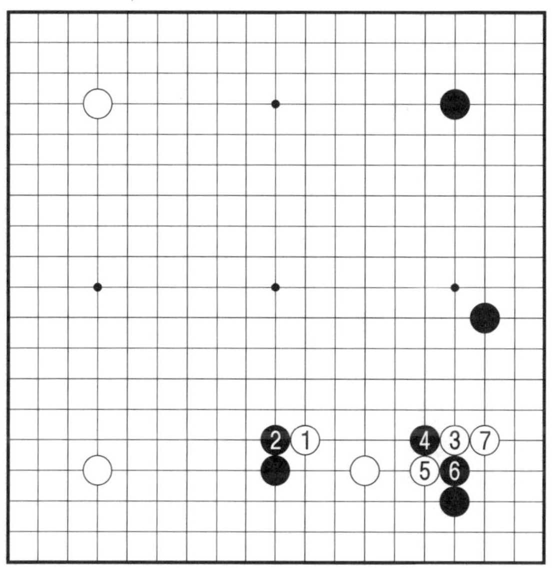

3도

3도(쌍방 기세)

백1로 어깨짚으면 흑은 기세상 2로 밀어 올리고 싶은 곳이다. 계속해서 백3으로 걸치고 흑4 이하 백7까지는 쌍방 기세의 진행인데……

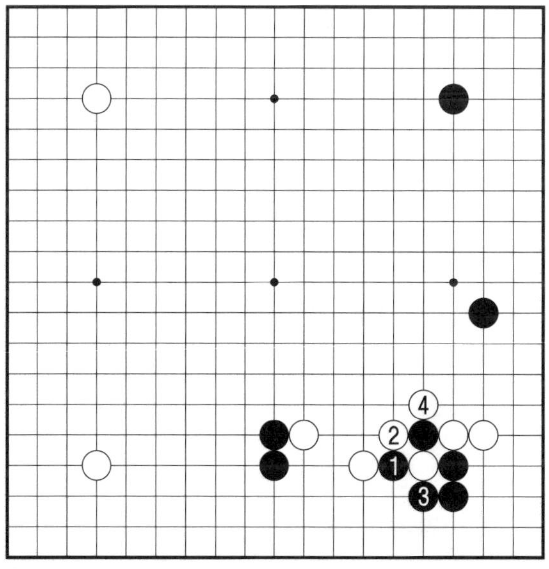

4도

4도(백, 만족)

전도에 계속해서 흑1로 단수치는 것은 좋지 않다. 백은 2로 맞단수치는 것이 맥점으로 흑3을 기다려 백4로 봉쇄해서 대만족이다.

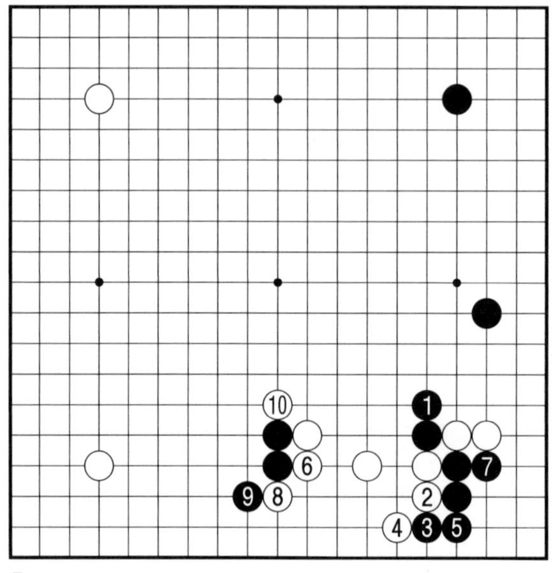

5도

5도(백, 충분)

흑1로 뻗는 변화도 검토할 수 있다. 그러나 이 수 역시 백2로 막은 후 이하 10까지 처리하면 흑의 우변보다 백의 하변이 두터워 백이 유리한 결말이다.

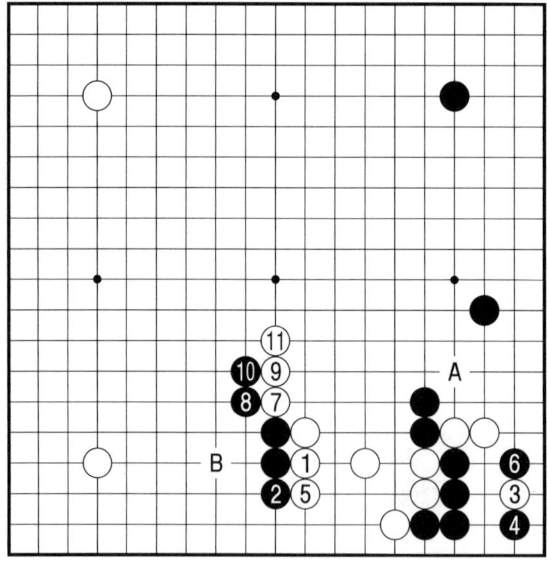

6도

6도(흑의 약점)

전도의 수순 중 백1로 막았을 때 흑2로 내려서는 변화이다. 이때는 백3으로 날일자하는 것이 좋은 수로 흑4를 기다려 이하 백11까지 처리하면 이 역시 백이 유리하다. 이후 백은 A와 B를 맞보기로 노리고 있다. 수순 중 흑6은 생략할 수 없음에 유의한다.

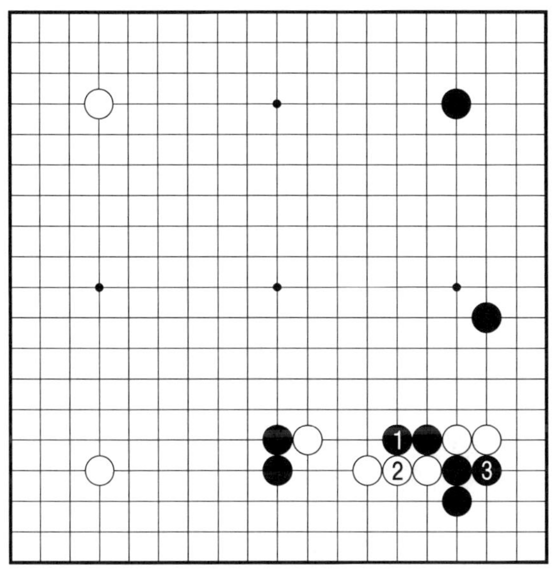

7도

7도(흑의 최선)

흑은 1로 뻗는 것이 최선의 수이다. 계속해서 백2로 잇는다면 흑3으로 근거를 확보해서 백을 양곤마로 만들 수 있다.

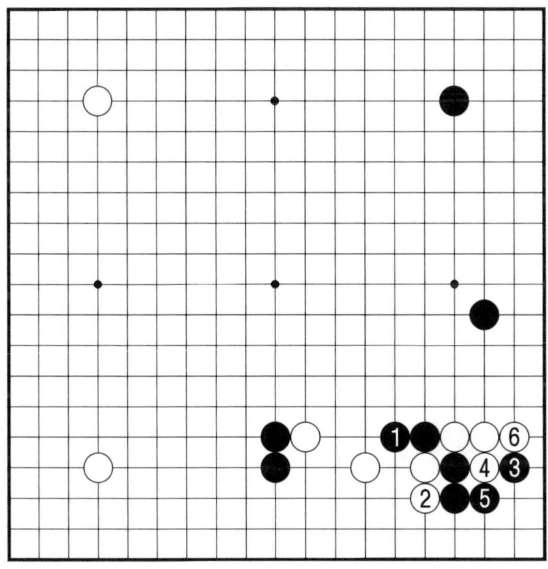

8도

8도(백의 변화)

흑1 때 백은 당연히 2로 막을 곳이다. 계속해서 흑3에는 백4로 찌른 후 6으로 막는 것이 수순이다. 계속해서……

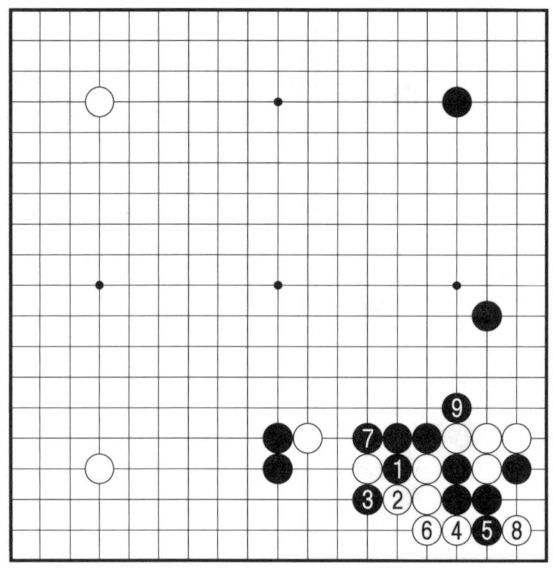

9도

9도(호각)

전도에 계속해서 흑은 1·3으로 끊는 것이 요령이다. 백은 4·6으로 젖혀 이은 후 이하 8까지 귀를 잡게 되는데 흑9로 젖혀 외곽을 봉쇄하면 쌍방 호각의 갈림이다.

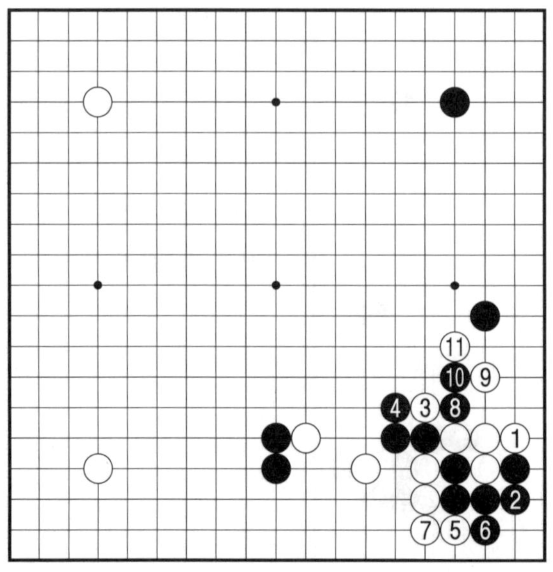

10도

10도(흑, 곤란)

백1 때 흑2로 잇는 것은 의문수이다. 백은 3으로 하나 젖힌 후 5·7로 귀를 젖혀 잇는 것이 좋은 수순으로 흑8 때 백9·11로 돌파해서 흑이 곤란한 모습이다.

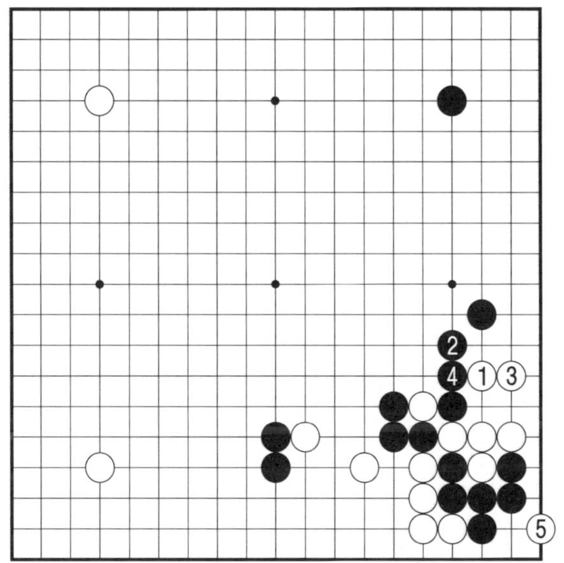

11도

11도(흑, 죽음)

백1 때 흑2로 뻗는 변화이다. 이때는 백3으로 내려선 후 흑4 때 백5로 치중하는 것이 좋은 수순이다. 이 수상전은 흑이 불리한 모습이다.

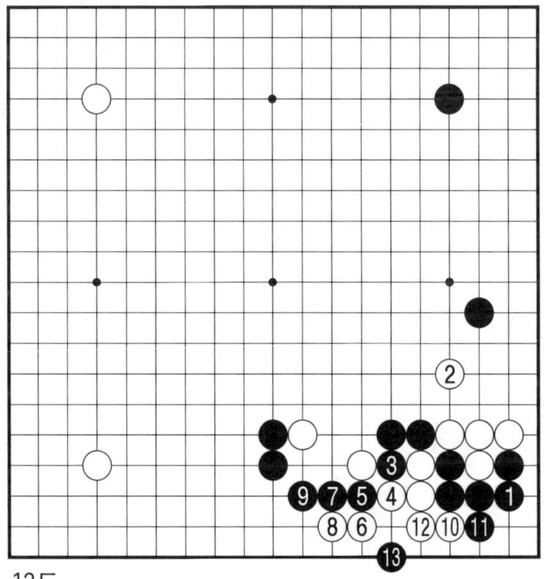

12도

12도(백, 죽음)

흑1로 이었을 때 단순히 백2로 한칸 뛰는 것은 대악수이다. 흑은 3·5로 절단한 후 이하 흑13까지 공격해서 반대로 백을 잡을 수 있다.

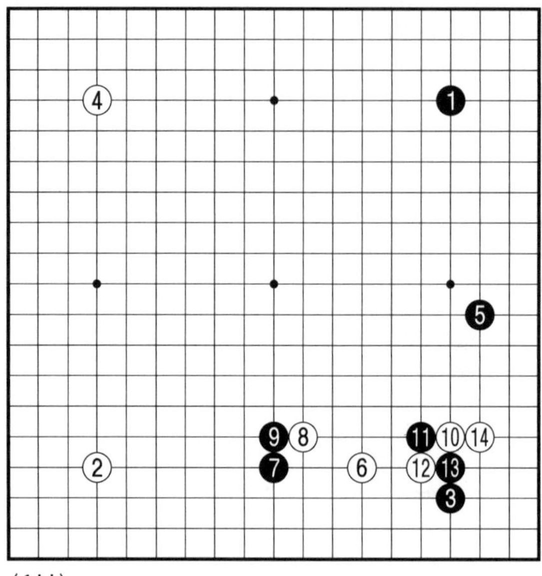

〈1보〉

1보(1~14)

제12기 박카스배 결승 제3국에서 조훈현(백)과 서봉수의 실전보이다. 흑 7 때 백8이 신수. 계속해서 흑9라면 이하 백14까지는 필연적인 진행이다.

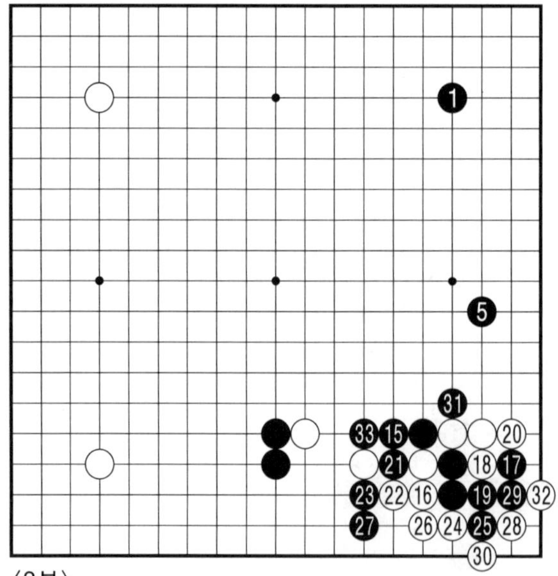

〈2보〉

2보(15~33)

백26 때 흑27로는 33의 곳이 정수. 그러나 백이 28로 둔 덕택에 이하 33까지 쌍방 호각의 갈림이 됐다.

중국식 포석 7(2연성 대응) — 높은 중국식(1)

높은 중국식 포석은 낮은 중국식 포석에 비해 세력을 중시하는 포진이다. 그럼 흑1로 높은 중국식을 펼치고 백2로 걸친 이후의 진행을 검토해 보기로 한다.

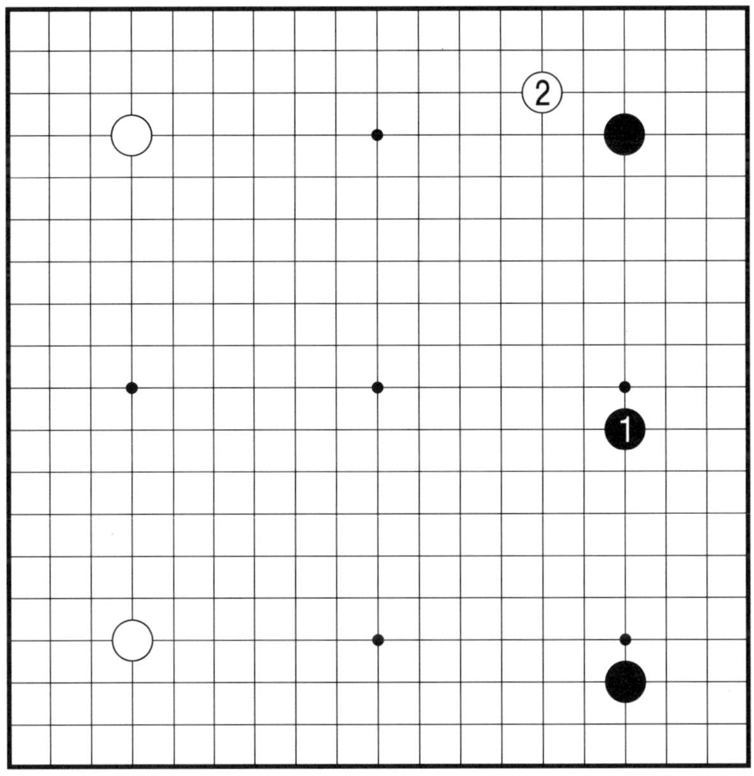

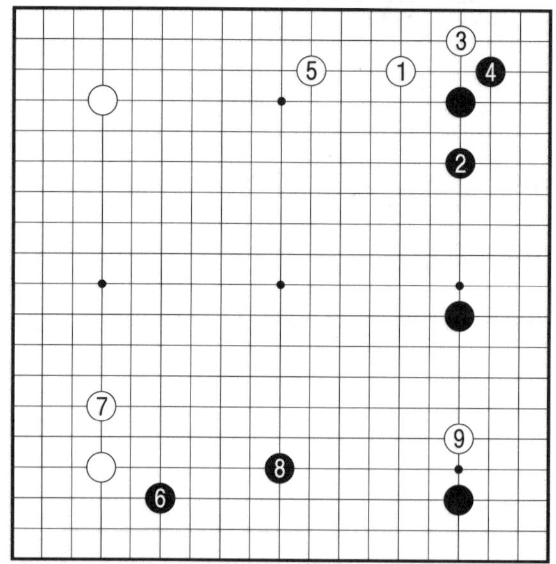

1도(예상 포석)

백1로 걸쳤을 때 흑2로 받으면 가장 평범하다. 계속해서 백3으로 날일자하고 이하 백9까지가 예상되는 진행인데 쌍방 충분히 둘 수 있다.

1도

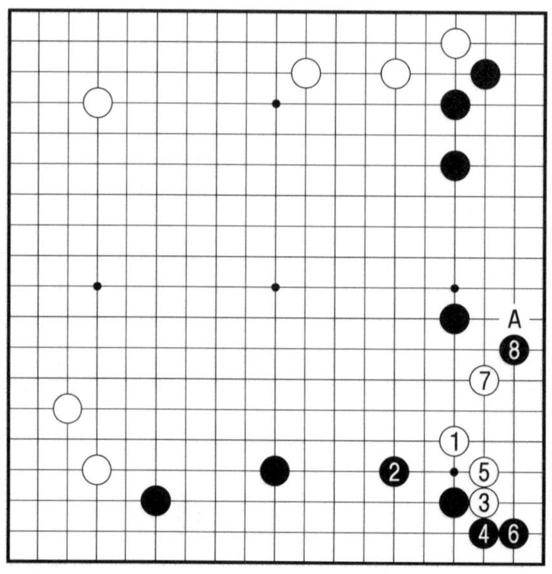

2도(흑의 공격)

백1로 걸치면 흑은 2로 날일자해서 받는 것이 요령이다. 계속해서 백3으로 붙이고 이하 흑8까지가 예상되는 진행이다. 수순 중 흑8은 생략할 수 없는 요점으로 백A를 허용해서는 안된다.

2도

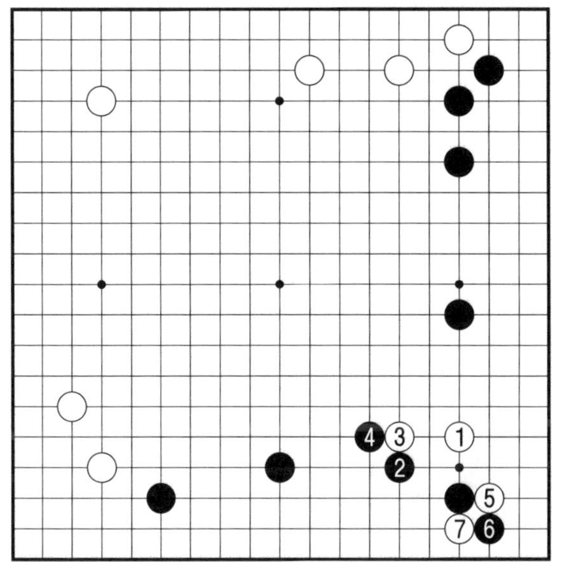

3도

3도(백의 변화)

백1, 흑2 때 백은 3으로 붙인 후 흑4 때 백5·7로 끊는 수단도 성립한다. 계속해서……

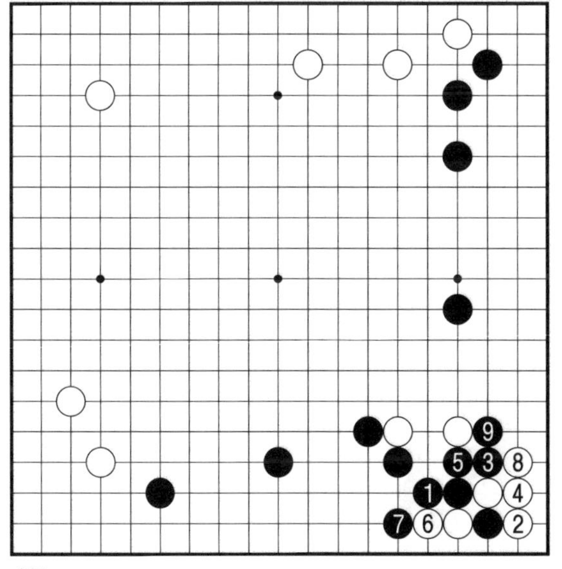

4도

4도(호각)

전도에 계속해서 흑1로 뻗으면 가장 간명하다. 백은 2로 단수쳐서 흑 한 점을 잡고 안정을 취하게 되는데 이하 흑9까지 흑 세력대 백 실리의 갈림이 된다.

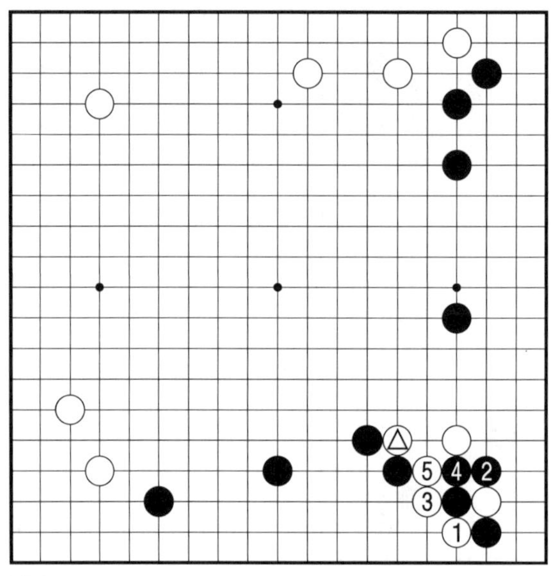

5도

백1로 끊었을 때 흑2로 단수쳐서 백 한점을 잡자고 하는 것은 대악수이다. 백이 3으로 단수친 후 이하 5까지 처리하면 미리 붙여둔 백△ 한점이 크게 작용을 하고 있는 모습이다.

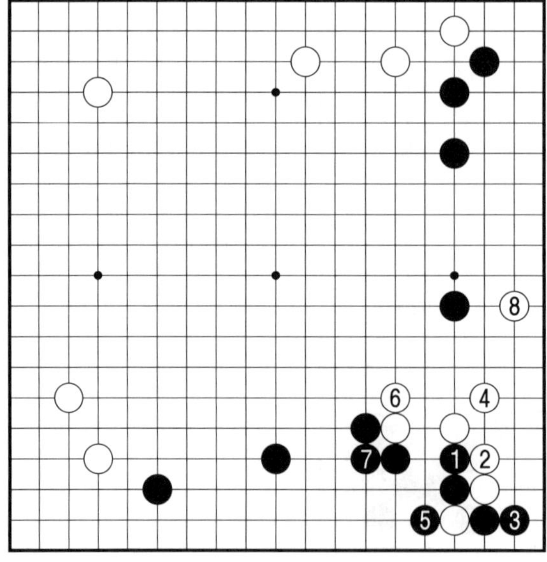

6도

백이 끊었을 때 흑1로 치받은 후 3으로 뻗는 변화도 검토할 수 있다. 그러나 백이 4로 호구친 후 이하 8까지 형태를 정비하고 나면 백8의 자리가 적절해 이 결과는 흑이 약간 불리하다.

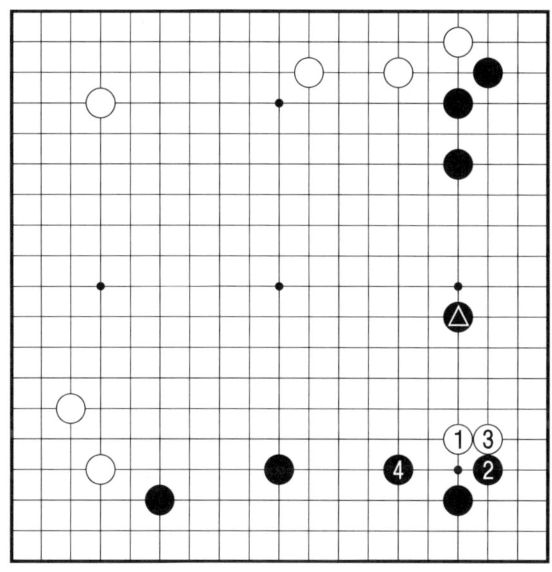

7도(흑, 우세)

백1로 걸쳤을 때 흑2로 마늘모하는 수도 고려할 수 있다. 이때 무심코 백3으로 받는 것은 무거운 수이다. 흑4로 날일자해서 공격하면 흑△ 한점이 적절한 곳에 위치하고 있는 모습이다.

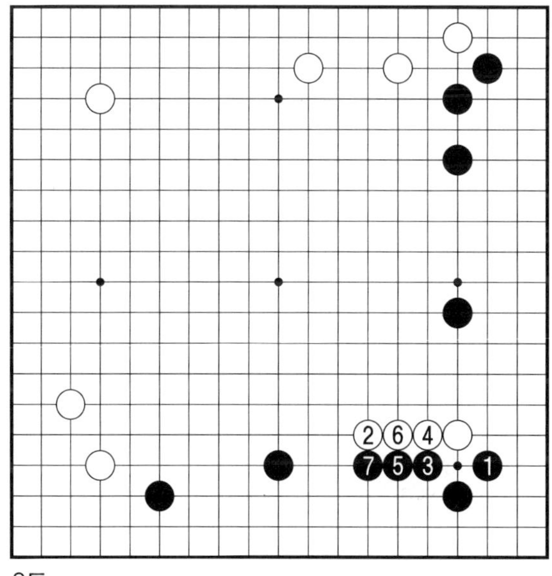

8도(백, 무거움)

흑1로 마늘모하면 백은 2로 두칸 뛰어 행마하는 것이 경쾌하다. 그러나 흑3·5 때 백4·6으로 줄지어 응수하는 것은 무거운 형태가 되어 백이 좋지 않다.

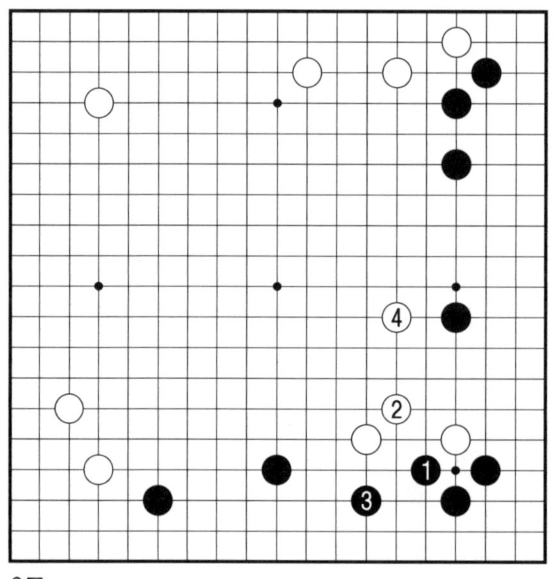

9도

9도(백, 경쾌)

흑1에는 백2로 마늘모 해서 응수할 곳이다. 계속해서 흑3으로 넘는 정도일 때 백4로 씌워 가면 백이 경쾌하게 틀을 갖춘 모습이다.

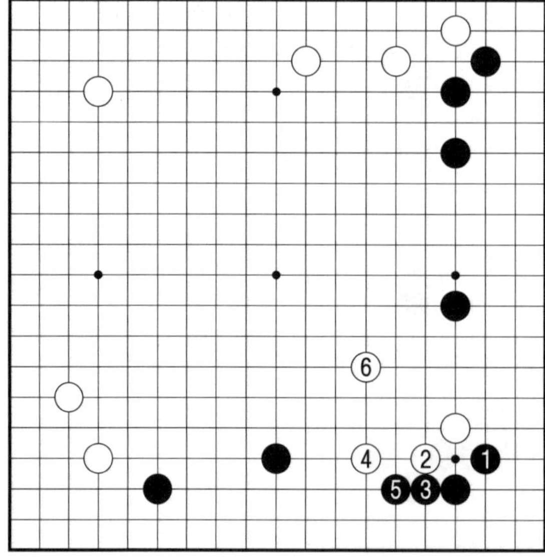

10도

10도(백의 변화)

흑1 때 백은 2로 마늘모한 후 4에 한칸 뛰는 변화도 고려할 수 있다. 계속해서 흑3·5로 받고 이하 백6까지가 실전에 흔히 등장하는 기본 포진이다.

제39형

중국식 포석 8(2연성 대응) — 높은 중국식(2)

중국식 포석에 대응하여 백6으로 전개하는 의미는 우하 방면의 흑 진영이 하변을 향해 입체적으로 확장되는 것을 방지하여 장기전으로 유도하려는 것이다. 그럼 이후의 포석 변화를 검토해 보기로 한다.

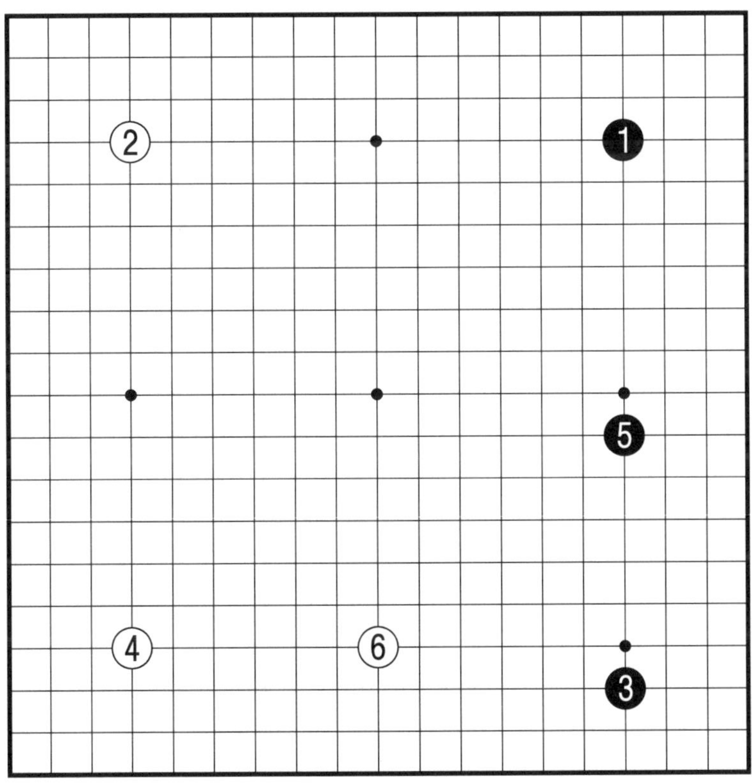

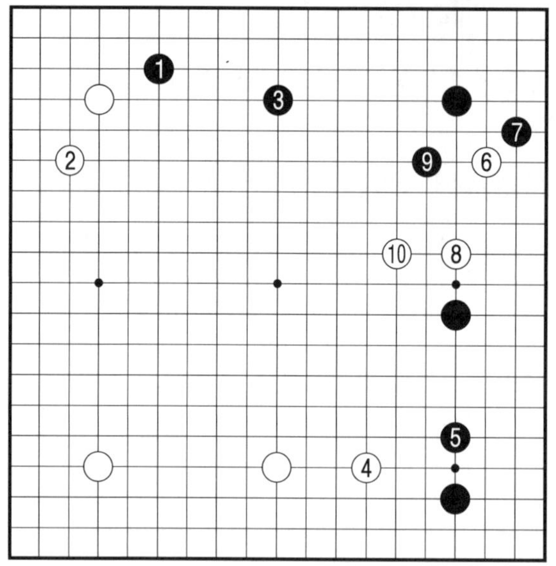

1도

흑1·3으로 상변의 폭을 넓게 되면 백4, 흑5의 교환 뒤 백6의 침투가 불가피해져 이곳의 전투에 의해 주도권이 결정된다.

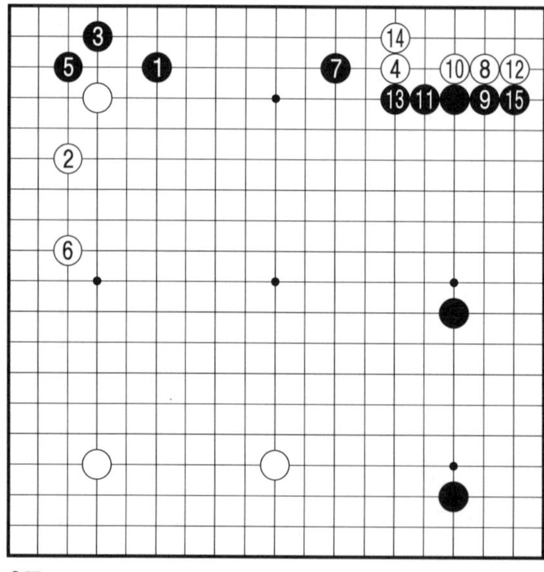

2도

2도(백, 넓음)

흑1, 백2 때 흑3의 달림에는 백4로 우상귀를 걸치게 된다. 이하 흑15까지의 진행은 흑이 우변에 편재될 가능성이 많아 불만이다.

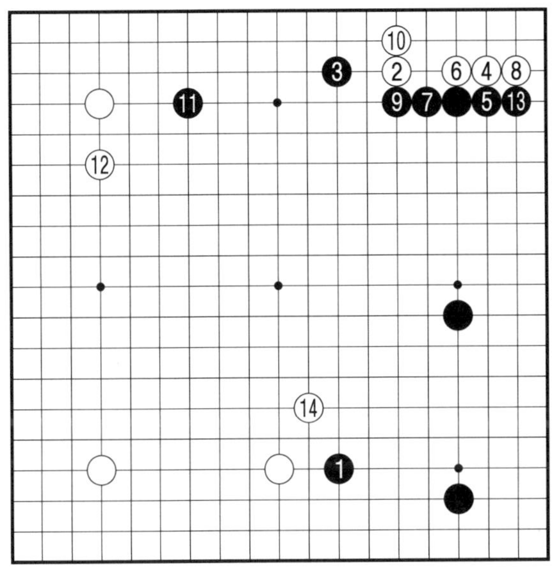

3도

3도(백, 다소 넓음)

흑1로 넓히면 백14까지의 진행이 예상된다. 이 결과는 백이 다소 넓은 폭의 진영을 형성하고 있다. 수순 중 14의 자리는 쌍방 요처이므로 기억해 둔다.

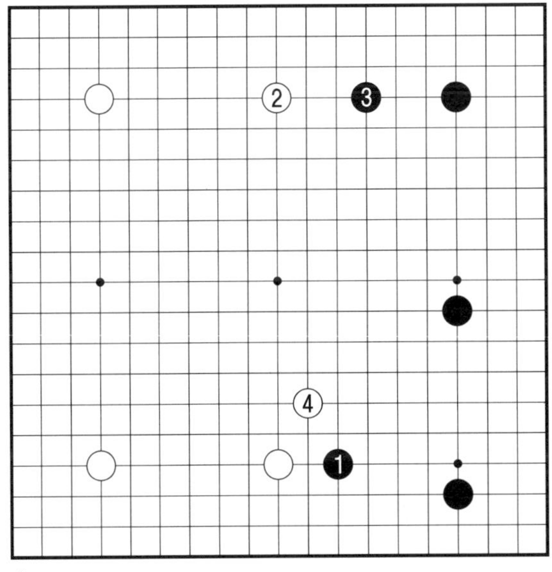

4도

4도(확장의 요처)

흑1로 넓히고 백2로 벌렸을 때 흑3으로 다가서면 4의 요처를 백이 차지하여 백이 다소 넓은 느낌이다.

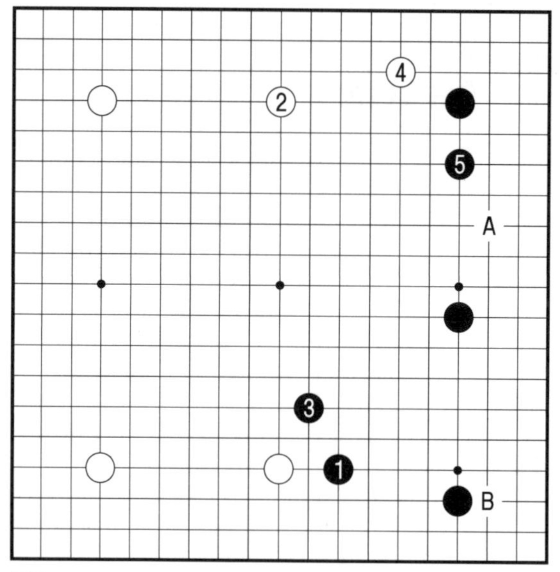

5도

5도(흑3, 요처)

흑1, 백2 때 흑3은 확장의 요처다. 흑이 일단 이 곳을 차지하여 5까지 진행되면 A와 B의 뒷맛은 남아 있으나 중앙으로 흑이 넓어지고 있어 뒤지지 않는 형세다.

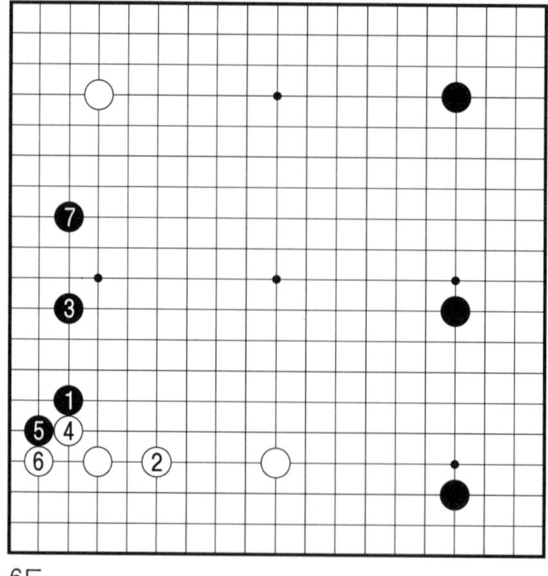

6도

6도(흑, 좌변 개척)

흑은 1쪽부터 착수할 수도 있다. 우변의 확장을 보류하고 좌변을 선점하는 진행도 현대 바둑은 인정하고 있다.

중국식 포석 9(2연성 대응) — 높은 중국식(3)

백1로 걸쳤을 때 흑이 A에 받으면 평범하다. 흑2로 협공한 것은 적극적인 수법인데 이후의 변화를 검토해 보기로 한다.

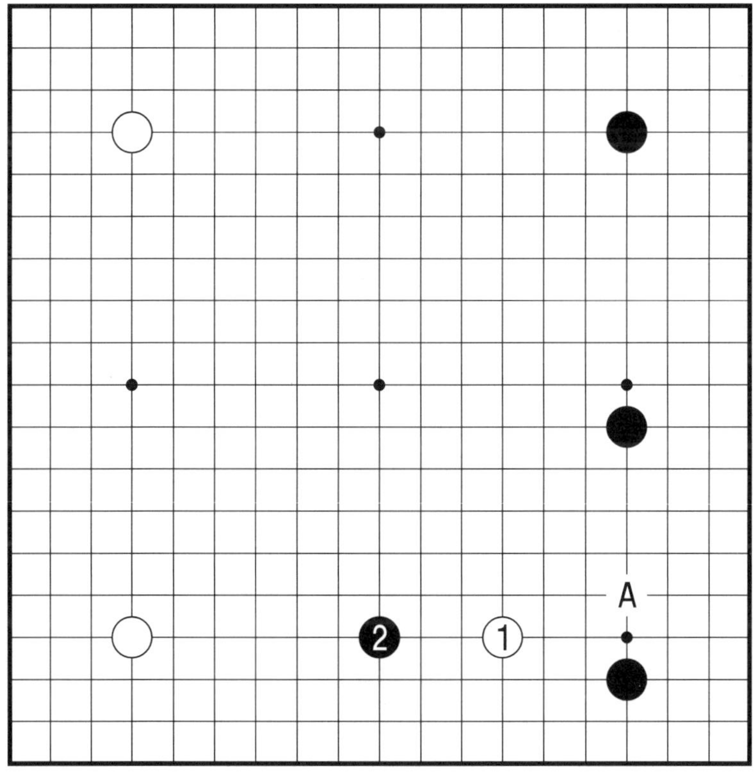

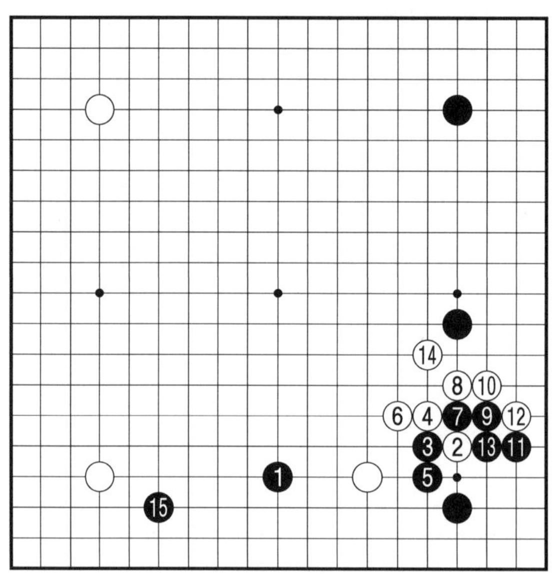

1도

1도(예상 포석)

혹1 때 백2로 걸치면 평범하다. 계속해서 혹3으로 붙이고 이하 혹15까지가 쉽게 예상할 수 있는 기본형이다.

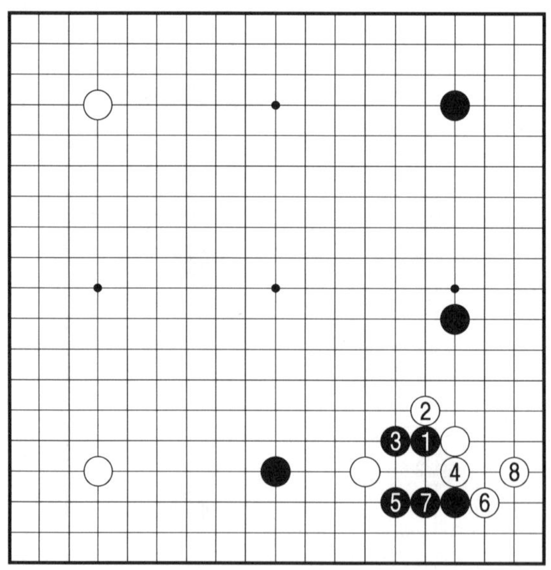

2도

2도(백, 만족)

혹1로 붙이고 백2로 젖혔을 때 혹3으로 뻗는 것은 의문이다. 백은 4로 치받은 후 이하 8까지 형태를 갖추어 만족스런 모습이다.

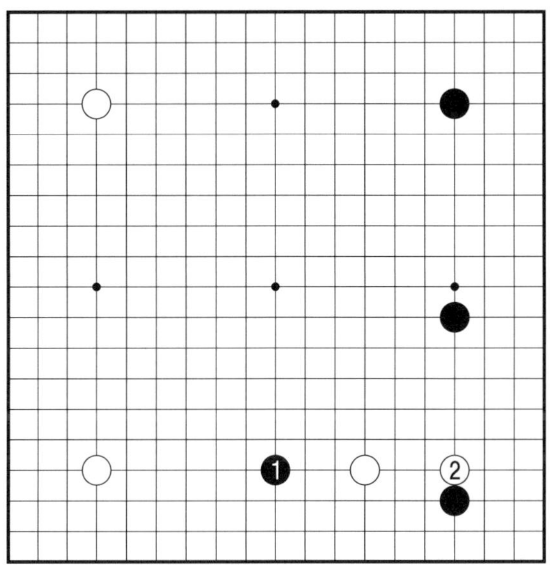

3도

3도(강력한 붙임)

흑1로 협공했을 때 백2로 붙이는 수가 여러 가지 변화를 내포한 수단이다. 그럼 백2로 붙인 이후의 변화를 검토해 보기로 한다.

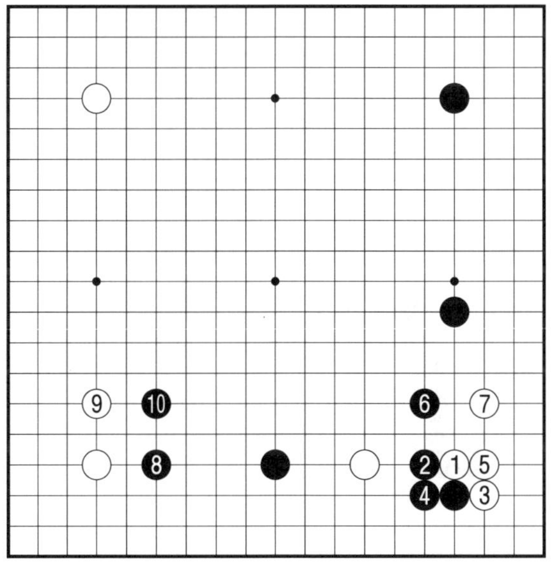

4도

4도(상용 포진)

백1로 붙였을 때 흑2로 젖히면 가장 평범하다. 계속해서 백3으로 되젖히고 이하 흑10까지의 진행이 되는데 쌍방 호각의 갈림이다.

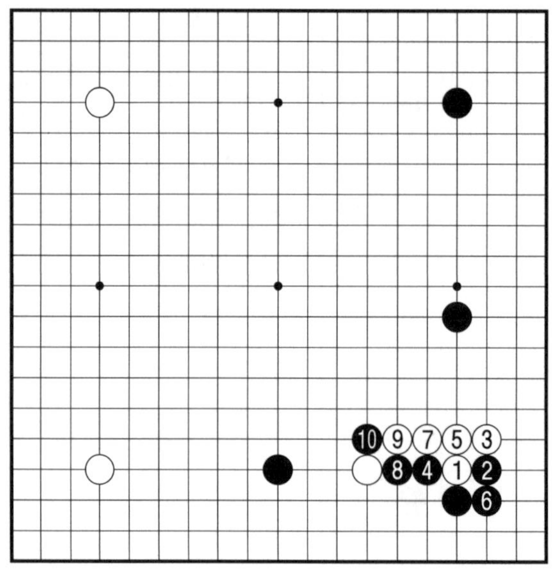

5도

백1 때 흑2로 젖히는 변화이다. 다음 백3으로 되젖히면 흑4로 단수친 후 6으로 잇는 것이 좋은 수순이다. 백7에는 흑8·10으로 절단해서 백이 곤란한 모습이다.

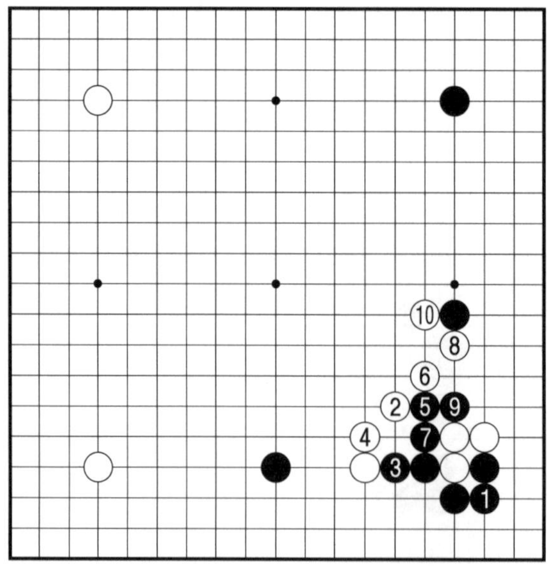

6도

6도(백, 충분)

흑1로 이엇을 때 백2로 날일자하는 변화이다. 이때는 흑3으로 치받은 후 5에 건너붙이는 것이 수순. 그러나 백6·8 때 흑9는 실리에 연연한 수로 백10의 자세가 좋아 흑으로선 미흡한 결말이다.

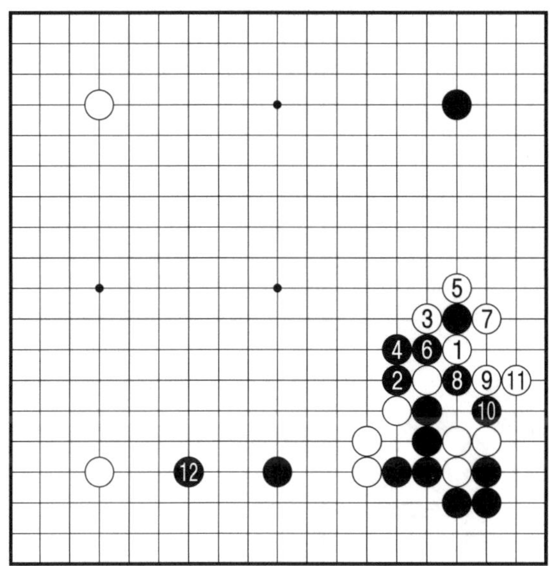

7도

7도(흑의 강수)

백1 때 흑은 당연히 2로 끊을 곳이다. 계속해서 백3으로 젖힌다면 흑4로 뻗은 후 이하 흑12까지 처리하면 흑이 단연 우세하다.

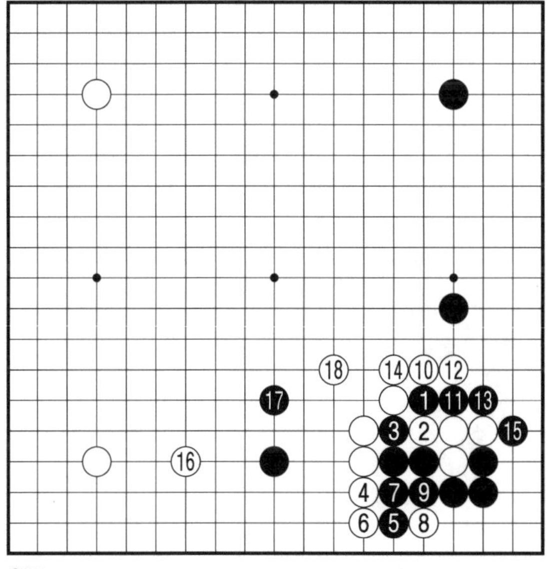

8도

8도(호각)

흑1로 건너붙였을 때 백2로 끊는 변화이다. 계속해서 백4로 내려서고 흑5 이하 백18까지 진행된다면 이 결과는 쌍방 호각의 갈림이다.

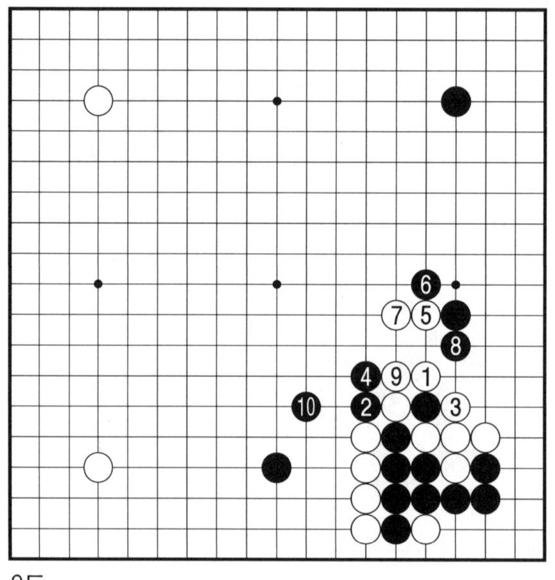

9도

9도(흑, 우세)

 전도의 수순 중 백1로 단수쳤을 때 흑2로 끊는 변화이다. 이때 백3으로 따내면 흑4 이하 10까지 진행되어 흑이 우세한 결말이다.

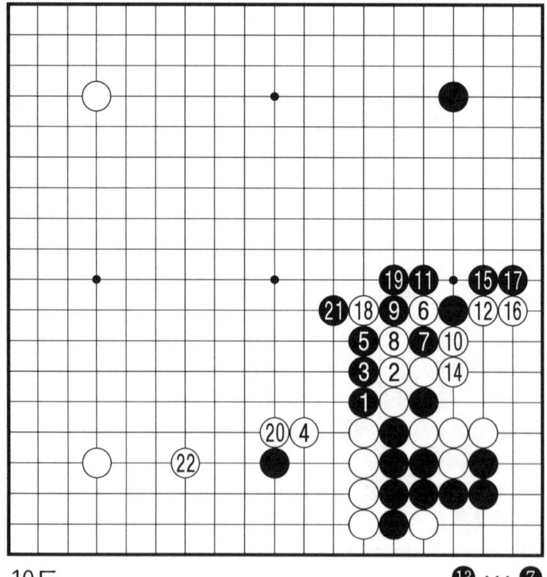

10도

10도(복잡한 포석)

 흑1로 단수쳤을 때 백2로 잇는 변화이다. 계속해서 흑3으로 민다면 백4로 한칸 뛰는 것이 행마법. 이후 흑5로 뻗고 백22까지의 진행을 예상할 때 쌍방 모두 어려운 바둑이다.

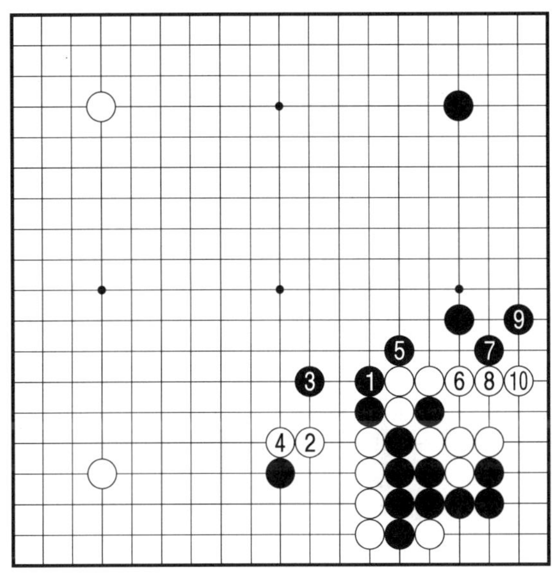

11도

11도(흑, 우세)

전도의 수순 중 흑1, 백2 때 흑은 3으로 한칸 뛰는 것이 좋은 수이다. 백4로 받아야 할 때 흑5로 젖힌 후 이하 백10까지 공략해서 이 결과는 흑이 우세하다. 수순 중 흑5 때 백6이 행마의 묘.

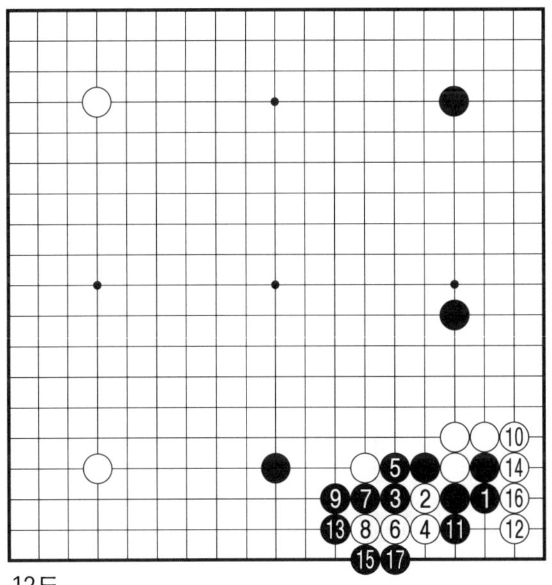

12도

12도(흑, 두터움)

흑1로 이었을 때 백2로 끊는 변화이다. 이때는 흑3으로 단수친 후 5에 잇는 것이 좋은 수순으로 이하 흑17까지 처리해서 흑이 두텁다.

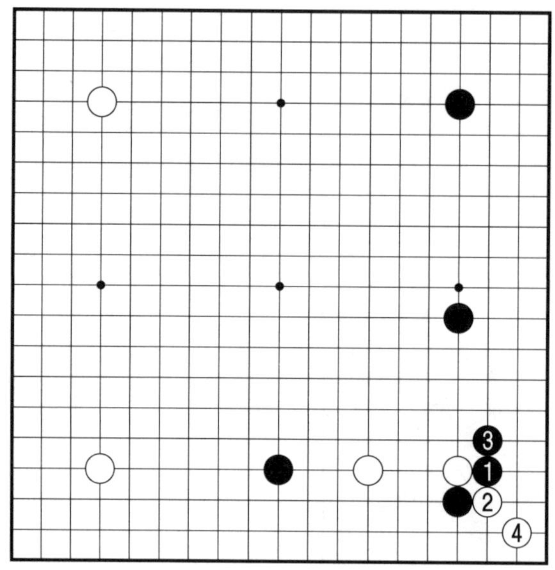

13도(백의 최선)

흑1로 젖히면 백은 2로 끊는 한수이다. 계속해서 흑3으로 뻗는다면 백4로 마늘모하는 것이 연관된 맥점이다. 계속해서……

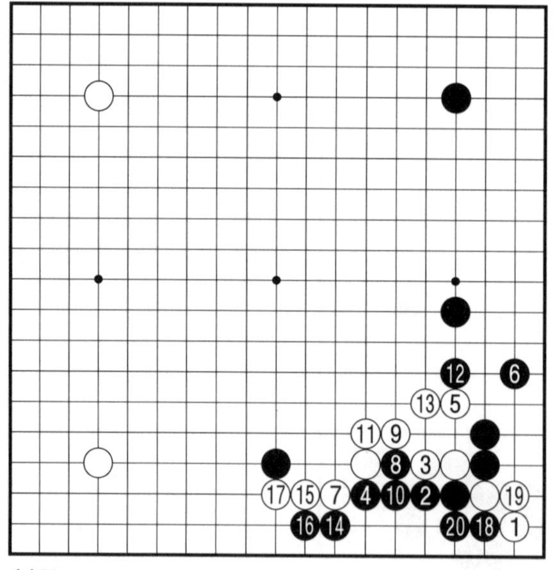

14도(백, 두터움)

백1로 마늘모하면 흑은 2로 뻗은 후 4에 붙이는 것이 수순이다. 계속해서 백5로 한칸 뛰고 흑6 이하 흑20까지의 진행이 이루어진다면 귀의 백이 잡혔어도 이 결과는 백이 두텁다.

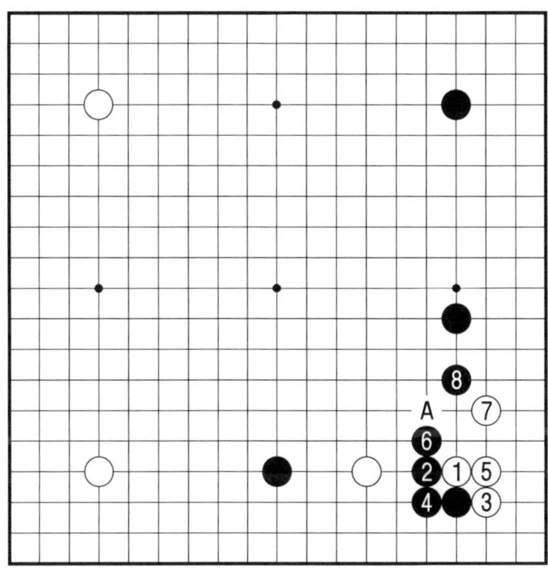

15도

15도(두터운 작전)

백1로 붙이면 흑은 2로 젖히는 정도이다. 계속해서 백3으로 되젖히고 흑 4, 백5까지 진행되었을 때 흑6은 두터움을 중시한 수로 흑8로 씌워 일단락이다. 흑6으로는 속도를 중시해서 A에 한칸 뛰는 것도 가능하다.

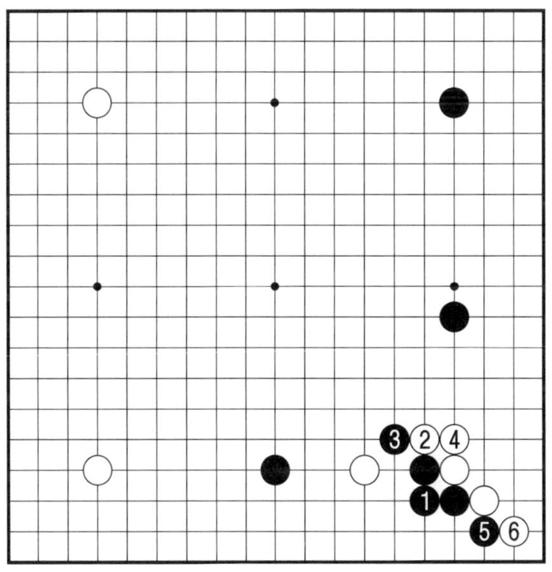

16도

16도(백의 변화)

흑1로 이었을 때 백은 2로 젖히는 수도 가능하다. 계속해서 흑3으로 젖힌다면 백4로 이은 후 흑 5 때 백6으로 이단젖히는 것이 요령이다.

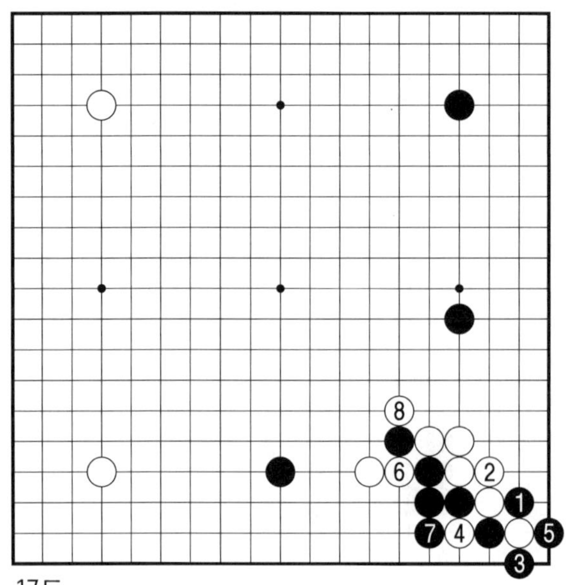

17도

17도(백, 만족)

전도에 계속해서 흑1·3으로 단수쳐서 백 한점을 잡는다면 백4·6을 선수한 후 8로 단수쳐서 흑한점을 축으로 잡을 수 있다.

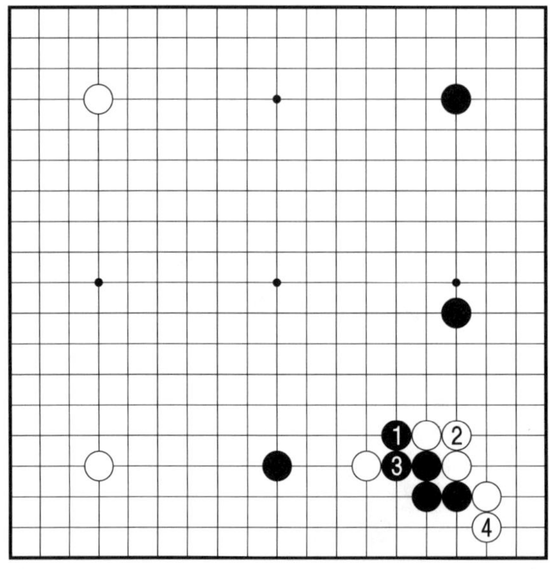

18도

18도(백, 충분)

흑1로 젖히고 백이 2로 이은 후 흑이 4로 귀를 젖히지 않고 그냥 3에 이으면 백4로 뻗어 이 역시 흑이 불리한 결말이다.

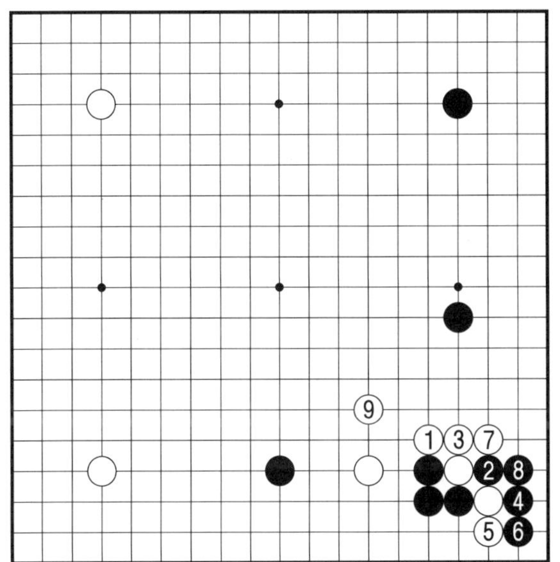

19도

19도(호각)

백1로 젖히면 흑은 기세상 2·4로 단수쳐서 백 한점을 잡을 곳이다. 계속해서 백5로 뻗고 이하 백9까지가 예상되는 진행인데 쌍방 충분히 둘 수 있는 갈림이다.

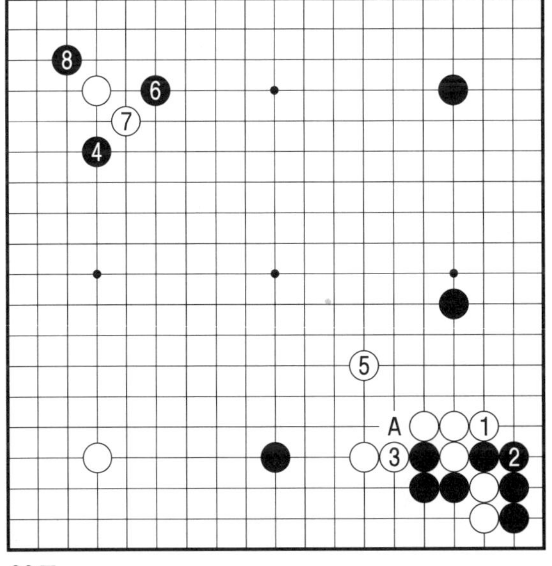

20도

20도(축머리)

백1, 흑2 때 두텁게 두고자 한다면 백3으로 치받는 수도 가능하다. 그러나 흑4로 걸치면 A의 축머리 관계상 5로 보강할 수밖에 없는데 흑6·8까지 백이 속도에서 뒤지는 포석이 된다.

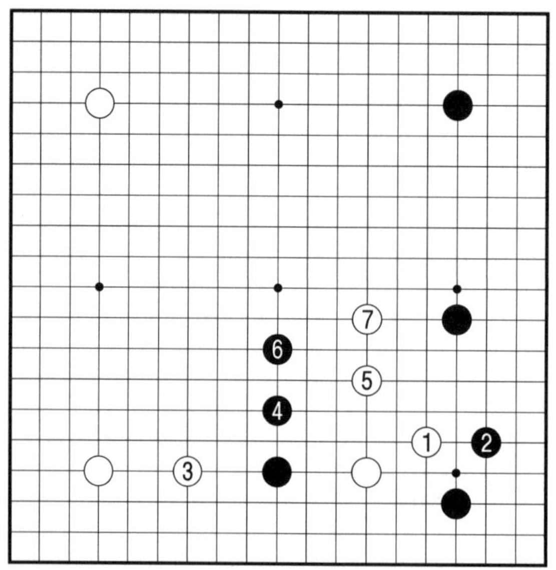

21도

21도(공중전)

백은 1과 2를 교환한 후 백3으로 벌리는 작전도 고려할 수 있다. 다음 중앙을 향해 흑4로 뛰면 이하 백7까지 공중전으로 유도할 수도 있다.

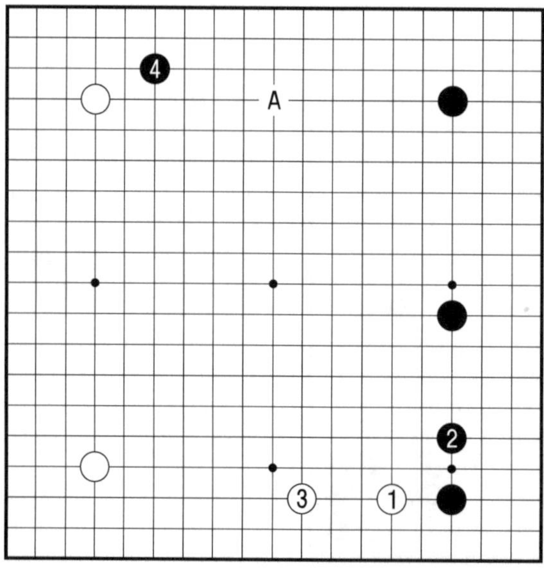

22도

22도(가벼운 진행)

지금까지의 변화가 복잡하다면 백은 1부터 흑4까지 무리없는 평범한 진행으로 갈 수도 있다. 흑4로도 변화를 피하여 A에 둘 수 있다.

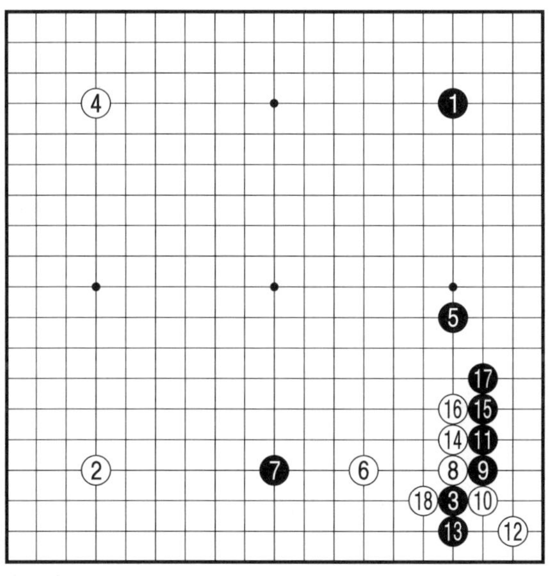

〈1보〉

1보(1~18)

　7회 동양증권배 준결승에서 백의 이창호에게 흑의 조치훈이 시도한 높은 중국식 포석이다. 흑5의 위치가 높아 백12의 강수가 성립하게 되었다.

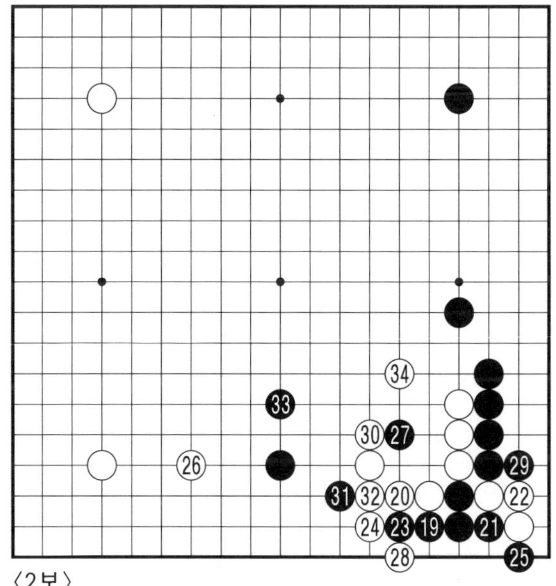

〈2보〉

2보(19~34)

　흑27로 들여다본 수가 좋지 않았다. 이 수로 인해 백34로 안전하게 진출하여 백의 좋은 흐름이다.

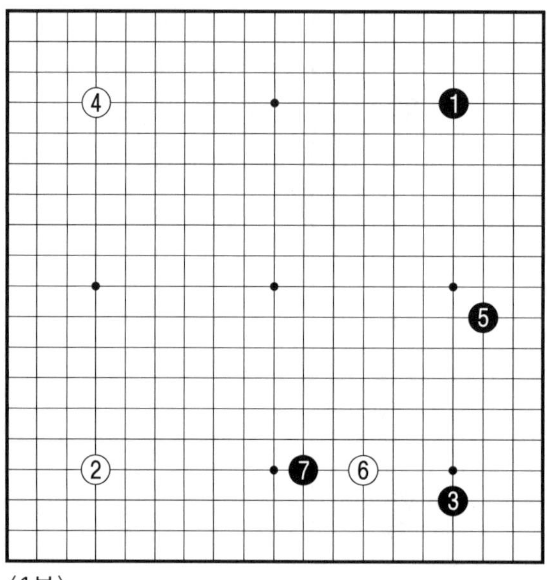

〈1보〉

1보(1~7)

　사상 초유의 진로배 9연패를 달성했던 서봉수가 6국에서 흑의 야마다 기미오(山田規三生)에 대해 백6으로 다가섰을 때 흑이 7로 역공한 포석이다.

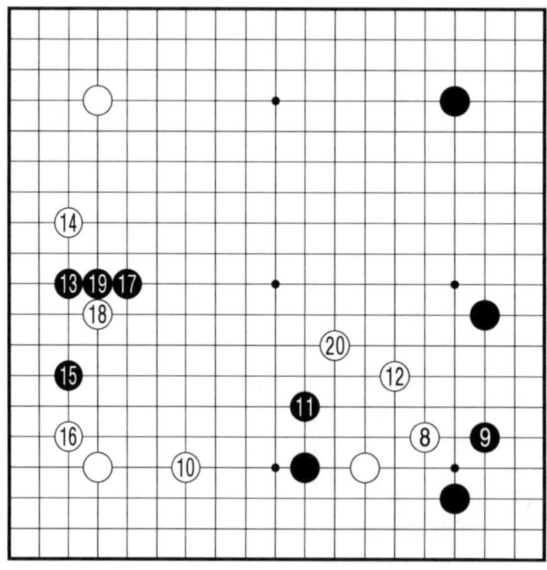

〈2보〉

2보(8~20)

　백8·10·12의 흐름이 경쾌하다.

중국식 포석 10(2연성 대응) — 미니 중국식(1)

흑은 우하귀를 굳히지 않고 1로 걸치는 수도 가능하다. 계속해서 백2로 받는다면 흑3으로 전개해서 미니 중국식 포진이 된다. 그럼 흑3으로 전개한 이후의 포석 변화를 검토해 보기로 한다.

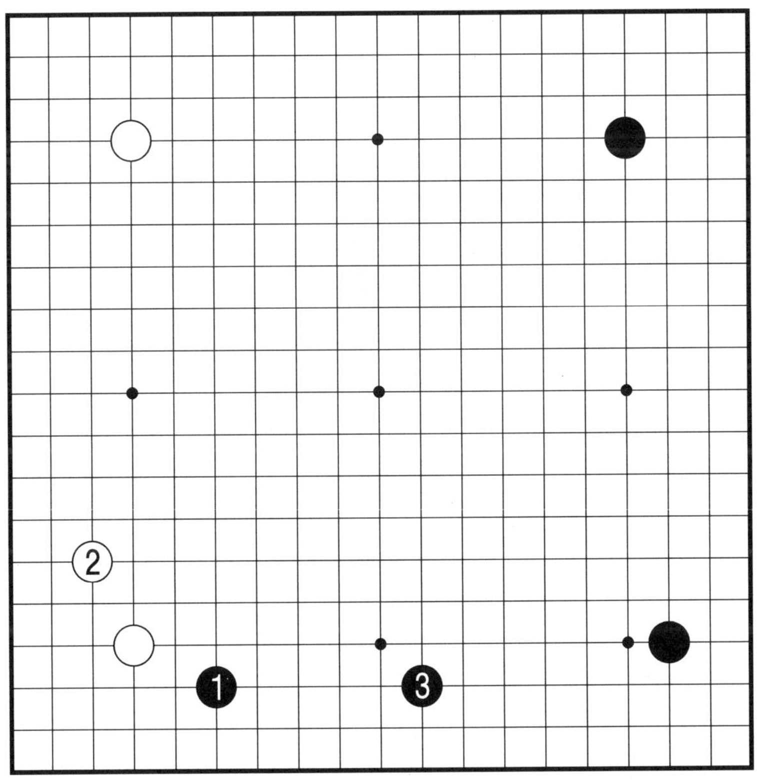

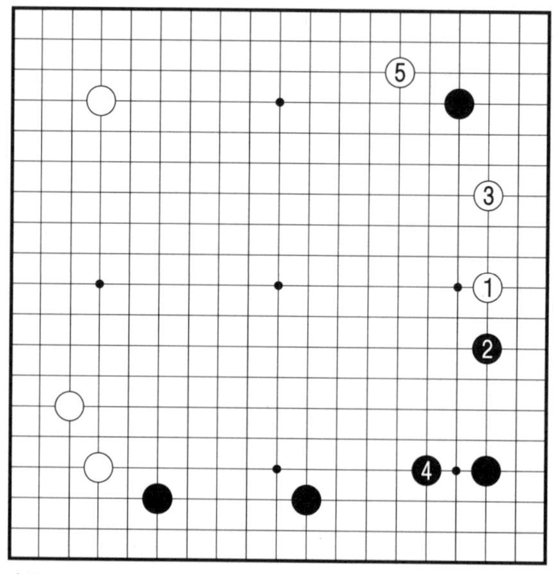

1도

1도(백, 발빠름)

혹이 미니 중국식을 펼치면 백은 1로 갈라치는 것이 가장 보편적이다. 계속해서 혹2로 다가선다면 백3으로 두칸 벌린 후 혹4로 굳힐 때 백5로 손을 돌려서 백이 발빠른 포석이다.

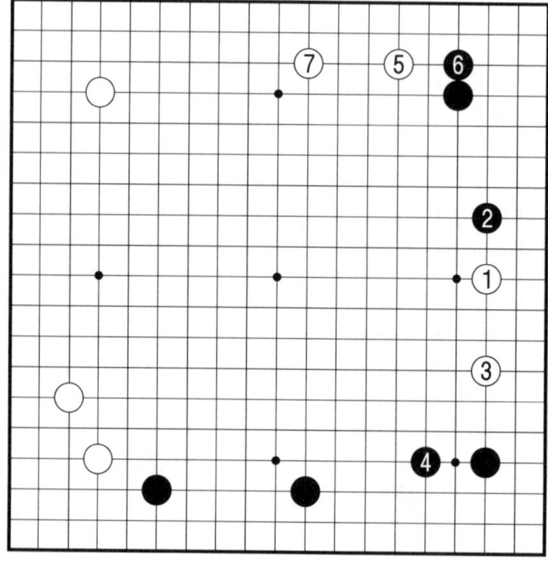

2도

2도(백, 충분)

백1 때 혹은 2로 다가서는 것이 보통이다. 그러나 백3 때 혹4로 받는 것은 너무 무미건조하다. 백은 5로 걸친 후 7로 전개해서 충분한 포석이다.

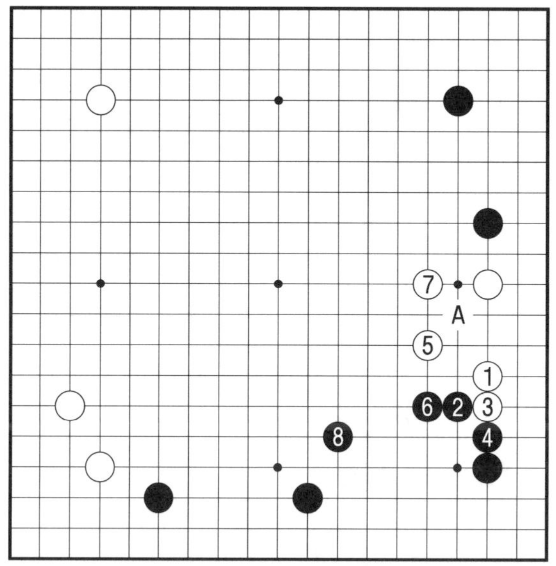

3도

3도(흑, 만족)

백1로 두칸 벌리면 흑은 2로 어깨짚어 둘 곳이다. 계속해서 백3으로 치받은 후 5로 날일자한다면 흑6·8로 처리해서 흑이 유리한 포석이다. 백7은 A의 약점 관계상 불가피하다.

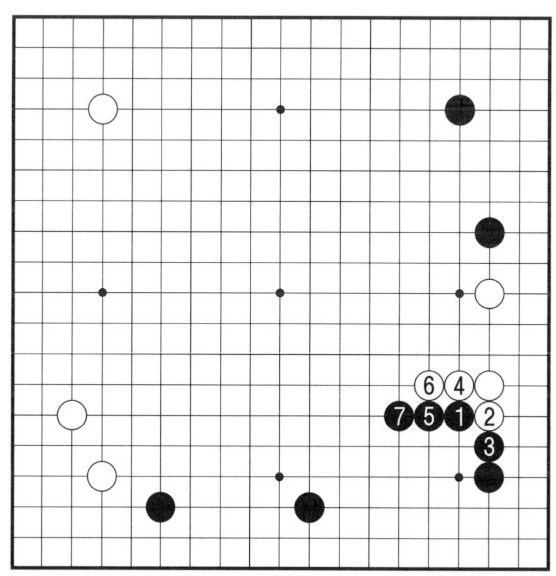

4도

4도(흑, 충분)

흑1 때 백2로 치받은 후 4로 미는 변화이다. 이때는 흑3으로 받은 후 5에 뻗는 것이 수순이다. 백6, 흑7까지 진행되면 하변 흑 모양이 이상적인 모습이라 흑이 유리하다.

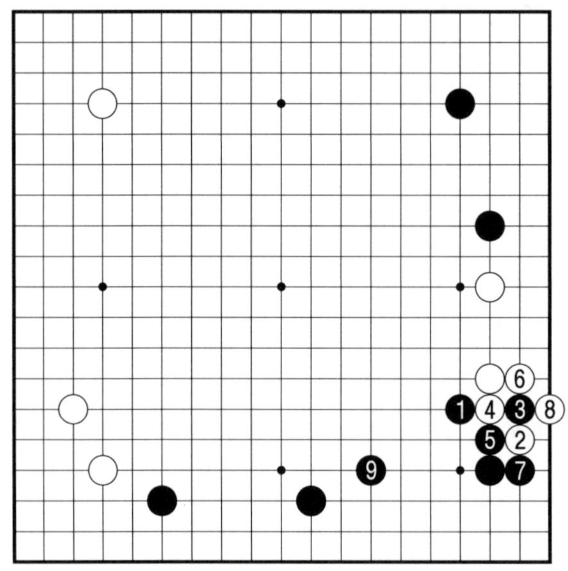

5도(최신 포석)

흑1로 어깨짚으면 백은 2로 날일자해서 응수하는 것이 신종 수법으로 정수이다. 계속해서 흑3으로 건너붙이고 이하 흑9까지가 기본형인데 쌍방 불만없는 갈림이다.

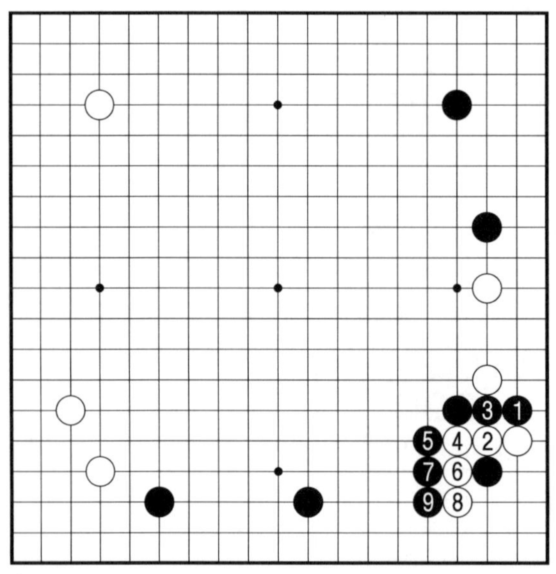

6도(백, 옹졸)

흑1의 건너붙임에 대해 백이 2로부터 8까지 귀를 차지하는 것은 소탐대실이다. 귀의 집은 중앙의 두터움에 미치지 못한다.

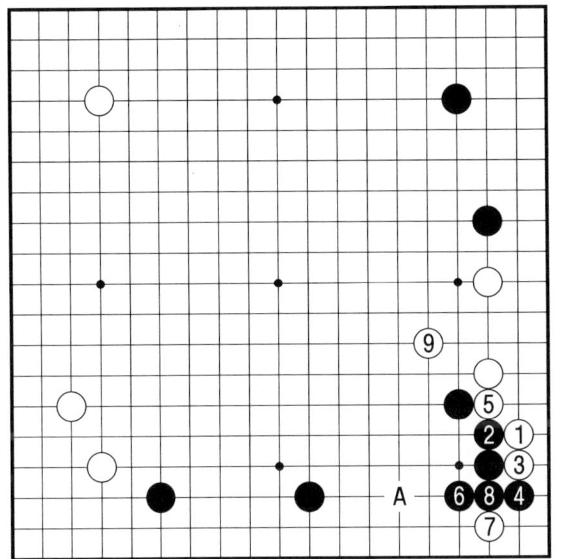

7도

7도(흑의 약점)

백1 때 흑2로 막는 것은 좋지 않다. 백은 3으로 민 후 이하 9까지 처리해서 충분한 결말이다. 흑으로선 A의 약점이 부담으로 남는다.

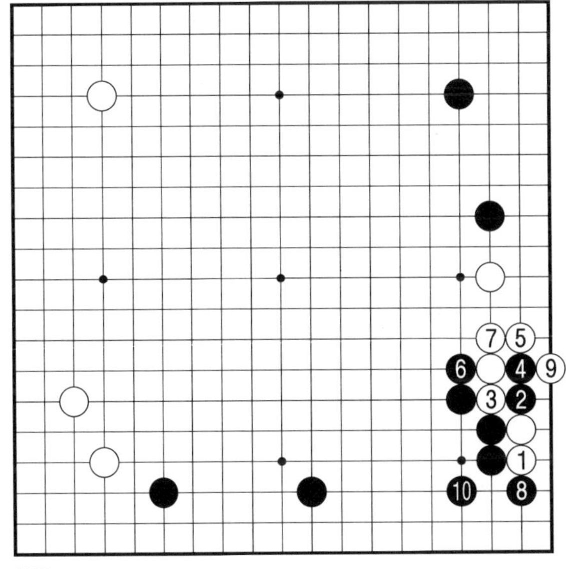

8도

8도(흑, 만족)

백1 때 흑2로 젖히는 변화이다. 계속해서 백3으로 끊는다면 흑4로 민 후 이하 10까지 처리해서 이 결과는 흑이 유리한 포진이다.

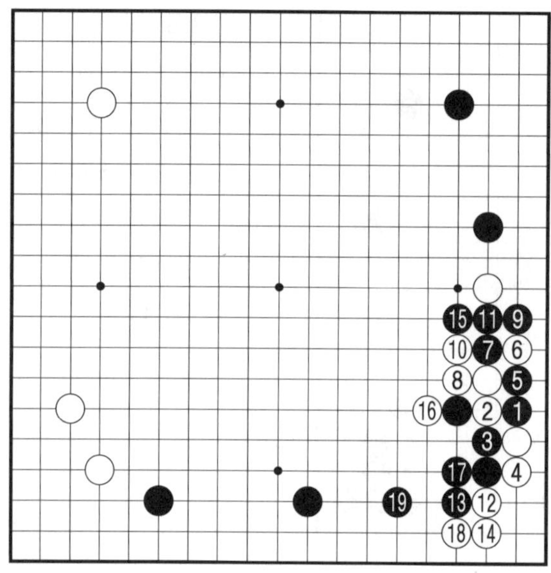

9도

9도(흑, 우세한 전투)

흑은 백6에 대하여 흑7로 끊어 전투할 수도 있다. 이하 흑19까지의 결과는 흑의 절대 우세이다. 백도 수순을 바꾸어……

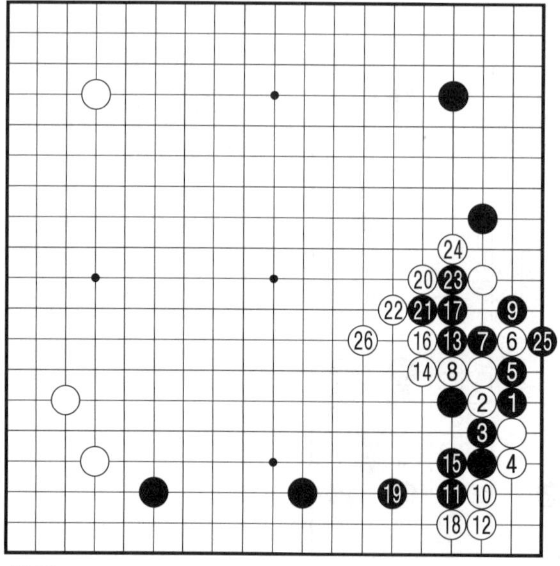

10도

10도(백, 다소 유리)

전도의 수순 중 흑9까지 진행되었을 때 단순히 백10·12로 사는 것이 좋다. 이하 백26까지의 결과는 백이 다소 유리하다.

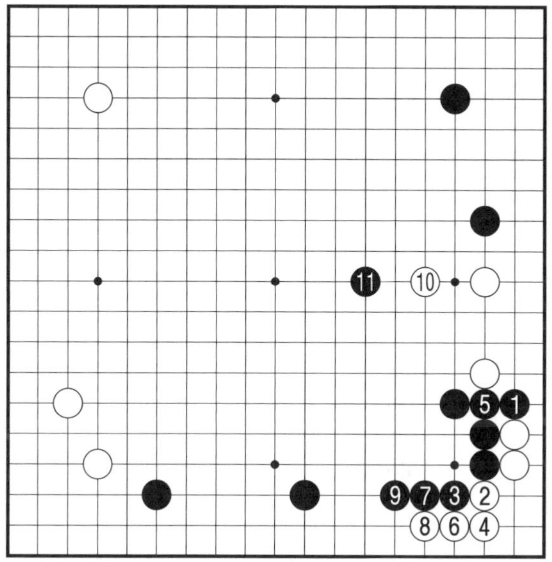

11도

11도(백의 변화)

흑1 때 백은 2로 젖혀 변화할 곳이다. 계속해서 흑3으로 젖히고 이하 흑9까지가 필연적인 진행인데 백이 선수로 실리를 취한 만큼 충분한 결과이다. 백10 때 흑은 11로 공격해서 실리의 손실을 보상받아야 한다.

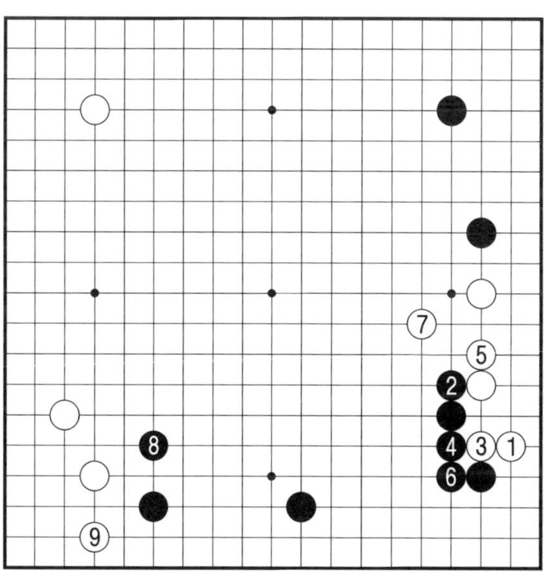

12도

12도(흑의 변화)

백1 때 흑은 2로 막는 수도 고려할 수 있다. 계속해서 백은 3으로 찌른 후 5에 뻗는 것이 수순인데 흑6 이하 백9까지가 예상되는 포석 진행이다.

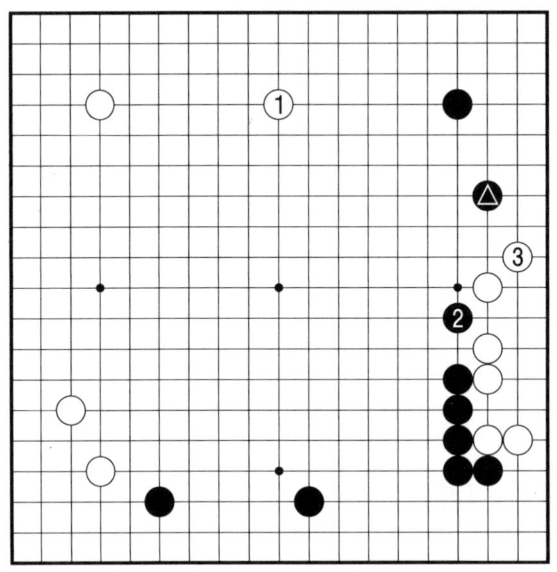

13도

13도(한칸의 차이)

우상의 흑이 ▲에 있을 때엔 손을 빼고 백1에 전개할 수 있다. 흑2에는 백3으로 탄력있게 버틸 수 있기 때문이다.

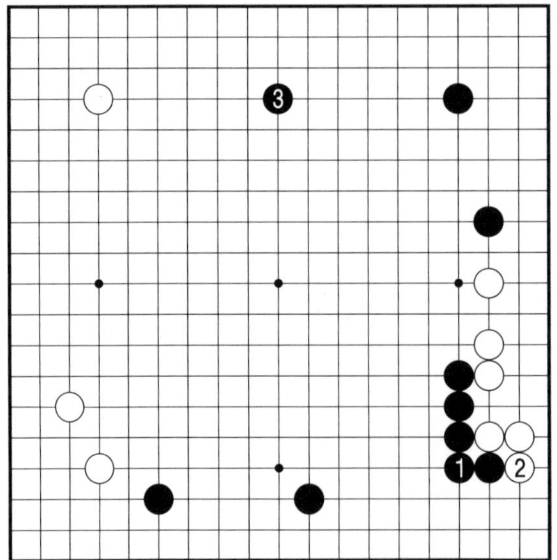

14도

14도(백, 실리 중시)

전도의 수순 중 흑1로 이엇을 때 백은 2로 미는 수도 가능하다. 이 수는 후수이지만 실리상으로 매우 큰 곳이다. 흑은 3으로 전개해서 발빠른 포석을 펼친다.

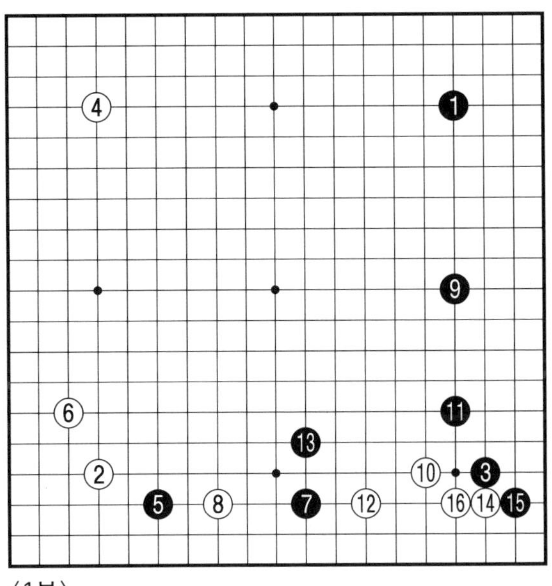

〈1보〉

1보(1~16)

14기 KBS바둑왕전 결승1국에서 백의 이창호에게 흑의 유창혁이 구사한 미니 중국식 포석이다. 백8의 침입은 신수이나 의문이었다. 백10과 12의 흐름도 독특했으나, 흑13으로 뛴 자세가 좋아 성과가 없었다.

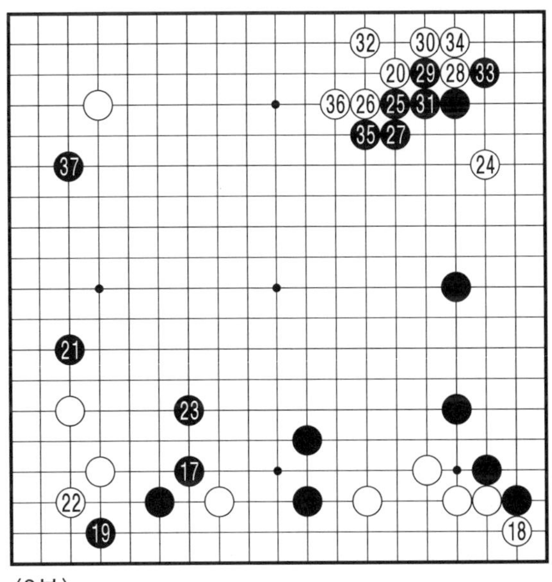

〈2보〉

2보(17~37)

23으로 뛰어 흑의 흐름이 좋다. 우상귀를 선수로 정리하고 37에 걸쳐 흑 우세의 국면이다.

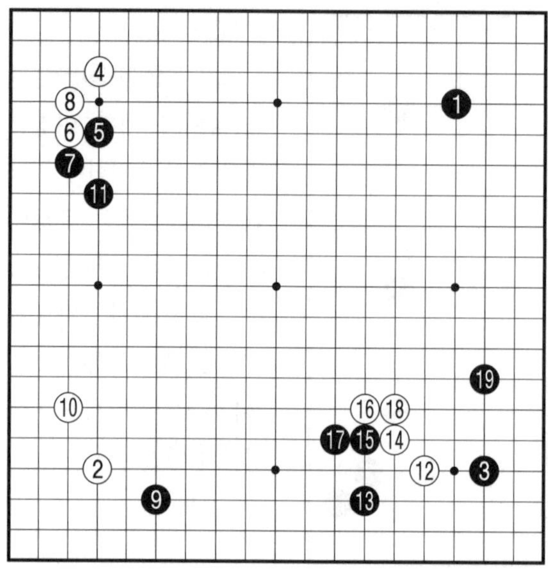

〈1보〉

1보(1~19)

이 바둑은 29기 왕위전 도전6국에서 백의 유창혁에게 흑의 조훈현이 시도한 미니 중국식의 변형 포석이다. 흑11에 대해 외면하고 백12로 걸친 것은 우하귀가 소목이기 때문이다. 백18의 이음은 두터운 수.

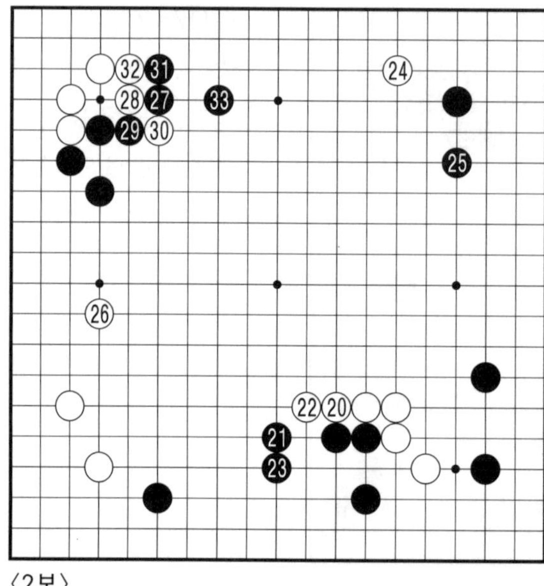

〈2보〉

2보(20~33)

흑23까지 흑의 실리가 돋보이기는 하지만 백도 두텁다. 이 두터움을 배경으로 백26의 공격을 시작으로 30의 절단까지 전투를 피할 수 없게 되었다.

중국식 포석 11(2연성 대응) — 미니 중국식(2)

흑1로 다가섰을 때 백2로 눈목자하는 변화이다. 이 수의 의도는 중국식 포석의 위력을 사전에 견제하려는 것이다. 그럼 백이 눈목자로 벌린 이후의 포석 진행을 검토해 보기로 한다.

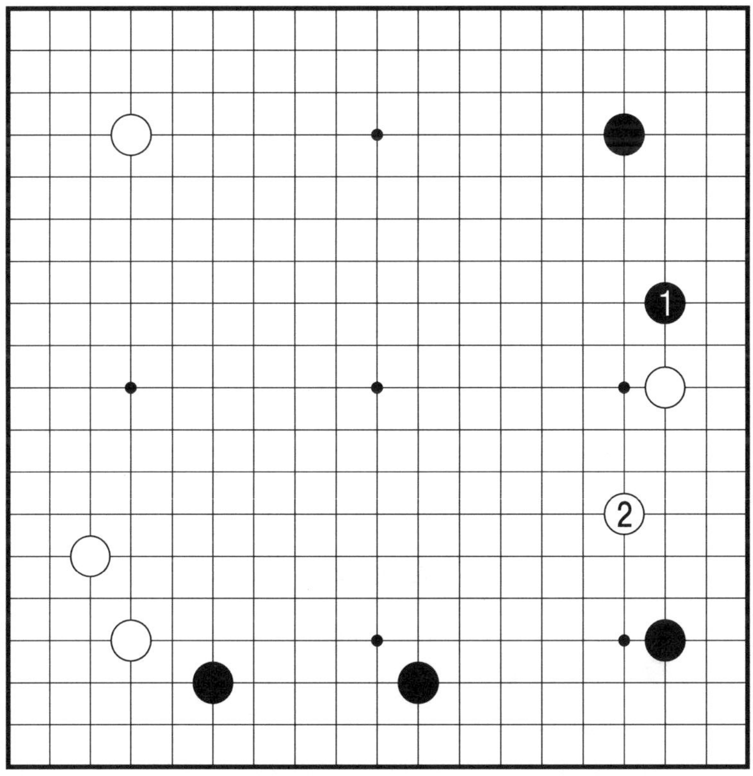

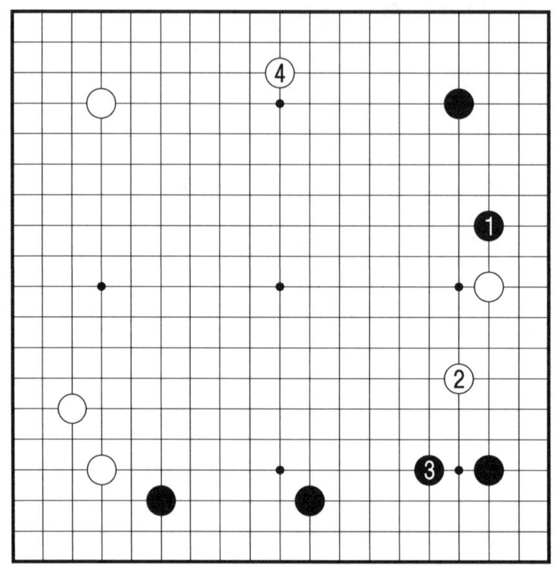

1도

1도(백, 활발)

흑1, 백2 때 단순히 흑 3으로 받는 것은 백4로 전개해서 백이 활발한 포석이다.

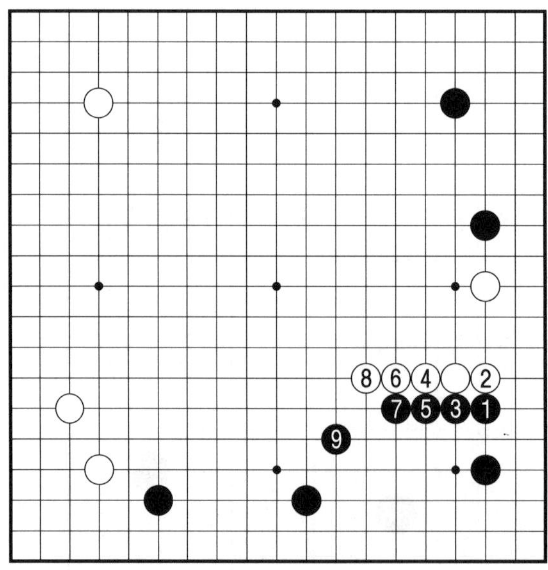

2도

2도(흑, 만족)

흑1 때 단순히 백2로 막는 것은 흑의 의도에 말려든다. 흑은 3으로 민 후 이하 9까지 하변을 이상적으로 구축해서 충분한 포석이다.

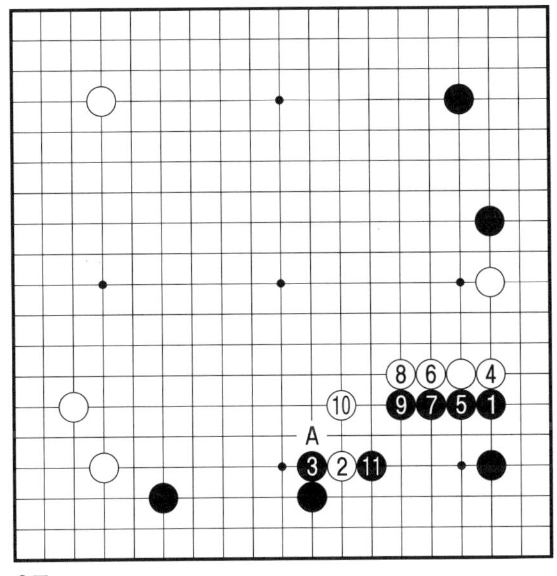

3도

3도(백의 응수타진)

흑1에 대해 백이 직접 응수하지 않고 2로 어깨짚어 응수타진하면 이하 백 10까지의 진행이 예상된다. 이 결과는 백A의 활용이 남아 백도 둘만하다.

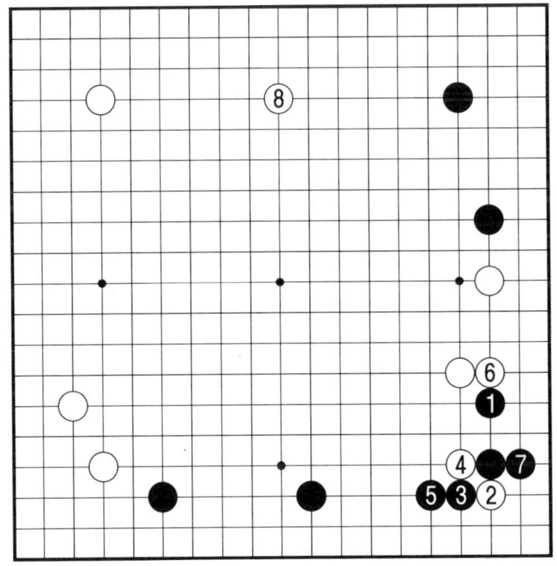

4도

4도(흑, 불만)

흑1 때 백2로 귀에 붙여 타진하는 수도 고려할 수 있다. 흑3으로 젖히는 것은 흑의 실수이다. 백은 4로 끊은 다음 6을 선수로 막고 8에 선착하여 백이 좋다.

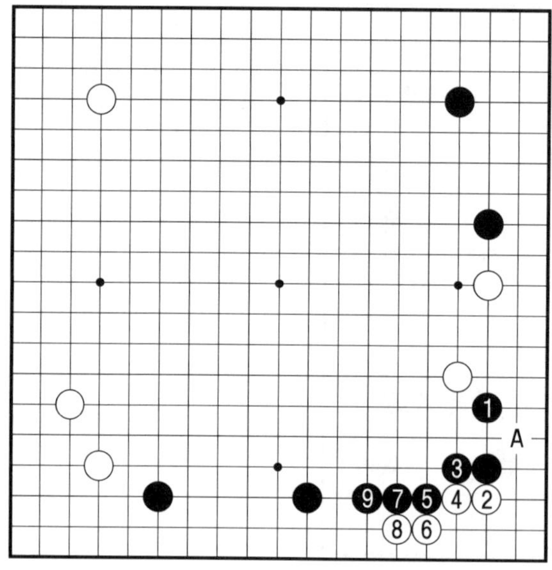

5도

5도(흑, 두터움)

백2로 귀에 붙였을 때 흑도 3으로 침착하게 뻗어 이하 9까지 참는 것이 좋다. 이 진행은 A가 우하귀 백의 사활에 선수로 작용하므로 우변의 백 두 점이 흑의 영향력 아래 놓이게 된다.

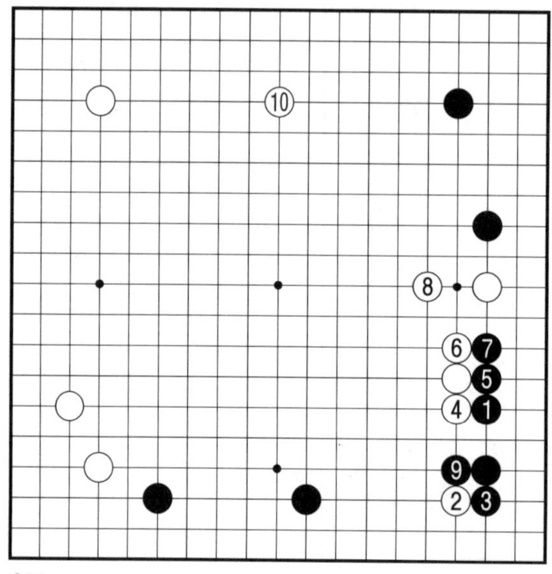

6도

6도(무난)

흑1 때 백2의 타진도 가능한 수이다. 흑3으로 막으면 백8까지 자세를 잡고 백10으로 선착하면 무난한 진행이다.

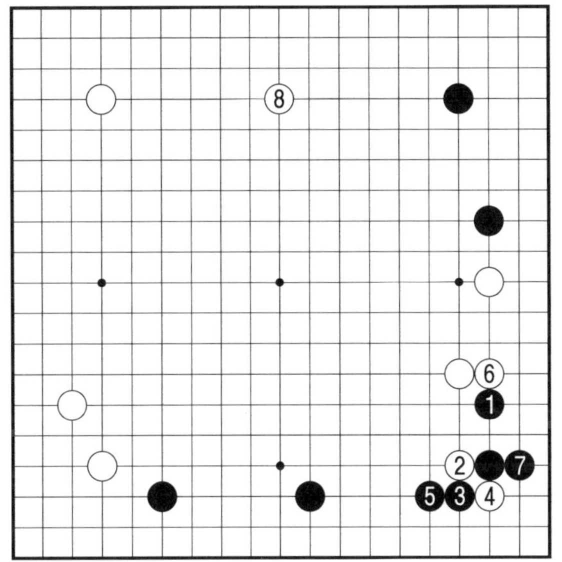

7도

7도(유력한 붙임)

흑1 때 백2로 붙이는 응수타진이 유력하다. 흑3으로 젖히면 백4로 맞끊어 이하 흑7까지 이 진행은 4도로 환원된 모습이다.

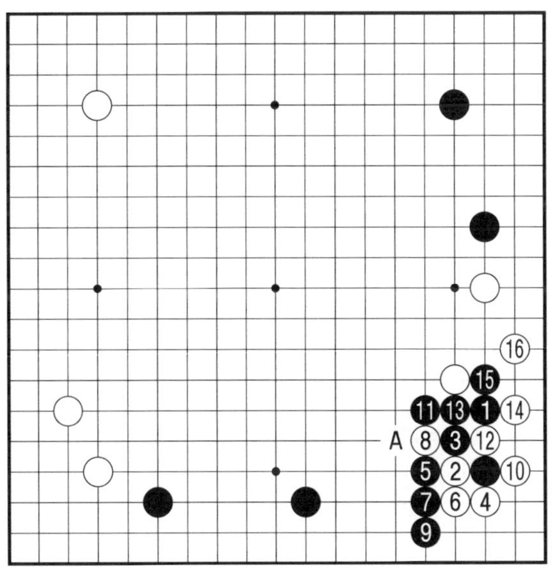

8도

8도(백, 호형의 연결)

흑1, 백2 때 흑이 3 이하로 변화하면 백8로 끊어두는 수순이 좋다. 백16까지 넘고나서도 아직 A로 달아나는 맛이 남아 있다.

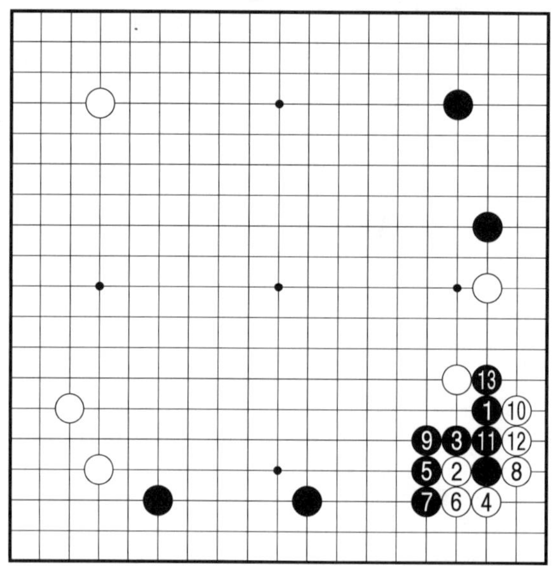

9도

9도(백8, 수순착오)
흑7까지 진행되었을 때 백8로 먼저 단수하는 것은 수순착오이다. 흑이 9의 곳을 이어 13까지 처리하면 흑이 두텁다.

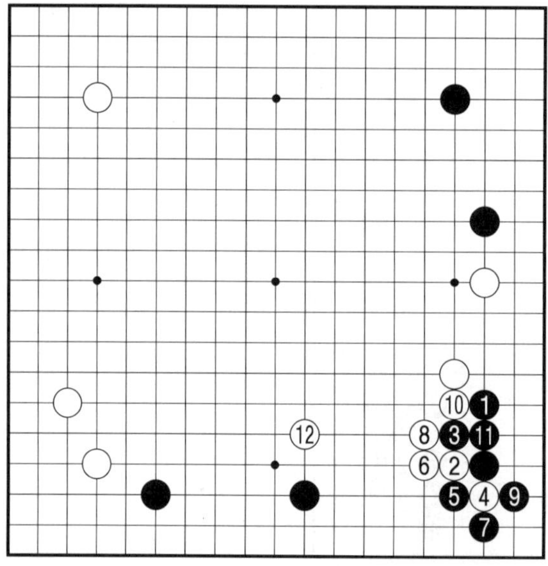

10도

10도(백, 만족)
백4까지 진행되었을 때 흑이 5·7로 복잡한 변화를 시도하면 백은 12까지 유연하게 대처하여 만족이다.

중국식 포석 12(2연성 대응) — 미니 중국식의 견제

흑1로 걸쳤을 때 흑의 미니 중국식 포석을 견제하고 싶다면 백은 2로 역으로 걸치는 것이 좋다. 백2로 걸치면 바둑이 잘게 잘게 나뉠 가능성이 높다. 그럼 이후의 포석 변화를 알아보기로 한다.

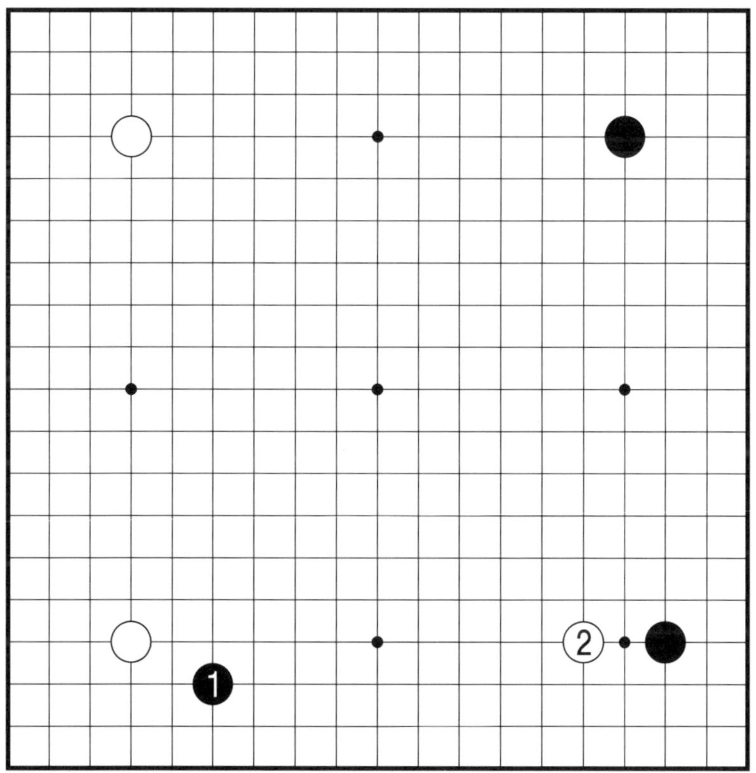

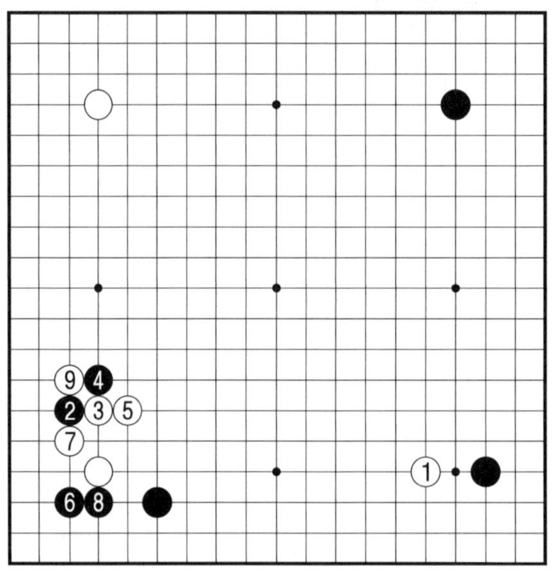

1도

1도(흑의 양걸침)

　백1 때 흑은 2로 양걸침할 수도 있다. 백3으로 붙인다면 흑4로 젖힌 후 이하 백9까지 흑은 선수로 실리를 취하는 것이 요령이다.

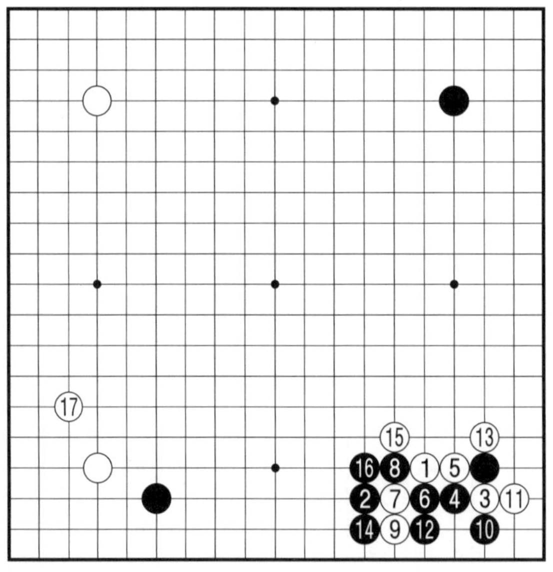

2도

2도(흑, 두터움)

　백1로 걸쳤을 때 흑2로 협공하는 수는 가장 일감으로 떠오르는 수. 계속해서 백3으로 붙인다면 흑4로 젖힌 후 이하 16까지 처리해서 흑이 두터운 포진이다.

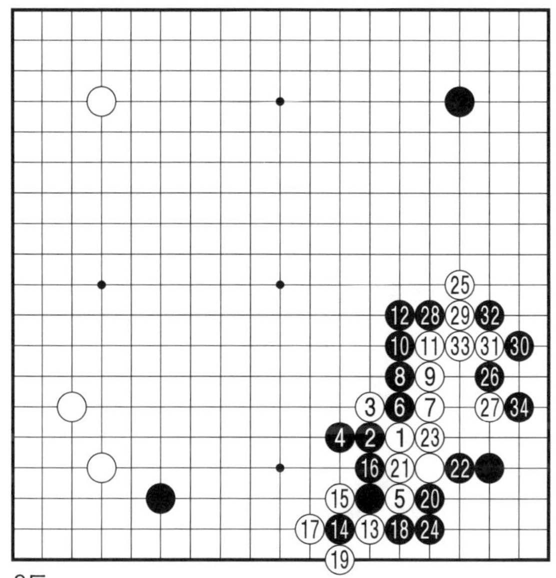

3도

3도(흑, 유리)

백이 1의 마늘모로 행마하면 흑은 2로 붙여 전투로 끌고 갈 수도 있다. 백3으로 젖히고 흑4 때 백5로 붙이는 것은 흑6으로 절단하여 대항할 수 있다. 이하 흑34까지 이 진행은 백이 불리하다.

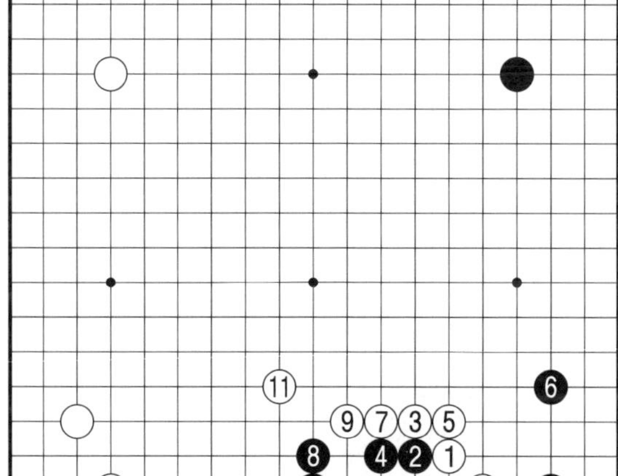

4도

4도(백, 무난)

흑2·4로 붙이고 늘었을 때 백은 5로 잇는 것이 좋다. 이하 백11까지 중앙을 두텁게 하여 불만이 없다.

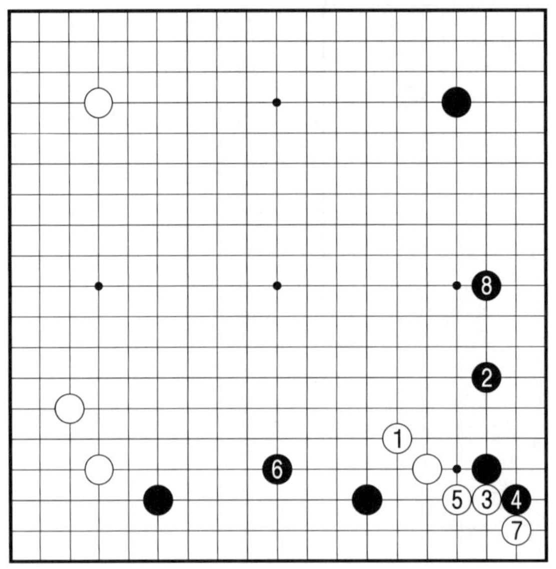

5도

5도(흑, 발빠른 전개)
흑은 2로 전개한 후 백
3으로 붙이면 흑4로 하나
만 젖힌 후 6·8로 발빠
르게 변신할 수도 있다.

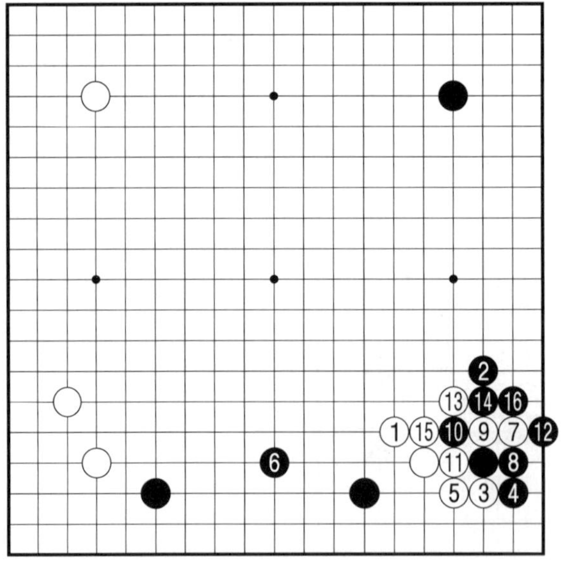

6도

6도(백, 중복)
흑6으로 전개했을 때
백도 7로 치중하여 변화
를 모색할 수 있지만 이
하 흑16까지 돌이 뭉친
모양이 되어 불만이다.

중국식 포석 13(2연성 대응) — 중국식의 변형(1)

흑은 A에 걸치지 않고 곧장 1로 전개하는 포석 작전도 가능하다. 흑1은 어디까지나 기존 돌의 착점을 최대한 활용하겠다는 뜻이다. 이것도 중국식의 아류라고 볼 수 있다.

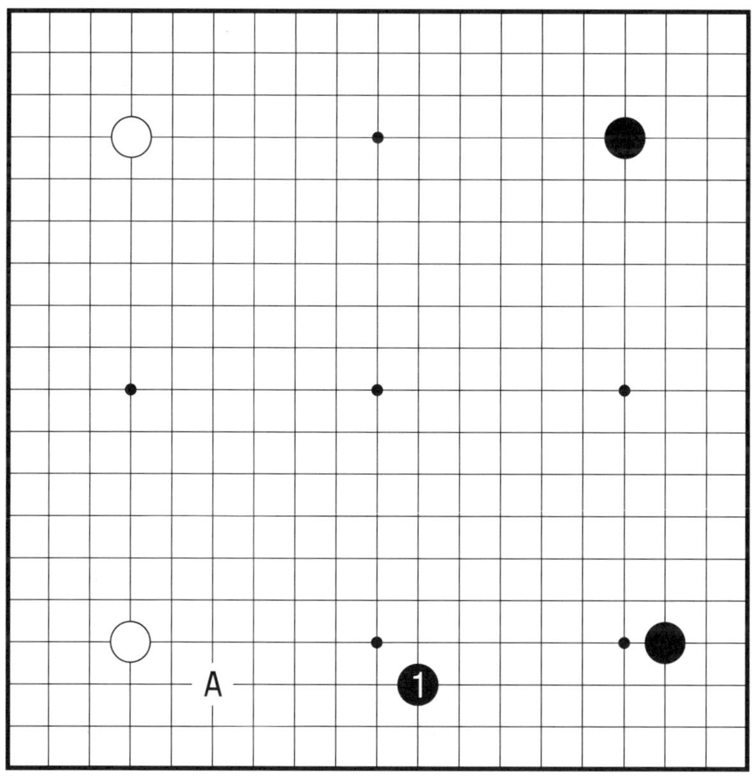

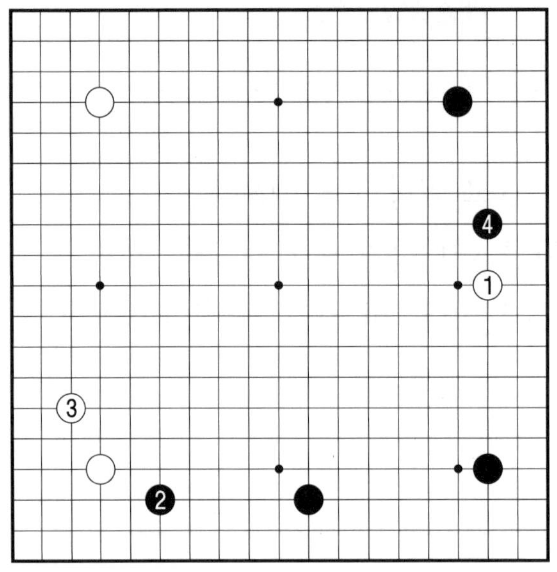

1도

1도(환원)

백1의 갈라침은 좋은 자리. 다음 흑2, 백3을 교환하고 흑4에 육박하면 미니 중국식으로 환원된다.

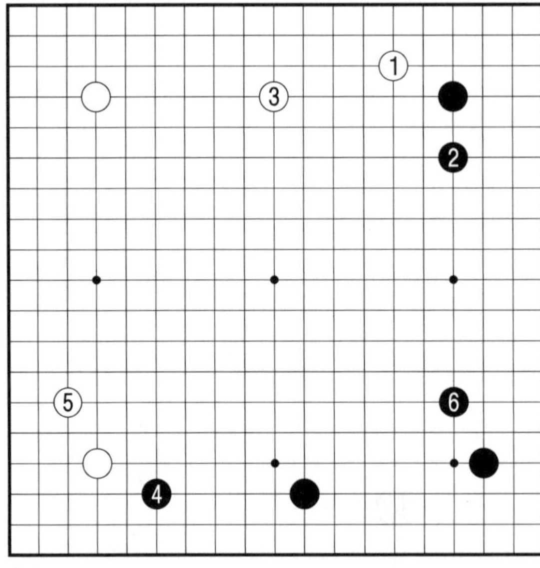

2도

2도(흑, 호형)

백이 상변을 1·3으로 전개하면 흑은 4와 5를 교환한 뒤 6으로 진영을 완성하여 불만이 없다.

312

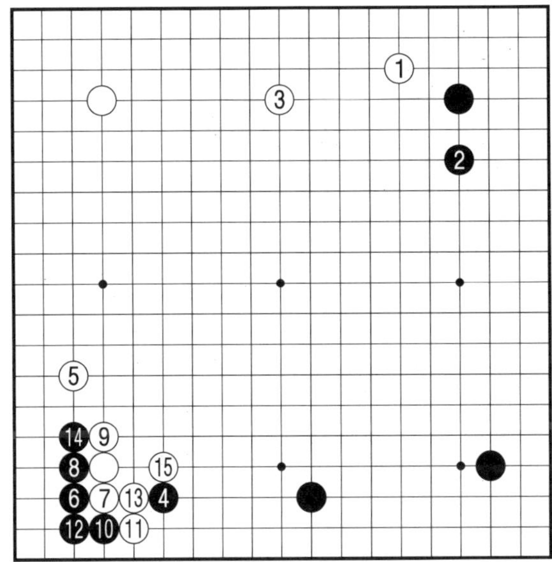

3도

3도(백의 유인)

백1·3으로 전개하고 흑4로 걸쳤을 때 백5의 눈목자는 3·三 침입을 유인한 수이다. 흑6으로 3·三 침입하면 흑14까지의 교환이 이루어진 뒤 백15의 자세가 좋다.

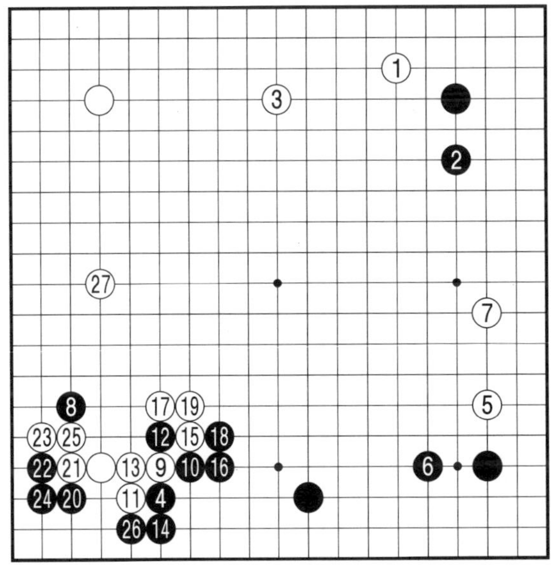

4도

4도(백, 우변 파괴)

흑4의 걸침에 백이 직접 응수하지 않고 5·7로 자리를 잡는 것이 유리하다. 이하 백27까지의 결과는 백이 넓은 포석이다.

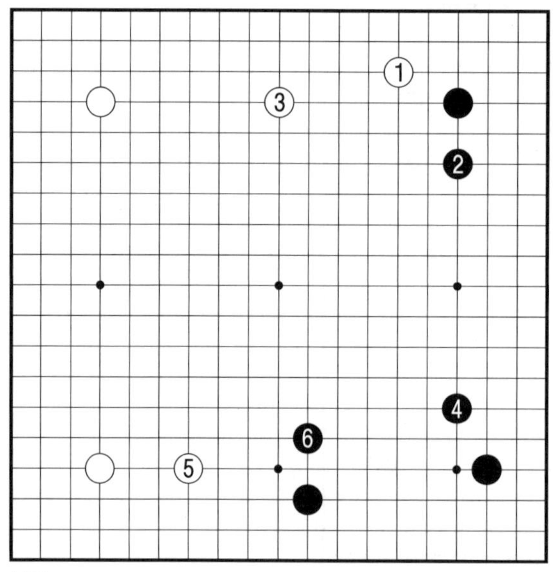

5도

5도(흑4, 진영의 요처)

백1·3으로 전개했을 때 흑도 단순히 4에 지키는 것이 좋다. 흑6까지의 진행은 우하의 흑 진영이 완성도가 높아 다소 유리하다.

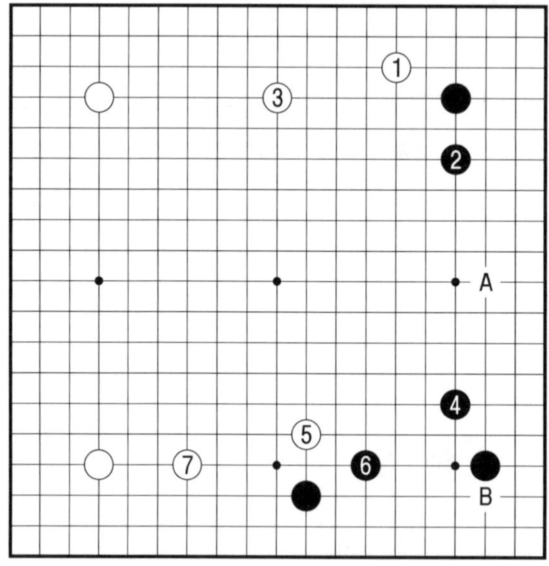

6도

6도(백의 수순)

흑이 4로 진영의 요처를 차지하면 백도 5로 삭감한 후 7에 지키는 것이 수순이다. 아직 흑의 진영내에는 A, B의 약점이 남아 있다.

중국식 포석 14(2연성 대응) — 중국식의 변형(2)

흑1로 전개했을 때 흑의 미니 중국식을 견제하는 방법은 백2나 백A에 굳히는 것이다. 백A는 실리를 중시한 것이고 백2는 세력을 중시한 수이다. 그럼 세력을 중시한 백2 이후의 포석 변화를 알아보기로 한다.

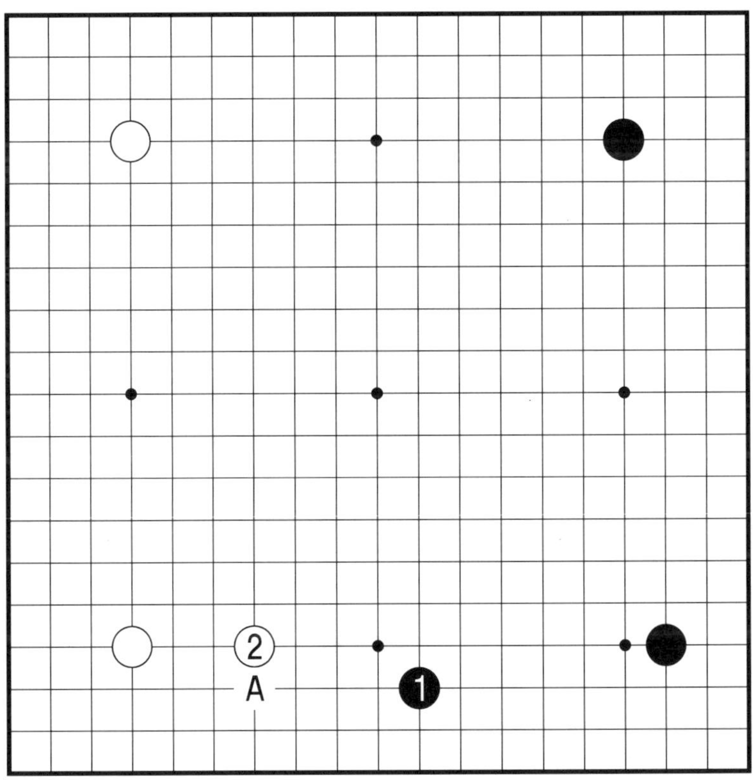

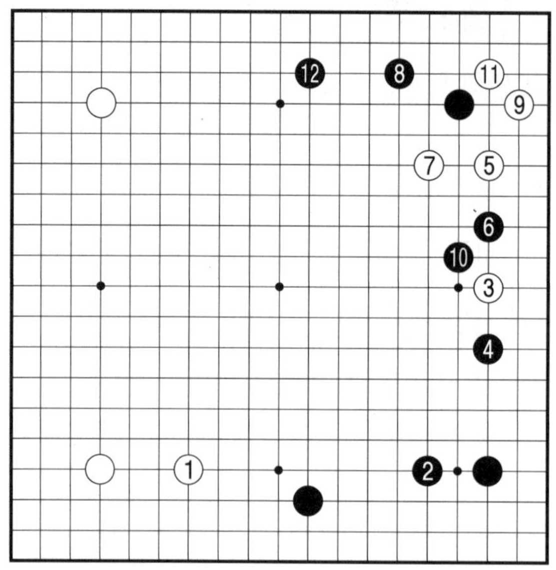

1도

1도(호각)

백1 때 흑2로 귀를 굳히면 가장 평범하다. 계속해서 백3으로 갈라치고 흑4 이하 흑12까지가 예상되는 진행인데 쌍방 충분히 둘 수 있는 갈림이다.

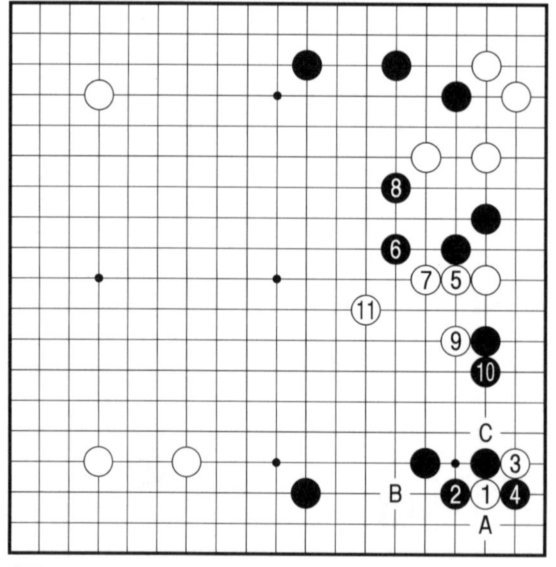

2도

2도(1도 이후 진행)

백1·3은 우하귀에 맛을 남기는 상용수법으로 차후 A를 이용한 B의 침입과 C의 단수를 보고 있다. 흑은 이 맛을 고려하여 흑4로 A에 단수하는 방법도 있다. 이하 백11까지 예상되는 포석 진행이다.

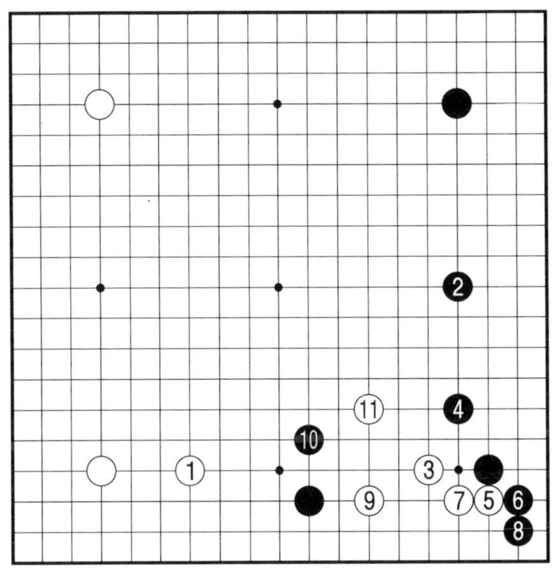

3도

3도(백, 만족)

백1 때 흑2로 전개하는 것은 의문이다. 백은 곧 장 3으로 걸치는 것이 좋은 수로 흑4 때 백5 이하 11까지 처리해서 백이 유리하다.

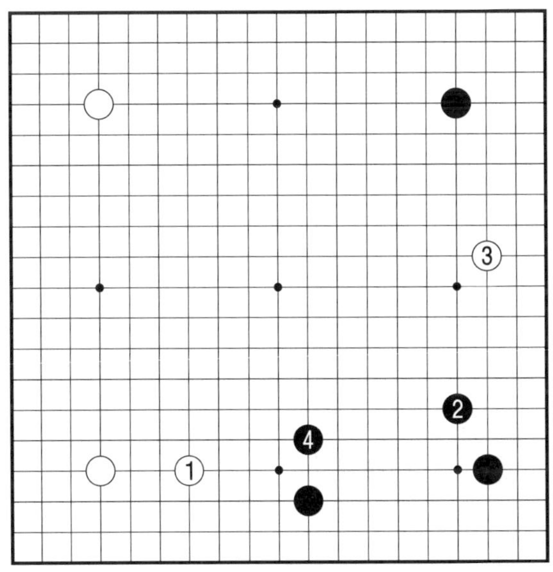

4도

4도(흑, 활발)

백1 때 흑2로 귀를 굳히는 변화이다. 이때 평범하게 백3으로 갈라치는 것은 흑4로 한칸 뛰어 하변이 이상적으로 굳어진다.

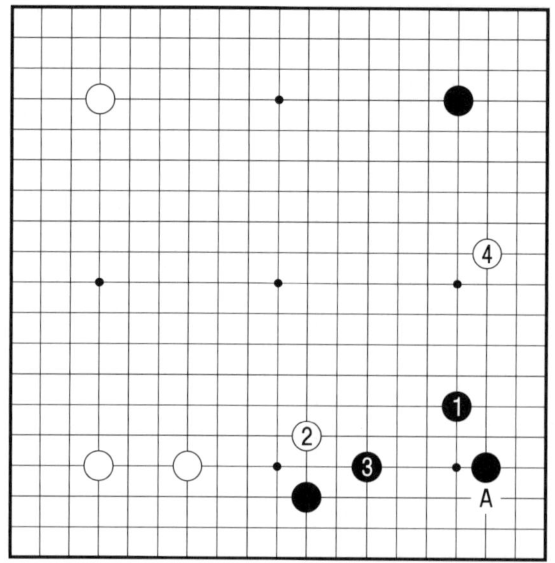

5도

5도(백, 만족)

흑1로 날일자하면 백2로 모자씌우는 것이 호착이다. 계속해서 흑3으로 받는 정도일 때 백4로 갈라치면 이 결과는 백이 유리하다. 귀의 흑은 A에 붙이는 뒷맛이 남아 있다.

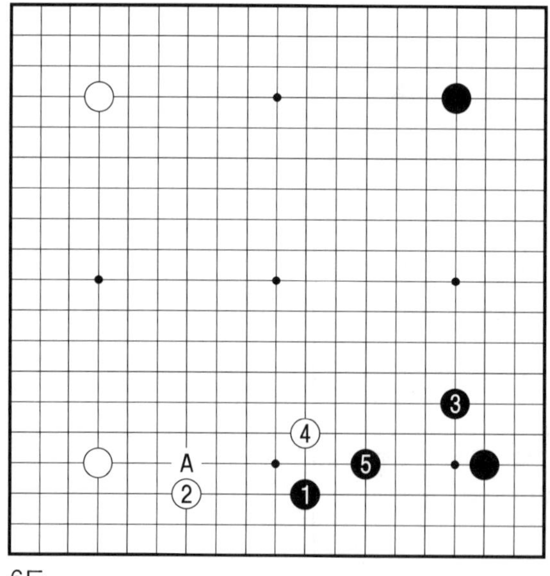

6도

6도(차이점)

흑1 때 백2의 귀굳힘이라면 흑3으로 날일자하는 것이 호착이 된다. 백4, 흑5까지의 진행을 예상할 때 백2로는 A에 있는 것이 보다 활발하다.

제46형

중국식 포석 15(2연성 대응) ― 중국식의 변형(3)

　백1의 지킴은 실리에 민감한 수이다. 그러나 좌하 방면으로 흑이 육박하는 것을 견제하려는 것이므로 두 칸 전개와 비교할 때 그 취지가 크게 다르지 않다. 그럼 백1 이후의 포석 변화를 살펴보기로 한다.

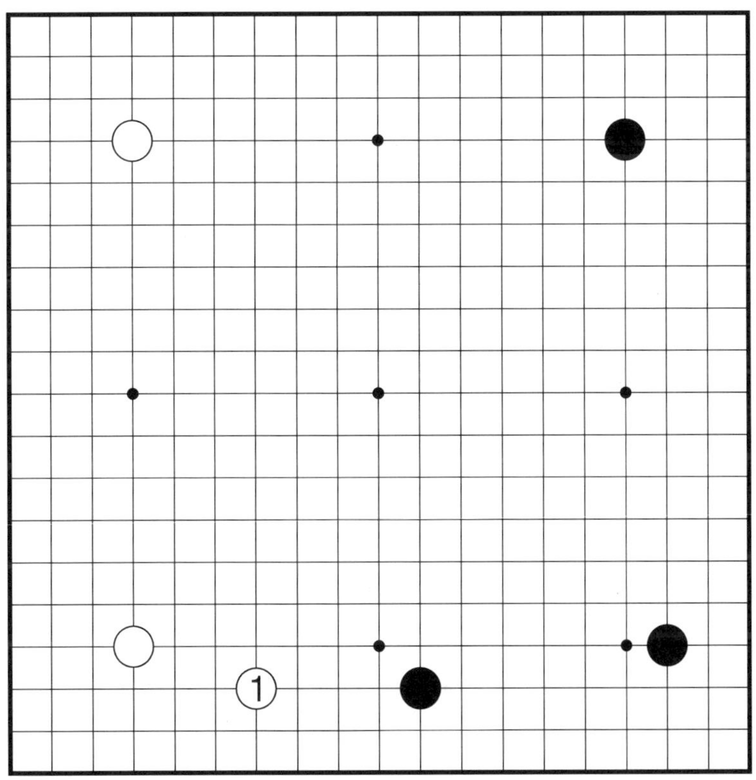

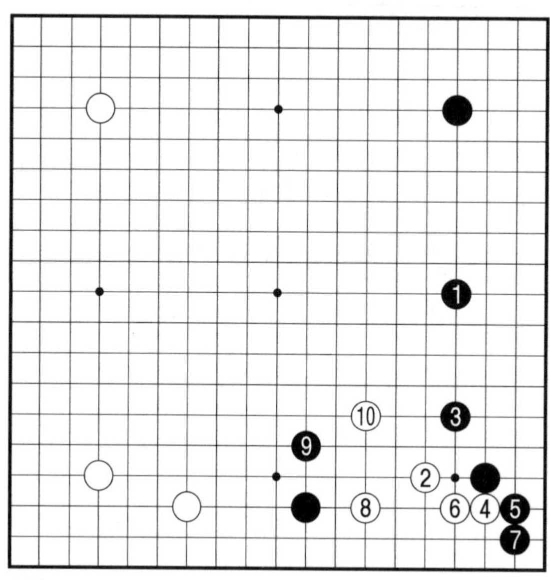

1도(침입을 간과한 흑1)

흑이 1로 진영을 넓히려는 것은 2의 침입을 간과한 것이다. 백10까지 주도권을 백에게 넘겨주게 된다.

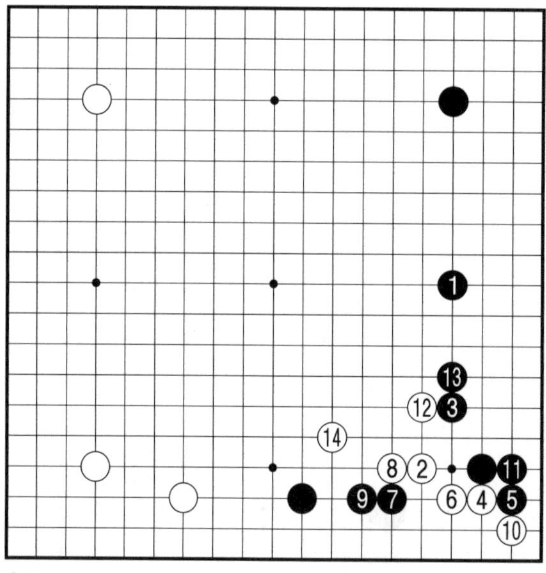

2도(흑, 공격 불가능)

백6까지 진행되었을 때 흑7의 육박으로도 이 백을 공격하기는 쉽지 않다. 백14까지 오히려 흑이 수세에 몰린다.

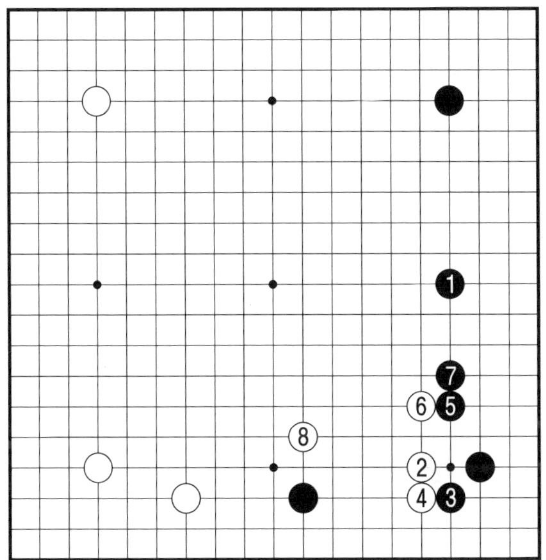

3도

3도(공수역전)

백2로 걸쳤을 때 흑3·5로 공격하는 것도 무리다. 백6, 흑7을 교환한 다음 백8로 씌우면 흑의 중앙진출이 어려워 역공을 당하게 된다.

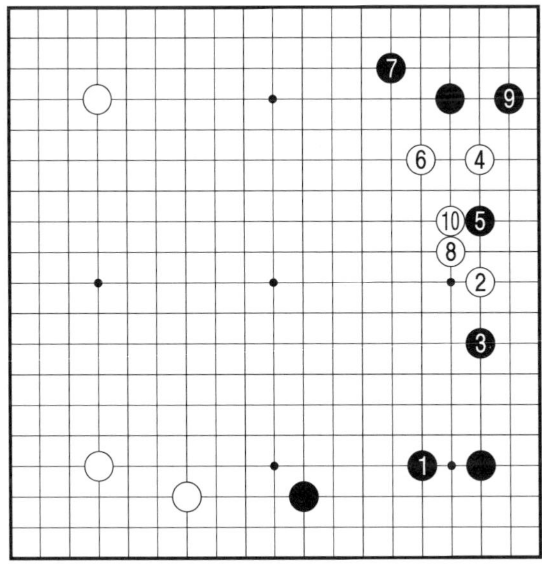

4도

4도(지킴이 정수)

흑1의 수비는 가장 견고한 정수다. 그리고 백2의 갈라침에는 흑3으로 육박하여 우하의 진영을 확장하는 것이 옳다. 이하 백10까지 예상 포석이다.

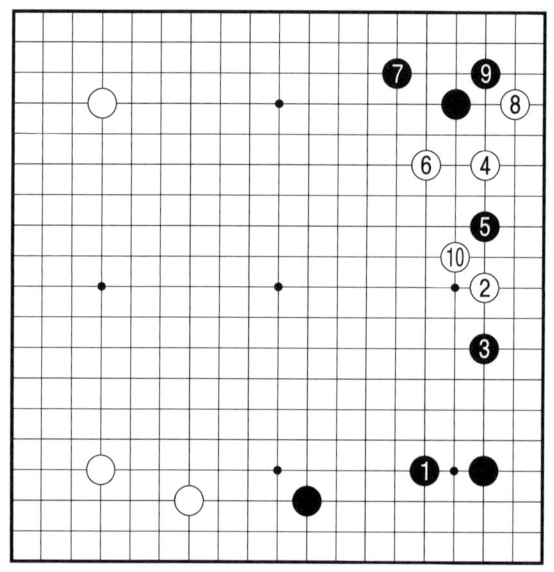

5도

전도의 진행이 백이 불만이라면 본도 흑7 다음 백8로 달리게 되는데, 이때 흑9는 느슨하다.

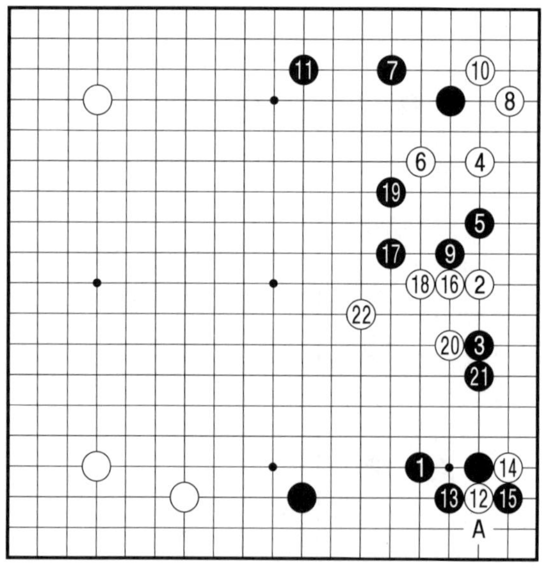

6도

백8까지 진행되었을 때 흑9로 반발하는 것이 현대감각이다. 이 진행은 45형의 2도와 같다. 마찬가지로 수순 중 흑15로는 A에 단수할 수도 있다.

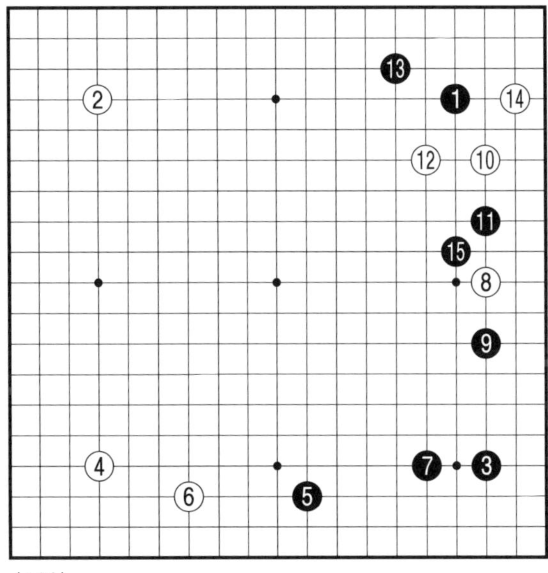

〈1보〉

1보(1~15)

　제8회 동양증권배 결승 제3국이다. 백은 고바야시 사토루이고 흑은 조훈현이다. 흑5에서 백6으로 굳힐 때 흑7로 지키는 흐름이 변형된 중국식의 결정판이며, 백8의 갈라침에는 흑9로 다가서는 것이 정수이다. 이하 흑13까지 진행되었을 때 백14, 흑15로 서로 반발하여……

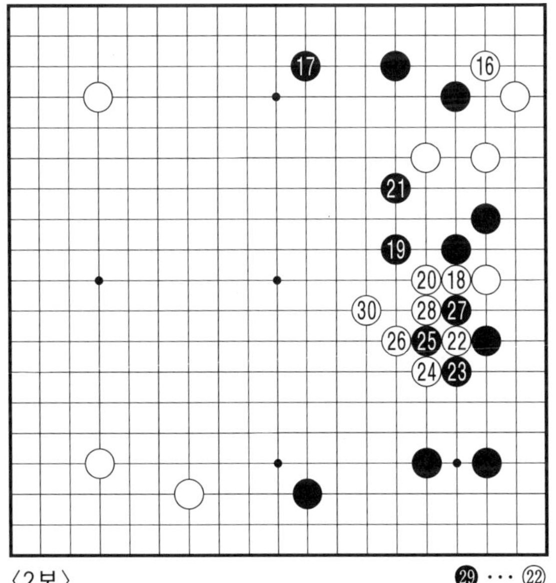

〈2보〉　　　㉙ … ㉒

2보(16~30)

　백30까지 일사천리로 진행되었다. 이 진행은 서로 어울린 그림이며 이후의 중앙전이 관건이다.

화점·소목 포석편

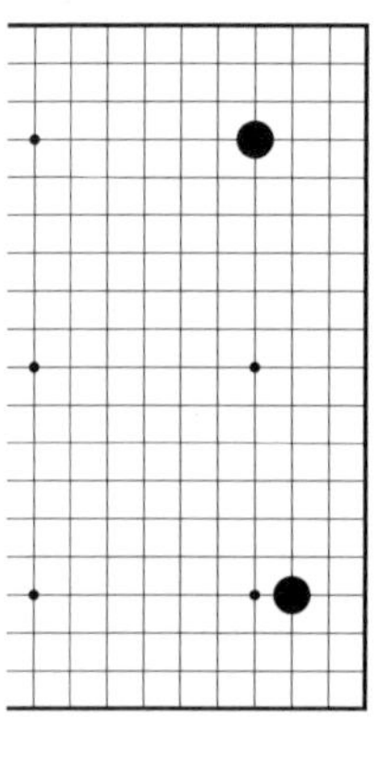

이 포석은 다른 포석이 유행의 흐름을 타는 것과는 달리 별다른 유행없이 꾸준하게 사용되어 왔다. 이 포석의 장점은 귀의 굳힘이 있는 관계로 2연성보다 스피드는 떨어지지만 대신 견고함이 있어 장기전으로 유도하기에 적합하다는데 있다. 그러나 여러 갈래의 변화가 없기 때문에 자칫 단조로울 수도 있는 것이 단점이다. 이 포석의 진행중 귀굳힘을 생략하고 변으로 전개하거나 백의 귀를 걸쳐가게 되면 미니 중국식과 같은 변형 중국식이 된다는 점에 주목할 필요가 있다.

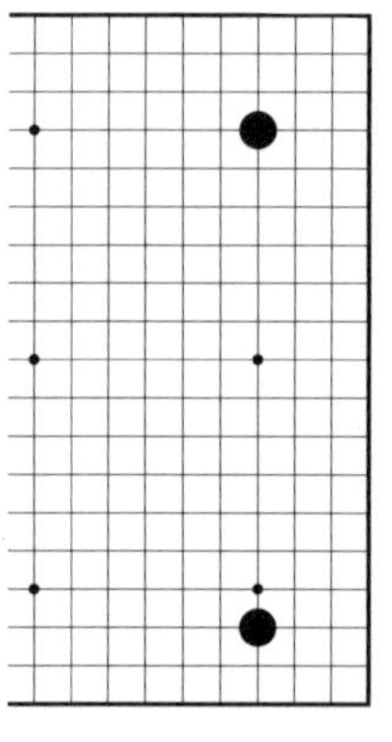

이 포석의 아이디어는 중국식에서 비롯된 것으로 보인다. 중국식의 변 전개대신 귀를 굳히는 진행은 견고하기 때문에 집에 민감한 기풍에게 잘 어울린다고 볼 수 있다. 귀의 굳힘을 보류하고 하변에 포진하는 진행은 스피디한 현대 감각과 잘 맞아 일본의 고바야시 고이치(小林光一)의 전성기 때 한동안 유행하여 포석의 이름도 고바야시류라고 한다.

화점·소목 포석 1(2연성 대응) — 견실한 귀굳힘

백의 2연성에 대해 흑은 화점과 소목으로 맞선 포석 형태이다. 흑5로 귀를 굳힌 것은 견실위주의 작전인데 이후의 포석 진행을 검토해 보기로 한다.

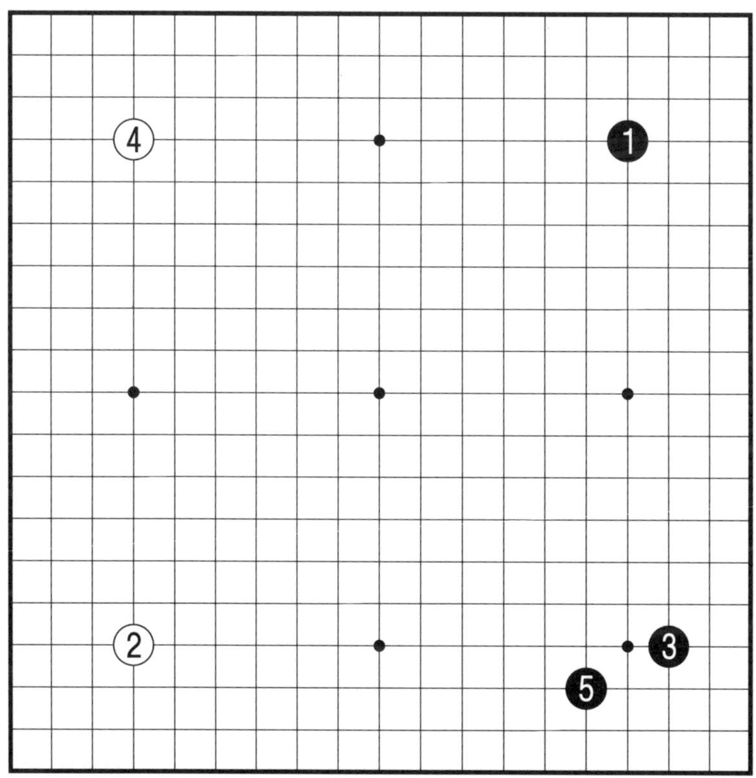

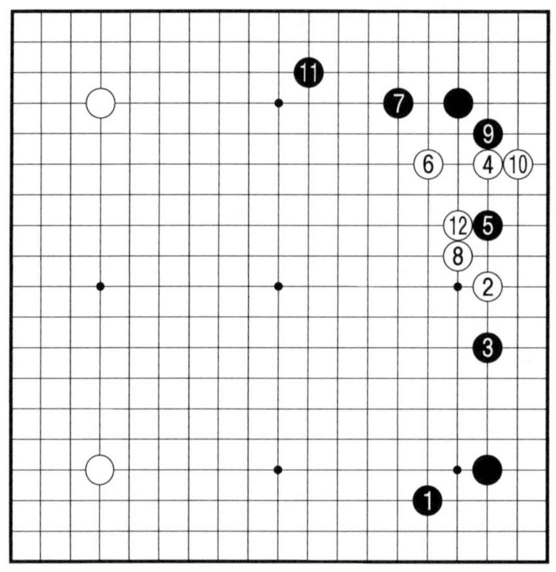

1도

1도(상용 포석)

흑1로 귀를 굳히면 백은 2로 갈라치는 것이 가장 평범한 선택이다. 계속해서 흑3으로 다가서고 이하 백12까지 실전에 흔히 등장하는 포진이다.

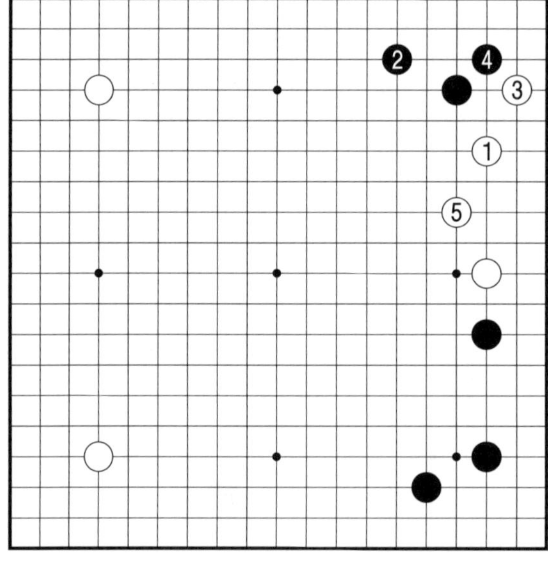

2도

2도(백, 두터움)

백1로 걸치고 흑2, 백3 때 단순히 흑4로 받는 것은 약간 의문이다. 백이 5로 날일자해서 형태를 갖추면 전도에 비해 백이 유리한 결말이다.

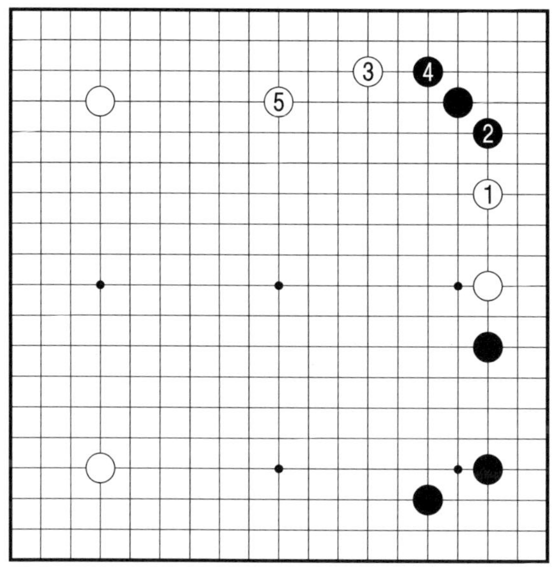

3도

3도(백, 발빠름)

백은 1로 두칸 벌리는 수도 가능하다. 계속해서 흑2로 받고 이하 백5까지가 기본형인데 백은 발이 빠른 대신에 우변의 두점이 엷은 것이 흠이다.

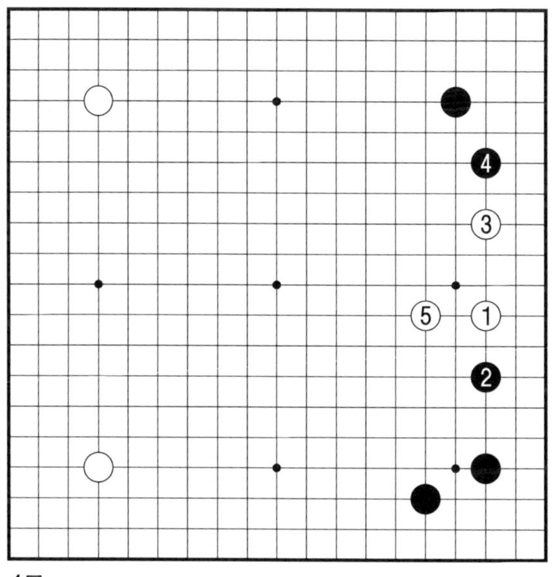

4도

4도(갈라칠 자리 선택)

백은 1로 갈라치는 수도 가능하다. 백1은 귀굳힘으로부터의 벌림을 최대한 제한하겠다는 뜻이다. 계속해서 흑2로 다가서고 백3 이하 5까지가 예상되는 진행이다.

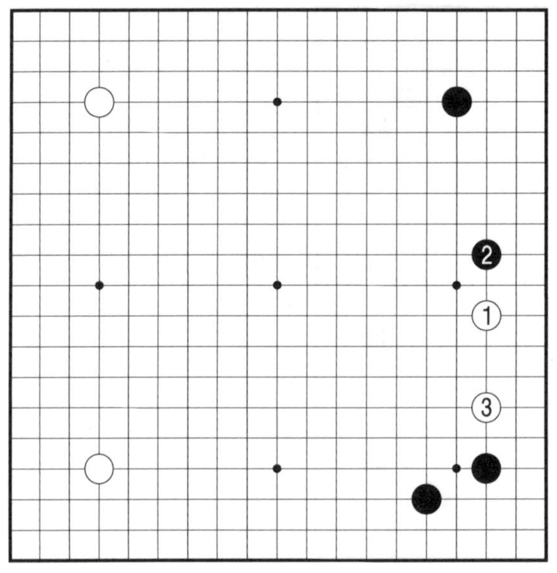

5도

5도(다가서는 방향)

백1로 갈라쳤을 때 흑은 2로 다가서는 수도 가능하다. 백은 3으로 두칸 벌려 안정을 취하게 되는데 귀굳힘으로부터의 벌림을 제한했다는 것이 백의 자랑이다.

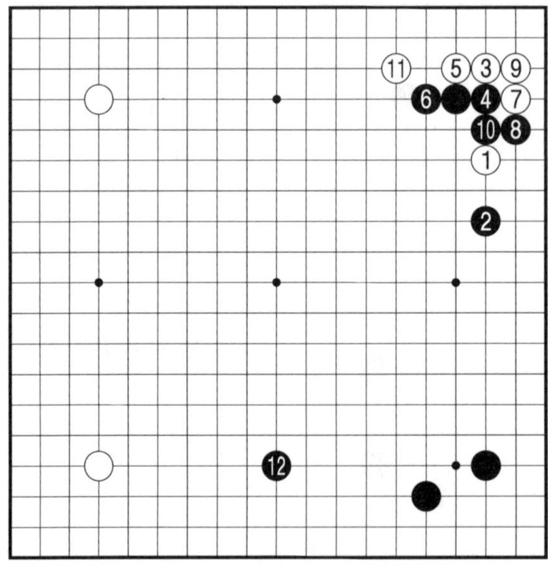

6도

6도(흑, 발빠름)

백이 우변에 갈라치지 않고 1로 걸치는 것은 의문이다. 흑은 2로 협공하는 것이 좋은 수로 이하 백11까지의 진행을 기다려 흑12로 전개해서 흑이 활발한 포석이다.

화점·소목 포석 2(2연성 대응) — 지구전 포진

백이 갈라쳤을 때 흑은 A를 보류한 채 흑1로 갈라 치는 진행을 할 수도 있다. 흑1의 의도는 지구전으로 가려는 작전이다. 그럼 이후의 포석 변화를 검토해 보기로 한다.

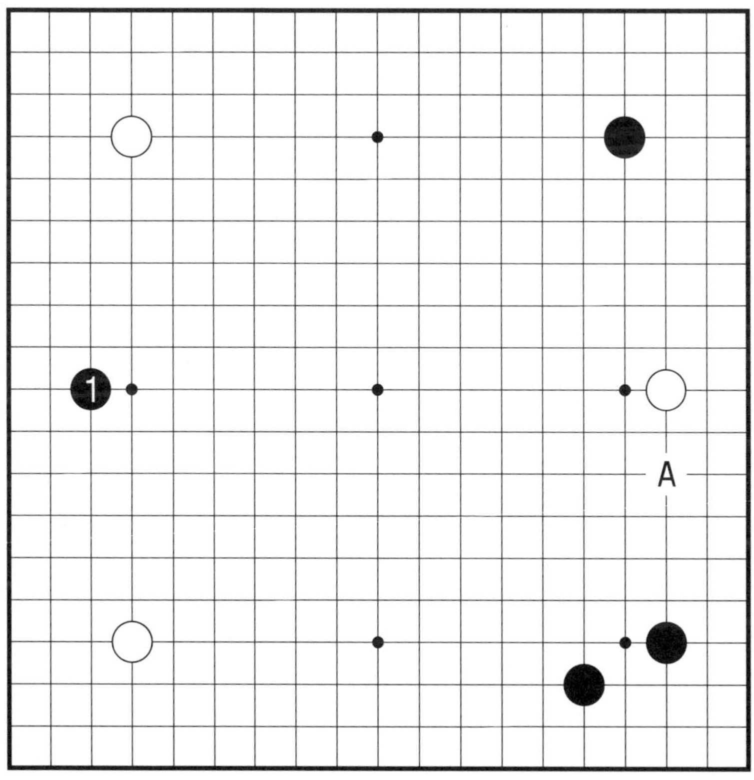

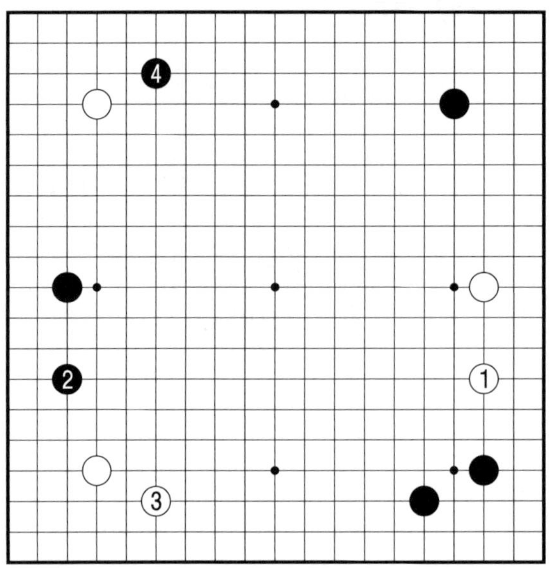

1도

1도(지구전)

　백이 1의 곳을 점거하면 흑은 그 대가로 4까지 좌변에 포진하여 지구전으로 간다.

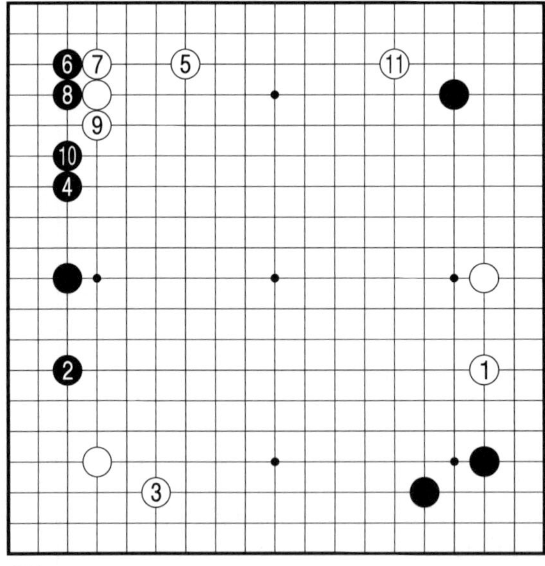

2도

2도(흑, 편재)

　흑2와 백3을 교환한 다음 흑4로 벌리기도 하지만 백11까지 흑이 다소 편재된 느낌이 있다.

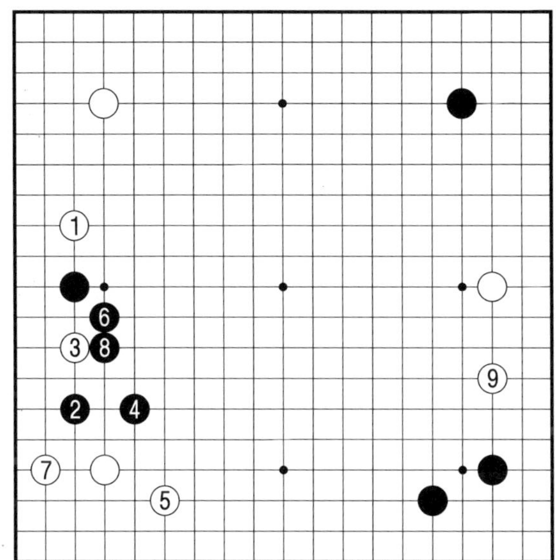

3도

백이 흑의 좌변 포진이 싫다면 1쪽으로 육박하는 적극적인 진행을 시도할 수도 있다. 이하 흑8까지 선수를 잡아 백9로 향한다.

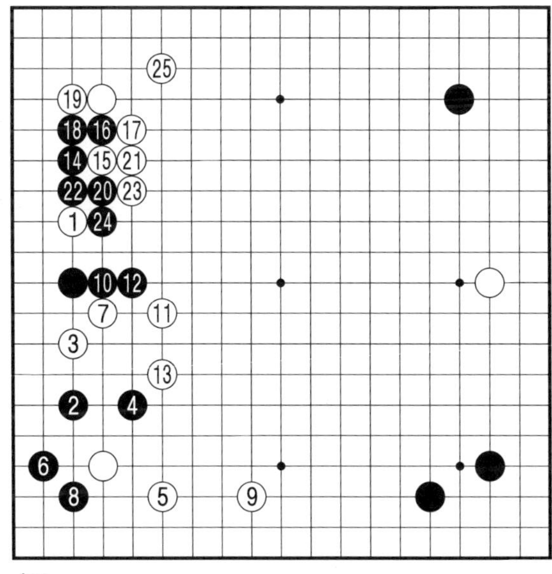

4도

전도의 진행에서 흑이 반발하여 6으로 달리면 전투의 양상으로 가게 된다. 이하 백25까지가 예상되는 포석 진행인데, 백이 약간 넓은 대신 흑에게 선수가 있으므로 호각의 진행이다.

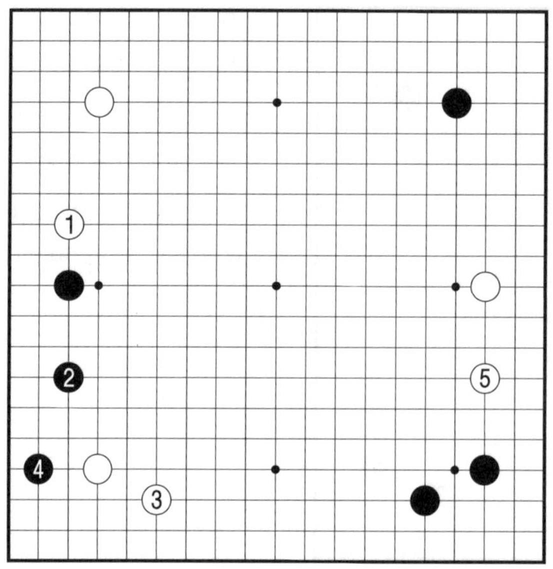

5도

5도(흑, 완만)
백1로 육박했을 때 흑2의
두칸 벌림은 소극적인 응수
로 박진감이 떨어진다.

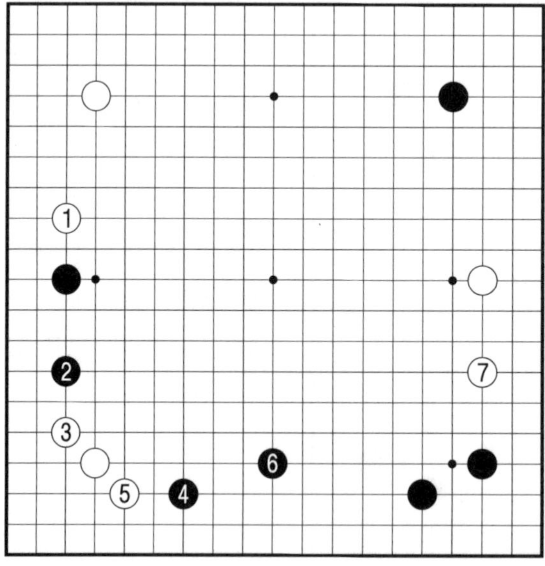

6도

6도(백3, 발느림)
흑2의 두칸 벌림에 대
해 백3으로 두는 것은 속
도감이 부족하다. 계속해
서 흑4·6이 행마법이며
백7까지 예상되는 진행
이다.

제49형

화점 · 소목 포석 3(2연성 대응) — 초기 고바야시류

백의 2연성 포석에 대해 흑이 화점과 소목으로 맞선 후 흑5로 귀를 굳힌 장면이다. 이와 같은 포석은 견실 위주의 수법이다. 그럼 흑5 이후의 변화를 검토하기로 한다.

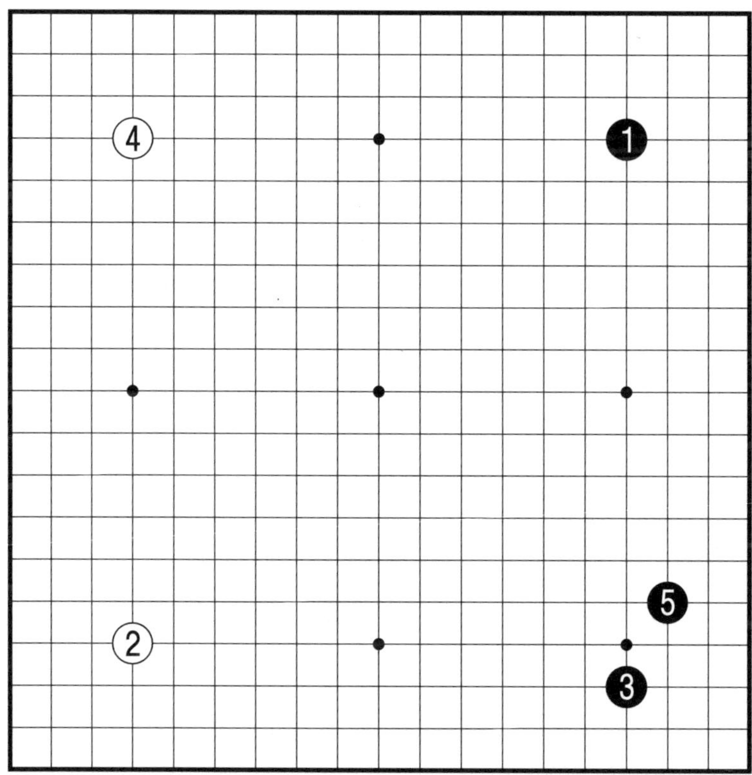

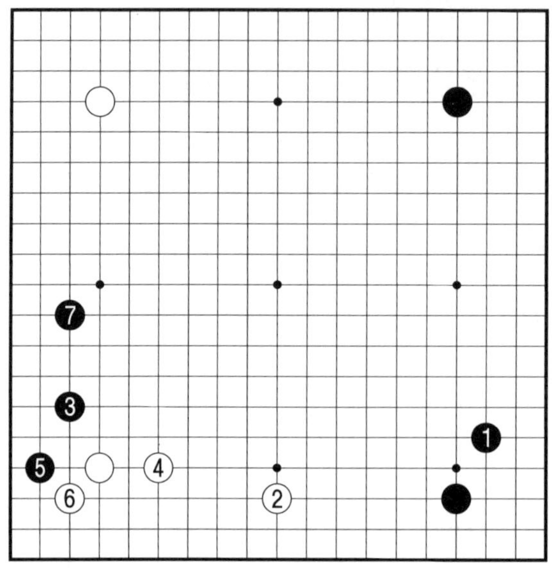

1도

1도(상용 포석)

흑1로 귀를 굳히면 백2로 전개하는 것은 거의 절대점이다. 계속해서 흑3으로 걸치고 이하 흑7까지 가장 평범한 포석 진행이다.

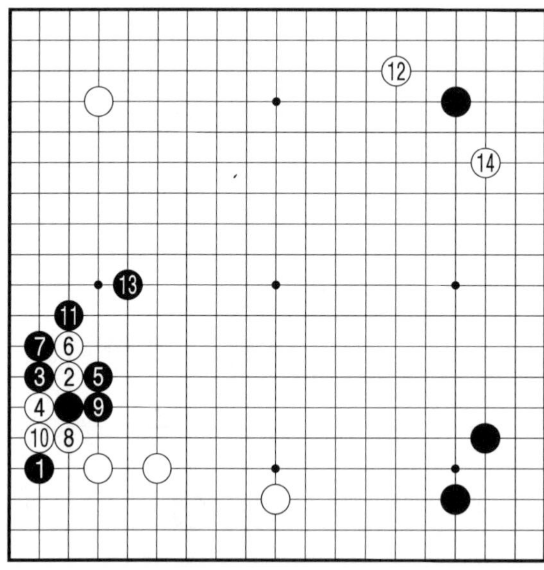

2도

2도(최신 수법)

전도의 수순 중 흑1로 날일자했을 때 백2로 뒤에서 붙이는 수가 최신 수법이다. 계속해서 흑3으로 젖히고 이하 백14까지는 예상할 수 있는 기본형이다.

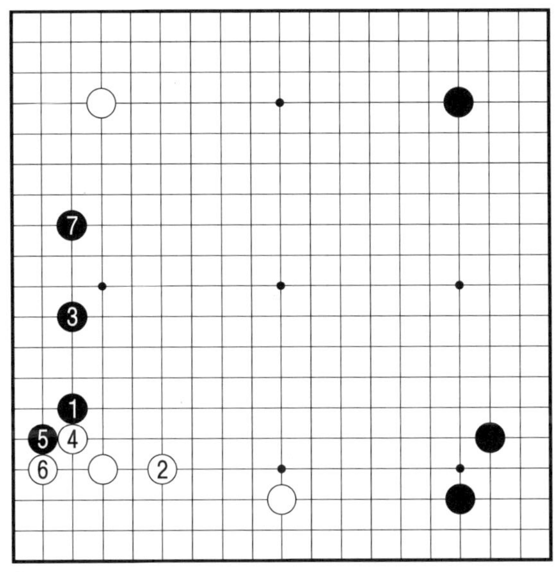

3도(흑의 변화)

흑1, 백2 때 곧장 흑3으로 전개한 것은 전도와 같은 진행을 피한 것이다. 계속해서 백4로 마늘모 붙이면 흑5를 선수한 후 이하 흑7까지가 예상되는 포석 진행이다.

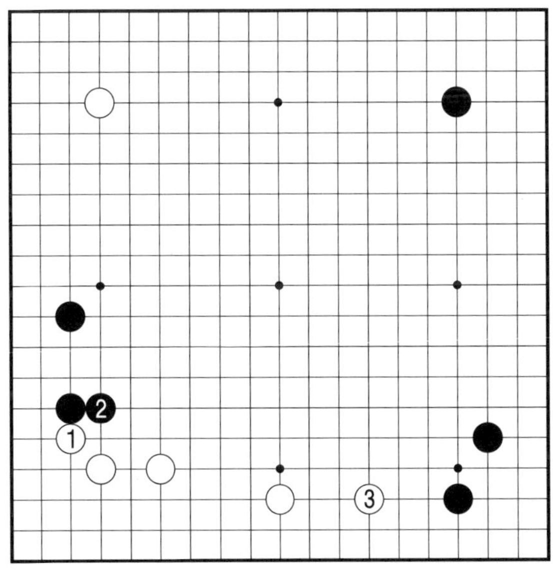

4도(백, 만족)

전도의 수순 중 백1 때 흑2로 올라서는 것은 부분적인 정수이지만 발이 느린 의미가 있다. 백은 3으로 전개해서 발빠른 포석을 전개할 수 있다.

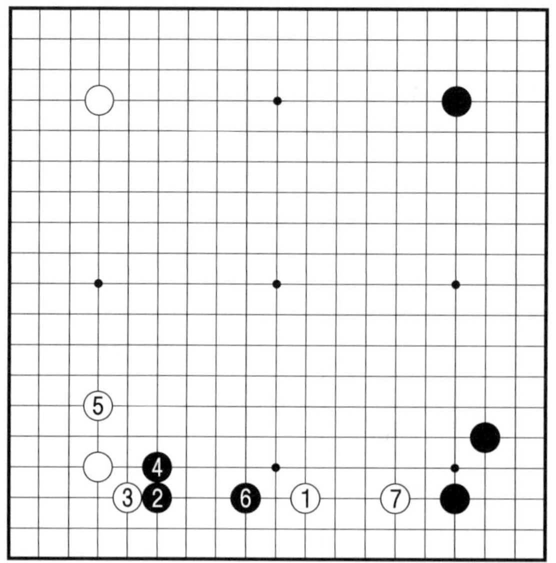

5도

5도(쌍방 기세)

백은 1로 전개할 수도 있다. 이때 흑2로 걸친 것은 기백을 중시한 수이며 이하 백7까지가 쌍방 기세의 진행이다.

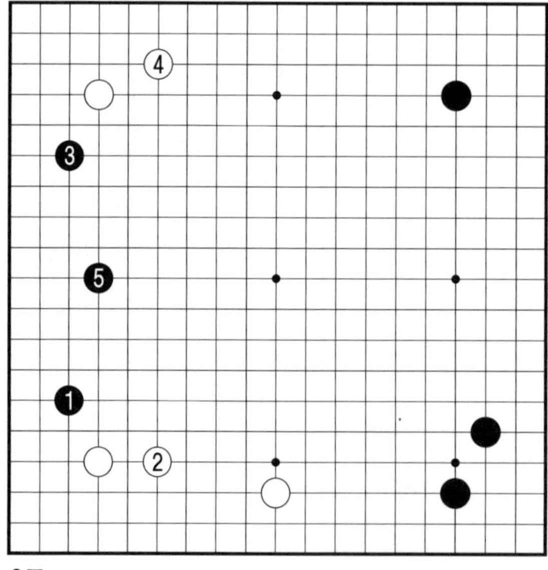

6도

6도(흑, 이상적)

흑1, 백2 때 곧장 흑3으로 걸치는 수도 가능하다. 백4로 받는다면 흑5로 전개해서 이 형태는 흑이 활발하다.

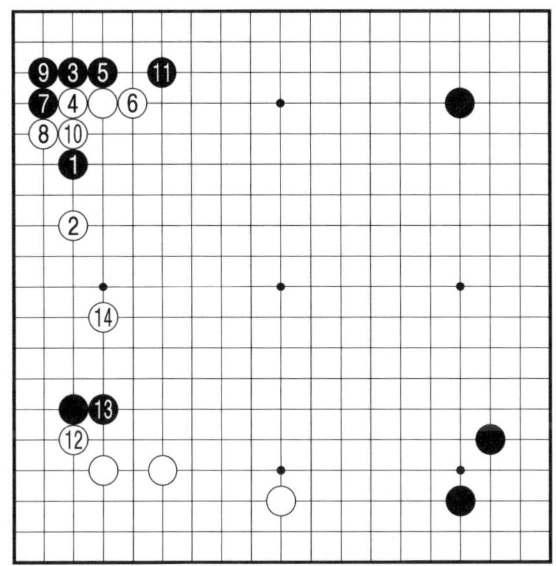

7도

7도(백, 만족)

흑1로 걸치면 백은 당연히 2로 협공할 곳이다. 계속해서 흑3으로 실리를 밝힌다면 이하 흑11까지 선수한 후 백12로 붙인 후 14로 공격해서 백이 유리하다.

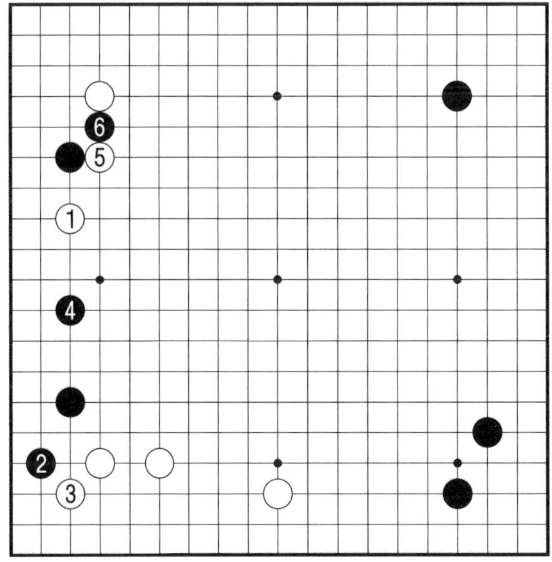

8도

8도(흑의 작전)

백1 때 흑2로 날일자하는 변화이다. 이때 백3으로 받는다면 흑4로 두칸 벌리는 것이 호착이다. 계속해서 백5로 붙인다면 흑6으로 끼우는 수를 준비해 두고 있다.

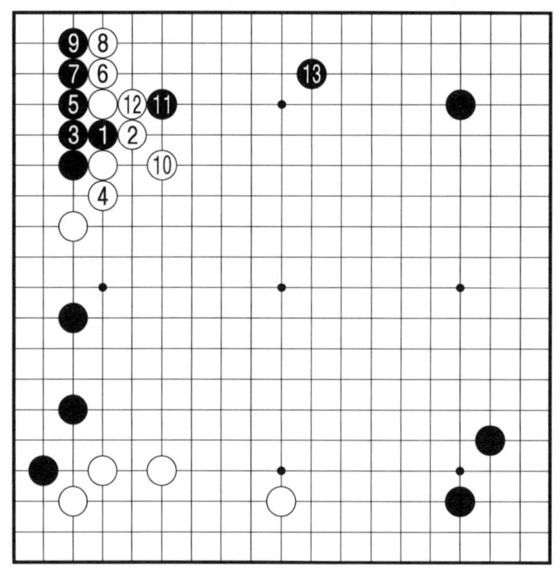

9도

9도(흑, 발빠름)

　흑1로 끼우면 백은 축 관계상 2로 단수쳐야 한다. 계속해서 흑3으로 잇고 이하 흑13까지가 예상되는 진행인데 아무래도 흑이 발빠른 포석이다.

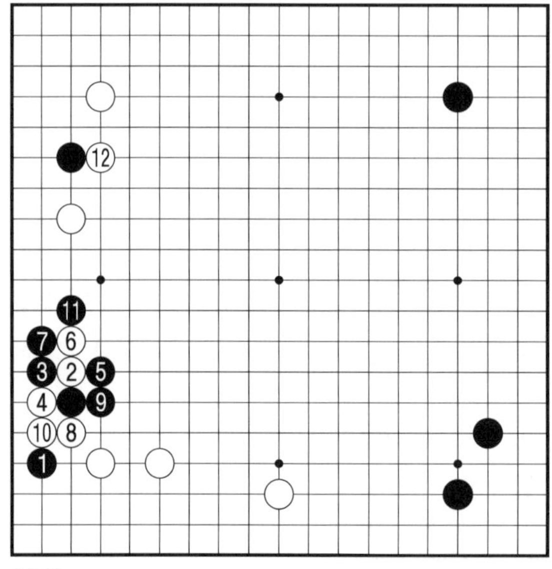

10도

10도(백의 변화)

　흑1 때 백은 2로 붙여 변화할 곳이다. 계속해서 흑3이라면 백4로 끊은 후 이하 12까지 처리해서 백도 충분히 둘 수 있는 형태이다. 이후 백은 축머리 활용을 노리게 된다.

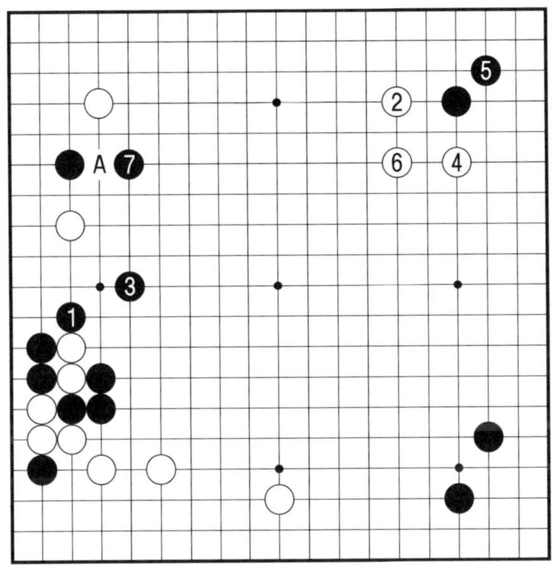

11도

11도(백의 욕심)

흑1로 단수쳤을 때 백이 A에 두지 않고 곧장 2로 걸쳐 축머리를 활용하는 것은 좋지 않다. 흑은 3으로 지킨 후 백4 때 흑5로 삶의 형태를 갖추는 것이 호착으로 선수를 취해 흑7로 한칸 뛰면 유리한 결말이다.

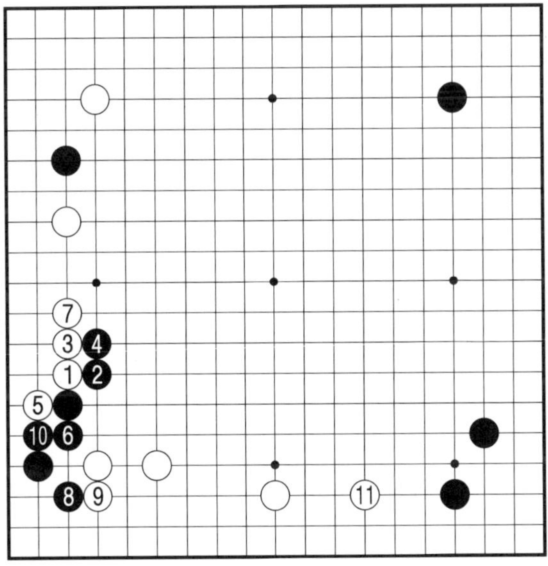

12도

12도(백, 충분)

백1로 붙였을 때 흑2로 젖히는 변화이다. 이때는 백3으로 뻗은 후 이하 흑 10까지 선수로 처리하는 것이 좋은 수순이다. 백 11로 전개하면 백이 성공적인 포석이다.

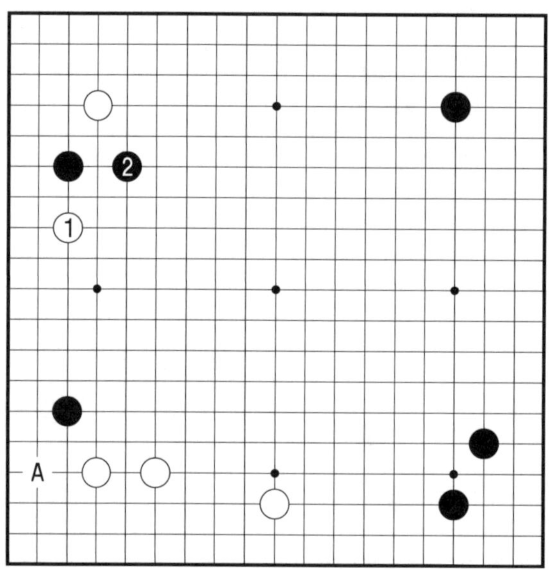

13도

13도(흑의 한칸뜀)
 백1로 협공했을 때 흑 A에 날일자한 수로는 흑 2로 한칸 뛰는 것이 좋은 수이다. 계속해서……

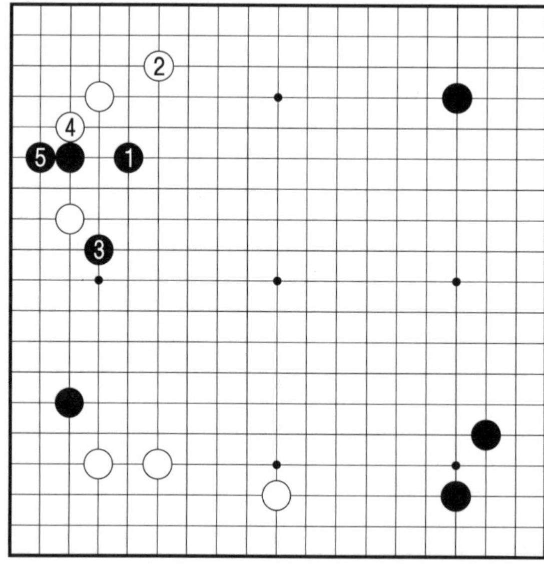

14도

14도(예정된 수순)
 흑1로 한칸 뛰면 백은 2 정도로 받을 수밖에 없는데 흑3으로 씌우는 수가 흑1과 연관된 호착이 된다.

340

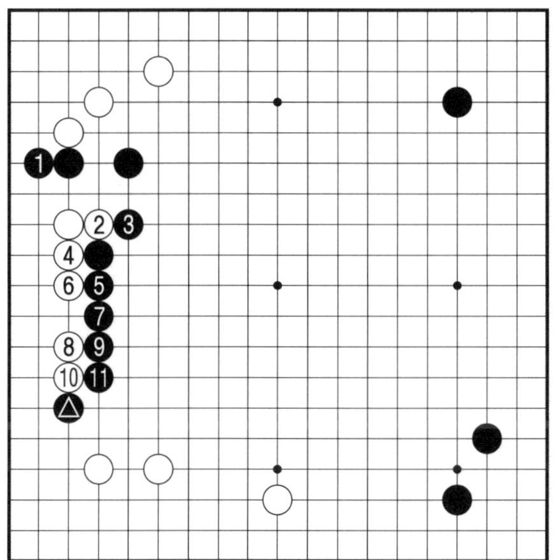

15도

흑1로 내려섰을 때 백 2·4 이하로 움직이는 것은 백의 욕심이 지나친 수이다. 흑5 이하 흑11까지 진행되었을 때 흑△ 한점이 적절한 곳에 위치하게 되어서는 흑이 유리하다.

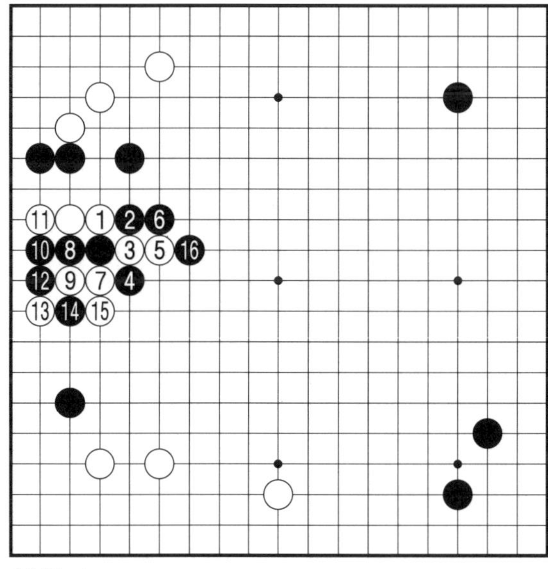

16도

16도(축관계)

백1로 민 후 흑2 때 백3으로 끊는 변화이다. 이때는 흑4로 단수친 후 6으로 뻗는 것이 좋은 수순이다. 계속해서 백7이라면 이하 흑16까지의 수순으로 백 두점이 축이 된다.

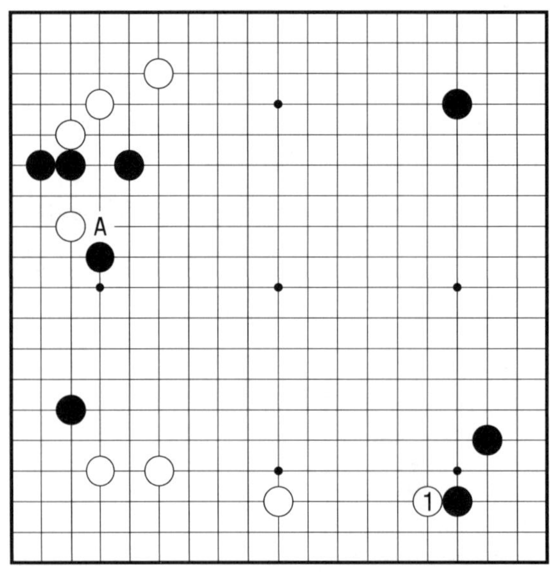

17도

17도(축머리)

백은 A에 나와 끊는 수를 노리고 1로 붙이는 수가 재미있는 착상이다. 백1은 전도와 같이 진행되었을 때 축머리로 활용하자는 뜻인데 이후의 변화가 쌍방 어렵다.

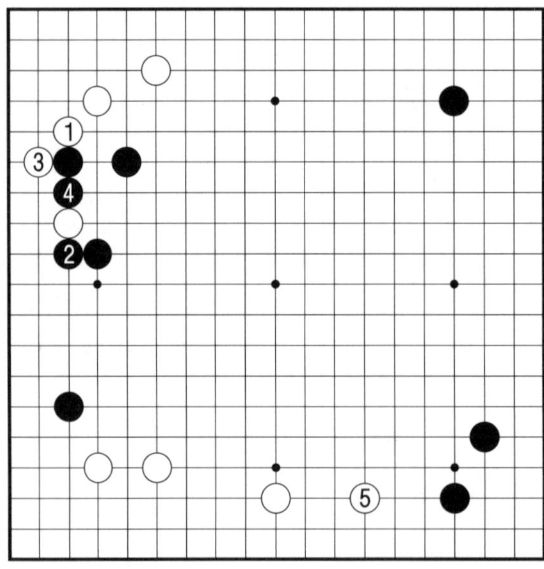

18도

18도(간명한 포진)

백1로 붙였을 때 흑2로 막으면 가장 간명하다. 계속해서 백은 3으로 젖힌 후 5에 전개하게 되는데 쌍방 불만없는 갈림이 된다.

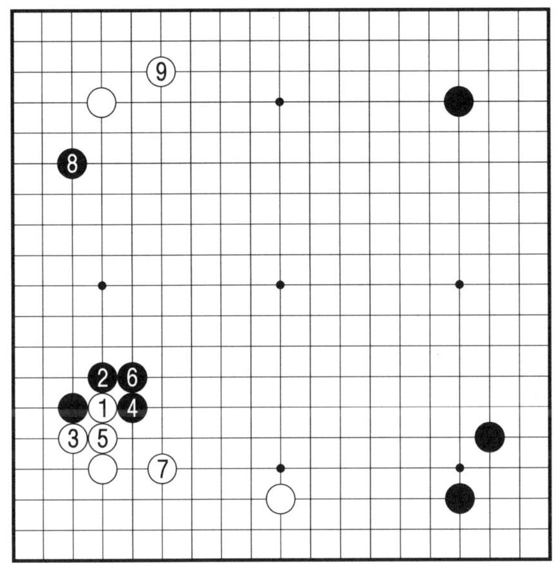

19도

19도(이창호류)

백은 1·3으로 붙여막 는 진행을 선택할 수도 있다. 백9까지의 진행은 한때 유행했던 한국형 초 반 전술이다.

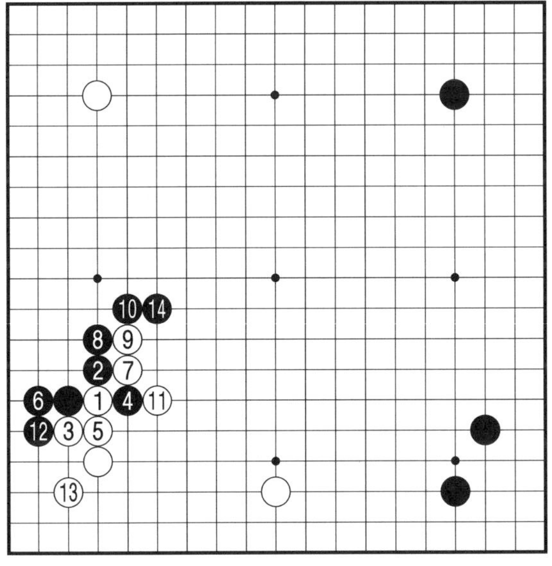

20도

20도(흑의 별책)

전도의 수순 중 백5까 지 진행되었을 때 흑은 6 으로 변화할 수도 있다. 흑14까지의 작전 구상은 조금 더 중앙을 염두에 둔 착점이다.

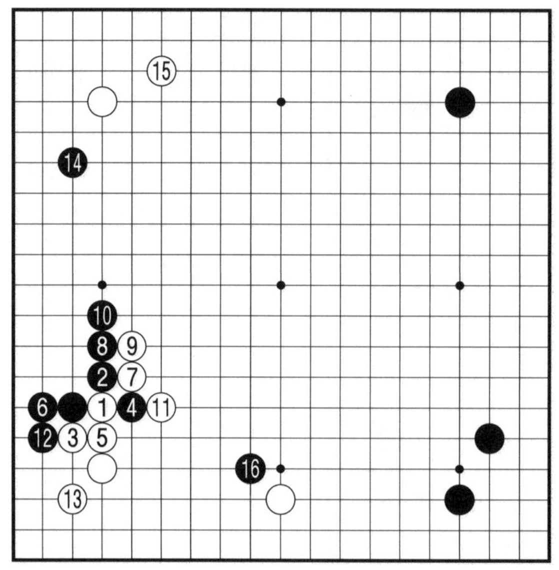

21도

21도(흑의 변화)
백9까지 진행되었을 때
흑은 10으로 뻗어두고 백
11로 잡으면 12·14를 차
지한 후 16으로 삭감하는
것이 다소 현실적이다.

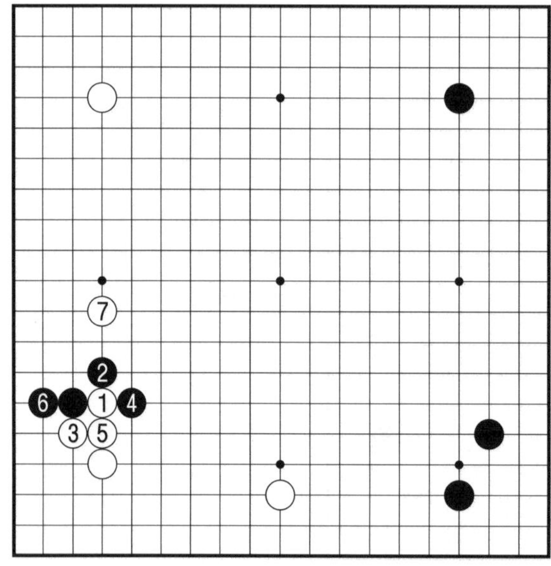

22도

22도(전투)
백1·3으로 붙여막고
흑6으로 내려섰을 때 백7
로 육박하는 것은 급박한
전투로 가게 된다.

화점·소목 포석 4(2연성 대응) ― 고바야시류의 진수

흑이 우하귀를 굳히지 않고 1로 걸치는 변화이다. 이때 평범하게 백2로 받아 준다면 흑3으로 전개해서 유명한 고바야시류(小林光一)가 된다. 그럼 흑3 이후의 변화를 검토해 보기로 한다.

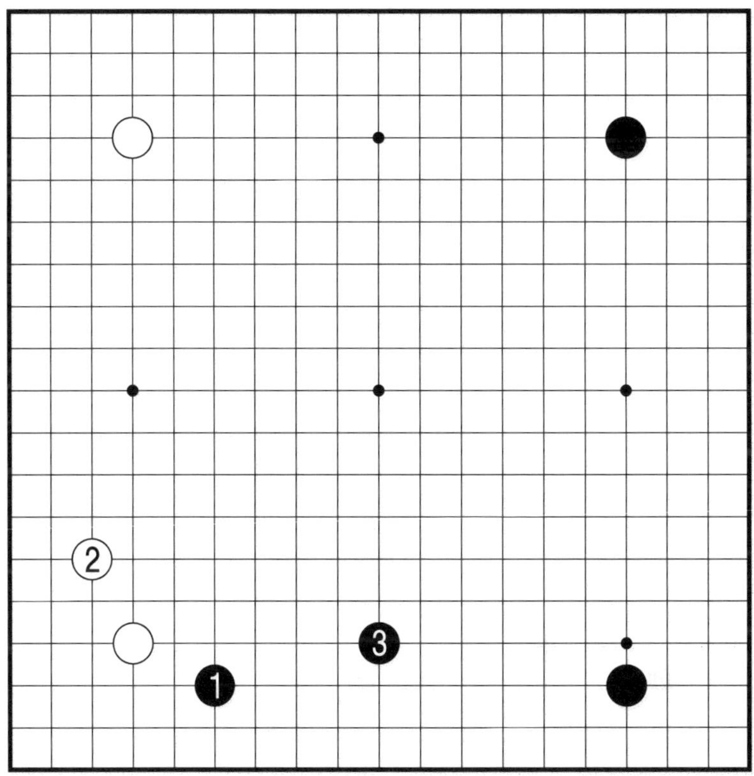

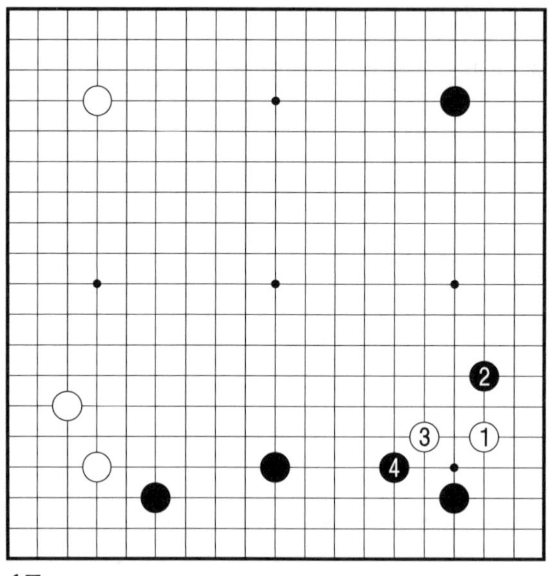

1도

1도(백, 불만)

흑이 고바야시류를 펼쳤을 때 백1로 걸치는 것은 바람직하지 않다. 흑은 2로 한칸 협공하는 것이 좋은 수로 백3 때 흑4로 받아 하변을 자연적으로 굳힐 수 있다.

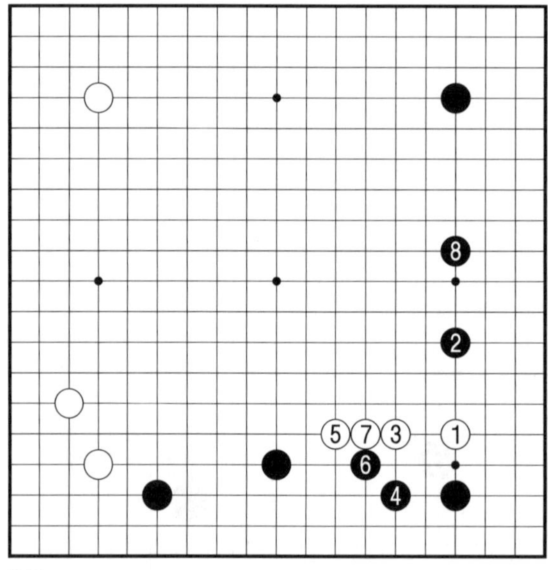

2도

2도(대동소이)

백1로 한칸 높게 걸치는 수 역시 의문이다. 흑은 2로 협공한 후 백3 때 흑4로 받는 것이 요령이다. 이후 백5라면 흑6을 선수한 후 흑8로 손을 돌려서 유리한 포석이다.

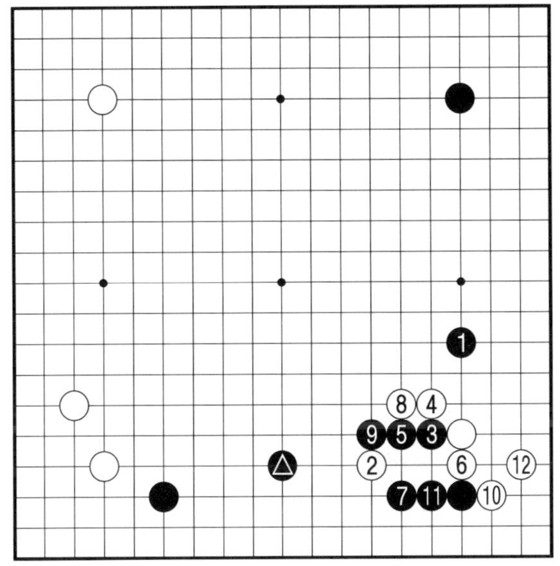

3도

3도(흑, 이상적)

흑1로 협공했을 때 백2로 눈목자하는 변화이다. 계속해서 흑3으로 붙이면 이하 백12까지는 상식적인 정석 진행인데 흑▲가 이상적인 곳에 위치하고 있는 만큼 이 역시 흑이 유리하다.

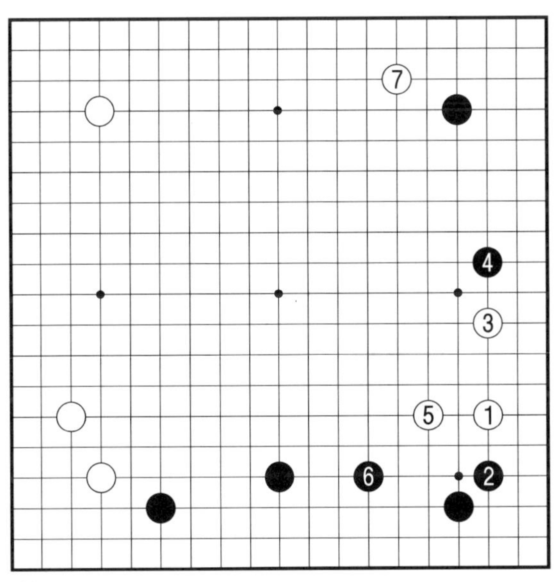

4도

4도(올바른 걸침)

백은 이 경우 1로 눈목자해서 걸치는 것이 유연한 작전이다. 계속해서 흑2로 받는다면 백3으로 전개한 후 이하 7까지 유연하게 포석을 이끌 수 있다.

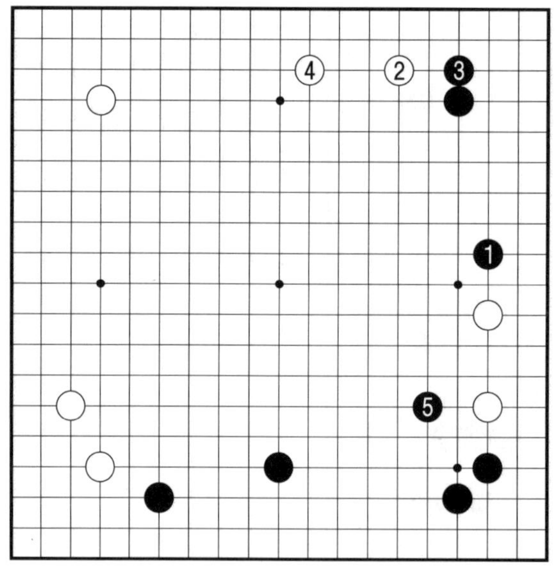

5도

5도(백, 불만)

흑1로 다가섰을 때 백이 전도처럼 우변을 보강하지 않고 2·4로 손을 돌리는 것은 방향착오이다. 흑5로 씌우는 수가 절호점이 되어서는 백이 좋지 않은 포석이다.

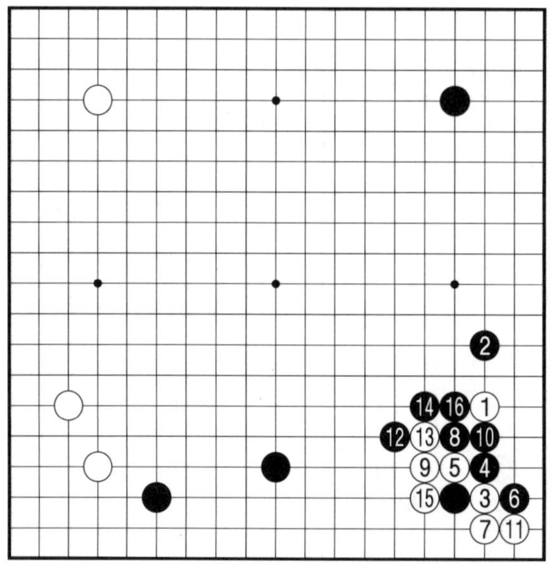

6도

6도(백, 만족)

백1 때 흑2로 협공하는 것은 이 배치에서는 의문이다. 백은 3으로 붙이는 것이 좋은 정석선택으로 이하 흑16까지 가치가 큰 하변을 선수로 파괴해서 대만족이다.

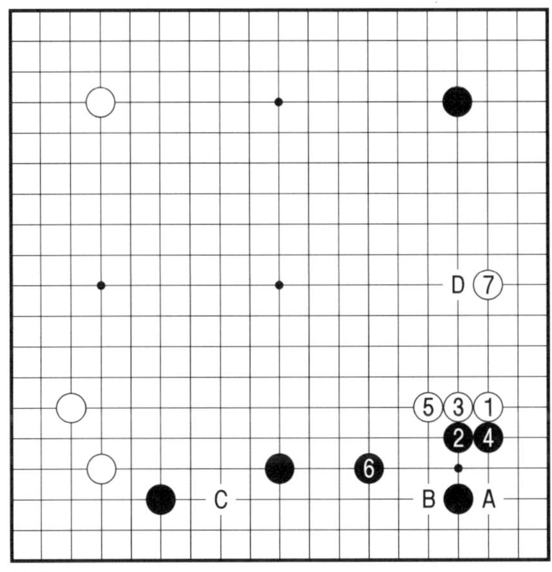

7도

7도(흑의 약점)

백1 때 흑2로 어깨짚은 것은 하변을 중시한 것이다. 계속해서 백3으로 밀어 올리고 이하 백7까지 진행된다면 흑의 진영에는 백A·B의 뒷맛과 백C로 침투하는 약점이 남는다. 흑6으로는 흑D의 공격이 현대감각의 착점이다..

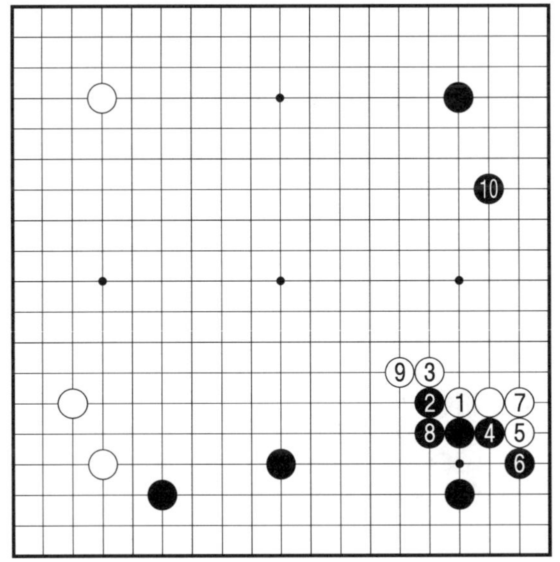

8도

8도(호각)

백1 때 흑2로 젖힌다면 백3으로 응수하는 것이 좋다. 계속해서 흑은 4로 막는 정도인데 백5·7이 기분 좋은 선수활용으로 흑8 때 백9로 뻗는 자세가 훌륭하다. 흑도 10의 자리가 절호의 요점이 되므로 이 결과는 쌍방 불만이 없다.

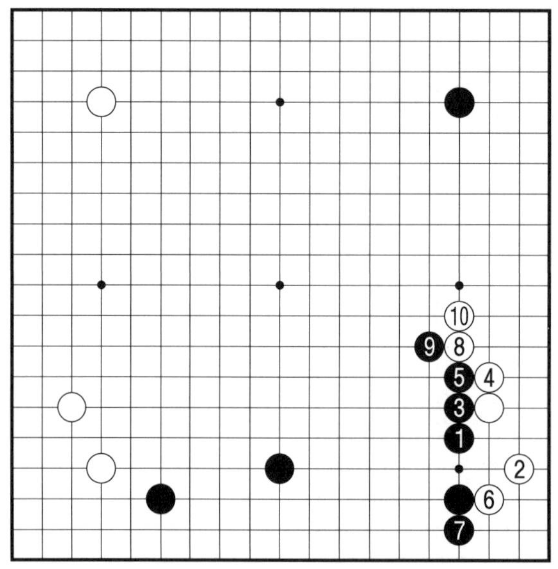

9도

9도(백, 실리 중시)

흑1 때 백은 2로 날일자해서 귀의 실리를 중시하는 것이 현대에 와서 주로 쓰이는 수이다. 계속해서 흑3으로 밀고 이하 백10까지가 예상되는 진행인데 이 역시 쌍방 충분히 둘 수 있다.

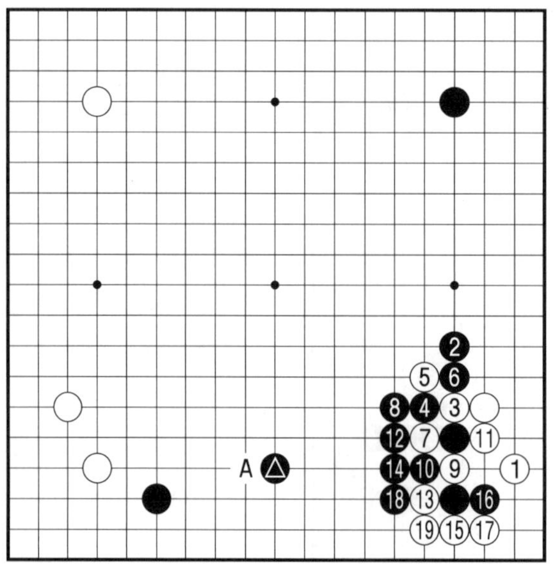

10도

10도(흑, 불만)

백1 때 흑2로 협공하는 것은 돌의 배치상 약간 의문이다. 백은 3·5로 응수한 후 이하 19까지 실리를 차지해서 충분하다. 상대적으로 흑 세력은 흑△와의 간격이 너무 좁아 중복형이다. 흑△는 A에 있어야 제격이다.

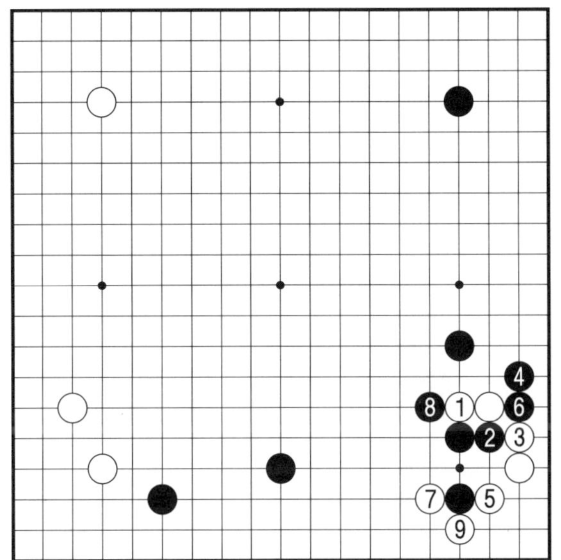

11도

11도(쌍방 기세)

백1 때 흑은 2로 찌른 후 4로 들여다보는 것이 올바른 수순이다. 계속해서 백5로 붙이고 이하 백9까지 쌍방 기세의 진행인데 가치가 큰 하변을 파괴한 백이 기분 좋다.

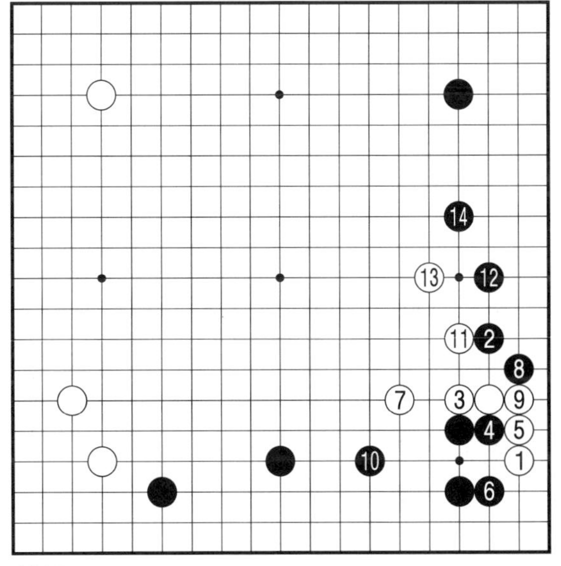

12도

12도(흑의 변화)

백1 때 흑2로 협공한 것은 우변을 중시한 것이다. 계속해서 백3으로 밀어 올리고 흑4 이하 14까지가 예상되는 진행인데 쌍방 충분히 둘 수 있는 결말이다.

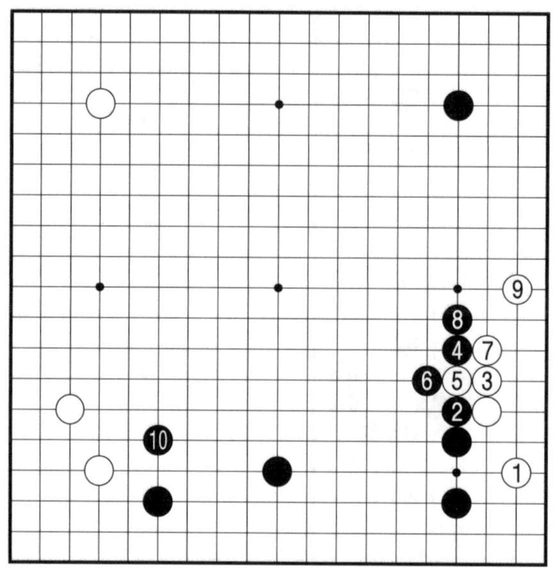

13도

13도(흑, 세력작전)

백1 때 흑2로 민 후 4로 한칸 씌우는 수가 최근에 와서 개발된 수법이다. 계속해서 백5로 찌른 후 이하 9까지 응수한다면 흑10으로 한칸 뛰어 하변을 크게 확장할 수 있다.

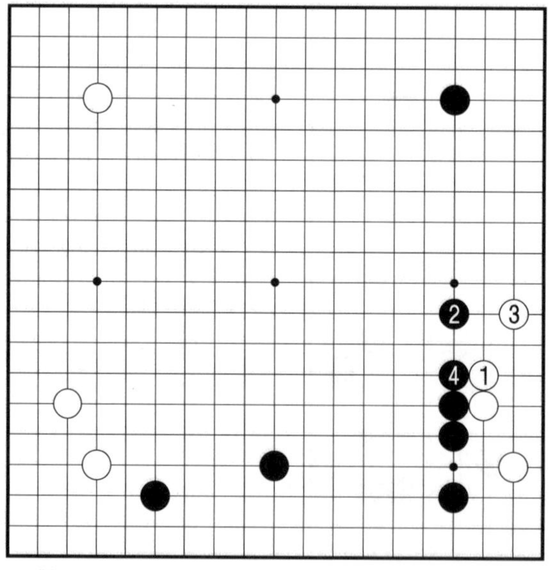

14도

14도(흑, 두터움)

백1 때 흑2로 두칸 뛰는 수도 가능하다. 계속해서 백이 3으로 날일자해서 받는다면 흑4로 막아 두터운 형태를 갖출 수 있다. 그러나 흑은 두터운 대신에 발이 느린 것이 약간 흠이다.

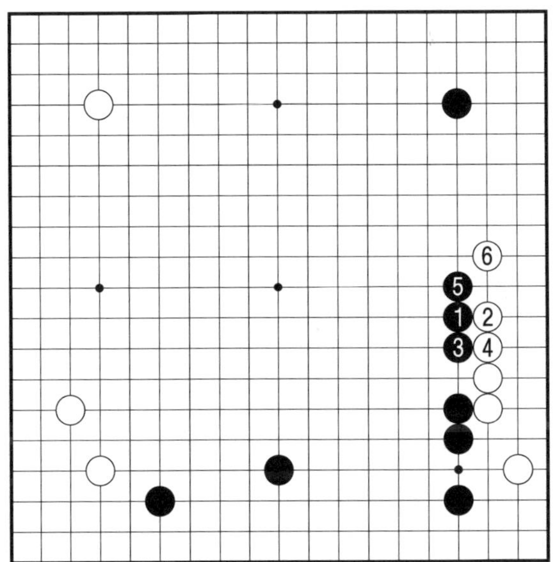

15도

15도(흑, 만족)

흑1 때 백2로 붙이는 변화이다. 계속해서 흑3으로 뻗고 백4 이하 6까지의 진행이라면 흑이 선수로 세력을 구축해서 유리한 갈림이다.

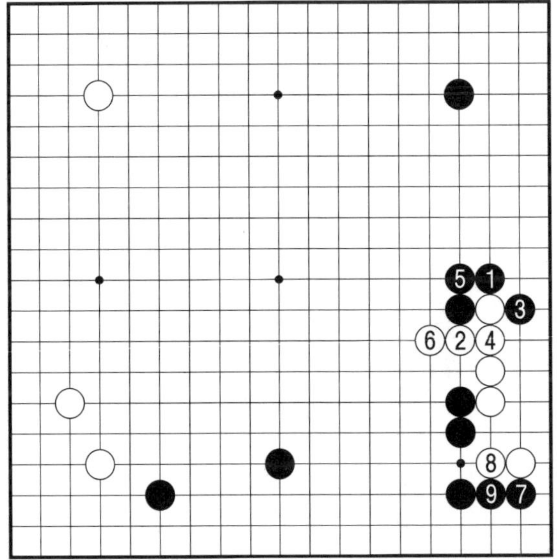

16도

16도(흑, 젖힘)

백이 붙였을 때 흑은 1로 젖히는 변화도 고려할 수 있다. 계속해서 백2에는 흑3으로 단수친 후 5에 잇는 것이 수순이다. 계속해서 백6으로 뻗는 자세가 좋지만 흑도 7로 막아 충분히 둘 수 있는 형태이다.

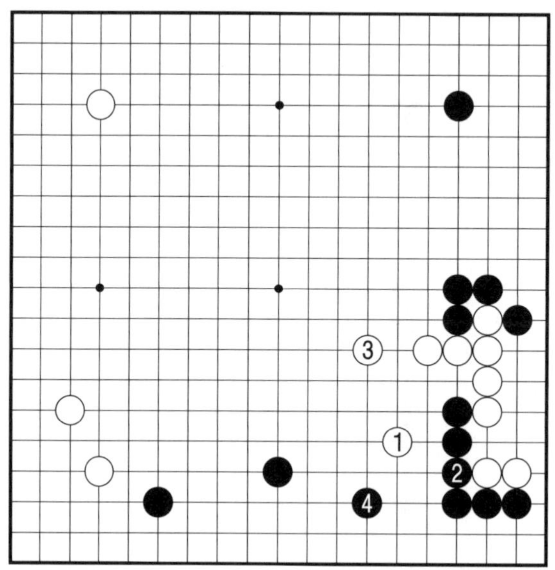

17도

전도 이후 백은 1로 들여다본 후 3으로 한칸 뛰어 형태를 정비하는 정도이다. 계속해서 흑은 4로 받아 하변을 지키게 되는데 양쪽을 처리해서 충분히 둘 수 있는 결말이다.

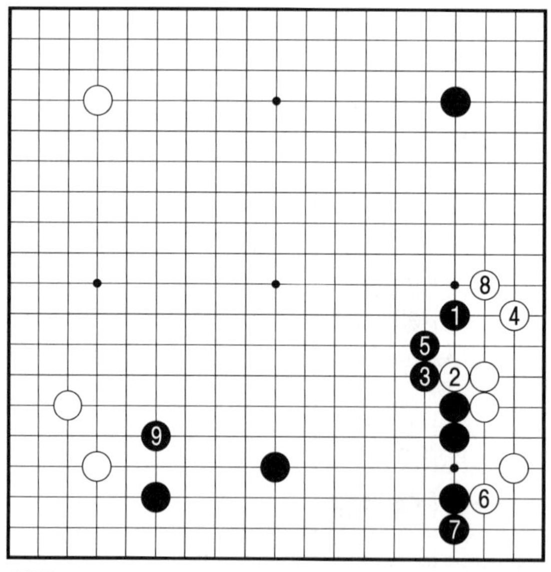

18도

18도(백의 수순)

흑1에는 백2로 민 후 흑3 때 백4로 날일자하는 것이 좋은 수순이다. 계속해서 흑은 5로 뻗을 수밖에 없는데 백6을 선수한 후 8로 진출해서 충분히 둘 수 있는 모습이다.

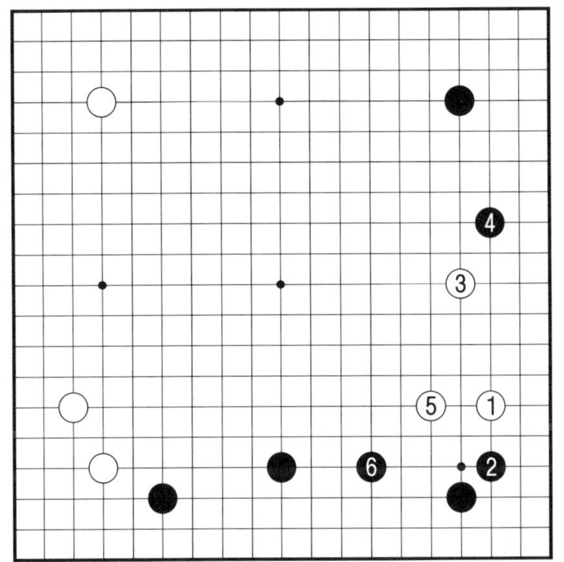

19도

19도(백의 선택)

백1, 흑2 때 백3으로 전개한 것은 중앙을 중시하고자 할 때 가능한 수이다. 계속해서 흑4로 다가서고 백5, 흑6까지가 예상되는 진행이다.

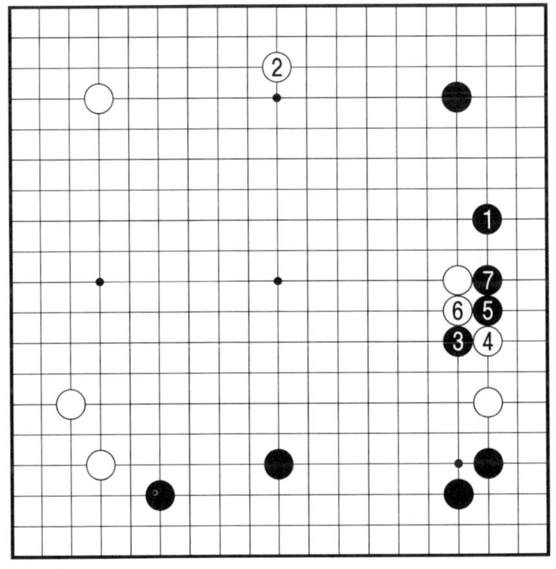

20도

20도(백, 곤란)

전도의 수순 중 흑1로 다가섰을 때 백2로 손을 돌리는 것은 의문이다. 이때는 흑3으로 침입한 후 이하 흑7까지 처리하는 것이 통렬한 수순으로 백이 곤란한 모습이다.

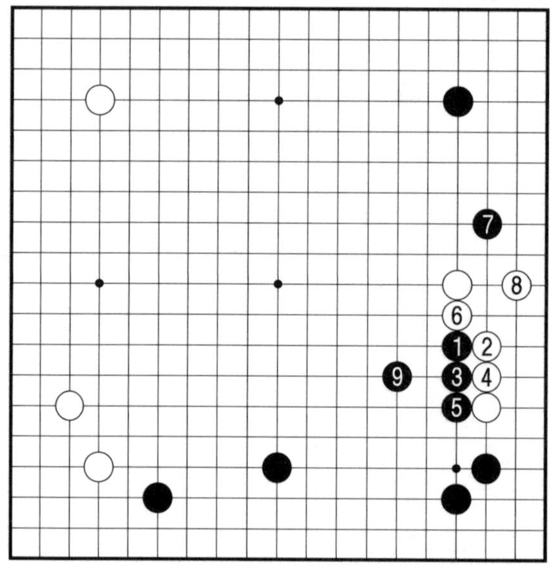

21도

21도(이창호의 신수)

하변의 포진과 연관하여 흑1도 유력한 수이다. 수순 중 흑7은 절호의 다가섬이며 흑9는 행마의 틀이다.

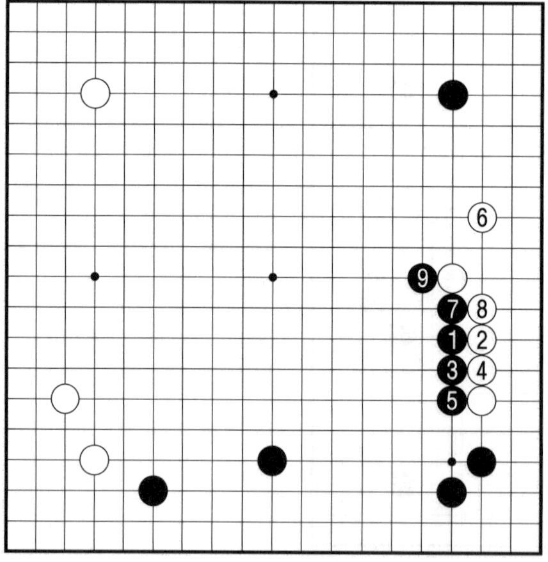

22도

22도(흑, 하변확장)

흑5까지 진행되었을 때 백6으로 변화하면 흑은 9까지 계속 하변을 확대하는 것이 좋다.

356

화점·소목 포석 5(2연성 대응) — 고바야시형의 거부

백1의 걸침은 고바야시형 포진을 거부하는데 목적이 있다. 흑이 하변에 선착하기 전에 미리 걸쳐 응수를 묻는 것이다. 그럼 백1로 걸친 이후의 포석 변화를 검토해 보기로 한다.

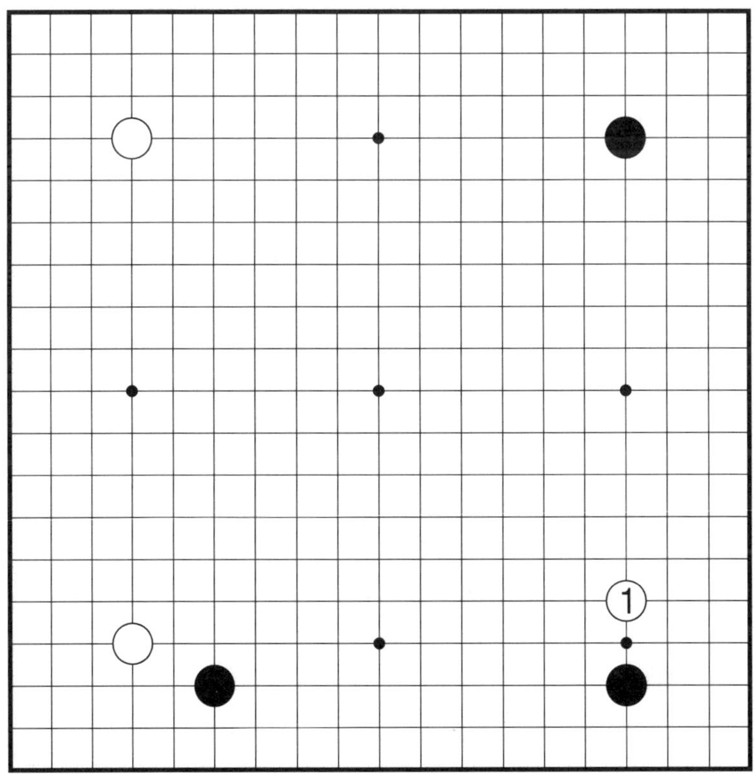

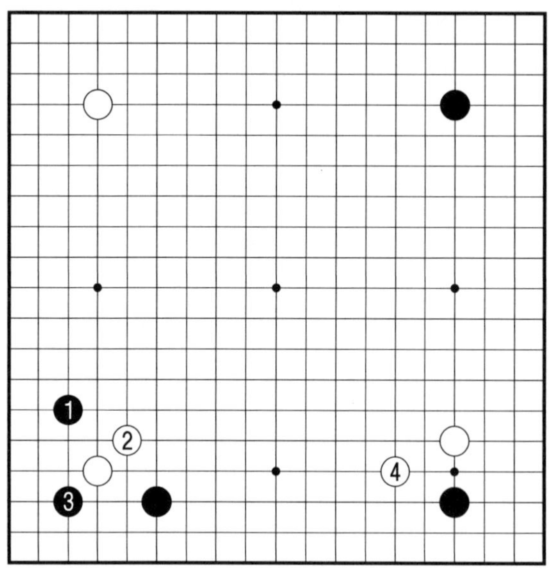

1도

1도(백, 간결한 착상)

흑이 양걸침하여 오면 백은 2로 봉쇄만 피하고 이곳을 보류하여 4로 씌어가는 흐름이 유연하다.

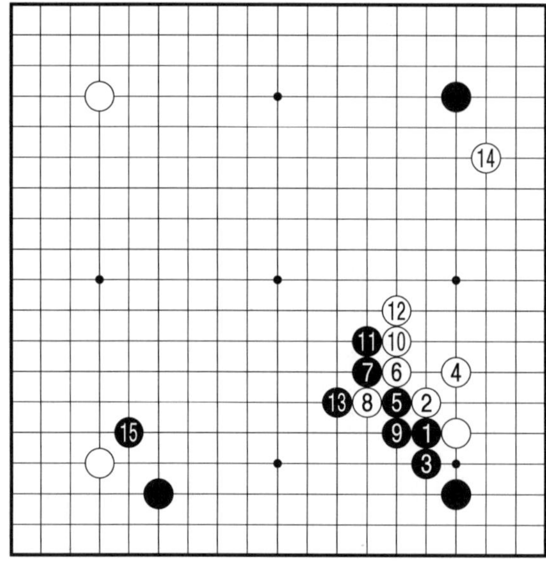

2도

2도(흑의 변화)

전도의 흐름이 싫다면 흑은 1부터 둘 수도 있다. 백14까지 처리되면 흑15로 씌워간다. 이 진행은 15로 씌어가는 자세가 좋아 백이 불만이다.

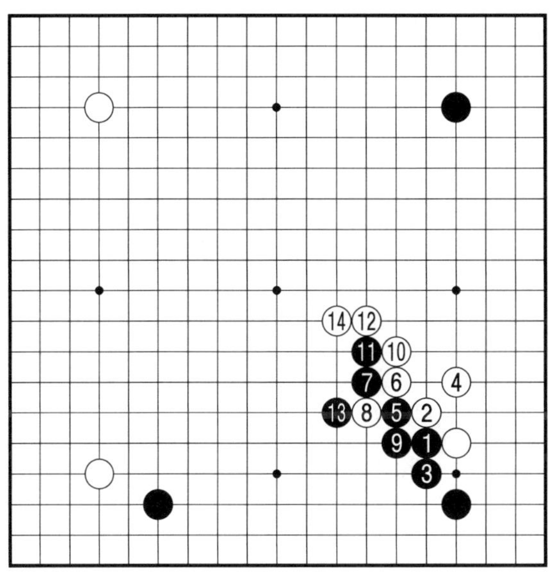

3도

3도(백의 변화)

흑11까지 진행되었을 때 백은 12·14로 중앙에 머리를 내미는 것이 전도보다 낫다.

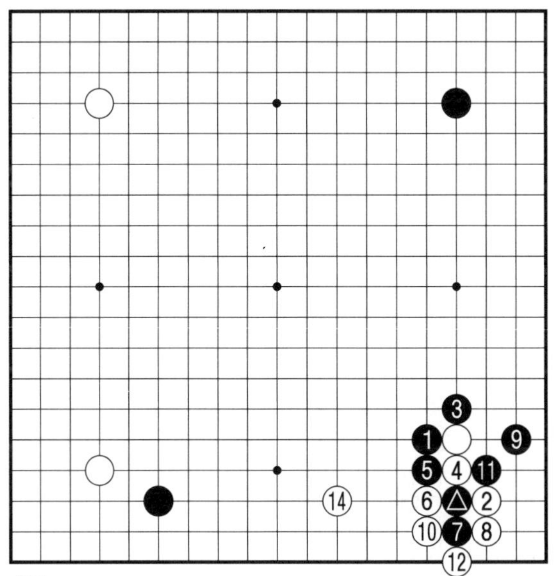

4도

4도(또 다른 변화)

흑1로 붙였을 때 백은 2로 되붙임하여 변화할 수도 있다. 백14까지가 정석적인 진행인데, 이 결과는 흑백 비슷한 갈림이다.

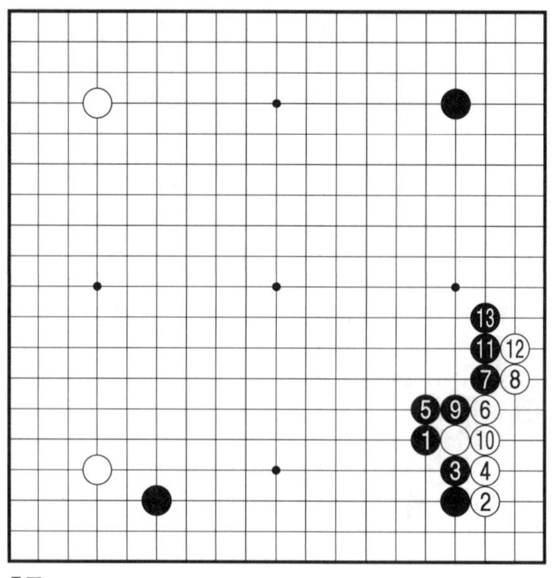

5도

5도(흑의 변화)
흑1, 백2 때 흑은 13까
지의 진행을 선택할 수도
있다. 흑이 두터운 대신
백의 선수이므로 비슷한
갈림이다.

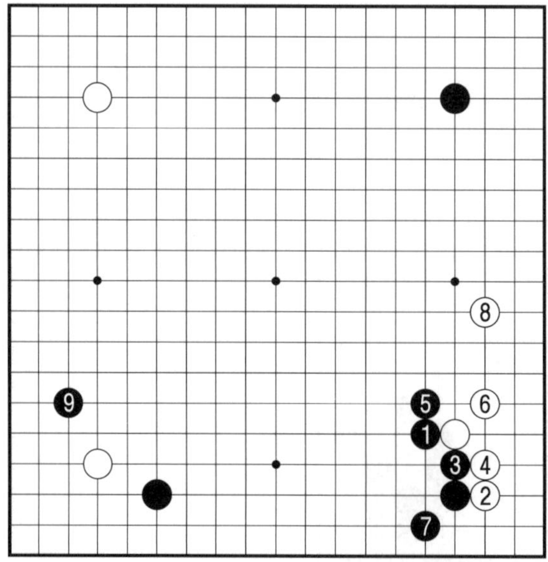

6도

6도(흑의 선수진행)
앞의 변화가 흑의 후수
라면 백6까지 진행되었
을 때 흑은 7로 변화하여
9를 선점하는 빠른 진행
으로 갈 수도 있다.

화점·소목 포석 6(화점·소목 대응) — 날일자 걸침

흑의 화점·소목 포석에 대해 백도 소목과 화점으로 맞선 포석 형태이다. 이와 같은 포진이라면 흑5로 걸치는 것이 상식적인데 이후의 진행을 검토해 보기로 한다.

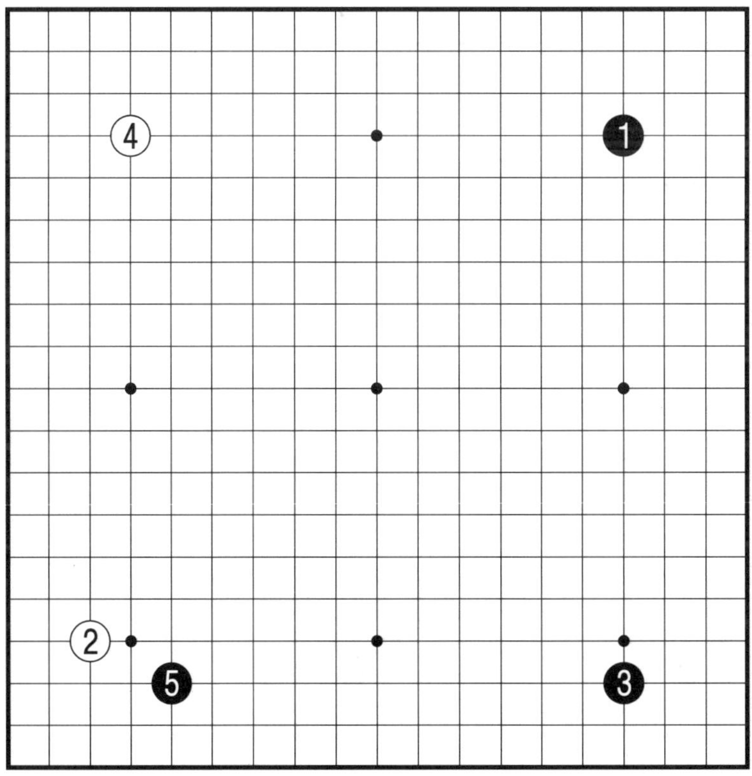

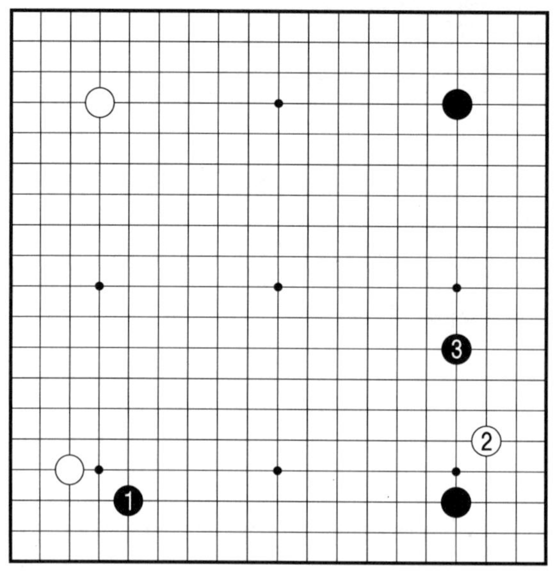

1도

1도(기세의 걸침)

흑1로 걸치면 백도 2로 걸치는 것이 기세의 진행이다. 흑은 3으로 협공해서 전단을 모색하게 되는데 이후의 작전이 쌍방 관건이다.

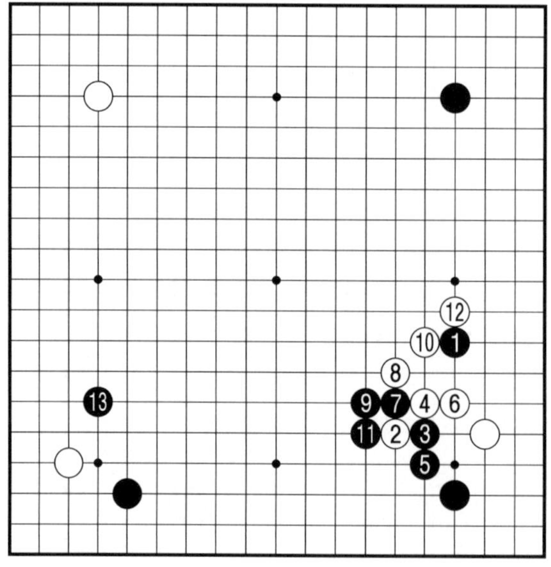

2도

2도(흑, 만족)

흑1로 협공했을 때 평범하게 백2로 두칸 뛰는 것은 책략이 부족한 수이다. 흑은 3으로 건너붙인 후 이하 백12까지 처리하는 것이 좋은 정석 선택이다. 선수를 취해 흑13으로 씌우면 흑이 활발한 진행이다.

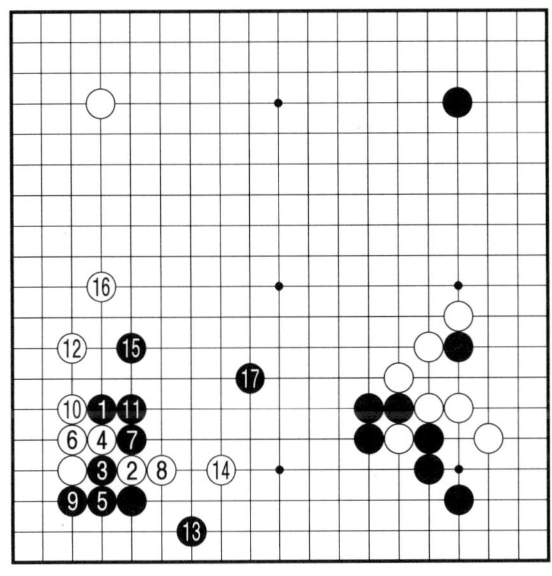

3도

3도(흑, 활발)

흑1로 씌웠을 때 백이 2로 붙여 맞대응하는 변화이다. 계속해서 흑3으로 끼우고 이하 백16까지는 상식적인 정석 진행인데 흑17로 씌우는 자세가 매우 적절해 흑이 활발한 결말이다.

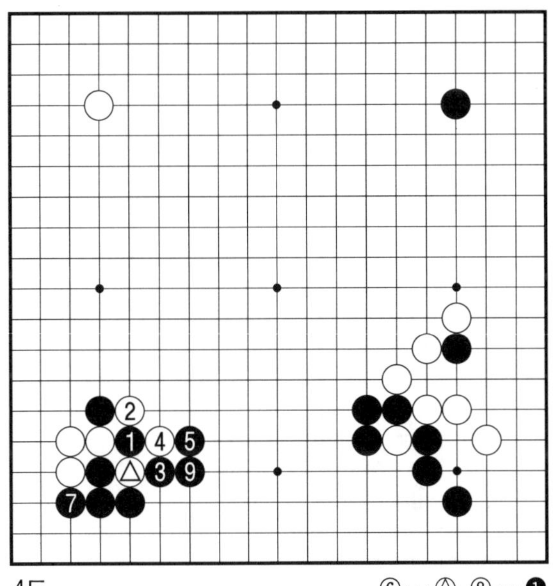

4도

4도(흑, 충분)

전도와 같은 진행이 마음에 들지 않으면 흑1 때 백2로 단수쳐서 변화할 곳이다. 그러나 흑3으로 따낸 후 이하 9까지 처리하면 하변 흑집이 굳어지는 만큼 이 역시 흑이 유리하다.

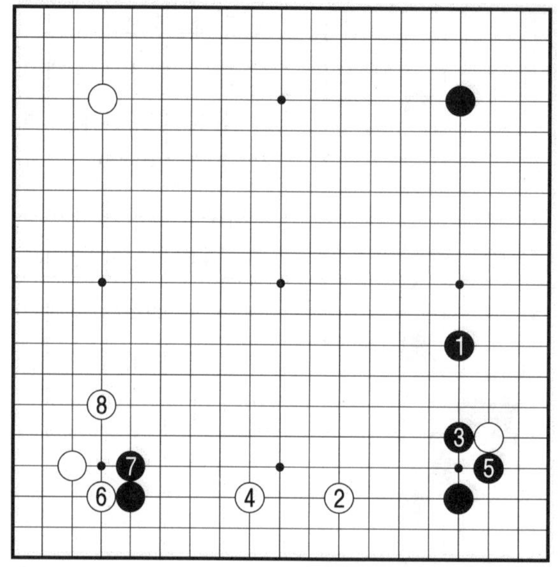

5도

5도(백의 작전)

흑1로 협공했을 때 백은 2로 되협공하는 것이 좋은 수이다. 흑3에는 백4로 두칸 벌린 후 흑5 때 백6·8로 공격해서 충분히 둘 수 있는 모습이다.

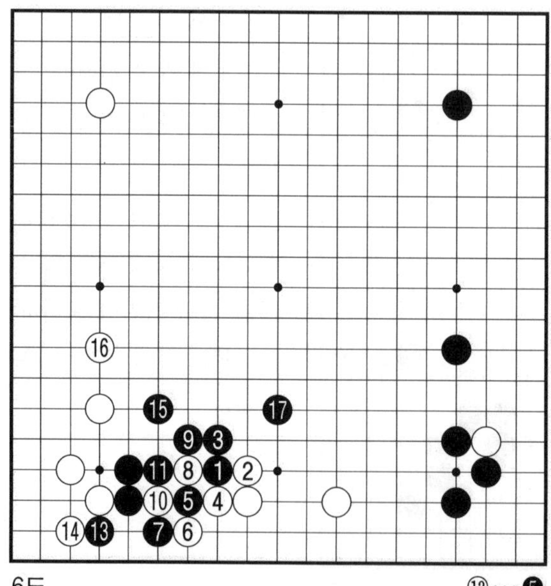

6도

6도(상용의 수순)

전도에 계속해서 흑은 1로 어깨짚는 것이 좋은 행마법이다. 계속해서 백2로 밀고 이하 흑17까지가 하나의 틀인데 쌍방 불만없는 갈림이다.

⑫···❺

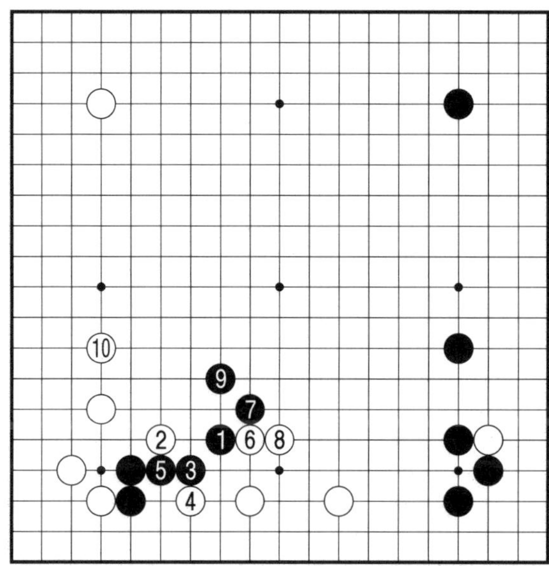

7도

7도(또 다른 수습)

흑은 어깨짚지 않고 1로 눈목자해서 수습할 수도 있다. 계속해서 백2로 약점을 추궁하면 흑3으로 마늘모한 후 이하 흑9까지 형태를 갖추는 것이 요령이다.

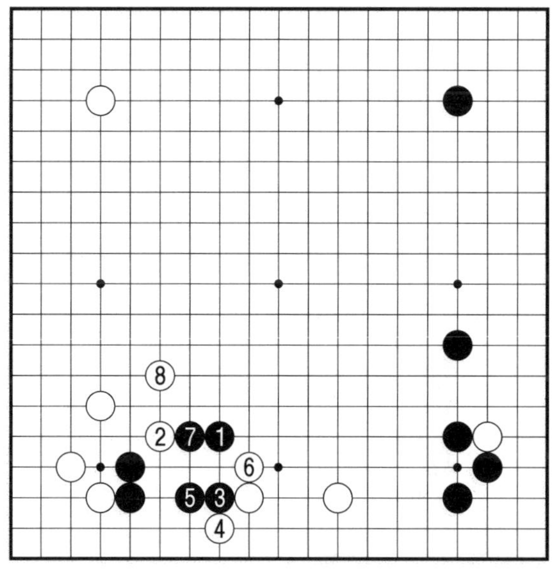

8도

8도(흑, 불만)

흑1, 백2 때 흑3으로 붙여 수습하는 것은 약간 의문이다. 백은 4로 젖힌 후 6으로 뻗는 것이 좋은 수순이다. 흑7이 불가피할 때 백8로 한칸 뛰면 이 형태는 백이 약간 유리하다.

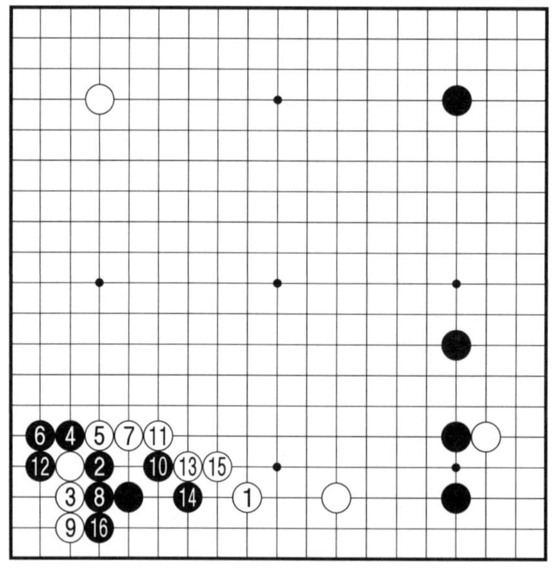

9도

백1로 두칸 벌렸을 때 흑은 우하귀를 제압하지 않고 2로 붙여 변화할 수도 있다. 계속해서 백3으로 내려서고 이하 흑16까지가 상용의 진행이다.

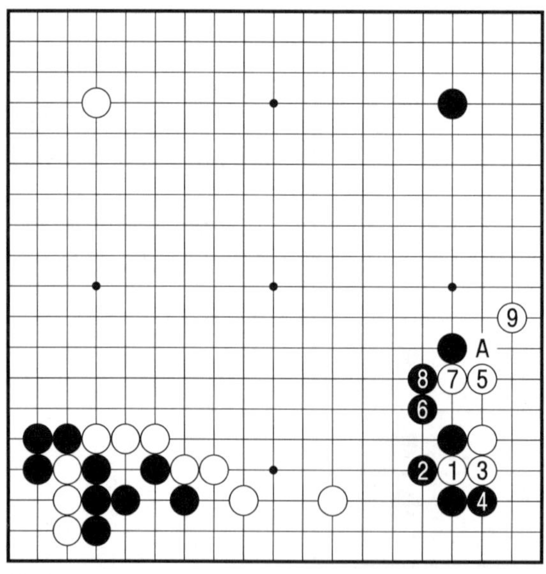

10도

10도(백의 수습)

전도에 계속해서 백은 1로 끼워 수습하는 것이 요령이다. 축이 불리한 흑은 2로 단수칠 수밖에 없는데 이하 백9까지 쉽게 안정할 수 있다. 백9로는 경우에 따라 A도 가능하다.

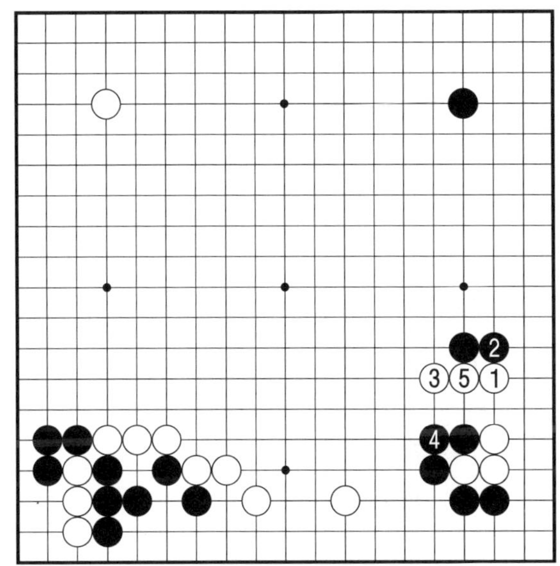

11도

11도(흑, 불만)

전도의 수순 중 백1 때 흑2로 막는 것은 무리수이다. 백은 3으로 한칸 뛰는 것이 호착으로 흑4 때 백5로 이어 유리한 결과를 이끌어 낼 수 있다.

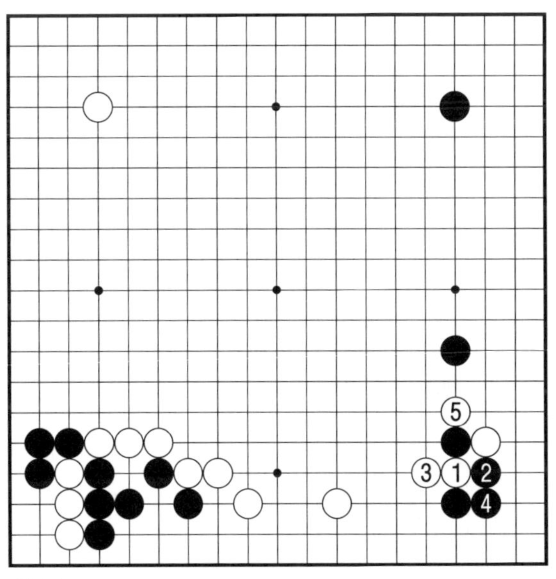

12도

12도(흑, 무리)

백1로 끼웠을 때 흑2로 단수치는 것은 의문이다. 백3으로 뻗으면 흑은 4로 잇는 정도인데 백5로 단수치는 순간 흑 한점이 축으로 잡히고 만다.

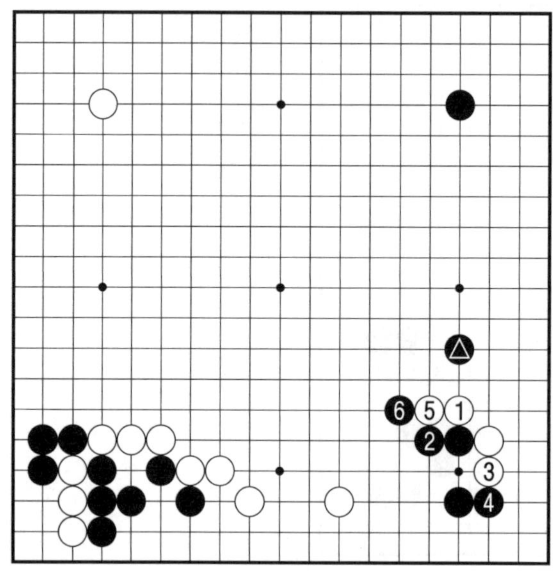

13도

13도(백, 불만)

백이 끼워서 수습하는 방법을 택하지 않고 1로 젖히는 것은 의문이다. 백1에는 흑2로 뻗은 후 이하 흑6의 두점머리까지 공격하는 것이 좋은 수순으로 흑❷ 한점이 급소에 놓여 있는 만큼 백이 불리한 결말이다.

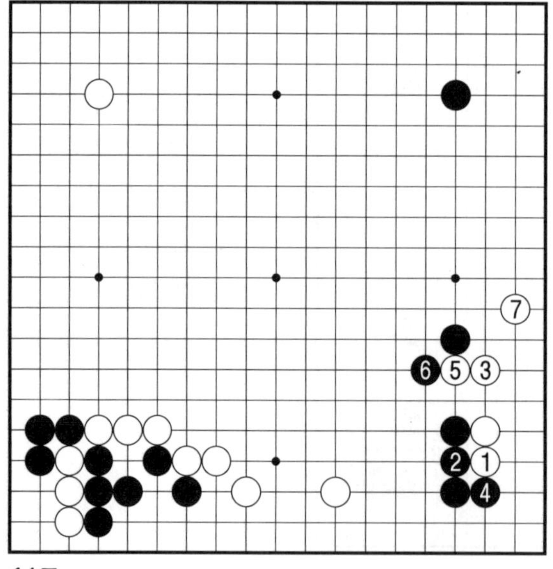

14도

14도(축관계)

축이 불리하다면 백은 1로 뻗어 수습하는 정도이다. 흑2에는 백3으로 한칸 뛴 후 흑4 때 백5·7로 수습하는 것이 요령이다.

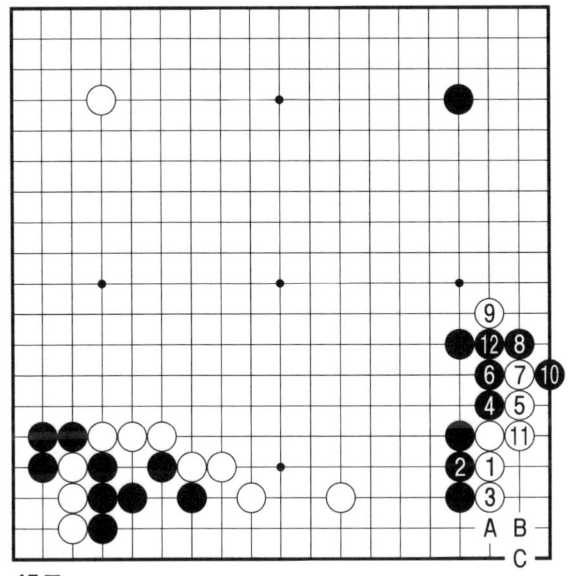

15도

15도(백의 욕심)

백1, 흑2 때 백3으로 밀어 귀에서 삶을 모색하는 것은 의문이다. 흑은 4로 막은 후 이하 12까지 처리해서 충분하다. 이후 귀의 백에는 흑A로 젖힌 후 백B, 흑C로 패를 하는 뒷맛이 남아 있다.

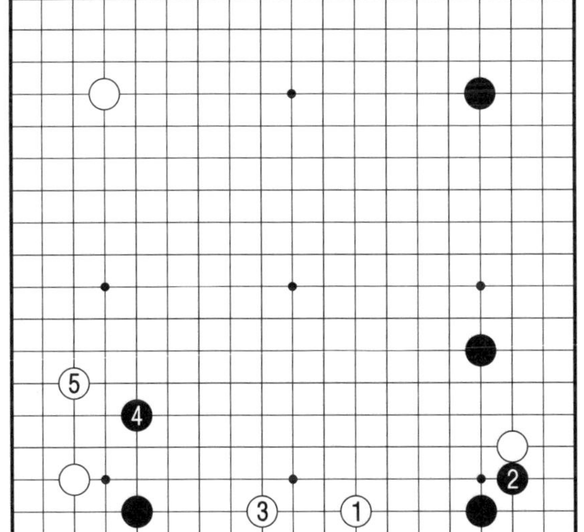

16도

16도(흑, 마늘모붙임)

백1 때 축이 불리하다면 흑은 2로 마늘모 붙여 처리할 곳이다. 계속해서 백3으로 두칸 벌리고 흑 4, 백5까지 평범한 진행이다.

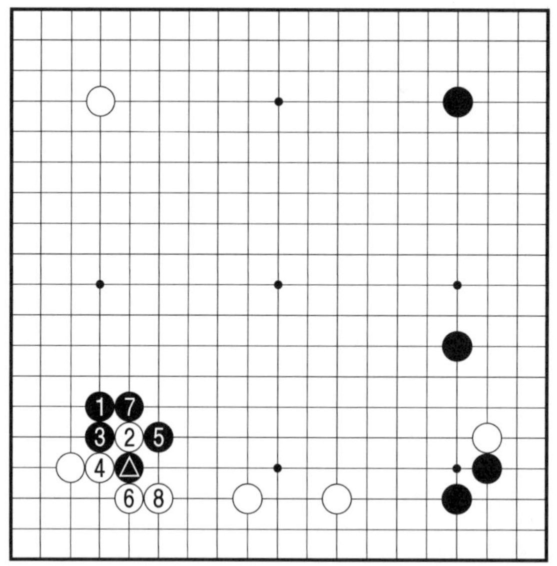

17도

17도(높은 걸침)

흑△로 높게 걸친 경우라면 흑1로 날일자해서 두는 수도 가능하다. 계속해서 백2의 건너붙임에는 이하 흑7까지 백 한 점을 선수로 빵따내 충분하다.

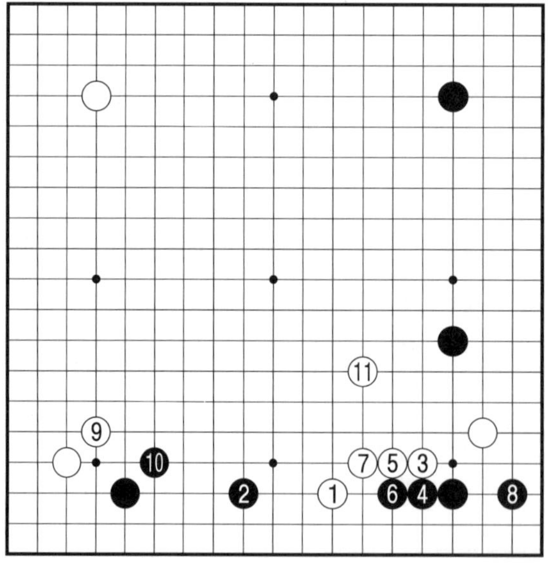

18도

18도(흑의 역협공)

백1 때 흑은 귀를 돌보지 않고 역으로 2로 협공하는 수도 성립한다. 계속해서 백3으로 씌운다면 흑4 이하 8까지 수습하는 것이 요령이다. 계속해서 백9로 마늘모하고 흑10, 백11까지 쌍방 무난한 갈림이다.

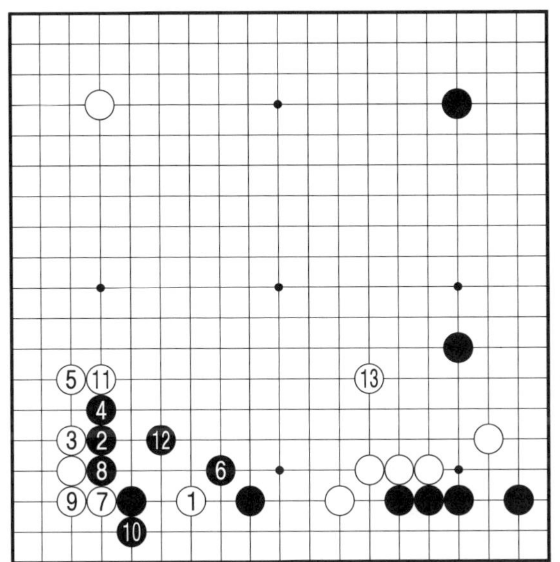

19도

백은 1로 침입해서 흑의 응수를 물을 수도 있다. 계속해서 흑2로 씌우고 이하 백13까지가 예상되는 진행인데 전도와 대동소이한 결말이다.

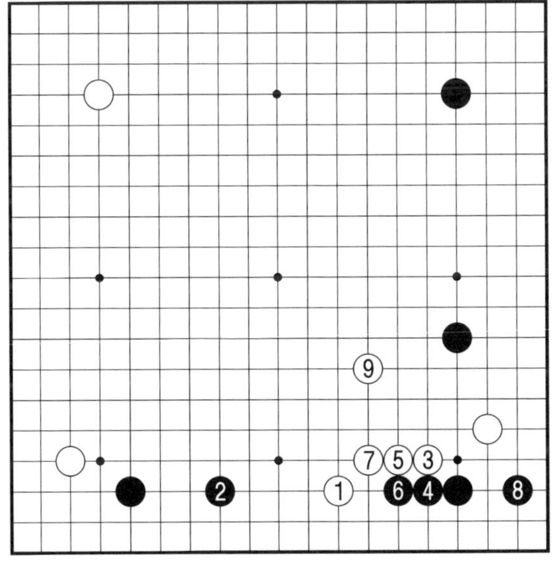

20도

20도(흑, 견실위주)

백1 때 흑2로 두칸 벌린 것은 견실위주의 수법이다. 계속해서 백3으로 씌우고 이하 백9까지가 예상되는 진행인데 이 역시 쌍방 충분히 둘 수 있는 포석이다.

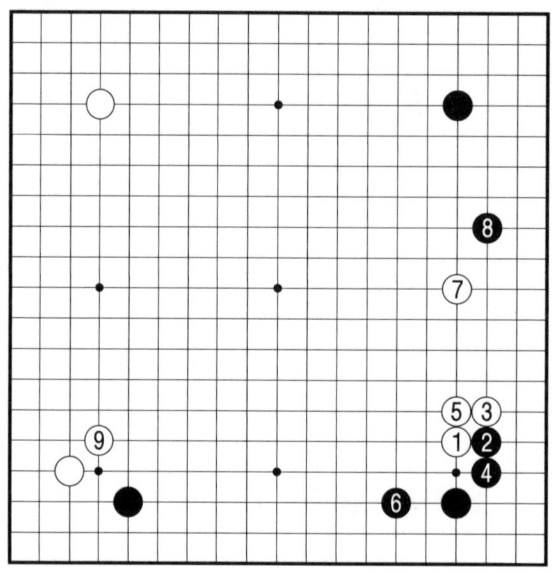

21도

21도(백, 높게 걸침)

백은 1로 높게 걸쳐갈 수도 있다. 계속해서 흑2로 붙이면 이하 백9까지 비슷한 갈림이다.

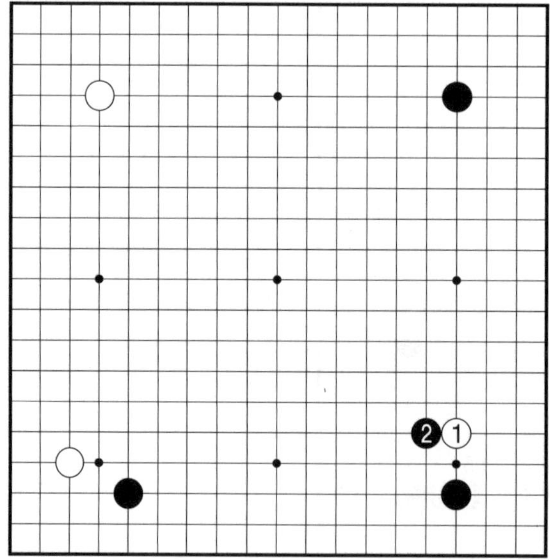

22도

22도(흑의 변화)

백1에 대해 흑도 2로 붙여 변화할 수 있다. 이후의 진행은 51형과 비슷하다.

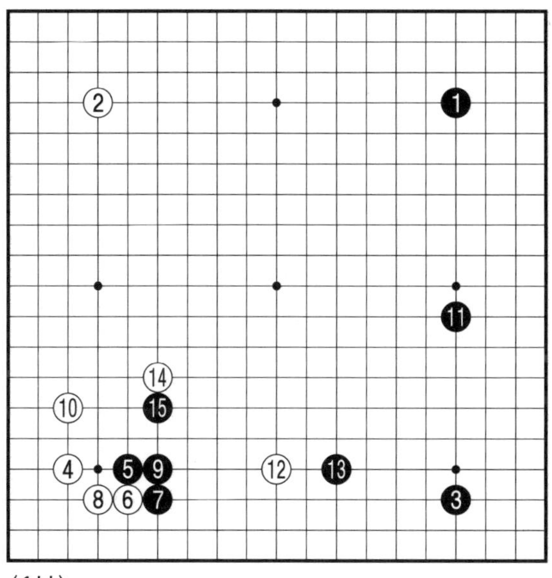

〈1보〉

1보(1~15)

47기 일본 본인방전 도전3국(1992. 6.9~6.10) 백 조치훈 대 흑 고바야시 고이치(小林光一). 좌하의 정석진행을 방치하고 흑11로 높은 중국식을 펼친 것은 백12에 흑13으로 역공하여 주도권을 잡으려는 스피디하고 능동적인 구상이다.

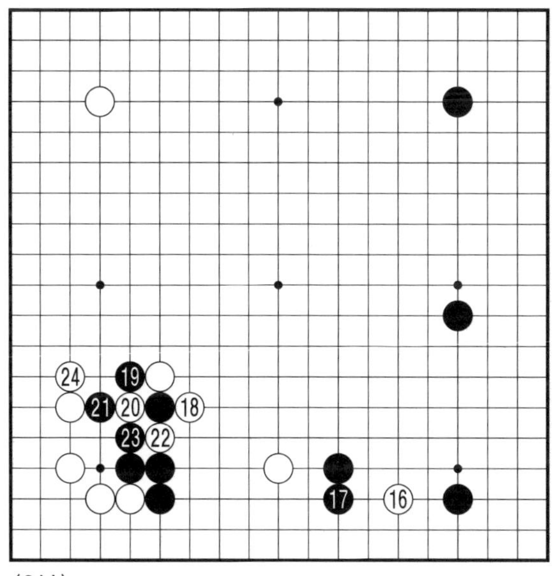

〈2보〉

2보(16~24)

백16에 흑17로 차단하는 수는 강력한 수법이지만 지나친 감이 있다. 백18 이하의 수순에 의해 백이 두터워지고 있으므로 이 진행은 흑이 불리한 흐름을 타고 있다.

양소목 포석편

양소목 포석은 크게 나누어 2가지 유형이 있는데 엇갈린 소목의 포진과 향소목 포진으로 나눌 수 있다. 엇갈린 소목 포진은 일반 포석중 역사가 가장 오래된 것으로 슈사쿠(秀策)류의 1·3·5 포석도 이 진행에서 파생된 것이며, 향소목은 일반적으로 백의 포석으로 많이 사용되었으나 현대의 기사중 일본의 가토 마사오에 의해 흑번 포석으로 애용되기 시작하여 일반 포석으로 자리잡게 되었다.

양소목 포석 1(2연성 대응) ― 견실한 귀굳힘

흑이 두 귀를 모두 소목으로 포진한 포석 형태이다. 이에 대해 백은 2연성으로 대응한 장면인데 흑5로 귀를 굳힌 것은 견실위주의 수법. 그럼 흑5 이후의 포석 진행을 검토해 보기로 한다.

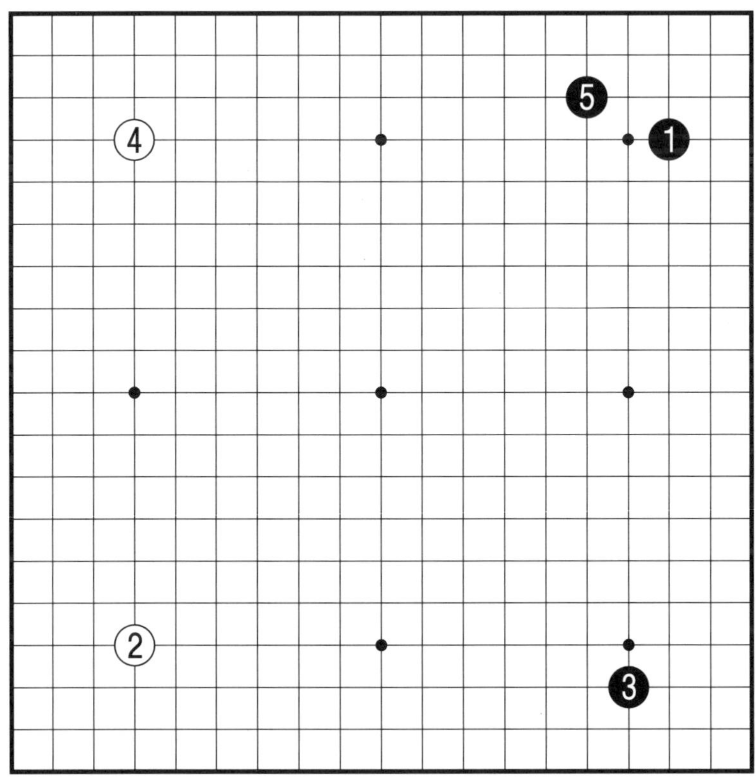

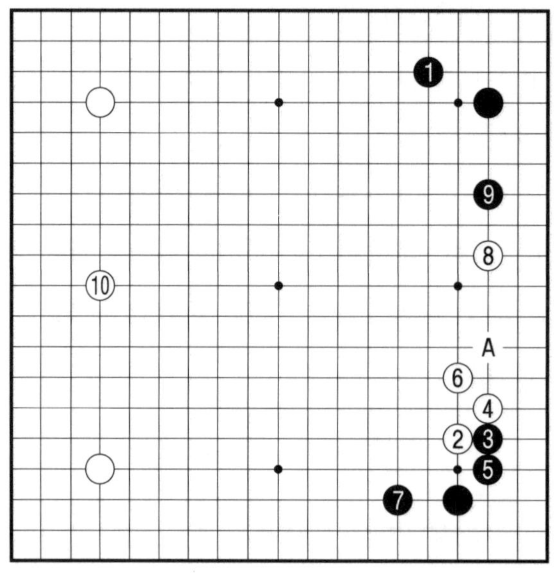

1도

1도(상용 포석)

흑1로 귀를 굳히면 백은 자연스럽게 우하귀에 걸치는 진행이 된다. 계속해서 흑3으로 붙인 것은 가장 간명한 선택으로 이하 백10까지가 기본형이다. 이후 흑은 A의 침입이 노림이다.

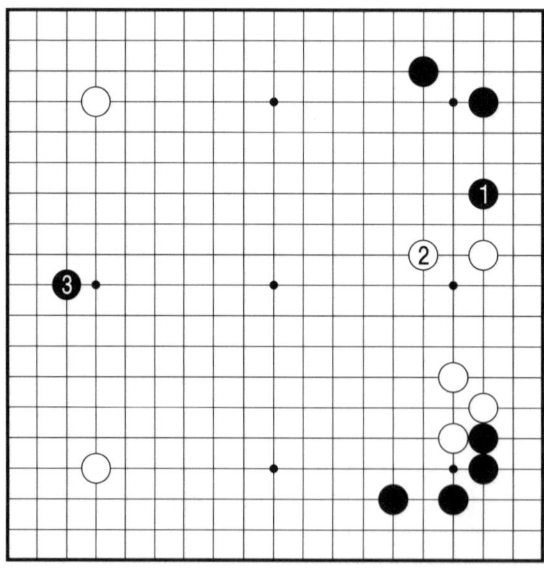

2도

2도(백, 견실위주)

흑1로 다가섰을 때 백은 2로 한칸 뛰어 약점을 지킬 수도 있다. 계속해서 흑3으로 갈라친 것은 당연하며 이 역시 훌륭한 한판의 포석이다.

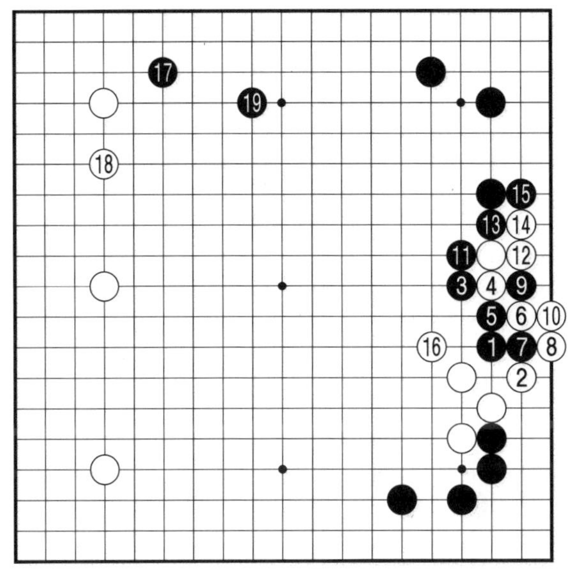

3도

3도(흑, 즉시 침입)

1도 이후 흑은 1로 곧바로 침입한다. 이하 19까지의 결과는 상변에서 우변에 이르는 흑 진영이 넓고 두텁다.

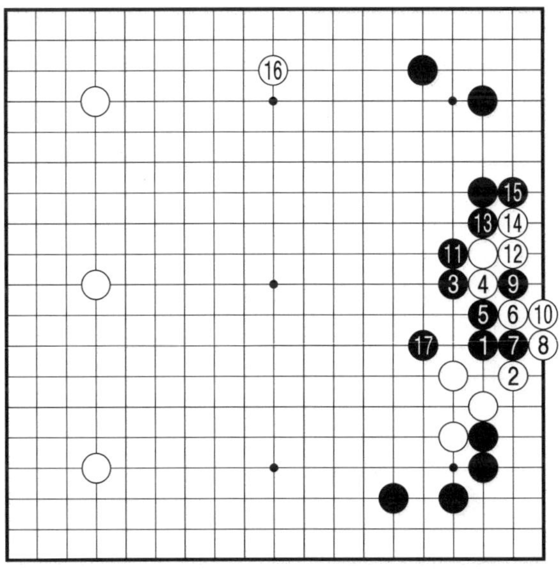

4도

4도(손뺄 수 없다)

전도의 수순 중 백16을 간과하여 본도처럼 상변에 전개하면 흑17의 자리가 급소가 되어, 이 역시 미생이므로 좋지 않다.

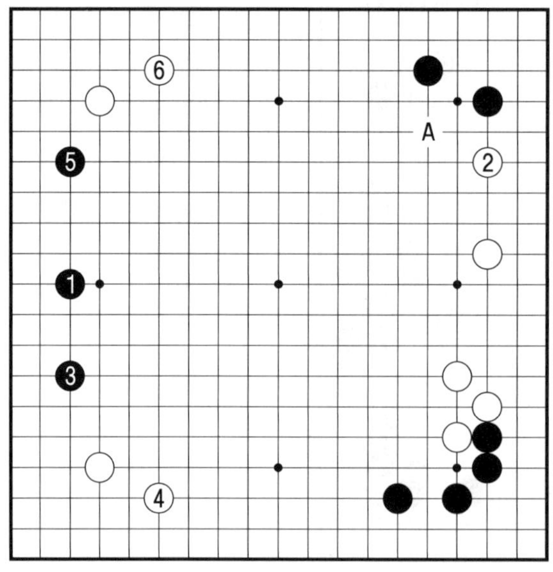

5도

5도(지구전)

흑이 백의 3연성을 거부하여 1에 갈라치면 백은 2를 차지하는 흐름이 된다. 이 진행은 백6까지 지구전의 양상이며 이후 A의 곳이 확장의 요처로 부상하는 것이 변수이다.

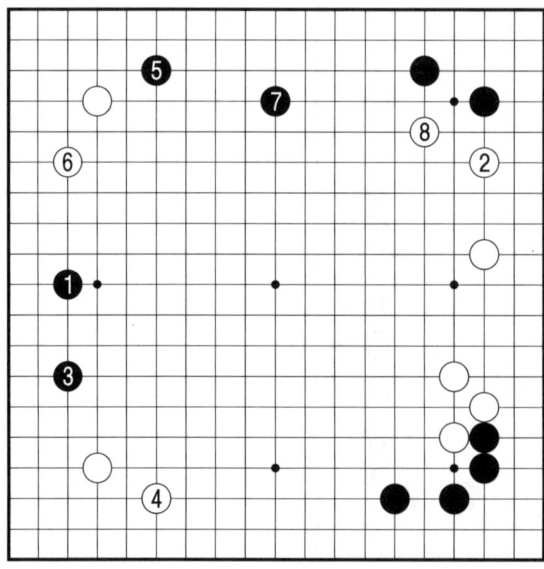

6도

6도(백8, 확장의 요처)

전도의 수순 중 백4까지 진행되었을 때 흑이 5·7로 상변에 포진하게 되면 백8이 확장의 요처가 된다.

양소목 포석 2(2연성 대응) — 다케미야류

백1로 튼튼하게 이어 우변을 간략하게 처리하고 좌변을 3연성으로 포진하려는 진행이 다케미야류이다. 그럼 백1 이후의 포석 변화를 검토해 보기로 한다.

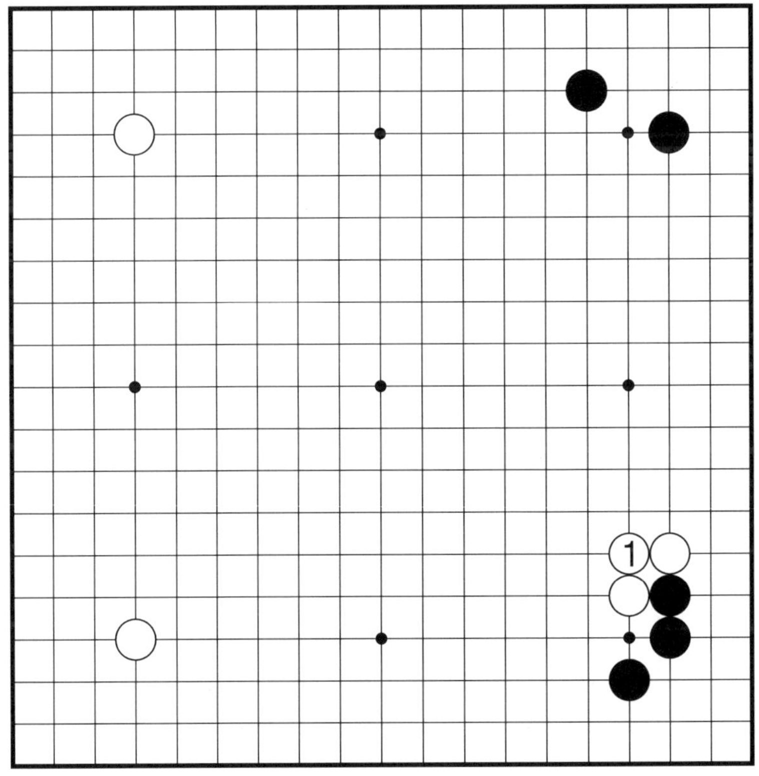

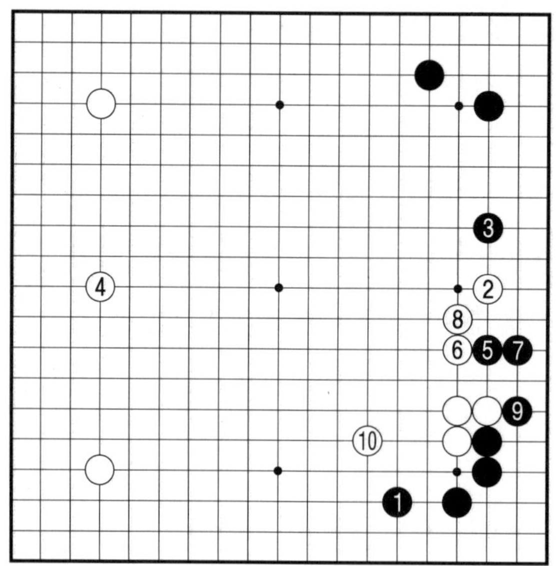

1도(벗어난 다케미야류)

흑1로 받았을 때 백2의 전개는 애초의 취지와 다르다. 흑3으로 두어준다면 이하 백10까지 좋겠지만……

1도

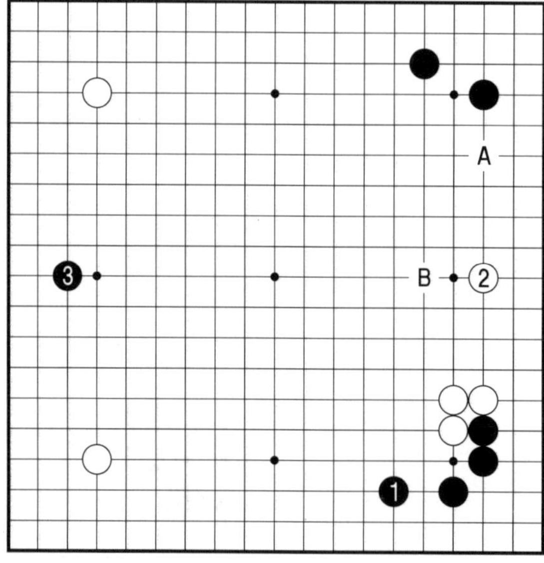

2도(흑의 변화)

흑1, 백2를 교환하고 나서 흑이 3으로 백의 3연성을 저지했을 때 백은 A의 확장이 가치가 적다. B의 삭감이 절호점이기 때문이다.

2도

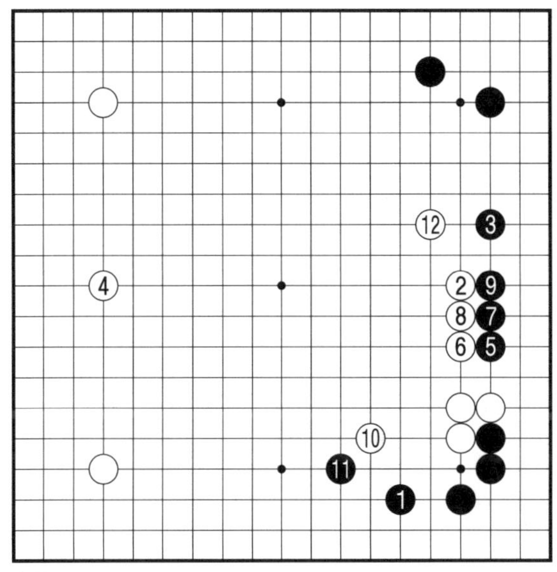

3도

3도(다케미야류)

흑1 때 백2로 높게 두어 흑3을 강요한 다음 백4로 3연성을 포진하는 것이 본형의 취지이다. 흑5 이하의 침입은 감수하여 백12까지의 흐름이 다케미야류이다.

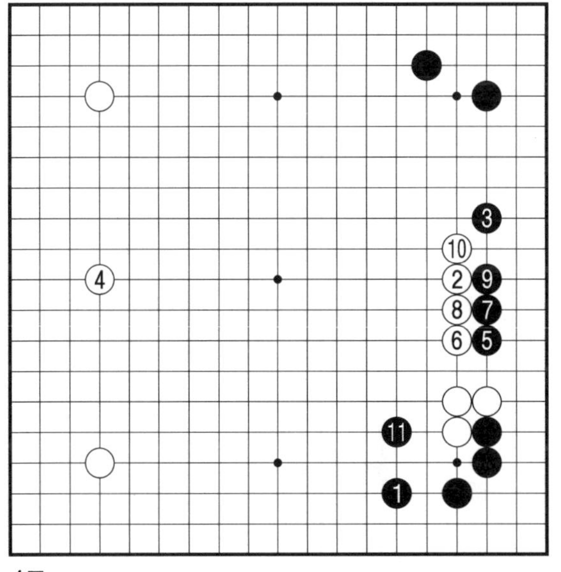

4도

4도(흑11, 급소)

흑9까지 진행되었을 때 백10은 욕심이다. 흑11을 당하게 되면 백 전체가 세력이 아닌 미생마로 전락한다.

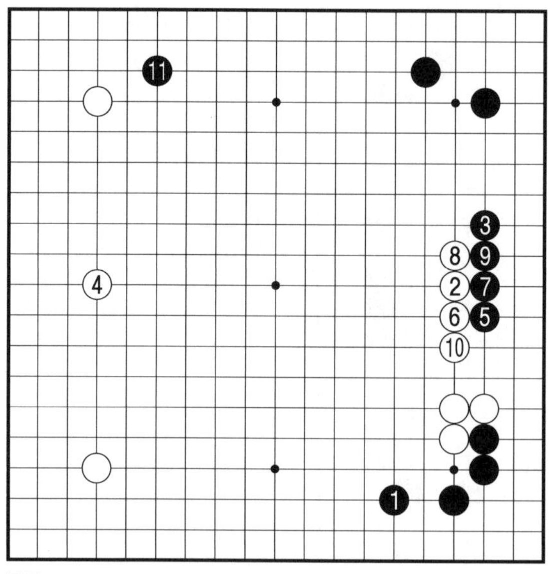

5도

백2·4로 펼쳤을 때 흑은 5로 침입하는 것이 좋다. 백10이 불가피하므로 그때 선수를 잡아 흑11로 전환하면 쌍방 비슷한 갈림이 된다.

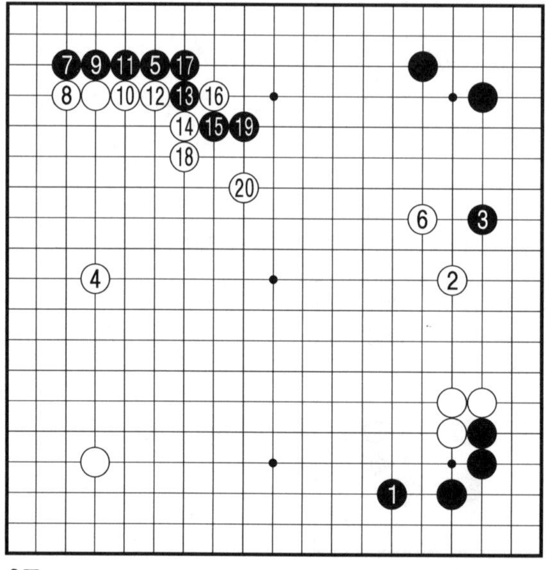

6도

6도(다케미야류의 진수)

백4의 3연성 다음 흑5로 먼저 걸쳐올 때 백6으로 덮어씌워가는 것이 다케미야류의 진수이다. 백20까지 좌상에서 우변으로 연결된 세력권은 실로 광대하다.

양소목 포석 3(2연성 대응) — 응수타진

흑1로 붙이고 백2, 흑3까지 진행되었을 때 백4로
붙여 응수를 묻는 것이 현대에 와서 개발된 재미있는
수법이다. 그럼 이후의 포석 변화를 살펴보기로 한다.

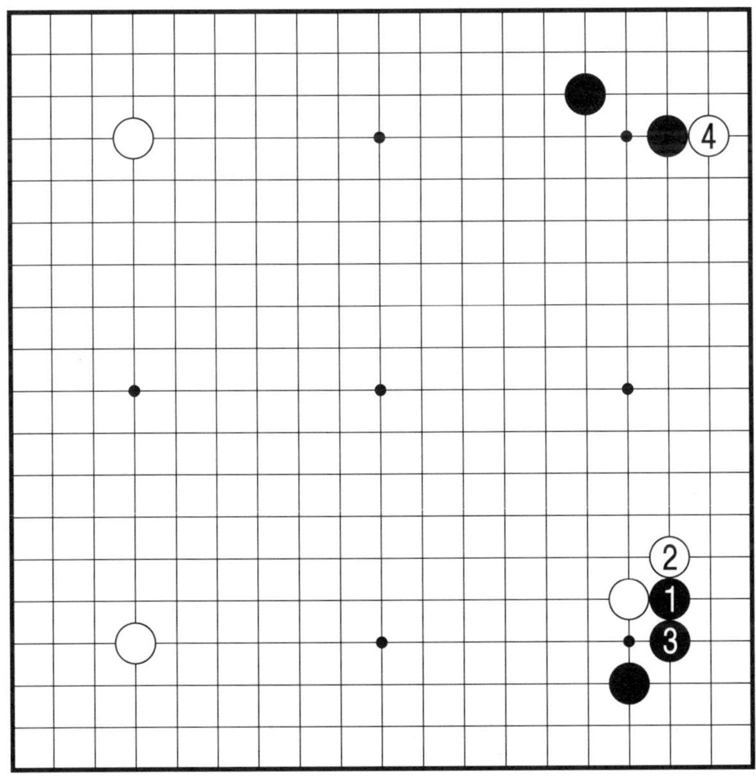

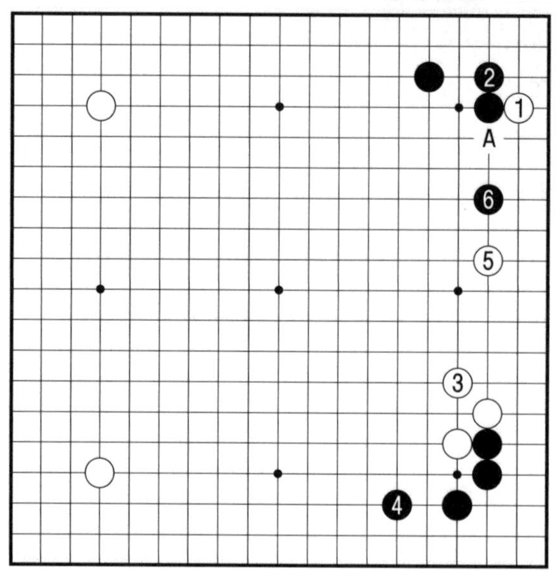

1도

1도(백, 만족)

백1로 붙였을 때 흑2처럼 안쪽으로 뻗는 것은 약간 나약한 응수법이다. 백3 이하 흑6까지 진행되면 백A로 움직이는 뒷맛이 남아 있는 만큼 흑이 당한 결말이다.

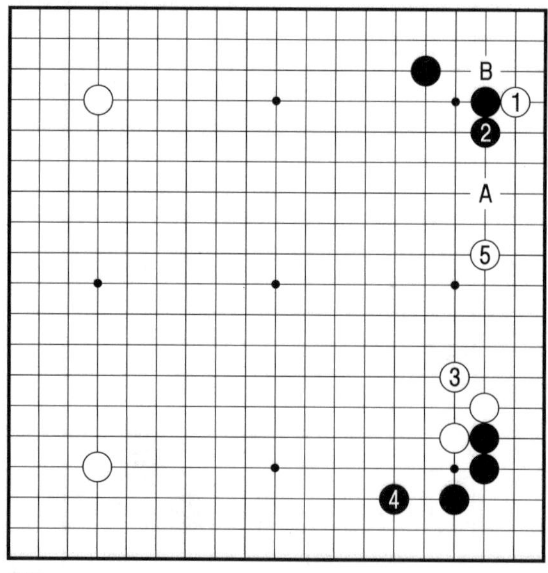

2도

2도(백, 충분)

백1 때 흑2처럼 바깥쪽으로 뻗는 변화이다. 이때도 역시 백3으로 호구 친 후 흑4 때 백5로 전개하는 것이 수순이다. 이후 흑은 A로 벌리는 것이 어렵다. 이유는 백B로 젖혀 사는 뒷맛이 있기 때문이다.

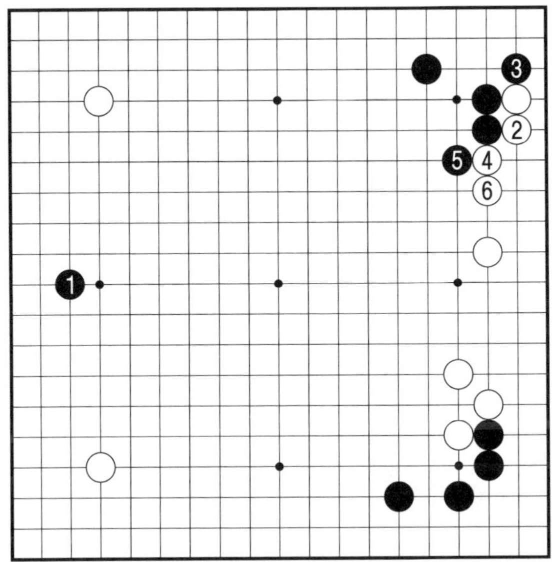

3도

3도(후속수단)

전도에 계속해서 흑이 손을 빼서 좌변에 갈라친다면 백2로 움직이는 수단이 성립한다. 이하 백6까지 형태를 정비하고 나면 백의 우변이 활동적인 모습이다.

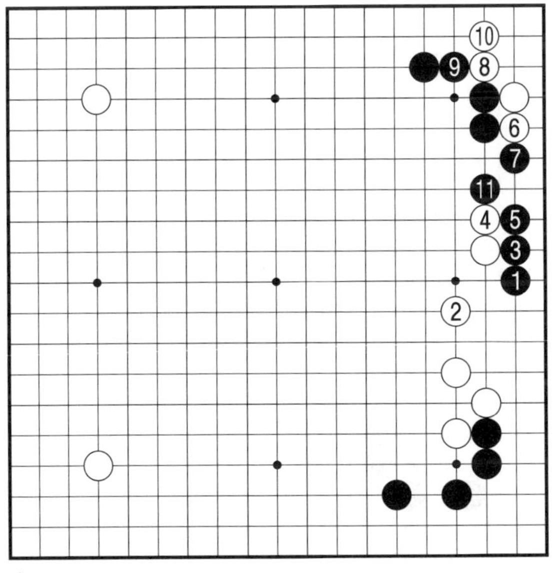

4도

4도(흑, 만족)

좌변에 갈라친 수로는 흑1로 치중해서 두는 변화도 검토할 수 있다. 이때 백2로 응수해 준다면 흑3 이하로 움직여서 흑11까지 이 결과는 흑이 유리하다.

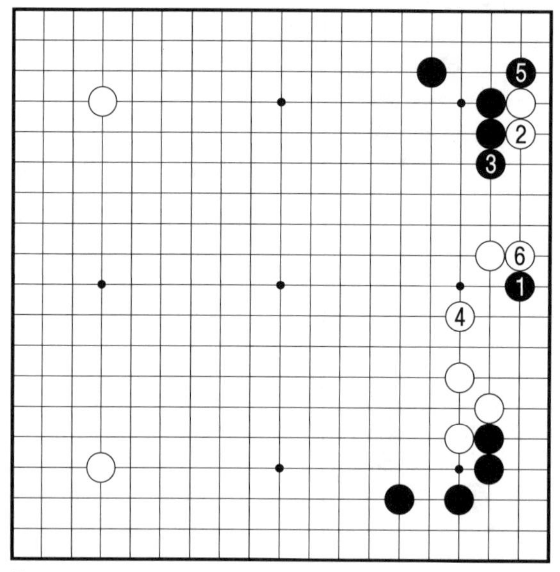

5도

5도

5도(백의 대응)

그러나 흑1의 치중에는 백2로 움직이는 대응책이 준비되어 있다. 계속해서 흑3으로 뻗고 백4·6까지의 진행이 예상되는데 이 결과는 백이 두텁다.

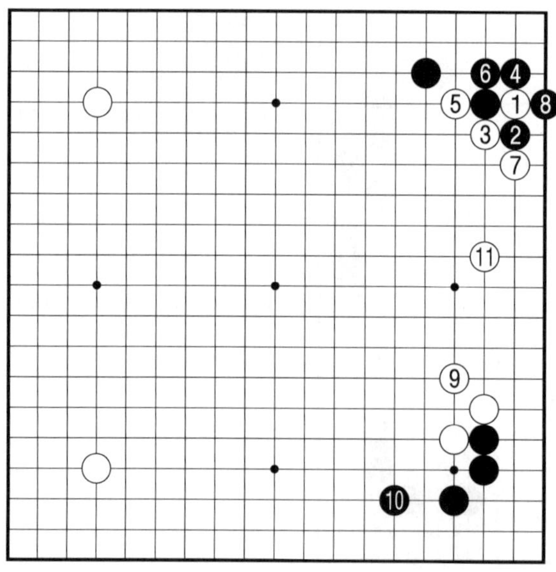

6도

6도

6도(백, 활발)

백1로 붙이면 흑은 2로 젖히는 정도이다. 계속해서 백3으로 끊은 것은 상용의 맥점인데 흑4로 단수친 수가 의문수. 백5·7을 선수한 후 이하 11까지 처리하면 이 결과는 백이 활발하다.

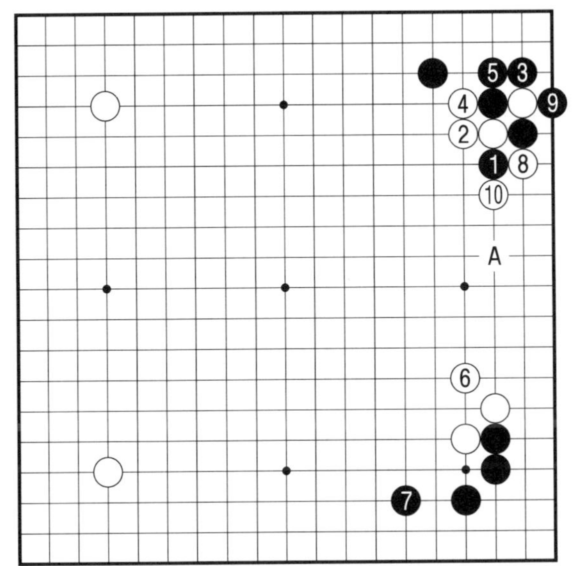

7도

7도(백, 능률극대화)

흑1 이하의 변화는 백 10의 축으로 흑 한점이 잡히는 순간 A의 전개가 필요없게 되어 우변 백진은 능률이 극대화된다.

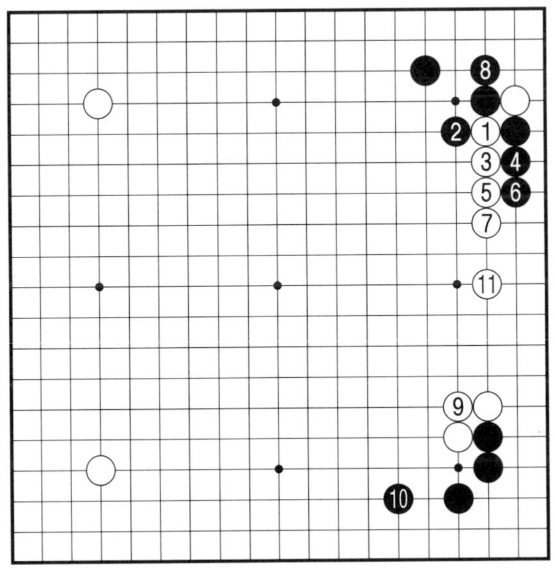

8도

8도(백, 능률적)

백1로 끊으면 흑은 2로 단수친 후 4에 뻗는 것이 올바른 대응이다. 계속해서 백5로 뻗고 이하 11까지는 간명한 갈림인데 아무래도 백이 능률적이다.

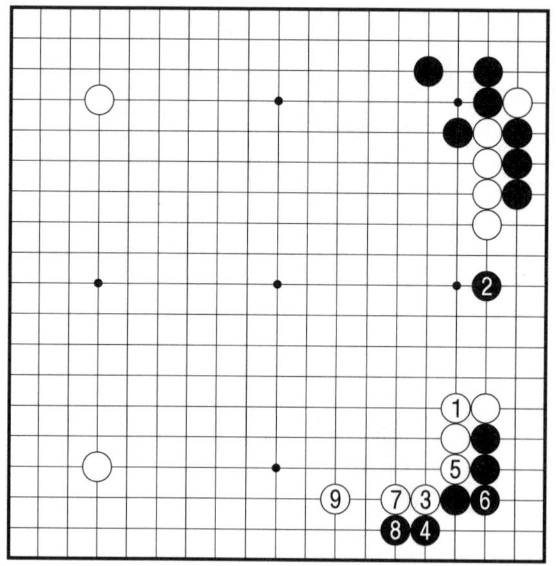

9도(백, 두터움)

백1로 이엇을 때 흑2로 공격하는 변화이다. 이때는 백3으로 붙인 후 이하 9까지 처리하는 것이 요령이다. 이 결과는 백이 약간 두텁다.

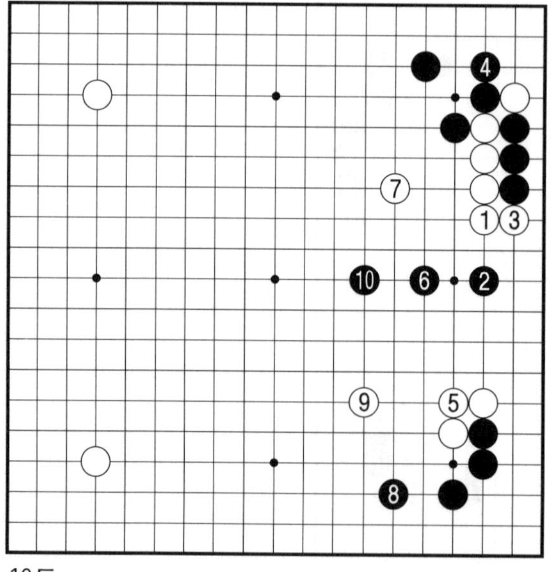

10도(백, 양곤마)

백1로 뻗었을 때 흑은 곧장 2로 침입하는 것이 요령이다. 계속해서 백3으로 막는다면 흑4로 뻗는 것이 요령. 이후 백5라면 흑6으로 한칸 뛴 후 이하 10까지 처리해서 백이 양곤마 성격의 곤란한 모습이다.

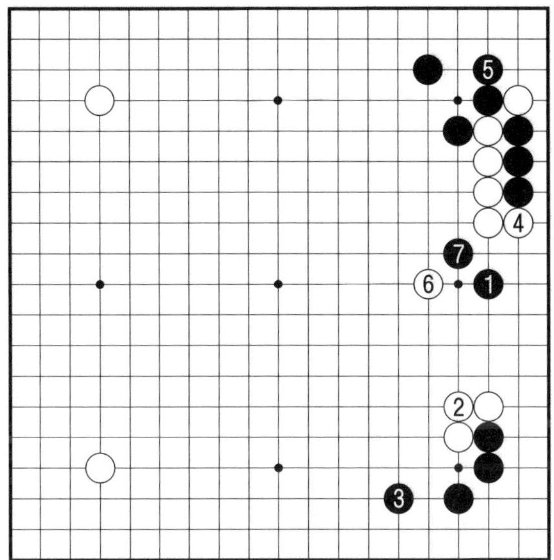

11도

11도(백, 곤란)

흑1 때 백은 2로 잇는 것이 좋은 수이다. 그러나 흑3으로 응수했을 때 단순하게 백4로 막은 수가 의문수. 흑은 5로 뻗은 후 백6 때 흑7로 빠져나가면 백이 곤란한 형태이다.

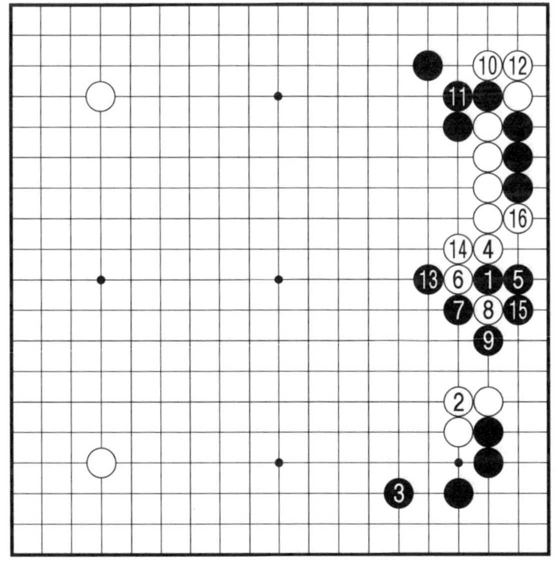

12도

12도(백의 강수)

흑1로 협공하고 백2, 흑3까지 진행되었을 때 백은 4로 치받는 것이 강수이다. 계속해서 흑5라면 백6으로 젖힌 후 이하 16까지 처리해서 백이 유리하다.

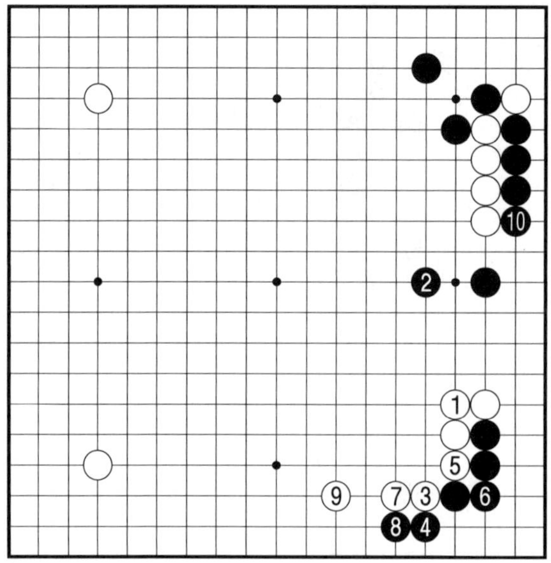

13도

13도(흑의 정수)

백1로 이엇을 때 흑은 귀를 응수하지 않고 2로 한칸 뛰는 것이 정수이다. 계속해서 백3으로 붙이고 이하 흑10까지가 쌍방 최선을 다한 진행으로 호각의 갈림이다.

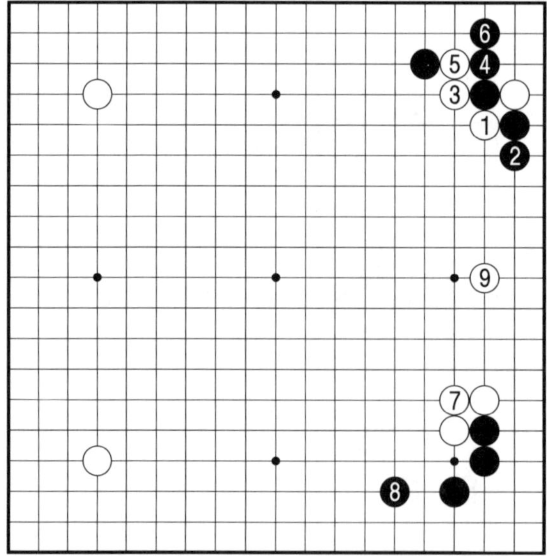

14도

14도(백의 활용)

백1로 맞끊었을 때 단순히 흑2로 뻗는 수도 고려할 수 있다. 이때는 백3·5를 선수한 후 7로 잇는 것이 수순이다. 이하 백9까지의 진행이라면 백이 다소 능률적인 형태이다.

제56형

양소목 포석 4(2연성 대응) — 밀어붙이기형

　백은 좌변의 2연성을 고려하여 밀어붙이는 정석형을 선택할 수도 있다. 그럼 백1·3으로 밀어붙였을 때의 포석 진행을 검토해 보기로 한다.

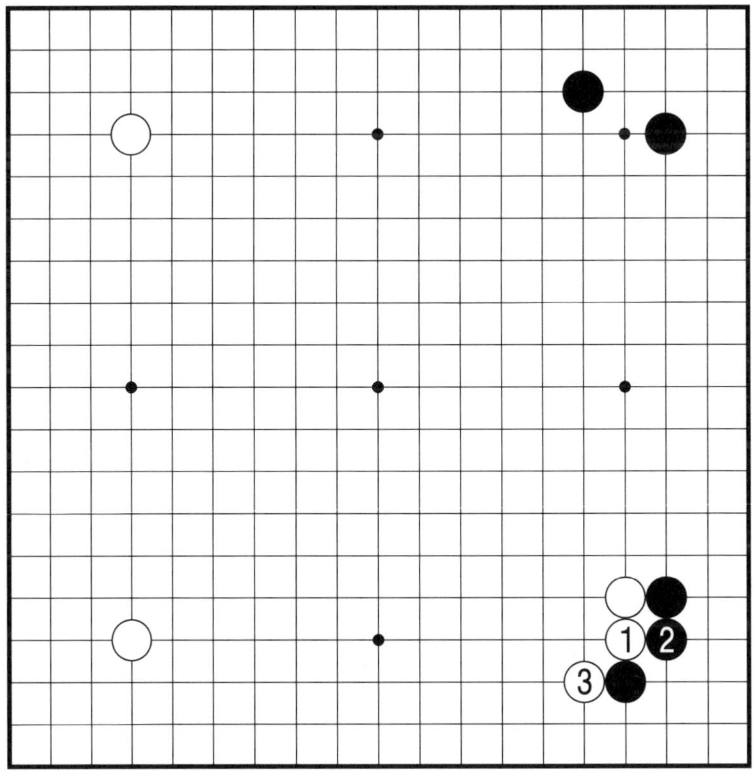

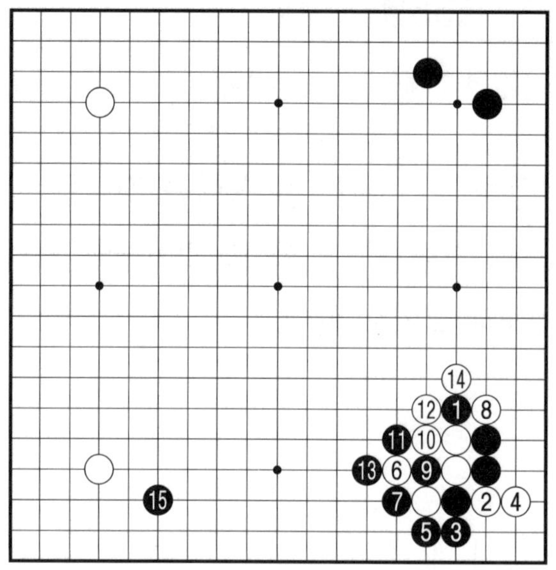

1도

1도(호각)

흑1로 젖히면 작은 밀
어붙이기형. 작은 밀어붙
이기형의 선택은 단조로
운 진행이므로 현대 바둑
에서는 선택이 드물다.
흑15까지가 상용 포석.

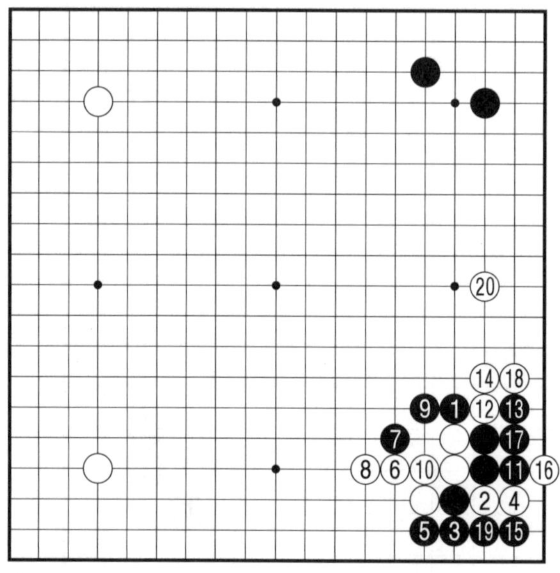

2도

2도(흑의 변화)

백6까지 수순이 진행되
었을 때 흑7로 변화하면
이하 정석적인 진행을 거
쳐 백20까지 포진이 형성
된다.이 형태는 중앙의
흑이 약하여 선택하기 어
렵다.

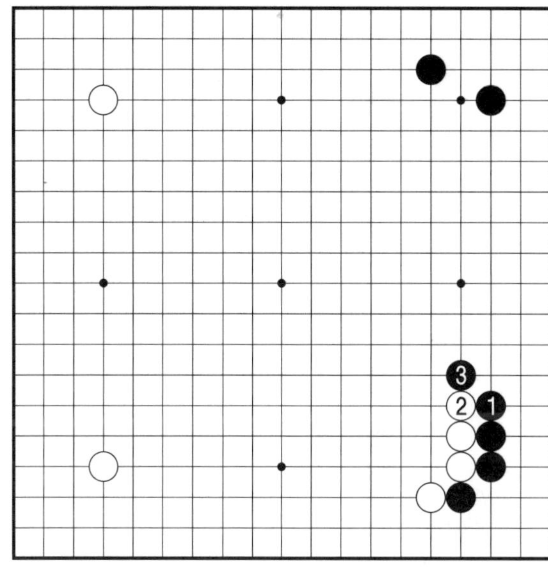

3도

3도 (큰 밀어붙이기)

흑1로 뻗은 후 3으로 젖히면 큰 밀어붙이기형. 현대에는 수많은 변화가 개발되었으나 어떤 것을 선택하든 상관은 없다. 또 이 대형정석은 백이 3연성을 펼치려는 취지와 어울리지 않으므로 세력작전으로 전환하려면……

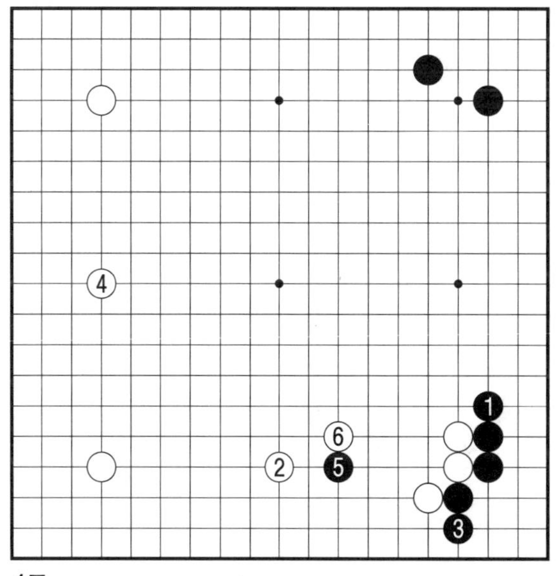

4도

4도 (백, 4연성)

백2로 흑3을 유도하여 백4로 4연성을 포진하는 것도 한 방법이다. 물론 흑5에는 백6의 사석작전으로 대항한다.

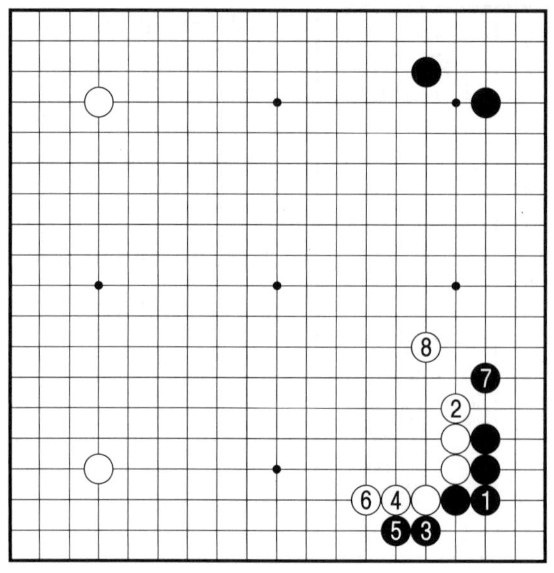

5도

5도(흑의 변화)
흑은 1로 잇는 진행을
선택할 수도 있다. 이하
백8까지 서로 어울리는
진행이다.

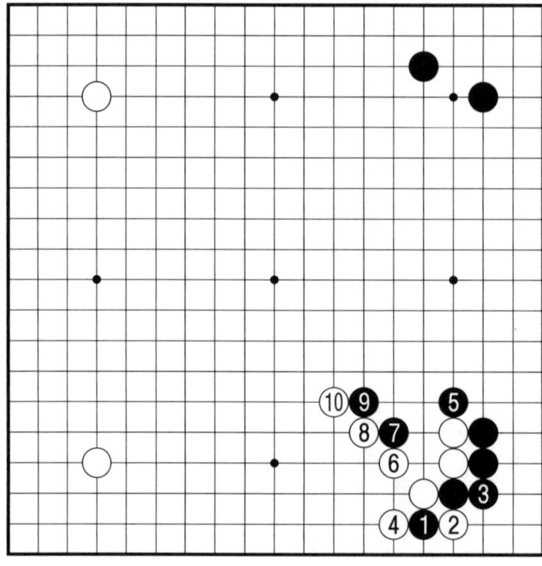

6도

6도(고전 정석)
흑1의 이단젖힘은 고전
적이다. 백2·4로 잡으면
이하 백10까지의 변화가
이루어진다. 이 진행은
흑도 우변이 확장되지만
백의 하변도 부풀어 나므
로 쌍방 호각이다.

제57형

양소목 포석 5(2연성 대응) — 한칸 낮은 협공

백1로 높게 걸쳤을 때 흑은 우변을 중시하여 2 또는 A에 협공하는 수도 고려할 수 있다. 그럼 흑2로 한칸 낮게 협공한 이후의 포석 진행을 검토해 보기로 한다.

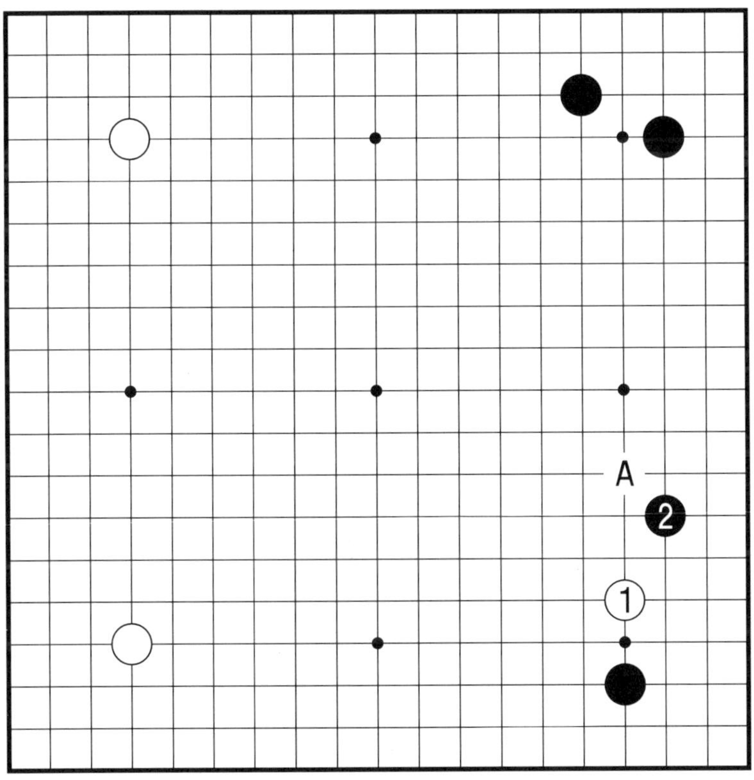

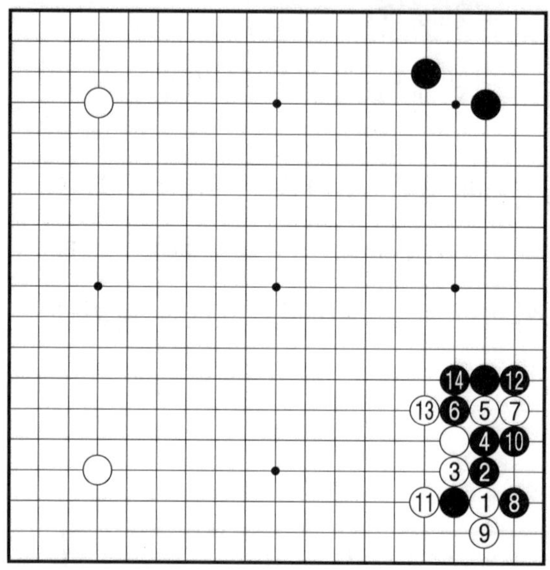

1도

1도(흑, 절대우세)

백1로 붙이고 흑2로 젖히면 이하 흑14까지의 변화가 이루어진다. 이 정석은 백이 선택할 수 없다. 왜냐하면 우하의 두터움과 우상의 굳힘이 맞물려 흑의 우변은 거의 집으로 굳어질 공산이 크다.

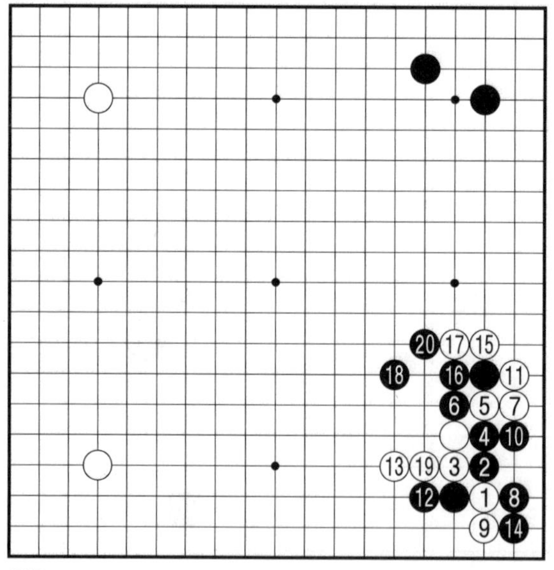

2도

2도(백의 변화)

흑10까지 되고나서 백은 11로 움직이는 정석을 선택하는 것이 옳다. 이어 흑20까지 진행된 후……

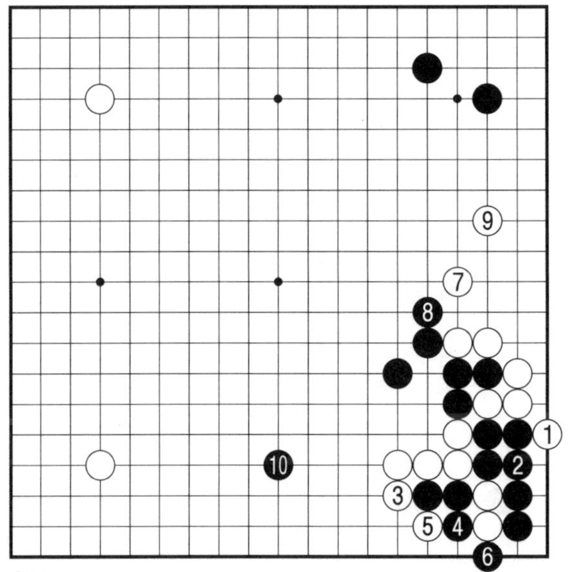

3도(백, 충분)

전도에 계속해서 백은 1로 단수친 후 3으로 막는 것이 수순이다. 이후 흑4·6으로 따내고 이하 흑10까지의 진행이 되는데 이 결과는 가치가 큰 우변을 차지한 백이 만족이다.

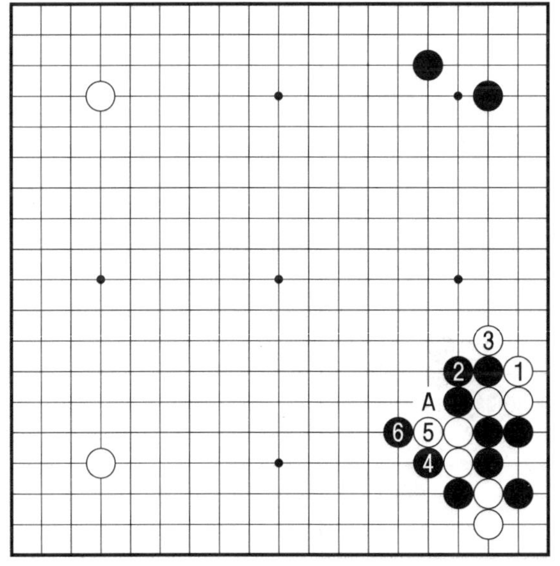

4도(축관계)

백1로 나가는 수는 축이 유리할 때 가능한 수이다. 축이란 흑2로 잇고 백3 때 흑4로 단수치는 것을 말하는데 지금은 백5, 흑6 때 백A로 나가는 축이 백이 유리하다.

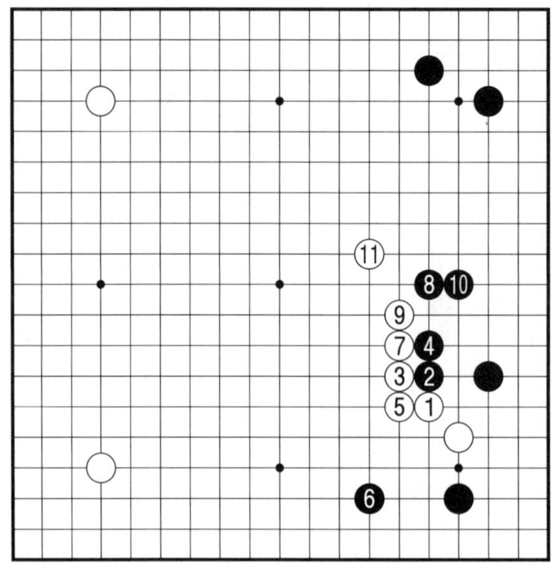

5도

5도(백의 별책)

　백은 좌측 2연성을 고려해 백1로 마늘모한 후 흑2·4로 붙이고 늘면 이하 백11까지의 진행을 선택할 수도 있다. 백은 중앙을 장악하여 순조롭다.

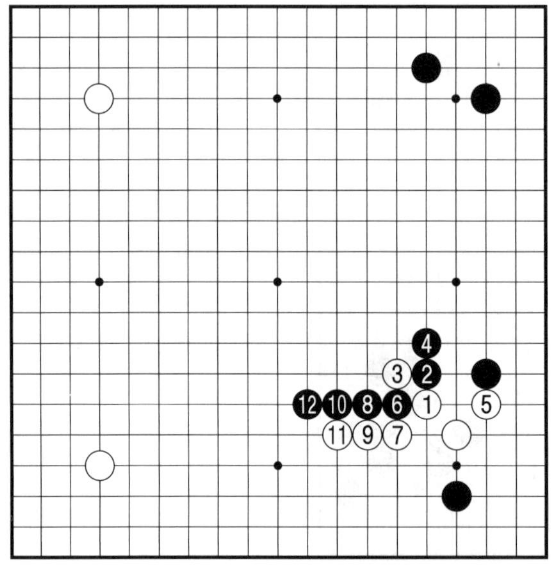

6도

6도(백, 불만)

　백1로 마늘모한 후 흑2·4로 붙이고 늘었을 때 백5로 두는 변화는 6으로 절단되어 좋은 결과를 기대하기 어렵다. 이하 흑12까지 흑이 두텁다.

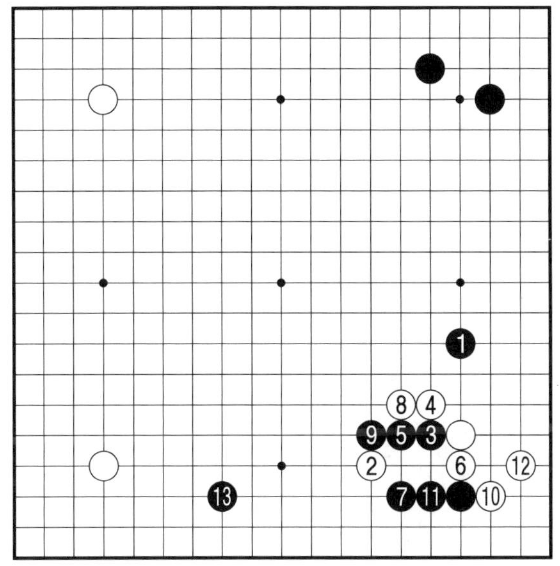

7도

7도(일반적인 진행)

이번에는 흑1의 두칸 높은 협공에 대해 알아본다. 계속해서 백2로 눈목자하면 흑13까지가 가장 보편적인 흐름이다. 이 결과는 쌍방 불만이 없다.

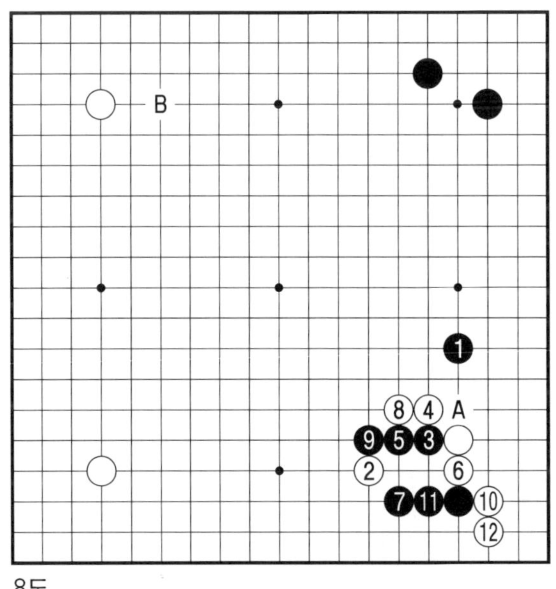

8도

8도(현대 감각)

흑11까지 진행되었을 때 백12로 빠지는 수법은 축머리를 놓고 미묘한 흥정이 있는 최근의 정석흐름이다. 백12가 놓이면, A의 단점은 B의 축머리와의 관계에서 몇 가지 선택의 여지가 있다.

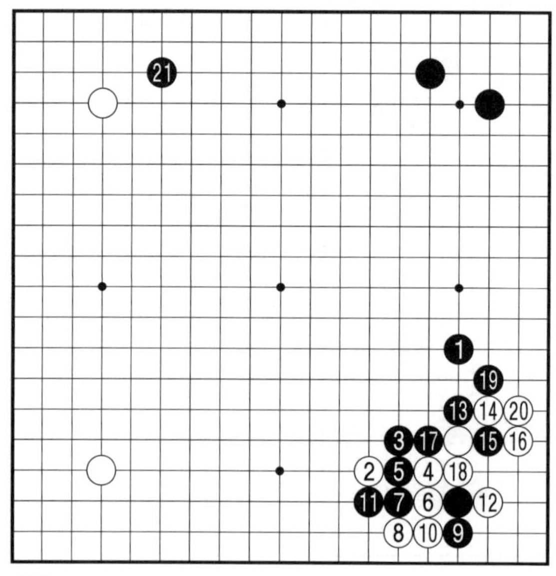

9도

9도(또 하나의 포석)
  흑이 3으로 두면 백에
게 실리를 내주지만 백20
까지 세력을 쌓고 선수를
잡을 수 있다. 다음 흑은
21쪽부터 우하의 세력과
어울리는 포진을 선점하
려는 흐름을 만든다.

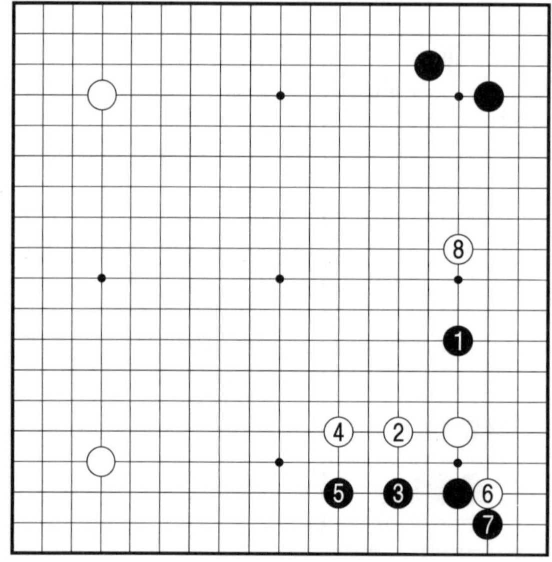

10도

10도(전투형)
  흑1로 협공했을 때 백
이 2·4로 단순히 두는
것은 일견 단조로와 보이
지만 백은 이곳에서 힘을
비축하여 8로 공격하려
는 것이다.

400

양소목 포석 6(2연성 대응) — 날일자 걸침

흑이 우상귀를 굳히면 백은 우하귀에 걸치는 것이
상식적인데 백1로 날일자해서 걸친 장면이다. 백1은
실리와 밀접한 관계가 있는데 이후의 변화를 살펴보기
로 한다.

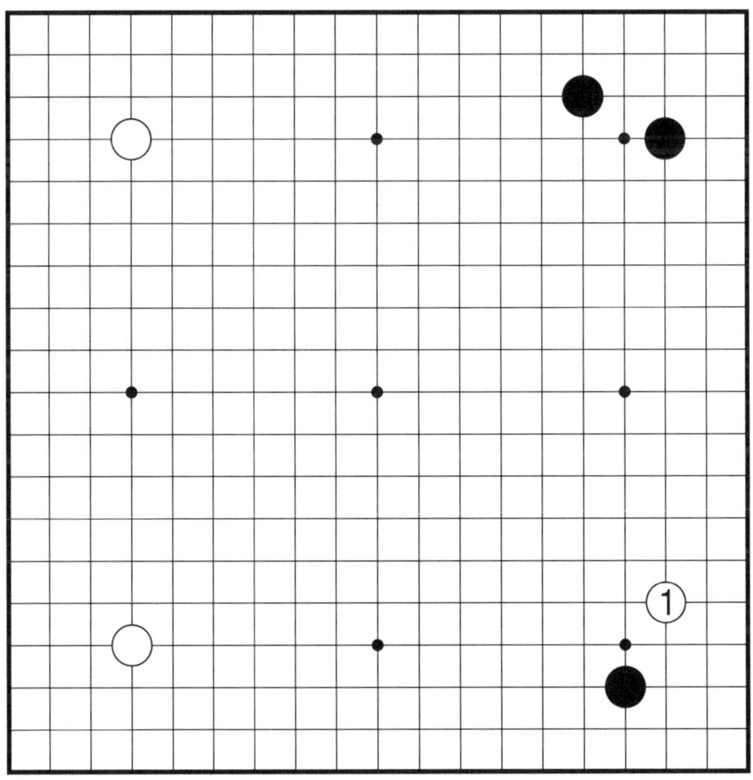

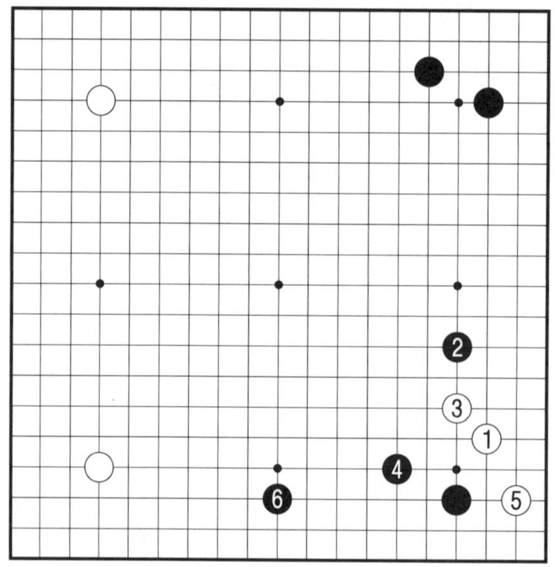

1도

1도(예상 포석)

백1로 걸치면 흑2로 협공하는 것이 가장 보통이다. 계속해서 백3으로 마늘모하고 이하 흑6까지 가장 상식적인 진행이다.

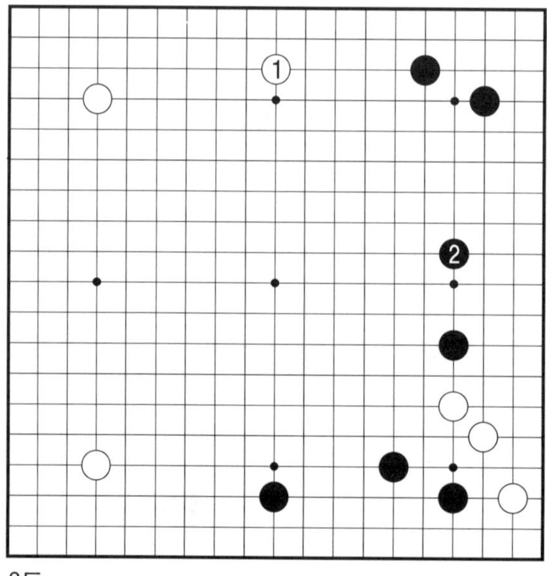

2도

2도(흑, 충분)

전도에 계속해서 백1로 전개하는 것은 방향착오이다. 흑은 2로 두칸 벌려 가치가 큰 우변을 차지해서 충분한 모습이다.

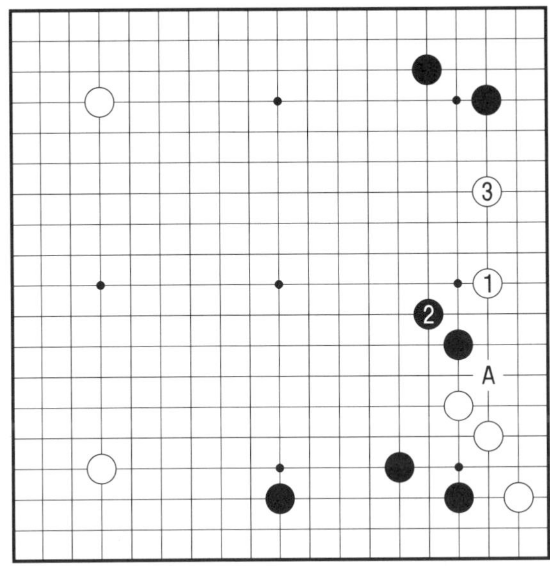

3도

3도(우변이 크다)

이 포석은 돌의 배석관계상 우변이 크다. 그런 의미에서 백1로 협공하는 것이 요점. 계속해서 흑2로 마늘모하고 백3으로 두칸 벌려서 일단락이다. 이후 흑은 A에 두어 공격을 엿보게 된다.

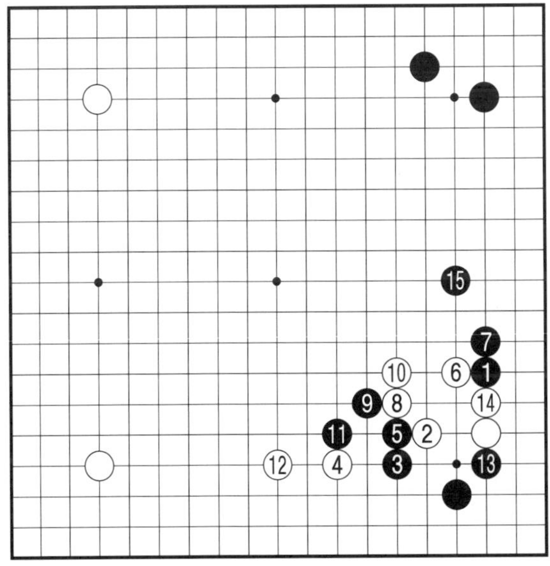

4도

4도(급박한 협공)

흑1로 급박하게 한칸 협공하면 흑15까지 다소 고전적인 진행이 예상된다. 현대에 사용빈도가 떨어지는 이유는 협공의 급격함에 비해 부분 전투가 판 전체로 흐를 수 있는 단조로움이 있기 때문이다.

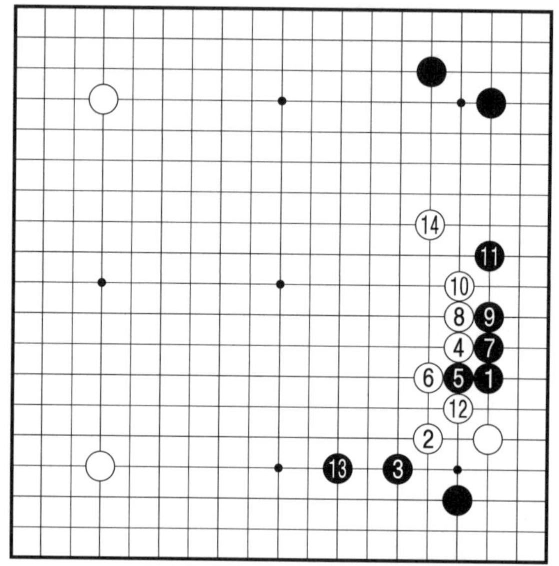

5도

5도(현대적 변화)

흑3까지 진행되었을 때 백4로 씌우면 14까지가 예상되는 포석 진행이다. 전도에 비해 중반의 변수가 비교적 다양한 현대적인 변화이다.

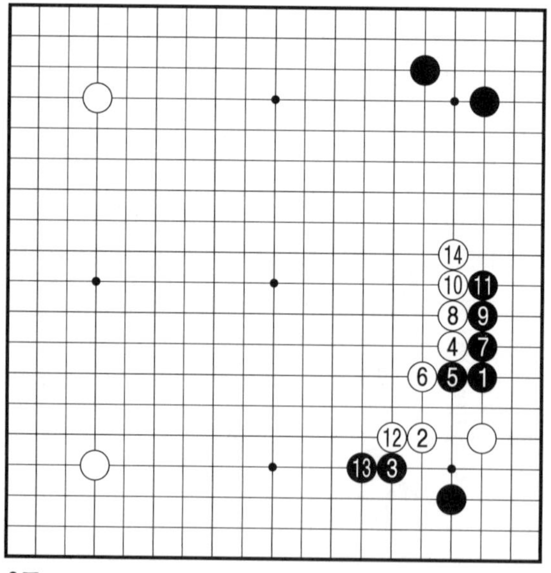

6도

6도(현대적 감각)

백10까지 진행되었을 때 흑11로 복잡한 전투로 유도하려는 것은 백12로 대처하여 14까지 유연하게 진행하는 것이 현대적 감각이다.

양소목 포석 7(2연성 대응) — 눈목자 걸침

백1의 눈목자는 흑으로부터의 협공을 견제하려는 의도가 내포된 걸침이다. 유연하게 국면을 이끌고자 하는 현대적 감각에 맞는 수라 하겠는데 이후의 포석 진행을 검토해 보기로 한다.

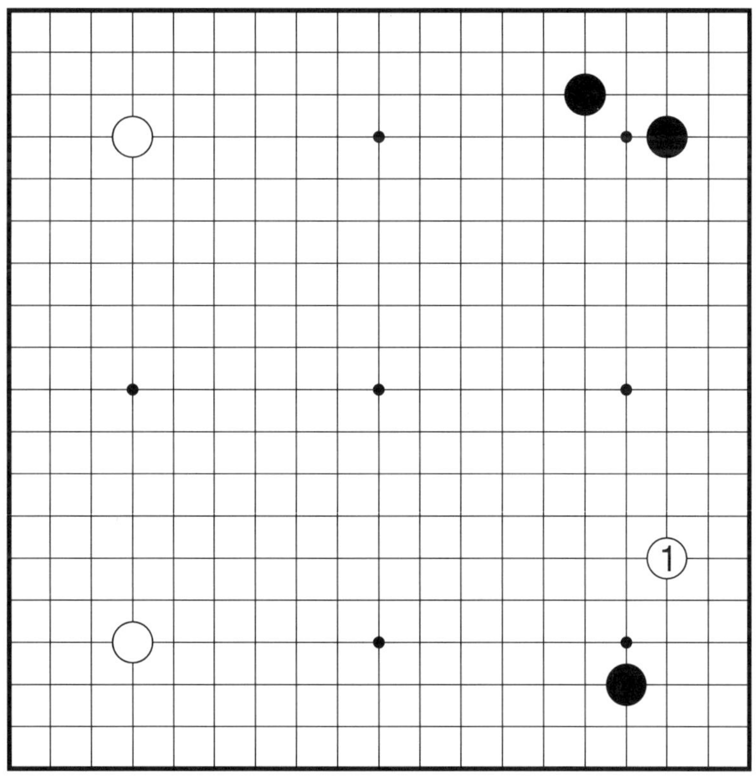

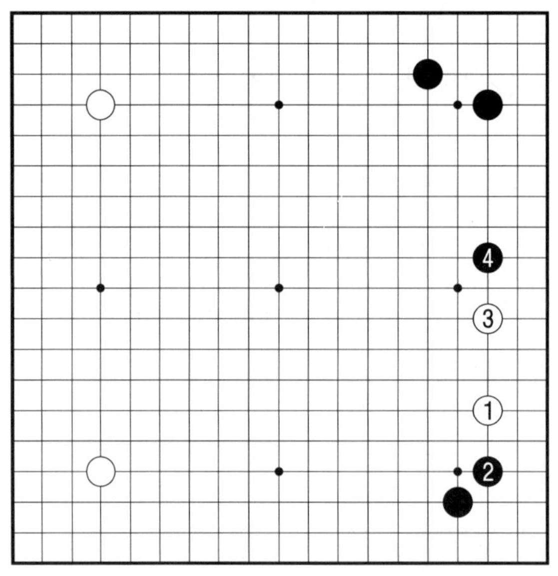

1도

1도(상식적인 진행)
　백1의 눈목자로 걸치면 흑2의 마늘모로 받고 백 3, 흑4까지가 상식적인 진행이다.

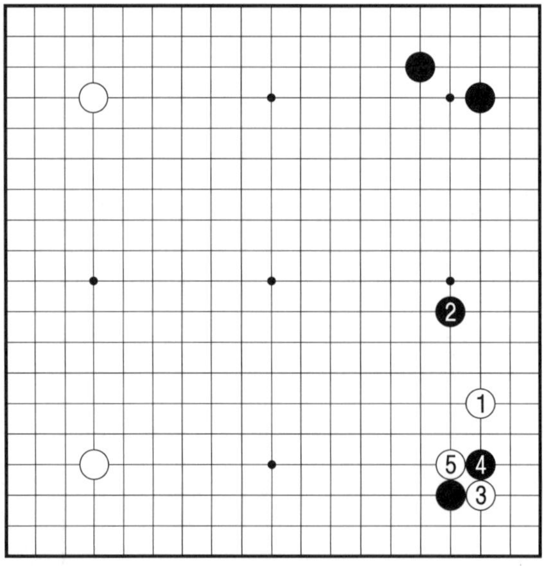

2도

2도(두칸 높은 협공)
　백1로 걸쳤을 때 흑2로 협공한 것은 우변을 중시한 것이다. 계속해서 백3 으로 붙인 후 흑4 때 백5 로 끊은 것은 이 경우 상 용의 수습법이다.

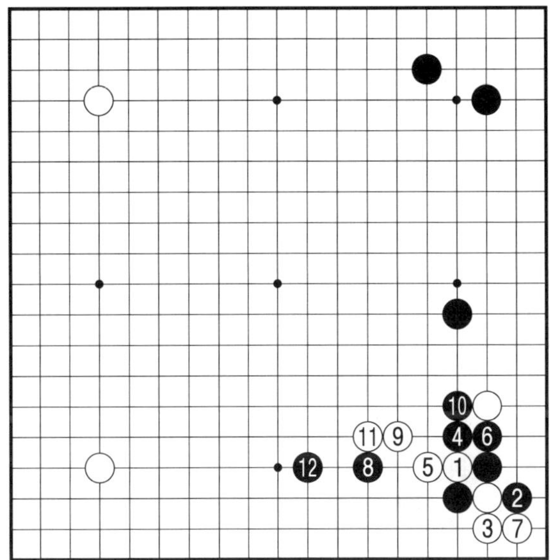

3도(호각)

백1로 끊으면 흑은 2·4로 단수친 후 6으로 잇는 것이 기본 행마법이다. 이후 백7로 근거를 확보하고 이하 흑12까지는 정석적인 진행인데 쌍방 불만없는 모습이다.

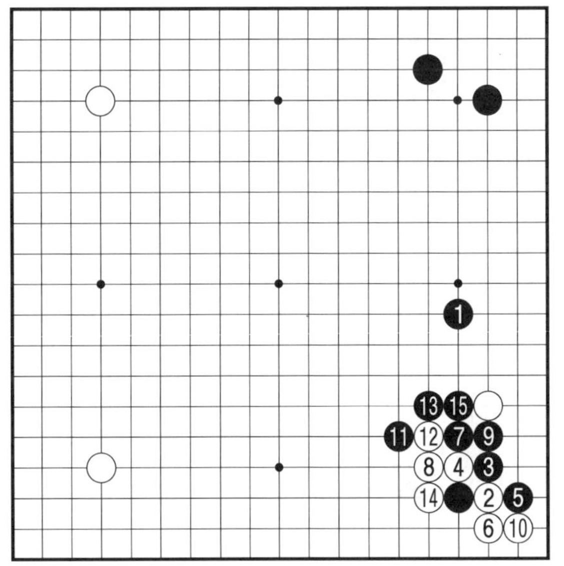

4도(현대적 진행)

백10까지 진행되었을 때 흑11로 뛰면 흑15까지의 변화가 이루어진다. 이 진행이 예전에는 볼 수 없었던 현대적 감각의 포석이다.

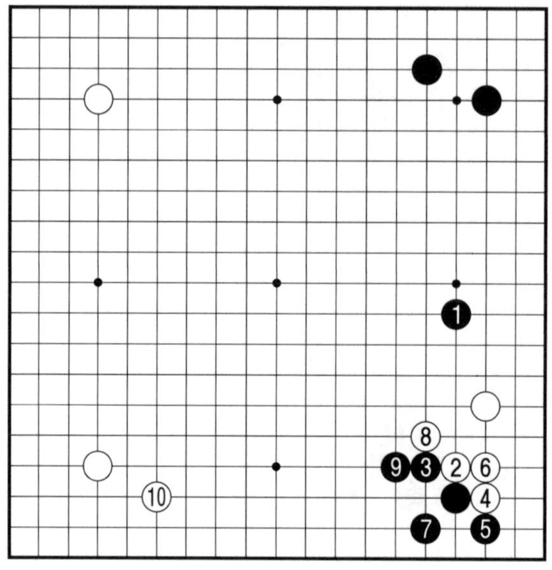

5도

5도(백의 변화)
흑1로 협공했을 때 백
은 2쪽을 붙이는 형태도
선택이 가능하다. 흑9까
지 선수를 잡아 10으로
전환하는 발상이다.

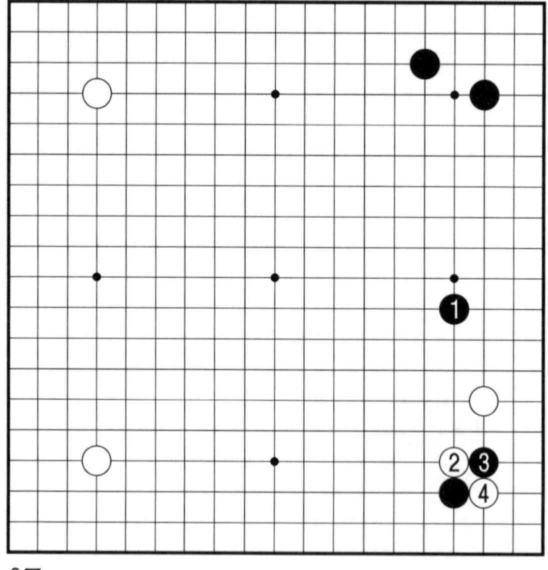

6도

6도(환원)
흑1, 백2 때 흑3으로
젖히면 백4로 끊어 2도로
환원된다.

제60형

양소목 포석 8(2연성 대용) — 우칭위엔류

백1의 걸침은 한마디로 우칭위엔류라고 볼 수 있다. 협공을 최대한 견제하며 흑A를 유도하여 손을 빼고 다른 곳으로 전환하는 것이 우칭위엔류의 본령인데, 여기서는 간략하게 응수하는 변화만 소개한다.

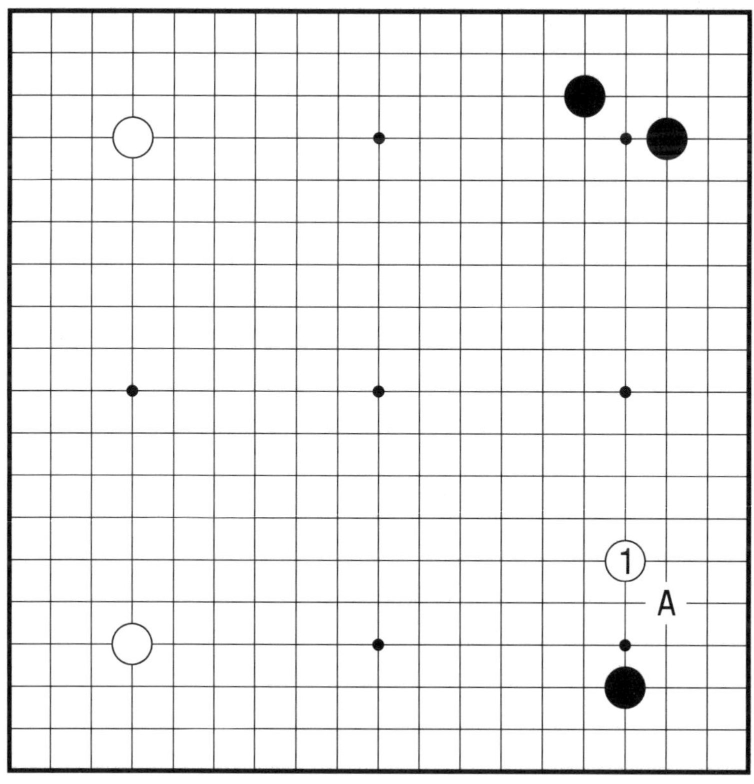

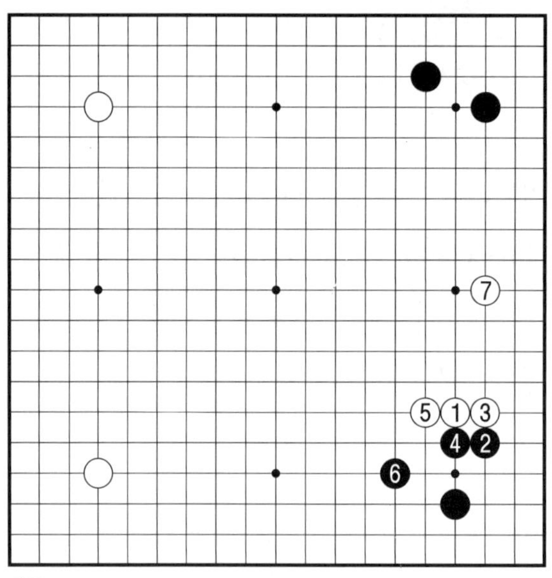

1도

1도(보편적 진행)

백1로 협공하면 흑2로 날일자해서 실리를 확보하는 것이 요령이다. 백3으로 막으면 이하 7까지의 진행이 보편적이다. 이 변화는 고전적인 진행으로 보아도 좋다. 현대의 감각으로는 흑6으로 지키지 않고……

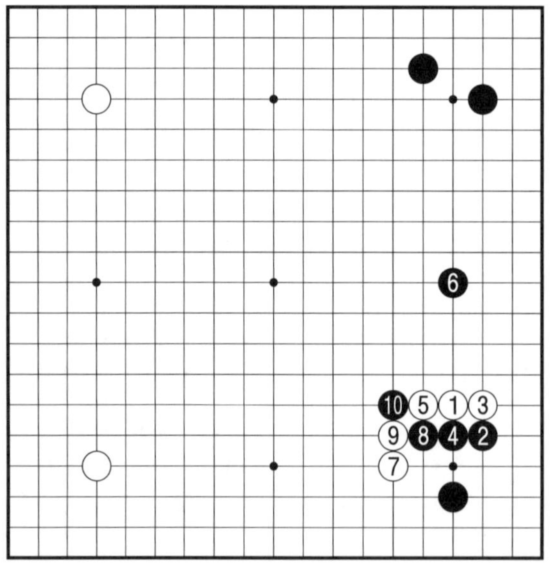

2도

2도(흑6, 현대적 착점)

백5까지 진행되었을 때 흑이 6을 선점하여 백의 변 장악력을 축소시켜 선공하는 것이 현대적인 진행이다. 수순 중 백7은 무리로 흑이 선점된 6과 호응하여 8·10으로 끊어 싸우면 대책이 없어진다.

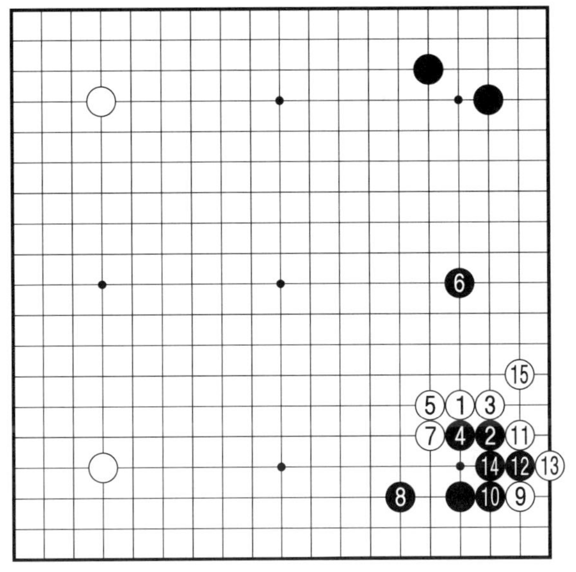

3도

3도(백7, 정수)

흑6으로 벌렸을 때 백의 응수는 7로 꼬부리는 한수이다. 이어 9의 치중이 좋다. 이 진행의 수순 중 흑12는 백에게 15의 호형을 주어 불만이므로……

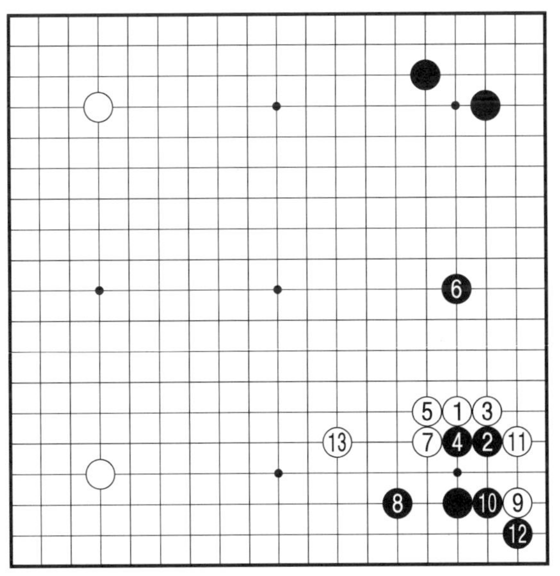

4도

4도(무난한 진행)

백11로 연결해 갈 때 흑은 그냥 12로 두는 것이 정수이다. 백13까지의 진행이 무난하다.

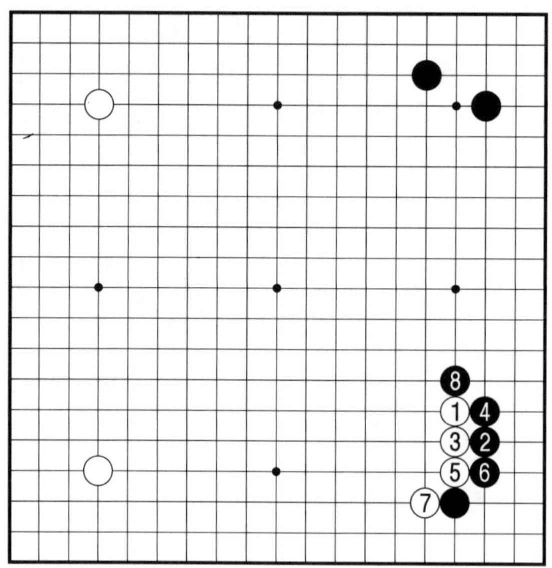

5도

5도(밀어붙이기로 환원)

백1, 흑2 때 백3으로 누르는 변화도 고려할 수 있다. 이때 흑4로 밀면 8 까지 진행되어 밀어붙이 기형으로 환원된다.

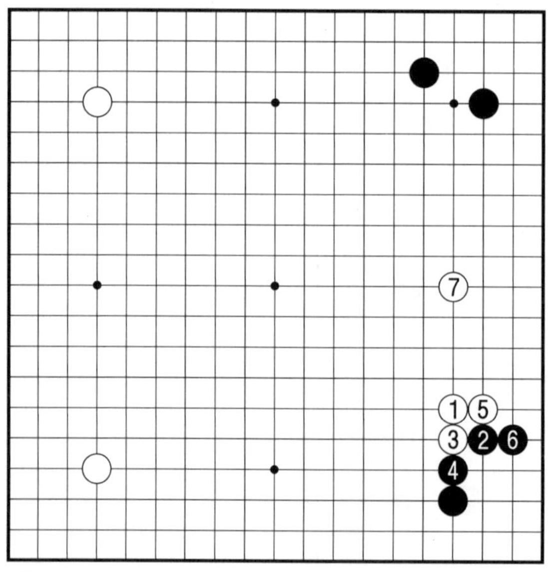

6도

6도(흑의 실리)

흑2로 날일자하고 백3 으로 누를 때 흑4로 막으 면 백5, 흑6의 교환을 거 친 다음 백7의 벌림까지 가 기본형이다. 이 결과 는 부분적으로 흑의 실리 가 크다.

412

양소목 포석 9(2연성 대응) — 갈라치는 형

백1의 갈라침은 흑에게 양굳힘을 허용하더라도 국면을 유연하게 이끌겠다는 착상이다. 양굳힘을 허용하는 갈라침의 포진은 거의 사용하지 않지만 몇 개의 변화를 살펴보기로 한다.

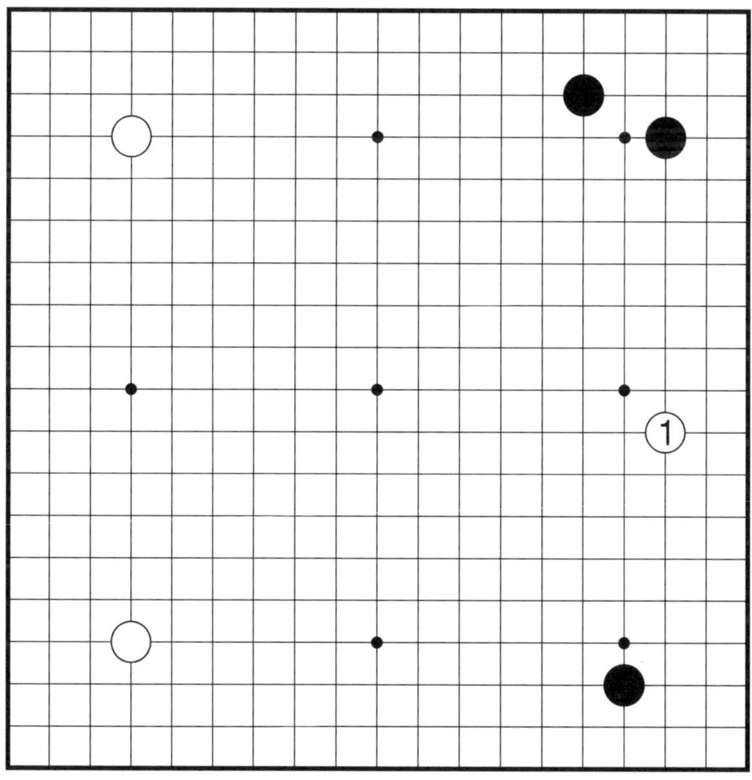

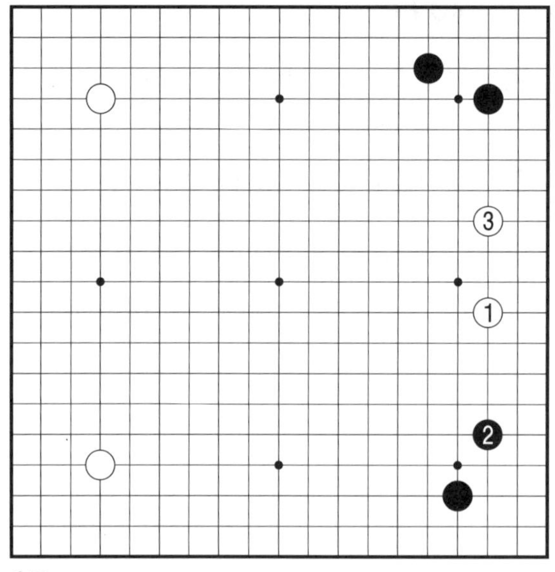

1도

백이 우하귀에 걸치지 않고 백1처럼 갈라치는 것은 특별한 경우가 아니면 찬성할 수 없다. 흑은 2로 귀를 굳히는 것이 좋은 수로 양굳힘을 한 만큼 충분한 모습이다.

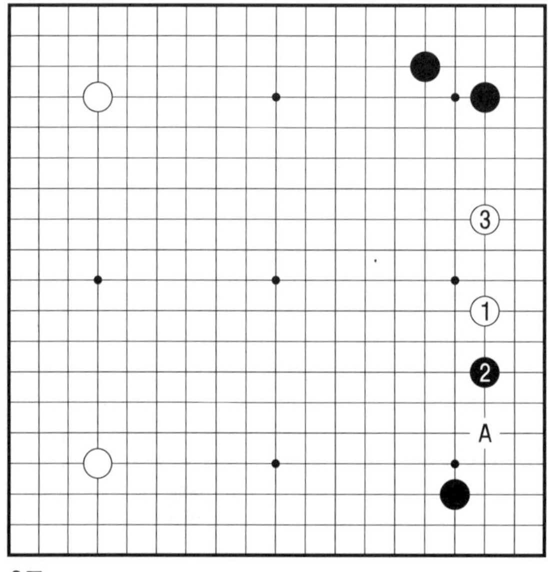

2도

백1로 갈라쳤을 때 흑2로 육박하는 것은 욕심이다. 백3으로 벌리고 나면 A의 침입수가 남아 있기 때문이다.

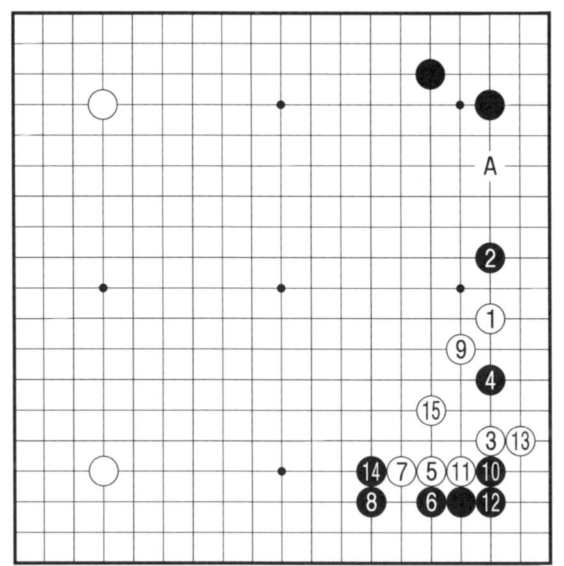

3도

3도(흑, 방향착오)

백1의 갈라침에 흑2쪽의 다가섬은 방향착오다. 백3이 걸침으로 변하여 15까지의 진행이 되면 A의 침입이 신경쓰이게 된다.

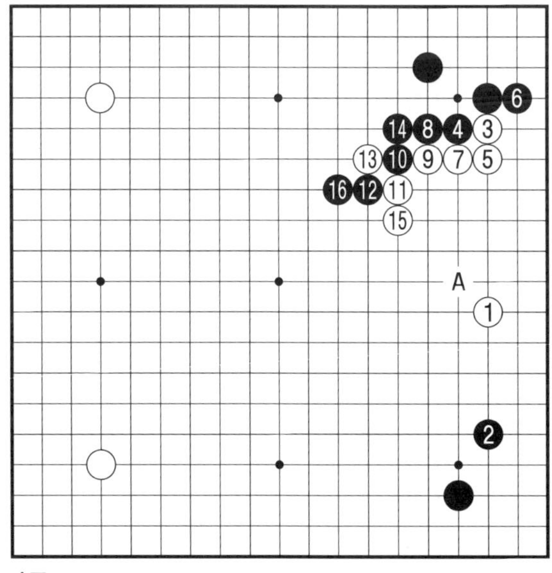

4도

4도(백의 변화)

백은 1도의 진행이 싫다면 3으로 붙여 타진할 수도 있다. 그러나 백7로 민 다음 9·11로 계속 미는 것은 불리하다. 차후에 A의 어깨짚기가 약점으로 남기 때문이다.

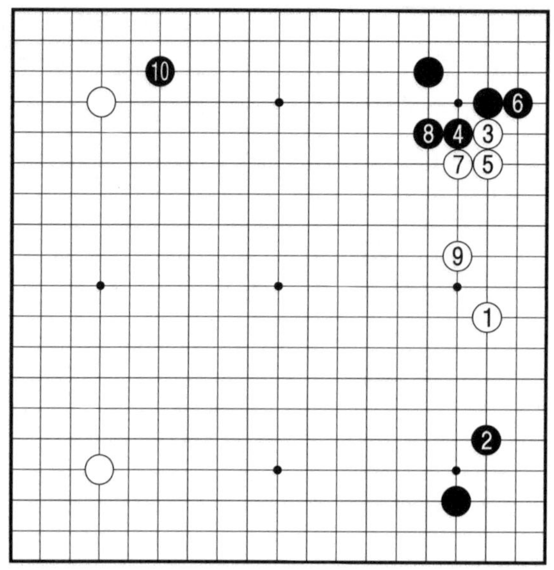

5도

5도(백9, 정수)
흑8까지 진행되었을 때
백은 9로 지켜두는 것이
옳다. 그러나 이 진행은
흑이 우변을 선수로 처리
하게 되어 10으로 걸치게
되면 흑이 다소 유리하다
고 볼 수 있다.

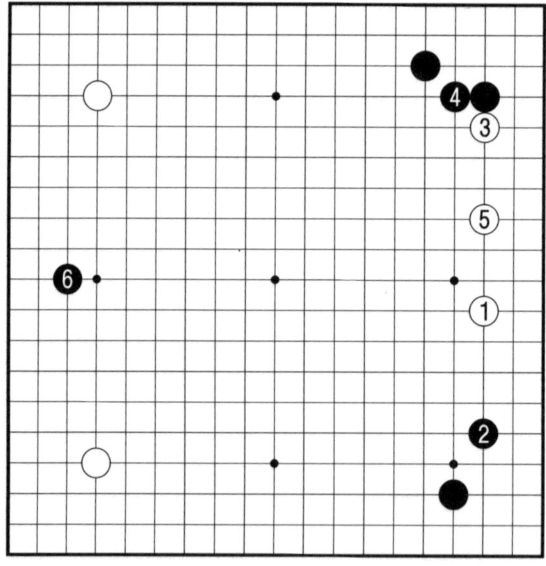

6도

6도(흑의 변화)
백3으로 붙였을 때 흑
은 4로 참아두고 백5가
불가피할 때 6으로 갈라
쳐 갈 수도 있다. 이 진
행은 흑이 두 귀를 견고
하게 차지하고 선수이므
로 포석의 주도권을 잡고
있다.

향소목 포석 1(2연성 대응) — 가토류

흑1·3처럼 두 귀가 마주보도록 소목에 착점하는 것을 향소목 포석이라고 한다. 흑의 향소목 포석에 대해 백은 2연성으로 맞선 장면인데 이후의 진행을 검토해 보기로 한다.

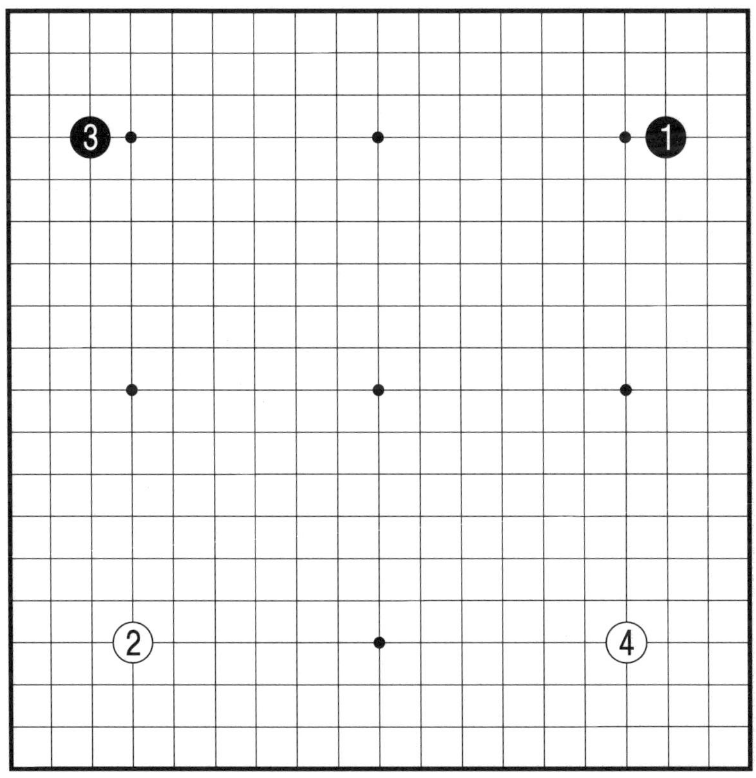

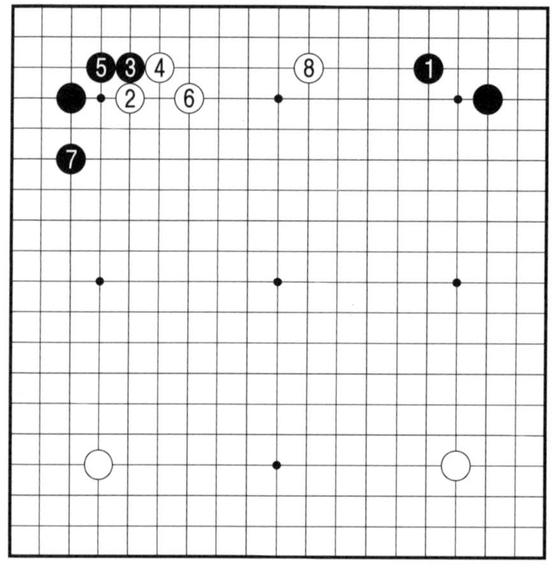

1도

1도(견실한 포진)

향소목 포석에서는 한 쪽 귀를 굳히고 두는 것이 보통이다. 흑1로 귀를 굳히면 백은 2로 걸치는 정도. 계속해서 흑3으로 붙이고 이하 백8까지가 예상되는 진행인데 흑의 견실한 포석이다.

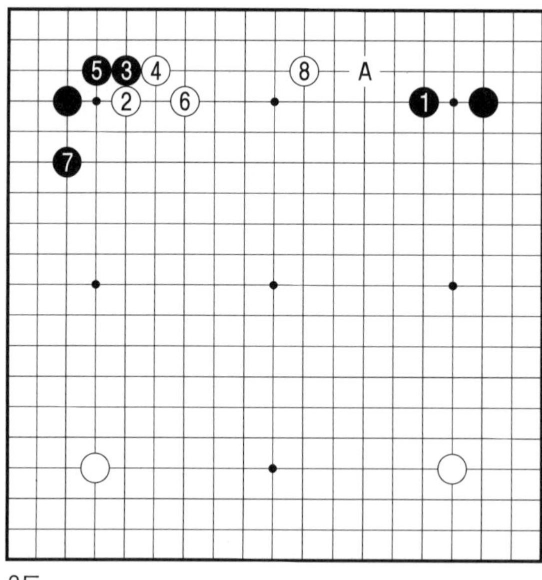

2도

2도(뒷문 관계)

흑1로 한칸 높게 굳히는 수도 가능하다. 그러나 백2 때 흑3으로 붙인 후 이하 백8까지의 정석을 선택하는 것은 A의 뒷문 관계상 다소 흑이 좋지 않다.

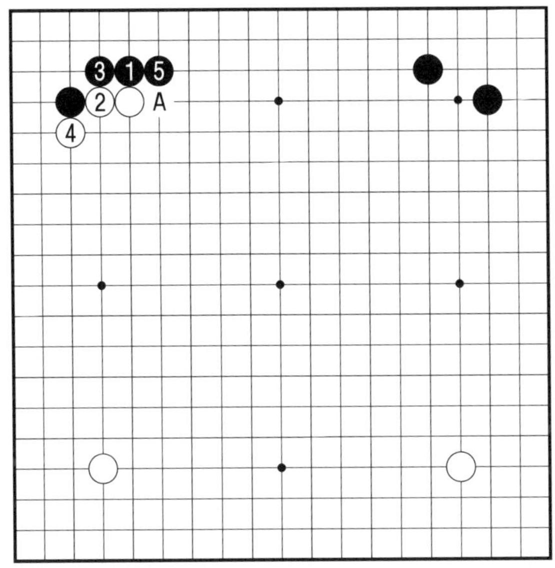

3도

3도(백의 변화)

흑1로 붙였을 때 백2·4로 변신한 것은 자신의 2연성 포진과 연관성을 갖고 세력작전을 펼치겠다는 뜻이다. 계속해서 흑3·5로 응수한 후 백이 A에 두면 큰 밀어붙이기 정석이 된다.

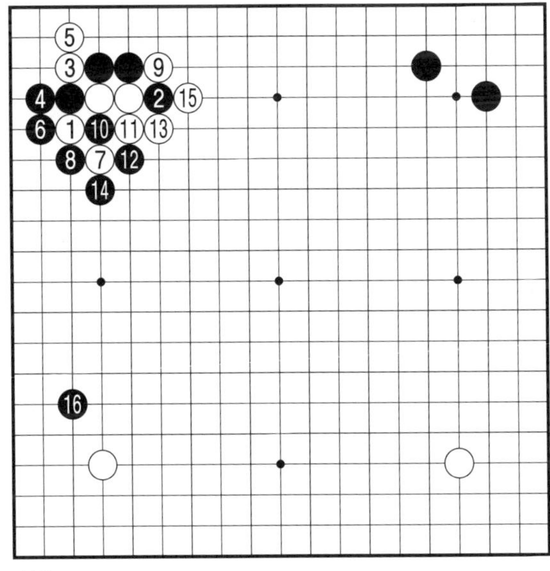

4도

4도(호각의 포진)

백1 때 흑은 2로 젖혀 응수할 수도 있다. 계속해서 백3으로 끊고 이하 흑16까지의 진행이 예상되는데 쌍방 불만없는 모습이다.

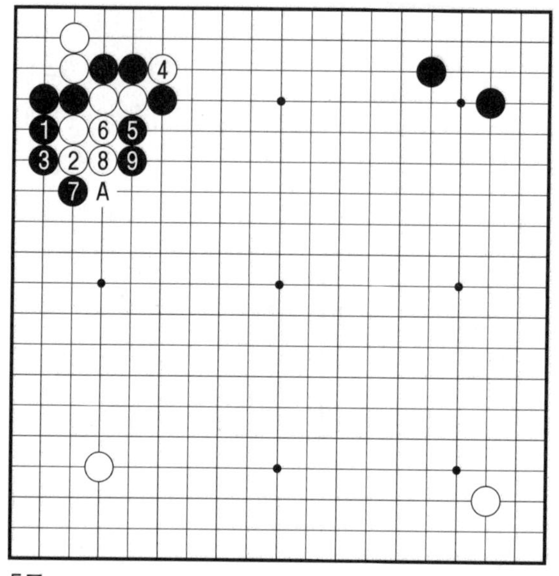

5도

5도(백, 곤란)

　흑1 때 백2로 뻗는 수는 축이 유리할 때 가능한 수단이다. 그러나 우하 백 3·三이 놓여 있는 지금과 같은 장면에선 이하 흑9까지 진행되었을 때 A에 달아나는 수가 없는 만큼 백이 망한 모습이다.

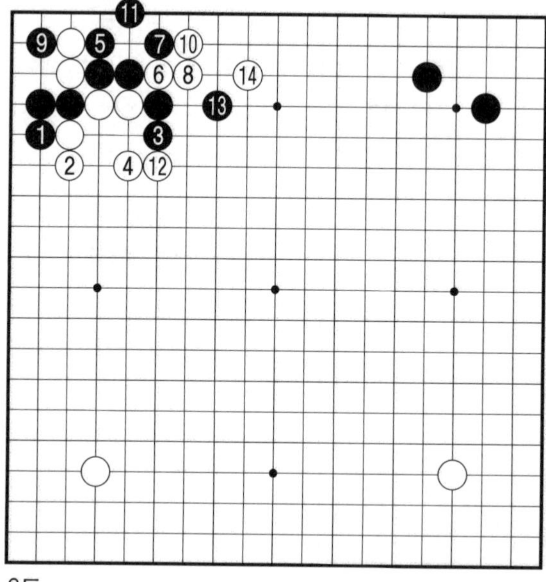

6도

6도(중앙전)

　우하귀가 화점이라면 흑1 백2 때 흑3으로 뻗는 것이 정수이다. 계속해서 백4로 지키고 이하 백14까지 중앙전이 된다.

420

향소목 포석 2(2연성 대응) ― 위로 붙이는 형

흑1·3으로 붙이는 형태의 진행도 현대 감각에 맞는 선택이다. 흑1로 붙인 수는 좌변에 세력을 구축하겠다는 뜻이다. 그럼 백4로 호구친 이후의 포석 변화를 검토해 보기로 한다.

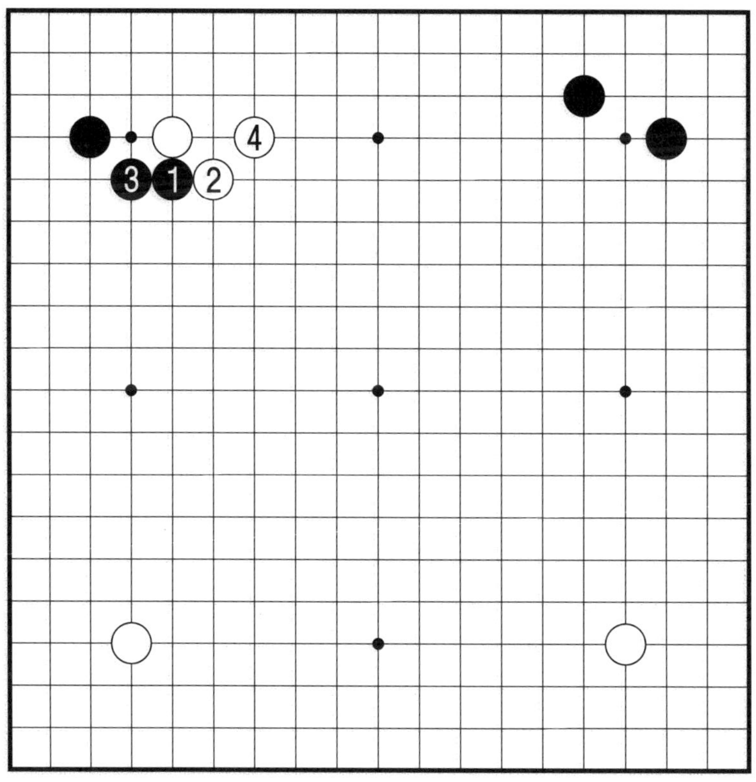

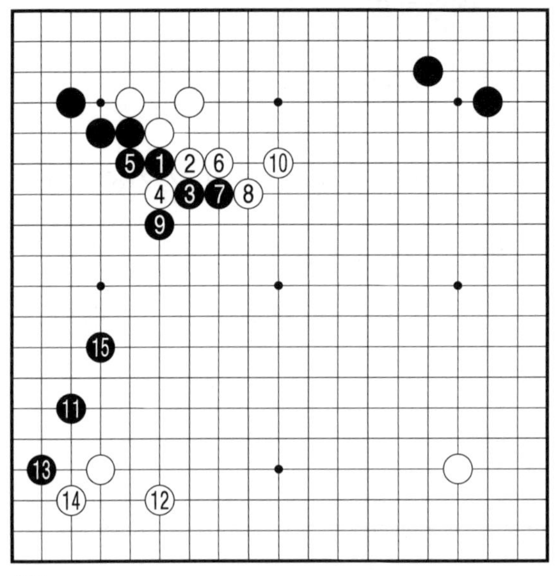

1도(호각)

　흑은 1로 젖혀 세력을 키우는 것이 요령이다. 백2의 젖힘에는 흑3으로 이단젖히는 것이 행마법으로 이하 흑15까지가 예상되는 포석 진행이다.

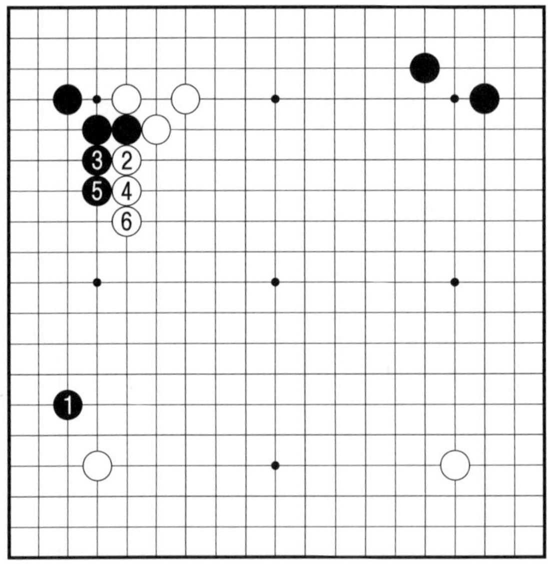

2도(흑, 저위)

　전도의 수순을 생략한 채 그냥 흑1로 걸치는 것은 백2의 젖혀누름이 강력하여 백6까지 좌변이 위축된다.

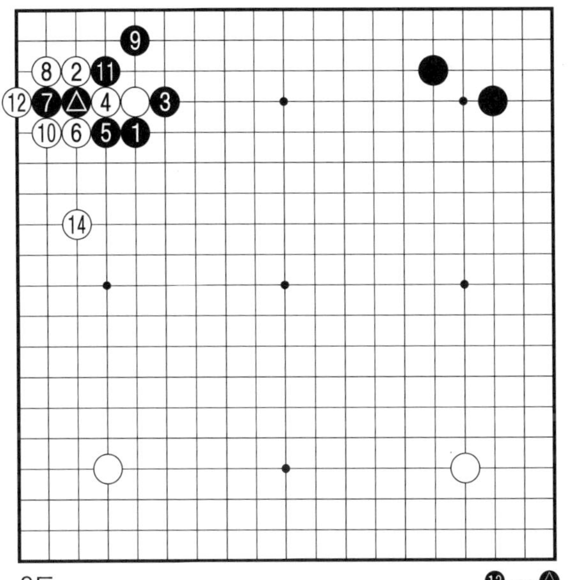

3도

3도(백의 변화)

흑1로 붙였을 때 백2로 둔 것은 전도와 같은 포석을 피하고 싶을 때 가능한 수이다. 백2는 축이 유리할 때 가능한 수인데 이하 백14까지가 기본 정석으로 되어 있다.

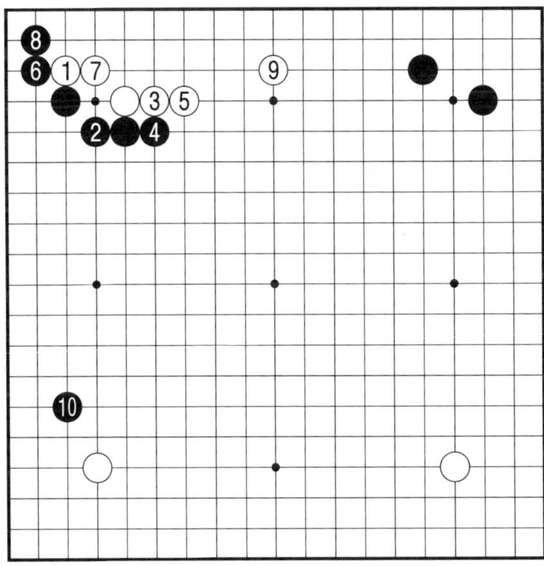

4도

4도(흑, 좌변 중시)

백1로 붙였을 때 흑은 좌변을 중시하여 2로 뻗는 수도 가능하다. 계속해서 백3에는 흑4로 밀고 이하 10까지 처리하는 것이 요령이다.

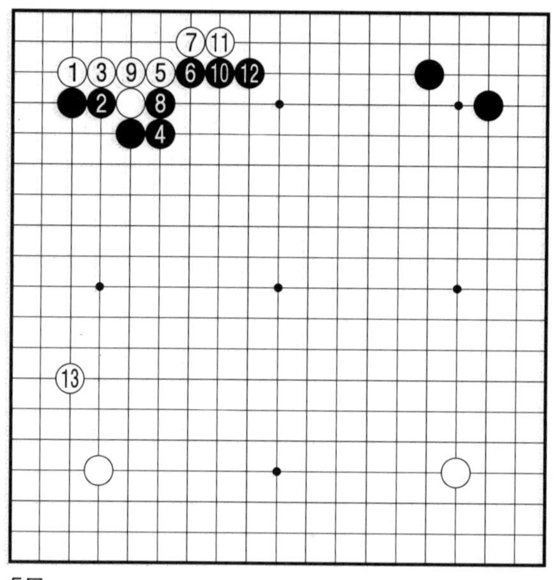

5도

백1 때 흑2로 치받은 후 4에 뻗는 수도 가능하다. 계속해서 백5로 호구치고 이하 흑12까지 부분적으로는 흑이 두터운 모습. 그러나 백도 발빠르게 13으로 굳혀 충분히 둘 수 있다.

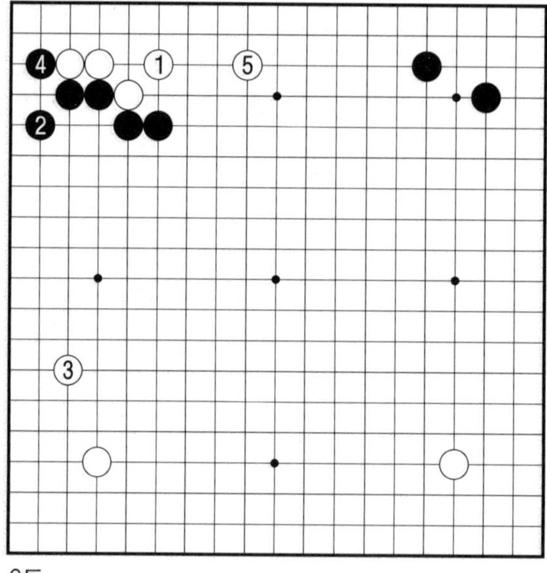

6도

6도(흑의 변화)

백1 때 흑은 2로 마늘모하는 수도 있다. 계속해서 백3으로 귀를 굳히면 흑4로 호구치고 백5까지가 예상되는 진행인데 쌍방 충분히 둘 수 있는 모습이다.

향소목 포석 3(2연성 대응) — 현대 감각의 협공

흑1의 두칸 높은 협공은 현대에 가장 많이 연구된 형태의 진행이다. 그럼 흑1로 협공한 이후의 포석 변화를 검토해 보기로 한다.

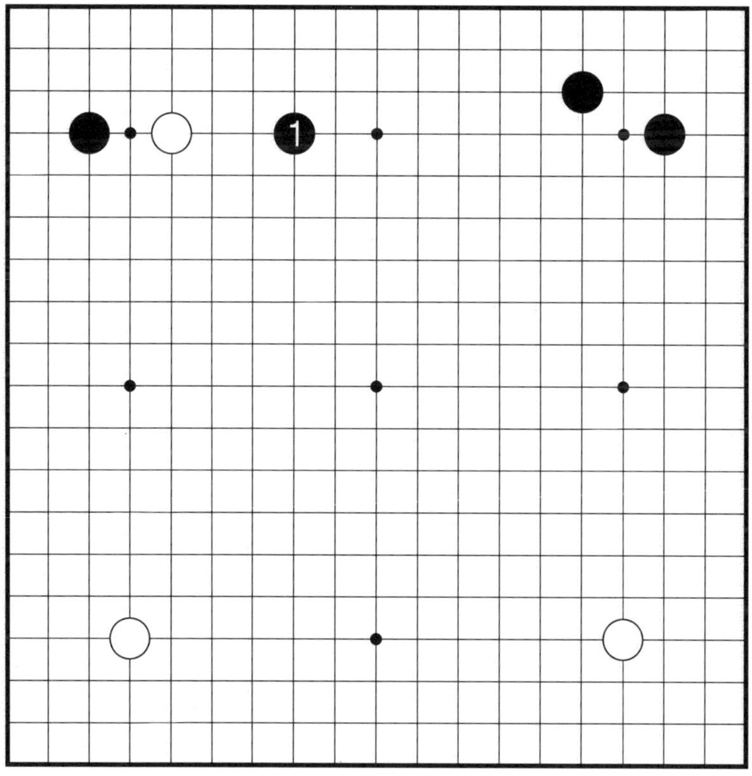

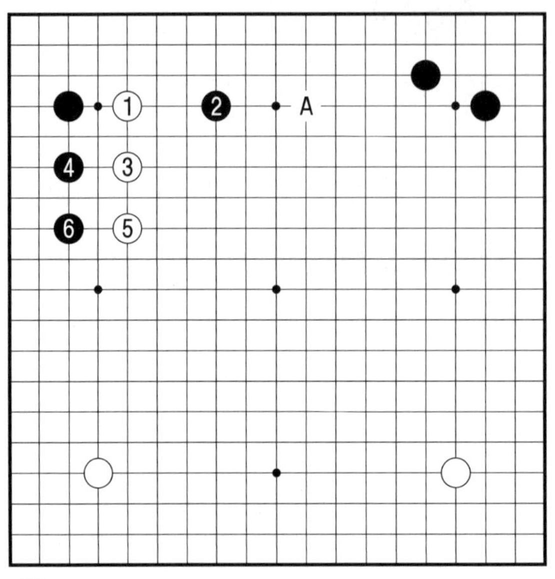

1도

1도(전투형 포진)

백1, 흑2 때 백3·5로 뛰어 나간 것은 이후 백A로 협공해서 국면을 난전으로 이끌겠다는 뜻이다.

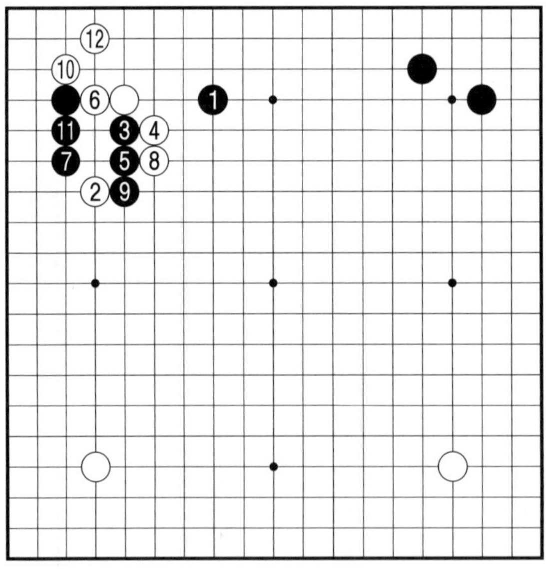

2도

2도(백, 눈목자 응수)

흑1로 공격했을 때 백2로 눈목자하면 가장 알기 쉽다. 계속해서 흑3으로 붙이고 이하 백12까지 실전에 흔히 등장하는 기본 정석이다. 이후 흑은 좌변에 전개하는 진행이 예상된다.

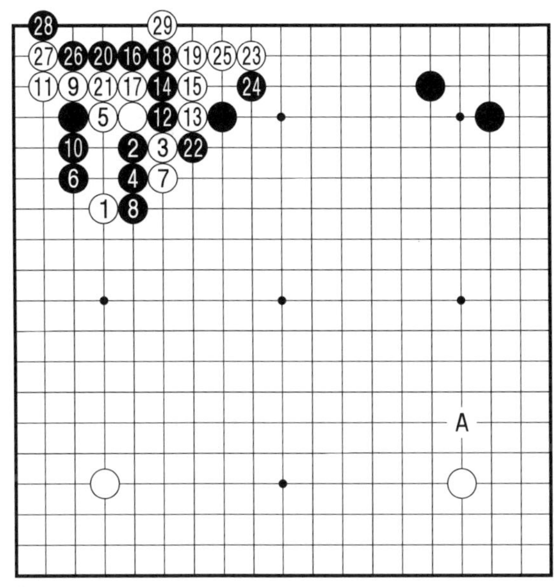

3도

3도(현대 정석)

흑10까지 진행되었을 때 백11로 빠지면 이후의 수순을 기억하고 있어야 한다. 흑12로 끊으면 이하 백29까지가 현대에 개발된 대표적 정석이다. 흑은 A의 축머리를 이용하는 진행이 예상된다.

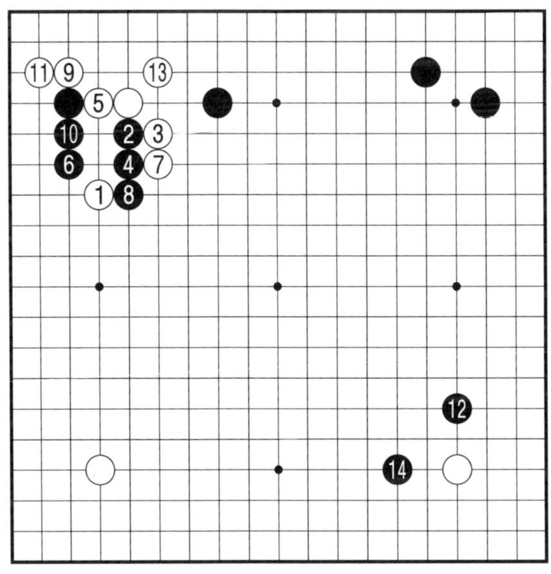

4도

4도(축머리 활용)

백11 다음 흑은 좌상을 결정하지 않고 12로 먼저 걸칠 수도 있다. 이때 백13은 축관계상 절대이다. 흑14까지 또 다른 포석으로 갈린다.

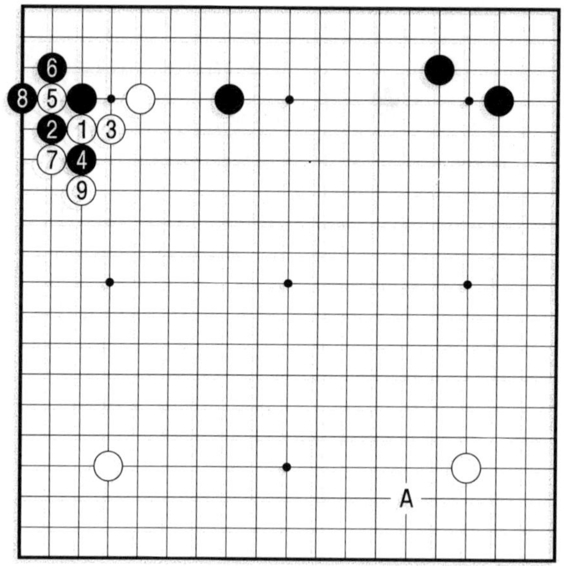

5도

5도(호각)

 백은 1로 붙여 진행할 수도 있다. 흑2·4의 수순을 거쳐 백5로 끊으면 흑6으로 잡고 이하 백7·9까지의 포석 진행이 예상된다. 이후 흑은 A의 축머리를 이용하는 흐름이 된다.

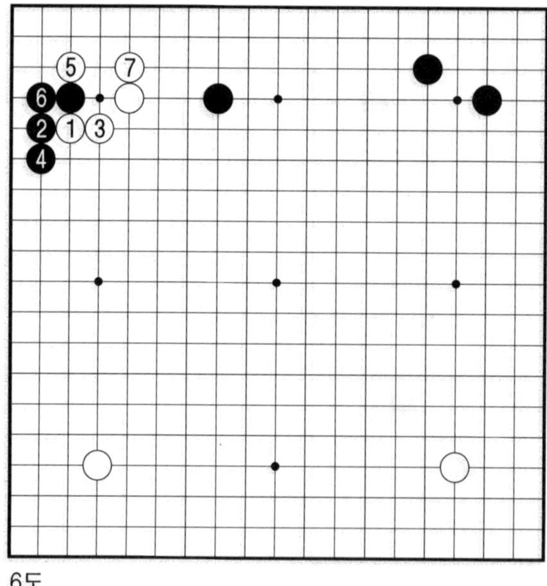

6도

6도(흑의 변화)

 백1·3으로 붙이고 뻗었을 때 흑은 4로 변화할 수도 있으나 저위로 치우쳐 현대에는 사용빈도가 거의 없다.

제65형

향소목 포석 4(2연성 대응) ― 가토류의 진수

본래 흑의 향소목 포석은 중국식 포석과 더불어 가토(加藤正夫)류라 할 수 있는데 특히 급격한 이 협공을 즐겨 사용했다. 그럼 흑1로 협공한 이후의 포석 진행을 검토해 보기로 한다.

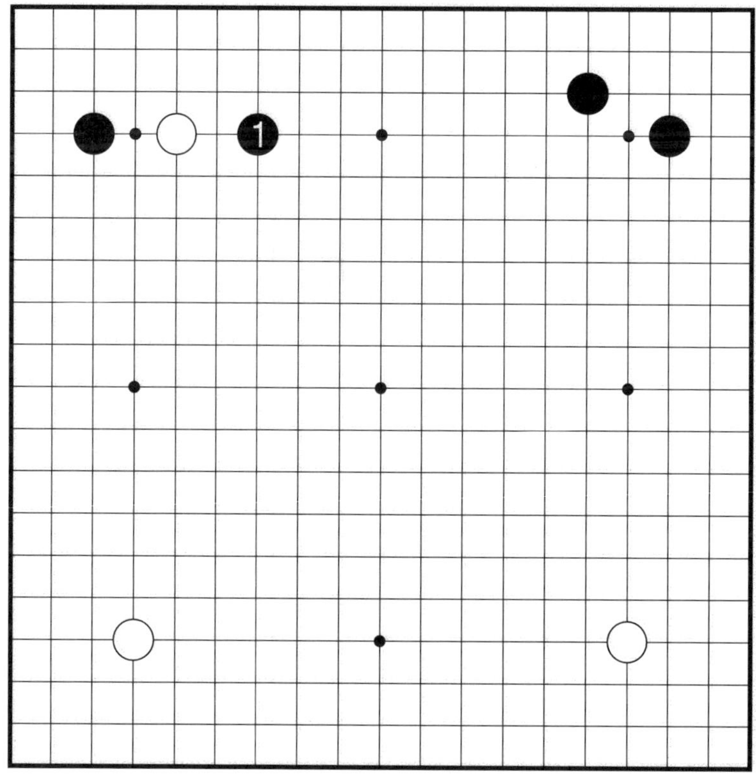

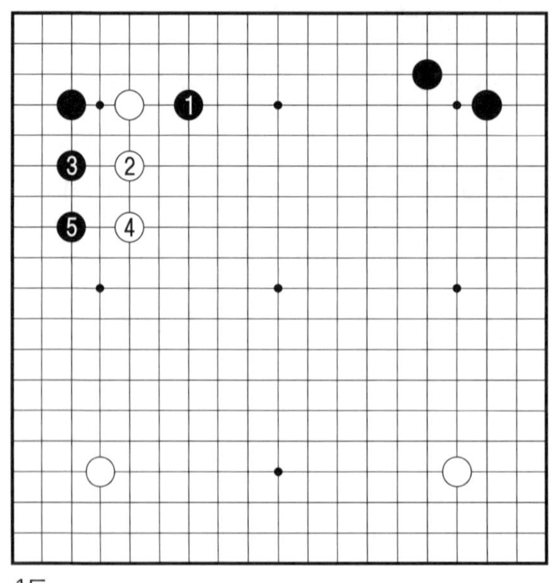

1도

흑1로 한칸 높게 협공
한 것은 국면을 급격하게
몰아가겠다는 뜻이다. 계
속해서 백2로 한칸 뛰고
흑3 이하 5까지 상식적인
진행이다.

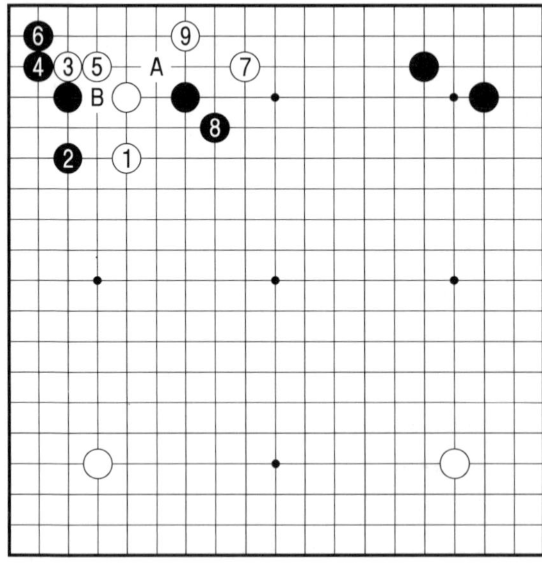

2도

2도(백, 연결)

이 진행은 흑이 다소
불만이다. 흑6 때 백7의
되협공을 당하여 9까지
진행되면 백B가 선수이
므로 흑A로 차단하는 수
가 성립하지 않는다.

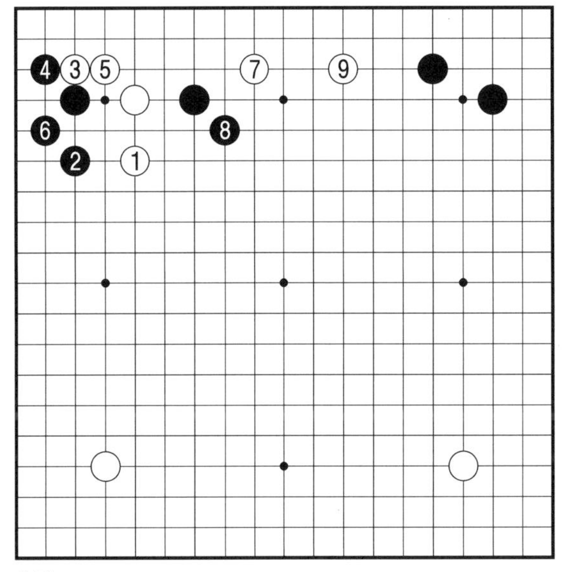

3도(흑, 연결 차단)

백5까지 진행되었을 때 흑6으로 호구쳐 백의 연결을 차단하는 수가 옳다. 백은 7로 흑8을 기다려 9로 전개하는 진행이 예상된다.

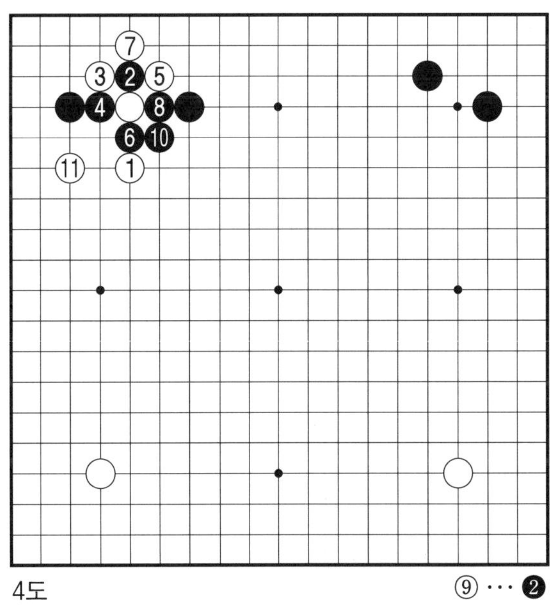

4도(정석부재)

백1 때 흑2로 밑붙임하는 것은 흑이 선택할 수 없다. 백11에 이르러 흑은 공배만 연결한 셈이다.

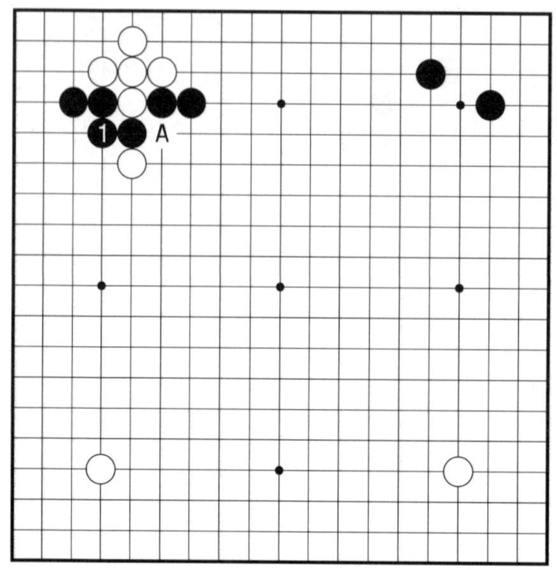

5도

1
A

5도(마찬가지)
흑1로 잇는 수도 역시
A의 약점이 남아 전도와
마찬가지로 흑이 선택할
수 없다.

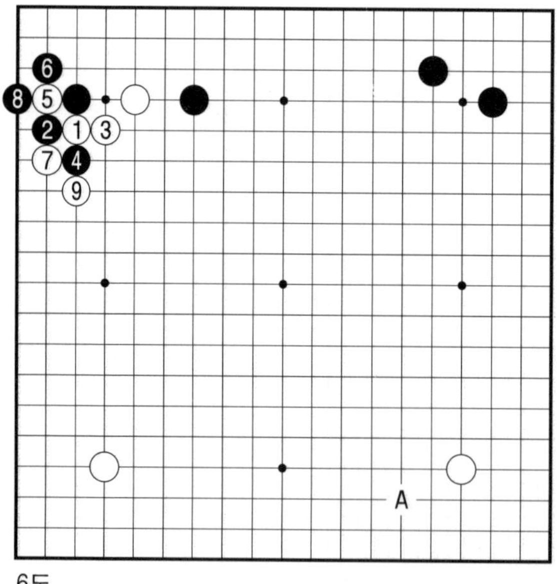

6도

6
8 5
2 1 3
7 4
9
A

6도(백의 선택)
백은 1 이하로 변화할
수 있다. 백9까지 상용 수
순인데 이후 흑은 A쪽의
축머리를 이용하게 된다.

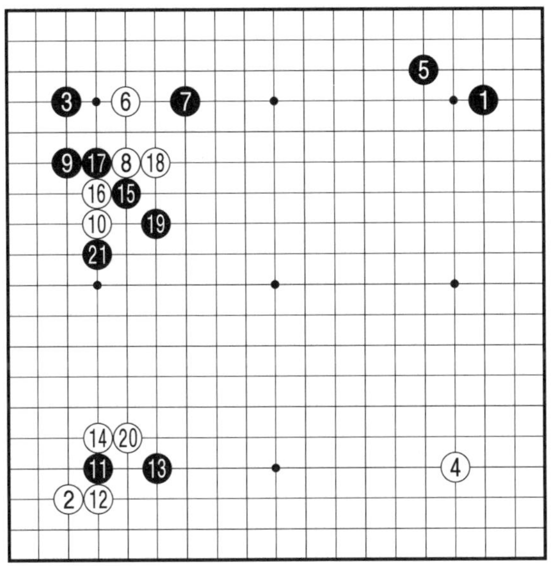

〈1보〉

1보(1~21)

18기 국기전 도전2국에서 백의 이창호에게 흑의 유창혁이 시도한 향소목 포석이다. 좌상귀의 접전에서 흑15와 흑21은 강수였다.

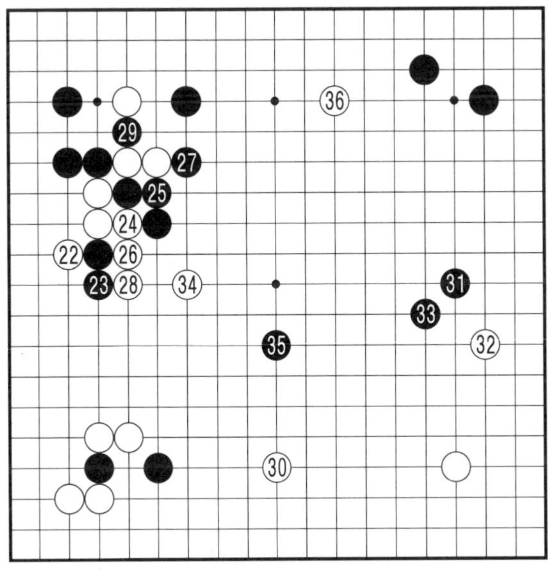

〈2보〉

2보(22~36)

30까지 포진한 백의 진영도 넓지만 흑도 31로 전개하여 33까지 불만이 없다. 흑35에 대하여 백도 36으로 침입. 이 곳의 타개가 승부의 관건이다.

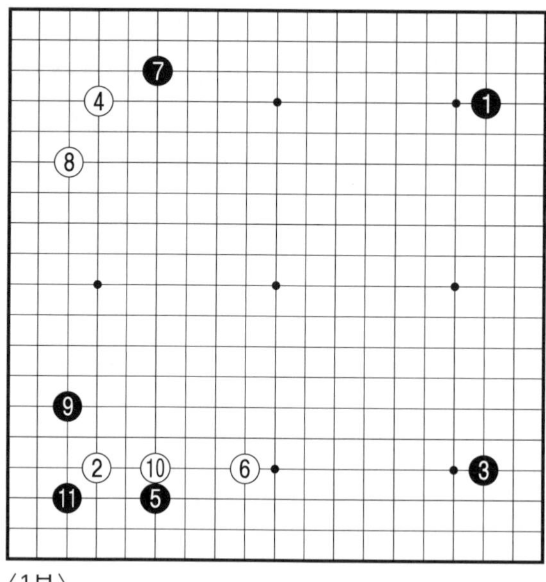

〈1보〉

1보(1~11)

22기 일본 명인전 도전 2국에서 백의 고바야시 고이치를 상대로 조치훈 이 구사한 특이한 소목 포석이다. 흑5에서 7·9 로 빠른 전환을 하는 것 은 선수를 잡아 큰 곳을 선점하려는 것이다.

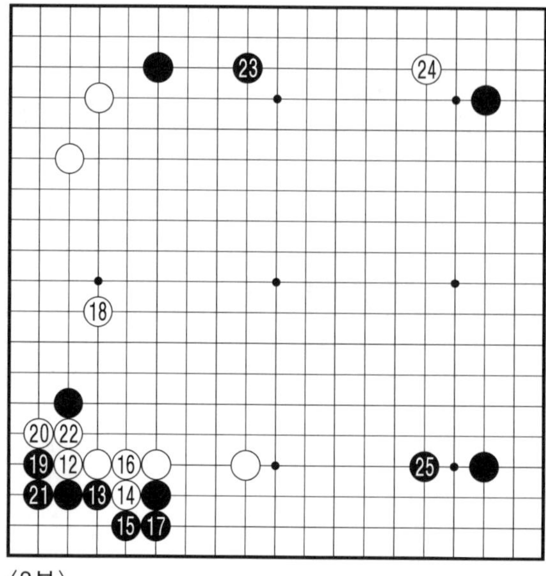

〈2보〉

2보(12~25)

흑19·21로 선수를 잡 아 흑23으로 좌변을 견제 하고 백24로 걸칠 때 흑 25의 굳힘을 선점하여 빠 른 진행이다.

향소목 포석 5(2연성 대응) — 유력한 협공

우상귀가 한칸 높은 굳힘이라면 백1 때 흑은 2로 한칸 낮게 협공하는 것이 유력하다. 흑2는 우상귀의 굳힘과 호응하는 자세이다. 그럼 이후의 포석 변화를 검토해 보기로 한다.

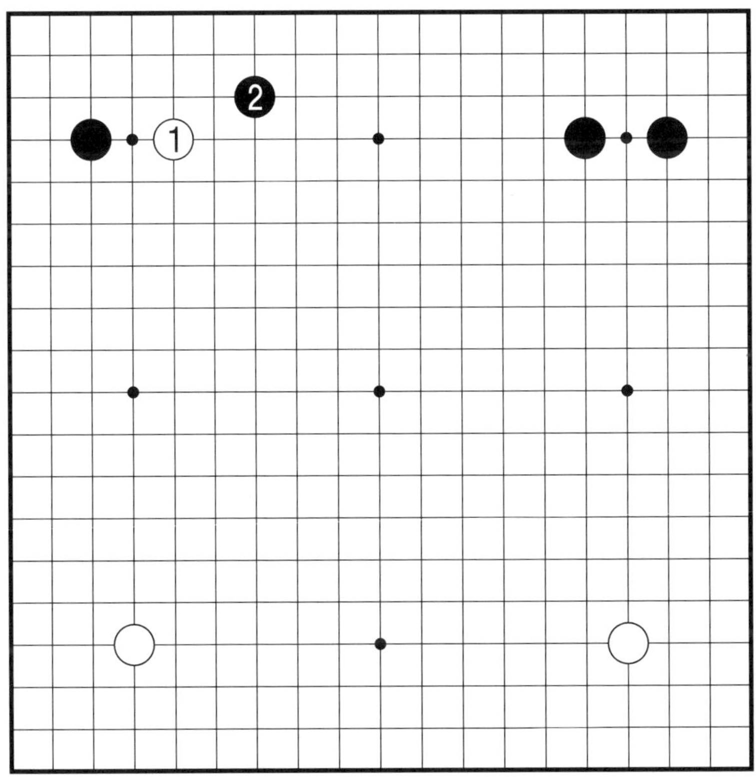

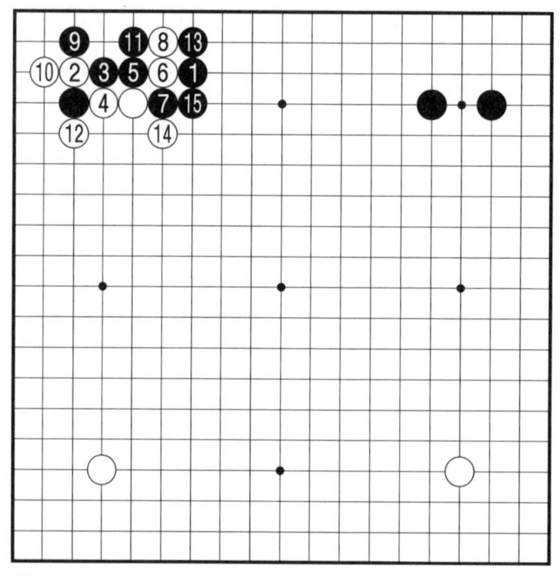

1도

1도(흑, 두터움)

흑1 때 백2로 붙인다면 흑3으로 젖힌 후 이하 흑 15까지 정석을 진행시키 는 것이 요령이다. 이 정 석은 흑이 두텁다는 것이 중론이다.

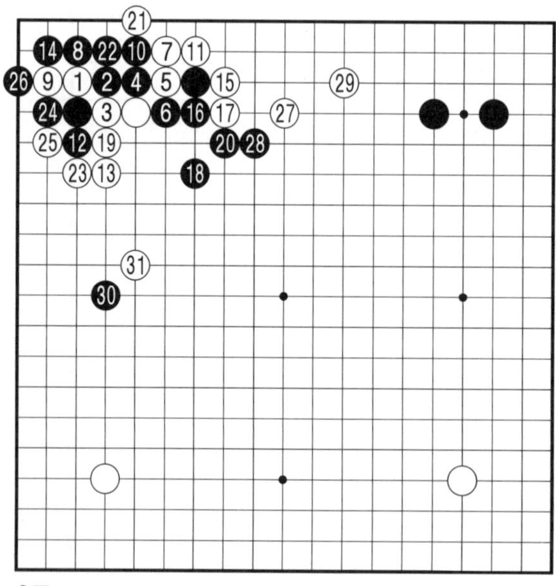

2도

2도(백의 변화)

흑10까지 진행되었을 때 백은 11로 변화하는 것이 좋다. 이 정석선택 은 상변을 백이 차지하여 흑이 불만이다.

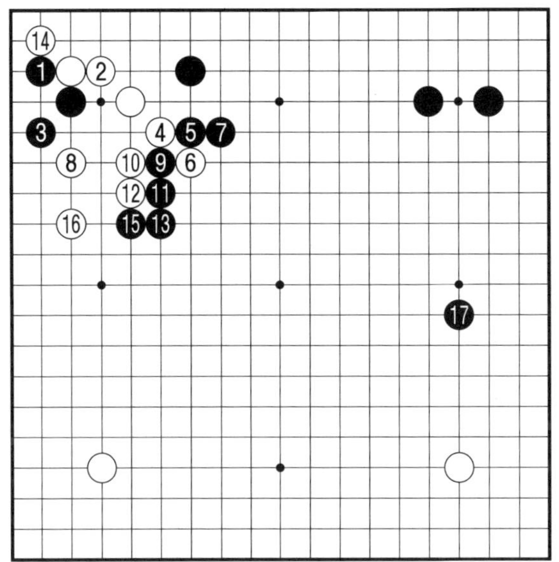

3도

흑도 1로 젖혀 처음부터 변화할 수 있다. 이 포석 진행은 흑17까지의 진영이 폭이 넓어 흑이 둘만한 선택이다.

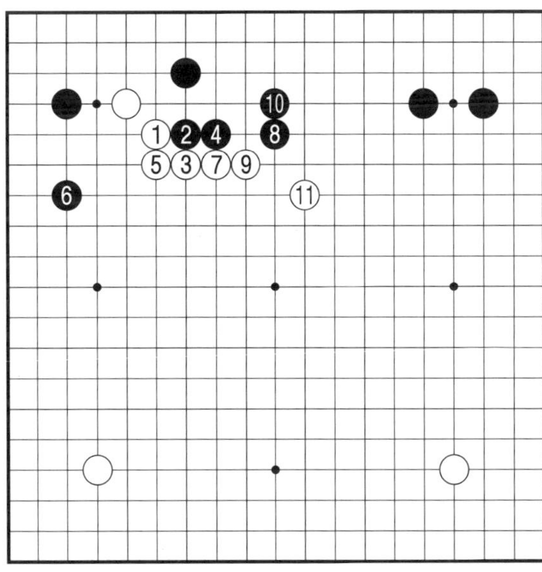

4도

4도(백의 변화)

백은 곧바로 1을 둘 수도 있다. 흑2로 붙이면 이하 백11까지의 포석 진행이 예상되는데, 11로 날일자한 백의 자세가 좋아 백이 둘만하다.

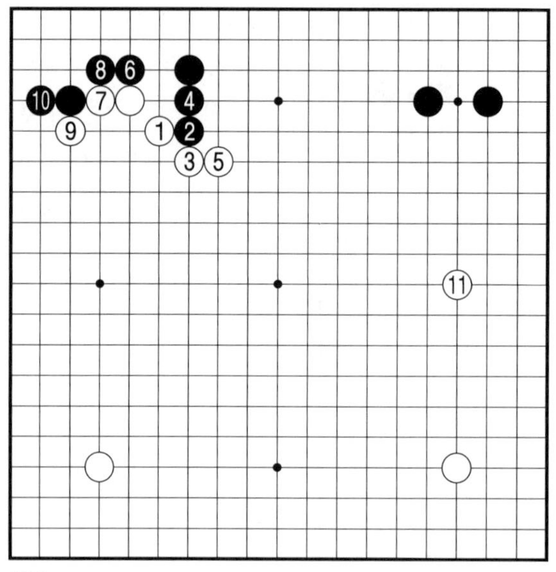

5도

5도(고풍 정석)

흑2로 붙이고 백3으로 젖혔을 때 흑4로 두는 형은 현대에 자취를 감추었다. 백5로 뻗은 자세가 좋고 흑10까지 선수를 잡아 11로 전개하면 백의 넓은 진행이다.

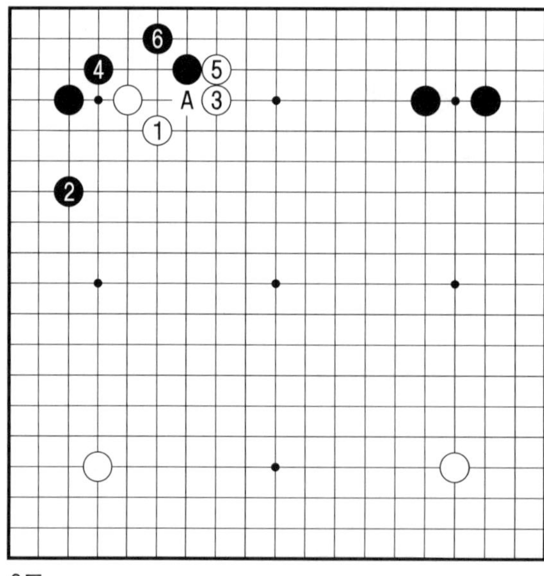

6도

6도(현대 감각)

백1로 마늘모했을 때 발빠른 현대 감각으로는 흑2·4·6의 수순이 있다. 이 포석 진행은 A로 끊는 수단을 남기고 있어 흑이 둘만하다.

제67형

향소목 포석 6(2연성 대응) — 현대 감각의 협공

백1의 날일자로 걸쳤을 때 흑2의 두칸 높은 협공은 스피드한 현대 감각에 가장 알맞는 협공이다. 그럼 이 후의 포석 진행을 살펴보기로 한다.

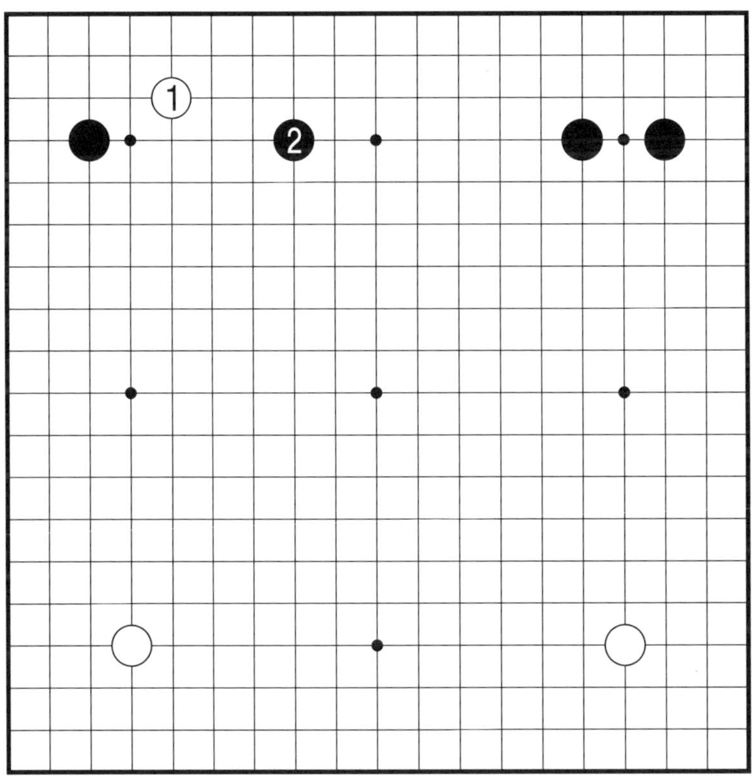

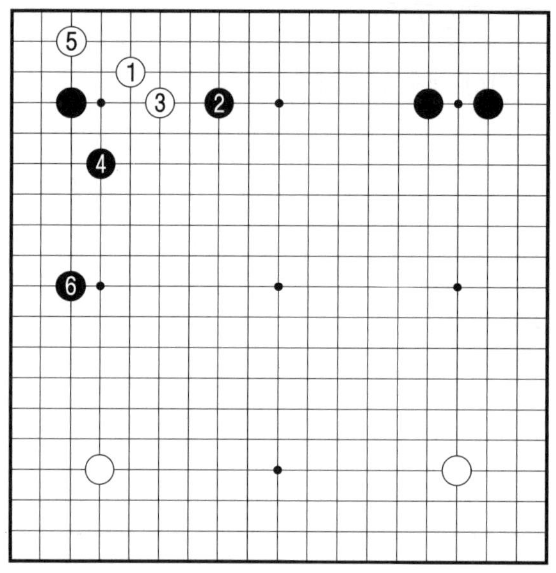

1도(호각)

백은 1로 날일자해서 걸칠 수도 있다. 이때는 흑2로 협공하는 것이 상용 수법으로 이하 흑6까지가 예상되는 진행이다.

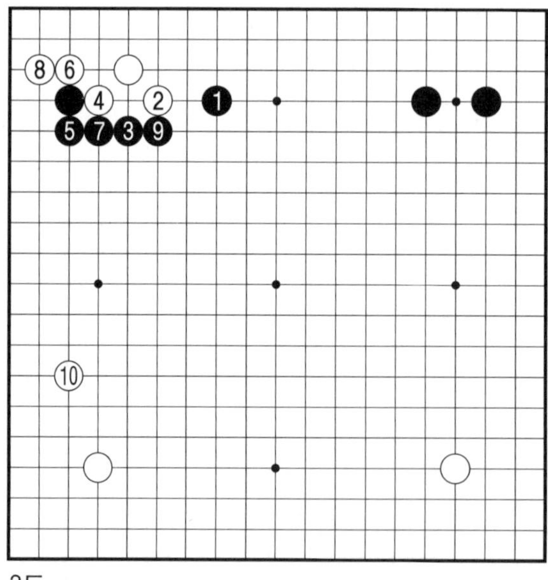

2도(가지와라 정석)

흑1로 협공하여 백2로 마늘모했을 때 흑3의 날일자로 씌우면 흑9까지의 진행이 예상된다. 이 정석은 흑이 후수가 되어 백에게 10으로 좌변의 영향력을 제한받게 되므로 흑의 의문이다.

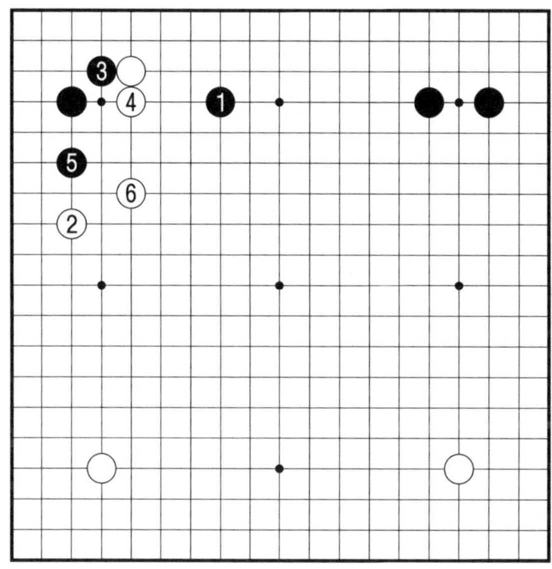

3도

3도(백의 취향)

흑1로 협공했을 때 백2로 두는 수도 가능하다. 이하 백6까지 상용화된 수순이다. 이 진행도 변을 빠르게 차지하는 현대 감각에 맞는 백의 흐름이다. 흑도 불만은 없다.

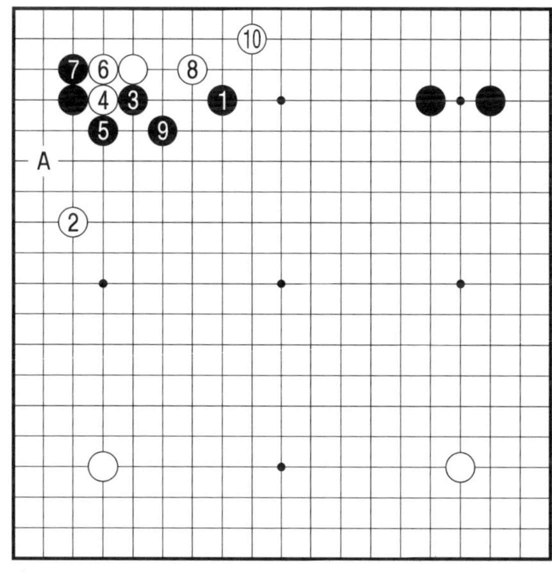

4도

4도(백, 발빠름)

흑1, 백2 때 흑3으로 붙이면 백4·6으로 끼워이은 후 흑7을 기다려 백8·10으로 달린다. 이 진행은 흑이 선택하기 곤란하다. 백A로 들여다보는 수를 방지하지 않으면 안되기 때문이다.

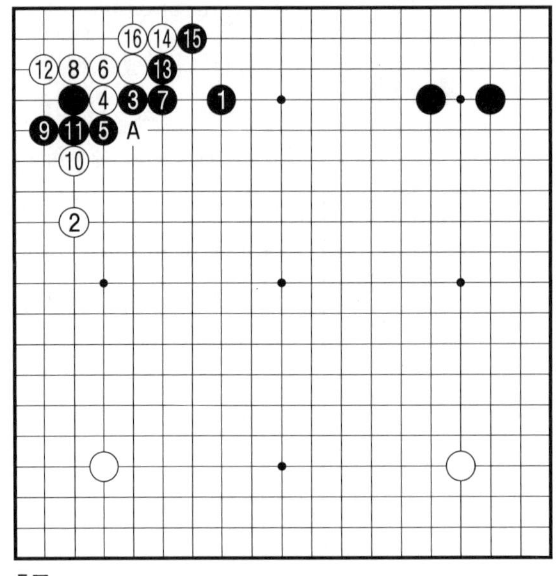

5도

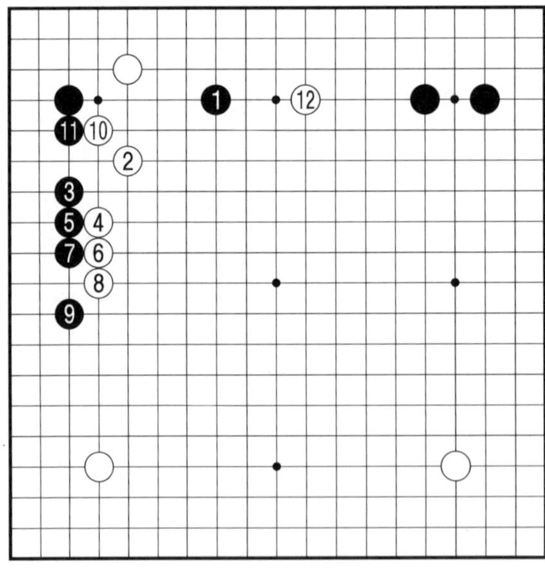

5도(흑의 약점)

백4·6으로 끼워이엇을 때 흑7로 뻗으면 백8로 둔 다음 이하 16까지 예상되는 진행이다. 이 진행도 흑이 취할 바가 못된다. A의 단점이 남기 때문이다.

6도(현대형 포석)

흑1 때 백2의 경쾌한 두 칸이 현대를 대표하는 정석진행이다. 백10까지 좌변을 압박한 후 12로 역공하여 전투에 돌입한다.

향소목 포석 7(2연성 대응) — 유연한 작전

백1의 눈목자 걸침은 흑으로부터 협공을 최대한 완화시키겠다는 뜻이다. 백으로서는 유연한 작전 구상인데 이후의 포석 진행을 알아보기로 한다.

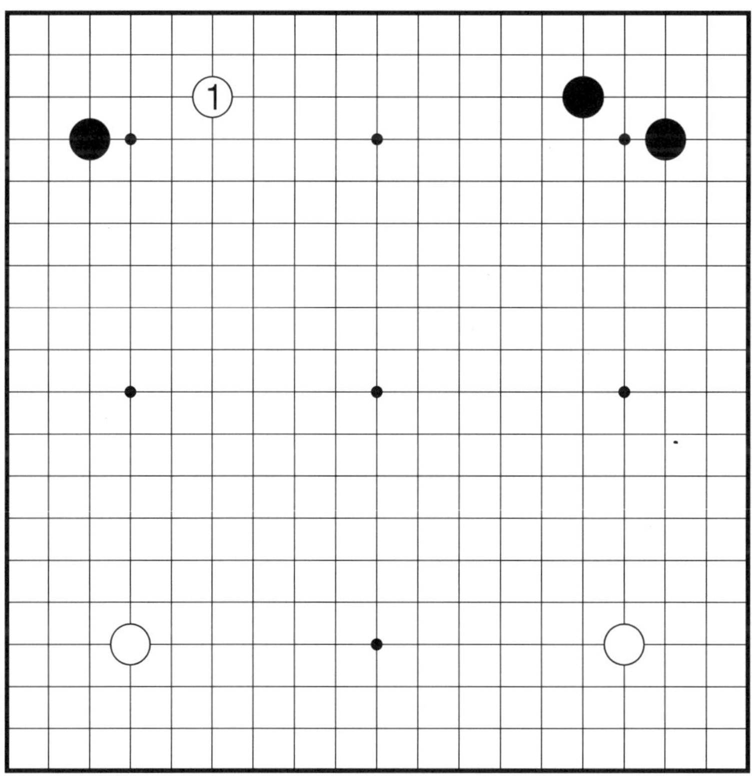

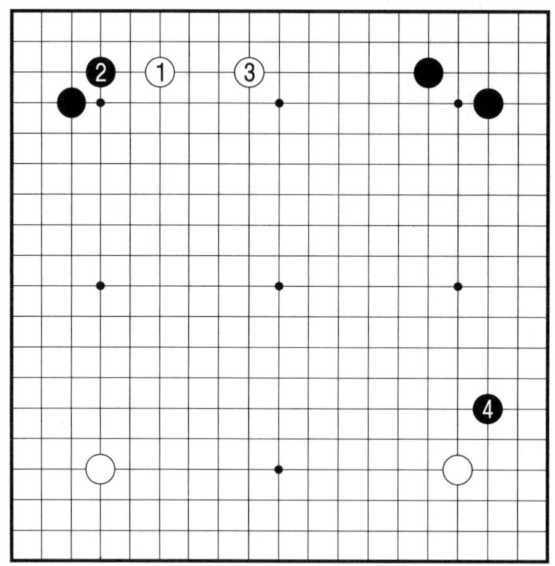

1도

1도(기본형)

백1의 눈목자로 걸쳤을 때 흑2와 백3을 교환하고 흑4로 전환하면 평범한 포석 진행이다.

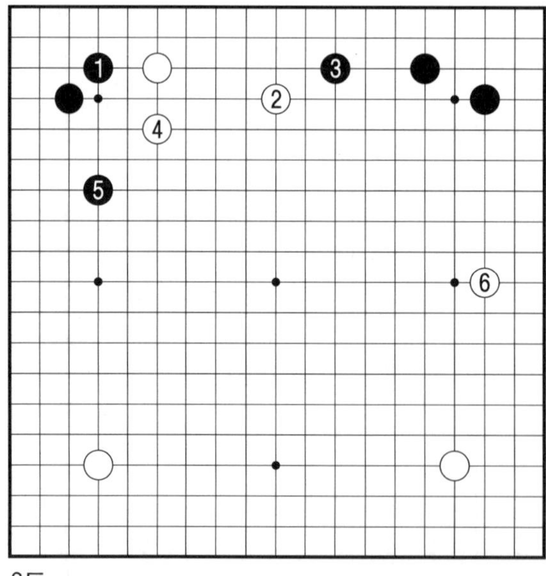

2도

2도(백의 변화)

흑1 때 백2로 전개하는 것은 흑3의 다가섬을 유도하여 백4, 흑5로 약점을 보강한 다음 선수를 잡아 6에 전개하기 위함이다. 이 진행도 쌍방 무리가 없다.

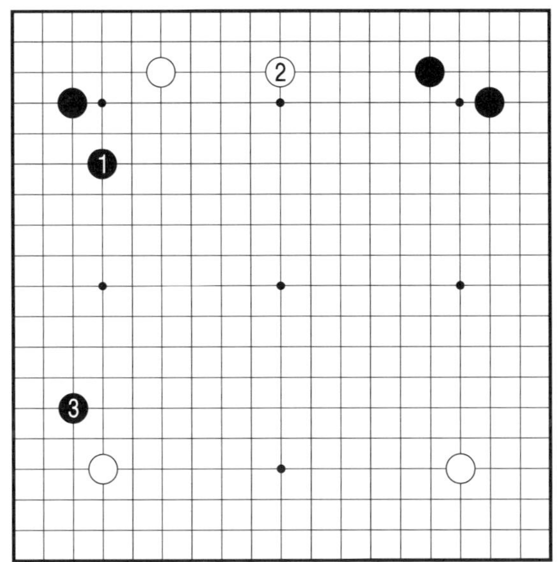

3도

3도(현대 감각)

흑1의 날일자도 현대적 감각에 부합한다. 백2를 기다려 흑3을 선점하여 흑의 발빠른 진행이다.

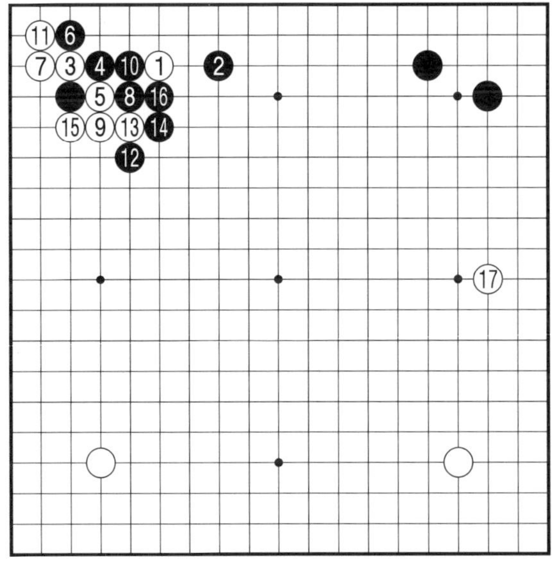

4도

4도(백, 충분)

백1로 걸쳤을 때 흑2로 협공한다면 백은 3으로 붙여 수습하는 것이 좋다. 이하 흑16까지 부분적으로 볼 때 흑이 약간 두텁지만 백은 17로 손을 돌려 충분히 둘 수 있는 모습이다.

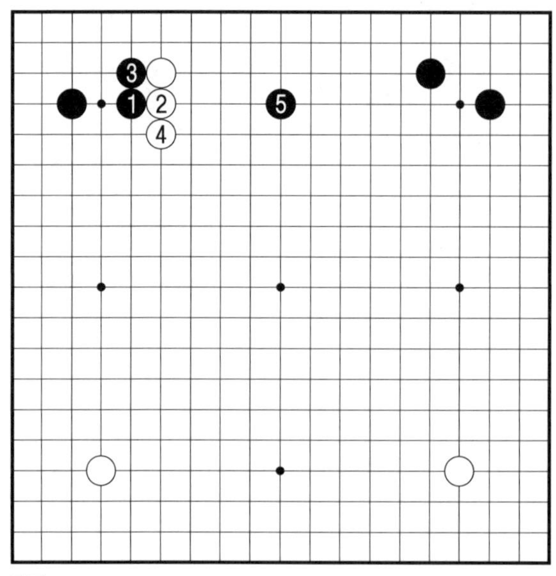

5도

　흑1의 어깨짚는 수도
고려할 수 있는 작전이
다. 계속해서 백2로 올라
서면 흑3·5로 공격하는
것이 요령이다. 이 진행
도 흑백 서로 가능한 구
상이다.

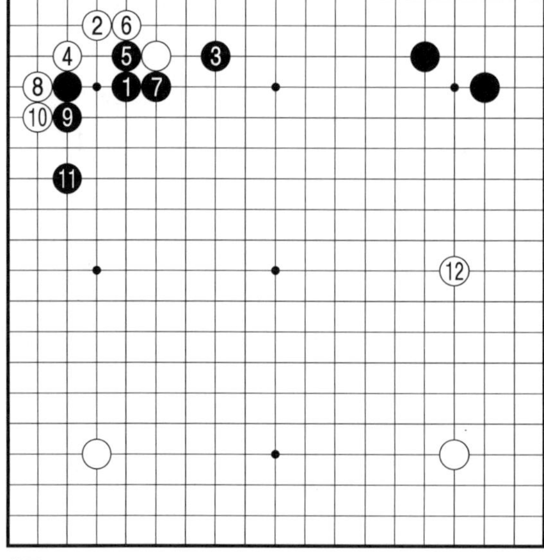

6도

6도(백의 변화)

　흑1 때 백은 2로 변화
할 수도 있다. 이하 흑11
까지 좌상은 흑이 두텁지
만 백도 12로 우변을 전
개하는 수순을 가져 불만
이 없다.

향소목 포석 8(2연성 대응) — 특수한 포석 변화

우상의 굳힘이 흑▲로 되어 있다면 백의 포석 선택도 달라진다. 여기서는 앞의 향소목 포석에서 소개하지 못한 특수한 변화들을 간략하게 살펴보기로 한다.

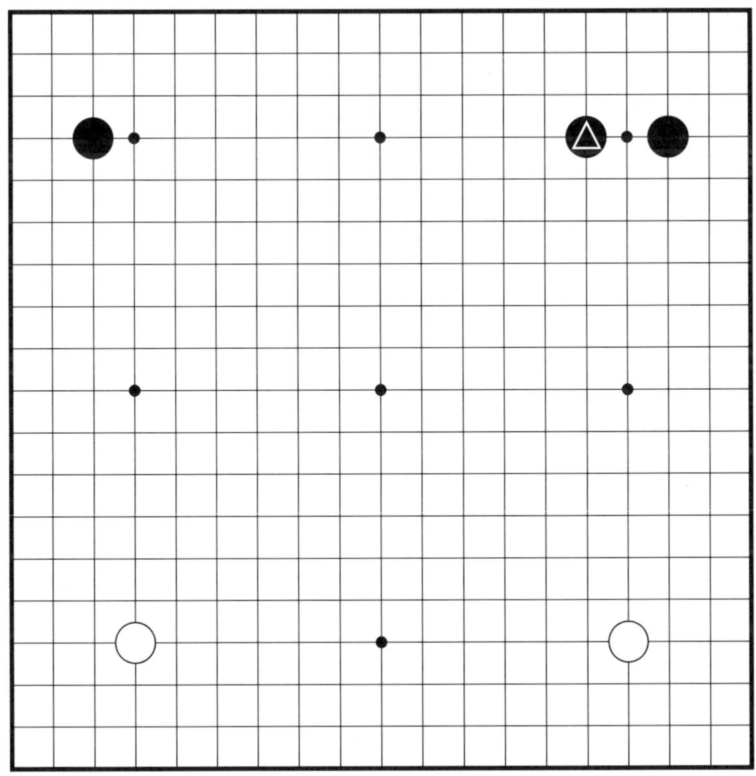

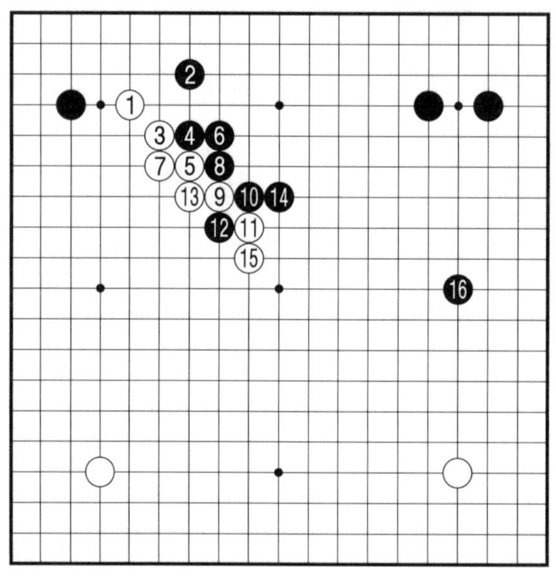

1도

1도(제공권 다툼)

이 진행은 중앙의 제공권을 놓치지 않으려는 기세의 대결이다. 흑이 16의 전개를 차지하였으나 백도 전반적으로 포진이 넓어 호각이다.

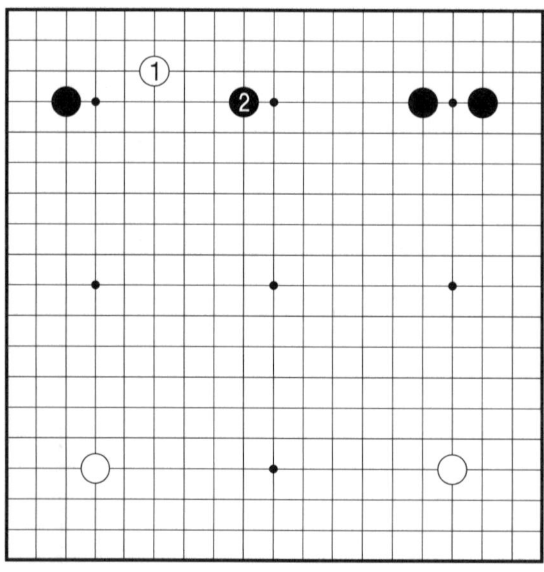

2도

2도(백, 눈목자 걸침)

백1의 눈목자 걸침도 유연하지만 흑도 우상의 포진과 더불어 2의 협공이 어울려 불만이 없다.

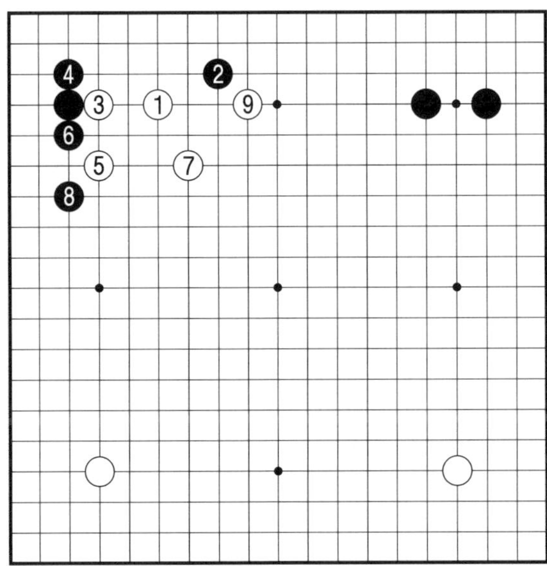

3도

3도(흑, 불만)

백1의 두칸 높은 걸침
에 대한 흑2의 선택은 백
3·5로 가볍게 처리한 다
음 7·9의 역공을 받아
상변의 흑 진영이 위축되
어 불만이다.

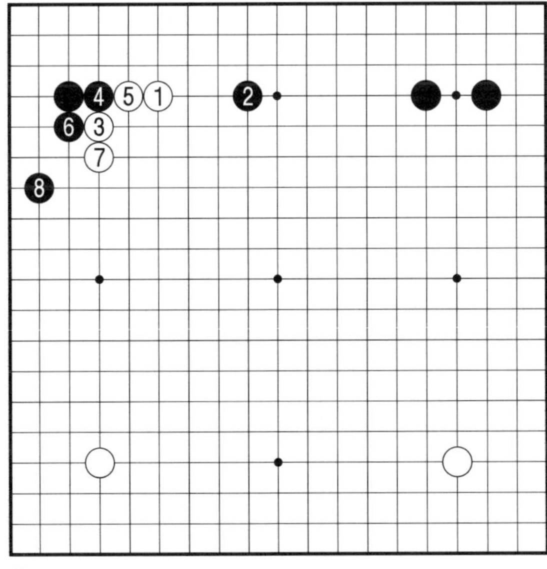

4도

4도(흑의 선택)

백1로 걸쳤을 때 흑은
2로 협공하는 것이 옳다.
이하 흑8까지 흑도 둘만
하다.

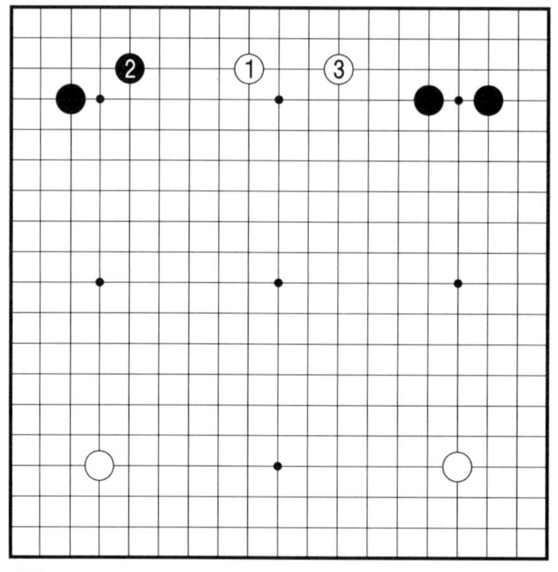

5도

5도(백, 갈라침)
백은 걸침을 생략한 채
바로 1로 갈라쳐서 둘 수
도 있다. 계속해서 흑2로
굳힌다면 백3으로 두칸
벌려 흑의 뒷문 열린 약
점을 노릴 수 있다.

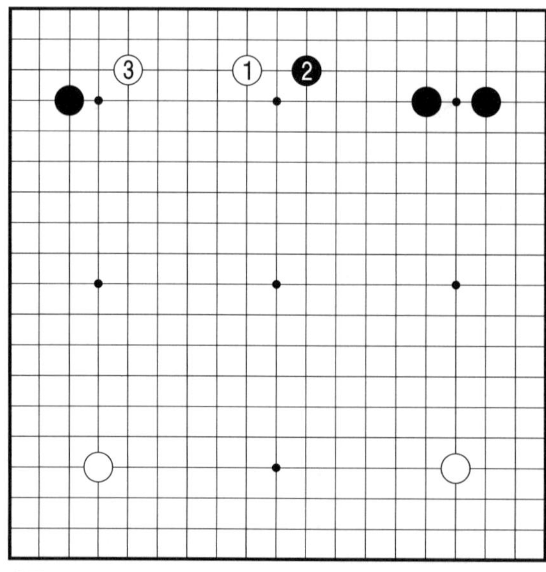

6도

6도(백, 충분)
백1 때 흑2로 다가선
것은 전도와 같은 진행을
피한 것이다. 그러나 백3
으로 걸칠 수 있어 이 역
시 백으로선 충분히 둘
수 있는 포석이다.

제70형

1·3·5 포석 1 — 견실한 슈사쿠(秀策)류

흑이 1·3·5로 세 귀를 점령하자 백이 화점을 차지한 후 우상귀와 우하귀에 날일자로 걸친 장면이다. 그럼 백6 이후의 포석 변화를 검토해 보기로 한다.

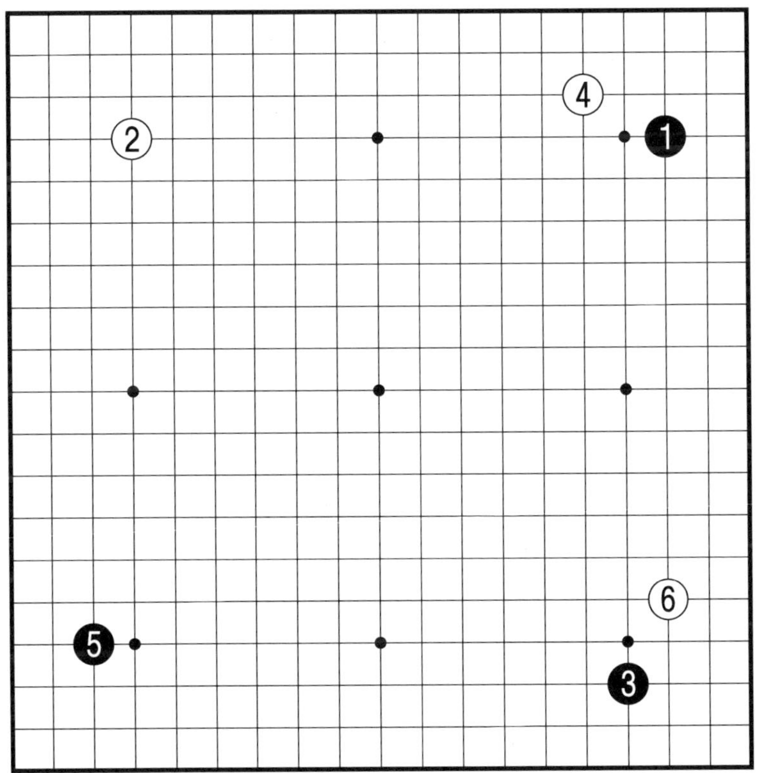

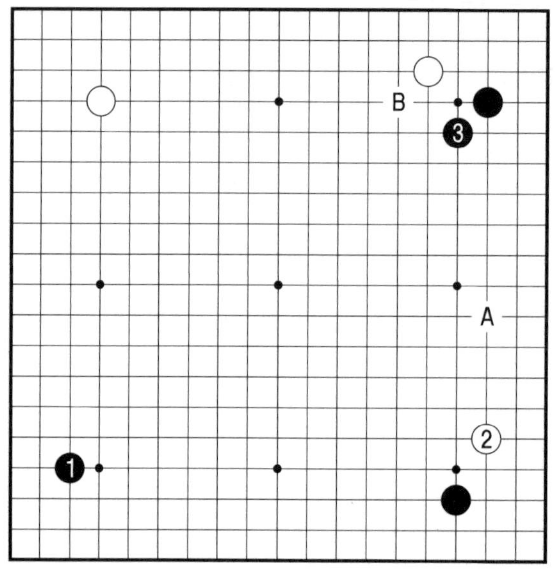

1도

1도(견실한 마늘모)

흑1로 귀를 점령하면 또다시 백2로 귀를 걸치는 것이 보통이다. 계속해서 흑3으로 마늘모한 수가 견실한 수법으로 A의 벌림과 B의 씌움을 엿보고 있다.

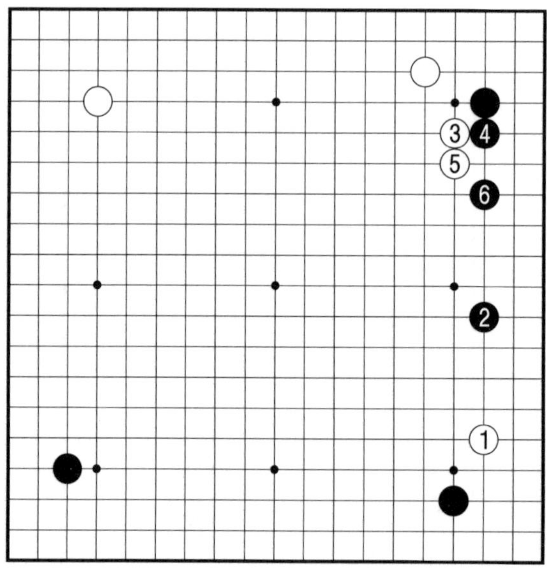

2도

2도(흑, 저위)

백1로 걸쳤을 때 곧장 흑2로 협공하는 것은 의문이다. 백은 3으로 씌우는 것이 호착으로 이하 흑6까지 흑을 저위에 치우치게 할 수 있다.

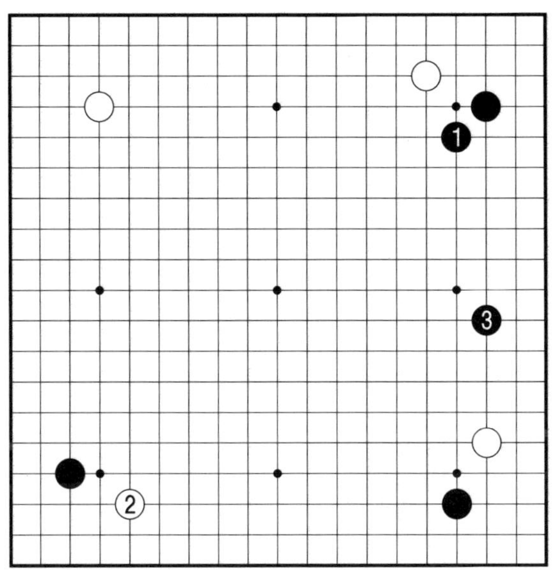

3도

3도(흑, 절호의 협공)

흑1로 마늘모했을 때 백2로 걸친다면 흑3으로 협공하는 것이 절호점이 된다. 이 진행은 아무래도 흑이 유리하다.

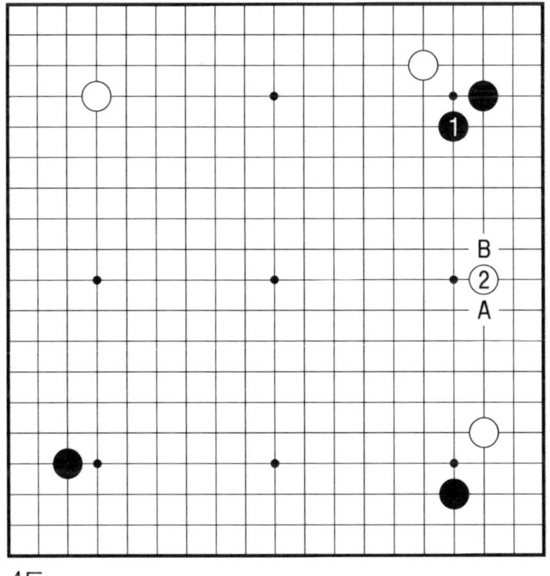

4도(백의 견제)

흑1로 마늘모하면 백은 2로 전개해서 흑의 세력 확장을 견제할 곳이다. 백2로 A에 두는 것은 흑 B에 다가서는 것이 절호점이 된다.

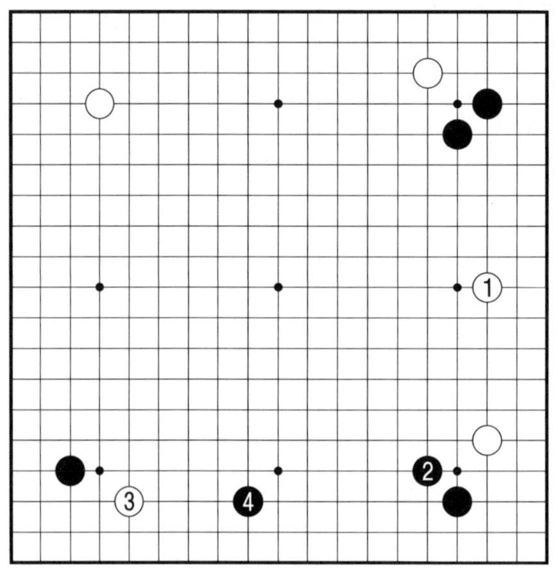

5도

5도(흑의 작전)

백1에는 또다시 흑2로 마늘모하는 것이 견실한 수법이다. 계속해서 백3으로 걸친다면 흑4가 또한 절호의 벌림겸 협공수가 된다.

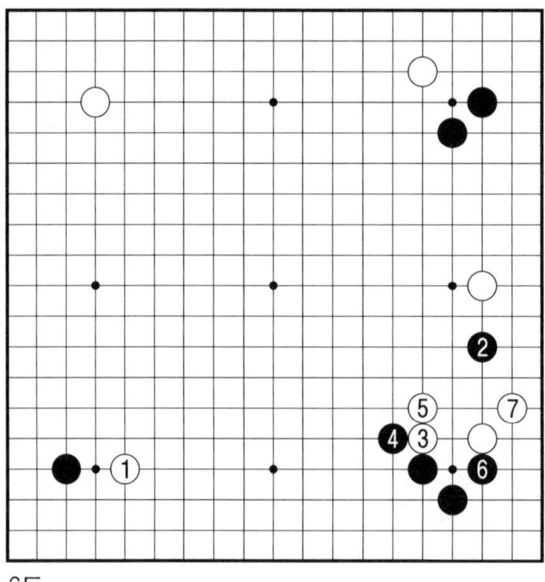

6도

6도(협공을 견제)

백은 흑으로부터 협공을 견제하는 의미에서 백1로 높게 걸치는 것이 일반적이다. 계속해서 흑2로 침입한다면 백3으로 붙인 후 이하 7까지 처리하는 것이 요령이다.

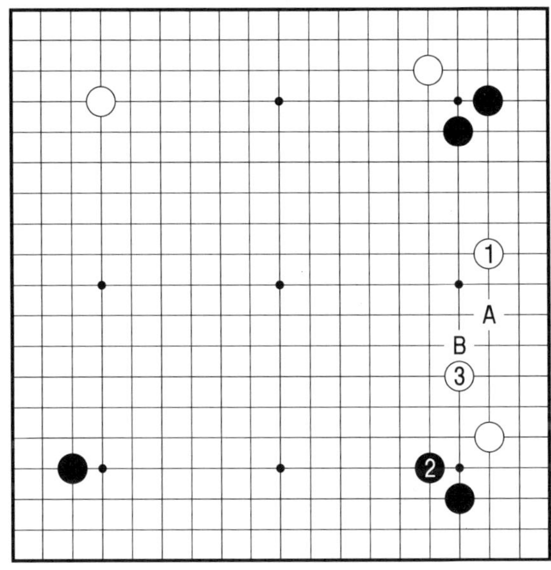

7도

7도(백, 충분)

백은 1로 한칸 더 진출할 수도 있다. 계속해서 흑2로 마늘모한다면 백3으로 지켜서 이상적인 형태를 갖출 수 있다. 흑2로는 A나 B에 침입하는 수도 성립한다.

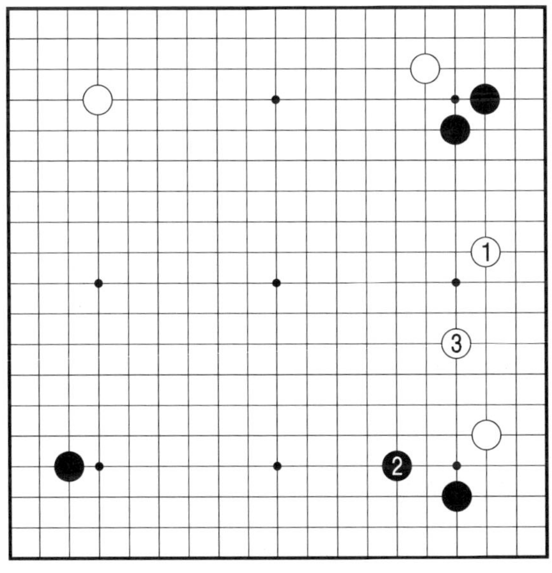

8도

8도(백, 지킴의 방법)

백1로 전개했을 때 흑이 2의 날일자로 지킨다면 백도 3으로 지키는 것이 방법이다.

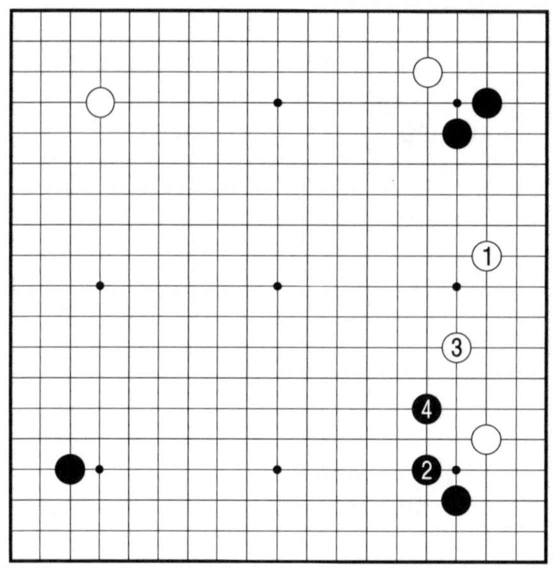

9도

9도(백, 틀린 지킴)

백1 때 흑이 만약 2의 마늘모로 응수한다면 백3은 이번에는 틀린 지킴이다. 왜냐하면 흑4로 활용당하게 된다.

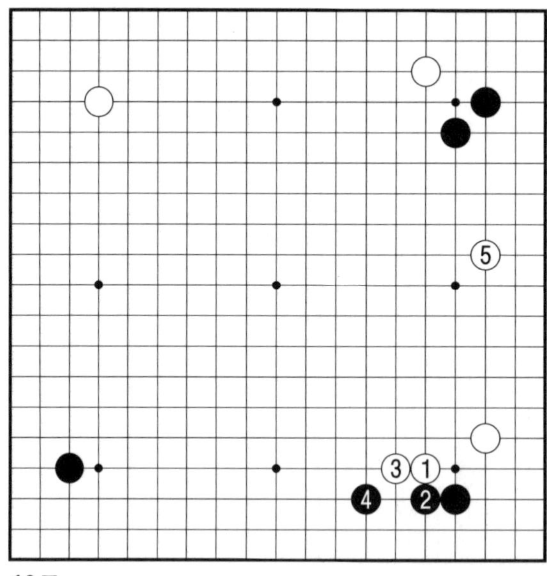

10도

10도(다른 진행)

백은 1로 먼저 둘 수도 있다. 흑4까지 응수시킨 후에 백5로 전개하는 것도 하나의 방법이다.

제71형

1·3·5 포석 2 — 실리형 밑붙임

백1로 높게 걸쳤을 때 흑2로 밑붙이는 정석을 선택하는 목적은 실리를 차지하는데 있다. 그럼 흑2로 밑붙인 이후의 포석 진행을 검토해 보기로 한다.

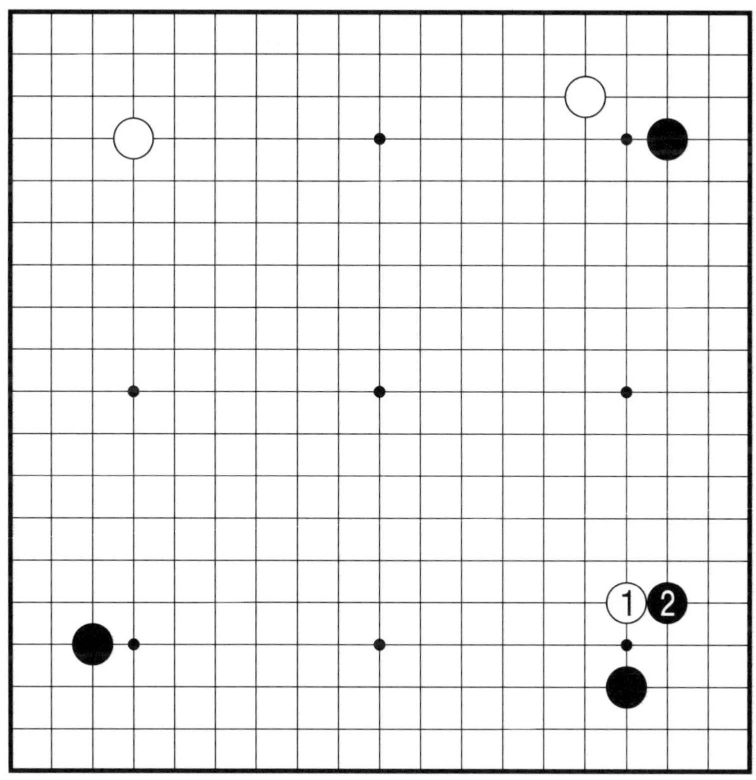

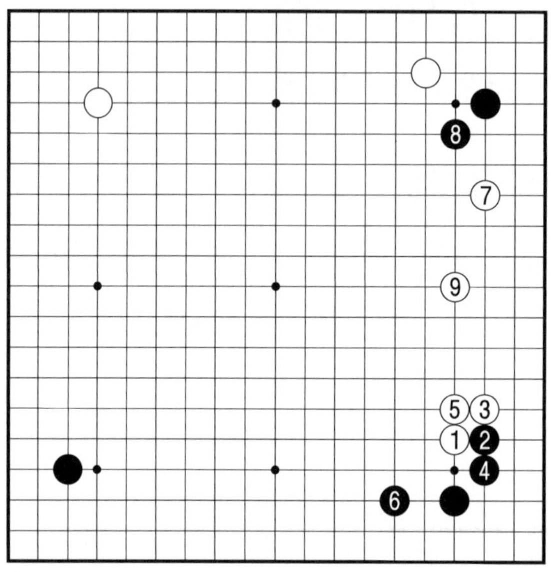

1도

1도(기본 포석)

백1, 흑2 때 백3으로 젖힌다면 기본적으로 백 9까지의 진행은 필연성이 있는 포석 형태이다.

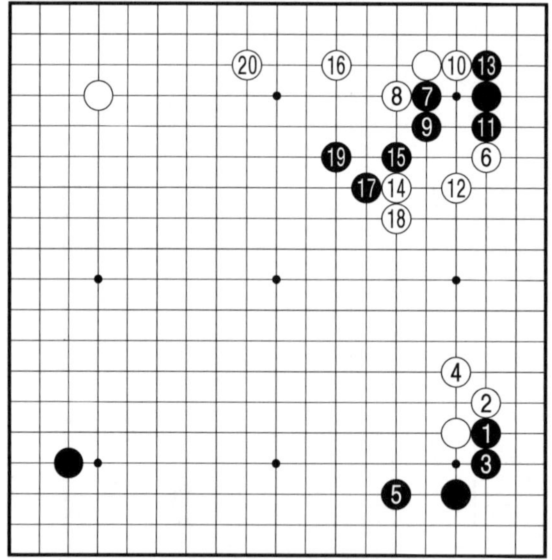

2도

2도(백4, 능률적 이음)

흑1·3 때 백4로 호구 친 다음 6으로 협공하는 것도 가능한 작전이다. 계속해서 흑7로 붙이면 이하 백20까지 예상되는 포석 진행이다. 백은 전도보다 이 진행이 현실적으로 이득이다. 4의 호구이음이 우변 수비를 한수 줄였기 때문이다. 그러나 침투의 여지는 남아 있다.

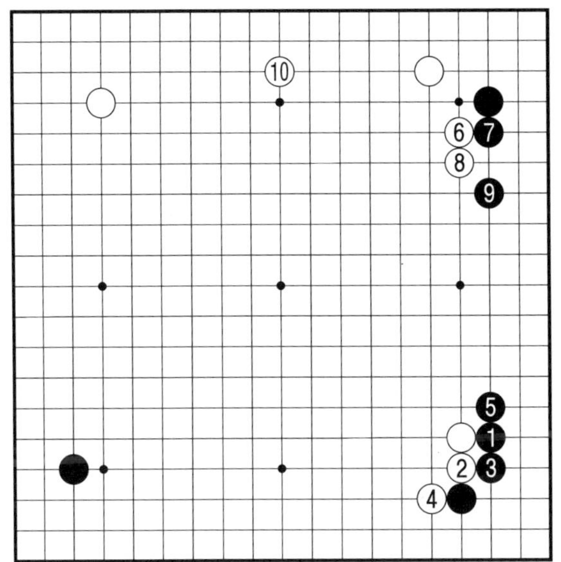

3도

3도(백의 작전)

흑1로 붙였을 때 백은 2·4를 선수한 후 6으로 씌우는 것이 책략적인 수단이다. 계속해서 흑7·9로 응수한다면 백10으로 전개해서 백이 활발하다. 반면에 흑은 저위에 치우친 모습이다.

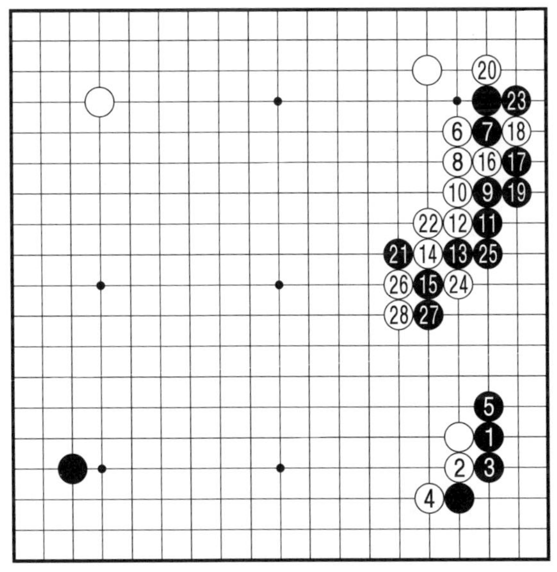

4도

4도(선택의 가치)

흑9까지 진행되었을 때 백10 이하로 밀어붙이는 변화도 의미있는 작전이다. 이하 백28까지 힘차게 밀어붙인다. 힘이 강한 바둑이 선택할 가치가 충분한 진행이다.

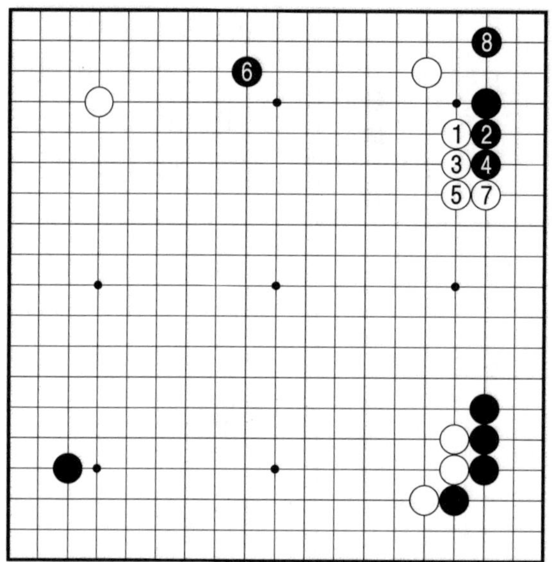

5도

백1로 씌웠을 때 흑은 2로 민 후 4로 한번 더 밀어 백5를 강요한 뒤 손을 빼서 6으로 전환할 곳이다. 계속해서 백7로 막는다면 흑8로 안정을 취해서 충분하다.

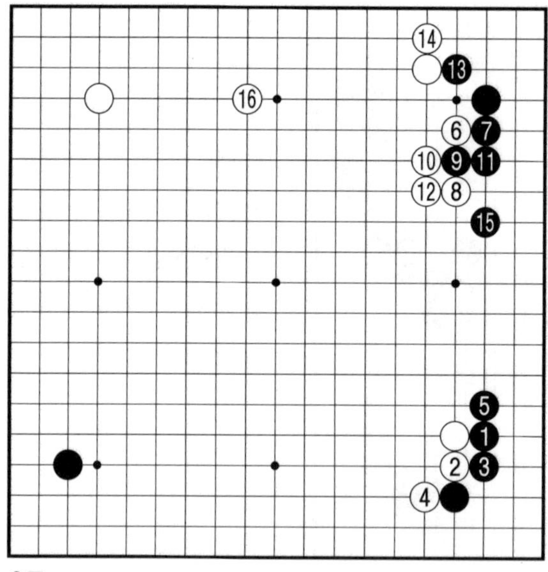

6도

6도(백의 변화)

백이 전도가 싫으면 이 진행을 선택할 수도 있다. 흑7까지 진행되었을 때 백8로 뛰는 수가 전도와 차이점이다. 이하 백16으로 포진하여 불만이 없다.

제72형

1·3·5 포석 3 — 슈사쿠의 마늘모

백1 때 흑2는 1·3·5 포석의 결정체라 불리던 수 책의 마늘모이다. 현대에는 발이 느려 사용빈도가 떨어지지만 견고함은 이 이상이 없다. 백은 흑2에 대해 어떤 현대적 감각으로 대응하는지 살펴본다.

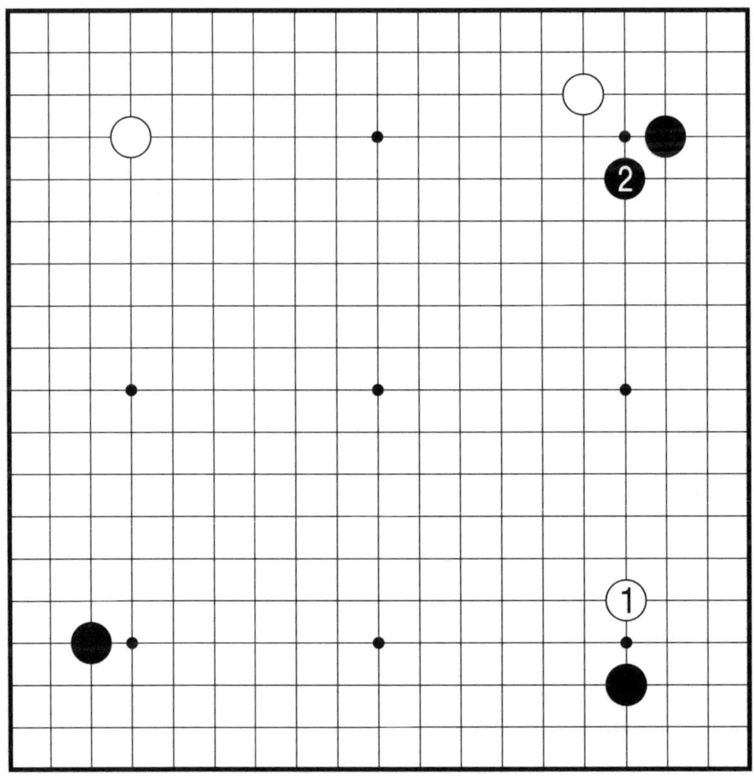

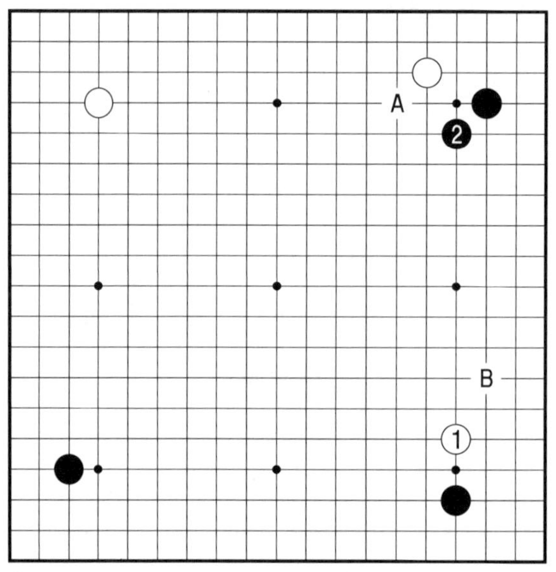

1도

1도(맞보기)

백1로 높게 걸쳤을 때도 흑은 2로 마늘모하는 것이 견실한 수법이다. 이후 흑은 A에 씌우는 수와 B에 협공하는 수단을 맞보기로 하고 있다.

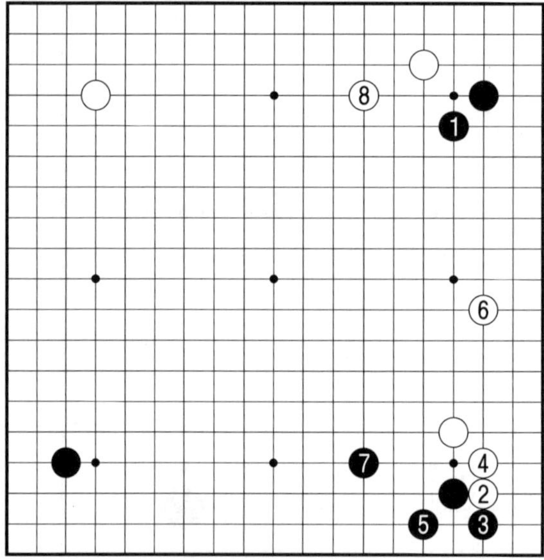

2도

2도(백, 활발)

흑1로 마늘모했을 때 백은 2·4로 붙여 뻗은 후 6으로 전개하는 것이 적절한 정석 선택이다. 계속해서 흑7로 보강한다면 백8로 손을 돌려 백이 활발하다.

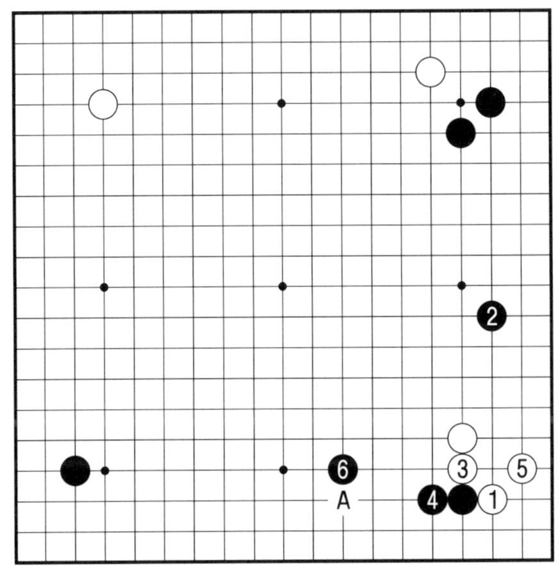

3도

3도(흑의 전환)

백1로 붙였을 때 흑은 우변을 중시하여 2로 전개하는 수가 재미있는 착상이다. 계속해서 백3으로 치받은 후 5에 호구친다면 흑6이나 흑A로 벌려서 충분한 모습이다.

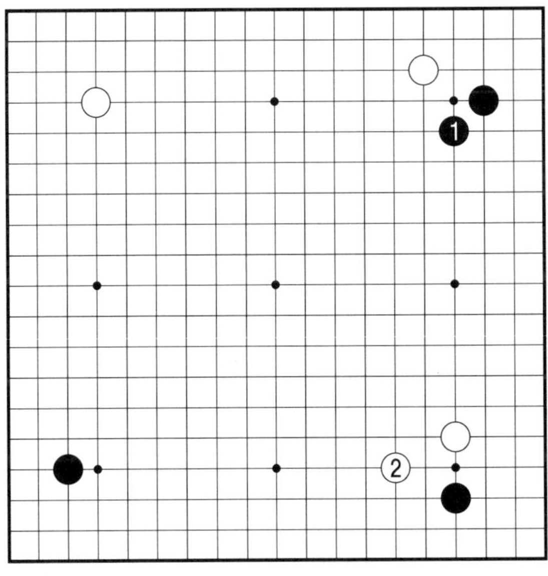

4도

4도(유연한 포석)

흑1로 마늘모했을 때 백2의 날일자 씌움이 책략있는 작전이다. 중앙을 중시하기 시작한 현대의 감각은 전도가 불만일 때 이 진행을 선택하기도 한다.

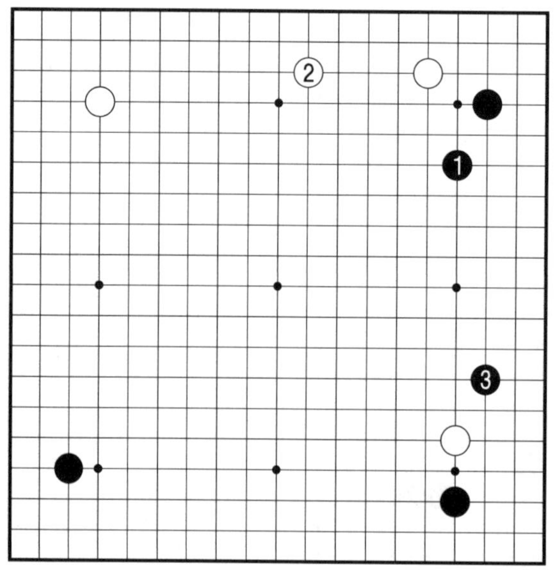

5도

5도(빠른 포석)

흑은 1의 날일자로 두어 변으로 한발 빨리 갈 수도 있다. 백2의 벌림을 기다려 흑3으로 협공한다. 이것이 현대 감각이다.

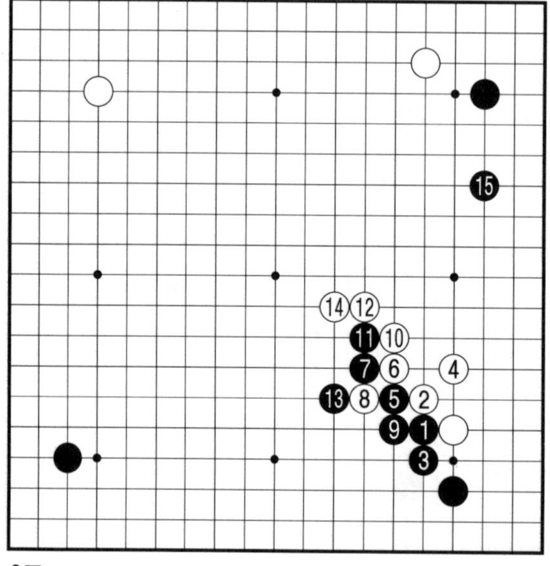

6도

6도(중앙으로 진행)

흑은 1로 붙여 이하 백 14까지 중앙에서 선수를 잡아 발빠르게 15를 선점하는 진행을 선택할 수도 있다.

464

1·3·5 포석 4 — 적극적인 협공

백1로 걸쳤을 때 흑이 A에 마늘모하면 견실하다. 그러나 현대 포석에선 적극적으로 두는 경향이 강하므로 흑2처럼 협공하는 것이 일반적이다. 그럼 흑2로 협공한 이후의 변화를 검토해 보기로 한다.

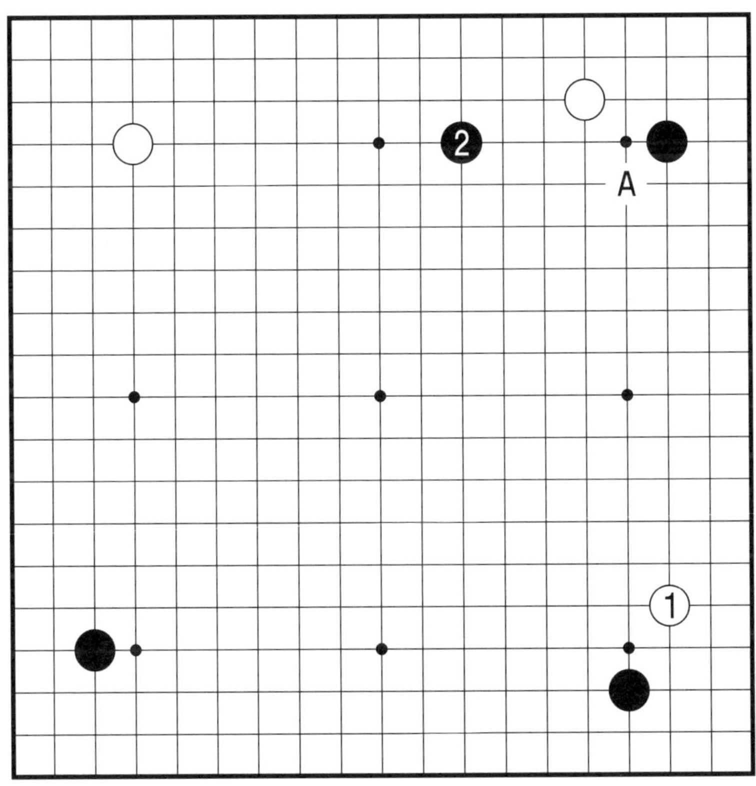

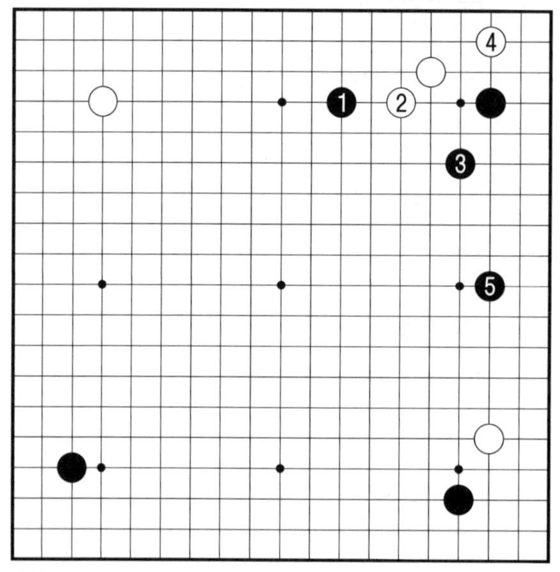

1도

1도(상용 포석)
　흑1로 협공했을 때 백2
로 마늘모하면 가장 평범
하다. 계속해서 흑3으로
날일자하고 백4, 흑5까지
가 예상되는 진행인데 쌍
방 불만없는 모습이다.

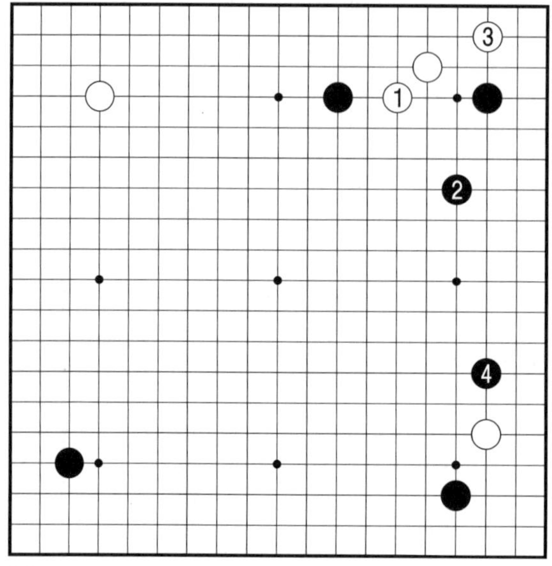

2도

2도(흑의 작전)
　전도의 수순 중 백1로
마늘모했을 때 흑은 2로
눈목자해서 응수하는 수
도 가능하다. 계속해서
백3을 기다려 흑4로 협공
하겠다는 것이 흑의 작전
이다.

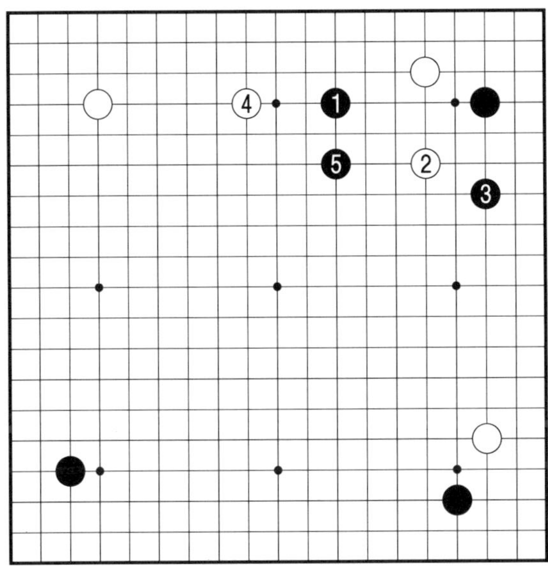

3도

3도(전투형 포석)

흑1로 협공했을 때 백2
로 두칸 뛰면 복잡한 변
화가 이루어진다. 계속해
서 흑3으로 받고 백4, 흑
5까지가 예상되는 진행
인데 전형적인 전투형 포
석이다.

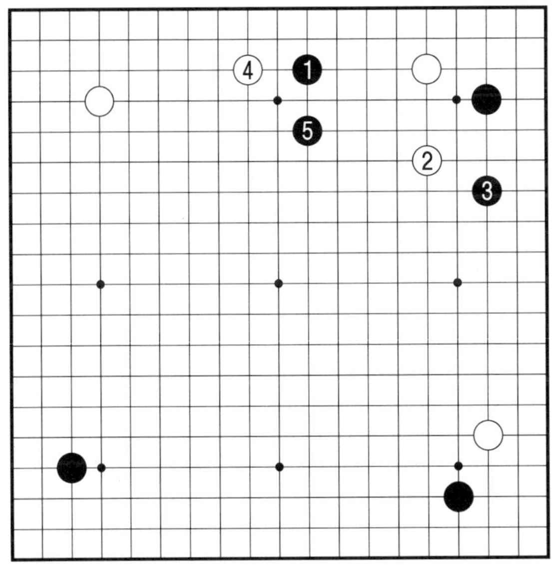

4도

4도(흑, 세칸협공)

흑은 1로 세칸 협공할
수도 있다. 계속해서 백2
로 두칸 뛰고 흑3 이하 5
까지가 예상되는 진행인
데 전도와 대동소이한 결
말이다.

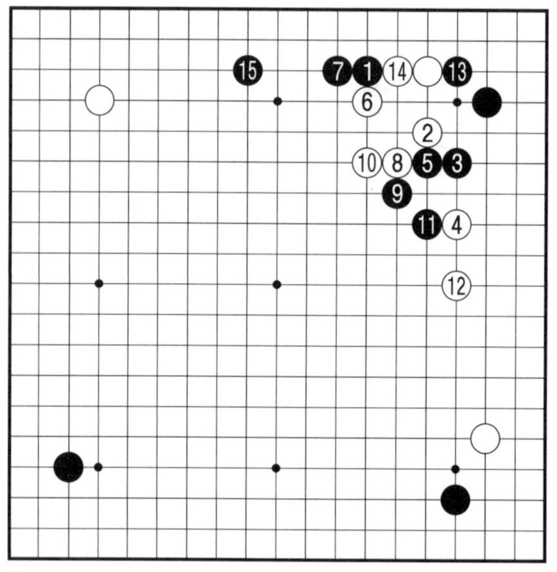

5도

5도(흑, 한칸 협공)

흑1로 한칸 협공하면 급격한 변화가 이루어진다. 계속해서 백2로 한칸 뛰고 흑3 이하 15까지는 정석적인 진행으로 쌍방 불만없는 모습이다.

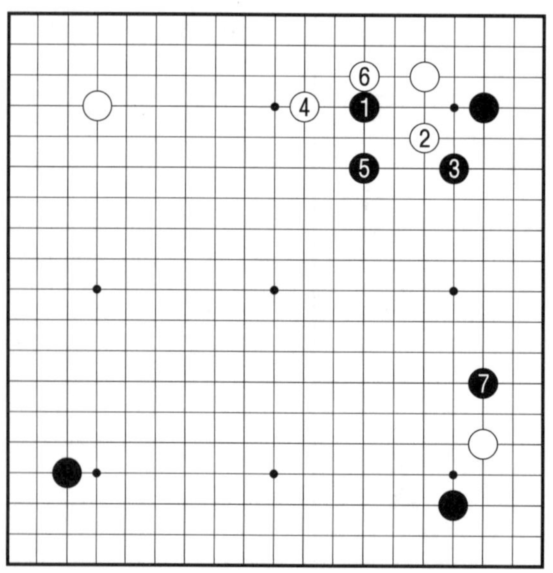

6도

6도(한칸 높은 협공)

흑은 경우에 따라서 1로 한칸 높게 협공할 수도 있다. 계속해서 백2로 받고 흑3 이하 백6까지 진행되었을 때 흑7로 공격하겠다는 것이 흑의 작전이다.

1·3·5 포석 5 ─ 응수타진의 걸침

1·3·5 포석에서 백이 1로 좌하귀를 걸치면 어떤 진행이 예상되는지 알아본다. 백1의 걸침은 흑의 견실한 작전에 대해 간접적으로 대응하는 수단을 엿보는 응수타진의 성격이 짙다.

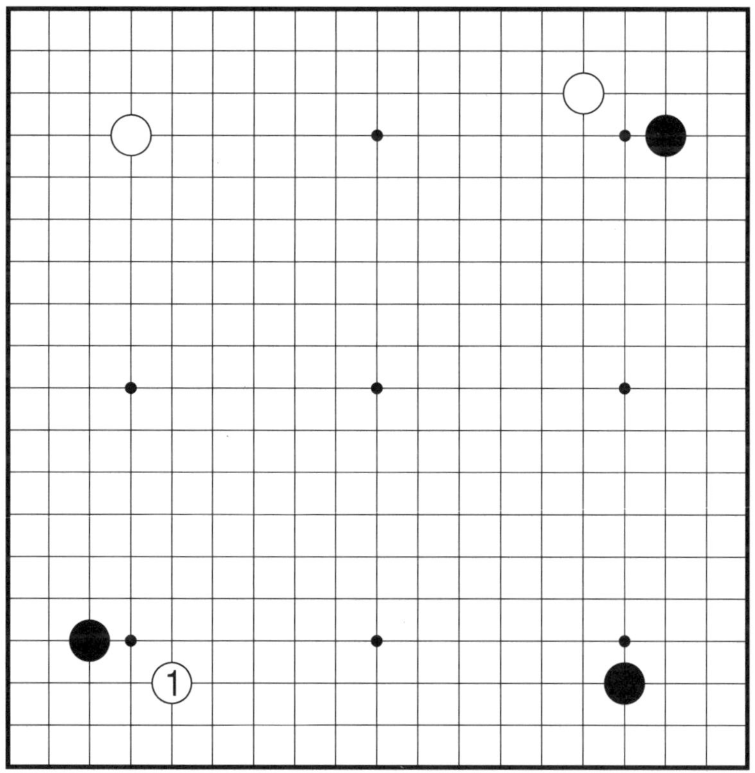

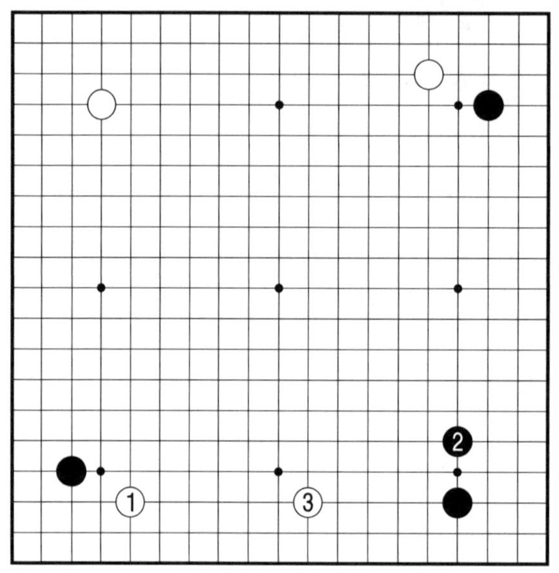

1도

1도(흑, 빈 귀굳힘)

백1로 걸쳤을 때 평범하게 흑2로 빈 귀를 굳힐 수도 있다. 이후 백3으로 전개하는 포석 진행이 예상된다.

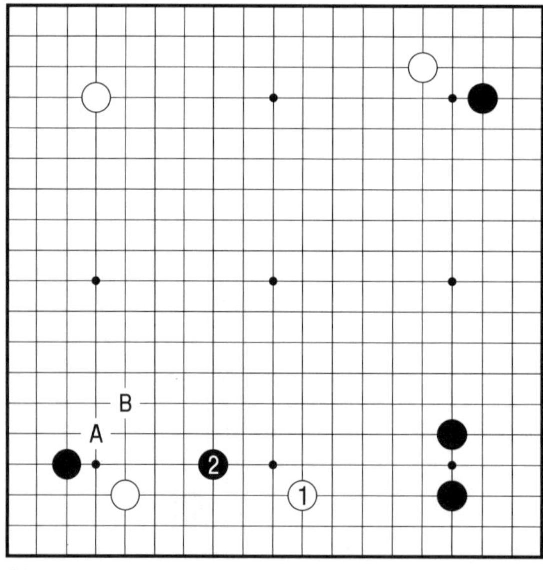

2도

2도(전투형 포석)

백1에는 흑2로 침입해서 전투를 유도하는 것이 현대 포석의 흐름에 부합하는 수이다. 계속해서 백은 A에 씌우거나 B로 뛰게 되는데 쌍방 어려운 전투가 예상된다.

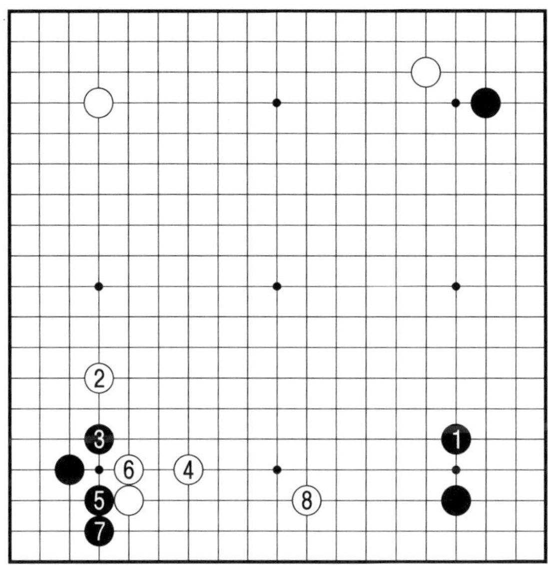

3도

3도(백의 협공)

흑1로 귀를 굳혔을 때 백은 하변에 전개하지 않고 2로 씌워 귀를 공략할 수도 있다. 계속해서 흑3으로 마늘모하고 이하 백8까지가 예상되는 진행인데 쌍방 불만없다.

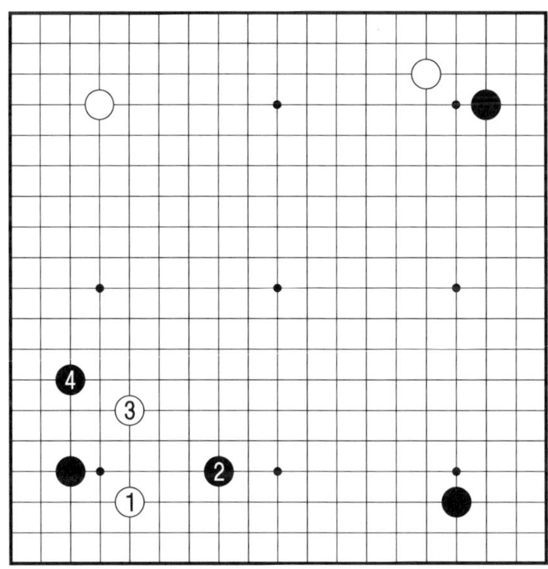

4도

4도(적극적인 협공)

백1로 걸쳤을 때 흑2로 곧바로 협공하는 것이 속도를 중시하는 현대적 감각의 진행이다. 계속해서 백3으로 뛰고 흑4까지 중앙전이 예상된다.

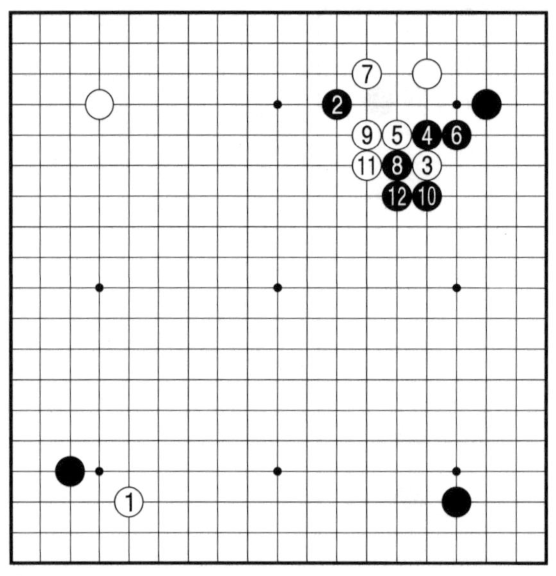

5도

5도(협공의 선택)

백1 때 흑은 2로 우상을 먼저 협공할 수도 있다. 이때 백3이라면 흑12까지의 진행이 예상된다.

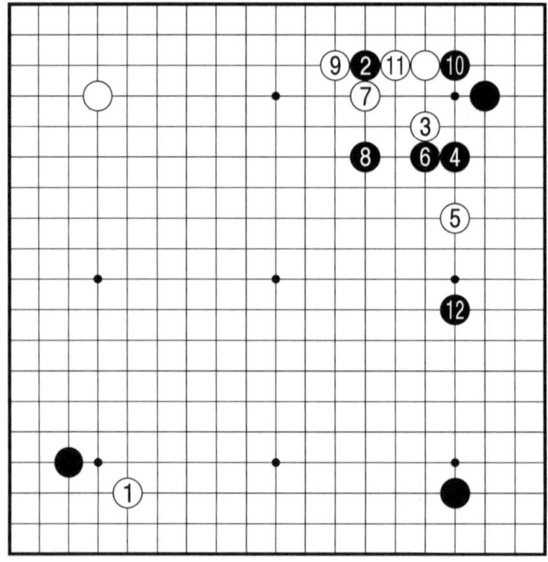

6도

6도(흑, 빠른 진행)

백1 때 흑2로 급공하여 이하 백7까지 진행된다면 8·10으로 결정한 후 12를 선점할 수 있다. 이 진행은 흑이 초반을 주도하는 포석 흐름이다.

1·3·5 포석 6 — 높은 걸침

백1로 높게 걸쳤을 때의 1·3·5 포진은 어떤 진행이 예상되는지 알아본다. 백1의 의도는 어디까지나 견실한 흑의 작전을 견제하려는 현대적 감각의 포석 구상이다.

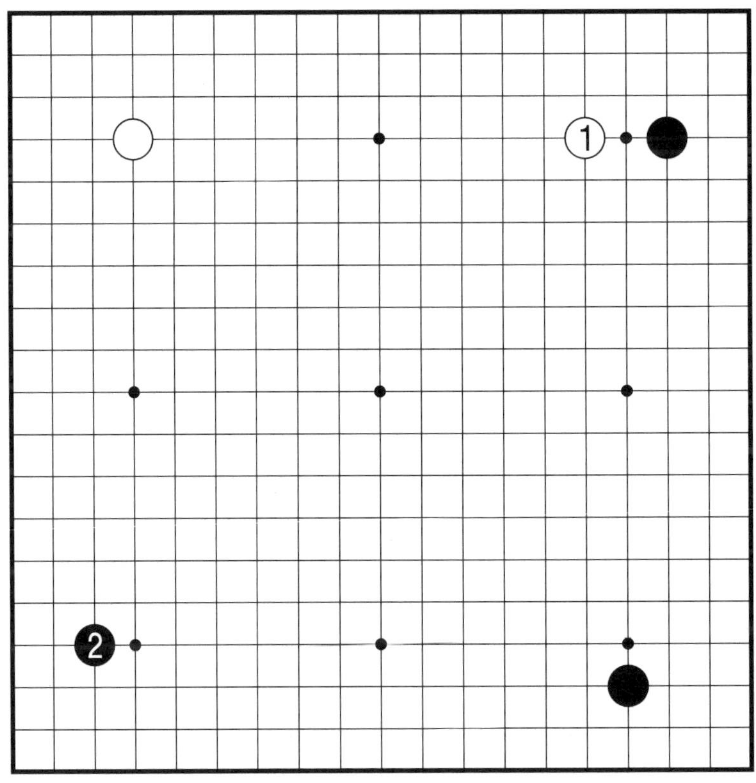

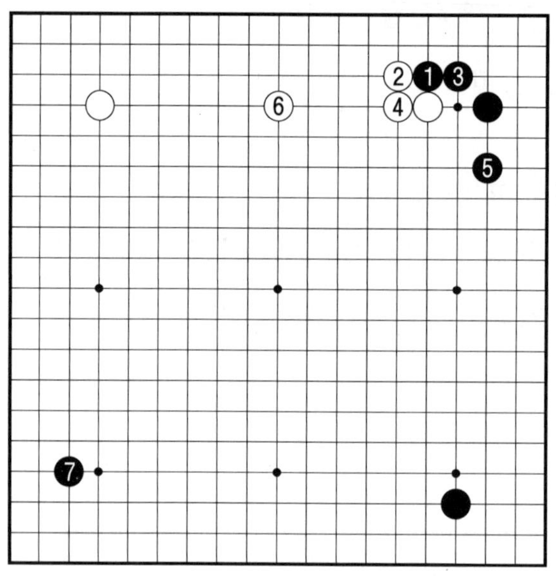

1도

1도(흑, 실리형)
흑은 1·3·5 포진을
하기 전에 미리 1로 두어
백6까지 결정하고 7의 빈
귀를 차지할 수도 있다.

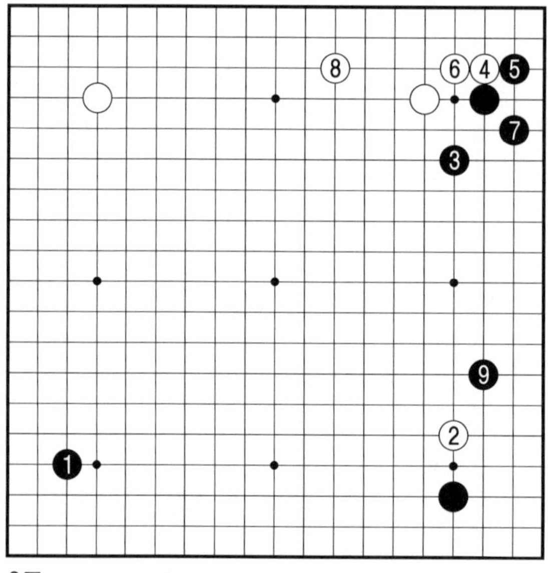

2도

2도(고풍 포석)
흑1 다음 백2의 걸침에
흑3의 날일자로 받는 자
세는 고풍스러운 진행이
다. 이하 백8까지를 결정
하고 흑9로 협공하는 포
석이 예상된다.

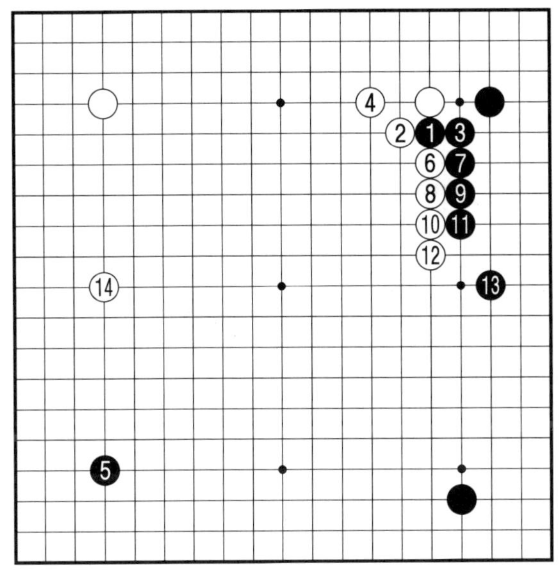

3도

3도(백, 넓은 포진)

흑1·3을 결정하고 5를 차지하면 백6부터 압박하는 진행이 예상된다. 이하 14를 백이 선점하게 되면 백이 넓은 바둑이다.

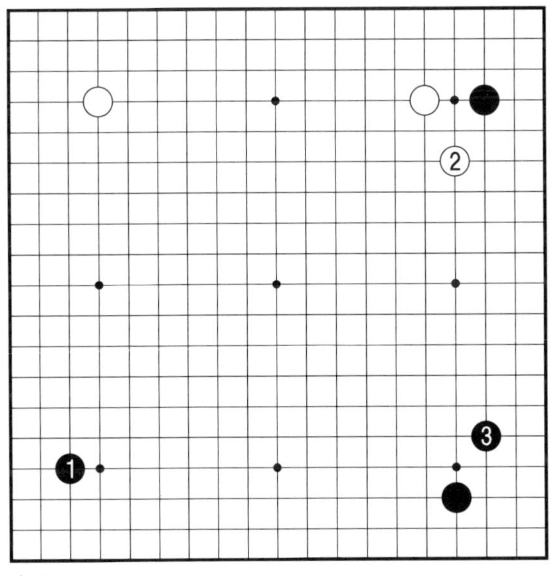

4도

4도(무난한 포석)

흑1 때 백은 2로 씌워 유연하게 둘 수도 있다. 흑이 3으로 지키면 서로 무난한 포석 진행이 예상된다.

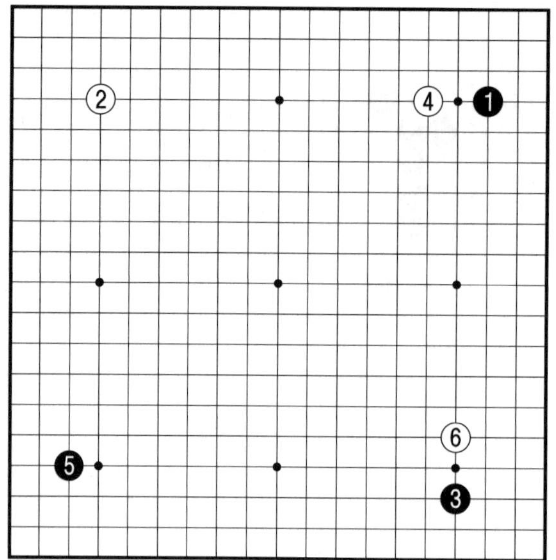

5도

흑의 1·3·5 포석에 대해 백은 4·6처럼 한칸 높게 걸치는 수도 가능하다. 백4·6은 속도와 중앙을 중시하는 현대 포석의 흐름에 부응해서 가능한 수단이다.

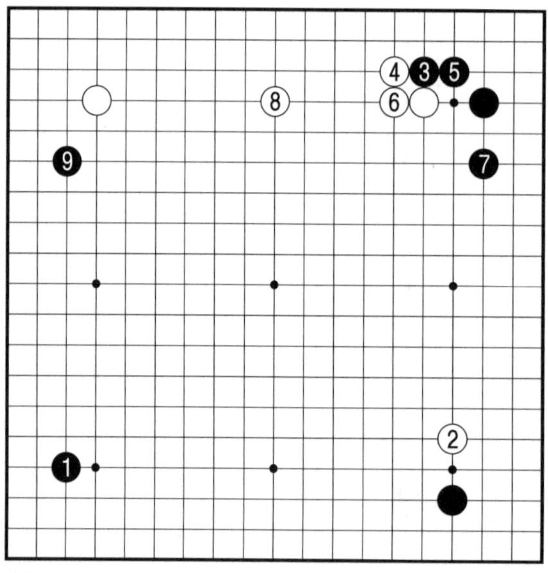

6도

흑1 때 백이 2로 걸치게 되면 흑9까지의 진행이 예상되는데 이 흐름은 평범한 포석이다.

476

제76형

소목·3·三 포석 1(2연성 대응) — *실리위주의 포석*

혹이 첫 수를 3·三에 착점한 모습이다. 3·三은 극단적인 실리위주의 포석을 펼치고자 할 때 유력한 수단인데 이후의 포석 변화를 검토해 보기로 한다.

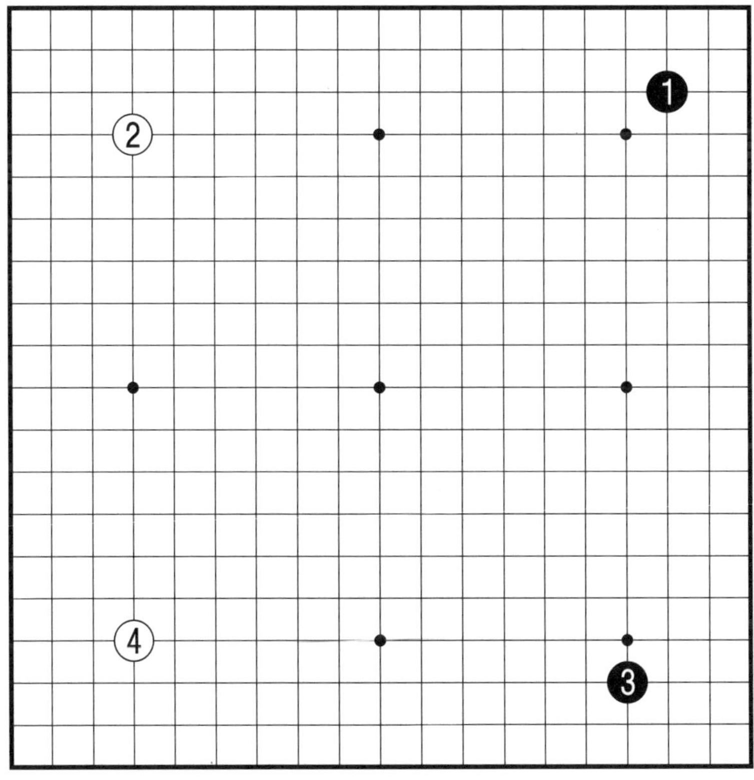

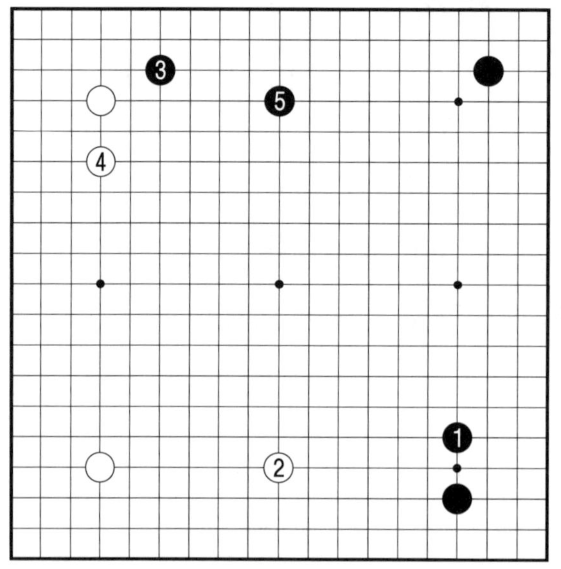

1도

1도(흑, 귀굳힘)

흑은 1로 귀를 굳히고 두는 것이 견실한 작전이다. 계속해서 백2로 전개하고 이하 흑5까지가 예상되는 진행인데 쌍방 불만없는 모습이다.

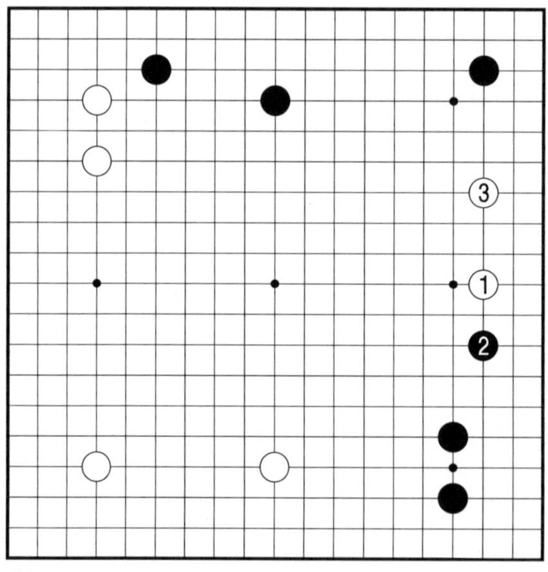

2도

2도(백, 갈라침)

전도 이후 백은 우변에 갈라치는 것이 거의 절대이다. 백1로 갈라치면 흑2로 다가서는 것이 올바른 방향이며 백3으로 안정하기까지가 예상되는 진행이다.

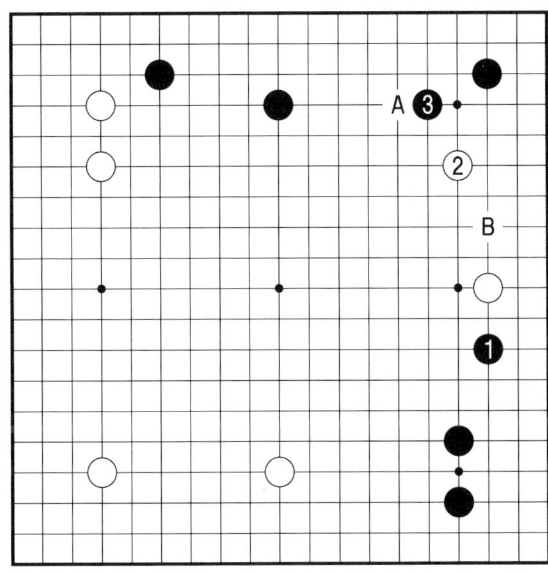

3도

　흑1로 다가섰을 때 백은 2로 높게 걸칠 수도 있다. 흑은 3 또는 A에 받고 난 후 B의 침입을 노리는 것이 좋다.

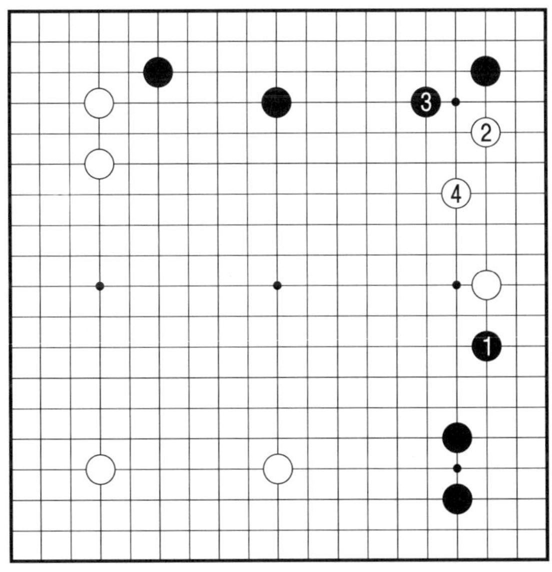

4도

　흑1 때 백은 2로 바짝 다가설 수도 있다. 계속해서 흑3으로 받는 정도일 때 백4로 지켜 두면 견실한 모습이다. 그러나 견실한 반면에 발이 느린 것이 흠이다.

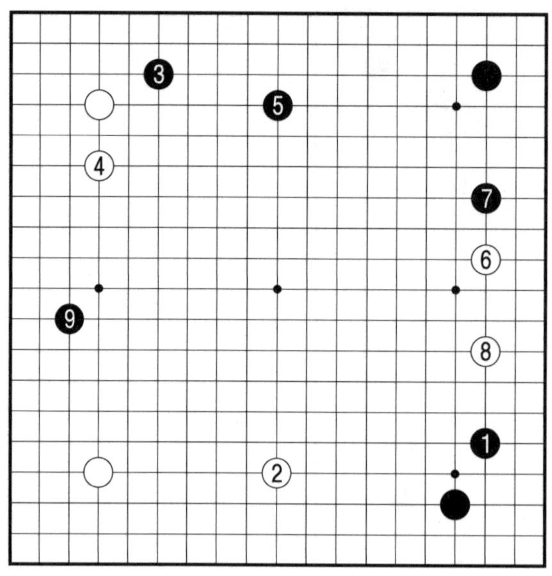

5도

5도(흑, 날일자 굳힘)
흑이 1에 굳히게 되면
갈라침의 가치가 크지 않
으므로 백은 2의 전개를
선택한다. 이후는 6으로
백이 우변을 갈라칠 때,
흑도 9로 좌변 백진을 갈
라치는 진행이 예상된다.

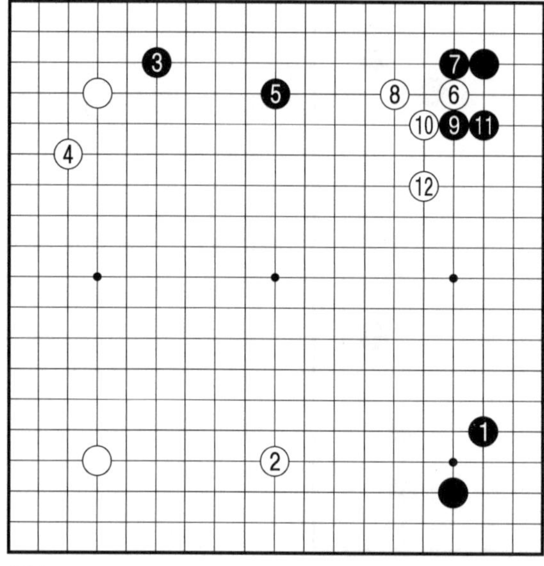

6도

6도(3·三의 어깨짚기)
흑5까지 진행되었을 때
백은 6으로 3·三의 어깨
짚기를 선택할 수도 있
다. 이후 백12까지 무난
한 포석 진행이다.

소목·3·三 포석 2(2연성 대응) — 날일자 굳힘

흑1·3의 포진. 백2·4 때 흑은 5로 날일자해서 굳히는 수도 가능하다. 이때는 백6으로 갈라치는 것이 거의 절대점으로 작용한다. 그럼 이후의 포석 변화를 검토해 보기로 한다.

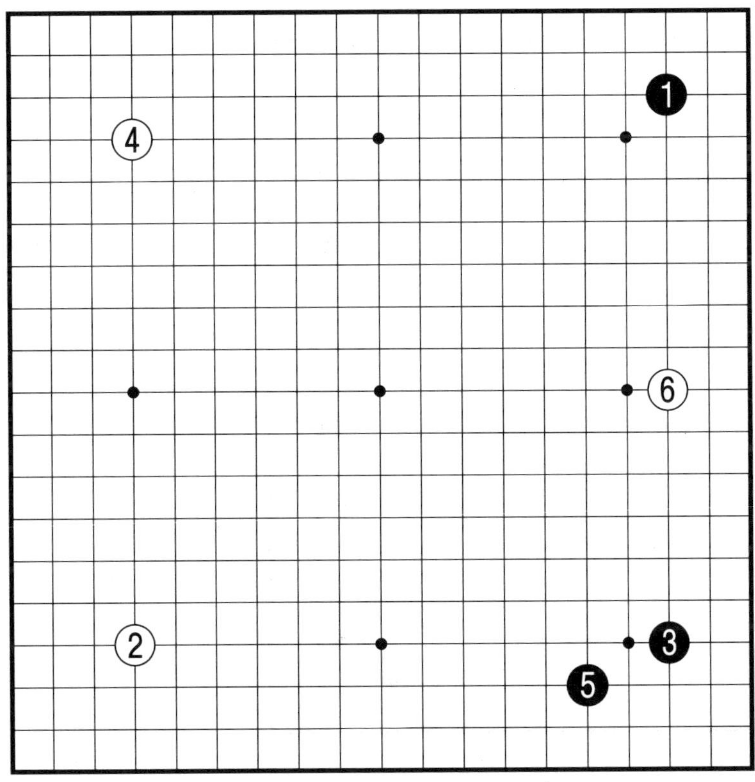

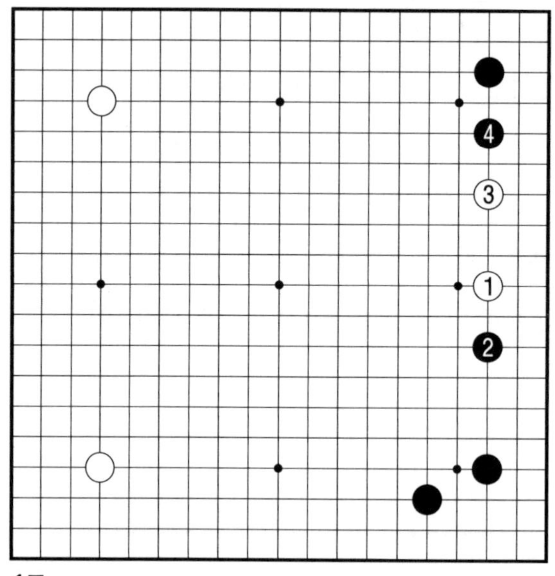

1도(예상 포석)

백1로 갈라치면 흑은 2로 다가서는 것이 올바른 방향이다. 계속해서 백3으로 두칸 벌려 일단락인데 쌍방 불만없는 포석 진행이다. 수순 중 흑4는 필수.

1도

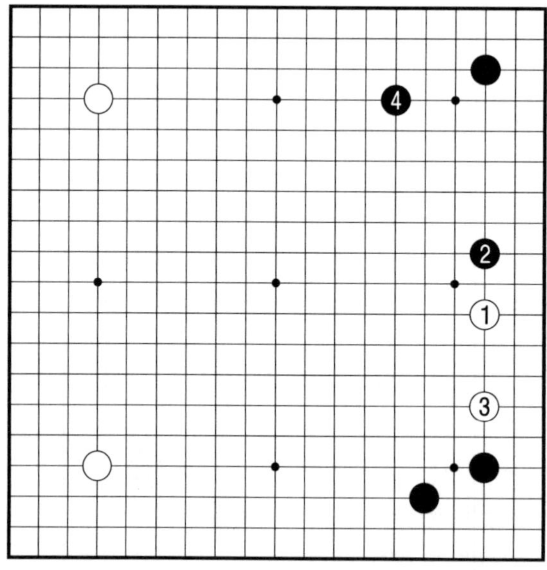

2도(백의 변화)

백은 1로 갈라칠 수도 있다. 이때는 흑2로 다가서는 것이 일반적이다. 계속해서 백3으로 두칸 벌린다면 흑4로 눈목자 해서 우상귀 방면을 크게 키울 수 있다.

2도

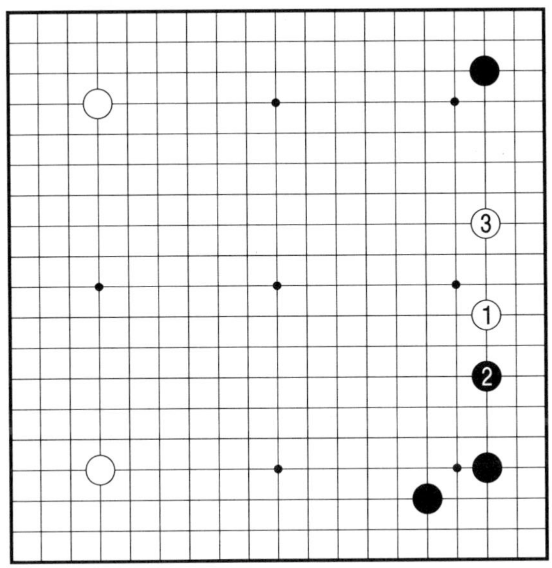

3도

3도(백, 충분)

백1 때 흑2로 다가서는 것은 견실하지만 폭이 좁은 것이 흠이다. 백은 3으로 두칸 벌려서 충분한 모습이다.

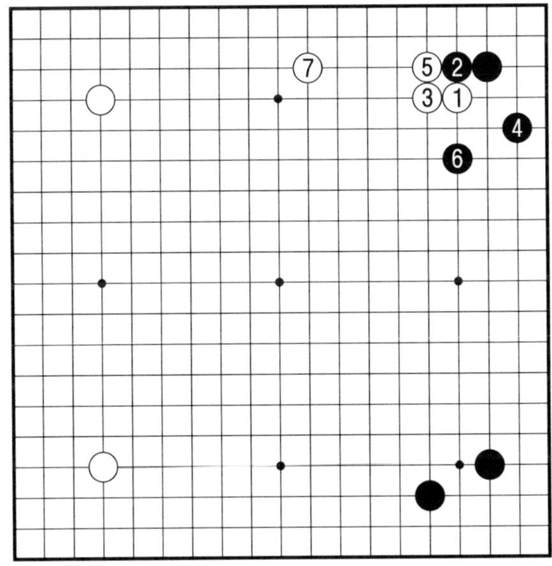

4도

4도(백의 별책)

백은 1로 두는 진행을 선택할 수도 있다. 이하 백7까지 이 결과는 백이 다소 넓은 포석 흐름이다. 흑으로서는 이 진행보다 흑2로……

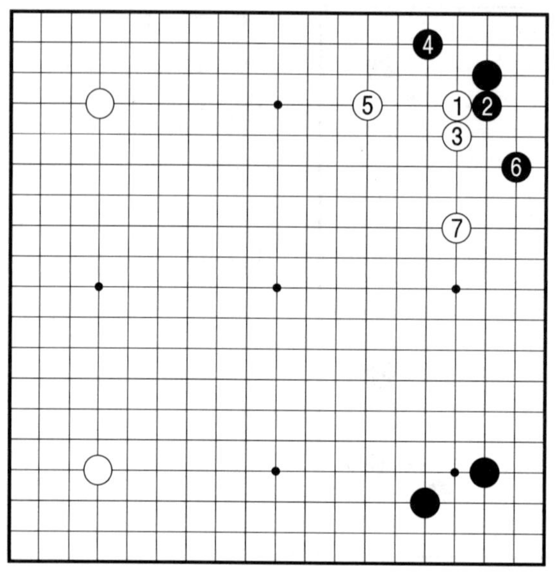

5도

5도(흑의 방향)

백1로 어깨짚을 때 흑2 쪽을 미는 변화를 선택하는 것이 좋다. 이하 백7 까지 이 포석 흐름은 쌍방 불만이 없다.

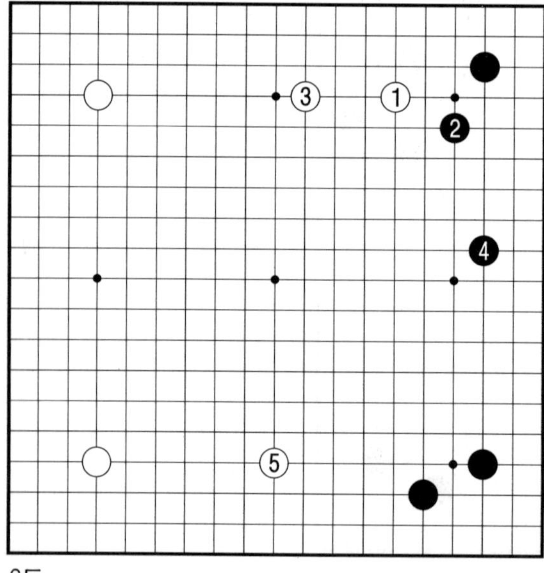

6도

6도(백의 별책)

백은 1로 걸쳐가는 진행을 선택할 수도 있다. 이하 백5까지 이 포석 진행도 서로 무리가 없다.

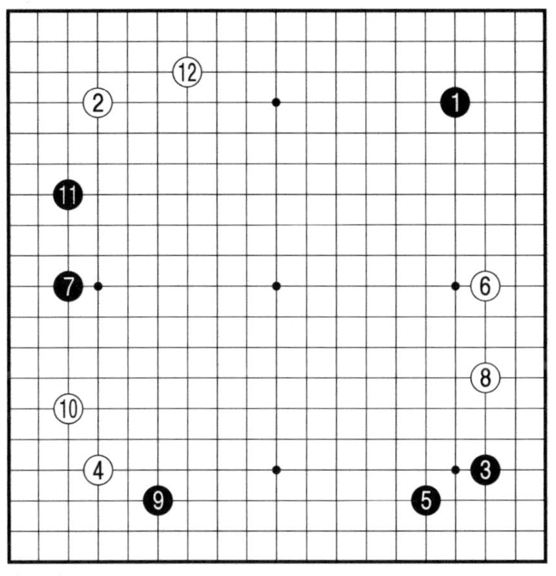

〈1보〉

1보(1~12)

8기 기성전 도전5국에서 백의 최명훈을 상대로 이창호가 구사한 흑의 화점·소목 포석이다. 백6의 갈라침에 흑도 7로 갈라쳐 지구전의 양상이다.

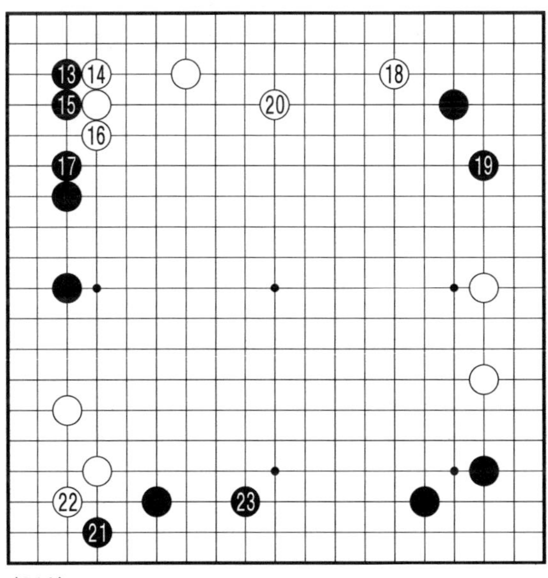

〈2보〉

2보(13~23)

흑13에는 백14로 받는 것이 정수이다. 백은 선수를 잡아 18로 걸치고 20으로 상변을 구축한다. 흑도 하변을 구축하여 장기전으로 가고 있다.

대각선 포석편

대각선 포석은 한 마디로 전투형 포석이라고 할 수 있다. 이 포진의 장점은 커다란 진형을 만들기 어려운 대신 쌍방 서로 상대의 돌을 공격할 수 있는 진행이 항상 가능하여 발빠르고 공격적인 기풍에게 어울리는 포석이다. 이 포석의 단점은 초반부터 판 전체의 구도가 잘게 나뉘어지므로 전투가 용이하지 않게 되면 내용이 지루해지는 경우가 많다는 것이다.

제78형

대각선 포석 — 전투형 포석

쌍방 대각선의 귀를 차지함으로써 대각선 포석이 이루어졌다. 대각선 포석은 전투형 포진이라고 할 수 있는데 백으로선 이러한 포석을 피하고 싶다면 두번째 수를 흑의 대각선 귀에 두면 된다. 그럼 이와 관련한 실전 포석을 검토해 보기로 한다.

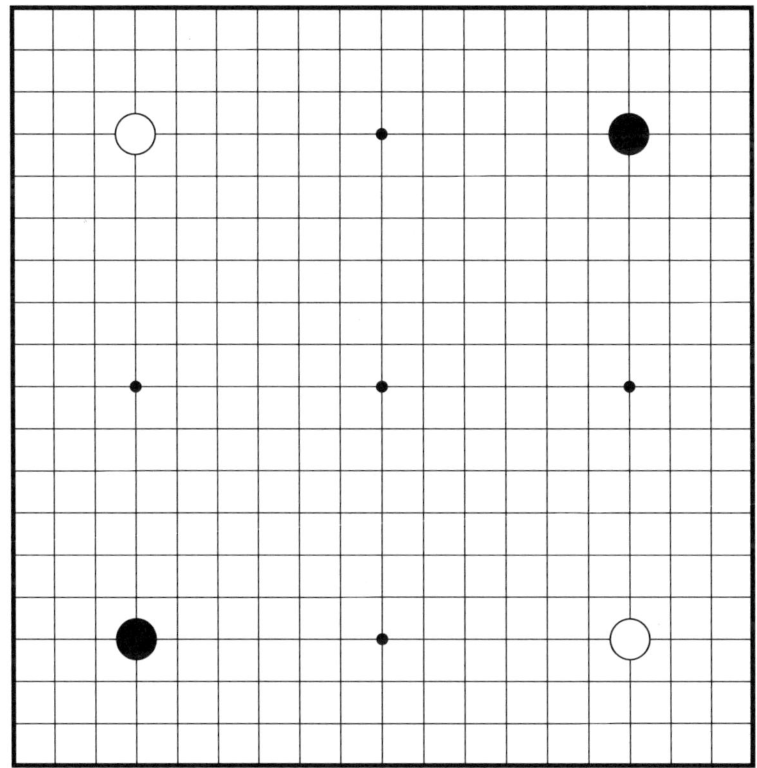

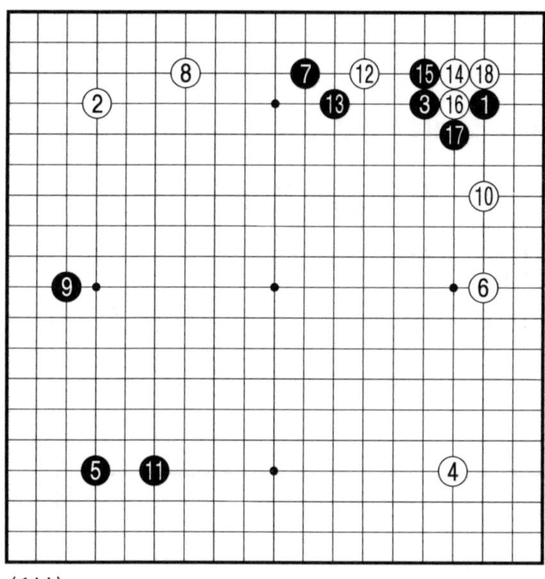

〈1보〉

1보(1~18)

　1896년 본인방 슈에이 (秀榮)와 이시이(石井千治)가 둔 바둑이다. 백의 대각선 화점은 슈사쿠와 슈호(秀甫)를 거쳐 슈에이 때에 이르러 비로서 유연한 흐름을 갖기 시작한다. 귀에서 변으로의 흐름이 빨라진 것이다. 백8과 10을 배경으로 침입하여 귀를 뺏고 흑의 진영을 좌하로 편재시키고 있다.

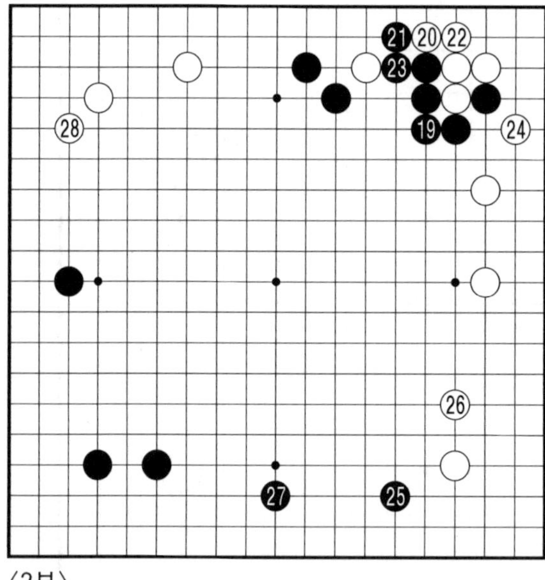

〈2보〉

2보(19~28)

　흑25 · 27에 대해서도 백28로 지키는 것은 아직 삭감이나 침입을 결정할 시기가 아니라고 판단하는 것이다.

488

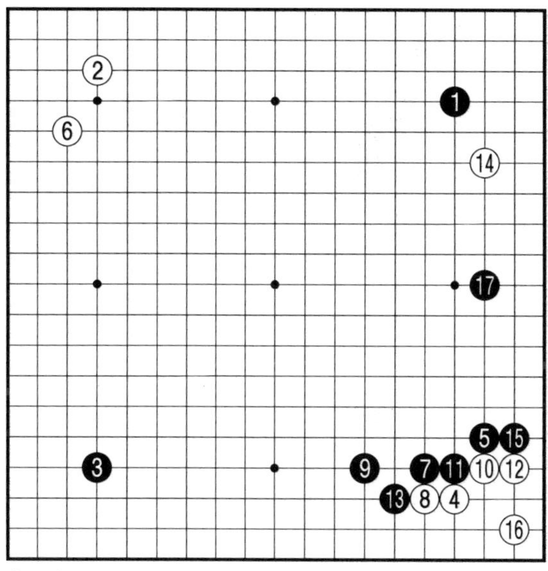

〈1보〉

1보(1~17)

1932년 신포석이 유행했던 시기에 평소 연구욕이 왕성했던 구보마츠(久保松勝喜代)가 가토 진(加藤信)을 상대로 시도한 흑의 대각선 화점 바둑이다. 우하귀의 진행이 매끄럽지는 못하지만 전투적으로 흐르는 진행이 대각선 화점 포석임을 잘 보여주고 있다.

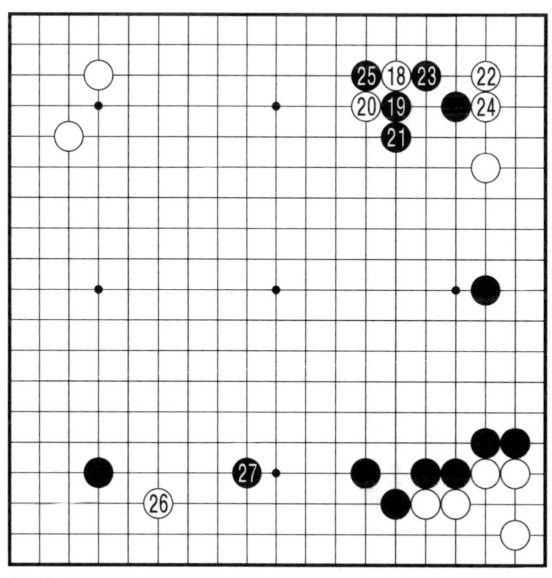

〈2보〉

2보(18~27)

우상귀 흑25까지의 진행이 현대적인 감각과 흡사하다.

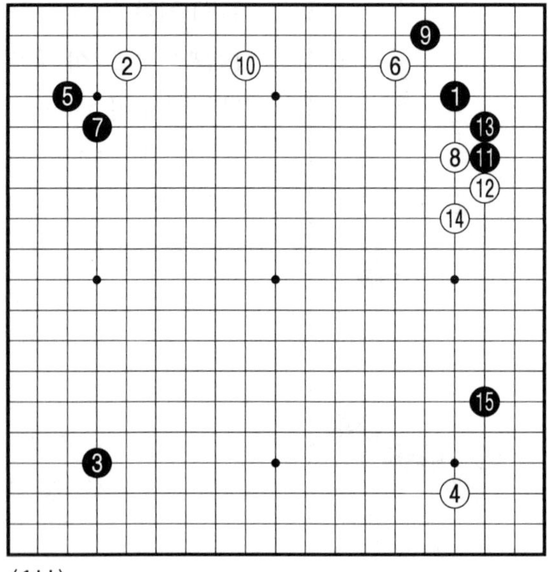

〈1보〉

1보(1~15)

1933년 당시 백의 이와모토(岩本薰) 6단을 상대로 우칭위엔 5단이 시도한 흑의 대각선 포석이다. 이 당시 흑9의 처진 날일자나 15의 걸침은 거의 신수라고 할 수 있다.

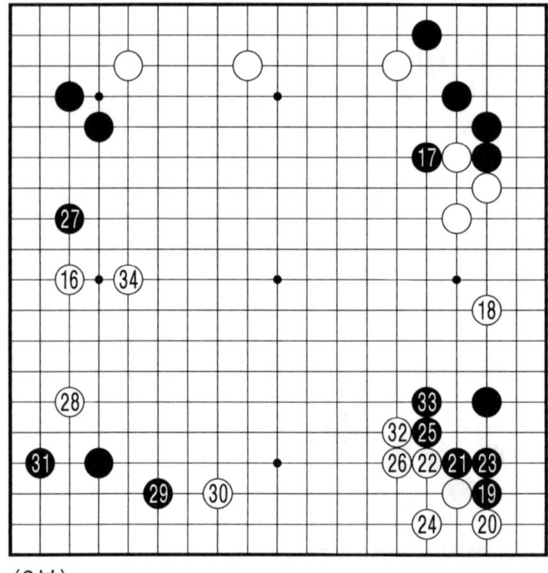

〈2보〉

2보(16~34)

우하귀의 정석은 현대에도 자주 사용되었던 진행이다.

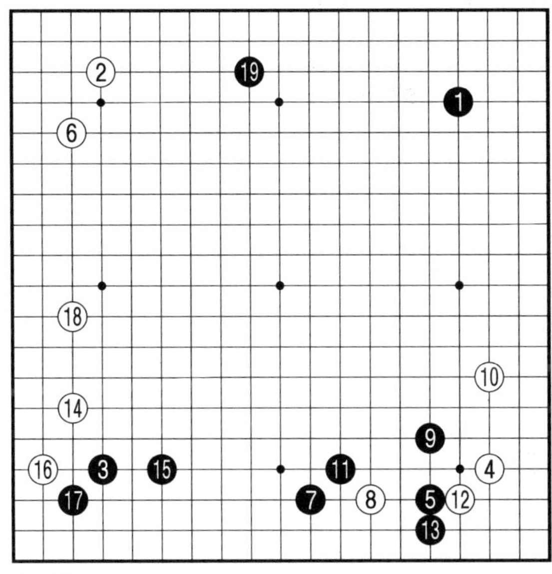

〈1보〉

1보(1~19)

1958년 백의 기타니 미노루를 상대로 본인방 슈가쿠(秀格)가 둔 흑의 대각선 화점 포석이다. 슈가쿠는 이 당시 흑이나 백을 가리지 않고 화점을 선호했던 대표적인 기사이다. 흑19의 전개가 현대적인 감각과 일치한다.

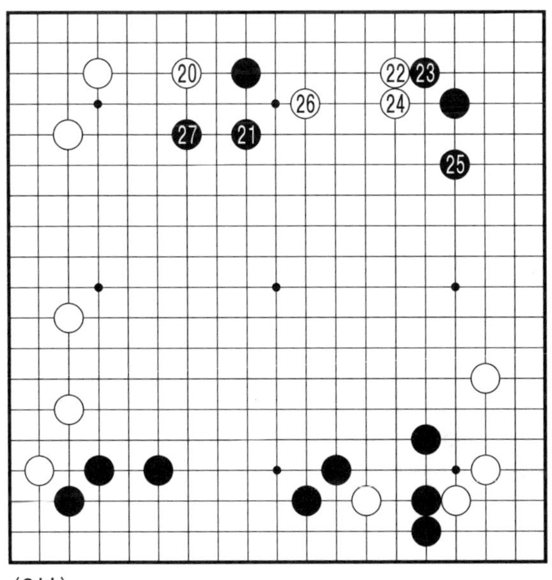

〈2보〉

2보(20~27)

흑21로는 현대적 감각에 비추어 백24의 곳일지도 모르지만 이 수가 나쁘다고 단정지을 수는 없을 것이다.

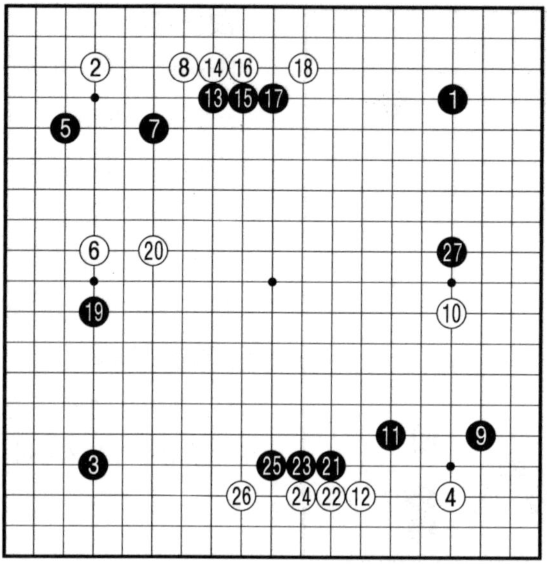

〈1보〉

1보(1~27)

1973년 백의 가토 마사오 8단(당시)을 상대로 흑의 다케미야 마사키 7단(당시)이 시도한 대각선 화점 포석이다. 흑7로 뛴 장면에서부터 13부터 압박한 후 19로 역협공하여 전투의 주도권을 잡으려는 진행이 자연스럽다.

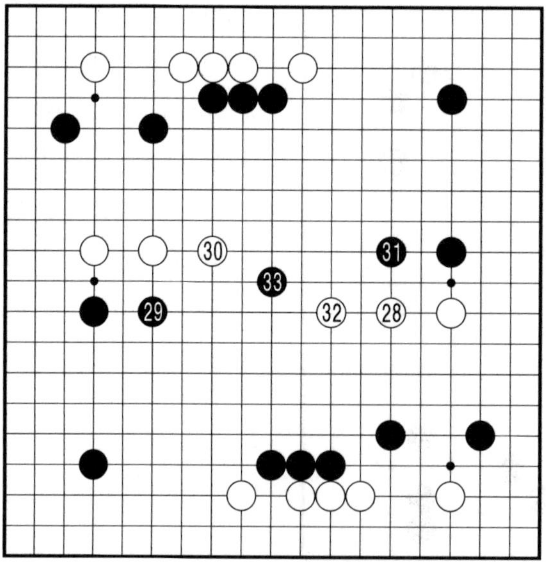

〈2보〉

2보(28~33)

중앙을 흑33으로 갈라 양쪽의 백돌을 공격하는 흑의 작전이 돋보인다.

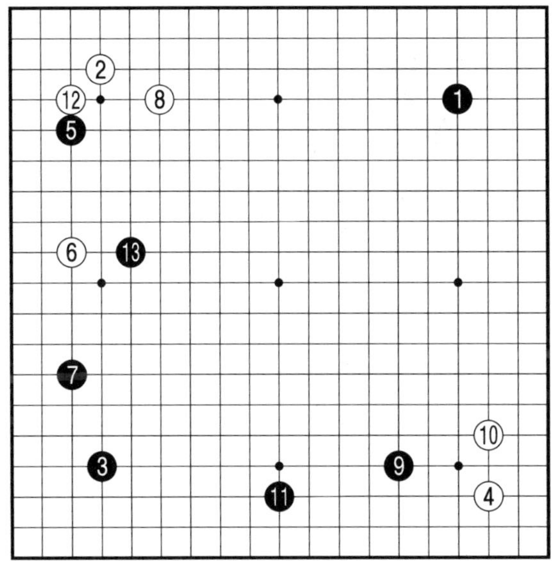

〈1보〉

1보(1~13)

1977년 일본 기성전 결승에서 백의 하시모토 우타로(橋本宇太郎)를 상대로 후지사와 슈코(藤澤秀行)가 구사한 흑의 대각선 포석이다. 백12에 응수하지 않고 흑13으로 씌어간 수가 슈코답게 호쾌하기만 하다.

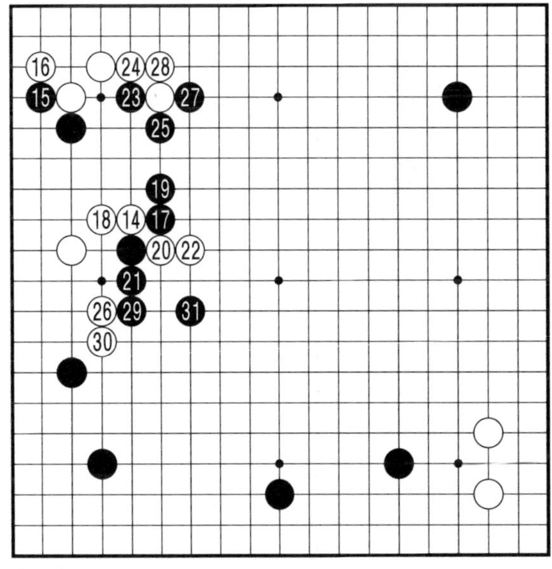

〈2보〉

2보(14~31)

흑19로 머리를 내밀고 백20의 절단에는 강하게 싸워 흑이 주도권을 잡고 있다.

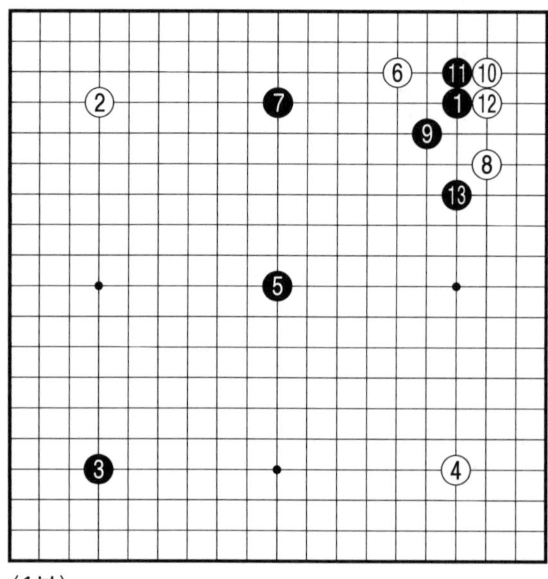

〈1보〉

1보(1~13)

일본 천원전에서 백의 구도 노리오(工藤紀夫)에게 다케미야 마사키가 구사한 흑의 대각선 3연성 포석이다. 특수한 포석감각이지만 변을 7과 9로 선점하여 세력작전으로 가려는 것이다.

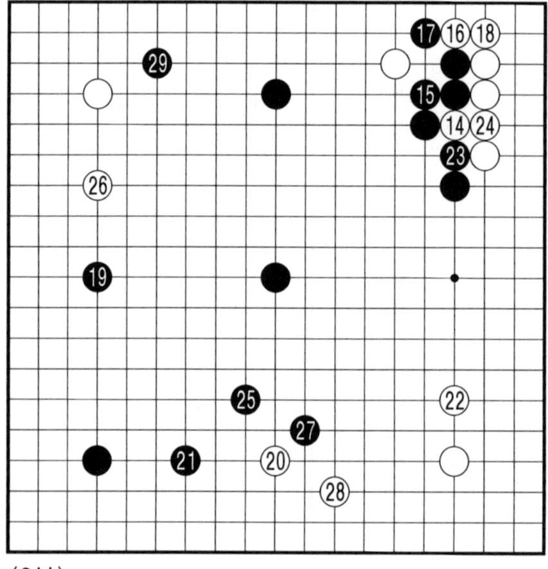

〈2보〉

2보(14~29)

수순 중 흑25의 감각이 탁월하다. 흑29까지 흑은 일관된 세력작전을 펼치고 있다.

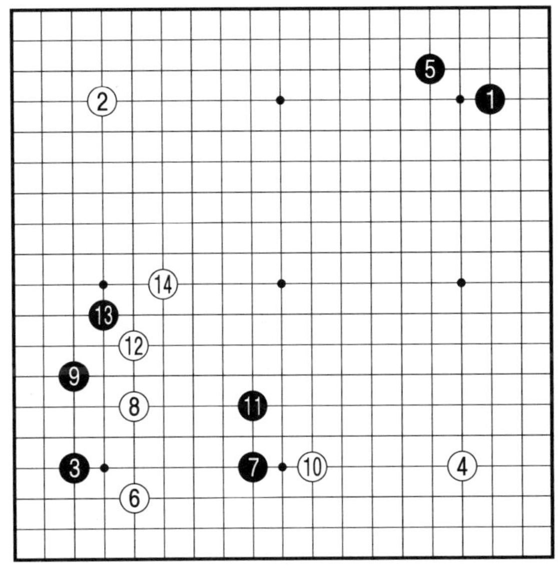

〈1보〉

1보(1~14)

　제1기 테크론배 결승1국에서 백의 조훈현을 상대로 유창혁이 구사한 대각선 소목 포석이다. 흑7의 협공은 일반적인 추세였으며 흑13까지 무난한 흐름인데, 여기서 조훈현의 신수가 등장하는데 백14가 그것이다.

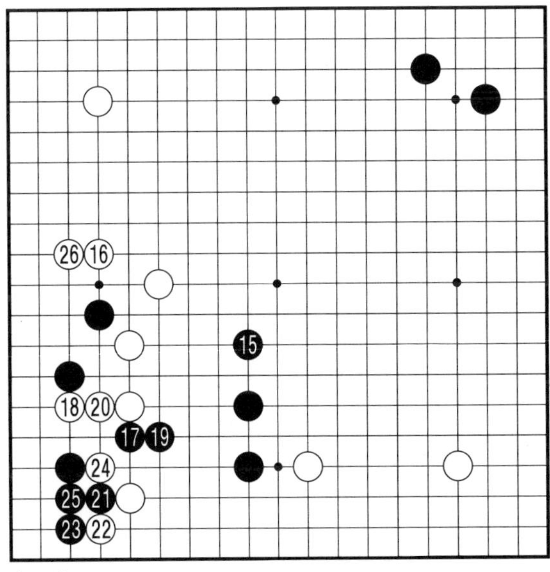

〈2보〉

2보(15~26)

　흑15로 뛰었으나 백16으로 막혀 주도권이 백에게 넘어간 듯한 흐름이다.

특수 포석편

특수 포석의 의미는 일반적으로 널리 두지 않는 포석을 의미한다. 이러한 포진이 좋다 나쁘다는 정설은 없다. 넓게 말하여 양외목이나 양고목 등도 특수한 포석이라 할 수 있으며, 아직까지 많은 기사들에게 연구되어 이론화되거나 검증된바 없어 자료가 부족한 분야라고 할 수 있다. 특수한 포석은 이미 300여년 전의 일본바둑사료에 의해 고증되어 있다. 이러한 포석의 사고는 1930년대 신포석의 사고와 비교할 때 2연성, 3연성 포석이나 중국식 포석도 특수 포석이며, 특수한 포석 중 몇 개가 일반적인 포석으로 잡리잡은 것이라 볼 수도 있다. 특수한 포석의 예도 적지 않으므로 여기서는 대표적인 실전보를 10국 정도 선정하였다.

이 바둑은 일본 요미우리 신문 주최 일본 선수권전에서 우승한 우칭위엔 9단(당시 5단)과 본인방가의 마지막 메이진(名人) 슈사이(秀哉)와의 특별대국이다.

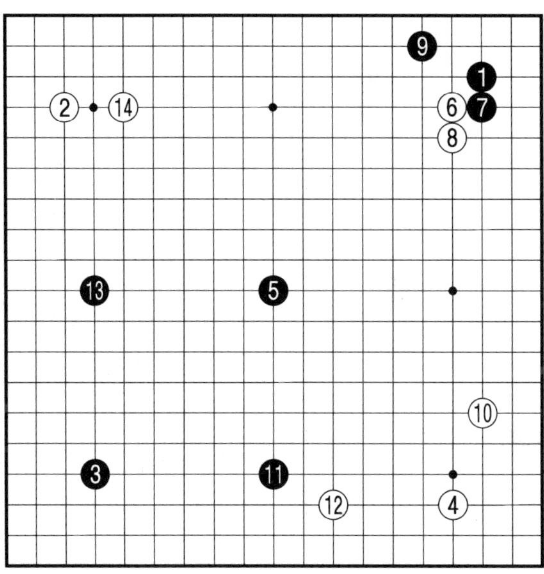

〈1보〉

1보(1~14)

당시 본인방가에서 금기시하던 3·三, 화점, 천원을 첫수부터 차례로 두어 물의를 일으켰던 바둑이다. 1933년 10월 16일부터 1934년 1월 29일까지 두어진 이 대국은 백160의 수를 슈사이의 문하에 있던 마에다 노부아키가 발견하였다는 등 많은 화제를 남겼다. 흑 1·3·5와 더불어 11·13의 포진은 당시로서는 혁명적인 사고였다.

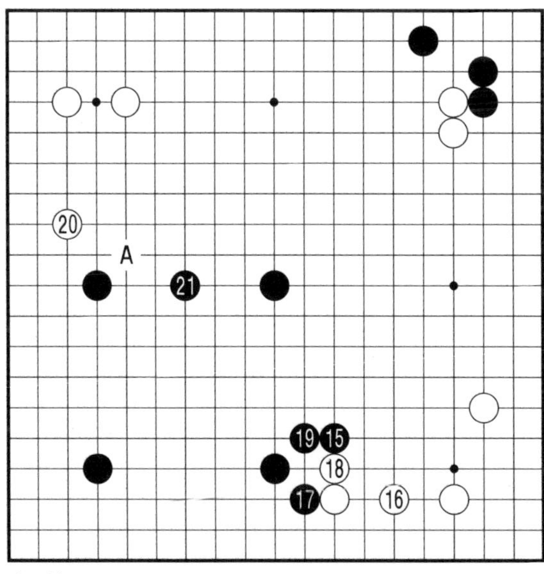

〈2보〉

2보(15~21)

흑21은 현재의 감각으로 판단하면 세력에 너무 편중된 수로, 흑A로 두는 진행이 보편적이다.

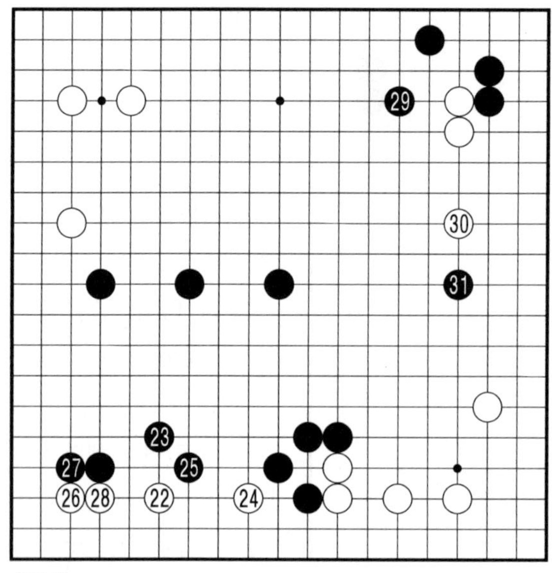

〈3보〉

3보(22~31)

백24의 침입은 절대라 할 수 있으며 이 부분의 접전은 피차 최선이라 할 수 있다. 흑은 좌하를 내어준 대가로 우상의 백을 흑29·31로 공격하는 흐름을 얻고 있다. 이 진행은 천원의 흑 한점이 어느덧 우상의 백을 공격하는데 일조를 하고 있다.

양외목 포석 — 변을 중시하는 포진

흑이 양쪽의 귀를 모두 외목에 착점한 모습이다. 양외목 포석은 외목의 성격상 귀보다는 변을 중시하는 포진이라고 할 수 있다. 그럼 이와 관련된 실전 진행을 살펴보기로 한다.

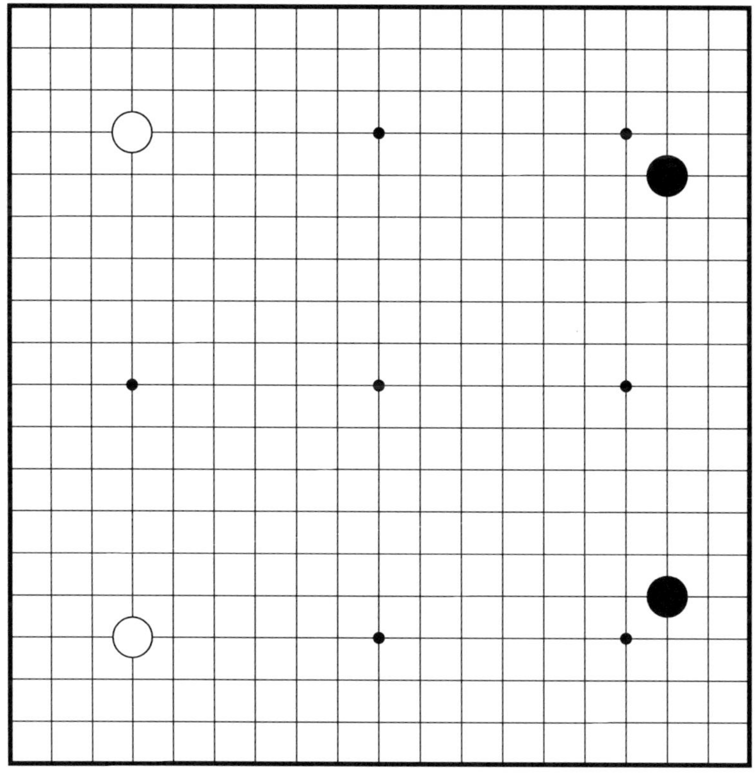

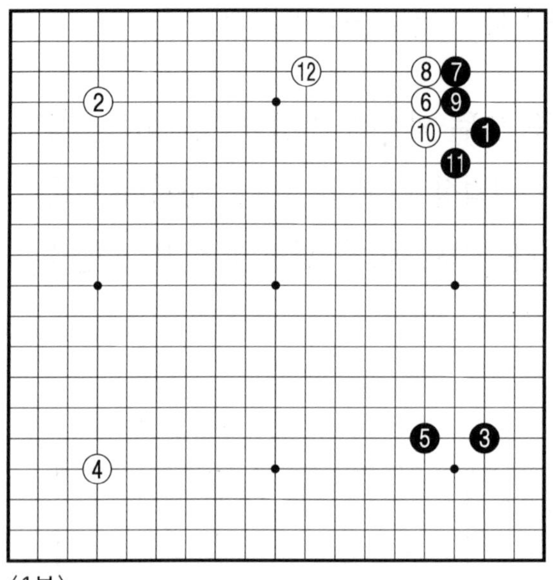

〈1보〉

1보(1~12)

　제36기 최고위전 도전 제1국에서 백의 조훈현을 상대로 이창호가 구사한 양외목 포석이다. 흑5의 포진은 토치카형 굳힘을 보고 있다.

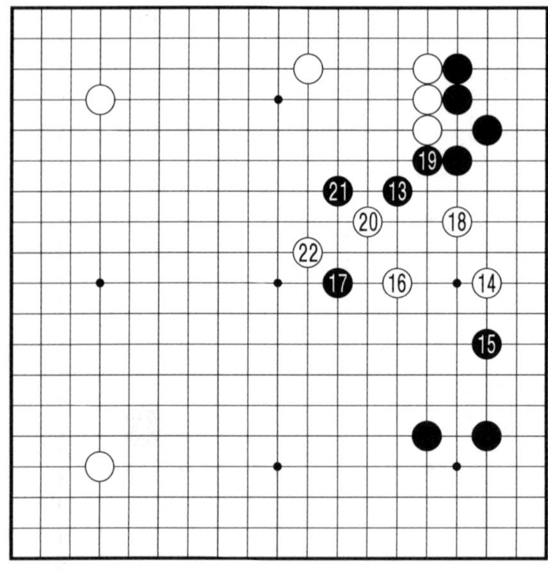

〈2보〉

2보(13~22)

　흑13의 확장에 대해 백14로 침입한 것은 당연하다. 우변을 모두 집으로 굳혀줄 수는 없으므로 이곳에서 때이른 전투가 진행되고 있다.

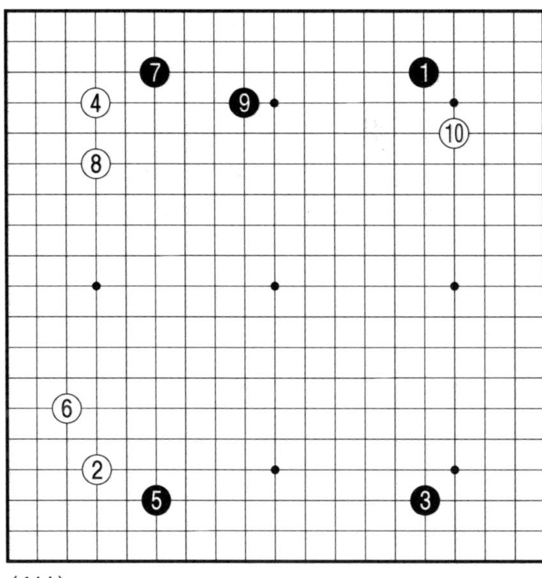

〈1보〉

1보(1~10)

제53기 일본 본인방전 도전 제1국에서 백의 왕 리청(王立誠)을 상대로 조치훈이 구사한 양외목 포석이다. 이 바둑은 흑이 양외목을 두었으면서도 교묘히 실리로 전환하고 있는 느낌이다.

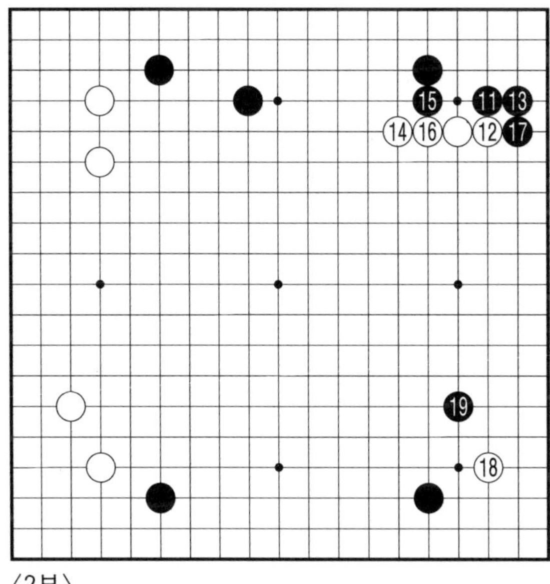

〈2보〉

2보(11~19)

흑이 실리작전으로 전환하자 백도 18로 낮게 걸친다. 이때 다시 흑의 대사씌움. 조치훈의 변신술이 약여하게 나타나고 있다.

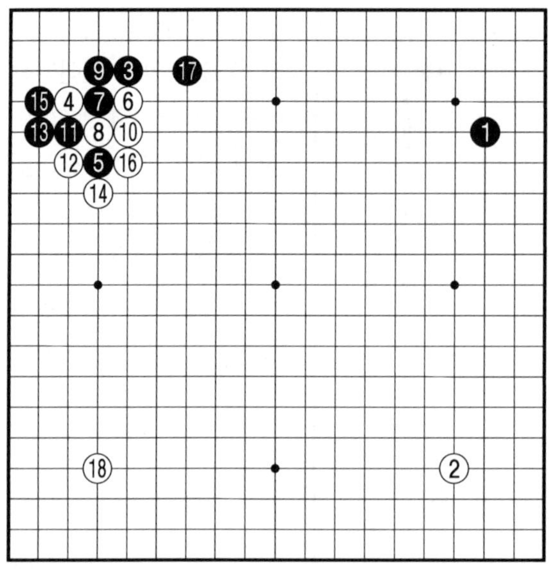

〈1보〉

1보(1~18)

제3회 동양증권배에서 백의 유창혁에게 아와지 슈조(淡路修三)가 구사한 엇갈린 양외목 포석이다. 흑이 처음부터 5로 씌어 오자 백은 복잡한 대사정석을 피하여 세력작전으로 가고 있다.

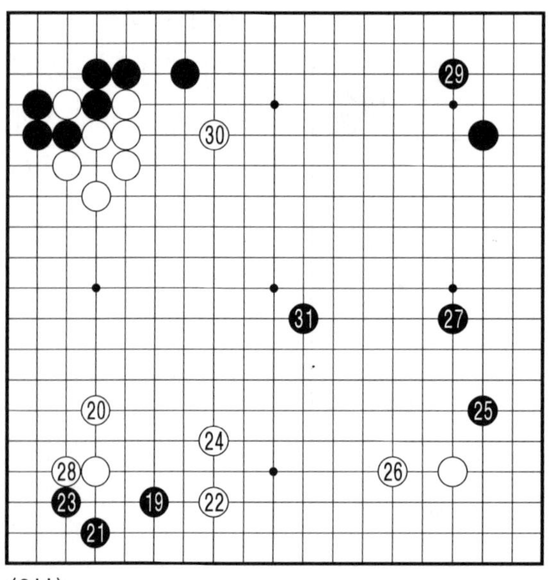

〈2보〉

2보(19~31)

백이 30으로 세력을 확장하자 흑도 31로 삭감겸 확장을 꾀하고 있다.

제80형

천원, 5·五, 대고목, 대외목 포석 — 극단적인 세력형 포진

 흑이 양귀 모두 5·五에 착점한 모습이다. 흑으로서는 A의 천원, B의 대고목, C의 대외목에 착점하는 것도 가능하다. 이와 같은 착점들은 한결같이 귀보다는 변과 중앙을 중시하는 특징을 갖고 있다. 그럼 이와 관련한 실전진행을 살펴보기로 한다.

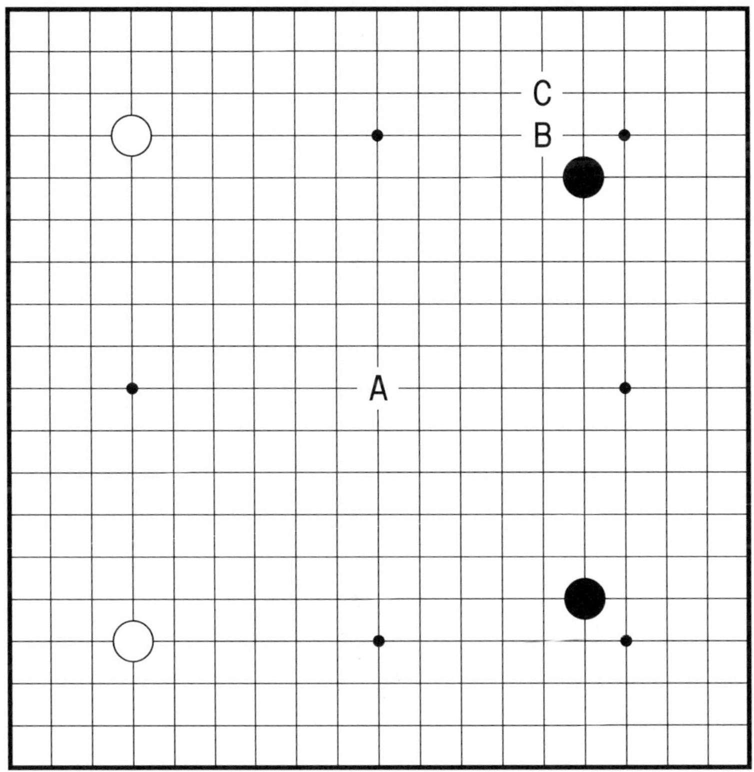

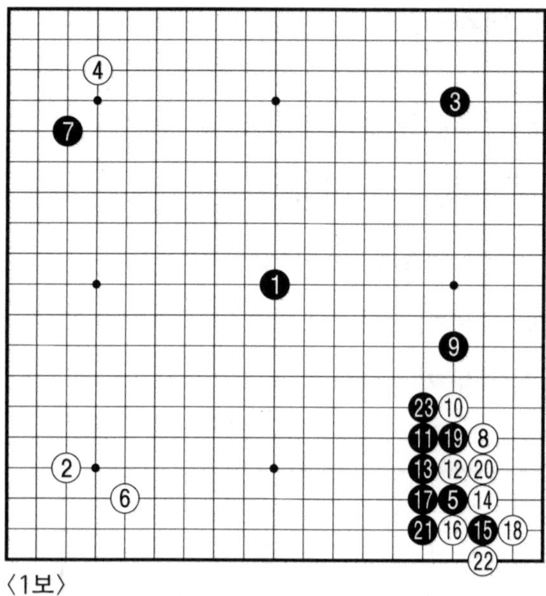

〈1보〉

1보(1~23)

바둑의 이론가 가지와라 다케오 9단도 천원 바둑을 시도한 적이 꽤 있다. 아무튼 바둑을 이론적으로 연구하던 기사들에게서는 새로운 포석의 시도가 빈번했던 것이다.

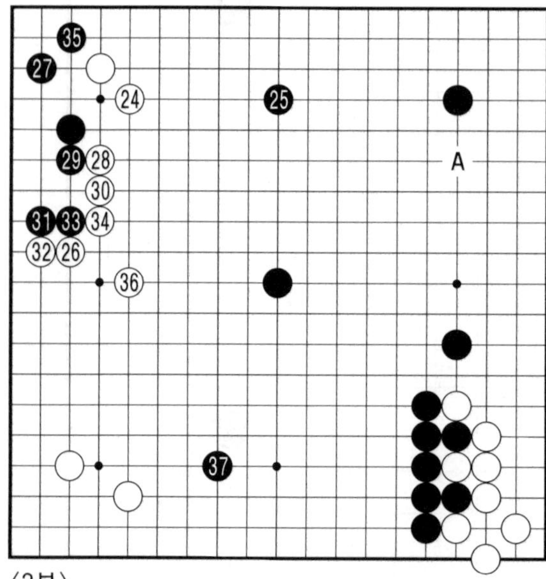

〈2보〉

2보(24~37)

흑25로 포진하고 좌상귀를 유린한 수법은 실리 부족을 피하려는 착상이다. 선수를 잡아 흑37로 확대한 수는 천원과 우하의 세력을 의식한 착점이다. 이 수로는 A로 지킬 수도 있다.

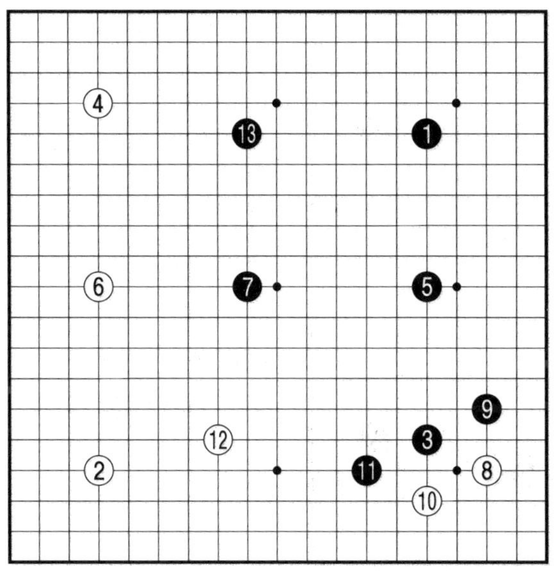

〈1보〉

1보(1~13)

신포석 시대에는 5 · 五의 착수도 빈번했다. 이 바둑은 1934년 백의 우칭위엔 5단(당시)을 상대로 기타니 미노루 5단(당시)이 구사한 흑의 5 · 五 포석이다.

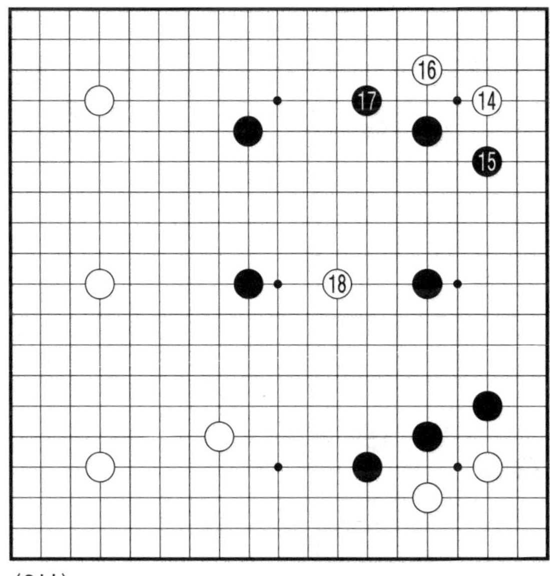

〈2보〉

2보(14~18)

바둑의 양상으로 보아 흑은 극단적인 세력으로 흐르고 있다. 백18로 침입하여 전투가 벌어지는 진행이다.

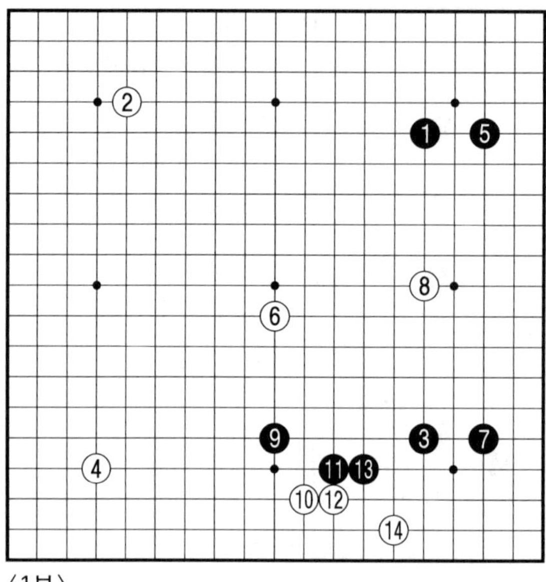

〈1보〉

1보(1~14)

이 바둑은 1934년 백의 이와모토 가오루 6단(당시)을 상대로 오노다(小野田天代太郎) 6단(당시)이 구사한 5·五 포석이다. 흑5·7의 지킴에 대해 백6·8의 응수가 고심한 흔적이 역력하다.

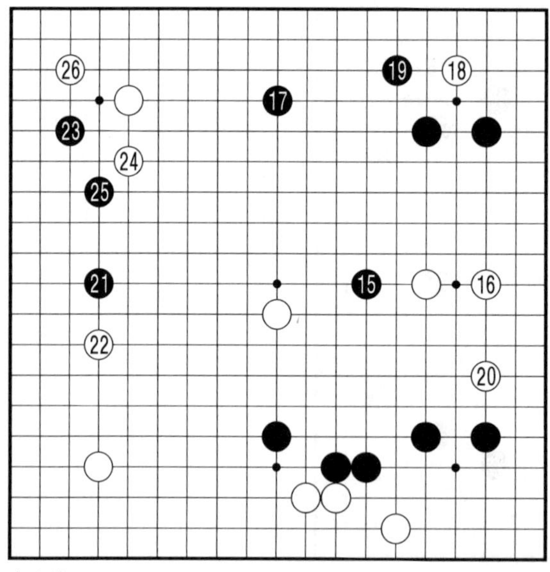

〈2보〉

2보(15~26)

흑의 중앙작전을 견제하려 고심한 이 바둑은 보람없이 백이 불계패로 지고 말았다.

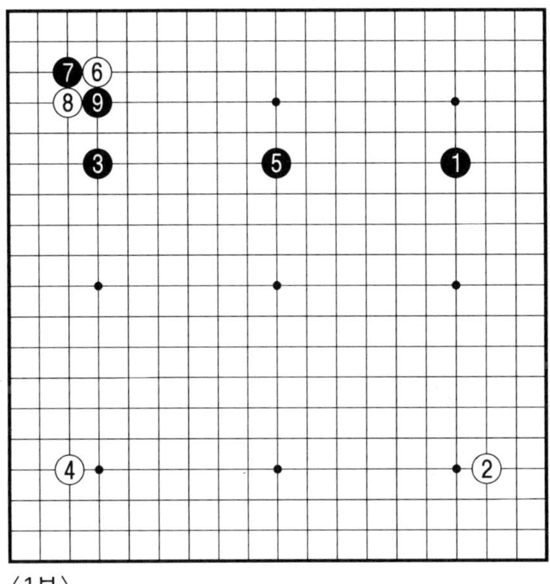

〈1보〉

1보(1~9)

이 바둑은 중국식 포석이 활발하게 연구되고 있던 1972년에 백의 스즈키(鈴木五郎) 7단(당시)에게 시라에(白江治彦) 5단(당시)이 구사한 대고목 포석이다 양 대고목과 더불어 변의 흑5가 이채롭다.

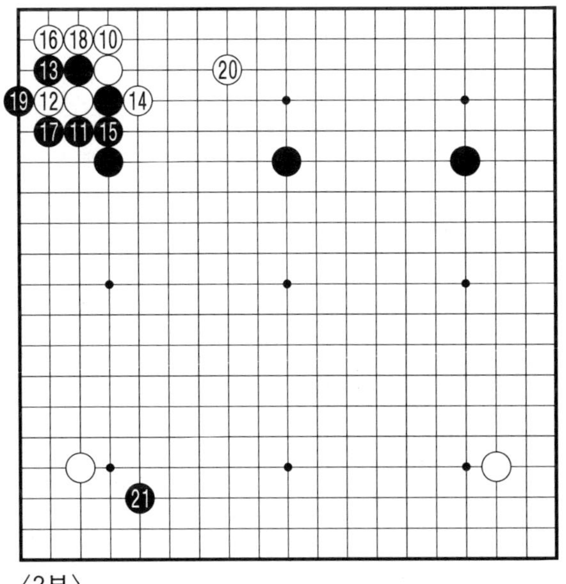

〈2보〉

2보(10~21)

이 진행은 흑이 기존 착점을 백의 공격에 활용할 수 있게 될 것인지가 관건이다.

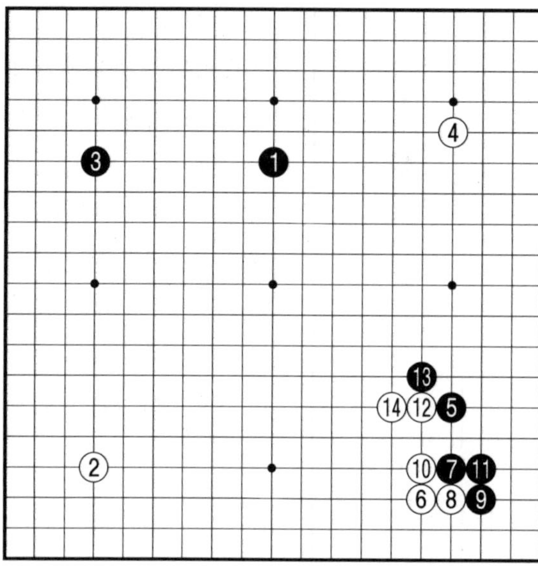

〈1보〉

1보(1~14)

이 바둑은 1971년 백의 이시다 아키라(石田章) 4단(당시)을 상대로 시라에(白江治彦) 5단(당시)이 구사한 대고목 포석이다 백4의 방해에도 흑5로 고집스럽게 대고목을 두고 있다. 흑9에 백10으로 두는 것은 어쩔 수 없다. 중앙을 의식해야 하기 때문이다.

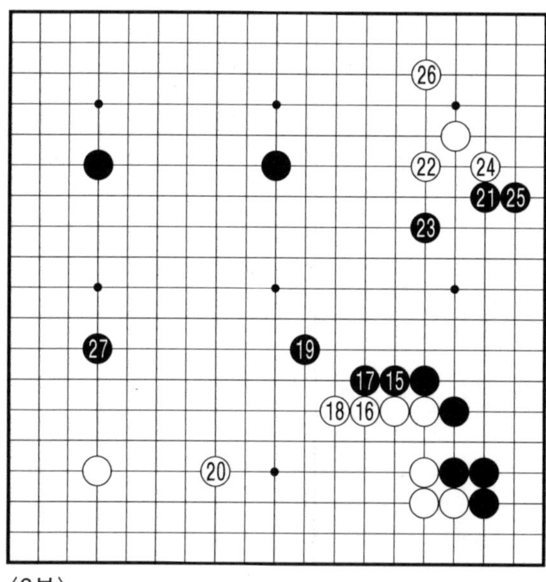

〈2보〉

2보(15~27)

흑19의 자세가 좋고 25까지 된 다음 흑27로 전개하는 흐름을 얻게 되어 흑이 앞서 나가고 있다.

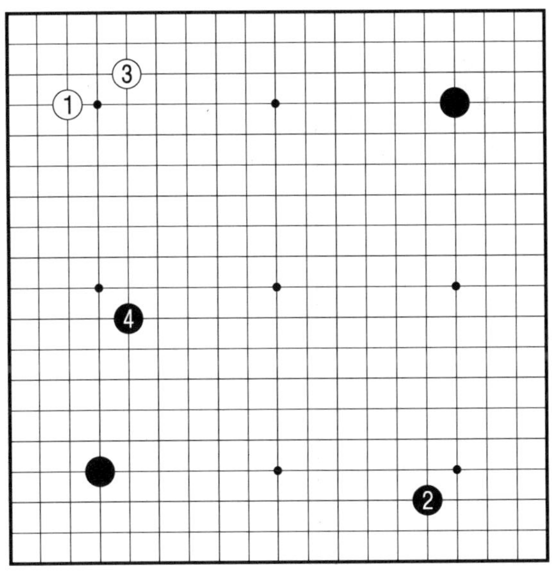

〈1보〉

1보(1~4)

이 바둑은 1973년 6기 일본 프로-아마 대항전에서 후지사와 호사이 9단에게 니시무라(西村修)가 2점으로 둔 바둑이다. 흑 4의 전개가 신선하다.

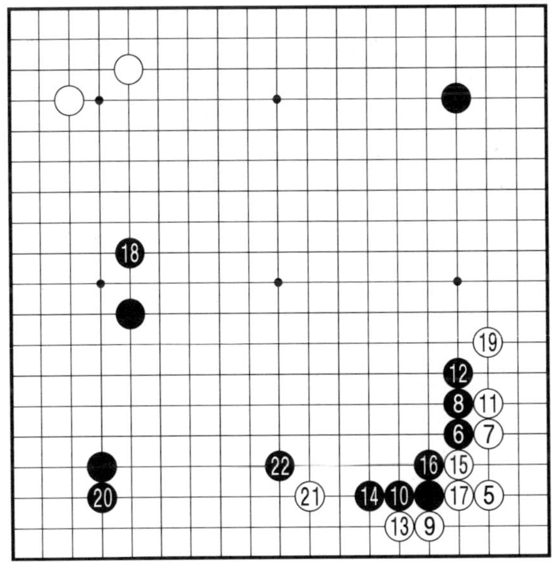

〈2보〉

2보(5~22)

백5에 대해 압박하는 정석을 선택한 흑은 다시 18로 확장하고 백21의 침입에 대해 흑22로 씌워가는 흐름이 무모한 듯 보이지만 일관성이 있다. 이 바둑은 흑이 완승했다.

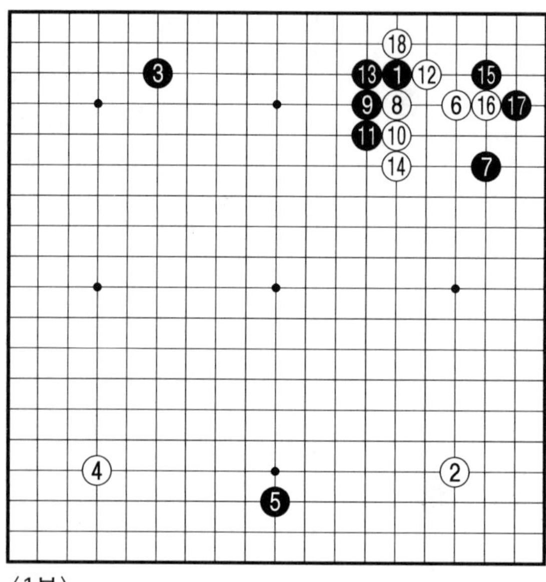

〈1보〉

1보(1~18)

3기 한국 이동통신배 본선에서 유창혁 6단(당시)에게 흑의 양건 3단(당시)이 시도한 양 대외목 포석이다. 흑7로 양협공한 시점에서 일반 정석으로 환원되고 있다.

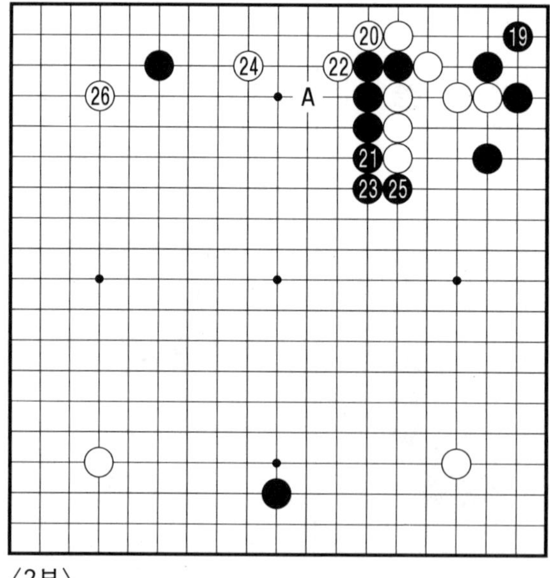

〈2보〉

2보(19~26)

흑21은 A로 두는 것이 나았다. 흑25로 중앙을 봉쇄했지만 백26을 당하여 고전이다.

바둑 新 사전 시리즈 ❻

포석 新 사전

1998. 9.   9. 초 판 1쇄 발행
2009. 9. 18. 초 판 7쇄 발행
2011. 6. 24. 초 판 8쇄 발행
2014. 10. 27. 장정개정 1판 1쇄 발행
2016. 1. 12. 장정개정 1판 2쇄 발행
2021. 10. 12. 장정개정 1판 3쇄 발행

저작권
본사
소유

지은이 | 서능욱 九단
펴낸이 | 이종춘
펴낸곳 | BM (주)도서출판 성안당
주소 | 04032 서울시 마포구 양화로 127 첨단빌딩 3층(출판기획 R&D 센터)
      | 10881 경기도 파주시 문발로 112 파주 출판 문화도시(제작 및 물류)
전화 | 02) 3142-0036
     | 031) 950-6300
팩스 | 031) 955-0510
등록 | 1973.2.1 제406-2005-000046호
출판사 홈페이지 | **www.cyber.co.kr**
ISBN | 978-89-315-7771-6 (13690)
     | 978-89-315-7765-5 (세트)
정가 | 18,000원

이 책을 만든 사람들
책임 | 최옥현
진행 | 정지현
표지 | 상:想 company
홍보 | 김계향, 유미나, 서세원
국제부 | 이선민, 조혜란, 권수경
마케팅 | 구본철, 차정욱, 나진호, 이동후, 강호묵
마케팅 지원 | 장상범, 박지연
제작 | 김유석

■ **도서 A/S 안내**

성안당에서 발행하는 모든 도서는 저자와 출판사, 그리고 독자가 함께 만들어 나갑니다.
좋은 책을 펴내기 위해 많은 노력을 기울이고 있습니다. 혹시라도 내용상의 오류나 오탈자 등이 발견되면 **"좋은 책은 나라의 보배"**로서 우리 모두가 함께 만들어 간다는 마음으로 연락주시기 바랍니다. 수정 보완하여 더 나은 책이 되도록 최선을 다하겠습니다.
성안당은 늘 독자 여러분들의 소중한 의견을 기다리고 있습니다. 좋은 의견을 보내주시는 분께는 성안당 쇼핑몰의 포인트(3,000포인트)를 적립해 드립니다.

잘못 만들어진 책이나 부록 등이 파손된 경우에는 교환해 드립니다.